精品课程新形态教材
21 世纪应用型人才培养系列教材
新时代创新型人才培养精品教材

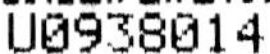

中国
传统文化

主　编　冯雪燕　杨汉瑜
副主编　刘艳华

ZHONGGUO
CHUANTONG
WENHUA

山东大学出版社
SHANDONG UNIVERSITY PRESS
·济南·

图书在版编目（CIP）数据

中国传统文化/冯雪燕，杨汉瑜主编．—济南：山东大学出版社，2018.8（2024.6 重印）

ISBN 978-7-5607-6188-6

Ⅰ．①中… Ⅱ．①冯… ②杨… Ⅲ．①中华文化 Ⅳ．①K203

中国版本图书馆 CIP 数据核字（2018）第 214995 号

责任编辑：张　瑞
美术编辑：张　荔
封面设计：尤　岛

出版发行：山东大学出版社
　　　　　社　址　山东省济南市山大南路 20 号
　　　　　邮　编　250100
　　　　　电　话　市场部（0531）88363008
经　　销：山东省新华书店
印　　刷：北京俊林印刷有限公司
规　　格：787 毫米×1092 毫米　1/16
　　　　　22 印张　563 千字
版　　次：2018 年 8 月第 1 版
印　　次：2024 年 6 月第 3 次印刷
定　　价：49.50 元

前言

党的二十大报告指出："必须坚定历史自信、文化自信"，"不断提升国家文化软实力和中华文化影响力"。一说到中国传统文化，我们习惯性用"源远流长""博大精深"等词来阐释，因为只有这两个词真实、客观、深刻地描述了中国传统文化的存在状况。"源远流长"是从时间绵延层面讲，中华五千年文化历经朝代更迭、民族融合，始终不曾中断过；"博大精深"是从文化内容的广度、厚度的空间而言，中华文化涉猎天文、地理和人文，涵盖科技创造、人伦秩序、哲学思想等众多领域，是中华民族的祖先集体劳动与智慧的成果。

作为炎黄子孙，我们应该了解中华民族的发展历史以及华夏祖先创造的灿烂文化，这是中华民族生生不息的证据，也是我们后人应尽的责任和义务。如何了解与传承？最有效、最快捷的方式是教育，尤其是学校教育。

中共中央办公厅、国务院办公厅联合印发了《关于实施中华优秀传统文化传承发展工程的意见》（简称《意见》）。该《意见》指出："实施中华优秀传统文化传承发展工程，是建设社会主义强国的重大战略任务，对于传承中华文脉、全面提升人民群众文化素养、维护国家文化安全、增强国家文化软实力、推进国家治理体系和治理能力现代化，具有重要意义。"传承传统文化，从小处讲，能提升个人品质和修养；从大处讲，对国家建设、国家形象具有不可低估的价值。同时，该《意见》还提出了具体的实施策略："围绕立德树人根本任务，遵循学生认知规律和教育教学规律，按照一体化、分学段，有序推进的原则，把中华优秀传统文化全方位融入思想道德教育、文化知识教育、艺术体育教育、社会实践教育各环节，贯穿于教育各领域。"遵循教育以培育人为最终目标的要求，分阶段、有序地将中华传统文化融入各层次教育。

教育部印发的《完善中华优秀传统文化教育指导纲要》明确指出："鼓励各地各学校充分挖掘和利用本地中华优秀传统文化教育资源，开设专题的地方课程和校本课程。"中华优秀传统文化不仅包括华夏民族的主流文化，还包括具有地方特色的区域文化。作为一个中国人，我们应传承中华民族文化，也应传承区域文化。

根据《意见》和《纲要》的指示精神，结合新形势下传统文化教育的实际情况，我们编写了这本《中国传统文化》教材。

编写第一部分时，我们遵循经济基础决定上层建筑的思路，首先将中华先民最初的生存地理环境放在篇首，再依次排列政治制度、社会结构、传统思想和传统礼仪以及在此思想下形成的军事制度和对外关系；其次是各具体文化现象，包括服饰、饮食、建筑、信息传递方式与发明创造、传统体育、传统艺术、文字文学、传统习俗与技艺、传统教育等内容。本教材将通行文化教材中忽略的传统体育养生运动、传统军事制度、传统信息传递方式和传统教育纳入编写范畴。这样安排是因为地理自然环境造就了中国人的形貌和生存方式、社会构架模式及社群人际交往等各种主观思想，并最终在各个具体文化范畴内体现出来。

由于编写水平有限，中华传统文化又博大精深，教材编写难免有粗疏纰漏之处，敬请方家指正批评。

编　者

目　录

绪　论

一、文化与文明

在各种文化书籍中，“文化”与“文明”总是两个同义词，实际上，这两个词是同一祖先下的两个分支。

（一）文化

“文化”进入大众视野应归功于英国人类学家爱德华·泰勒（Edward Burnet Tylor，1832-1917 年），他在 1871 年首次提出“文化”这一术语并进行了界定。至 1951 年，对“文化”的解释达到 164 种之多。数量如此之多，一方面说明“文化”的确难以诠释，另一方面源于定义之人的学科背景、关注视角不同。不过，林林总总的“文化”定义终归可以分为两类。

一类是罗列文化包含的方面或现象，强调文化是这些方面的综合体。这属于描写性的定义。爱德华·泰勒开启了这种定义的先河，其代表作《原始文化》中提道：“文化，或文明，就其广泛的民族学意义来说，是包括全部的知识、信仰、艺术、道德、法律、风俗以及人作为社会成员所获得的各种能力与习惯。”有的学者将文化概括为精神因素的综合体，有的认为文化既包括物质因素也包括精神因素，有的认为文化是标准化的社会程序的集合，还有的认为文化是诸多价值的集合体。

文化往往被分为广义文化和狭义文化两种。前者包括物质文化和精神文化，而后者只指精神文化。绝大部分采用描写性定义的学者坚持文化是广义文化范畴。如博亚斯（Boas）认为，文化包含着一个社群里社会习惯的一切表现形式，个人对于他所在的群体习惯之影响产生的种种反应，以及受这些习惯所决定的人类活动之产品。德国《迈尔百科词典》对“文化”作了较为全面的阐述：文化最初指土地的开垦及植物的栽培，后指对人的身体、精神，特别是艺术和道德能力和天赋的培养，亦指人类社会在征服自然和自我发展中所创造的物质和思想财富。物质文化指人类在生产过程中使用的器械、工具和机器。人类劳动并由此生产出的食物、衣服和房屋是精神文化的基础。精神文化包括世界观、哲学、科学、艺术、道德、教育、风俗习惯、民族和阶级等。

有的学者强调文化是某民族整体社会秩序或社会价值的集合。维斯勒就认为文化是一个社会群体或部落所遵循的生活方式。文化包含一切标准化的社会程序，一个社群文化是该社群所遵循的信仰和程序的聚集。英国学者、诺贝尔文学奖获得者托马斯·艾略特在《关于文化的定义的札记》中也说“文化是一个民族的整体生活方式”。文化是一个民族长期相沿袭的各种言行的集合及言行时借助的一切物质器具，处在某民族中的个人言行或思维观念会受到整个民族整体习惯的影响。

另一类是从“文化”自身的发生、发展和完善的动态演化过程进行解释，从文字源头、民族历史等方面进行发生学的定义。英语 culture 最初源于拉丁文 cultura，本义为“耕种”“加工”，而 cultura 又由义为“栽培”“耕种土地”的 colo、colere 和义为“耕种过的”“加工了的”的 cultus 构成，古典拉丁文中“文化”一词通常在耕种土地、农业劳动的意义上应用（agricultura，即“农业”），可西塞罗将其运用于“cultura animi autem philosophia est”这样的用语。就像农民耕种土地一样，对理智也要进行加工。之后“文化”一词开始应用于人的知识水平、教育程度、思想修养等。而“文化”作为一个独立的词语则出现于 18 世纪启蒙运动时期。

文化可以指一个社会所特有的传统行为形式，既可以指一群社会的传统行为形式，也可以指某一种族的传统行为形式，还可以指某一地区或某一时期的传统行为形式。文化依据人类的思维规律从自然的现实中产生出来，即它产生于人类不自觉的逻辑“反应”。自然之中并不存在文化，自然之外也不存在文化，文化是自然和人类互动实践的一个总体认知结构。文化是建立在人与人、人与自然互动过程中的象征性行动，人是通过使用象征性符号累积生存经验、沟通与传承的。

与西方学者从学科和人与自然关系角度关注“文化”不一样，中国先民注重从人与人的关系角度阐释“文化”含义。

“文”与“化”最初独立存在。甲骨文的“文”，字形像纵横交错的纹理。《说文解字》曰：“文，错画也，象交文。凡文之属皆从文。”本义为“花纹”“纹理”，后引申为自然界、人类社会中彼此交错的事物，包括语言文字在内的各种象征符号。由具体事物的彩绘、装饰引申出人伦社会中的“人为修养”义，指修养中的好品性，即“美”“善”“德行”义等。

“化”最早字形为“匕”，从二人，像二人相倒背之形，一正一反，以示变化。《说文解字》曰：“匕，变也。”徐灏云：“匕、化，古今字。”“化”本义为“变化”“改易”。《庄子·逍遥游》“化而为鸟，其名为鹏”、《易·系辞下》“男女构精，万物化生”及《礼记·中庸》“赞天地之化育”等中的“化”，均指事物形态或性质在原有基础上的改变，后引申指人在社会秩序中的“教行”“迁善”义。

“文”与“化”合用始于《易·贲卦·象传》：“（刚柔交错），天文也；文明以止，人文也。观乎天文，以察时变；观乎人文，以化成天下。”此处“文”仍是“纹理”的引申运用，表示天空与人伦社会交错繁杂的各种图案与关系。“人文”是一种手段，而“化成天下”是一种目标，将“人文”与“化成天下”连用，可见“以文教化”的思想初露端倪。

最早将两词连用为“文化”的是西汉刘向。他在《说苑·指武》中指出：“圣人之治天下也，先文德而后武力。凡武之兴，为不服也；文化不改，然后加诛。夫下愚不移，纯德之所不能化，而后武力加焉。”此处的“文化”是“以文德教化”义，与“武力镇压”相对，强调的是以人的良好品行去改变另外的人或人群。南齐诗人王融《三月三日曲水诗序》中“设神理以景俗，敷文化以柔远”和萧统《文选·补亡诗》中“文化内辑，武功外悠”的“文化”均为“文治教化”之义。显然，中国文化中的“文化”本义是“以文教化”，意为对人的性情的陶冶或品德的培养，它是一种处理人际关系的某种法则或方式，而不是阐释人类创造或总结人类认知自身和自然实践结果的结晶。

（二）文明

“文明”这个词在中国古代典籍中早有记载。2000 多年前的《易经》中即有“天下文明”“文明以健”“其德刚健而文明”“内文明而外柔顺”等词语；《礼记·乐记》中则有“是故情深而文明”的说法。

在《易·乾卦·文言》中“见龙在田，而致文明”的“文明”，指有光彩而文明。《易·贲卦·象传》：“（刚柔交错），天文也。文明以止，人文也。”意即天生男女，男刚女柔，这是天道、自然，人类据此结成夫妇，后演化成家庭、家族和国家，这是社会人伦。治国者必须观察天道运行规律和人伦社会，以此教化天下。魏晋时期的王弼、韩康伯阐述过“止物不以威武，而以文明，人之文也”的思想，即通过人文教化来安抚臣民；《尚书·舜典》有“浚哲文明”，其疏将“文明”释为“经天纬地曰文，照临四方曰明”。对于《易·革卦·彖传》中的“文明”一说，唐代的孔颖达解释为“能思文明之德以说与之，所以革命而为民所信也”，这里他将文明与教育联系起来，体现了文德教化之意。根据《辞源》的归纳总结，在中国古代典籍中，“文明”的含义主要有“文采光明，文德辉耀”和“有文化的状态”两种。

到了晚清，随着西方文化的传入，中国人对文明概念有了新的认识，思想家们对文明的理解也开始由古代的文治、教化逐渐转向科学、民主的发展和进步。清代李渔在《闲情偶寄》中有“辟草昧而致文明”的说法，将文明视为人类社会的进步状态，与野蛮相对。陈独秀在《法兰西与近世文明》一书中提出：“文明云者，异于蒙昧未开化者之称也。La Civilisation，汉译为文明、开化、教化诸义。世界各国，无东西古今，但有教化之国，即不得谓之无文明。”他认为“文明”和“蒙昧”相对应，且普遍存在于世界各国。康有为在《孔子改制考》中把文明理解为人类社会一种美好的进步状态。孙中山在总结、反思辛亥革命失败的经验教训时要求物质文明与心性文明即精神文明协同发展，以促进国家的繁荣发展。这在一定程度上体现了唯物主义的精神。胡适认为，“文明是一个民族应付他的环境的总成绩”，“凡一种文明的造成，必有两个因子：一是物质的（Material），包括种种自然界的势力与质料；一是精神的（Spiritual），包括一个民族的聪明才智、感情和理想”。他反对将物质文明和精神文明割裂开来，认为二者是相辅相成、互为促进的。他还认为一切文明都有物质和精神两部分。

在中国，古代文明指政治和道德上的明朗，更多地体现了人文意义上的文治与教化，要求统治阶级施行仁政；而近代文明被赋予了反映社会进步状态和发展程度的含义，蕴含着一定的唯物主义精神。

在西方，“文明”一词源于拉丁语 civilis，意即公民的、社会的，本义为人民生活于城市或社会集团中的能力，后引申为一种先进的社会发展和文化发展状态以及到达这一状态的过程，其涉及领域广泛，包括民族意识、技术水准、礼仪规范、宗教思想、风俗习惯以及科学知识的发展等。

“文明”最早产生于公元前 4 世纪修昔底德所著的《伯罗奔尼撒战争史》，但在西方的使用却是从霍布斯开始的。霍布斯在 1651 年写就的《利维坦》一书中提出了“文明社会”概念，以指代与战争状态相对立的和平状态。

公元前 4 世纪的“文明”仅仅是一个术语；作为一个被赋予特定含义的科学概念，“文明”产生于 18 世纪中叶的启蒙运动时期。1756 年，米拉波在《人类之友》中使用了“文明”概念，还给文明赋予了社会与道德的原则和形式。这应该被视为现代文明概念出现的标志。1767 年，苏格兰思想家弗格森提出了人类是从“野蛮”走向“文明”的思想。“文明”作为“野蛮”的对立面开始为启蒙学者所接受，并大量出现于启蒙主义学者反对教会权威和封建制度的文章之中，以此来表达他们对资本主义文明的追求和向往。从此，“文明”作为表现人类社会向一个从未达到过的高级状态发展的信心，作为历史进步发展的标志，开始为人们所普遍接受和使用。其后，伴随着人类社会的进步和发展，尤其是近代商品经济的出现、发展以及启蒙思想的盛行，文明开始为更多不同国籍的学者所关注。

（三）文化与文明的关系

文明和文化既有相似之处和不可分割的联系，又有各自的特点和内涵。

人类自产生以后，经过原始社会的发展，逐步对自然界有所认识，并开始制造和使用工具，社会关系由此产生。在人类认识和改造自然、社会的过程中产生了文化，并随着社会生产力发展水平的不断进步而不断丰富和发展；当人类进入阶级社会以后，才出现了文明。可以说，没有作为主体的人，没有人的创造，文明和文化不可能产生和发展。

文化和文明都是人类为了适应和改造自己的生存环境而活动的结果，它们包含着物质财富和精神财富。原始的实践性劳动产生了人类，在此基础上，人类得以不断认识和改造自然界和自身。在生产实践活动中，产生了原始文化，由此人类创造了文明。文明与文化具有本质上的同源性和内容上的相似性。

文明是文化的内在价值，文化是文明的外在表现形式。一般说来，文明的内在价值总要以文化的外在形式体现出来，而文化的外在形式之中又总会包含着文明的内在价值。文明是文化的历史积淀，而文化则是文明的外在表现。从一定意义上讲，一个社会的文化发展程度越高，社会文明的水平也就越高。当然，在人类创造的所有文化成果中，只有积极的、进步的成分才可以称得上是文明，因此，从这一方面来说，文明从属于文化。

文化和文明虽不可分割，紧密相连，但二者的区别也比较明显。

"文明"源于拉丁语 civilis，意即"公民的、社会的"，与"野蛮"相对，代表人类社会进步水平和程度的积极成果。"文化"源于拉丁文 cultura，意指"耕作、培养"等，指人类对自然进行加工和改造，对自身进行训练活动的成果，标志着人类从自然状态向社会状态的转变。从这个意义上讲，"文化"是人和自然相区别的标志，而"文明"侧重于人类在改造自然和自身过程中所取得的积极成果，尤其是有利于人类自身发展演变的方面。

从产生时间来看，"文化"比"文明"早。自有人类以来，便有文化。从人脱离动物界进入原始社会从事认识、利用和改造自然界的那一刻起，就有了文化，而人类开始进行创造性的劳动最早发生在几十万年以前，故人类文化应该有几十万年的历史。"文明"是人类进入阶级社会以后，特别是在文字产生以后，自人类的文化活动得以记载下来才开始的，至今不过几千年的历史。美国民族学家摩尔根在《古代社会》中将人类社会分为蒙昧时代、野蛮时代和文明时代，文化贯穿于这三个时代的始终，同人类相伴而行；而文明则从第三个时代开始。可见，文化与文明有先后之别。

文明以文化为基础，又高于文化。人类产生以来，在实践过程中创造了众多形式各异的文化成果，它涵盖了物质的、精神的和政治的成果。这些成果中，既有精华、进步、推动人类社会前进的内容，又不乏糟粕、落后、与人类进步相悖的成分，所有这些由人类创造的均可称为"文化"。但是，只有真正反映时代精神、推动人类发展的优秀文化成果才是人类文明的因素。可以说，文化是多样的，有精华和糟粕、落后与先进之别，而文明只是文化中的先进部分。此外，文化是多元的，文明是一元的。在人类社会不同阶段，不同国家创造出了形态各异的文化，即使是同一种文化在不同发展阶段也有不同的表现形式，因此文化是多元的；而文明虽也有多种形态和不同的内容，但界定、判别文明的标准是单一的，那就是文明只是表明人类社会的进步和发展程度。文化具有强弱之分，而文明则只有发展程度的高低之别。

作为人类实践创造的成果，文明和文化都具有可传播性，可被借鉴和学习。从一般意义上说，文明的传播在一定程度上具有强制性的特点，有时候往往是不择手段地强加于人。文化的传播则是可选择的。对于文化之间的互相学习，人们既可选择某一文化，也可选择其他文化。因此，在人类社会的发展历程中，拒绝先进文明带来的只能是落后和受到欺侮，而拒绝某一文化则不会带来此后果。

二、“中国”“华夏”和“中华”

作为一个中国人，了解“中国”“华夏”和“中华”这三个概念是基本要求。然而大多数中国人却对这三个词的含义往往一知半解，不明就里。

《辞源》这样解释“中华”：我国古代华夏族兴起于黄河流域一带，居四方之中，文化发达，历史悠久，因称其地带为中华，亦称“中原”“中国”。其实“中国”一词比“中华”早出现1000多年。“中国”是政权概念，指统治的疆域或国家；“中华”是民族概念，指的是族群；“中原”则是个地理概念，指黄河中下游地区。

（一）中国

根据于省吾先生在《释中国》一文的考证，“中国”一词至迟出现在3000年前的西周初年。1963年在陕西宝鸡贾村出土了一件西周武王时期的何尊，上有一段铭文：“惟武王既克大邑商，则迁告于上天曰：‘余其宅兹中或，自之辟民。’”据考古学和文字学专家考证，“中或”就是“中国”。“中国”实为“国中”的倒序，是“中央之邑”“中央之邦”，即首都。“中国”最初是周人对首都的称呼，是行政区域概念；后来扩大为对周代管辖区域的称呼，发展为地理概念。但“中国”的“首都”这一本义仍然保留了下来。

随着所指对象的不同和增益，“中国”也被赋予了不同的内涵。大致说来，“中国”有以下六种概念：一是指京师（首都），如《诗经·大雅·民劳》曰：“惠此中国，以绥四方。”毛传曰：“中国，京师也。”二是指天子直接统治的地区，即京畿。如诸葛亮对孙权说：“若能以吴越之众与中国抗衡，不如早与之绝。”三是指中原地区，如《史记·东越列传》：“东瓯请举国徙中国。”四是指国内、内地，如《史记·武帝本纪》：“天下名山八，而三在蛮夷，五在中国。”五是指诸夏居住的地区，如《论语集解》：“诸夏，中国也。”六是指华夏族建立的国家，《史记》《汉书》经常使用这样的称谓。自汉代开始，人们常常把汉族建立的中原王朝称为“中国”。当少数民族入主中原后，便以“中国”自居，如鲜卑人建立的北魏自称“中国”，将南朝叫作“岛夷”；而同时汉族建立的南朝虽迁离了中原，仍以“中国”自居，称北朝为“索虏”、北魏为“魏虏”。又如在宋代，辽与北宋、金与南宋彼此都自称“中国”，且互不承认对方是“中国”。

“中国”一词所指范围，随着时代推移而经历了一个由小到大的扩展过程。《尚书》出现“中国”时，仅是西周国人对自己所居关中、河洛地区的称呼；到东周时，“中国”含义扩展到包括各大小诸侯国在内的黄河中下游地区。随着各诸侯国疆域的膨胀，“中国”成了各国全境的称号。秦汉以来，又把不属黄河流域但在中原王朝政权统辖范围之内的地区都称为“中国”，“中国”一词终于成为我国的通用名号。19世纪中叶以来，“中国”则成了专指我们国家全部领土的专用名词。

事实上，“中国”一词有3000多年历史，但仅是一种地域观念，从夏、商、周直至清末，从来没有一个王朝或政权以“中国”作为正式国名。1912年元旦，中华民国成立，国际上通称Republic of China，简称China。至此，“中国”一词才成为具有近代国家概念的正式名称。1949年中华人民共和国成立，又将“中国”概念完善、充实到今天的含义。

在中国历史上，“中国”有无数别名，除熟知的“华夏”“中华”外，还有“九州”“四海”“神州”等称呼。

“九州”之名，源于战国中期。当时列国纷争，战争频仍，人们基于渴望统一的愿望产生了区划中原的思想，《尚书·禹贡》便有了冀、兖、青、徐、扬、荆、豫、梁、雍九州之说。其他古籍，如《尔雅·释地》《周礼·职方》《吕氏春秋·有始览》等也有“九州”的记载，尽管具体州名有所差异，但记载的均为9个州。“州”正式成为政区是东汉的事。后代的州越分越多，越分越细，但中心地域仍相当于战国时期“九州”的范围，所以“九州”的就成了中国的代称，并一直沿用至今。

中国曾有“四海”之称，以四境均有海水环绕而得名。战国齐人邹衍受海外交通的启发，提出了“大九州”之说。他认为《禹贡》九州只能算一州，叫“赤县神州”；同样大小的州共有9个，共同组成“大九州”；“大九州”四周为大瀛州所环绕。所以，“神州”只占天下的1/81。后代的事实虽然证明这只是一种假说，但“神州”之名一直沿用到今天。

古代印度、希腊、罗马等国家，尊称中国为Cina、Thin、Sinae，许多发达国家几乎都用与之音近的名词来称呼中国，中文译音为“支那”“脂那”“至那”“希尼”“震旦”等，这些都是“秦”字的外文对应，有的源于“丝绸”之“丝”的读音，有的源自“瓷器”或闽南话的“茶”的读音。

在俄罗斯文化中曾将中国叫“契丹”。契丹族建立的辽朝，武力强盛，控制着整个蒙古高原及其周围地区，铁骑所至，所向无敌。而当时刚刚兴起于东欧平原的俄罗斯人，初闻东方唯有契丹，故称中国为“契丹”，并沿用至今。

（二）华夏

古时候，黄河流域一带的先民自称“华夏”，或简称“华”“夏”。“华夏”一词最早见于《尚书·武成》：“华夏蛮貊，罔不率俾（服从），恭天成命。”蛮，指南方民族；貊，指北方民族。“华夏”与“蛮”“貊”并列，指居于中原地带的民族。“华夏”亦见于《左传·襄公二十六年》：“楚失华夏。”唐孔颖达疏：“华夏为中国也。”“华夏”所指即为中原诸侯，也是汉族前身的称谓，所以“华夏”至今仍为中国的别称。

“华夏”的“华”的来源有两种说法：一说源于上古五帝之一舜的名字“华”。五帝时代是原始社会晚期部落联盟时代，“帝”即部落联盟首领，“舜”是谥号，“有虞氏”最初是舜所在部落的名称。“虞”本是帝尧时掌山之官，即部落联盟中负责管理山林及山林中鸟兽的部落世袭公职名称，故称其部落为“虞”或“有虞氏”。在虞帝舜时，部落联盟向民族和国家发展，“虞”或“有虞氏”因此演变为朝代名称，如同夏后氏之称为“夏朝”。按先秦文献记载，有虞氏是中国历史上先于夏朝的一个带有国家性质的朝代，尽管这个朝代还带有若干部落联盟的痕迹。中国现存最古的一部史书《尚书》，即以《虞书》为开篇。

舜名“重华”。“重华”的“重”是远古少昊氏部落中的一个氏族名称，这个氏族在帝颛顼高阳氏时代担任过部落联盟，世袭公职句芒（木神，主管树木生长）。“重”亦即舜所在氏族名称，“华”才是舜的名字。按照氏族部落传统，氏族首领的名称即全体氏族成员及其后裔共有的名称；在舜成为氏族部落首领后，人们沿袭古老习俗，以舜的名字称呼有虞氏族裔及有虞氏治理下的人民为“华”。这是“华”由专称变为泛称的开始。

“华”作为族称见之于《尚书·周书·武成》，是指先圣王的后代，即远古社会的贵族。这是初始狭义的含义。后来的“华”作为族称见于《北史·西域传》，指所有的中国人。这是广义的含义。从此，“华”作为族称流传下来，直到现在，其已成为约定俗成的对全体中国人的称呼。即使迁徙到海外，也叫“海外华人”或“华裔”。在“华”的族称形成之后，历史上一些给人们留下深刻印象的朝代名称，也曾经作为华人的别称流传，如秦人（见于《史记·大宛列传》）、唐人（见于《明史·外国五·真腊传》）。

第二种说法源于“花”的美丽。“华”的最早字形是“華”。《诗经》中“華”字共有三个意思：①花朵，如“桃之夭夭，灼灼其华”（《周南·桃夭》）；②开花，抽穗，如“昔我往矣，黍稷方华”（《小雅·出车》）；③光华，如“尚之以琼华乎尔”（《齐风·著》）。“华”由植物的“花朵”义发展成一个褒义形容词，表示光华、繁荣、文明进步之意。由此可知，“华夏”的“华”又兼具“美丽”之义和“增加荣光、荣誉”之义。

我国历史上有史记载的第一个朝代是夏朝，标志着中华文明史的开端。最早的三个朝代夏、商、周之间具有文化上的传承关系：“殷因于夏礼，所损益，可知也；周因于殷礼，所损益，可知也。”（《论语·为政》）到了周朝，“夏”不再专指朝代，而常指居住在黄河中下游地区的族群或国家。孔子便以“诸夏”来称呼周朝的诸侯国。“诸”是“多个”的意思。

从字义上来讲，“华”字有“美丽”义，“夏”字有“盛大”义，连起来的确是个好词。“华夏”原意类似于“大不列颠（Great Britain）”，这里的“华”是一个形容词，大意为“光荣、文明进步”，“华夏”代表先民对自己国家民族文化的自信心和自豪感。“华”是“文明进步”的意思，“华夏”代表着先人的文化优越感，所以它常在与周边少数民族对比时使用，如“吾闻用夏变夷者，未闻变于夷者也”（《孟子·滕文公上》）。

《尚书》孔氏传称：“冕服采章曰华，大国曰夏。”孔颖达疏云：“中国有礼仪之大，故称夏；有服章之美，谓之华。”这均是对“华”注重外表色彩的绚烂和“夏”作为华夏族建立邦国的佐证。后来用“华”简称“华夏”，因受早已存在的“中国”一词的类推影响，到了魏晋南北朝时期就出现了“中华”的用法。

“华夏”成为一个词后，就出现了用“华”一个字代替整个概念的用法。如“我诸戎饮食衣服不与华同，贽币不通，言语不达”（《左传·襄公十四年》）。“华”的这种单独使用为“中华”一词的出现创造了可能。

汉民族先民依据自身所居住的黄河中下游地区的环境，相较周围少数民族，具有一种民族优越感和文化自信，将自身社群命名为“华”或“华夏”，居住区域命名为“中国”，后“华”随着“中国”一词的类推产生了“中华”一词。

（三）中华

“中华”一词作为华夏民族称呼与“华”作为族称有着密不可分的关系。

大约在5000年前，当中华民族开始形成时，其族称为“华”。魏晋南北朝时期出现“中华”的族称，至19世纪末，作为近代民族学术语的“民族”概念传入中国，“中华民族”这个民族学词汇也应运而生。虽然“华”“中华”“中华民族”这些族称之间小有差异，但其内涵却是一致的，即指称定居于中国领土上的所有民族。

“中华”一词，最早见于裴松之注《三国志·诸葛亮传》。其源可溯至汉朝高诱注《吕氏春秋·简选》中的“中国诸华”，意思是“中国诸圣人的后代”。三国两晋南北朝时期，匈奴、鲜卑、羯、氐、羌等族纷纷向中原汇聚，建立政权；当时，中原的中心地位备受尊重，内迁各族都表现出对中原传统强烈的认同意识。“中华”一词作为一个超越当时汉族、兼容当时内迁边疆各族的概念被提出。能否居中华正统，在当时成为一个政权是否能在社会舆论面前取得合法存在资格的潜在标准。因此，内迁各族所建政权均从血统、地缘及文化制度方面找到自己是圣人后代、理当居中华正统的根据。例如，匈奴铁弗部之胡夏国主赫连勃勃强调自己有夏王室血统；远在漠北的柔然宣称以“光复中华”为己任。

唐代由长孙无忌领衔撰写的法律文书《唐律疏议》正式出现“中华”一词，并在卷三《名例》中对“中华”一词解释道：“中华者，中国也。亲被王教，自属中国。衣冠威仪，习俗孝悌，居身礼仪，故谓之中华。”意思是，凡行政区划及文化制度自属于中国的都称为中华。

“中华”的出现可能由于“中国”的类推影响。单用“华”与“中国”的概念基本一致，随着汉语词汇双音节化的发展，便产生了“中华”这个词。

“民族”是19世纪末从日本传入中国的一个外来民族学词语。此前，中国古代文献中指称人们共同体的词汇有“人”“民”“族”“家”等，这些词都单独使用，偶尔也有把“民”“族”两个字连起来使用的，但那是指称古代社会的各种社会组织和群体的复数概念。如唐代李筌撰写的《太白阴经》序中有“愚人得之（心术），以倾宗社、灭民族”之言。“宗社民族”则指古代社会的各种社会组织。但此“民族”与近代以来的“民族”一词有明显差别。

在“民族”一词传入中国后，产生了“中华民族”这个民族学词语。“中华民族”是一个在近代出现的、相对于外国民族而言的概念。中华民族实体是远在“中华民族”这个族称出现以前数千年前就形成了。从中华民族内部结构来看，数千年来，内部各族族称在不断变化，约数百年一易，族称的演变显示出其中历史内涵的变化。中华民族的内部结构虽不断变化，特别是中原政权的更迭，常常导致一些族群向边疆乃至海外迁徙；而另一些边疆族群则向中原汇聚，并建立政权。但不管其内部怎样变化，中华民族本身始终是一个数千年以来包容中国各族共同发展的恒久的主体。

“华”与“国”均指中国，但二词最初来源不一样，使得两个词在今天的用法有明确分工。“国”原指都城，强调的是空间区域或土地疆域，今天则主要用于国家政体特别是疆土的概念，如“中国领土”；“华”原来指事物的属性，表示“光华”“文明进步”等美好特征，今天则主要用于指示种族，可以说“华人（侨）”“华语”“中华民族”“中华文化”等，而这些地方的“华”与“国”彼此不能互换。

三、中华文化发展历程

从民族和国家角度看，“中国”与“华夏”“中华”是同义词，故中国文化又称“中华文化”“华夏文化”，是中国大地上各族人民共同创造的物质财富和精神财富的总和。博大精深的中华文化，从孕育发生到雄伟壮大，经历了一个漫长而曲折的过程。这一过程既是物质文化、精神文化日臻丰富完善的过程，也是人类自我解放、走进文明高峰的过程。

（一）文化的萌芽期：石器时代

石器时代是中华文化的史前期，包括旧石器时代和新石器时代。

中国人种及中国文化的独立起源。我国境内分布广泛、数量众多的考古遗址表明，从旧石器时代到新石器时代的居民，在体质上存在着明显的承续、发展的人种学序列，基本上是在一个大的人种（蒙古人种）主干下发生和发展的，法裔英国人拉克伯里的“中国人种西来说”和西方学者的“中国文明西源论”缺乏人类学依据。也就是说，中国石器时代文化是在相对单一的人种学基础上发展起来的，对以后中国文化持续稳定的独立发展起着重大作用。

农业起源的中心奠定了农业文化的基石。经历了100多万年的采集和渔猎活动，我国境内的原始人大约在新石器时代开始农业栽培和家畜驯养。中国是世界农业起源的中心之一，包括稻作和旱作在内的丰富多彩的农业生产方式，奠定了有别于游牧方式的农耕文化的基石。

石器时代的文化遗址数量极多（新石器遗址就达七八千处）、分布极广，主要集中在黄河流域和长江流域及其南北不远的范围内，这与文献、传说中的华夏（河洛）、东夷（海岱）和苗蛮（江汉）三大先民集团大致相符，且近年来的考古发掘也得到了部分证明。

（二）文化雏形期：三代至春秋战国时期

夏、商、周三代至春秋战国时期奠定了中国文化的基本构架，后来影响中国文化乃至整个东亚文化达 2000 多年的许多特征在此阶段已初步显现。

1. 文明初兴。公元前 2000 年左右，我国出现了文字、青铜器、宫殿、祭坛等，中国文化开始进入文明阶段，这与文献所载的夏代相当。

2. 青铜文化独具特色。中国青铜时代的铜锡合金、块范铸法、有特征性的器物类型及其组合，与西方文明有所不同：中国青铜器优先用作礼器，以象征王权和等级秩序；其次用作兵器，以投入战争，维护政权。

3. 天、地、人三大祭祀发达。祭天、祭地和祭祖先形成系统，尤其是祖先崇拜特别发达，这与早成的宗法制度和宗法观念互为因果，并孕育了中国文化的一系列特征，如“慎终追远”、重史立言等。

春秋战国是中国历史上第一次重大的社会变革和文化转折时期。私有经济迅速发展，世卿世禄的世袭社会向俸禄制的官僚社会过渡，宗法封建制转变为中央集权的官僚制，“学在官府”发展为“学在私门”，“士”阶层兴起，一元文化离析，多元文化发展，诸子并存，百家争鸣，各门学科逐渐走上独立分化之路，如文学、艺术、史学、哲学、医学、数学、农艺、军事学、天文学等，各领域都吸收并扬弃了宗周的文化体系，与社会变革的新时代相适应，达到空前繁荣的水平。这就是中国文化的“轴心时代”。

这一时期形成的《诗》《书》《礼》《易》《春秋》及《论语》《墨子》《庄子》《老子》《孟子》等中华元典，系统地展现了中华文化的中坚理念。人文精神、天道自然的宇宙生成论、忧患意识以及阴阳、道器、有无、理气等范畴，在诸子辩难、百家争鸣中已张扬开来，为后世中国文化的观念层面垂范作则，建造了中国人的精神家园。

（三）文化定型期：秦汉时期

秦汉大一统封建帝国的建立，汉民族在政治、军事及所有的内外事务上都表现出强劲态势，民族的文化原创力迸发，显示出中华文化的外拓气象。这是“古代帝国的完成期”“古代中国文化的总归结时代”，完成了对先秦多元文化的整合。

中国文化的基本面貌固定下来。如度量衡的统一、文字的厘定以及教育模式、户籍控制、官吏考试方式和经学、史学体系的格局大定，汉族形成，汉语、汉字等文化成果都在秦汉时代基本定格。

儒家文化在意识形态占据主导地位。经过百余年的探索、调适与磨合，秦汉大一统的集权体制找到了与之相契合的意识形态——儒家思想。在汉代统治集团倡导下，儒家被经学化和官学化，成为至尊之学。统治集团儒法兼采、王霸并用，成为后代专制集权统治的一般方略；士大夫间流行儒道互补的生活哲学，下层社会潜行着种种民间宗教。

中央集权政体、朝代循环的基本模式形成并固定下来。在一个朝代内部，帝王按严格的宗法制度世袭转让；当一个王朝腐朽不堪维系，则有雄强者借势取而代之。农民战争或豪强夺权导致的改朝换代反复重演。改朝换代并没有导致文化中断，尽管后继朝代“改正朔，易服色”，但总是自觉地认同前代并实现文化接力，秦汉之际、两汉之际是如此，后来历代也是如此。

中国文化由多元走向一统。中原农耕文明在与周边游牧文明的冲突交融中，逐渐赢得强有力的控制地位。秦汉文化足以与南亚的孔雀王朝文化、欧洲的罗马文化相媲美，成为亚欧大陆并峙的三大帝国文化。秦汉时期，既可以视为中国史前文化及元典时代之后的一个大完结、大整合，又可以视为中国本土文化奠定模式的独立阶段。

（四）文化的融合期：魏晋南北朝至唐中叶

中国文化开始大范围地与东亚、西亚、南亚文化进行交流整合，踏上了“亚洲之中国”的道路。这一时期，庄园经济和门阀贵族政治相表里，精神领域里神学弥漫，儒、道、玄、佛各占领域，影响着思想意识。

1. 中国文化的第二次转折。魏晋以来，经济、政治、军事、文化各方面都呈现出有别于秦汉的时代特征。大一统的中央集权官僚政治崩溃，门阀制度和贵族政治成为这一时期的显著特征。庄园经济和贵族政治导致的割据性，使朝廷对上下文化干预弱化。文化由关注社会转向关注个人，由关注外部转向关注内部，探求个人生命意义和心性情理，给此后几百年间玄学和佛学的高涨留下了充分的空间。经学和名教衰颓，是魏晋以来文化转折的一大标志。“非汤武而薄周孔”“越名教而任自然”成为此时的文化主流。儒学陷入困境，法家和名家虽一度受到重视，代之而起的却是“玄风独振”，佛学兴盛。儒家思想“独尊”局面被打破，儒、玄、释、道多元文化共存共融，形成了先秦诸子百家争鸣之后又一思想学术的大繁荣。

2. 农耕文化与游牧文化之间的冲突与整合。华夏农耕文化的同化力减弱，北方游牧民族的压迫造成“五胡乱华”、南北分治的局面；但游牧文化又给中国文化带来了复壮和补强作用。隋唐成为继秦汉之后的帝国文化高峰，便是得益于充满阳刚精神的北方民族“胡气”的影响。

3. 佛教文化与中国本土文化彼此交融。佛教传入之初，曾与儒、道等文化体系相冲突，最终妥协于中国的伦理规范、实用理性、崇拜模式、政治需求等；经过排佛、灭佛、佞佛、援佛等过程，佛教实现了中国本土化，并深刻影响了中国文化的各个方面。隋唐时期，佛学宗派林立，禅声缭绕，成为中国文化史上的奇峰异峦。按照通行的七段中国学术史（先秦子学、两汉经学、魏晋玄学、隋唐佛学、宋明理学、清代朴学、近代新学）的说法，其中三段（魏晋玄学、隋唐佛学、宋明理学）是直接受佛教影响而形成的学术大势。

4. 中国文化中心开始向东和向南转移。东晋南渡至唐代“安史之乱”后，中国的经济中心已经基本移至南方，所谓“赋出天下而江南居十九”，但文化中心的南移还没有最终实现，此阶段正是南移过程中的过渡和调适期。

（五）文化强盛期：唐中叶至明中叶

公元 9 世纪的中国又发生了一次社会变革和文化转型，并促使东亚文化圈内的朝鲜、日本等地也相继发生了文化变革。不少日本学者和欧美学者将此次转折看作是“中世”向“近世”的转型。唐代前后期的转折，规范了中国文化史后半段的大致框架。唐宋以来，中国文化总体上已显示出走出中古文化故辙的动向，孕育了部分近世文化因子，可以称之为“近古文化期”。

地主—自耕农经济和文官政治相互结合。唐代中叶以来，领主庄园经济破产，地主—自耕农经济定型；赋税制度也发生了根本性变化，以两税法代替租庸调制为开端，此后宋明几代的赋税改革，越来越明确地把朝廷对平民的直接经济关系确定下来。

市井文化勃兴。唐宋以来，实物经济式微，货币（包括纸币）大量流通；城市由单纯的政治中心和军事堡垒演变为经济和文化的集散地（有的学者谓之“城市革命”）。随着工商业的繁荣，市民阶层兴起，市井文化趋于活跃，反映市民生活及其情趣的小说、戏曲，在形式和内容上都别具一格。如果说汉赋、六朝骈文、唐诗、宋词、元曲、明清小说构成中国文学主流脉络，那么中唐以后其俗的一脉（如戏曲、小说等）便由潜隐转为显露。

儒学复兴。酝酿于唐中叶、彰显于宋明的理学，一定意义上是儒家人文理性的复归，尤其是阳明心学已初具个人主义的内涵；宋学的怀疑精神和清代考据朴学的实证精神，触及实证科学的底蕴。另外，文人、官僚、地主或商人合为一体，形成所谓士大夫阶层，他们的审美情趣、人格理想、道德观念主导了全社会的价值规范，对其后乃至今天的精神生活仍有影响。

民族文化的气质从汉唐的雄强外拓转向宋明的精致内敛。唐以后，在日益强化的君主集权格局之下，官僚政治实行文武分离、扬文抑武之策，虽然防止了武装割据和篡权，却导致国防劣势，也使民族文化的气质和国民性格发生变化。与此同时，中国周边民族却日渐崛起，走向与华夏本土文化相抗衡的道路。尽管最终都沿袭、传承了中原农耕文化，但是后进民族的一再军事征服所造成的破坏，无疑也阻碍了中国文化原发式近代转型的可能。

唐中叶以来的文化转折，决定了1000年来中国文化的基本格局和大体走向。有识者多重视两宋文化，如严复在《致熊纯如函》中说："若研究人心、政俗之变，则赵宋一代历史，最宜究心。中国所以成为今日现象者，为善为恶姑不具论，而为宋人之所造就，什八九可断言也。"这一阶段是西方资本主义侵入中国的文化背景，也是中国文化开始现代转型的基础和出发点。

（六）文化的转型期：明末迄今

完成现代工业转型的西方以炮舰加商品打开了中国封闭的国门，中国文化第一次遭遇到"高势位"文化的入侵，中国文化与西方文化的冲突、调适、融合过程异常艰难也异常痛苦，但这一过程也赋予了中国文化新的发展际遇，中国文化在制度、物质、行为、精神诸层面进入现代转型期。

早期启蒙思潮。明中叶以后，商品经济更加活跃，出现了所谓"资本主义萌芽"；在观念意识层面，明清之际顾炎武、黄宗羲、王夫之、唐甄等一批先进人士，高倡"民本"，开近代启蒙主义之先河。

西学东渐。西方传教士进入中国，揭开了西学东渐的序幕，这是继佛教东传之后中国本土文化与外域文化的又一次大交融。清王朝建立初期并未中断西学东渐，但雍正以后则使中西文化交流停滞下来。直到鸦片战争后，才开始新一轮西学东渐的历程。

朴学兴起。清朝前中期，基本沿袭宋明以来的文化路径，只是考据朴学的实证精神得到空前发展，对两汉以来经学的神圣性起着"解构"作用。

内力、外力共同作用推动文化的现代转型。晚清以来的现代转型是内外力共同作用的结果，是西方影响与中国文化因素彼此激荡、相互作用的产物。这种"冲击—反映"模式，充分肯定了西方现代文化的输入对中国现代转型的作用和中国固有传统对现代转型的阻力。但在民族危亡和西方现代文化的冲击面前，中国文化自"轴心时代"就深蕴其中的忧患意识、变易观念、华夷之辨、民本思想等精神传统，通过现代诠释获得了新的生命，转换为近代救亡意识、"变法—自强"思潮、革命观念以及近代民族主义、民主主义等，助推了中国文化的现代化进程；自宋明以来隐而未彰的原发性近代文化因子，更被纳入中国文化现代转型的动因系统之中。

两广、江浙成为中西文化碰撞的前沿。现代西方文化从东南沿海登陆，两广、江浙自然成为一个多世纪以来中西文化碰撞的前沿。自宋明以来就已成为文化中心的闽粤、江浙等地，在这一阶段既是经济重心也是新文化重心，其文化能量不断向内地辐射、推进。这种由南向北、由东向西的文化传播路向，与两宋以前由西向东、由北向南的文化传播路向恰成对接之势。而两湖地区则成为古与今、中与西相互交会的要冲地带，风云际会，人文荟萃，构成中国近现代富于特色的文化景观。

文化变革空前剧烈。20 世纪以来的文化变革，无论深度、广度还是剧烈程度上，都比春秋战国之际和唐宋之际的文化转折有过之而无不及。新文化运动的新旧决裂，可以看作对明清以来启蒙思潮的一个完结以及对中国文化传统的厘清。此后，中国经历了对欧美模式和苏俄模式的学习、选择与扬弃。尤其是 20 世纪 70 年代末以来，在世界信息化、全球一体化的时代氛围中，中国正在前所未有的规模和深度上经历着变革，从而把清中叶以来百余年间起伏跌宕的文化转型推向高潮。这种转型的激变性和复杂性，为古今中外所罕见，它包括三个层面：一是从农业文明向工业文明的转化（此过程自 19 世纪中叶已经开始），这是当代中国社会转型的基本内容；二是从国家统制式的计划经济向社会主义市场经济转化，这种经济体制的改轨与上述经济形态变化同时并进，正是现代转型的“中国特色”所在；三是从工业文明向后工业文明转化，已经实现工业化的发达国家正在进行的这一转变所诱发的种种问题，在全球化的趋势下也呈现于尚在现代化过程之中的当代中国面前，如信仰危机、生态危机、能源枯竭、文明冲突等。当下日益深化的现代转型对传统文化的激荡、挑战和提供的发展机遇都是前所未有的，中国文化史正在揭开蔚为壮观的新场景。

第一章　生存之基：中国古代地理与农业文明

中国位于亚洲东部、太平洋西岸，西北深入亚洲内陆，疆域辽阔，地形复杂多样。复杂的地形和气候形成了多元格局的文化形态和兼包并容、稳定绵延的文化特质。

黄土黄水是中国人赖以生存的物质基础，以肥沃的黄土为根基形成的农耕经济，经过漫长的发展，孕育了农业文明的辉煌，形成了中国人和中国文化的基本特征。

中国是人类最早活动的地区之一，早在四五百万年前，中国就有人类居住。中国旧石器时代的北京人及其文化、许家窑人及其文化、山顶洞人及其文化、元谋人及其文化、马坝人及其文化，新石器时代的大汶口文化、龙山文化、仰韶文化、裴李岗文化等，反映了我国史前时期聚落的环境选择与人类生产方式。

第一节　中国人赖以生存的地理环境

地理环境是指一定社会所处的地理位置以及与此相联系的各种自然条件的总和，包括自然环境和人文环境两个方面。自然环境主要指气候、地貌、水文、生物、土壤等，人文环境主要指疆域、政区、民族、人口、交通、农业、牧业等。自然环境是人类活动的场所和舞台，是人类生存发展、赖以创造文化的物质基础；人类生存和发展受自然环境的约束，同时，自然环境也被人类所改造，成为人类文化的一部分。在中国传统文化形成与发展的过程中，地理环境客观上产生了各种影响，是中国文化赖以生存发展的保证。

一、中国地理环境的基本特征

（一）复杂多样的地形地貌

中国位于亚洲东部、太平洋西岸，西北深入亚洲内陆，疆域辽阔，地形复杂多样，是一个海陆兼备的国家。在全国面积中，山地占33.3%，高原占26%，丘陵占9.9%，盆地占18.8%，平原占12%，大小山脉相互连接，绵延不断，呈网格状分布。

中国大陆的地势走向总的趋势是西高东低，依次递降，呈现出三大阶梯式的地形地貌。

第一阶梯：青藏高原。它横亘于中国西南，平均海拔在4000米以上，号称“世界屋脊”。青藏高原上分布着许多高山冰川，主要有昆仑山、冈底斯山、喜马拉雅山等。喜马拉雅山主峰——珠穆朗玛峰，海拔8848.86米，是世界第一高峰。

第二阶梯：青藏高原以北、以东和东南一带，包括蒙古高原、黄土高原、云贵高原和塔里木盆地、准噶尔盆地、四川盆地等。这一阶梯从青藏高原往北跨越昆仑山和祁连山脉，往东越过横断山脉，地势显著下降，大部分平均海拔为1000~2000米。这一阶梯地形极其复杂，局部地区在5000米以下，而吐鲁番盆地的最低处海拔为-155米，是中国陆地上的最低点。

第三阶梯：自第二阶梯以东，自大兴安岭-太行山-巫山-雪峰山一线至海滨，以及云贵高原以东的中国东部地区为第三阶梯。此阶梯平均海拔高度在500米以下，其中仅少数山峰高达3000米以上。这一阶梯主要是丘陵、低山和平原交错分布的地区，自北而南有几乎连成一片的东北平原、华北平原和长江中下游平原，并称为中国的“三大平原”。

此外，从大陆的第三阶梯往东往南是辽阔的海洋，水深一般不超过200米，其海底是中国大陆向海洋自然延伸的部分，称为“浅海大陆架”。中国的内海渤海和边缘海黄海的全部，东海的大部和南海的一部分都有广阔的大陆架。在辽阔的海面上岛屿星罗棋布，有5000多个岛屿，最大的是台湾岛，其次为海南岛。

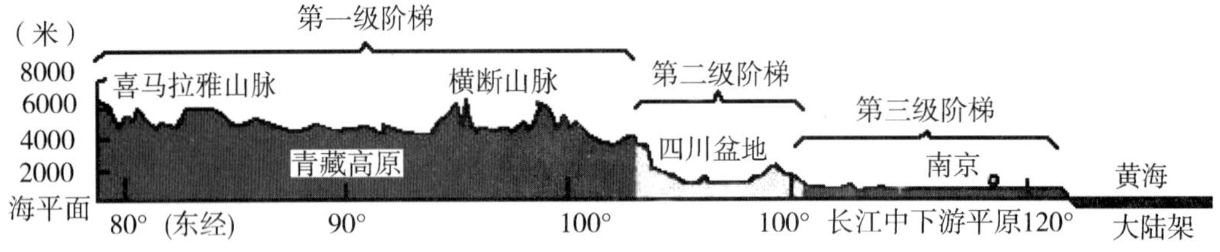

中国地形剖面图（沿北纬32°）

中国这种地形特征的影响主要表现在两个方面：一是在内部环境上，地域辽阔，山地多，山高谷深，纵横交错，地形地貌类型复杂，气候类型多样，农耕地理和游牧地理界限清晰；二是在周边环境上，东部和南部面临太平洋，给予古代中国人一个广阔而神秘的未知世界。北方有戈壁、亚寒带原始森林围护，西北是沙漠、盐原、雪山横亘，西南更有高原大山壁立，这既是古代中国人抵御外来侵略的屏障，也是中国人难以逾越的交通障碍。

（二）类型多样的气候环境

中国具有明显的季风气候特征，即夏季高温多雨，冬季寒冷少雨，高温期与多雨期一致。中国幅员辽阔，纬度跨度广，距海远近差距较大，加之地势高低不同，地形多样，形成了类型多样的气候。

中国大陆的气候以距离海洋远近情况，从东南向西北形成了由湿润、半干旱到干旱逐渐递变的明显趋势。具体而言，东南部第三阶梯湿润多雨；中部第二阶梯除云贵高原以外一般为半干旱和干旱气候，特别是由于距海洋较远，再加上关山阻隔，从太平洋和印度洋吹来的湿暖季风难以到达，西北内陆成为中国最干旱的地区；第一阶梯青藏高原的气候，则以高寒为主要特征。

同时，中国大陆由南而北，以山川河流为天然分界，呈现出热带、亚热带、暖温带、中温带、寒温带的渐次递变。台南、琼西及滇南河谷一线以南为热带；自此以北至秦岭、淮河及白龙江一线为亚热带；秦岭、淮河以北至秦汉长城以南为暖温带；秦汉长城以北、以西为中温带；大兴安岭北端、黑龙江一线为寒温带。

气候特征把中国分为东南和西北两大部分，形成了中国两大典型的人文地理景观，东南低平而温润，以农耕为主；西北高凸而干凉，以畜牧为主。

（三）丰富的水流资源

中国河流湖泊众多，有许多源远流长的大江大河和众多的湖泊水体。这些河流、湖泊不仅是中国地理环境的重要组成部分，而且还蕴藏着丰富的自然资源，其中最著名的是长江、黄河。

长江发源于青海省西南部的唐古拉山脉主峰各拉丹冬雪山，干流先后流经青海、四川、西藏、云南、重庆、湖北、湖南、江西、安徽、江苏、上海共 11 个省、自治区和直辖市，最后注入东海，全长约 6397 千米，流域面积为 180 多万平方千米，约占全国总面积的 1/5，是中国第一大河。

黄河发源于青海省中部的巴颜喀拉山北麓，流经青海、四川、甘肃、宁夏、内蒙古、山西、陕西、河南、山东 9 个省、自治区，注入渤海，全长约 5464 千米，流域面积为 79.5 万平方千米，是中国第二大河。

此外还有南方的珠江、东北的黑龙江、人工开凿的京杭大运河等。

长江和黄河横贯于中国中部，是世界上养育人口最多的大河，她们互相影响、互相补充，共同哺育了中华民族，是中华民族的摇篮和文化发祥地，共同推动着中华文明不断向前发展。长江、黄河所孕育的文明与两河文明、印度河-恒河文明、尼罗河文明等古老的大河文明共同屹立于世界文明之林。

（四）近万年的地质变迁

近万年以来，中国大陆经历了大量的地形、地貌变化，主要有：辽东湾到杭州湾之间海进海退的海陆变迁；辽河、海河、黄河、淮河的改道，著名的湖泊变形、缩减以至消亡等水域变迁；黄土高原水土流失、蒙古高原和青藏高原生态恶化等高原变迁；沙漠面积日渐扩大吞没绿洲和城市，沙漠治理出现沙漠后退、风沙消减的沙漠变迁。此外，近万年以来，中国气候也在发生变化，总的趋势是由湿暖向干凉转变。这些地质的变迁，对区域的经济形态、生活方式、观念形态等形成了不同程度的影响。

二、地理环境对中国文化的影响

中国大陆地理、气候环境的多样性客观上对中国传统文化的形成与发展带来了影响，主要表现在以下四个方面：

（一）辽阔完整的疆域，孕育了兼包并容、稳定绵延的文化

中国疆域辽阔，土地、气温、雨水等条件好，较早形成了农业社会，农业是最深厚的经济基础。由于农业发展较快，物质基础稳固，中国文化在其历史发展的长河中具有自我发展的规律和自我完善的机能，不受外部影响而独立发展，具有巨大的包容性、延续性。具体表现在：

一是政治的统一。春秋战国时期后，随着领土的不断拓展，国家权力趋向集中，中国逐渐形成不以种姓分割天下，而以天下包容各族的统一构想。以国家统一为乐，以江山分裂为忧，成为中华民族亘古不变的政治价值取向。这种民族的政治思维定式，推动了中华民族的整体发展和文化进步。中国封建社会虽然在某个时代出现过短暂的分裂，但统一始终是主流。

二是文化的融合。辽阔的疆域形成了多民族共生共存状态，中华民族文化由各民族共同创造，强大的凝聚力来源于文化的联系而不是单一的种族血统纽带。如从夏、商、周三代起，在与游牧民族的长期对峙、融合中，中华民族主动吸收北方民族的游牧文化和欧亚大陆的异域文化，不断给中原稳健儒雅的农耕文明注入新的活力。即使北方游牧民族入主中原，但受到先进优裕的农耕文化的熏陶，最终为被征服者所同化。近代西方文化强势东渐，中华民族抱持中体西用、洋为中用的态度，兼包并容，使中华传统文化在新的历史时期再次崛起，获得新生，并不断发展壮大，再次显示了中华民族强大的生命力。

三是文化传统的承袭。中国文化强调前代文化遗产的价值，充分说明传统存在和流传的合理性，表现出巨大的再生能力，从而使中国文化成为世界上罕见的不曾中断的古老文化。

（二）复杂的地形气候，形成了多元格局的文化形态

根据中国纵横交织、特征各异的自然地理特点，我国学者胡焕庸 1933 年提出自东北的黑河至西南的腾冲画一条直线，即著名的“胡焕庸线”。“胡焕庸线”把中国分为东南和西北两个部分，直线东南为南方，占地面积为 42.9%，人口却占全国总数的 94.4%；直线西北为北方，占地面积为 57.1%，人口仅占 5.6%。

研究结果表明，唐宋以来，我国东南农耕区与西北畜牧区的人口、占地面积基本上保持着 20 世纪 30 年代统计的比例数字，即地理、气候条件优越的东南农耕区，占地面积约为 40%，而人口比例一直保持在 90%以上；地理、气候条件较差的西北畜牧区，占地面积近 60%，产业结构以畜牧业为主，穿插分布着小块河谷、绿洲农业区，人口比例一直在总人口的 10%以下。中国的地理环境客观上存在着由南到北的温度和湿度的渐次差异，这就决定了淮河、秦岭以南的中国南方，产业结构以稻作农业为主；淮河、秦岭以北至秦汉长城沿线以南的中原一带，产业结构以粟作农业为主；而在秦汉长城沿线以北的北方地区，产业结构则以游牧业为主。中国境内地理、气候环境的区域性差异，客观上构成了多民族共居、多种经济成分互立、多种文化类型并存的物质基础。

由于中原地区环境相对优越，形成了各民族内聚、多文化类型融合的历史趋势，从而出现了中华文化形成发展过程中的多元一体格局。在这多元一体的文化格局中，不仅存在游牧文化和农业文化的不同，而农业文化中也存在中原文化、吴越文化、楚文化、巴蜀文化等区别，各种文化区域之间在经济形态、生活方式、观念形态等方面的差异非常大，形成了多样化的文化形态。

（三）相对封闭隔离的外部环境，形成了封闭内敛的文化

中国的西部和北部连接亚欧大陆，东部面向太平洋，虽然中国历史上，曾与外界有着千丝万缕的联系，而唐代的首都长安、辽代前期首都辽上京、元代的上都和中都，都曾是国际大都市。由于山川阻隔，环境相对封闭，中国文化独自完成了文明发生期。相对优越的地理环境以及中华先民的勤劳和智慧，使古代的中国在西方近代文明兴起之前，长期成为世界最富足、最强大的国度，创造了独特的表意文字、文学艺术、哲学、思维方式、社会结构等体系，形成了与西方文化大异其趣的封闭内敛的特征。这种文化因其独特的自我完善功能而得以承前启后，延续发展，长期保持着鲜明的民族特色。

同时，源于对土地的依赖而形成的农耕文化，在很大程度上也限制了中国人向外拓展的视野，产生了“中华帝国，无求于人”的自我陶醉、自我封闭的观念和自我中心意识，养成了安土重迁、乐天知命、安分守己的民族性格，缺乏对外开放、向外进取的动力。

（四）优越的农耕条件，形成了辉煌的农耕文明

由于土地、气温、雨水等条件较好，促进了中国农业文化较早、较快发展。自古以来，中国就是世界上人口最多的国家。受地理气候环境影响，中国庞大的人口分布很不均衡：绝大部分人口集中分布在东南农耕区域，造成了人口的增长和可耕土地面积日益不足的矛盾。生存的压力推动了农耕技术的发展，创造出辉煌的农业文明。即使局部自然环境发生变动，也不会影响整体的农业生产。历史上也曾有过游牧文化和农业文化的冲突和融会，但由于农业人口始终占有数量上的多数和文化上的优势，农业文化始终占主导地位。农耕文化作为中国大陆上最基本的经济类型，是中华文化得以不断发展壮大的源泉。

第二节　以黄土为根基的农耕经济

一、农耕经济的地理基础

黄河流域和长江流域为史前人类提供了基本的生存保障，因此成了中国文化产生的地理基础。古代中国以得天独厚的自然条件和地理环境孕育了农耕经济。中国位于亚洲东部、太平洋西岸，背靠陆地、面朝大海的地理环境，有利于产生封闭的文明，形成一种自给自足的生产方式，即农耕经济。

农耕经济是古代中国社会经济的主体。从目前已发掘的古人类文化遗址及相关文物资料来看，中国的农业经济发源于黄河中下游。我们所熟知的裴李岗文化、仰韶文化、大汶口文化和龙山文化都产生于黄河中下游，这里有适宜农业种植的细腻而疏松的黄土层，有动植物生存所必需的丰富的水资源，因此古代的先民们很早就开始了原始的农业革命，他们形成了以原始农业为主、以渔猎和饲养牲畜等为辅的生产生活方式。随着生产力的发展、区域经济的调整、战争的影响以及各个朝代统治阶级的政治力量的干预，农耕文明逐渐向长江流域扩展。时至今日，我国的政治、经济和文化发展依然主要活跃在黄河流域和长江流域的相关地带。

二、中国传统农耕经济的特点

中国是一个拥有几千年历史的文明古国，从出土的古人类文化遗址推断，古代先民们早在新石器时代就已经开始农业耕作了。东亚大陆得天独厚的自然条件和地理生态环境孕育了华夏民族以农耕经济为主体的经济生产形态。中国传统经济的特点表现为：

1. 自给自足。这是中国传统社会农耕经济最大的特点。传统社会农耕经济以一家一户为单位，男耕女织，经营规模小，生产的产品主要用于满足自身的需要。

2. 封闭性。中国传统的农耕经济是自给自足的自然经济，由于人们和市场的联系甚小，对于外界的变化仅仅通过人们的道听途说来感知；同时，农耕经济以铁犁牛耕为主要方式，精耕细作，人们的大部分时间又被束缚在土地上，跟社会的交往就更少了，因而封闭性就不可避免了。

3. 脆弱性。中国传统的农耕经济建立在小农生产之上，小农的生产工具简单，生产效率低下，应对自然灾害的能力弱小，因而中国传统的农耕经济是建立在好的年成之上的。如果年成不好，自然灾害频发，那么中国传统的农耕经济就会崩溃，这便是中国传统农耕经济的脆弱性。

4. 持续性。中国是一个有数千年历史的文明古国，农耕经济的持续性是中国传统自然经济的显著特点之一。自夏、商、周三代以来，中国的农耕社会经历了无数次大大小小的天灾人祸的考验，始终未曾走进难以克服的困境，而循环式的复苏和进步则周而复始，使农业自然经济得以长期延续。这一点刚好与“脆弱性”相对应，正是中国传统社会的持续性使得中国文化得以延续下来。

5. 多元结构。与西欧封建社会相比较，中国封建社会自然经济的另一个显著特点是农耕经济的多元成分结构。中国是个幅员辽阔的国家，各地的自然条件千差万别，因此各地的农耕经济结构也是各不相同的。

6. 互补性。华夏大地的面积广阔，自然条件也千差万别，农业的发展存在着巨大的差异，因而中国传统的农耕经济有着巨大的互补性。它主要表现在两个方面：一是赈灾，当某些地区发生一些自然灾害时能够从其他地方调入粮食来赈灾，其他地区则能吸取它处理灾害的经验教训。二是农作物的栽培和移植，某种农作物总是在某些地方先种植，然后再慢慢移植至自然环境适宜的地区。当然，各地在农事经验的交流方面也存在着很大的互补性。

7. 早熟性。农耕经济的多元成分结构，使得各方不断地交流农耕经验，促使中国封建社会经济得以充分地发育，且中国的四大发明以及一系列的科技创新促进了中国传统社会农耕经济的早熟。

8. 盲目性。中国传统的农耕经济除了种植粮食作物外也种植一部分经济作物，农民对于经济作物品种的选择主要依据两个方面：一是经验，二是跟风。他们没有很高的农耕水平，不能预知每年的天气状况和市场走向，完全听凭祖先流传下的经验和别人的选择，因而具有很强的盲目性。

由于中国传统的农耕经济是自给自足的小农经济和中国广阔的领域形成的显著的地区差异，造就了中国传统的农耕经济具有封闭性、持续性、多元结构和早熟性等特点。

三、传统农耕工具的演变

农业可分为原始农业、传统农业和现代农业等不同历史形态。在原始农业时期，使用木石和砍伐农具、刀耕火种、撂荒耕作制是原始农业生产工具和生产技术的主要特点，基本上与考古学上的新石器时代相始终。传统农业以使用畜力牵引或人力操作的金属工具为标志，生产技术建立在直观经验的基础上，而以铁犁牛耕为其典型形态。我国自公元前 21 世纪进入阶级社会时，黄河流域逐步从原始农业过渡到传统农业，形成精耕细作的传统，直到封建社会末期。

从原始社会到战国时期，农业生产工具初步形成。在发展农业生产过程中，我国先民创造和改造了多种多样的农具，促进了农业的发展。在石器工具的制作方面，除了原有的打制石器之外，出现了磨制石器，特别值得注意的是在打石山遗址中发现了人类用火的痕迹。母系氏族社会以石器为主，有磨制的石刀、石斧、骨椎、骨镞等；父系氏族社会的经济有了发展，主要的经济部门是锄耕农业，加工磨制石器规整，用途分明。夏、商、周时期的农业生产工具有所进步。夏王朝农具主要是木石和蚌器，有少数青铜器。商王朝时期，农业成为最重要的社会生产部门，青铜农具已有铜铲、铜镰和铜斧。西周农具制作技巧有所提高，对木、石的加工以及工具的结构进一步得到改善，经过加工处理的农具更加省力。西周普遍采用耦耕。战国中后期，铁农具占主导地位，数量大，种类多。简易的铁铧犁一直从战国到西汉被广为使用。随着冶铁技术的进步，铁农具的种类越来越多，农业分工越来越细，出现了众多的耕垦农具、中耕农具和收获农具等。在耕作技术上，牛耕也逐渐推广开来。战国时期铁器在农业生产上的使用并与牛耕结合，具有划时代的意义，它使人们告别了刀耕火种的新石器时代和青铜器时代，大大推动了古代农业生产力的发展，标志着传统农业生产技术的初步形成。

秦汉魏晋时期，传统农业生产工具定型。西汉中期，政府实行冶铁业官营，生产技术和劳动生产率大大提高；与此同时，政府也致力于农具的改革，成立了指导新农具生产与推广的机构，为铁农具的推广起了重要作用。

隋唐时期，发明了曲辕犁和水转筒车，农具显著改进。曲辕犁的出现，节省了畜力，还提高了耕地效率。水转筒车是借水力发动的大型提水灌溉工具。

宋元明清时期，适应各种田地如水田、旱地和各种农作物的农具已配套并基本定型。精耕细作的农具种类很多，如锄分为镩、耨、铡三种。宋元以来，我国的农业生产工具已经发展到成熟阶段，能够适应精耕细作的要求。明清时期，生产工具基本上继承宋元时期的成就，在农具种类上并无重大突破。

农业工具在不断地演变过程中，推动了社会的发展，使得农业一步一步向现代化。

第三节 史前时期聚落的环境选择

史前时期是指没有文字记录的人类社会发展时期。聚落是人类的居住之所，也是生活和生产之地。人类在史前时期处于蒙昧状态，对环境的依赖性很强。黄河流域和长江流域以其独特的地理环境和气候条件成为了中华文明的核心地带。由于没有文字记载，要研究史前时期聚落的环境选择和人类的生产方式，只有通过古人类文化遗址，根据出土的文物资料，尤其是头骨化石等进行调查、研究和推断史前人类的生存状态和社会发展状况。

根据人类在不同的历史阶段所使用的不同工具，人类学家把史前时期分为旧石器时代、新石器时代、青铜器时代和铁器时代。旧石器时代是人类历史发展的最初阶段。人类使用比较粗糙的打制石器，主要以渔猎和采集为生。新石器时代开始于8000多年以前，人类已能磨制石器，制造陶器，开始从事农业和畜牧业。青铜时代即人类普遍使用青铜器的时代，约开始于公元前3000年，人类的农业和畜牧业有了很大的发展。在公元前2500年，我国先民已能用青铜铸造器物。铁器时代大约开始于公元前1400年左右，这时人类可以普遍制造和使用铁制的生产工具，特别是铁犁。公元前5世纪，我国中原地区已经开始使用铁器。

一、旧石器时代

旧石器时代，是使用打制石器为标志的人类物质文化发展阶段，从距今约300万年前开始，延续到距今1万年左右为止。旧石器时代分为三个阶段，即旧石器时代早期、旧石器时代中期和旧石器时代晚期，大体上相当于人类体质进化的早期猿人和晚期猿人阶段、早期智人阶段和晚期智人阶段。

（一）元谋人及其特点

元谋人，又名“元谋直立人”，因发现于云南元谋县而得名。考古学家认为，元谋人北上越过金沙江，到今甘肃、青海成为古羌戎人，继续往东北越过白令海峡进入美洲，成为印第安人的祖先，是迄今所知中国境内年代最古老的原始人类。

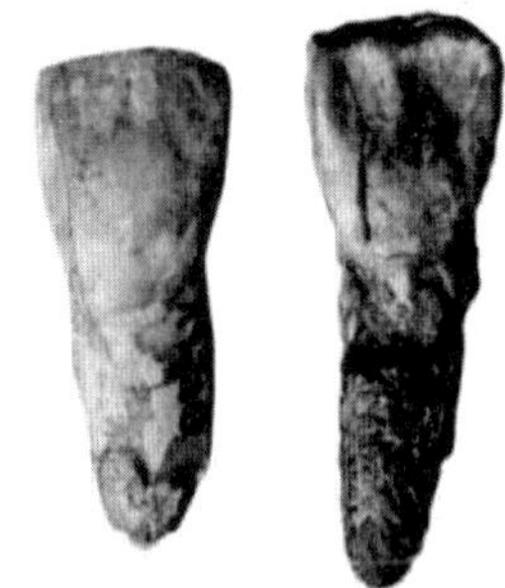

元谋人门齿化石

1965年，钱方、浦余庆等学者到上那蚌村附近寻找化石，发现了云南马化石，接着又发现了两颗人类的门齿。1976年7月25日，考古学者用古地磁方法测定元谋人化石绝对地质年代为距今170万年左右。1982年2月，元谋人遗址被列为第二批国家级重点文物保护单位。

与元谋人牙齿一起出土的还有几十件石制品。经研究鉴别，它们属于旧石器时代物品，其类型包括尖状器、刮削器和砍砸器。在同一地层中还发现了大量的炭屑和一些烧焦的骨头，在有炭屑的地方还发现了动物化石，经研究确定为共生哺乳动物化石。这些发现说明，元谋人会使用自己制造的工具从事狩猎及采集等社会活动，还学会了使用火，开始摆脱了茹毛饮血的时代。元谋人早于蓝田人、北京人、山顶洞人等猿人，把中国发现的最早人类化石的年代推前了 100 多万年。元谋人遗址的发现具有重大的历史意义和学术价值，对于揭示人类演化和发展的历史具有重要意义。

（二）北京人及其特点

北京人，又称“北京猿人”，正式名称为“中国猿人北京种”，距今大约 50 万年。北京人由美国古生物学家、地质学家葛利普命名，并把他的属、种和爪哇人合并而建立了一个亚种，称为“北京直立人”。北京人的颧骨较高，平均脑量仅 1075 毫升，前额低平，头部微微前倾，腿短臂长，身材粗短。北京人遗址是世界上出土古人类遗骨最丰富的遗址，位于北京市房山区周口店龙骨山，于 1921 年被发现。自 1927 年起，多次发掘。在 1929 年 12 月，中国考古学家裴文中先生在周口店龙骨山中发现了第一块完整的北京人头盖骨化石。1987 年，周口店北京猿人遗址被联合国教科文组织列入世界遗产名录。北京人头盖骨的发现，使周口店成为世界闻名的早期人类发祥地。

北京人头部复原图

从洞穴内发现的大量烧过的碎骨和木炭碎块推断，北京人懂得用火烤制猎物和取暖防寒。在严峻的自然环境和气候条件下，北京人用锤砸的方法，将石块敲打成粗糙的石器，把树枝砍成木棒，凭着这些原始的工具，依靠群体的力量，同大自然进行着艰苦的生存斗争。因此，他们往往几十个人共同劳动，分享劳动果实，过着群居生活，从而形成了早期的原始社会。

（三）马坝人及其特点

马坝人，是直立人转变为早期智人的重要代表，距今 12.95 万年至 13.5 万年，位于广东韶关市曲江区马坝镇西南 3 公里的狮子岩。

马坝人介于中国猿人和现代人之间，1958 年，马坝人头盖骨被发现。马坝人的发现为完善中国原始人类发展序列提供了重要资料。据考古资料显示，被发现的马坝人头骨呈卵圆形，无顶骨孔，眼眶上缘为圆弧形，与尼安德特人相似；鼻骨宽阔，与现代人不同，仍保留了猿人的特点。脑量较大，超过了北京人，又具有智人的特征，因而在分类上属于早期智人。

马坝人属于东南地区旧石器时代中期的人类化石，是迄今为止广东省唯一的古人类。马坝人遗址的发现，证明了广东的历史可上溯到原始社会的原始群时代，扩大了中国远古人类的分布范围，填补了中国华南人类进化系统上的空白，对于研究中国南方地区早期人类体质形态的演化具有重要意义。

（四）许家窑人及其特点

许家窑人是中国的早期智人化石，距今约 10 万年。许家窑人头骨骨壁的厚度、牙齿的大小和嚼面复杂的程度与北京人相近，但头骨骨壁大于北京人的平均值，更多的特征与早期智人相同，脑量估计比北京人大。

许家窑人遗址位于山西阳高许家窑村南 1.5 公里处，发掘于 20 世纪 70 年代中期，遗址内含有古人类化石和大量石制品、古角器和哺乳动物化石，是目前我国旧石器中期古人类化石和文化遗物最丰富、规模最大的遗址。

经考古研究发现，许家窑人能制造先进的石器和骨器。考古发掘出来的石器有龟背形状的刮削器、细小石器和石球，反映了当时石器制造技术的进步。许家窑遗址未见一具完整的动物遗体，却有很多人们食肉以后又砸碎的动物骨骸。显然，许家窑人有了更强大的战斗力，野兽成为他们的狩猎对象。

（五）山顶洞人及其特点

山顶洞人，是旧石器时代晚期的人类化石，属于晚期智人，发现于北京市周口店龙骨山北京人遗址顶部的山顶洞，山顶洞人也因此得名。

山顶洞人头骨硕大，上面部低矮，整个面部有中等程度的突出，眼眶较低，梨形孔较阔，其下缘呈鼻前窝形，与现代黄种人相似。据最新的测定结果表明，山顶洞人大约生活在距今 1.6 万年到 3.4 万年之间。

山顶洞人文化遗址

山顶洞人文化遗址发现于 1930 年，1933～1934 年，裴文中先生主持对山顶洞进行了系统发掘。出土的化石材料包括三具相当完整的头骨，不完整的颅骨、下颌骨及牙齿标本。

根据人类学家的研究推测，山顶洞人处于母系氏族公社时期，女性在社会生活中起主导作用，整个社会按母系血统确立亲属关系。他们使用共有的工具，共同劳动，共同分配食物，没有贫富贵贱之分。从出土的精美骨器和装饰品来看，他们掌握了钻孔和磨制技术，有了初步的审美意识，为新石器时代的发展奠定了基础。他们会人工取火，靠采集和狩猎为生，还会捕鱼，生产活动范围已经扩大。这标志着人类认识和利用自然的能力进一步提高。

二、新石器时代

新石器时代以使用磨制石器为标志，大约从 1.4 万年前开始，距今 4000 年左右结束。新石器时代的主要特征有：能磨制石器、制造陶器、开始从事农业和畜牧业。

（一）裴李岗文化

裴李岗遗址位于河南新郑市区西北约 1.5 公里处的新村镇裴李岗村的西侧岗地上，裴李岗文化由此得名。裴李岗文化是我国黄河中游地区的新石器文化，也是目前中原地区发现最早的新石器文化，距今 8000 多年。

裴李岗文化遗存发现于 1958 年。1977 年，考古学家在裴李岗村发现了舌状形石铲和泥质红陶双耳壶，初步认识到这是有别于仰韶文化的史前遗物。大约 20 世纪 70 年代末期，才提出以“裴李岗文化”命名，这是中国确切认识新石器时代早期考古学文化的开始。因此，裴李岗遗址被列入“中国 20 世纪 100 项考古大发现”“河南省 10 大考古大发现”之中。

裴李岗文化是汉族先民在黄河流域创造的古老文化，是华夏文明的重要来源。裴李岗遗址的发现填补了我国仰韶文化以前新石器时代早期的一段历史空白。从所发掘的文物分析，人们已经进入锄耕农业阶段，处于以原始农业、手工业为主，以家庭饲养和渔猎等生产活动为辅的氏族经济时期。同时，形成了聚居的原始村落，人们过着稳定的定居生活。这一时期原始生产的发展把我国的农业史、制陶史、手工业等由仰韶文化时期向前追溯了 1000 多年，推动了我国整个社会历史的发展和进程。另外，在裴李岗遗址出土的手制陶器上发现了一些符号，这种符号对于先民来说可能具有交际功能、记事功能和图案装饰功能，对中华文明的传承也具有重大意义。

（二）仰韶文化

仰韶文化是黄河中下游地区重要的新石器时代早期文化遗存，距今7000~5000年。仰韶文化遗址1921年发现于在河南省三门峡市渑池县仰韶村。经过1921年、1951年和1980年三次发掘，出土了大量陶器和石器等。

1961年3月，仰韶文化被列为“第一批全国重点文物保护单位”“中国20世纪100项考古大发现”之一。仰韶村遗址成为中外史学界、考古界向往的“文化圣地”。

仰韶文化·彩陶

大量出土的陶器上彩绘有几何型图案或动物型花纹，因此又被称为“彩陶文化”。

仰韶文化是一个以农业为主的文化，处于原始的锄耕农业阶段。人们采用刀耕火种的方法和土地轮休的耕作方式进行农业生产，社会生产水平有所发展。家畜饲养方面比新石器时代早期也有一定的进步，饲养的家畜主要有猪、狗和羊。手工业生产（包括制陶、制石、制骨、编织等）与农业、畜牧业一样，主要是自给自足的自然经济活动，以物易物的交换形式已普遍存在。这一时期的聚落建筑布局整齐有序，村落内的房屋主要有圆形和方形两种，选址一般在河流两岸，或在河流交汇处较高又平坦的地方。仰韶文化以其分布广泛、内涵丰富和延续长久而成为中国新石器文化中的一支主干，它展现了中国母系氏族社会从繁荣到衰落时期的社会结构和文化成就。同时，仰韶文化的发现标志着中国近代考古学的诞生。

距今8000多年的裴李岗文化和距今7000~5000年的仰韶文化，是我国新石器时期考古领域的两项重大发现。这两种文化在黄河中下游地区广泛分布，并向四周扩展，推动了中原地区文明的发展和整个社会的进步。

（三）大汶口文化

大汶口文化是新石器时代晚期父系氏族社会文化，距今6100~4600年，分布于我国黄河下游和江淮地区，因山东省泰安市大汶口遗址而得名。

20世纪50年代经多次发掘，大汶口遗址出土了大量的墓葬和随葬品；1964年，被命名为“大汶口文化”；1974年和1978年，又先后多次发掘了墓葬、房址和灰坑等。1982年，被列为“全国重点文物保护单位”。

这一时期，原始农业生产的发展和进步推动着手工业的进步和艺术的萌发。大汶口文化内涵丰富，有房屋建筑、墓葬窑坑等，更有大量的出土文物，如特点鲜明的陶器、玉器、象牙器、骨器和磨制精细的石器等。陶器从早期的夹砂红陶和泥质红陶为主到晚期已能用轮制技术生产大件陶器，说明当时的制陶业得到了空前的发展，而且在大汶口文化的陶器上发现了类似文字的刻符，能表达明确的意义，形义一目了然，被认为是古老的象形文字。从出土的骨骸发现，大汶口文化居民盛行枕骨人工变形和青春期拔牙的习俗。

从出土的文物看，大汶口文化经历了早、中、晚三期发展。在早、中时期，男子已成为社会生产，特别是农业生产的主要劳力，妇女则主要从事纺织等手工业劳动。社会已经从母系氏族公社阶段发展到父系氏族公社阶段。到大汶口文化晚期，私有制已经出现，且贫富分化已经十分明显。

大汶口遗址的发掘和确认将黄河流域海岱地区的史前文化的历史向前推进了2000年，为距今约4600~4000年的龙山文化找到了直接来源，也为研究黄淮流域及山东、江浙沿海地区的原始人类文明提供了重要线索。

（四）龙山文化

龙山文化·黑陶

龙山文化，泛指我国黄河中下游地区约新石器时代晚期的一类汉族先民的文化遗存，因首次发现于山东历城龙山镇而得名，距今约4600~4000年，分布于黄河中下游的山东、河南、山西和陕西等省。龙山文化以薄、硬、光、黑的陶器，尤其是蛋壳黑陶最具特色，所以也称“黑陶文化”。

1928年春，考古学家吴金鼎先生在山东省历城龙山镇发现了举世闻名的城子崖遗址。之后，城子崖遗址被多次发掘，出土了一批以精美的磨光黑陶为显著特征的文物。龙山文化，尤其是庙底沟遗址出土了大量带有漂亮的玫瑰花图案的黑陶，被认为是古代华夏族的源头。

龙山文化时期是原始社会逐步瓦解并向文明时代走近的历史时期。除陶器外，龙山文化遗存还有大量的石器、骨器和蚌器等。这一时期的先民们主要以农业为生，辅以渔猎、蓄养牲畜等，

农业和畜牧业较大汶口文化时期有了很大发展，生产工具的数量及种类也开始增多，快轮制陶技术相对发达，生产效率得到了很大的提高。据考古学家推测，此时可能已经出现了铜器，传说中的尧、舜、禹及夏朝很可能就处于龙山文化的范围之内。从社会形态看，当时已经出现了私有财产，并已步入阶级社会，开始进入了父权制社会。

【拓展阅读】

夏禹，名曰文命。禹之父曰鲧，鲧之父曰帝颛顼，颛顼之父曰昌意，昌意之父曰黄帝。禹者，黄帝之玄孙而帝颛顼之孙也。禹之曾大父昌意及父鲧皆不得在帝位，为人臣。

当帝尧之时，鸿水滔天，浩浩怀山襄陵，下民其忧。尧求能治水者，群臣四岳皆曰鲧可。尧曰：“鲧为人负命毁族，不可。”四岳曰：“等之未有贤于鲧者，愿帝试之。”于是尧听四岳，用鲧治水。九年而水不息，功用不成。于是帝尧乃求人，更得舜。舜登用，摄行天子之政，巡狩。行视鲧之治水无状，乃殛鲧于羽山以死。天下皆以舜之诛为是。于是舜举鲧子禹，而使续鲧之业。

尧崩，帝舜问四岳曰：“有能成美尧之事者使居官？”皆曰：“伯禹为司空，可成美尧之功。”舜曰：“嗟，然！”命禹：“女平水土，维是勉之。”禹拜稽首，让于契、后稷、皋陶。舜曰：“女其往视尔事矣。”

禹为人敏给克勤；其德不违，其仁可亲，其言可信；声为律，身为度，称以出；亹亹穆穆，为纲为纪。

……

东渐于海，西被于流沙，朔、南暨：声教讫于四海。于是帝锡禹玄圭，以告成功于天下。天下于是太平治。

——《史记·夏本纪》

自我测试

1. 中国大陆地域辽阔，地势走向总的趋势是西高东低，依次递降，呈现出三大阶梯式的

地形地貌。（　　）为第一阶梯；青藏高原以北、以东和东南一带的（　　）、（　　）、（　　）和（　　）、（　　）（　　），为第二阶梯；第二阶梯以东，北起（　　），中经（　　），南至（　　）一线以东以及云贵高原以东的中国东部地区，为第三阶梯。

2. 中国大陆的气候特征由南而北，以山川河流为天然分界，呈现出（　　）、（　　）、（　　）、（　　）、（　　）的渐次递变。

3. 根据自然地理特点，1933 年，我国学者胡焕庸提出自东北的（　　）至西南的（　　）画一条直线，把中国分为东南和西北两个部分，这就是著名的“胡焕庸线”。

4. 根据我国的神话传说及相关古籍记载，中华民族的始祖被分为三大集团：位于黄河上中游及北方的（　　）集团；位于黄河下游及淮河流域的（　　）集团；位于长江流域的（　　）集团。

5. 新石器时代的主要特征有：能磨制（　　）、制造（　　）、开始从事（　　）和（　　）。

6. “胡焕庸线”把中国经济形态分为两大部分，东南以农耕为主，西北以（　　）为主。

A. 林业　　B. 畜牧　　C. 旅游　　D. 矿业

7. 以下属于旧石器时代文化的是（　　）

A. 裴李岗文化　　B. 大汶口文化　　C. 龙山文化　　D. 马坝人文化

8. 以下属于新石器时代文化的是（　　）

A. 仰韶文化　　B. 北京人文化　　C. 许家窑人文化　　D. 山顶洞人文化

9. 仰韶文化被称为（　　）

A. 黑陶文化　　B. 白陶文化　　C. 彩陶文化　　D. 红陶文化

10. 比较黄河文明和长江文明的差异。

参考答案

1. 青藏高原　蒙古高原　黄土高原　云贵高原　塔里木盆地　准噶尔盆地　四川盆地　大兴安岭　太行山　巫山　2. 热带　亚热带　暖温带　中温带　寒温带　3. 黑河　腾冲　4. 华夏　东夷　苗蛮　5. 石器　陶器　农业　畜牧业　6. B　7. D　8. A　9. C　10. 略

第二章　分配与协调：中国传统政治制度

中华文明是人类文明史上唯一没有中断而延续至今的古老文明。人类其他古代文明或消失，或停滞，几乎无一善终，只有中华文明得以延续至今并依旧有着蓬勃的生命力。中华文明之所以能够几千年延续不断，一个重要的原因就是中国古代不断完善的政治制度的保障。

中华文明从诞生之初起，王权便是整个国家利益的核心，它代表着天的意志，掌管着世间万事万物，是天下至高无上的存在。然而王权的统治和恩赐无法直接作用到每个人的身上，必须借助他人的帮助层层下达。当王通过一定方式的选拔，把权力分配给一些人来帮助他管理时，官产生了；当官通过一定方式招募，把权力分配给一些人来帮助他管理时，幕府产生了。中国古代的王和皇帝都是通过官吏和府僚来管理亿万百姓的，而其中最重要的管理就是对土地的管理。官僚政治是中华文明形成并维持几千年稳定政体的主要原因之一，是保障中华文明经历洪水泛滥、异族入侵等灾难而始终延续并蓬勃发展的重要保障。

第一节　古代职官制度

“溥天之下，莫非王土；率土之滨，莫非王臣。”在中国古代家天下的政权组织构建中，帝王拥有着至高无上的权力，是整个国家机器的主人。但是面对庞杂繁冗的国家事务，无论是早期的王、天子还是后期的皇帝，都无法一人应对。因此，职官制度应运而生。古代职官制度是政治制度的重要组成部分，应国家的产生而出现，随着国家机器的逐步完善而不断丰富和发展。

一、天地四时官制

远古之时，职官与天地四时有联系。传说黄帝所设的职官——春官为青云，夏官为缙云，秋官为白云，冬官为黑云，中官为黄云，包含四时与五行的理念。少昊对四时官规定了职责：春官负责耕稼，夏官负责耘锄，秋官负责收敛，冬官负责盖藏。这体现了远古农业对于部落生存至关重要的作用。颛顼时，春官为木正，夏官为火正，秋官为金正，冬官为水正，中官为土正。

天地四时官制在西周时期被周公旦总结发展，形成了一部通过职官制度来表达治国方案的著作——《周礼》。据《周礼》记载，天下为天子所有，天子设天、地、春、夏、秋、冬六官，分掌全国政务。天官冢宰，统领天下百官；地官司徒，掌天下教化；春官宗伯，掌天下礼仪神权；夏官司马，掌天下政令；秋官司寇，掌天下刑杀；冬官司空，掌天下民政。六官各有自己的府僚，独立又相互依靠，共同为周天子治理天下。《周礼》一书的真实性历来遭到非议，其记载的四时官制也未有考古资料佐证，但这并不妨碍其成为历代变法家整顿吏治的教科书。天地四时官制是中国古代农业经济的自然反映，体现了当时劳动人民的集体智慧。

二、职官制度的产生

公元前 21 世纪，夏王朝建立，华夏境内第一个国家政权诞生了。随着国家的产生，原部落联盟中的变革也相应完成了蜕变。其首领成为夏王朝的“夏后氏”，联盟长老及地方方伯成为中国历史上最早的职官。根据史书记载，夏有“三正”“四辅”“三老五更”等中央辅政职官，有“六事之人”分管政务的官员，这是中国职官制度诞生的最初形式。

商王朝的职官制度有了很大发展。从史书和甲骨文来看，中央辅政职官有“尹”“臣”“巫”“相”“三公”等，已与后世称谓相差不远。尹和臣都是当时官的称谓，巫是神职人员，三公、相和保都是商王身边的辅政大臣。除此之外，还有“宰”“卿事”等政务官员，其中“宰”一开始是王的内廷官职，相当于王的管家，随着商王权力的扩大，开始执掌国家政务，渐渐与“相”的职权融合，后世合称“宰相”。

西周是中国奴隶社会政治经济文化的集大成时期，建立了天子—诸侯—大夫三级行政管理体系，而职官制度也相当发达，仅铭文中提到的职官就达 213 种。西周初期，王室政权机构中最重要的职官是太师和太保，掌握着王室的军政大权，负有监护和辅佐年少国君的重任。周王室的官僚机构分为两大系统，即卿事寮和太史寮。卿事寮即卿士寮，主管“三事”和“四方”。其长官初期是太师或太保，中期以后为太师；其属官主要是“三司”，即司徒、司马、司空。太史寮掌管册命、制禄、图籍、祭礼、占卜、礼制、时令、天文、历法等。其长官是太史，是文职官吏和神职官吏的领袖。除此之外，王室还设有掌管周王衣食住行的宫廷内官，有宰、膳夫、寺人、小臣、小子、小夫、守宫、御正、世妇、东宫等。西周官制是在商代的“内服”和“外服”基础上发展起来，官僚机构庞大，且职官的名目繁多，行政体制更加系统。这种演变趋势，反映了西周国家机器的完备和王权的强化。

三、秦王朝与三公九卿制

秦始皇统一六国后，取缔了分封制，在全国设置了 36 个郡，实施直接统治；同时，在中央设置了三公九卿的职官制度。“三公”即丞相、太尉、御史大夫，直接协助皇帝处理全国事务。丞相有左丞相、右丞相之分，以左丞相为尊，辅佐皇帝处理全国政务。太尉是武官，协助皇帝掌管全国军队。御史大夫掌管承转皇帝诏令，监察文武百官，处理重大案件。“三公”之下是“九卿”，掌管中央各部门的具体事务。九卿包括：奉常，掌管宗庙礼仪；郎中令，掌管宫廷警卫；卫尉，掌管皇宫保卫；太仆，管理宫廷车马；廷尉，负责刑法；典客，处理民族事务及外交；宗正，管理皇族内部事务；治粟内史，掌管全国财政税收；少府，掌管山河湖海的税收及皇帝的生活供应。这些官员都由皇帝任免，概不世袭。以“三公九卿”为主而组成的职官体系，是秦代专制主义职官制度的核心，是绝对受制于皇帝并代行皇帝政务的最高权力机关。

四、汉晋中外朝职官制度

汉初延续秦朝的职官制度，丞相权力颇大，对朝政影响深远。汉武帝继位后，为了加强皇权对抗相权，创立了贯穿古代职官史的中外朝官制度。所谓中外朝官制度，是指以丞相、三公九卿为代表的外朝官和尚书、郎等皇帝的侍从官——内朝官共同执政的现象。中外朝官制度是皇权对抗相权的主要手段。古代中央官吏分三类：一类是省内官吏，二类是宫内官吏，三类是宫外百官。汉初的三公九卿全部是三类官吏。汉武帝将处理机要事务的责任逐渐转移到二类官吏手中，使用只在宫内负责传递文书的尚书一职掌管机要，又将三类和一类官中一些亲信官员的名号上加上诸如“宫内行走”等字，使他们合法进出宫内，这样就形成了以尚书为首的一套辅政决策集团，被称为“中朝”，而原先的三公九卿则成为外朝。随着皇权的集中，尚书权力不断增强，中朝的实力逐步超过外朝。东汉时，尚书组织被称为“尚书台”，成为东汉国家政务中枢机构，而三公九卿则沦为尚书台政令的事务性机构。

魏晋南北朝时期，中央职官体制混乱不堪，依旧沿着中外朝转换的形式继续发展。尚书台经过东汉魏晋的发展，被称为“尚书省”，长官尚书令的权力堪比秦汉丞相。为了限制尚书省的权力，历朝皇帝一方面以机构庞大为名将尚书省移至宫外，成为三类官；另一方面，提拔新的二类官，原负责书写文书的中书成为新的机要职官，负责辅助皇帝批阅奏章，代为草诏，发展成为中书省；同时，提拔一类官中原负责皇帝起居的侍中一职，辅佐皇帝决策、纠正诏书。在隋朝建立之前，门下省、中书省、尚书省三省对峙的局面基本形成。

五、隋唐三省六部制

隋唐时期，中央实行三省六部制。所谓六部，即在尚书省下置吏、礼、兵、刑（都官）、民（度支）、工六部，分管相关庶务。三省，即中书省出令、门下省封驳、尚书省执行的三省分职制度。三省长官均为宰相，对重大事务应共同议政于门下省（后迁中书省）的政事堂。唐太宗时期，尚书省只有左、右仆射作为长官，又给一些官职较低的官吏加上“参预朝政”“参知政事”和“同中书门下三品”“同中书门下平章事”等头衔，使其成为宰相，可以入政事堂。随着皇权的加强，尚书省左、右仆射只负责省内事务，不再参与决策讨论而失去宰相身份，“同中书门下”成为宰相的职官名。“同中书门下”制度形成后，宰相轮流值守政事堂，而三省全部变成事务性执行机关。唐末宦官专权，宰相轮流值守制发生转变，出现了临时的“首相”制。首相即宰相之首，负责统领一段时期内的内外朝政。

六、宋代官职差遣制度

宋代官制沿着唐末五代职官制度的发展而演变，三省依旧设立，但从长官到署员都是有官位无执掌，三省实际处于废弛状态。宋代在中书省内设政事堂，简称“中书”，与枢密院分掌事务，号称“二府”。在宰相之下设“参知政事”，将唐末五代设置的枢密使和三司使定为常设官员，以枢密使取宰相的军政大权，以三司使取宰相的财政大权。同时，削减州郡长官的权力，不许他们兼任一个州郡以上的职务。以文臣任州郡长官，另设“通判”进行牵制。

宋代职官制度的特点是官、职、差遣相分离，被称为“官职差遣制度”。总体来说：官是虚衔，延续隋唐三省六部制职官体系，决定俸禄的收入；职是加封的大学士等文学头衔，是荣誉虚职；而差遣才是真正的工作，一般是临时性的，名称里一般有“判、权、知、直、监、提举、提点”等字样，拥有实权。此制度分割了相权，提高了皇权，却造成了“冗官”现象。

七、元朝达鲁花赤制度

元朝的中央统治机构有中书省、枢密院和御史台。中书省是最高行政部门，设中书令，右、左丞相，平章政事，右、左丞，参知政事等，统称“丞相”。中书省下辖吏、户、礼、兵、刑、工六部。枢密院掌兵权，设院使、副使。御史台掌司法，设御史大夫。元朝具有特色的职官制度是达鲁花赤制。达鲁花赤是蒙古语，意为“镇压者”。达鲁花赤由蒙古人充任，是各级地方政府最高行政兼监督长官，高居其他官员之上。

八、明代内阁制度

1380 年，朱元璋废中书省，罢丞相官职，由吏、户、礼、兵、刑、工六部处理其事，对皇帝负责，结束自秦汉以来的丞相制度。丞相被撤销后，庞杂的机要庶务全部压在皇帝一人身上。鉴于此，一定意义的辅政机关的存在仍然有必要。朱元璋在废丞相后，设华盖殿、谨身殿、武英殿、文华殿、文渊阁、东阁等大学士，为皇帝顾问，帮助其处理国家机要。明成祖即位后，以翰林院编修、检讨等官入午门内的文渊阁当值，参与机务，称为“内阁”，此时只能奉皇帝旨意办事，是一个秘书性质的机构。随着明代中后期的皇帝或年幼无知或怠政荒淫，内阁获得了皇权所赋予的“票拟”权。所谓“票拟”，全国各方面的奏章在送呈皇帝批示前，由内阁学士先审核并给出参考意见，用黑色写于小票上，贴在奏章上再进呈皇帝。“票拟”权的获得，使内阁成为实际意义上的新的行政中枢，与掌握批朱权的宦官机构司礼监共同形成了明朝中后期的双轨辅政局面。

九、清代军机处制度

清代的中央中枢部门依明制设内阁（“三殿三阁”）作为全国最高行政机关，下设六部。清代的内阁同魏晋的尚书台一样，由中朝官变成了外朝官，无权继续执掌机要。为了维护民族利益，清朝特设军机处作为最高权力机关，是皇帝直接指挥下的最高军政决策机构。雍正七年（1729 年）用兵西北始设“军机房”，雍正十年（1732 年）始正式改称“军机处”。军机大臣无定员，最多时达六七人，由亲王、大学士、尚书、侍郎或京堂在皇帝指定下兼任，称为“军机大臣”或“军机大臣上行走”，俗称“大军机”。其僚属称为“军机库京”，俗称“小军机”。军机处职掌为秉承皇帝意旨，处理军国要务、官吏任免和一切重要奏章，是中国历史上中央集权制的最高发展。

中国古代的职官制度从其诞生起便始终处于变化、演进之中。它一方面受到变化发展的社会经济水平的影响，另一方面也体现着君相权力争夺的痕迹。随着皇权政治的垮台与近代政体的建立，中国古代职官制度也寿终正寝。然而，4000 余年不断演进的职官制度及其文化依旧对当今中国社会有着深远的影响，隐藏在官制更迭背后的权力斗争对今天社会依然有着现实的警示意义。

第二节　古代官吏选拔制度

选官用人乃国之大事。从先秦时期的世卿世禄制到隋唐以后的科举制，中国历代统治者时刻探索和完善着选官制度。

一、世卿世禄制

世卿世禄制是中国奴隶社会的官吏选拔制度。从最高统治者到各级贵族，其权位由自己的后代世袭继承，他们世代把持自己的政治职位和权力，世代享受这一职位所带来的经济特权，这就是世卿世禄制。世卿世禄制的发展经历了尧舜萌芽时期、夏商雏形时期、西周定制时期和春秋战国瓦解时期。

尧舜时期，分管一方事务的部落长老、方伯等在跟随首领劳动、战争过程中，获得了声望和权力，甚至垄断了某一领域的全部资源。大到农业种植技术、畜牧养殖技术、与上天沟通的技能，小到烹饪技术、驾车技能等，无不为固定家族所垄断，世袭制开始萌芽。

随着夏王朝的建立以及王位世袭制的巩固，负责政权运转的各部门长官职务的世袭也巩固下来。如《尚书·甘誓》记载，有商一代，“三正”执掌神事、掌管祭祀，一直垄断着王朝的神权，世代世袭商王之下最高的执政官。

西周建立以后，周天子通过分封制和宗法制两大制度，建立起封建领主制贵族社会。在贵族社会下，财产和权力的分配主要根据血统。各级贵族领主由嫡长子世袭，其余儿子分掌政权的事务。王室和诸侯国执政的公、卿，经周天子策命后，世代相传，不能随意变动，被称为“世卿”。周天子会根据公卿所担任的贵族等级定时给予俸禄，世代相传，即世禄。

春秋时期，齐桓公打破世卿制度，任用非贵族的管仲为相，大力改革，使得齐恒公成为春秋时期首位霸主。随后各国纷纷展开了政治改革，为了进一步直接掌控国家政权，君主直接任命非贵族的官吏管理政权的各个领域，官吏任命制度开始萌芽。战国时期，各国变法强国的呼声更加强烈，而严重影响行政效率的世卿世禄制成为众矢之的。如商鞅变法，建立了按军功授爵的新军事贵族制度，打破了以血缘为纽带的旧贵族体系，世卿世禄制土崩瓦解。

世卿世禄制是我国奴隶社会期间主要的选官方式，在一定时期内对维系奴隶主统治以及稳定社会秩序起到了重要作用。

二、察举制

察举制，即经过考察后进行举荐，是一种自下而上推选人才的制度，它起源于先秦乡里举荐制度，定制并盛行于两汉，衰落于魏晋时期。

商周时期，除了世卿把持国家机要政务外，其余的事务性工作和乡里基层管理则由乡里举选上来的士和平民担任。举选工作首先由基层组织的乡、里推举出秀士，再由乡大夫选拔贡献于朝廷，称为“贡士”。朝廷对推荐上来的贡士进行培训，再授予乡吏、伍长或官府办事人员职务。评选人才的标准，首先看道德修养，其次看办事能力，最后看语言表达能力。

秦始皇统一六国后，原秦国的官吏任免选拔制度——军功制迅速推广全国。大多数官吏靠军功获得官职。汉朝建立后，从汉高祖到汉景帝，多次下发求贤诏，请各基层举荐能人异士，察举成为一种习惯性的选官方式。到了汉武帝元光元年（前 134 年），“初令郡国举孝廉各一人”，从此郡国每年向朝廷举孝廉的察举制正式确立起来。

汉代察举制的主要方法：皇帝下诏制定举荐科目，主要是“孝廉”和“茂才”。“孝廉”指孝子和廉吏，“茂才”即秀才；由朝廷百官和郡国守相按照科目要求考察举荐人才。举荐依据主要是被选者的乡党评论，皇帝对被举荐的人才进行考试，根据成绩授予相应的官职。察举初入职的一般先为郎中，再晋升至尚书、侍中或外出为县令、长，根据政绩和年限，再升刺史或太守。

西汉察举制度执行严格，朝廷官员有举荐人才的义务和责任。到了东汉，大地主把持了察举制的关键——乡党评论，为了扩大家族利益，被举荐者多无真才实学，甚至“举秀才，不知书；察孝廉，父别居”，造成了朝堂下“寒素清白浊如泥”，战场上“高第良将怯如鸡”的局面，无法将真正有德有才的人才选拔到真正需要的岗位上，察举制渐渐衰落。

察举制在汉代集权制国家中产生，为汉王朝选拔了大批德才兼备的人才，有效地充实和加强了中央和地方的封建统治机构，对当时社会政治、经济、文化的发展起到了巨大的推动作用，奠定了大汉江山的统治基础。其选拔人才的依据——德在才先，以道德为首要准绳在今天依旧有重要的借鉴意义。

三、九品中正制

九品中正制，是魏晋南北朝时期重要的选官制度，由魏文帝曹丕完善其父曹操治国之策而创立。此制至西晋渐趋完备，南北朝时又有所变化。

所谓九品中正制，即朝廷任命中正官到地方主持人物的品评，将人按照一定的标准分为上上、上中、上下、中上、中中、中下、下上、下中、下下等九等，向朝廷推荐被评上等的人，这些人会获得到各级政府做官的资格。

具体来说，九品中正制有以下三方面的内容：

第一，设置中正。这是九品中正制的关键环节。所谓中正，就是掌管对某一地区人物进行品评的负责人，也就是中正官。中正官又有大、小之分，州设大中正官，掌管州中数郡人物之品评，各郡则另设小中正官。在一般情况下，州郡的大小中正官是由司徒举荐的现任中央官员兼任；有时，司徒或吏部尚书还直接兼任州的大中正官。这是为了保证中央对选举的直接控制，避免他人对中正事务的干扰。大小中正官还都有名为“访问”的属员，负责实地调研民风民情。

第二，品第人物。这是中正官的主要职责。基于熟悉程度的考虑，中正官负责品评和他同籍的士人，包括本州和散居其他各郡的士人。品评主要有三方面的内容：一是家世，即家庭出身和背景；二是行状，即个人品行才能的总评，相当于品德评语；三是定品，即确定品级。定品原则上依据的是行状，家世只作参考。

第三，官吏选拔。中正评议结果上交司徒府复核批准，然后送吏部作为选官的根据。中正评定的品第又称“乡品”，和被评者的仕途密切相关。任官者其官品必须与其乡品相适应，乡品高者做官的起点（又称“起家官”）往往为“清官”，升迁也较快，受人尊重；乡品卑者做官的起点往往为“浊官”，升迁也慢，受人轻视。

九品中正制由朝廷任命中正官进行人物品评，将国家选拔考察人才的权力从上而下贯穿到了基层，将国家的教化通过官吏选拔的方式推广到基层，为三国时期魏国的强大奠定了基础。随着曹魏皇权的迅速衰弱，地方豪门控制了九品中正制这一选官制度。晋以后中正官全由地方大地主把持，品评人才也多以家世为重。才能之士因出身寒微，被定在下品，只能委任地方吏职；而不学无术的望族子弟位列上品，坐至公卿。这一转变形成了“上品无寒门，下品无世族”的情形，导致东晋时期形成了典型的士族门阀政治。

九品中正制的出发点是中央制约地方，因监督不到位、法制不完善、贯彻不始终而成了地方制约中央的工具，成为门阀政治的工具，致使皇权衰落。

四、科举制

科举制，是隋朝以后通过考试选拔官吏的制度。由于采用分科取士的办法，所以称作“科举”。士子应举，采取自主报名的方式，不必公卿大臣或州郡长官推荐，这是科举制最主要的特点。科举制从隋朝开始实行，直至清为止，前后经历1300余年，是世界上延续时间最长的选拔人才的办法。

作为一种选官制度，科举制经历了历朝统治者的修改和完善，根据其朝代历程，大体可分隋唐初创期、宋代完善期、元代中衰期以及明清僵化期。

隋朝建立后，在选拔官吏的制度上，隋文帝废除了九品中正制，开设进士科，以朝廷开科考试的方式选拔人才，标志着科举制的创立。唐朝统治者进一步确定并完善科举制，考试科目分为两种：常科和制科。常科是每年按科举行，制科由皇帝按需下诏临时举行。常科的科目主要有秀才、进士、明经、童子等科。常科登第后，便具备了做官资格，被称为“举人”，可以参加吏部铨选，合格后便可被授予官职。制科由皇帝亲自主持，名目繁多，武则天时期还首创了武举。制科考试，官员、举人乃至百姓均可报考。隋唐统治者通过科举制把选官用人的权力收归中央，使广大庶族地主乃至平民知识分子都有了入仕为官的权利，扩大了统治基础、巩固了政权。科举制从根本上冲击了门阀世族的势力，改变了以门第定荣辱的尊卑心理，扭转了魏晋以来的社会风气和观念。

宋承唐制，在继承了隋唐科举的同时也进行了改革：一是延长考试时间间隔，扩大录取名额。二是制定了州试、省试、殿试三级考试制，取消了唐代的吏部铨选，殿试合格即可被授予官职。三是考试科目有了变化，进士科成为科举唯一科目，考中进士成了科举中举的代名词，考试侧重经义，其他科目名存实亡。四是突出重视制科。制科在宋代成为“大科”，考取后的待遇要明显高于常科，如拥有免授边陲地方官职的权力等。五是提高科举的声望。在宋代，状元、榜眼、探花等名目已经出现，无论是常科还是制科，中状元、榜眼和探花者均为当时朝野仰慕的人物，读书—考试—做官这一普遍的职业生涯规划正式形成。六是建立防止徇私的新方法。宋代主要采取糊名和誊录措施。这种制度，对于防止主考官徇情取舍产生了很大效力。宋代科举制度大兴，两宋 320 年间总共开科 118 次，取进士 2 万人以上，这为两宋选拔了一大批优秀官吏，同时也为两宋经济文化的高度繁荣奠定了社会基础。

元朝 97 年间，科举停办 2 次，共举办过 16 次，取进士 1139 人，国子学录取 284 人，总计 1423 人。在整个元朝时期，科举制度严重中衰，对元政权建设只起点缀作用。

明清时期的科举是封建科举制度达到完备的阶段。明清时期的全国州、县的士子，未经初级考试录取前，均称为“童生”；通过本地考试（通称“县试”）的，可称为“生员”，俗称“秀才”，即取得了参加科举考试的资格，以上均为科举考试的准备工作。明清的科举考试分为三级：第一级为乡试，全国生员可参加，每三年举行一次，通过者取得举人资格，第一名称解员；第二级为会试，一般在乡试的次年春天举行，全国举人参加，通过者称“贡士”，第一名称会员；第三级为殿试，由皇帝亲自主持，全国贡士参加，通过者称为“进士”，又被称为“天子门生”。进士分三甲：一甲三人，一甲第一名称“状元”，第二名称“榜眼”，第三名称“探花”，统称“赐进士及第”。二甲若干名，称“赐进士出身”。三甲若干人，称“赐同进士出身”。所有进士根据成绩高低授予官职，科举制度达到完备。明清的考试内容以儒学为主，八股文成为科举考试的应考文体。八股文是指文章的八个部分，文体有固定格式，即由破题、承题、起讲、入题、起股、中股、后股、束股八部分组成，题目一律出自四书五经中的原文。后四个部分每部分有两股排比对偶的文字，合起来共八股。八股取士束缚了读书人的自我创造能力，在清代越来越成为选拔人才的桎梏。在近代民族危机日益严重的情况下，八股取士下的科举制无法培养和选拔出济世之才。

科举制度是中国古代运行时间最长、影响最为深远的官吏选拔制度。它推动了知识阶层自下而上的社会流动，保证了文官体系源源不断的后续力量，维护了封建社会后期的统治秩序，还促进了中国传统教育的发展，刺激了文学、经学的发展，提高了国民的文化水平。中国的科举制度对东亚各国乃至世界都有深远的影响。朝鲜、日本、越南等国纷纷效仿并建立了本国的科举取士制度，其中越南科举直到1919年才取消，成为世界科举制度的最后尾声。科举制也为英、法、美等西方国家所借鉴。有史料证明，英国1855年试行并于1870年全面推行的文官考试、美国1883年开始采用文官考试制度，都源于中国科举制度。很多西方学者对中国的科举制度都有着极高的赞赏和评价。美国学者柯睿格在《哈佛亚洲研究学报》上发表论文说："以科举考试为核心的中国文官行政制度的创立，是中国对世界的最重要的贡献之一。"美国汉学家卜德说："科举制无疑是中国赠予西方的最珍贵的知识礼物。"《剑桥中国隋唐史》的编者崔瑞德认为，科举制度"为所有西方国家以考试录用人员的文官考试制度提供了一个遥远的榜样"。

第三节　古代幕府制度

中国政权自诞生之初起便向着集权的道路不断演进，集中的权力与庞大人口之间的矛盾，导致合法实施国家权力的人，即"官"的比例极低。因此，一方面当官者通过招募、拉拢、私养等方式，组建一支智囊团帮其出谋划策、壮大势力，确保所行使的权力不至于触犯王法；另一方面出身低微的士人将入幕当作唯一的进身之路，依附于"官"之下，获得不可比拟的社会资源。如此两合之事，幕府制度应运而生。

"幕府"一词最早见于《史记·李牧列传》："李牧者……以便宜置吏，市租皆输入莫府，为士卒费"，此处"莫府"即"幕府"。古代出征的将帅，军无常处，以幕帘为府署，故称"幕府"。幕府制度指古代权臣、戎帅、疆吏、牧守引荐亲信士人以入府署参与行事决策的制度。幕府中的僚属称"幕僚"，故幕府制度也称"幕僚制度"。幕僚的主要功能为：置备顾问、咨议谋划、参议决策、掌握机要、典属文书，乃至迎接宾客、经办庶务或代主巡行出使等。其中，尤以参议决策和掌握机要为重。幕府制度萌芽于先秦时期，形成于秦汉，成熟于魏晋，于宋代转型，并在明清改革发展，贯穿中国古代史全程，并延续至民国。

一、幕府制度的萌芽

夏商开始出现、西周时正式形成的家臣制，是幕府制度的最早形式。家臣制是指西周分封制下卿大夫所采用的人事组织管理制度。分封制中卿大夫是最底层，卿大夫治国，国被称为"室家"，其官员被称为"家臣"。家臣的主要职责是掌地方财、政、军大权；相佐家主参加盟会、聘问，为家主出谋划策；料理家主的日常生活等。家臣的岗位不世袭，职位由卿大夫任命，并可随时免除，呈现的是雇佣关系和臣仆性质。春秋时期，家臣制进一步发展，落魄的家臣不再限于宗族内部，可投靠强大势力作为庇护。如冉求、子路、子游、子夏等都是他人的家臣，而豫让先后做过范氏、中行氏、智氏三家之臣。可见这一时期家臣制以及自主用人的管理模式已经有了幕府制度的雏形。

战国时期，各国以养士为尚，所养之士被称为"食客""门客""宾客""舍人"等。魏文侯、齐湣王、齐宣王、燕昭王等是公室养士的代表。其中，齐国统治者创办稷下学宫，招揽天下有识之士，为其富国强兵、争雄天下出谋划策，成就了战国时期文化中心的美誉。主人对宾客以礼相待，主人与宾客的关系不再是主仆关系，已经发展为主宾关系。士在战国的政治斗争中起了重要作用，很多宾客也得到了回报，有的留名青史，如著名的"战国四公子”；有的在主人的提携和推荐下，取得了一定官职，成为国家官员，如魏国公孙痤的家臣卫鞅入秦主持变法，秦孝公与商鞅的关系亦君亦友，成为秦代幕友制度的先例。

二、幕府制度的确立

汉代将军出征拥有人事自主权，被称为“便宜置吏”权。朝廷赋予其用人的权力，将帅根据情况自行决定用哪些人、怎么用，包括各级武将和文职人员，这是幕府制度的基本特征。秦汉时期，封建官僚体制处于草创期，制度、法令不完备，公卿郡守不得不自辟掾史，自主用人。这种自主用人的权力存在于军事系统和行政系统。由此，行政系统中便衍生出一种重要的选官制度——辟署制度，辟署制度的确立标志着幕府制度的正式形成。

辟署，也称“辟举”“辟除”“辟召”等，是指中央公卿和地方政府长官辟用幕僚掾属的制度，是察举制选拔国家正式官吏的重要补充。汉朝政府规定，二千石以上的长官（郡守）可自行招募不超过百石的僚属，地方县令也有辟署斗食以下吏员的权力。在当时，拥有自主用人的主要是中央的三公九卿及出征在外的将军、各诸侯王及州郡县的长官，辟署的范围主要是诸曹掾史，即分管机关众务的属官，辟署的标准是看道德品质、儒家经典掌握水平、法令和处理公务的能力。在组建幕府中，双方遵循自愿原则；辟用之后，幕主需与其掾属保持利益相同或志同道合，否则其掾属可自由离开幕府。辟署一旦成立，掾属便成为国家承认的吏员，接受幕府主的领导和约束。掾属如果无法完成辟署任务，幕府主可辞退；掾属如果违法，幕府主承负连带责任。

辟署选官下的幕府制度，是中国封建社会前期政府机关重要的组成部分，通过这种制度，大量有实际才能者得以进入各级政府，参与政府管理，扩大了统治阶层队伍，保证了国家机器的正常运转。

三、魏晋幕府统治的时代

魏晋南北朝时期，幕僚职能空前活跃，参军、记室、军师、主簿等幕称的出现，标志着幕僚机制在分工、职能方面趋于细化完善，幕府制度发展成熟。与此同时，世家大族把持朝政，地方都督、刺史都拥兵自重，以宰相或都督的名义开府施政。幕僚侵代和超越正官的现象逐步达到顶峰，幕府成为取代中央皇帝政府、转换成新王朝的行政中枢。这一情况在新旧王朝更替时表现得更为突出。如汉献帝时期，曹操官职从丞相到魏公、魏王，挟天子以令诸侯，设立幕府，其麾下文臣武将唯曹操之命是从。如曹魏嘉平年间，司马师为大将军、侍中、持节、都督中外诸军、录尚书事，设立幕府，并命百官举荐人才充实幕府，垄断朝政。司马师的幕府严密控制着全国各方面的政务，形成了成熟的全国意义上的幕府统治。当时总的趋势是皇帝大权旁落，传统的“三公九卿制”权力机构形同虚设，权臣以幕府掌控政权，幕府政治成为这一时期国家机器运转的主要权力运行模式。

四、隋唐幕府制度的起伏

隋朝建立以后，统治者意识到幕府的强大所带来的威胁和负面影响，将全部用人大权掌握在手中。隋朝规定，六品以下官吏的任免全部由吏部掌握，州郡失去了辟署的权力。唐承隋制，一切官吏都由吏部选任，地方长官无权自行辟署，幕府制度在行政领域暂时灭迹，但军事领域依旧保留。中唐至五代十国时期，各道由节度使兼观察使以及团练、防御、租庸、营田等使，又兼州刺史，地方政治中军政、监察和行政三者合流。此外，按照唐朝科举惯例，科举通过者首先要担任幕府僚属熟悉政务，而科举考试失败者多委身节度使成为地方幕僚，幕府的功能再次强化。

五、幕府制度的衰落

宋初统治者抑制地方行政的幕府发展。幕府人员的聘用方式由辟署改为中央任命，将幕府职官系统编入国家职官系统。这意味着幕府人员直接向中央政权负责，又有监督主官的职能，是幕府制度发展的一个转折。这项政策的出台彻底改变了自汉代以来的幕府制度，幕府人员的决策、参谋功能受到削弱，行政管理职能大大增强；同时，幕府职官由中央任命，破坏了幕主与幕僚之间的依附关系，幕府失去了对抗中央的可能性，也彻底根除了幕府人员侵代、架空正规官员的弊病。自此，国家层面上的幕府制度不复存在，自主用人权成为中央任命制的点缀，再也无法起到组建幕府运筹帷幄的作用，此后元、明两代为加强中央集权制，基本上采取了宋代的做法。

六、幕府制度的变异复兴

清政府建立以后，职官制度已经完备，由国家委派幕职的制度已无存在意义，于是，幕僚又变为私聘；同时，清朝科举僵化，所选官吏迂腐，不得不有实际才能的人为其管理。因此，清代的幕府再次兴盛起来。清代幕主与职员的关系不是上下主仆关系，而是雇佣关系和朋友关系。这种幕府制度的变异，被称为“幕友制度”，是战国养士制度的发展。清代的幕友一般称“师爷”或“老夫子”，其主要职掌是刑名和钱粮两项。清代幕友的地位，已不能像古之长史参军那样与正官相提并论了。

幕府制度的发展，从一定意义上说是地方势力对中央的抗衡。幕府机制常有削弱或取代正规官制的重要特征。每次政权更替，新君主往往把自己的幕僚班子转化为新王朝行政中枢，然后再培养新的幕僚班子削弱或取代新官制。幕府制度的兴废，是中央和地方势力消长的晴雨表。中国古代的幕府制度是对国家行政官制的重要补充，国家行政官制中决策、行政、监察分立又互相牵制的体系，并不能完全解决统治阶级内部的矛盾冲突，维持势力均衡。幕府的特殊机制发挥了特殊功能，是中国古代中央集权制度的产物。

第四节　古代土地分配制度

中国历朝历代均以农耕经济作为支撑政权运作的主要支柱，而土地作为农耕经济的基础，在中国古代有着特殊的意义。土地与权力息息相关，拥有的权力大小与土地多少往往成正比，同样，拥有更多的土地往往意味着社会地位更高。因此，人们拥有财富后第一时间便是增置田宅。然而财富分配往往因此而失去公平，造成“富者田连阡陌，贫者无立锥之地”的情况。这一方面会导致“朱门酒肉臭，路有冻死骨”这样贫富分化严重的社会问题，严重影响社会秩序和政权统治基础，另一方面又为一些野心家分割皇权提供了资本，因此历朝历代统治者都想尽办法对土地分配进行国家协调。

一、井田制

在三代时期，“溥天之下，莫非王土”这句话却实实在在体现着当时的土地国家公有制，即天下的土地都是王的，不私属于其他任何个人或集体。王把土地层层分封给诸侯，诸侯将受封土地分赐给卿大夫，卿大夫把土地再分赐其子弟和臣属。王对所封土地有予夺之权。各级受封的贵族对土地只有使用权，没有所有权，只能世代享用，不能转让与买卖。受封者还要向王承担义务，就是要向王交纳贡赋。在贵族受封的土地上，奴隶和庶民集体耕种。

土地被划分成“井”字形方块，耕地阡陌纵横，形同“井”字，称为“井田”。各级统治者把井田分为三类。他们各自把其中最好的部分（即位于河流附近、背山向阳的平展土地）成千上万块地留给自己，叫“公田”，驱使奴隶集体耕种；把距城市较近的郊区土地，以田为单位分给和统治者同族的普通劳动者耕种。这部分人因为住在“国”（即城市）里，所以叫作“国人”。国人不负担租税，只负担军赋和兵役，这部分人是社会里的普通平民。封建领主把距离城市较远、土质瘠薄的坏田，分给住在野外的庶人。庶人住在野外，所以也叫“野人”，庶人没有任何权利，只有给领主耕种井田和服杂役的义务。他们每年要先在领主的公田上劳作，然后才准许去耕种自己作为维持最低生活的那一小块土地。这就是井田制，是中国最早的土地制度，也是我国古代国家政权建立后最早的财富分配制度。

二、名田制

战国时期，地主阶级的兴起使得土地公有制很难再维持下去。秦国商鞅变法时，以军功授田，允许土地自由买卖，开启了土地私有制时期。此时的土地买卖并非无条件无限制，名田制即是对土地买卖的约束。

名田制是以军功爵制为基础，在地广人稀的条件下制定的有关土地管理和土地利用的制度。在名田制规定下，人们具有占有、买卖土地的权利，但占有土地的数量应符合自己的军功爵位，即规定了占地的上限；国家根据政府手中掌握的公田实际数量进行授田。这一政策对于战争的胜利起到了刺激作用，秦灭六国战争、楚汉战争以及汉武帝北击匈奴等一系列战争中，军功爵下的名田制都是刺激战士英勇杀敌的最好武器；战争后政府将无主荒地按照规定分配给农民，对战后社会经济的恢复发展也起到了积极的作用。随着汉朝政局的逐步稳定，政府可分配的土地越来越少；而名田制未根据形势而变革，占田过限的违法土地兼并不可避免，汉中期之后名田制便名存实亡了。

名田制是中国古代统治者第一次尝试通过限制土地兼并的方式来达到社会资源合理分配的目的。然而在地主土地所有制下，土地兼并所反映出来的地主农民之间的矛盾是封建社会的根本矛盾，是无法自我解决的。

西汉中期以后，土地兼并愈演愈烈；西汉末期，土地兼并使得国家统治已经到了崩溃的边缘，各地流民四起。汉哀帝颁发限田令，意图以国家意志限制土地兼并，最后没有效果，反而被王莽篡权。

三、王田制

王莽当政后，意图将土地以国家意志全部收回国有，以井田制为蓝本颁布了王田制。王田制是意图将土地私有变为国有以解决土地自由买卖所导致的种种危机的一次尝试，是一次致力于解决封建社会根本矛盾的尝试，然而王莽想不到用新的阶级关系的方式来解决，求助于过时了的旧制度，最终变法失败。

四、屯田制

屯田制是三国时期实施的带有强制性的土地制度。在屯田制中，土地属于国家，劳动者是农民或战士，战时作战，战后耕作，按比例缴纳赋税，是一种战时土地国有制。

屯田制的实施使长期遭受战争破坏的北方农业生产，在短期内得以恢复并稳定了下来。屯田制不仅在当时起了一定的积极作用，而且为后世开创了一种大规模的寓兵于农、兵农合一的土地管理模式，为历代统治者不同程度地仿效，在中国政治、经济、军事发展史上占有重要地位。曹魏后期，由于严苛的税率，加之社会逐步稳定、农民逃逸和士族对屯田的侵吞，屯田制遭到严重破坏，晋武帝登基后下诏废止屯田。

五、占田制

西晋灭吴以后，颁布了占田制。占田制规定，平民男子 1 人有权占土地 70 亩，女子 30 亩；在占田之中，丁男有 50 亩、次丁男有 25 亩、丁女有 20 亩要课税；一品官有权占田 50 顷，以下每品递减 5 顷，至九品占田 10 顷。从占田制的内容看，它是一种既保证政府收入，又保护士族特权的土地制度。占田制并不是官府授田，是在屯田制破坏的前提下，允许农民占垦荒地，占田制中对于官僚士族占田的规定，名义上是对官僚士族的特权加以限制，实际上则确认和保护他们已占到大量土地和户口的既成事实。不过，在占田制的规定中，也有一些积极因素。首先，占田制解除了屯田制下军事管制的强迫劳动，有助于提高农民的生产积极性。其次，占田无年龄之分，占田数又高于课田数，这些规定可以鼓励人们占田垦荒，有利于扩大耕地面积。

六、均田制

均田制是北魏至唐朝前期实行的一种按人口分配土地的制度，前后持续了将近 3 个世纪。均田制规定，农民的土地由国家按照一定标准分配，部分土地在耕种一定年限后归其所有。均田制保证了国家税制的正常运行，人民从政府那里得到土地后就有了纳税和服徭役的义务，同时隋唐的府兵制度其实就是均田制下的寓兵于农的制度，其军事效能非常明显，可见均田制是隋朝及唐初国力强盛的基础。至唐中叶，土地兼并空前盛行，政府已无地授田。唐德宗建中元年（780 年），在宰相杨炎的建议下，两税法颁布，均田制瓦解。

战国以来，中国的耕地资源大致是地有余而人丁不足，加上战乱后土地资源的重置，历朝历代在王朝开始的一段时期内都能有大量可直接配置的土地资源，给人丁分配土地，按人丁来征税。但是唐中期以后，中国的人地关系出现了逆转，人丁有余而耕地不足成为常态，此后的历代王朝不再以人丁为对象配置土地，而直接以土地为主要标准来征收赋税，先后颁布了两税法、方田均税法、一条鞭法等新的土地税法。而其中两税法的颁布就是国家正式宣布放弃对土地配置的标志，宋初统治者便曾明确表态“田制不立，不抑兼并”。此后除了明初和清初，因战乱导致部分地区渺无人烟而采取了移民并分配土地的政策外，再也没有大规模的土地配置制度了。

【拓展阅读】

尚书左仆射沈约论曰：“汉末丧乱，魏武始创，军中仓卒，权立九品。盖以论人才优劣，非谓代族高卑。因此相沿，遂为成法。自魏至晋，莫之能改。州都、郡正，以才品人，而举代人才，升降盖寡，徒以凭籍代资，用相凌驾。都正俗士，斟酌时宜，品目少多，随事俯仰，刘毅所云‘下品无高门，上品无贱族’也。岁月迁讹，斯风渐笃，凡厥衣冠，莫非二品，自此已还，遂成卑庶。周汉之道，以智役愚，台隶参差，用成等级。魏晋以来，以贵役贱，士庶之科，较然有辨。夫人君南面，九重奥绝，陪奉朝夕，义隔卿士，阶闼之任，宜有司存。”

——唐·杜佑《通典》卷十六《选举四》

昔尧试舜于大麓，领录天下事，似其任也。周之司会，又其职焉。秦时，少府遣吏四人在殿中，主发书，谓之尚书。尚犹主也。汉承秦置。及武帝游宴后庭，始用宦者主中书，以司马迁为之。中间遂罢其官以为中书之职。至成帝建始四年，罢中书宦者，又置尚书五人，一人为仆射，四人分为四曹，通掌图书、秘记、章奏之事及封奏，宣示内外而已，其任犹轻。至后汉则为优重，出纳王命，敷奏万机，盖政令之所由宣，选举之所由定，罪赏之所由正。斯乃文昌天府，众务渊薮，内外所折衷，远近所禀仰。故李固云："陛下之有尚书，犹天之有北斗。斗为天喉舌，尚书亦为陛下喉舌。斗斟酌元气，运平四时；尚书出纳王命，赋政四海。"令及左丞，总领纲纪，无所不统。仆射及右丞，分掌廪假钱谷。汉初，尚书虽有曹名，不以为号。及灵帝以侍中梁鹄为选部尚书，于是始见曹名，总谓之尚书台，亦谓之中台。

——唐·杜佑《通典》卷二二《职官四》

自我测试

1. 明清时期的科举考试，进士分三甲，一甲三人，一甲第一名称（　　），第二名称（　　），第三名称（　　），统称“赐进士及第”。

2. 秦代中央设置了三公九卿的职官制度，其中三公即（　　）、（　　）和（　　）。

3. 宋代在中书省内设（　　），简称“中书”，与（　　）分掌事务，合称“二府”。

4. “票拟”权的获得，使得明代（　　）成为实际意义上的新的行政中枢，与掌握批朱权的宦官机构（　　）共同形成了明朝中后期的双轨辅政局面。

5. 西汉时期，标志着幕府制度的正式形成的官吏选拔制度是（　　）。

A. 辟召制　B. 察举制　C. 辟署制　D. 科举制

6. 以下哪种土地制度不存在官府授田行为？（　　）

A. 占田制　B. 屯田制　C. 均田制　D. 名田制

7. 东汉末年，曹操为了解决军粮问题，开始大规模实施的土地制度史（　　）

A. 占田制　B. 屯田制　C. 均田制　D. 名田制

8. 以下不是魏晋中正官考评人物依据的是

A. 家庭出身　B. 家族背景　C. 道德品行　D. 诗词歌赋

9. 《周礼》中记载了古代天地四时官制，其中掌刑杀的是（　　）。

A. 春官　B. 夏官　C. 秋官　D. 冬官

10. 试分析中国古代幕府制度与职官制度的关系。

参考答案

1. 状元　榜眼　探花　2. 丞相　太尉　御史大夫　3. 政事堂　枢密院　4. 内阁　司礼监　5. C　6. A　7. B　8. D　9. C　10. 略

第三章　家国天下：中国传统社会结构

《诗经·小雅·北山》云："溥天之下，莫非王土；率土之滨，莫非王臣。"意思是，整个天下的每一寸土地都是帝王的，生活在这片土地上的每一个人都是帝王的臣民。古代帝王将整个天下或国当作自己的一个家来看待，同时也以管理家庭、家族的方式来治国。这便是中国古代传统的家国同构治理模式。家族是家庭的扩大，国则是家族的扩大和延伸，家是小国，国是大家。在家庭或家族中，父亲地位至尊，权力至大，以"孝"治理家族；在国内，帝王地位至尊，权力至大，以"忠"驾驭臣民。简言之，父为"家君"，君为"国父"，君父同伦，家国同构，忠孝同行。

第一节　中国姓氏

在中国传统的社会结构中，姓氏文化是不可或缺的组成部分。中华民族的姓是标志一个家族系统的血缘符号，是人们进行社会交往的首要条件。通过这个符号，每个人都可以把自己和历史文化联系起来，这种联系无疑就是一个神秘而又耐人寻味的寻根隧道。对于已经过去的历史而言，今天我们能够直接"看到"并触手可及的，除了那些猿人化石、甲骨文字、秦砖汉瓦、典籍文献等实体文物和载体文物之外，还有一个至今仍然生生不息地繁衍延续着的活化石，那就是人人皆知的中华姓氏。

一、姓氏的形成与发展

姓氏，是姓与氏的合称。在人类早期的原始社会，姓与氏是两个完全不同的概念。姓是区分氏族的标志性符号，而氏则是由姓衍生出来的产物。到春秋战国时期，姓、氏两个概念开始融合混用，直到秦汉时期，姓与氏真正合二为一，不再区分。

"姓"之古字形（金文）由"人"与"生"组成，意为人所生。许慎《说文解字》释曰："姓，人所生也。古之神圣母感天而生子，故称天子。从女、从生，生亦声。《春秋传》曰：'天子因生以赐姓。'"说明"姓"标志所出生的血缘关系，而这种血缘最初是从女性角度来确定的。

姓是氏族的一种族号，以示与其他氏族进行区别。姓最早可以追溯到人类原始社会的母系氏族时期。母系氏族社会初期，人们开始排除和禁止氏族内部的联姻，实行氏族外婚制。在这样的情况下，每个氏族和其他氏族交往、通婚时就需要一个区别于其他氏族的标识，于是不同的氏族就有了本氏族的族名，这就是原始的"姓"。张舜徽先生在《说文解字约注》中讲道："古之所谓姓，即近世史家所称原始氏族制也。而母系氏族为最先，每一母系氏族，必有名号以相区别，此乃姓之所由兴，故姓字从女也。"同一氏族名下的全体成员都出自同一个母系祖先，从母得姓，即《左传》里所说"因生赐姓"和《说文解字》解释"姓"为

“从女，从生”的会意字。我国古代很多姓氏都从女字旁或女字底便是明证，如上古时期著名的八大姓，它们分别是姬、姚、姜、嬴、妫、姞、妘、姒。由此可见，原始的“姓”与人类当时生存的基本单位“氏族”相对应，即一姓一氏族。

目前大多数学者坚信姓的由来是“图腾说”，即“姓”的得来与母系氏族社会的图腾崇拜有关。“图腾”一词，是印第安语，原意是“超自然保护神及其亲族”。在原始蒙昧时期，每个氏族、部落的姓均源起某种动物、植物或者是自然物象，比如日月星辰、花草树木、山川岩石、龙凤虎豹，甚至麦穗、蛇等都曾经是我们祖先的图腾。氏族的始祖母与之接触、感应，就会繁衍出后代。所以，图腾物象就是氏族的祖先，是本氏族成员共同祭祀、顶礼膜拜的保护神，同时成为辨认血缘世系和亲属关系的依据，是维系本氏族血缘世系及亲属关系的标志，后来该图腾就成为这个部落或氏族的代号，即“姓”。所以，可以说图腾物象就是一个氏族共有的姓源。

近年来的考古发掘成果中有大量关于“姓”起源于母系氏族社会图腾崇拜的例证。如马家窑文化彩陶上画有鸟、蛙的图像；仰韶文化彩陶上除了有鱼、鸟、鹿等还有人面瘦身、人首虫身等图像。这些都有可能是当时氏族的图腾，就是原始“姓”的标志。在已发现的殷商甲骨卜辞里，能辨认出200多个有“图腾”意义的族名。

由原始社会的图腾演变为氏族组织称号，这是姓氏的首次演变，姓产生了。姓作为氏族的标志和徽号，其功能是维持同族成员同世系，区分不同血缘的氏族，成为区分族别，维系血缘世系的历史凭证和血缘纽带。

在先秦时期，氏族、宗族的标志，除了姓外，还有“氏”的称谓。《左传·隐公八年》精要说明了“姓”与“氏”的关系和区别，即天子分封诸侯，根据出生而赐姓，有分封土地而称氏，诸侯以字作为谥号，后人便作为族号；担任官职而世代有功者，就以官名为族号；也有以受封采邑作为族号的。这里所说族号就是“氏”。

氏是姓的衍生物，约兴起于父系氏族社会，盛行于西周时期。先秦时期，氏是氏族、宗族的徽号，也是社会地位尊卑的标志。最初，氏是同姓氏族的名称，后转变成氏族首领承袭的尊号。如炎帝神农氏、黄帝轩辕氏、太昊伏羲氏。以“氏”别贵贱的风尚，从父系氏族社会到先秦这一阶段，形成了“同姓异氏，一姓多氏”的社会局面。如炎帝神农氏是姜姓氏族的始祖，其后裔有烈山氏、祝融氏及齐、吕、申等氏族分支；黄帝轩辕氏是姬姓氏族的始祖，他的25个儿子又分别成为12个氏族的始祖。

随着父系氏族的形成，人们血缘关系都由父系来确认。父系氏族对母系氏族的替代，是姓氏演变发展过程中一个重要的里程碑。每一个氏族部落都有一个首领，对成员享有完全的占有和支配，包括劳动成果甚至身体、精神和独立的人格等。此种情况下，一个氏族有一姓一氏作为首领的代表就足够了。

随着商王朝国家机构的形成，“胙土命氏”成为姓氏产生的主要途径。商王嫡子享有继承王位的权利而部分庶子则有“胙土命氏”的分封权利。有功于王室的功勋大臣或臣服于商王朝的部落，会依据各自的社会地位被相应的赐封侯国或采邑。商代的姓氏大为增加，史称“八百诸侯”。《尚书·盘庚》将殷商时期贵族大姓统称为“百姓”。这里的“百姓”，与万民相对，是指有一定社会地位，被王室“胙土命氏”的贵族阶层。史料记载的姓氏有数十个，如殷氏、来氏、宋氏、空相氏、目夷氏等，以国命氏，一部分沿用至今。

周朝建立，大封诸侯，胙土命氏，大量分封诸侯使得周朝成为“氏”最多的时期。“胙土命氏”有约定俗成的规则，天子等级最高，以其王朝的称号命氏，如周天子以周为氏；诸侯王以国为氏，如齐、鲁、吴、郑；卿大夫以封邑为氏，如薛氏、原氏；效力于王室公族的职业技人则以技为氏，如车氏、陶氏。“命氏”自上而下，一姓所出的支系越来越多，新的氏族也越来越多，以至于形成了一姓多氏，甚至是一人多氏的情形。能被封土命氏的都是贵族诸侯，即使是职业技人也是管理平民奴隶的管事。氏是身份地位的象征，是贵族特有的尊号，所以氏有“明贵贱”的社会功能。

二、姓氏的来源

夏、商、周三代是中华姓氏迅速发展和逐步成熟的历史时期，尤其是西周形成了一套严格的姓氏制度。当时姓的数量有限。据《日知录》记载，春秋时代，跟“五帝”有关的姓只有 22 个，加上其他姓也不过 50 个。当时“姓”用于称呼女性贵族，男性贵族更多称“氏”，因为氏的功能在于“标身份”“明贵贱”。

在先秦，姓氏是天子、诸侯、卿大夫、士等贵族拥有，平民、奴隶往往有名无姓氏，以他们所从事的技能来称呼，如“弈秋”是名秋的棋手，“优孟”是名孟的俳优，“庖丁”是名丁的厨师等。

（一）三代时期贵族姓氏来源

三代时期，姓仍代表着共同血缘关系的种族称呼，而氏则由原来的“别子孙”变为“别贵贱”，以氏传宗。这一时期，姓和氏仍然分开使用，姓的功能是“明血缘”“别婚姻”，配合实行“同姓不婚”制度；氏在于“别贵贱”。这一时期，贵族之姓承袭原祖，百代不变，而获得氏的方式主要有以下几种：

一是以世系为氏，以同天子或诸侯君王血缘关系远近为氏。如诸侯之子以公子为氏、公子之子以公孙为氏、公孙之子以祖父之字为氏。

二是以封国为氏，诸侯国君以受封国名为氏。如姜太公被封于齐而称齐氏，晋文公重耳以国名晋为氏，鲁僖公申以国名鲁为氏。

三是以采邑为氏，卿大夫及其子孙以采邑名为氏。如商鞅本姓姬，按世系称公孙鞅，后被封于商之地按采邑称商鞅。

四是以官职为氏，贵族及其子孙以其官名为氏。如司马氏、司徒氏；晋国林父为步兵组织三行里中行的军帅，称中行桓子，其子荀偃以中行为氏。

五是以居住地为氏。鲁庄公子遂住鲁东门，称东门遂、东门襄仲，以东门口为氏；宋国乐大心为右师，称桐门右师，以桐门为氏。

六是以祖先的字为氏。按宗法制度，公族只包括各代国君的近亲三代，公孙之子不属公族而必须另外立氏。这些贵族子孙往往以其王父（祖父）之字为其氏，成为得氏通例。郑国公子发字子国，其孙国参即以末字国为氏。

（二）秦汉以后国民姓氏来源

秦始皇统一六国，周代贵族宗法制度彻底解体，姓氏制度也被废除。姓氏不再是贵族身份的标识，平民也开始有了自己的姓氏。姓和氏合二为一。

西汉时期，姓和氏区别甚微。中国姓氏制度基本趋于稳定和普及，每个家族有了自己固定的姓氏，子孙后辈代代相传，“百姓”遂成为民众的通称。

秦汉及其以后民众获得姓氏主要有以下几种方式：

一是以居住地、方位、封国命氏。如赵、西门、郑、苏等。

二是以古代姓为氏。承袭古代保留下来的姓作为氏，如任、风、子等。

三是以先人名或字为氏。如皇甫、高、刁、公、施等。

四是以兄弟排行次序为氏。如伯（孟）、仲、叔、季等。

五是以官职名称为氏。如史、仓、库、司徒、司马、司空、太史等。

六是以职业技能为氏。如巫、屠、优、陶、匠、卜等。

七是以祖先谥号为氏。如戴、召、庄等。

秦汉以后，姓氏固定，但也存在改变姓氏的现象。主要有以下几种情况：

一是古代少数民族与汉族融合后，借用汉字单字为氏。如拓跋氏改为元氏、关尔佳氏改为关氏、钮钴禄氏改为钮氏、叶赫那拉氏改为那氏等。

二是因赐姓、避讳改姓氏。古代帝王为表彰为国家做出重大贡献的臣民，往往将自己的姓——“国姓”赏赐给他们。李唐王朝赐给立大功的大臣们以李姓、朱明王朝赐郑成功朱姓；古代尊长的名字不可被晚辈直接称呼，更不能重复，否则就要避讳。如汉文帝名刘恒，恒姓因避讳改为常氏。曹魏权臣司马师，晋时师姓皆缺一笔改为帅姓。

三是因逃避仇家追杀而改姓。如端木子贡后代避仇改为沐姓，牛姓避仇改为牢姓。

姓氏来源形式多种多样，并不断发展，同姓异源或异姓同源等，情况十分复杂。随着岁月流逝，新的形式不断出现，如男女双方父母两个单姓合成复姓，又如以祖父母、外祖父母四姓均沾一点的“点”姓的出现。

第二节　名、字、号

《古人名字解诂》云：“名以正体，字以表德，号以明志，斋室寄情。”在古代，有名望、有身份的古人称谓往往集名、字、号于一身。

为了把族群与族群区分开来，出现了某一个族群的共有标志即“姓”。在族群内部，氏只是属于族群首领的尊称，为了把族群成员区分开来，逐渐出现了只属于个人的标志，而这个标志就是“名”。

在社会交往中，在所在族群内部，成员使用“名”便可以把彼此区分开来，但是如果社交活动扩大到不同族群之间，仅仅用“名”便不足以表明自己的身份，只有把成员所在族群的共同的“姓”加上个人的“名”才能充分的表明身份。这种族群的标志和成员个人标志的结合，就是我国最早的姓名。

一、名字缘起

《说文解字》释曰：“名，自命也，从口从夕。夕者，冥也，冥不相见，故以口自名。”“名”由“夕”和“口”两部分组成，表明在早期的社会交往中，人们到了晚上，相互之间看不清楚，就只能通过自报名字的方式来分清对方了。实际上，名的出现是私有制经济出现与发展的必然产物。古时天下为公，一个部落一个名号。研究表明，早期名字不固定，最早拥有固定名字的人应该是传说中族群、氏族的首领或者是在战争中出现的英雄。

在古代，人们的姓名比较复杂。除了姓和名之外，还有字和号。它们各司其职，是独立而又相互依存的整体。

《礼记·檀弓上》记载：“幼名，冠字。”《礼记·曲礼上》亦云：“男子二十，冠而字；女子许嫁，笄而字。”古代婴儿出生 3 个月由父母命名，供长辈呼唤；字是男子 20 岁行冠礼、女子 15 岁行及笄礼标识成年时所获得。从时间上看，名是出生之时所起，字是成年时拥有，名早于字。名和字统称为“名字”。《颜氏家训 · 风操》云：“古者，名以正体，字以表德。名终则讳之，字乃可以为孙氏。”在古代，名是用来表示身体的名称，字是用来表示德行。人死亡之后名就终结且避讳提及，字则可以留给子孙使用。

在某种程度上讲，“字”是“名外之名”，是人在正式名字之外所起的名字。古人一般有两种字：一是“小字”，一是“表字”。

小字，又称“小名”“乳名”“奶名”，是一种昵称，一般由父母来起，与乳名相对应的是学名。表字，即通常所谓的“字”。由于“名”的地位较尊贵，同辈人之间不能互相称“名”。未成年时，同辈人之间可以互称小字；成年以后，交际频繁，会彼此称呼对方的“表字”。不过，与小字不同的是，表字一般是男子成年后自己起的。

二、名与字的关系

字与名之间有什么联系呢？《白虎通 · 姓名》记载：“闻名即知其字，闻字而知其名，盖名与字相比附故。”古人的字与名往往在意义上有某种直接的联系，主要有以下几种情况：

1. 意义相同，即表字和名意义相同，是并列关系。如屈平，字原（广平曰原）；颜回，字子渊；宰予，字子我；陆游，字务观；孟轲，字子舆。

2. 意义相近，即表字和名意义相近，但不完全相同，可互为辅助。如梁鸿，字伯鸾；陆机，字士衡；郑樵，字渔仲；欧阳修，字永叔。

3. 意义相反，即表字和名意义正相反。如曾点，字皙；王绩，字无功；韩愈，字退之；晏殊，字同叔；朱熹，字元晦；顾炎武，字宁人。

4. 意义相顺，即表字和名往往出自一句话中，意思前后相顺接，而且字为名意作补充解释或修饰。如赵云，字子龙，语出《周易》“云从龙，风从虎”；于谦，字廷益，语出《尚书》“谦受益，满招损”。

5. 意义相延，即表字义是名字意义的延伸。如白居易，字乐天，名“居易”为因，字“乐天”是果，只有居住安宁才能知命乐天；辛弃疾，字幼安，从小根除病疾，自然得享安康；马致远，字千里，骏马驰骋可至千里。

早期，人们起字比较简单随意，通常只用一个字和表示年龄排行次序的“伯”“仲”“叔”“季”和对男子尊称的“子”“甫”等相连。比如颜回字子渊，冉耕字伯牛，冉雍字仲弓，这些名字里的“渊”“牛”“弓”就是他们的字。也有人起字时选择简单的一个字，如陈胜字涉，项羽字籍。

东汉以后，人们起字越来越讲究，越来越复杂，也把字看得越来越重要。慢慢有人开始效法古人，取字为“思贤”“师亮”；也有人寄托厚望，取字“永全”“温叟”。这些都标志着随着社会的发展起字在不断演变进步。

三、号

古人除了有姓、名 、字，有时还会有号 。“号”是一种固定的别名，又称“别号”“别称”“别字”。名、字由尊长代取，号则不同，初自号；后来，有别人送上的称号，称“尊号”“雅号”等。

早在周代时，人们就开始起号。《周礼》解释说，号为“尊其名更美称焉”，意思是，号是人除了名和字之外的尊称或美称。早期有号的人多为圣贤雅士。比如老子号广成子、范蠡号鸱夷子皮。先秦时期有名字又有号的人不多，到秦汉魏晋南北朝时有记录的只有陶潜（号五柳先生）等几人。直到隋唐人们在取名、取字之外取号的情况才越来越多，如李白号青莲居士、杜甫号少陵野老。至明清时期，文人范围扩大，加上帝王提倡，更加盛行起来。

古人命号有特点，自号一般都有寓意在内，如：

1. 以居住地环境自居。如：陶潜，自号五柳先生；李白自幼生活在四川青莲乡，自号青莲居士；苏轼自号东坡居士；明武宗朱厚照自号锦堂老人；明神宗朱翊钧自号禹斋；乾隆晚年自号十全老人、古稀天子。

2. 以旨趣抱负自号。如：欧阳修自号六一居士，因为其晚年理想为“一万卷书，一千卷古金石文，一张琴，一局棋，一壶酒，一老翁”。

3. 以生辰年龄、文学意境、形貌特征，甚至惊人之语自号。如：辛弃疾自号六十一上人；赵孟頫出生于甲寅年，自号甲寅人；祝允明自号祝枝指生，后在民间演变为祝枝山；朱彝尊自号夕阳芳草村落。

别人赠号有三种情况：

1. 根据逸闻趣事及其特征赠号。如：李白，人称“谪仙人”；贺铸因写了“一川烟草，满城风絮，梅子黄时雨”的名句，人称“贺梅子”；张先因写了“云破月来花弄影”“娇柔懒起，帘压卷花影”和“柳径无人，堕风絮无影”等带“影”字的好诗，自称为“张三影”，又因写了“心中事、眼中泪、意中人”含“中”字的诗句被人称作“张三中”。

2. 据官职、人所或出生地赠号。如贾谊被称贾长沙，孔融被称孔北海，王安石被称王临川，顾炎武被称顾亭林，康有为被称康南海。

3. 据封爵、谥号赠号。如：诸葛亮封武乡侯，人称武侯；司马光封温国公，世称司马温公；岳飞死后谥号为武穆，世称岳武穆。

宋以后，文人之间大多以号相称，名字反被冷落。由于号可自取亦可赠送，所以具有一定的可变性和自由性，以至于有些文人别号多达几十个甚至上百个，故有郑板桥说“别号太多，反成搅乱”。

无论自号还是别号都是文人、尊者活着时的称号，而在古代还有一种人死后获得的称号，这便是谥号。古代历史上的皇帝、皇后以及诸侯大臣等社会地位相对较高人物，在其去世之后朝廷会依据其生前所作所为，从而给出一个具有评价意义的称号，这就是通常意义的谥号，用来高度概括一个历史人物的生平。

谥号是对死去的帝王、贵族或大臣给予或褒或贬或同情的称号，始于西周。周公旦和姜子牙有大功于周朝，死后获得谥号，这是谥号制度的开始。谥号制度有两个特点：一是谥号要符合死者的为人；二是谥号在死后由别人评定并授予。君王的谥号由礼官确定，由即位的新皇帝宣布；大臣的谥号由朝廷赐予。谥号带有评判性质，相当于盖棺定论。

先秦时的谥号以用一个字为常，也有用两三个字的。用一个字的如：秦穆公、晋文公；用两三个字的，如魏安厘王、赵孝成王、卫睿圣武公等。

秦始皇统一中国后，议定以“皇帝”作为最高统治者的称号，同时因“谥号”的定夺将形成“子议父、臣议君”的局面，故而废除谥法。嬴政自称为始皇帝，后世则以数计，如二世、三世等等。

汉代恢复谥法，且谥法制度日趋严密，朝廷中正式设立“大鸿胪”一职，管理王公列侯的谥法。汉代以后，谥号大多为两个汉字：汉文帝刘恒谥号全名为孝文皇帝，萧何谥号为文终侯。

唐宋时期为谥法发展时期。谥法一方面成为封建帝王尊大谥以满足其虚荣心的工具，同时也成为驾驭群臣的褒贬手段。武则天打破了皇帝一、二、三字谥号的旧例，追谥丈夫唐高宗李治为“天皇大帝”，达四字；称帝后，开创了皇帝生前叠加谀词上尊号谥美的先例。如唐玄宗开元二十七年（739 年）受尊号为“开元圣文神武皇帝”。尊号的累加也影响了谥号的累加，自唐高宗以后，大多数皇帝的谥号都在四个字以上。

宋代皇帝谥号比唐时更加溢美，也开后代给予大臣谥二字的定例。因宋太祖赵匡胤实行重文抑武，宋代大臣谥号多以“文”字为荣，终宋之世，谥号为“文”者达 140 多人，为“武”者仅 20 人。明清时期，谥法内容基本固定下来。首先是各层级人员的谥号字数固定下来。

明代皇帝谥字为 17 字或 21 字（明太祖），亲王 1 字，郡王 2 字，大臣 2 字。如明成祖的谥号为启天弘道高明肇运圣武神功纯仁至孝文皇帝。

清代皇帝谥字为 21 字、23 字或 25 字，和硕亲王 1 字，大臣 2 字。大臣的谥号规定：一品大臣过世，按例请皇帝决定是否授谥。一品以下官员除非特旨，例不授谥。得谥号者只有曾入翰林，或获授大学士者才用“文”字。而“文”字的谥号中，又以“文正”最为难得；只能出自特旨，不能由群臣擅议；清朝 200 多年只有 8 人获谥“文正”（如曾国藩）。文正以下的谥号则有：文忠（如李鸿章）、文襄（只限武功成者，如左宗棠）、文恭、文成等。皇后之“尊号”为“徽号”。如清代同治皇帝尊自己的生母那拉氏为“圣母皇太后”，上徽号为“慈禧”。徽号也可每逢庆典累加。

古人的称谓确实复杂，不但有姓、名，还有字、号。这种姓、名、字、号的并存是当时社会发展的需要，同时也为我国姓氏文化增添了新的内容。

第三节　家国同构

家国同构，即家庭、家族与国家在组织结构方面具有共通性，均以血亲—宗法关系来统领，存在着严格的家长制。此格局下，家是小国，国是大家。在家族内，父家长地位至尊，权力至大；在国内，君王地位至尊，权力至大。

一、古代宗法与宗族

中国古代宗法是以血缘关系为基础，标榜尊崇祖先，维系亲情，在宗族内部区分尊卑长幼，并规定继承秩序以及不同地位的宗族成员享有不同的权利和义务的法则。古代宗法是中国古代社会构成的重要方式，由父系氏族社会的家长制演变而来，按照血缘关系产生了直系旁系之分、嫡庶之分、大宗小宗之分，强调大宗对小宗的支配。据文献记载，周初已经出现了“宗子”“大宗”等名称，指周代贵族根据血缘关系对族人拥有管辖和处置权的人。

殷商时期所谓的“宗法”是一种社会组织方式，不是基于嫡庶之分，而是与家族内的进贤机制关联。因此，迄今对中国早期宗法制度的了解，主要还是集中在周代，严格来讲是西周。

西周时期，宗法制度的特点是严格区分嫡庶，确立嫡长子的优先继承权。宗族内严格区分大宗、小宗，以正嫡为宗子，宗子具有特殊的权力，宗族成员必须尊奉宗子。嫡长子继承制是宗法制度的核心。为了保持血亲统治的纯贵族血统，规定先王去世后，由嫡长子继位。

嫡长子将土地与官职分封给兄弟，将一个国家变成诸个有血亲关系的兄弟小国。宗子作为本宗始祖的嫡系继承人，是全宗人的尊奉对象，有诸多特权，如主持祭祀，掌管财产和宗族成员的婚丧事务，管教与惩罚宗族成员。大宗与小宗紧密地团结起来，形成一个依靠对封邑、采地、禄田中劳动农奴的剥削而存在的统治集团。

宗法制的核心是嫡长子继承制。夏朝时确立王位世袭制，但也有“父死子继”“兄终弟及”之说。商朝末年完全确立嫡长子继承制。西周一开始就确立“立嫡以长不以贤，立子以贵不以长”的嫡长继承制，进一步完备了宗法制。

宗法制的目的在于保持奴隶主贵族的政治特权、爵位和财产权不致分散或受到削弱，也有利于维系统治阶级内部的秩序，加强对奴隶和平民的统治。

宗族是一个社会单位，指拥有共同祖先的人群集合。为了生存和安全，通常在同一聚居地，几个核心家庭松散地组成大的聚落，这就是现代意义上模糊的族群概念。一个宗族通常表现为一个姓氏。

“宗”是单系亲属由上传下的一条线，如父、子、孙一代代传下来。每一代一个男性成员和他的近亲所组成的一个亲族群便是一个宗。宗的一个特征是当人口增多时，一部分成员会从原来的宗族中分离出去，到一个新的地方建立一个新的宗族。原宗族对于新宗族而言就是它的大宗，新宗族就是原宗族的小宗。宗族的另一个特征是，亲族的成员离最初的本支越近，他们的政治地位就会越高；反之，政治地位越低。

殷商时期是氏族组织形式，周代则进入了宗族制社会。无论是氏族社会还是宗族社会，他们都是基于血缘关系而产生的亲疏远近的大小族群，但宗族社会的形成，在于因族而立宗，由宗人率领族人祭祀共同的祖先，族群在宗人的带领下，可以吉凶相及、有无相通、尊卑有分而不乱、亲属有别而不二、贵贱有繁而不间，由于立宗所产生的各族，可使一宗如出一族、一族如出一家、一家如出一人。因而，在宗族社会，由同一母族分出的众多子族之间不再是平等的关系，而是通过嫡庶之制确立宗子和族人；区分大宗、小宗，确立大宗的统领作用，而在小宗中又区分出继高祖之宗、继曾祖之宗、继祖之宗、继祢之宗，各有由其宗子统领，这样就形成了层级性的统领结构。在面对氏族社会的分衍、社会体积越来越大而血缘关系的凝聚力越来越小的尴尬局面时，周代宗人将原先的血缘组织改造为宗法体制。

宗法制度下，中国传统社会结构的特征有四：一是家天下的延续，一部中国史就是一部家族统治史；二是封国制度不断；三是家族制度长盛不衰；四是家国同构。宗族和宗法关系的长期存在，导致了家国同构的格局。

二、家国同构的内涵

家国同构是指家庭、家族和国家在组织结构方面的共同性，均以血亲宗法关系来统领，存在严格的父权家长制。家国同构作为一种古代主流文化认同和接受的思想观念，最迟在西周初年就已出现。在这里，对父母的“孝”和对国家或君王的“忠”是合一的，这就是“家国同构 ”观念的本质内涵。到秦汉时期家国同构已相当成熟。家国同构是我国文化的内在逻辑，得到大多数学者文人的认同。

古代社会以家庭为中心，家族和国家是仅有的两个起决定作用的组织系统，单个家庭成为政权最直接、最根本的依托点和整合对象。家与国的近距离接触和“对峙”的社会特征为家国同构的出现准备了物质条件。家国同构是宗法社会的显著特征，既是一种社会结构形式也是一种文化形态，既是物质的也是精神的，既是有形的也是无形的。

家国同构观念不仅仅是出于统治阶级的需要。在社会生产力低下的时期，家庭成员们始终关注自身的生活和所处的环境。他们无法实现愿望或摆脱苦难时，就把这一切寄托到“明君”身上，“圣人出，黄河清”及孔孟子的“当今之时，万乘之国行仁政，民心悦之，犹解倒悬也”，“今夫天下之牧，未有嗜杀解倒悬也”等直接反映了人们对明君的渴望。同时，无处不在的君主权威和道德说教在一定程度上也影响了人们的思想。当然，直接催生这一观念的是儒家伦理学说。儒家主张“以己推人”“由近及远”，将处理血缘关系的原则推广到社会关系之中，即“老吾老，以及人之老；幼吾幼，以及人之幼”。按这种思想逻辑，儒家认为家是缩小的国，国是放大的家。

总之，父与君、家与国的连用在春秋战国时期已非常普遍，直到汉代经学家提出家国同构后，这一观念就相当成熟了。而正是由于以上这些原因最终导致家国同构观念的出现及盛行。

三、家国同构的实质

在我国，宗法社会包括两个历史形态：宗族时代和家族时代。血缘关系恰好是家国同构的出发点。在以血缘辈分的自然序列为准则的秩序中，每一个家庭为了维护自己的利益必然与血缘关系相近的家庭联合起来形成家族。每一个家族与国家的利益和稳定是相互结合的。每一个家族为了长久维持兴旺繁荣就需要一个稳定的、坚固的、行之有效的国家行政体系的保护，而一个国家为了维持国家的稳定以及皇权的巩固也必然要把自己的组织形式与家族制的原则紧密结合起来，从而形成了家族是家庭的扩大、国家是家族的延伸的模式。

西周宗法制的实质是按照血缘关系的远近来确立政治关系，君臣关系往往就是父子关系。在家国同构的社会结构下，国家内部成员关系是家内部伦理关系的推广，君臣间的政治关系与父子间的伦理关系也是同构的。春秋战国时期，忠孝观念已经基本形成了“孝亲”“忠君”的共识，并成为两个最重要的政治伦理观念。如《孝经》征引孔子说：“夫孝，始于事亲，中于事君，终于立身。”不难看出，家国同构的实质是忠孝一体，这也是儒家学说的一贯主张。

封建社会家、国是同构关系，父子、君臣也是一种同构关系，孟子“父子有亲”后紧跟“君臣有义”，正是这种同构关系的表现。家的价值体系以孝为首，而国的价值体系则以忠为首。所以，先秦思想家在论述“忠孝一体”“移忠于孝”的思想时，是有社会伦理思想基础的。孝与忠具体内涵和表现形式虽有所区别，但实质都是维护封建专制主义，都属于礼的范畴。两者又都属于道德范畴。在古代社会，道德具有统摄一切的文化权威，它涵盖了政治，即政治伦理化，国家变成了伦理单位，“忠”作为一种政治关系，也是被包含在“孝”这一伦理关系中的。因此说家国同构关系的实质是忠孝关系，就是忠孝是家国同构在伦理层面的结合。

忠，敬也；孝，善事父母者也。忠是政治关系上的等级，孝是血缘关系上的等级；忠基于理性判断，孝则注入了情感内涵；忠反映下级对上级的单向服从，孝反映上下互动的脉脉温情，而孝与忠的一体化正是家国同构观念最重要的切入点。一旦孝的自然情感被政治利用，与忠结合，那么政权“合法性”就不再建立在虚幻的神和天道之上，而有了实实在在的情感基础，在君主的身上体现了君权与父权的统一，要求臣民对君主不仅要作理性上的绝对服从，而且还要作感性上的父权认同。它强化了国的力量，“溥天之下，莫非王土；率土之滨 ，莫非王臣”，天子的权威无处不在，活脱是一个“家天下”。封建专制政权的“家天下”也更稳固。

从国家层面说，家国同构是国家治理社会的一种简单思路，以家庭为单位，以对家庭“孝”的道德文化代替对国家“忠”的政治文化，因此中国传统的政治文化就是政治道德化与道德政治化之间的紧密联系；中国传统社会是建立在君主制基础上的，传统社会的君主是社会的一切，是天下共主，是天下的家长，决定着一切，代表上天来统治社会，因此“天子”说由此而来。严格的君臣关系以及天子不可侵犯的威严，也确立了森严的等级关系。

社会政治模式在思想领域也促使儒家形成了“身修而家齐，家齐而国治，国治而天下平”的修身理想。儒家家国同构思想强调从个人修身开始，由个人道德品质的完善，到家庭伦理关系的协调，最终到天下国家秩序的稳定。它以个人的道德实践为基础，以实行道德为核心，从小到大、由近及远。在家国同构的社会结构下，国家的统治秩序是家庭的伦理秩序的推广，个人要能平天下必然要以身作则且做到家庭和睦，这一思想使人们注重自我修养从自身的道德行为实践开始，逐步完成“以身许国”。一方面，家国同构思想在社会中形成了一套严密的社会行为准则，个人的言行举止既要符合家族规范，又要遵守国家的道德标准。另一方面，家国同构思想牢牢把握住了古代思想最为先进的一批人（知识分子），使他们成为社会道德要求的践行者，也成为家国同构思想的有力宣传者，使整个社会的道德行为体系不断地巩固、推广，从而维护“君君、臣臣、父父、子子”这一家国同构观念下的秩序。

【拓展阅读】

宗族文化的凝聚力及其积极作用。宗族文化的核心是祖先崇拜和孝道。前述尊祖敬宗、父慈子孝之宗法思想的不良影响，是事情的一个方面，另一个方面尊祖，体现人类社会所必有的感恩观念，祖先披荆斩棘，开辟基业，为后人创造生存生活条件，所以缅怀先人功业，是后人应当做的，是做人的基本准则，是正常的伦理道德。父慈子孝，也是正常的人伦规范，为父应慈，为子应孝，不过在传统社会强调的是子孝，后世对之多所批判，有合理性，但是做得过了头，在传统中国社会，父慈基本上是能够做到的，不太需要进行社会教育、社会监督，而了孝则是需要教育和监督的，在成熟的近代社会出现以前，也即成熟的社会保障制度实现之前，社会要维持正常的运行，就必须父慈子孝，故而孝道有其合理性。尊祖文化和父子伦理，共同的祖先成为族人汇聚的旗帜，从而令族人产生宗族认同感和凝聚力。宗族的凝聚，虽有小团体文化的弊病，比如出现宗族间械斗的现象，然而宗族的认同感，进而产生对国家的认同，所以东西晋之际，随着晋朝政权的南移，宗族举族南迁。以后，孙中山也正是鉴于宗族与国家的密切关系，提出以宗族为基础建立国族的政治设计。时至今日，“寻根问祖”，成为国家与海外华人的一种联系纽带。

——冯尔康《中国宗族史》。

自我测试

1. 关于“姓”的来源，目前大多数学者认为是（　　），认为“姓”的得来与(　　)的图腾崇拜有关。

2. 伏羲、女娲兄妹是最早使用（　　　）的人，他们的姓是（　　　）姓。

3. 氏是（　　　）的象征，是贵族特有的尊号，所以有（　　　）的社会功能。

4. （　　）成为姓氏产生的主要途径。

5. （　　）是中国古代社会构成的重要方式，是由父系氏族社会的（　　）演变而来的，按照血缘关系产生了直系旁系之分、嫡庶之分、（　　）之分，强调大宗对小宗的支配以及小宗对大宗的服从。

6. 孟子将人们的社会关系概括为五伦，其中排位第二的是（　　）

A. 君子有义　　B. 长幼有序　　C. 父子有亲　　D. 夫妇有别

7. （　　）是指家庭、家族和国家在组织结构方面的共同性

A. 家国同构　　B. 血缘关系　　C. 大宗小宗　　D. 远近亲疏

8. 家国同构关系的实质是（　　）

A. 父子关系　　B. 忠孝关系　　C. 君臣关系　　D. 姻亲关系

9. 家国同构的完整表述是（　　）

A. 家—国—天下　　B. 身—家—国—天下

C. 身—国—天下　　D. 身—家—天下

10. 请结合自己的名字，研究自己姓氏的由来。

参考答案

1. 图腾说　母系氏族社会　2. 姓　风 3. 身份地位　氏明贵贱　4. 胙土命氏

5. 古代宗法　家长制　大宗小宗　6. A　7. A　8. B　9. B　10. 略

第四章　天人和合：中国传统思想

中国传统思想既有丰富的哲学理论，又包含了深邃的信仰操守，特别是儒家的进取、道家的自然、佛家的轮回，千百年来闪烁着智慧的光芒，充满了爱的温暖，是我们文化自信的源泉。

儒学作为一种本土文化，强调的是如何在创造物质财富的过程中实现自我价值。儒家的仁政、恕道，是中华文明生存发展的主要内容，在经济全球化、中西价值观激烈冲突的今天，更有存在的理由和价值。

道家追求人与自然和谐相处的“天人合一”的境界，强调顺其自然。在喧嚣的尘世中，领略老子的自然之道，可以使我们明了天地万物运行之理，开启幸福快乐之门，并以自我的完善带动社会的和谐。

佛教修身观是关于宗教修行的哲学思想和实践理论，能调适人的心灵，缓解人与社会的矛盾，改善人与自然的关系。

墨家提出“兼爱”的道德观和“非攻”的政治观以及“为天下兴利除害”的人文情怀，重实证推理的科学精神，为当今实业兴国提供了一定的借鉴。

此外，在先秦的诸子百家中，阴阳家的流转变通、法家的冷峻严谨、名家的逻辑理性、兵家的智慧谋略等，都给后世留下了深刻的启示。

第一节　儒家主要思想

一、“仁”

“仁”是儒家学说中的一个核心概念。无论从修身、齐家的角度还是治国、平天下的角度，仁义之道都是儒者“一以贯之”的根本精神。“仁”的首要意义即是“爱人”。如《论语·颜渊》载：“樊迟问仁。子曰：爱人。”但另一方面，“爱人”也不是“仁”的唯一定义。如在《论语·雍也》中载：樊迟问仁，曰：“仁者，先难而后获，可谓仁矣。”颜渊问仁，子曰：“克己复礼为仁。一日克己复礼，天下归仁焉。为仁由己，而由人乎哉？”仲弓问仁，子曰：“出门如见大宾，使民如承大祭。己所不欲，勿施于人。在邦无怨，在家无怨。”仲弓曰：“雍虽不敏，请事斯语矣。”司马牛问仁，子曰：“仁者，其言也讱。”在《论语·阳货》中载：子张问仁于孔子，孔子曰：“能行五者于天下为仁矣。”请问之，曰：“恭、宽、信、敏、惠。恭则不侮，宽则得众，信则人任焉，敏则有功，惠则足以使人。”因此，在《论语》的 498 章中，有 58 章、108 次提到“仁”，把这些论述机械地罗列不一定能连贯一致地说明“仁”，反而在《论语》中我们能发现一套品格：“谦恭”“勤勉”“诚信”“恭敬”“宽厚”和“友爱”。

（一）“仁”的内涵

《论语》对“仁”有多种解释。《论语·里仁》有这样一段话：子曰：“参乎！吾道一以贯之。”曾子曰：“唯。”子出，门人问曰：“何谓也？”曾子曰：“夫子之道，忠恕而已矣。”孔子为何把“忠恕”二字作为一以贯之的思想？郭沫若先生曾经这样解释：孔子曾说“吾道一以贯之”，但他自己不曾说出所谓“一”究竟是什么。曾子给他解释为“忠恕”，是不是孔子本意，无从判断。但照比较可信的一些言论来看，所谓“一”应该就是“仁”了，不过把“忠恕”作为“仁”的内涵来看，也是可以说的过去的。……这种由内及外，由己到人的人道主义的过程，应该说是孔子所操持着的“一贯之道”。冯友兰在《对于孔子所讲的仁的进一步理解和体会》中说：“作为全德之名的仁，是人生的一种精神境界。”在这里，“仁”体现着人们所能达到的精神境界和在处理与他人关系时的价值取向。孔子曾给“忠恕”下过定义：“己所不欲，勿施于人。”（《论语·卫灵公》）此话说的是，自己所不愿意承受的事情，也不要强加给别人。“己欲立而立人，己欲达而达人。”（《论语·雍也》）这句话是说，自己要站得住，同时也要使别人站得住；自己要行得通，同时也要使别人行得通。“恕”包含“宽恕”“容人”之意。后来的《大学》和《中庸》，对孔子的宽恕之道作了详细的解释和发挥。《中庸》的“诚明”之道就是“忠”道；《大学》的“契矩之道”就是“恕”道。

（二）“仁爱”思想的表现内容

“仁”作为人的最高德性，是在人与人、人与万物的关系中体现出来的，“仁”的首要意义是爱。仁从“爱亲”开始，推广到“爱人”，最后推广到“爱物”，这是一个由近及远、由个体推广到全体的逐渐展开的过程。

1. 爱亲

孔子的仁爱思想始于“亲亲之爱”，“孝”被认为是仁的真正起点。孔子的弟子有若曾说：“孝悌也者，其为仁之本与！”（《论语·学而》）这是孔子仁学的一个基本命题。而在孔子之后，孟子也曾明白指出“亲亲，仁也。”（《孟子·尽心上》）

2. 爱人

要做到爱人，就不能是像“爱亲”那样，仅仅尊重爱护自己的家庭成员，还要做到尊重、爱护和关怀社会上的每个成员，如果社会上的每个成员都能做到爱人，那么就有利于整个社会和谐共处。孔子在回答弟子樊迟问仁时，曾明确提出了仁即是“爱人”。此处所说的“爱人”之爱，不仅仅是只爱一部分人的“偏爱”，而是爱所有人的“博爱”，这是一种普遍的人类之爱。

3. 爱物

“爱物”学说由孟子提出，孔子学说中已经包含着这方面的内容。《论语·宪问》篇：“骥不称其力，称其德也。”孔子认为马也是有德性的，并不仅仅是因为其有力，能够为人所用，而是马本身就有价值，应当受到尊重。孔子将人的生命与自然界的天道流行联系在一起，以其对自然界和其他生命的关怀作为仁者人生的终极关怀。

二、“礼”

孔子生活的时代，天下动荡，礼崩乐坏。作为一个具有兼济天下情怀之人，他格外希望能够有一种基于道德之上的行为规范来约束人的行为，从而让天下恢复秩序，实现安定。为此，他提出了复礼的行为要求。在随后的时代，随着儒家登上正统之位，礼的行为方式也就在各个时期得以推广开来。

“礼”作为儒家思想的重要内容，包含在“仁”之思想中。如《论语·子路》云：“上好礼，则民莫敢不敬；上好义，则民莫敢不服；上好信，则民莫敢不用情。夫如是，则四方之民襁负其子而至矣。”为什么说这里的“礼”就是孔子所说的“仁”？在《论语·宪问》中，孔子说：“君子而不仁者有矣夫，未有小人而仁者也。”这里的君子之“仁”，自然包括在孔子的“仁”的含义之中，也即体现在上面提到的“礼”中，那么“礼”即成为“仁”的内容之一。再如《论语·颜渊》中，颜渊问“仁”时，孔子说“非礼勿视，非礼勿听，非礼勿言，非礼勿动”，更印证了“礼”与“仁”的紧密关系。

（一）“礼”的内涵

孔子讲“礼”，更多的是在讲“仁”的过程中折射出对“礼”的重视与敬畏。将“礼”阐发得比较深刻的是荀子。荀子认为，人高于动物之处即在于人能群，是一种社会性存在。人之群并非动物的自然群体，而是按照一定的秩序结合起来的，而构成人之群的结构秩序就是礼。为了使人们能够群居共处，先王制礼义以别贵贱、长幼、贫富。荀子说：“礼者，贵贱有等，长幼有差，贫富轻重皆有称者也。”（《荀子·富国》）礼在荀子的思想之中是维护社会秩序的等级制度，不仅涉及人的社会地位的高低、占有财富的多少，而且由此而决定社会分工和道德义务的不同，故《荀子·礼论》曰：“礼者，以财物为用，以贵贱为文，以多少为异，以隆杀为要。”实际上，礼是一种由社会经济制度所决定的政治制度，财富的多少决定社会地位的高低，富者必贵，贫者必贱。富贵贫贱不同，人们承担的社会责任和道德义务也就不同。礼是维护这种社会秩序的根本原则和行为规范体系，即所谓“人无礼则不生，事无礼则不成，国家无礼则不宁”（《荀子·修身》）。荀子强调以礼为义，并承认人与人之间的差别与对立。儒家的“礼”虽然包含等级差别，但是它的实施并不是强制性的，而是基于美好人性不断提高的要求之上的。

（二）“礼”的表现内容

1. 有礼则安，无礼则危

孔子生活的时代，周室衰微，原有的人伦秩序和等级规范受到了严重破坏。失去道德约束后的一些人——尤其是那些手握国器的诸侯国君主，私欲得以无限膨胀，处处唯自己的意志是从，除了以攻伐为能事，置其他诸侯国的利益于不顾外，还制造了很多犯上作乱的悖逆事端。针对动荡不安的社会现实，以孔子为代表的儒家思想家们提出了“有礼则安，无礼则危”的思想，希望用礼的形式来规范人的行为，并把它视作解决当时社会动荡问题的最有力、最有效的手段。

2. 礼之用，和为贵

在《论语·学而》中，孔子提出“礼之用，和为贵”的要求。在具体运用过程中，礼最讲究的是用和的方式，即不能野蛮行事。如果野蛮地推行礼，这样就会给人带来伤害，反而失去了礼的作用。但是，儒家的“和”，不是无原则的调和或妥协，而是强调用礼的形式来节制。所以，“礼之用，和为贵”，是儒家宽容思想的体现，其目的在于营造和睦的人际关系与和谐的社会环境。

3. 不学礼，无以立

作为社会人而存在，人时时刻刻都受私欲的支配。如果大家都听从私欲的支配，以无穷的欲望去追逐有限的资源，其结果必然是各种纷争随之而起。面对这种情形，儒家先贤们提出通过道德修养来控制欲望的主张——“不学礼，无以立”。他们把掌握礼视作个人立身的先决条件和必要条件。以礼的要求来约束自己，就不会背离社会的正道。这是儒家对君子在立世方面所提的两项要求，即内在的智识要求和外在的行为要求。

4. 克己复礼，天下归仁

儒家思想的核心精神是“仁”，“仁”是“爱人”。怎样才能做到“爱人”，孔子回答道：“克己复礼为仁。一曰克己复礼，天下归仁焉。为仁由己，而由人乎哉。”意思是：克制自己，一切都照着礼的要求去做，就是仁；一旦这样做了，天下的一切就都归于仁了；实行仁德，完全在于自己，而不在于别人。“克己复礼”，是站在以内在修身品德来支配行为的角度上而提出的，它是一种外在的合乎儒家规范的行为。儒家强调修身，是希望能够以道德的力量来治国平天下。

三、“和”

和，是儒家在礼的实践中所遵循的一种行为方式，同时也是他们所期望达到的一种社会效果。

（一）“和”的内涵

汉语“和”字，含义极其丰富，如和谐、和合、中和、和睦、平和、和气、和平、和顺、和悦、和善、温和、祥和、和风、和声、和而不同、和衷共济、天时地利人和等。甲骨文和金文中就已有了“和”字。作为中华文化主干的儒家文化，更是崇尚“和”、追求“和”。儒家认为，举凡天、地、人“三才”，均合乎“大和之道”。儒家坚信，和是宇宙万物的大道。儒家所追求的和谐，是一种普遍的、整体的和谐，是一种涵容宇宙万物的最为广大的和谐，即“大和”。同时，儒家文化还把“中”与“和”并提，形成了“中和”学说。“中和”，本指中正、平和，后引申为符合“中庸之道”的修身境界的一种道德原则。《礼记·中庸》说：“喜怒哀乐之未发谓之中，发而皆中节谓之和。中也者，天下之大本也；和也者，天下之达道也。致中和，天地位焉，万物育焉。”孔子把“中”看作是“人道”的最高原则，把“和”看作“人道”最理想的状态。“中”既不是“过”，也不是“不及”，而是恰到好处的状态。“中”的最终目的是“和”。“和”不是单纯的“和谐”，而是“和而不同”，是在“不同”基础上的和谐，是多样性的统一。

（二）“和”思想的表现内容

在儒家学说中，“和”既包括主体与客体的关系、客体与客体的关系，也包括主体自身的状况。

1. 人自身的和谐

《大学》开篇讲到“修身、齐家、治国、平天下”，把个人的道德修养与国家的前途紧密联系在一起，这是儒家“和”思想中非常重要的一个特点。儒家认为，人自身不和谐就不会有良好的道德，也不会有符合社会规范的行为准则，所以要强调修身。“穷则独善其身，达则兼济天下”，内备圣人之德，外具王者之风，说的就是这个意思。

孔子强调，人人都应“修身以敬”。通过加强修养成为君子，人不仅能实现身心的和谐，“内省不疚”“不忧不惧”，而且能实现人我、群己关系的和谐，“在邦无怨，在家无怨”。反之，“德之不修，学之不讲，闻义不能徙，不善不能改”，便是对社会无益有害的“小人”。“天下之本在国，国之本在家，家之本在身。”（《孟子·离娄下》）不以修身为本，就好比无源之水，难以经久益世。修身的目的是成为“居天下之广居，立天下之正位，得天下之大道。得志，与民由之；不得志，独行其道。富贵不能淫，贫贱不能移，威武不能屈”（《孟子·滕文公下》）的“大丈夫”。

2. 人与自然的和谐

追求人与自然的和谐，是中国传统文化的主流。其中，儒家“天人合一”思想则明确提出人与自然必须和谐统一。他们认为，人与天地万物同为一气所生，互相依存，具有同根性、整体性和平等性。

“天人合一”思想认为，“天”与“人”合而为一，人与自然是不可分割的统一体，应该是和谐的统一体。儒家认为，人来自大自然，是自然界的一部分。《诗经・大雅・烝民》说：“天生烝民。”《左传・成公十三年》说：“民受天地之中以生。”这里所说的“生”不仅是生物学意义上的“生”，更重要的是一种伦理价值意义上的“生”。诚如董仲舒所言：“天地之生万物也，以养人。”（《春秋繁露・服制》）天地生生不易的过程，便体现为“仁”和“善”。同时，儒家的“天人合一”观，依循天地“生生”这一自然和伦理法则，尊重和爱护天地间的一切生命，倡导“仁者以天地万物为一体”“仁民爱物”“品物咸亨”，指导人类自觉肩负起保护动物、植物和天地万物健全、生存与发展的责任，履行人类维护整个生态体系内在平衡的崇高义务。这种思想比起现代生态伦理学来有过之而无不及。

3. 人与人的和谐

在处理人际关系方面，儒家主张群我和谐、人我和谐，提出了一整套规范人与人之间亲爱友善关系的伦理体系。孔子曰：“弟子入则孝，出则弟，谨而信，泛爱众而亲仁。”（《论语・学而》）意为“仁”不仅要做到在家孝顺父母，亲爱兄弟，而且出门在外，还要能尊敬长辈，说话做事谨慎，对朋友讲信用；并要博爱大众，亲近有仁德的人。而孟子则提倡“君子以仁存心，以礼存心。仁者爱人，有礼者敬人。爱人者，人恒爱之；敬人者，人恒敬之”（《孟子・离娄下》），强调人的居心要合乎仁，合乎礼。

4. 人与社会的和谐

儒家认为社会的基本特征是“群体本位”，因此儒家思想中对社会、国家、民族的重视程度不亚于对自身的关照。荀子认为，人在有些方面的能力并不如牛马，但牛马却能为人所用，就是因为人类能自觉地以“知”“义”结群。“力不若牛，走不若马，而牛马为用，何也？曰：人能群，彼不能群也。”（《荀子・王制》）否则，人就与其他动物一样了。结论是“人之生，不能无群”。既然任何个人不依靠群体的力量都无法自给、自卫、自存，于是就产生了权利和义务的关系问题。个人是群体的受益者，享受群体之权利，理所当然地就应履行对群体的义务，努力做到爱群、利群、乐群，为生我、养我、助我、护我之社会尽到自己的责任。而要做到这一点，就必须克服自私自利之心，以私利服从公利，以个人服从社会群体，忠于国家、民族和人民，此即所谓“公忠”。公忠是儒家最重要的道德原则，要求当公私发生矛盾时，私必须无条件地服从公、维护公。用人不私情，人不局私，物不己有，奉献不惜己力，真正脱离私的樊笼，达到公的境界。

第二节　墨家及其思想

墨家是产生于战国时期的一个宣扬仁政的学派，与儒家并称“显学”。墨家纪律严密、宗旨鲜明，主张人与人之间平等相爱，反对侵略战争，重视文化传承，是战国时一个重要的学术团体。

一、墨子与墨家

墨家的创始人墨翟（约前479~前381年），鲁国人，战国时期著名的思想家、教育家、科学家、军事家。

墨子自称“鄙人”，人称“布衣之士”，是个同情“农与工肆之人”的士人。《史记》载，墨子曾做过宋国大夫，自诩“上无君上之事，下无耕农之难”，他精通手工技艺，擅长防守城池，相传他与当时的巧匠公输班（俗称“鲁班”）不相上下，甚至制作守城器械的本领比公输班还要高明。

墨子最初受业于儒家，《淮南子·要略》曰：“墨子学儒者之业，受孔子之术。以为其礼烦扰而不说，厚葬靡财而贫民，久服伤生而害事，故背周道而用夏政。”因此，墨子脱离儒家，创立墨家，与儒家分庭抗礼。

墨子提出了“兼爱、非攻、尚贤、尚同、节用、节葬、非乐、天志、明鬼、非命”等政治主张。墨子为宣传自己政治主张，广收门徒，亲信弟子达数百人之多，形成了声势浩大的学派。他去世后，墨家弟子仍“充满天下”“不可胜数”，故战国时期虽有诸子百家，但儒、墨两家则是百家之首，当时有“不入于儒，即入于墨”之说，甚至战国后期，墨学的影响一度在孔学之上。

墨家是一个具有严密组织和严格纪律的学术团体，最高领袖被称为“巨子”，成员都称为“墨者”。巨子在团体中享有至高无上的权威，墨者必须服从，出仕后必须推行墨家的政治主张，且俸禄必须捐献给墨者团体。

墨家奉行“尚俭节用，兼爱非攻”的功利主义哲学思想，所有墨者都穿短衣草鞋，以吃苦为高尚，以“兴天下之利，除天下之害”为己任，有着极其严明的纪律，谁违背了原则之一，轻则开除，重则处死。

墨者中从事谈辩者称“墨辩”，从事武侠者称“墨侠”。墨子死后，墨家分为相里氏之墨、相夫氏之墨、邓陵氏之墨三个学派。战国后期，汇合为两支：一支致力于认识论、逻辑学、几何学、几何光学、静力学等学科的研究，是谓“墨家后学”，亦称“后期墨家”；另一支则转化为秦汉社会的游侠。

战国以后，墨家逐渐衰微。由于汉武帝独尊儒术的政策、社会心态的变化，加之训练艰苦、规则严厉，墨家在西汉之后基本消失。

墨子思想和言论保存在《墨子》中。该书在汉代有71篇，在宋代有63篇，宋以后则只有53篇。其中《经上》《经下》两篇当是墨子自作；《经说》是墨子讲经、弟子笔录的记载。其余部分有的是弟子记录墨子的讲学内容，有的是墨家后学所记，最后合成一书，是一部立足于庶民阶层的经典巨著。

二、墨家哲学的基本思想

概括而言，墨家的基本思想主要有兼爱、非攻、尚贤、尚同、非乐、非命、天志、明鬼、节用、节葬。

（一）兼爱、非攻

在人与人之间的关系方面，墨子提倡“兼爱”。“兼爱”是完全平等的博爱，主张不分阶级和等级、不分亲疏和国别，爱一切人。与孔子不一样，墨子主张将对待亲人的方式扩展到陌生人身上。

墨子认为，天下之大利，在于人之兼爱；天下之大害，在于人之互争，所以宣扬“非攻”，即反对侵略战争。他们认为，战争对于败者的伤害极大，伤人命、损其才；对于胜方而言，虽获得了数座城池与税收，但总的来说伤害与损失也是巨大的，所以战争是没有意义的行为。

（二）尚贤

强调不分贵贱，唯才是举。其思想实质是要求国家重用有德才的贤人，反对任人唯亲。“尚贤”包括三项基本主张：第一，国家在用人方面应该“不党父兄，不偏贵富，不嬖颜色”；第二，用人以“义”为唯一的取舍标准，“不义不富，不义不贵，不义不亲，不义不近”；第三，以“官无常贵，而民无终贱”的论点否定世卿世禄制。

（三）尚同

强调上下一心为人民服务，为社会兴利除弊。其思想实质是要求下位之人绝对服从上位之人，不但在行动上服从命令和指挥，而且在思想上也不许有任何怀疑。这种尚同，要从下至上一级一级地同心。万民“尚同乎乡长”，乡长“尚同乎国君”，国君则“尚同乎天子”，天子则“总天下之义以尚同于天”，体现了春秋战国时期小生产者比较强的人身依附关系。

（四）天志、明鬼

要掌握自然规律，尊重前人智慧和经验。墨子认为：君不惠，臣不忠，父不慈，子不孝，“正长之不强于听治，贱人之不强于从事”“以兵刃毒药水火”来反抗统治阶级的压迫，都是由“疑惑鬼神之有与无”导致的。他认为天有意志，是“义之所从出”；又认为天地、山水皆有鬼神，人死亦为鬼，而天及鬼神皆能“赏贤而罚暴”。

（五）非命

强调通过努力奋斗掌握自己的命运，表现了小生产者为生存而挣扎的意图。墨子把“有命”称之为“天下之大害”，认为人们相信命运，会陷于消极无所作为，结果是“上不听治则刑政乱，下不从事则财用不足”。

（六）节用

强调节约以扩大生产，反对奢侈享乐。“节用”包含三个方面的含义：第一，以满足基本生理需要为标准的节用论；第二，限制统治阶级上层人物的特权，主张“去大人之好聚珠玉、鸟兽、犬马，以益衣裳、宫室、甲盾、五兵、舟车之数”；第三，单纯消费方面的节用。

（七）非乐、节葬

强调摆脱划分等级的礼乐束缚，废除烦琐奢靡的礼仪制度，反对把社会财富浪费在死人身上。墨子认为，只有符合国家百姓的利益才有价值，人民的富庶才是国家的大利。凡是对人民无直接用处或者有害的，都应当摒弃。所以墨子崇尚节俭，反对奢侈，提倡节葬短丧。他还认为，音乐、美术对国家人民的大利没有用处，可以废掉；许多情感，皆为无用，必须压抑。这些体现了墨家的极端功利主义思想。

在自然观方面，墨家后期对物质、移动和时空关系作了唯物主义解释，摒弃了墨子的天鬼观念，并把唯物主义哲学和科学紧密地联系在一起；在认识论方面，发扬了墨子重视实践的特点，承认物质世界的可知性，克服了狭隘的经验论的错误；在政治思想方面，提出了“义，利也”的著名论断，突出了利，把它作为标准和基础解释各种社会问题和道德范畴；在逻辑论方面，形成了中国古代第一个比较完整的逻辑体系。

三、墨家思想对后世的影响

秦汉以来，墨家作为思想体系和学派逐渐消失无闻，再也没有出现过类似的独立学说、思潮和派别。墨家的许多思想却以不同方式渗入人们的思想中，为社会统治意识的主流所吸收。墨家的贡献有四个方面：一是墨子主张寻找出一种执中的名学；二是墨家根据同异有无的道理，设为效、辟、侔、援、推各种方法；三是墨家论知识，注重经验，注重推论，是真正科学的精神；四是墨家论“法”的观念，上承儒家“象”的观念，下开法家“法”的观念。墨家对后世的影响主要表现在以下三方面：

（一）对后世农民起义的影响

中国历史上，农民起义和农民战争频发。农民起义大都铤而走险、官逼民反，往往无条件和时间做真正自觉思考或理论准备，但其中某些意识、思想、纲领、口号带有明显的墨家色彩，与墨子思想一脉相通。侯外庐先生认为：中国农民战争的口号应源于战国末年墨家一派之下层宗教团体所提出的一条公法，即《吕氏春秋》所载：“墨者之法曰：‘杀人者死，伤人者刑。’”在意识形态上，几乎所有农民起义都以某种超自然的人格神作为主宰、命令来支撑和证明起义的合理性和合法性，从而组织队伍，统一意志，严格纪律。在思想上，农民起义一方面讲求博爱、平等、共患难，另一方面又承认并强调等级差别，与墨子的矛盾两面都有相通或相同之处。如陈胜的“帝王将相宁有种乎”的著名传说与墨子所讲“官无常贵而民无终贱”在思想特征上是相通的。“墨子服役者百八十人，皆可使赴汤蹈火，死不还踵”的组织纪律和献身精神共同体现了劳动者所具备的普遍品格，与农民战争“以人众为技，以敢死为技，以能耐劳苦忍饥渴为技……死者自死，渡者自渡，登者自登”的情形相似。

墨家的某些观念、行为乃至组织形态，在一定程度上体现在始终不断存在的民间组织，尤其是下层秘密结社组织中，具体表现为讲义气、重然诺、行兼爱，赴汤蹈火等。如《水浒传》中梁山英雄们遭压迫而共患难、称兄弟，排座次而又讲身份、崇官职等就是这一思想影响的直接展现。

（二）对中国传统法律制度的影响

秦汉以来，墨家作为一个独立学派已消失，但其思想体系中的某些元素以不同方式渗入或融合在了法家和儒家思想中，影响了古代的法律制度。

墨子及其弟子主张“以名举实，以辞抒意，以说出故”，指出了“名”“辞”“说”之间的区别和联系。“名”组成了“辞”，“名”与“辞”又促成了“说”。“说”的基本推论原则是“以类取，以类予”。“取”是举例，“予”是断定，这种依照类的同异关系进行的推论被称为“推类”。有人考证，墨家学说的“推类”思想深刻地影响了传统中国的法律文本。如《法经》体系结构最大的特点就是按照“罪名”这一准则来编纂法典，早在秦汉时期就产生了“类推”制度。唐代《名例律》“断罪无正条”条记载的“举重”和“举轻”就是一个“以类取”的过程，即从事物的同一类型中选取已知的部分。而此条中所说的“明轻”和“明重”就是一个“以类予”的过程，即根据同一类型事物的已知部分推断出未知部分。结合该条疏议中所举的例证可知，墨家的“推类”思想影响非常明显。

墨子除了在哲学、政治上的影响外，在逻辑学、力学、几何学、代数学、光学等科学方面的成就和贡献也为众多学者所称赞。历史学家杨向奎称：“中国古代墨家的科技成就等于或超过整个古代希腊。”

（三）对科学技术发展的影响

墨家是“士”和“工匠”结合而成的学术团体，具有学者和工匠两种知识传统。墨家科技思想的核心是“为天下兴利除害”，主张从利于人民生产生活的功利主义价值观出发，研究利用自然法则。《墨经》曾总结了辘轳、滑车、车梯等器械的工作原理，提出利用杠杆、斜面移动重物，提高生产效率，减轻体力劳动。在墨家的科技结构中，不仅具备科学理论、试验和技术这三个要素，而且还具有三要素之间互相推动的循环加速机制。

墨家的科学研究体现其求真、求善的统一，具备中国传统文化中难能可贵的科学之真、人文之爱。无论从所取得的科学成就，还是在认识论、方法论的探讨上，墨家都达到相当高的水平，墨家以人为本的科学理性为中国古代科学的发展开辟了新的道路，其注重实践经验和逻辑推理的科学精神开创了重科学技术研究、重科学理论探索的文化传统。

第三节　道家及其思想

道家，又称“道德家”，是指以老子和庄子的思想为宗脉的学术派别的总称，是春秋战国时期兴起的诸子百家中重要的学派之一。道家创立人是老子，代表人物是庄子。道家学派的主要经典是《老子》和《庄子》，另外，《管子》《吕氏春秋》《黄老帛书》《列子》《淮南子》等古代典籍或是道家的代表作，或保留了丰富的道家思想资料。

一、道家的主要思想

道家学派以春秋末年老子关于“道”的学说作为理论基础，以“道”说明宇宙万物的本质、本源、构成和变化。道家认为天道无为，万物自然化生，否认上帝鬼神主宰一切，主张道法自然，顺其自然，提倡清静无为，守雌守柔，以柔克刚。政治理想是“小国寡民”“无为而治”。

（一）道家的宇宙观：道是天地万物之源

宇宙天地和世界万物从哪里来、到哪里去，是事关人类存亡和宇宙本源的终极问题。老子对宇宙本源作了完美的解释，即“道”。“道”的含义包括四个方面：第一，“道”是天地万物的本源；第二，“道”自然而无为；第三，“道”无形无名；第四，“道”无所不在，无时不在。

什么是“道”？《老子・第二十五章》如是说：“有物混成，先天地生。寂兮寥兮，独立不改，周行而不殆，可以为天地母。吾不知其名，强字之曰‘道’，强为之名曰‘大’。”意思说，有一种事物在天地及人类出现之前就已经存在，它浑然天成，寂寥无声，广阔无形，独自永恒存在，生生不息。它就是宇宙本源，万物之母。其实我也不知道如何称呼它，为了描述方便，勉强取个名字叫作“道”，或勉强称其为“大”。“道”无名无形。

老子认为，“道”是天地之本、万物之母，是宇宙的本源，人类和天地万物都是“道”的产物。同时，“道”与万物同在，万物随“道”而来，又将随“道”而去，所以“道”是宇宙运动的法则，这个法则就是“人法天，天法道，道法自然”。

（二）道家的认识论：“有”“无”的统一

道家对待、认识事物的方法，是“有”“无”的有机统一。

老子认为，自然、社会领域诸多矛盾不是绝对对立的，矛盾双方相互依存、相互包含；

"有无相生，难易相成，长短相形，高下相倾，音声相和，前后相随"（《老子·第二章》）"，"大直若屈，大巧若拙，大辩若讷"（《老子·第四十五章》），"祸兮，福之所倚；福兮，祸之所伏"（《老子·第五十八章》）。同时，矛盾双方可以相互转化。这种转化并非一蹴而就，必须遵循"物极必反"的法则。"合抱之木，生于毫末；九层之台，起于累土；千里之行，始于足下。"（《老子·第六十四章》）这个过程，也就是"道"的自然运行过程。

庄子继承和发展了老子的朴素辩证法，提出"万物齐一"论，认为是非、生死等都是相对的，它们的性质、差异、矛盾关系都是不断变化的，都处在循环无尽的运动之中。

（三）道家的价值观：个体价值和精神自由

道家的人生观是追求精神自由，不为外物所累，不为情感所累。如何做到不为情感所累？就是靠"理"和"理解"。所谓"理"，就是事物的必然性。所谓"理解"，就是理解这种必然性。

老子第一个说明了人在自然界中的重要地位："故道大，天大，地大，人亦大，域中有四大，而人居其一焉。"（《老子·第二十五章》）庄子则进一步从人的本性意义上突出了个体的地位、个体的尊严和个体的价值。庄子说："自三代以下者，天下莫不以物易其性矣。小人则以身殉利，士则以身殉名，大夫则以身殉家，圣人则以身殉天下，故此数子者，事业不同，名声异号，其于伤性以身为殉，一也。"（《庄子·骈拇》）他认为，人的自然本性为外物（如名、利、家族、事业等）所掩盖、扭曲、伤害，而这种外在的物，恰恰都是没有意义没有价值的，只有超越这一切束缚，复苏人的自然本性，"为善无近名，为恶无近刑。缘督以为经，可以保身，可以全生，可以养亲，可以尽年"（《庄子·养生主》），才能使人的价值得以真正实现。

为复归人性，实现人的价值，庄子提出要逃离物质世界的藩篱，到纯粹的精神世界去寻求自由。庄子追求精神自由，主要通过"自省"的途径来实现，其基本方式是"内斋"与"坐忘"。对于无时无处不在的"物"，如何超越呢？他认为，唯一的方法就是保持心灵的空寂，"惟道集虚，虚者，心斋也"（《庄子·人间世》），"堕肢体，黜聪明，离形去知，同于大通，此谓坐忘"（《庄子·大宗师》），摒除情欲，虚静端坐，彻底忘掉一切，让精神离开肉体，从而得以摆脱"物"的役使，自由自在地遨游于无功、无名、无已的绝对的自由境界。庄子把这种境界称为"吾丧我"，是真正的自由和幸福。

（四）道家的人生态度：超世、顺世、游世

道家的天道无为以及追求个体价值和精神自由，都不仅仅是一个理论问题，更是一个实践问题。如何把这一理论落实到立身处世的实处，从人生哲学意义上去指导人们"全生避害"，是道家思想的逻辑归宿。

与儒家汲汲于礼智仁义、修齐治平不同，道家视功名如粪土、视帝王如秕糠。老子"居周久之，见周之衰，乃遂去……莫知其所终"（《史记·老子韩非列传》），身体力行，为后世树立了"出世"的榜样。而庄子则将这一思想加以丰富，天才般创造了人生的三种境界：即不事权贵、不媚时俗的超世境界；安时顺事、自我解脱的顺世境界；逍遥世内、游心世外的游世境界。

庄子的三种境界，为后世文人士大夫所向往，即在"道"的指引下，寓身仁义，又游心于尘世之外；位居高贵，也可以不为世俗所累。志得意满之时，以治国平天下为已任，出将入相；心灰意冷之时，又可以顺理成章地皈依老庄，隐入山林。仕途上的进退自如，体现了儒道互补的思想。

（五）道家的政治理想：无为而治

春秋战国时期，诸子百家对理想的社会状况都有自己的描述：儒家要回到西周时期，墨家要回到大禹时代，道家则要回到黄帝时代。道家认为，“邻国相望，鸡犬之声相闻，民至老死不相往来”的小国寡民时代才是最理想的时代。

春秋战国时期，面对文明进步与道德沦丧的二律背反，道家从强调个体自身的价值入手，呼唤人性的复归，即回到人所来自的原始社会，回到生命的本真状态。在这方面，老子还只是向往“小国寡民”，而庄子则要回到“民知其母，不知其父，与麋鹿共处，耕而食，织而衣，无有相害之心”的原始时代。道家黄老学派，主张“无为而治”，要求统治者尽量不要干涉老百姓的生活，不要一味追求所谓的丰功伟业和政治霸权，通过“无为”而达到“有为”，实现政治清平、天下无事、百姓安居乐业。

二、道家的主要流派

老子以后，道家内部分化为不同派别，其中著名的有四大派，即庄子学派、杨朱学派、宋尹学派和黄老学派。各学派虽然都以“道”为核心，把“合于道”作为终极追求目标，但也存在着很大的思想差异。

（一）庄子学派

庄子学派是先秦道家的一个重要学派，创始人庄子是战国时期宋国蒙人，著名的思想家、哲学家、文学家。

庄子学派继承和发挥了老子的学说，认为“道”是宇宙的本体，但更为强调“道”的无中生有、变幻莫测。他们认为，“道”超越时空，无所不在，自本自根，又生成万物；万物皆“道”的化身，故万物皆有变化，唯“道”不变；万物皆相对，唯“道”绝对。因此，主张齐物我、齐是非、齐大小、齐生死、齐贵贱，把人与自然的和谐转向人的主观心境与自然外物的和谐，实现心性的“无为”，企望达到“天地与我并生，而万物与我为一”的绝对自由境界，即无欲、无累、无患的逍遥境界。庄子的“无为”思想更彻底地转向个人心性，直指人的精神世界，追求个人精神的逍遥。

庄子学派在政治上向往“至德之世”，回归自然。对现实社会中的权势、富贵、仁义等一概予以否定和蔑弃，对现实社会采取不合作的态度。

庄子继承了老子“自然无为”的思想，是先秦道家的集大成者，庄子及其后学所形成的庄子学派思想集中在《庄子》一书中。可以说，先秦道家，创始于老子，而大成于庄子，庄子学派是道家中的一个高峰。

（二）杨朱学派

杨朱学派是战国初期发挥老子思想而形成的一个学派，其创立者杨朱。杨朱的思想言行散见于《孟子》《庄子》《韩非子》《吕氏春秋》《淮南子》等。《列子·杨朱》篇是杨朱的遗篇。杨朱学派在战国时代曾独树一帜，与儒、墨相抗衡，当时的人们不是拥护墨子，就是拥护杨朱，可见其影响。庄周、孟轲皆曾排斥和攻击过他，大概因此影响，后世学者望而止步，加之秦皇焚书，汉武独尊儒术，杨朱学派在秦汉时即销声匿迹，直至东晋杨朱学派才复行于世。杨朱后学代表有二：一是子华子，一是詹何。

杨朱学说的思想核心为“贵己”，即“古之人，损一毫利天下，不与也；悉天下奉一身，不取也。人人不损一毫，人人不利天下，天下治矣”（《列子·杨朱》）。人人治内贵己，互不侵损，人人自重自爱，不就各安其所、天下治理了吗？从“贵己”出发，杨朱造构了他的学说：一是重生死、轻富贵；二是全性保真，不以物累形。

杨朱学说从“贵生”到“养生”“长生”，旨在通过对个体的自我完善进而达到社会的整体和谐，这是对老子的继承和发展。杨朱学说对各学派都有影响与启发，其节制情欲、讲究养生之道、防止疾病、尽其天年等观点对我们今天的生活仍有指导意义。

（三）宋尹学派

宋尹学派是指以宋钘、尹文两人为代表的道家思想流派。宋钘、尹文二人都是齐国稷下学士，学界一般认为，他们略早于庄子，应与孟子同时。《汉书·艺文志》著录《宋子》18篇，《尹文子》1篇，皆已亡佚。现研究宋尹学派一般依据《庄子》《荀子》《韩非子》《吕氏春秋》等。

宋、尹二人受道家和墨家的影响，着重发挥了老子的“知足反战”思想，具有比较强烈的救世精神，与杨朱学派的“贵己”相反，宋尹学派是利他。其主要思想包括以下几个方面：

在人与人之间，他们主张以“宽”“恕”为总原则，处理人际关系，“设不斗争，取不随仇”“见侮不辱，救民之斗”。在国与国之间，他们主张“禁攻寝兵，救世之战”，禁止攻伐，息止兵事，反对诸侯间的兼并战争。他们“救民之斗”“救世之战”的目的，是“愿天下之安宁，以活民命”。为了达到利天下的目的，在内心修养上，他们提倡“以情欲寡浅为内”，认为人类的本性就是欲寡而不欲多，如“人我之养，毕足而止”“五升之饭足矣”。在哲学上，宋尹学派提出“接万物以别宥为始”，认为只有破除见侮为辱、以情为欲等偏见，才能认识事物的真相，因此应从主观上消除荣辱、誉非、美恶的界线，做到“定乎内外之分，辨乎荣辱之境”。宋尹学派还认为，荣辱等属“外”，不应以之妨害内心的平静，“举世誉之而不加劝，举世非之而不加沮”，如能做到“见侮不辱”，就可以“救民之斗”，使天下安宁了。

（四）黄老学派

黄老之学是道家的一个具有重要影响的哲学、政治思想学派。“黄”是黄帝，“老”是老子，尊黄帝、老聃为学派的创始者，并将“黄老之言”作为学派的指导思想。最能代表黄老之学的是黄老帛书（1973年被发现于长沙马王堆汉墓中）。黄老学派实际上以道家为主，兼采法、阴阳、儒、墨、法等学派观点。

作为一种哲学思想，黄老之学形成于战国时代。但是，作为一种广为流传的社会思潮，则出现在西汉时期。

黄老学派继承了老子“道”的思想，但又与老庄思想有着显著区别。司马谈总结黄老学派时说“以虚无为本，以因循为用”，将“道”作为一种工具。他们认为“道”是作为客观必然性而存在的，“虚同为一，恒一而止”，“人皆用之，莫见其形”。在社会政治领域，黄老之术强调“道生法”，主张“是非有，以法断之，虚静谨听，以法为符”。君主应“无为而治”“省苛事，薄赋敛，毋夺民时”“公正无私”“恭俭朴素”“贵柔守雌”，通过“无为”而达到“有为”。

黄老之学到汉初进入黄金时期。汉初黄老学派思想与初期黄老又有不同，其明显特点是吸收了先秦儒家的法律思想，主张“文武并用”“德刑相济”，强调“明具法令”“进退循法”，坚持“约法省禁”“务在安民”，要求“刑不厌轻”“罚不患薄”，为中国封建正统法律思想的确立奠定了基础。

黄老学派的这些主张在汉朝初期曾经产生了一定的影响，出现了中国历史上“文景之治”的盛世。到东汉时，黄老之术与新产生的谶纬之说相结合，逐渐演变为自然长生之道，对道教的形成产生了很大的影响。

道家各个流派是从不同层次、不同角度展开老子的“道”的思想派别，虽然各自对“道”的发挥不一样，但都没有离开道家的最基本的东西：一是崇尚老庄、黄老之学说；二是以道作为思想核心和最高范畴；三是在天道自然无为、人道顺其自然的天人关系的架构中展开自身的思想体系；四是以冷静的心态观察和体认社会，以超逸的心态关怀世情；五是具有独任清虚、超迈脱俗、绝礼去仁、追求返璞归真的独特精神气质。

三、道家的影响

在春秋战国时期，儒、墨两家并称显学，但对后世真正产生影响的主要是儒、道。毫不夸张的说，道家给中华民族尤其是士大夫阶层的文化心理给予了深刻的影响，在中国几乎成为一种超越时空、超越阶级的自我解脱的精神法宝。道家的“无为”思想，给中华民族精神打上了深刻的烙印。道家提出的顺应自然、超然物外，守朴尚俭、以退为进、以柔克刚和不以物迁的行为原则和要求，不仅在中国历史上发挥着指导人生、净化风俗、稳定社会秩序、协调人际关系的积极作用。时至今日，道家对引导人们超越世俗的名利地位或一时一事的成败得失，“不为物累”“安时处顺”，以“体道”“悟道”为价值目标，在更高的精神境界中实现人生价值具有十分重要的现实意义。

第四节　佛教及其思想

一、佛教在中国的发展

佛教发源于古代印度，但绵延千年、长盛不衰、光芒常在却是在中国。佛教文化对中国各个时期文化、政治、经济、人民生活等影响是极其深刻的。

（一）传入中国初期的佛教

对于佛教传入中国的确切时期，长期以来，有许多说法，有的甚至添加了许多神话色彩。有人依据《山海经・海内经》中有“天毒之国，偎人而爱人”之说，认为在上古三代时人们就已知道佛教。也有人以《列子》中“周穆王时西极有化人来”之说，主张周代已有佛教流传。另外还有秦始皇时有外国僧人来华传教、汉武帝时已有佛道流通、张骞通西域时“始闻浮屠之教”等，各持其说，莫衷一是。而历史上人们谈论最多的就是汉明帝夜梦金人，遣使求法，使佛法流传汉地的故事。如《四十二章经》《牟子理惑论》《老子化胡经》等经典中都有所记载。汉明帝遣使西行，在大月氏抄回佛经四十二章，藏在兰台石室，佛教于是传入汉地。

佛教刚传入时，人们只将其看成是社会上流行的神仙道术的一种，当时所建的寺庙大多供西域和印度的僧侣和商人使用，汉人出家的很少。到东汉时，佛教才开始逐渐在中原流行。三国时开始流行，并翻译了少量佛经，建了一些寺庙。虽然牟融的名著《牟子理惑论》主张与中国文化相调和，但并没有出现佛教与中国传统文化相结合的趋势，直至魏晋时期，佛教才得到了迅速的发展。

（二）魏晋南北朝时期的佛教

魏晋南北朝，社会动荡不安、分崩离析，人们不是倾向现实、追求奢靡的生活，便是逃避现实、追慕高远的境界。而佛教思想中关于人生是苦的基本观念，正好切合社会现实，使得人们希望脱离现实的婆娑世界，向往往生超越的净土世界。于是，净土宗在当时为世人所欢迎。魏晋南北朝时代，玄学思想盛行，方士养生之说也大行其道。而当时的名僧慧远法师认为长生之道在于反求诸己，归到一心。这一修行方法因其简便易行，在当时广泛传播。

（三）鼎盛时期的佛教

隋唐时期是佛教的全盛时期，也是佛教中国化的时期。随着政治的统一 、经济的发展、文化交流融合趋势的加强，佛教得到空前的发展，创立了不少新宗派。如天台宗、法相宗、华严宗、禅宗、三论宗、净土宗、律宗、密宗等。每一宗都有自己的理论和修持体系，师道相传，谨守不变。唐统治者实行儒、佛、道三教并行政策，使佛教得以昌盛，同时促进了儒、佛、道的融合。封建统治者利用儒学治世、佛学治心、道教养身的不同功能，使其作用互补，以达到维护统治的目的。佛教与中国传统文化的融合，摄取儒、道思想，不仅形成了中国化的佛教宗派，而且提出了一系列不同于印度佛教的理论。如天台宗把道教的丹田、炼气等说纳入自己的学说，倡导修习止观坐禅除病法。华严宗把儒道思想纳入自己的思想体系，还以《周易》的元、亨、利、贞四德配佛教的常、乐、我、净四德；以儒家的仁、义、礼、智、信“五常”配佛家的不杀生、不邪谣、不饮酒、不妄语。这就把佛教的理想境界、道德规范与儒家的德性、德行等同起来。禅宗则更进一步，不仅不提倡念佛、拜佛、坐禅，甚至呵佛骂祖，主张性净自悟，凡夫即佛，在日常生活中即可实现成佛理想。这种思想深受道家的自然主义、玄学家的得意妄言理论以及旷达放荡、自我逍遥的影响。

（四）宋元明清时期的佛教

中国佛教经过唐末、五代两次法难以及朝代更迭的战乱后，由于经典散佚、寺院毁坏、僧侣受迫等，佛教几乎到了衰萎凋落的地步。直至宋代始现复甦之迹。宋元之后至盛清 800 年，因国运不兴，佛教虽绵延不绝，然已不如隋唐时代的弘盛。自此，佛教一改传统形态，逐渐走向生活修行与宗派调和的路线。从弥陀信仰的结社念佛、禅院农林的寺院经济生活，再到与儒、道二家的调和及禅、净、教、戒的融和，佛教融入进中国文化之中，此即宋元以后中国佛教的特质。

二、中国佛教的地位

中国佛教的特色是大、小乘并存，显、密同在。严格地说，佛教起始于尼泊尔，发展在中国，又远传日本、韩国。

中国佛教的特色就是以“大众部佛教”为主，中国的云南则是传承着与泰国一样的“上座部佛教”。中国内地汉族居住地则主要信奉“大众部佛教”。中国西北部地区少数民族则主要信奉密传佛教。

中国佛教分为十大宗派，这是中国佛教的特色。中国佛教界的高僧根据佛经内容，创立了各自的宗派。其中包括天台宗、华严宗、三论宗、唯识宗、净土宗、律宗、禅宗、密宗、俱舍和成实。

三、佛教的义理

佛教思想博大精深，义理复杂繁多。佛教思想中一些基本观念或概念代表了佛教文化的精髓。

（一）空

“空”的观念在整个佛教理论体系中占有重要地位，虽在早期佛教中就已提出，但突出讲空的却是大乘佛教。大乘佛教强调体空的观念，认为事物在本性上就是空，空是事物不可分离的属性。没有离开性空的事物，也没有与事物无关的独立的空。事物的空就是指假有，或说性空即指事物的缘起，因为一切事物毫无例外地都是缘起的。无论是作为果的事物，还是作为因的事物，都由因缘产生，没有什么不空的事物。但空不是绝对的虚无，而是事物不断变化的状态或本性。大乘佛教还认为，人们对事物的观念在本质上不具有完全的真理性，而是幻，是空。

（二）识

“识”是指人们对外物的认识或识别，也被称为“心”或“意”。早期佛教在分析人生现象时就已论及识，如五蕴中有识，十二因缘中也有识。大乘佛教兴起后，佛教对事物实在性的否定加大了力度。这种否定的重要形式之一就是宣传幻的观念，强调外物不过是人的一种虚幻的认识。这样，佛教开始重视识的作用和地位，各教派展开了讨论并形成了种种不同看法。其中，瑜伽行派认为万法唯识，一切唯识，并对识的各种形态或作用作了细致分析；而在中国佛教史上传习唯识理论的主要是真谛系统和玄奘系统。

（三）中道

“中道”是佛教的一种认识方法或思维方式。它在佛教产生时就已被提出，在佛教后来的发展中又不断丰富，成为佛教理论的重要组成部分。佛教最初提出的中道是所谓的“苦乐中道”，即要求信众舍弃两种极端：一种极端是对苦行的执着，另一种极端是对欲乐的追求。大乘佛教出现后，中道观念得到了前所未有的重视。大乘佛教的中道观念最初表现在对许多正好相反的观念的同样否定上，或者说表现在无分别的观念上。大乘佛教中极为强调中道的是中观派，其典型的是对性空和假有的论述。而中国佛教中最为强调中道思想的是三论宗，其破邪显正和言教二谛等理论都是贯穿中道思想的。中国佛教中的其他宗派也在不同程度上遵循中道的观念。

（四）佛性

所谓“佛性”，是指成佛的可能性。在早期佛教和部派佛教时期讲得很少，至大乘佛教时所讲逐渐增多。把佛性看成是众生的存在基础，是一切佛教徒修行成功的依据。佛性观念传入中国后极受重视，如南北朝时的地论师曾和摄论师就佛性展开了讨论；禅宗也强调“佛性本有”的观念，并将其作为本宗许多主张的理论基础；中国佛教的其他各宗也或多或少地就佛性问题表示了看法。

（五）因果

佛教的因有狭义和广义之分。狭义的“因”指产生结果的直接原因或内在原因，而“缘”则主要指产生结果的助因或外在的间接条件；广义的因则包括了缘。佛教的因果理论是其轮回解脱理论的基础，也是其人生现象理论的基础。早期佛教和小乘部派佛教中提出的十二因缘、六因、四缘、五果等都属于佛教因果理论的组成部分。而不同时期的佛教或佛教的不同分支对它的看法却大不相同。其中，中国佛教中的因果报应说就是其中一种看法。

（六）轮回

轮回是指人死后由于生前行为产生的业力还会产生与之相关的新生命，而新生命体的行为又会产生以后的生命体。而关于轮回的原因，早期佛教认为是由十二因缘的第一支——无明引起的。无明就是对事物的本来面目无知，从而产生对事物的追求和相应的行为，并产生相应的生命环节。部派佛教在十二因缘理论的基础上提出了“三世两重因果”的说法，认为无明和行是过去世的因；识、名色、六处、触、受是现在世的果；爱、取、有为是现在世的因；生、老死是未来世的果。这种理论将十二因缘中的各支分别纳入三世中去作为轮回的因或果，是比较细致的轮回理论。而轮回之说传入中国后，受到了中国思想界或佛学界的重视。

（七）涅槃

“涅槃”本义为熄灭，在佛教中主要指烦恼的熄灭。佛教基本观念四谛中的灭谛，就是涅槃。它指要灭除人的欲望或贪欲，并借以灭除人的烦恼，使人最终摆脱痛苦。佛教认为，人的欲望等的产生直接源于无明或无知，灭了无明或无知才能从根本上去除人的欲望和痛苦。

四、著名论师与高僧

佛教在其发展过程中涌现出了大批思想家和传法高僧，其思想构成了佛教文化宝库中的组成部分，其活动为佛教在世界上的传播起了重要作用。

（一）法显——中国海外西行求法第一人

法显（334~420 年），俗姓龚，东晋平阳郡武阳（今山西长治襄垣）人。他以 65 岁高龄西行求法，历时 14 载，是中国历史上有记载的第一位真正到达印度本土而又求得“真经”回归的中国人。他还是佛教革新人物，杰出的佛学大师、旅行家、翻译家。

法显法师像

法显在南亚诸国大名鼎鼎、家喻户晓。印度人甚至将其与阿育王相提并论。法显不仅是佛教史上的高僧，在我国留学史上也是空前第一人，他对我国同南亚各国的交往、对民族文化的贡献与影响，光耀千古。

法显把梵文经典带回国内并直接翻译成汉文，先后译出《摩诃僧祇律》40 卷、《僧祇比丘戒本》1 卷、《僧尼戒本》1 卷、《大般泥洹经》6 卷、《杂藏经》等，共计百万余言，填补了中国佛教的众多空白，对佛学的传播和研究做出了重要贡献。

法显用文字记述印度取经见闻。其著述的《佛国记》记载了求法经验、见闻及游历各国的风土民情、佛教状况等，是后人西行求法的指南。这本书是现存最古的旅游印度传记的典籍。书中内容保存了大量有关西域诸国的古代史地资料，是研究西域及南亚地区的古代历史、文化的重要历史文献。

（二）智𫖮—智者大师

智𫖮（538~597 年），南北朝末至隋朝的著名高僧，天台宗的实际创宗者。俗姓陈，字德安。7 岁即好往伽蓝，诸僧口授普门品一遍，便能成诵。18 岁出家，20 岁受具足戒，拜慧思为师。学成后，智𫖮在金陵、玉泉讲授的《法华文句》《法华玄义》和《摩诃止观》，被记录整理成为“天台三大部”。另外，智𫖮所著的《观音玄义》《观音义疏》《金光明经玄义》《金光明经文句》《观无量寿佛经疏》，被后人称为“天台五小部”。

智者大师智𫖮像

智𫖮是中国南北朝末期的学派佛教向隋唐宗派佛教转变过程中起了重要作用的佛教思想家。他把《法华经》的思想与大乘中观派的思想融合在一起，并赋予一定中国特色，创立了综合多种大乘宗教观念的止观法门。

（三）玄奘——中印佛教之光

玄奘（602～664年），唐代著名高僧，法相宗创始人，洛州缑氏（今河南洛阳偃师）人，法名玄奘，被尊称为“三藏法师”，后世俗称“唐僧”，与鸠摩罗什、真谛并称为“中国佛教三大翻译家”。

玄奘法师像

玄奘为探究佛教各派学说分歧，于贞观元年（627年）西行5万里，历经艰辛到达印度佛教中心那烂陀寺取真经。前后17年学遍了大、小乘各种学说，带回佛舍利150粒、佛像7尊、经论657部，长期从事翻译佛经的工作。玄奘及其弟子共译出佛典75部、1335卷。玄奘的译典著作有《大般若经》《心经》《解深密经》《瑜伽师地论》《成唯识论》等。《大唐西域记》共12卷，记述了玄奘西游经历的110个国家及听闻的28个国家的山川、物产、习俗等。

玄奘被世界人民誉为中外文化交流的杰出使者，因其爱国与护持佛法的精神以及所做出的巨大贡献，被鲁迅誉为“中华民族的脊梁”，世界和平使者。他以无我无人无众生无寿者相、不畏生死的精神，西行取佛经，体现了大乘佛法菩萨度化众生的真实事迹。他的足迹遍布印度，他的影响远至日本、韩国乃至全世界。玄奘的思想与精神如今已是中国、亚洲乃至世界人民的共同财富。

（四）慧能——禅宗六祖

慧能法师像

慧能（638～713年），唐代著名僧人，禅宗的主要代表人物之一。早年丧父，靠卖柴为生，22岁时去了黄梅的冯墓山，投在禅宗五祖弘忍门下，从事劈柴、挑水等杂务。相传在弘忍选择嗣法弟子时，慧能所作的偈有独到见解，被弘忍看中，因而得到弘忍所传法衣。慧能在后来离开法性寺后主要在曹溪宝林寺传播禅法，弘扬所谓“直指人心，见性成佛”的“顿悟”法门，被尊为禅宗“六祖”。他的基本思想或主要言论被弟子法海记录下来，汇编成了《坛经》。慧能所带弟子神会、怀让、行思等人将其思想发扬光大，使得中国禅宗成为当时佛教派别中广为传播的佛教思想。

（五）法藏——华严宗三祖

法藏法师像

法藏（643～712年），唐代著名高僧，华严宗的主要代表人物。17岁时，他即立志学法，后拜在智俨门下，先后在太原寺、云华寺等处讲解《华严经》，武则天赐其“贤首”之名，人称“贤首国师”。他撰写经文《华严经狮子章》，协助实叉难陀译“八十华严”，曾讲解《华严经》30多遍。其主要著作《华严五教章》《华严经探玄记》《华严纲目》《华严一乘教义分齐章》《华严旨归》《华严策林》《华严义海百门》《起信论义记》《般若心经略记》等，极大推动了华严思想在中国的广泛传播。法藏专宗华严，是唐代建构华严教义学的龙象高僧，也是中国佛教玄学体系的最后构建者，其理论学说与智𫖮的天台哲学，并称为“中国佛教理论之双璧”。

第五节 先秦其他学派

春秋时代王室衰微，诸侯争霸，学者们便周游列国，为诸侯出谋划策，到战国时代形成了“百家争鸣”的局面，产生了阴阳、儒、墨、名、法、道、纵横、杂、农、小说、兵、医等众多学派。诸子百家在“争鸣”中形成了许多思想，如儒家的“仁政”“恕道”、道家的辩证法、墨家的科学精神、法家的唯物思想、兵家的军事思想、名家的逻辑思辨等，这些思想在今天依然闪烁光芒，给后代留下了深刻的启示。根据诸子百家的影响情况，前文已详细介绍了儒、墨、道三家学派，在此简要介绍阴阳、法、名、兵四家学派情况。

一、流转的阴阳家

阴阳家是盛行于战国末期到汉初的一种哲学流派，创始人是齐国人邹衍。阴阳家的学问被称为“阴阳说”，其核心内容是“阴阳五行”。

（一）阴阳家的源流

“阴阳”概念最早见于《易经》，其本义是日照的向背，后引申为宇宙万物两种相反相对的性质。“五行”概念最早见于《尚书》，五行即水、火、木、金、土，古人认为宇宙万物由这五种基本物质构成。这两个概念本属于不同的观念模式，到战国时代，邹衍把两者结合起来，提出了系统的“阴阳五行说”，人们将这种以阴阳五行学说解释社会人事的学派称之为“阴阳五行学派”，也称为“阴阳家”或“阴阳五行家”。

阴阳家的代表人物有公梼生、公孙发、南公、邹衍等，以邹衍最为著名。其思想见于《老子》《文子》《列子》《庄子》《易传》《鹖冠子》《管子》《黄帝内经》《阴阳家佚书辑本二种》等著作。

战国时，阴阳五行学说盛极一时。汉武帝“罢黜百家”后，作为独立学派的阴阳家不复存在，而其思想内容有的融入儒家思想体系，有的为原始道教所吸收。

（二）阴阳家的思想

阴阳家的思想主要源于孔子创立的儒家和儒家所推崇的“六经”，其哲学思想主要是“阴阳说”和“五行说”，及由此衍生出的“五德终始”说。

“阴阳”源于《易经》，与《老子》“万物负阴而抱阳”、《易传》“一阴一阳之谓道”相同。阴阳说建立在气说基础上，认为“阴”和“阳”是气在运动变化中一分为二的结果。阴阳是抽象概念而不是具体事物，所以“阴阳者，有名无形”。阴代表消极、退守、柔弱的特性及具有此特性的事物和现象，阳代表积极、进取、刚强的特性及具有此特性的事物和现象。阴阳交感而生宇宙万物，宇宙万物是阴阳的对立统一。

“五行说”则是指金、木、水、火、土五行相生相克理论。金、木、水、火、土并非五种具体物质，而是五种不同属性的抽象概括。凡具有生发、柔和特性者统属于木；具有阳热、上炎特性者统属于火；具有长养、发育特性者统属于土；具有清静、肃杀、收敛特性者统属于金；具有寒冷、滋润、闭藏特性者统属于水。“五行说”即以天人相应为指导思想，以五行为中心，以空间结构的五方、时间结构的五季、人体结构的五脏为基本框架，将自然界的各种事物，按其属性归纳，将人体的生命活动与自然界的事物现象联系起来，形成了联系人体内外环境的五行结构系统。

人与自然的运转变化由五行的特性而决定，即以五行相生相胜的方式变动运转。五行相生含义是：木生火，火生土，土生金，金生水，水生木。五行相克含义是：水克火，火克金，金克木，木克土，土克水。五行相生相克定律，可用以说明宇宙万物的起源和变化。

邹衍根据五行相生相克说，把五行的属性释为“五德”，创“五德终始”说，并以之阐释宇宙演变和历代王朝兴废的规律。

“五德终始”说中的“五德”指五行的属性，即土德、木德、金德、水德、火德。按阴阳家的说法，宇宙万物与五行对应，各具其德，相生相克，而天道的运行、人世的变迁、王朝的更替等，都是“五德转移”的结果。邹衍的“五德终始”带来了两个方面的成就：一是独特的历史观。由已知的历史上推下沿，直至无限，形成历史循环论。二是独特的地理观。他从《尚书·禹贡》的“九州划分”进而提出“大九州”说，认为中国为赤县神州，内有小九州，外则为“大九州”之一，大九州外有大海环绕。再往外，就是天地的边际。

（三）阴阳家学说的影响

一是政治上的影响。邹衍的“五德终始”说用五行相胜的原理来解释朝代更替，对战国中叶以来天命论的变化起了很大的作用，为秦汉的中央集权制取代殷周以来分封制的政治改革奠定了坚固的理论基础。

二是哲学上的影响。一方面以阴阳消长、五行生克来解释事物的变化，具有朴素辩证法思想。另一方面以天象的变化比附人事的唯心观念，启发了王充等人的天道自然观，也成为汉代天人感应学说的重要来源。

三是医学上的影响。阴阳五行学说是我国传统医学的重要理论指导。中医运用阴阳五行学说解说生命形成、禀赋厚薄、情志形体等特征，运用阴阳的辨识来“辨证施治”。经脉学说和针灸、诊脉技术也都以阴阳学说为理论依据。

四是科学上的贡献。阴阳学派利用《周易》经传的阴阳观念，提出了宇宙演化论，强调“因阴阳之大顺”，其中包含若干天文、历法、气象和地理学的知识，有一定的科学价值。

二、冷峻的法家

儒家、墨家、道家针对当时激烈的社会矛盾，为社会或个人提出了各自的理想境界。儒家以血亲人伦来淡化、消融社会矛盾；墨家通过向统治阶级呼吁“兼爱”，以调和社会矛盾；道家则以提倡超越时代、归返人的古朴本性来逃避社会矛盾。但这些方法在当时基本都只是一些空想，难以实现。

以李悝、吴起、商鞅、韩非子等为代表的法家思想，主张以法治国，构建了切实有效的政治学说，为后世封建王朝的中央集权专制提供了有效的理论指导。

（一）法家的源流

法家是战国时期诸子百家里最后出现的一个学派，其先驱可追溯至春秋时期管仲、子产。春秋时期，周王室式微，以周礼为代表的典章制度衰落，管仲、郭偃、子产等一批改革家颁布法令与刑书，改革田赋制度，促进封建化，成为战国时期法家学派的思想先驱。管仲被称为“法家的鼻祖”。

战国初期，封建制在各诸侯国相继建立，产生了新兴地主阶级的法家学派。这一学派的思想家在理论、策略上各有特色。齐国法家继承发展了管仲思想，汲取黄老之学，主张法礼并重，先德后刑，因道生法，形成了一套较为温和的法治理论。秦、晋两国法家主张严刑峻法，反对礼义说教，专重于法、术、势，奖励耕战，富国强兵，力并天下，是法家中激烈而彻底的一派。历史上通常把秦晋法家视为先秦法家学派的主要代表。

秦晋法家的创始人之一是李悝（约前 455~前 395 年），收集当时诸国刑律，编成中国第一部较为完整的法典——《法经》。之后，秦晋法家形成了三派：一派以慎到为代表，主张在政治和治国策略中要用“势”，即权力与威势；一派以申不害为代表，强调“术”，即权术谋略；一派以商鞅为代表，强调“法”，即法律和规章制度。

战国末期，韩非子将“法”“术”“势”三者糅合为一，吸收道家思想，将法治理论系统化，建立了完整的法治理论和朴素唯物主义的哲学体系，成为法家思想的集大成者。

法家学派的法治理论对秦始皇建立中央集权专制的封建国家起了重大作用，成为秦王朝的统治思想。西汉以后，法家学派逐渐消失，其法治思想被儒家思想吸收，发展为德刑并用，成为维护地主阶级专政的有力工具。

（二）法家的主要思想

法家主张以法治国，“不别亲疏，不殊贵贱，一断于法”（《史记·太史公自序》），故称之为法家。《汉书·艺文志》著录法家著作有 217 篇，其中最重要的是《商君书》和《韩非子》。法家的主要思想包括以下方面：

一是反对礼制。法家重视法律，而反对儒家的“礼”。他们反对贵族的世袭特权，要求土地私有和按功劳与才干授予官职。

二是强调法律的作用。法家认为法律的功能，一方面可以“定分止争”，也就是明确物的所有权；另一方面可以“兴功惧暴”，即鼓励人们立战功，使那些不法之徒感到恐惧，从而达到富国强兵、取得兼并战争胜利的目的。

三是好利恶害。法家认为人都有“好利恶害”或者“就利避害”的本性，所以商鞅才得出“人生有好恶，故民可治也”的结论。

四是不法古，不循今。法家反对保守，主张锐意改革。他们认为历史是向前发展的，一切法律和制度，既不能复古倒退，也不能因循守旧。商鞅明确地提出了“不法古，不循今”的主张。韩非则更进一步发展了商鞅的主张，提出“时移而治不易者乱”，把守旧的儒家讽刺为愚蠢之人。

五是强调法、术、势。商鞅、慎到、申不害三人分别提倡重法、重势、重术。法是指健全法制；势指君主的权势，要独掌军政大权；术是指的驾御群臣、掌握政权、推行法令的策略和手段。其目的是维护君主地位，防止犯上作乱。之后韩非将三者结合起来，构成了诸子百家中最为切实有效的政治学说。

（三）法家的特点与影响

1. 冷峻的功利思想

法家从人口繁衍与物质需求之间的矛盾的角度去理解世情现象，提出“性恶说”，认为人与人之间都是赤裸裸的利害关系，人生最大的现实莫过于功和利，“功用”是最高价值标准，“欲利而身，先利而君；欲富而家，先富而国”。“赏功罪过”是法家治国的基本原则。冷眼静观的理智态度、冷冰冰的人际利害关系、冷酷无情的利己主义，构成了法家学说的冷峻特色。

2. 进化的历史观

在历史观上，法家用发展的眼光观照历史：“上古竞于道德，中世逐于智谋，当今争于气力。”（《韩非子·五蠹》）因古今情势不一，法家主张“法与时转则治，治与世宜则有功”（《韩非子·心度》），并提出了法后王的思想。法家进化的历史观，洋溢着革故鼎新奋发创造的力量，体现了新兴地主阶级的蓬勃朝气和开拓进取精神，成为历代改革家革除弊端、厉行新政的常用常新的有力武器。

3. 三要素统一的政治学说

在冷静的世事分析和进化的历史观的基础之上，法家设计出一种不同于儒、墨、道治国之道的政治权力学说，即以法为本，法、术、势三要素相统一的政治学说，强调暴力专政、强权政治、严刑峻法，为后来秦朝统一中国，建立中央集权制度提供了有效的理论依据和行动方略。从秦朝开始，一直到清朝，我国各个朝代基本上都采用法家学说，沿承秦朝的集权统治，表面上遵奉儒家，而在统治术上，用的是法家，即所谓“阳儒阴法”或者说“儒表法里”甚至是“杂王、霸道而用之”。

三、善辩的名家

名家是战国时期的重要学派之一，他们因以思维的形式、规律和名实关系为研究对象而成派，战国时称为“辩者”“察士”或“刑（形）名家”，至西汉时始称“名家”，代表人物为惠施和公孙龙。名家公认的经典有《邓析子》《尹文子》《惠子》和《公孙龙子》四部，它们都是先秦时期的著作，但据传《邓析子》《尹文子》均属伪造。

（一）名家的源流

名家的产生，最早可以追溯到上古礼官。当时私学兴盛、庶人议政之风兴起，社会上出现了专门从事名词概念探讨的学者，人们称之为“辩者”，春秋后期郑国的邓析即是代表。他在《邓析子·无厚》篇中说：“循名责实，实之极也；按实定名，名之极也。参以相平，转而相成，故得之形名。”这一理论为名家成派奠定了理论基础。春秋末期以来的名辩思潮发展到战国中期，出现了许多名实不符的现象。为此，在三晋便出现专门研究“名实”问题的学派——名家，其代表人物是惠施和公孙龙。惠施将名家“遍为万物说”，不仅“正名实”，而且“辩同异”，而后公孙龙对名家诸人的思想学说继承发展，揭示了形式逻辑的基本规律，盛极一时。

名家的产生，在政治上是要维护新兴地主阶级进行变法改革的成果，即为新的封建秩序正名。名家着重于名词概念的辨析，对我国古代逻辑学的发展做出了重大贡献 。但“正名实”终究不符合时代需要，于秦统一前夕，名家迅速衰落，至汉而消亡。

（二）名家代表人物

名家的代表人物，春秋时期是邓析，战国时期有惠施、田巴、尹文、桓团、兒说、公孙龙子等人。其中惠施、公孙龙分别为“合同异”和“离坚白”两派代表，影响深远。

1. 邓析——讼师

邓析（前545~前501年），河南新郑人，春秋末期思想家，“名辨之学”倡始人，名家学派的先驱人物。子产执政时，邓析曾任郑国大夫，他是代表新兴地主阶级利益的革新派，主要思想为“不法先王，不是礼义”，第一个提出反对“礼治”思想。其贡献主要表现在两方面：一是反对“刑书”，私造“竹刑”。他不但反对奴隶主旧贵族，也反对以子产为代表的继承周礼的新贵族。他曾自编了一套更能适应社会变革要求的成文法，将其刻在竹简上，人称“竹刑”。二是私家传授法律知识，承揽诉讼。邓析聚众讲学，传授法律知识和诉讼之法，帮助别人诉讼，是中国最早的律师。

2. 惠施——“合同异之辩”（实的相对性）

惠施（前390~前317年），宋人，名家的代表人物，在公元前334年~前322年间（魏惠王后元元年到十三年）做魏的相国，主张联合齐、楚，尊齐为王，以减轻齐对魏的压力，并为魏国制定了法律。到公元前322年，魏国改用张仪为相国，惠施被驱逐到楚国。

惠施也和墨家一样，曾努力钻研宇宙间万物构成的原因，提出“遍为万物说”“合同异”。他的著作已经失传，只有《庄子·天下》篇保存着他的十个命题。这十个命题涉及探讨万物的本质与关系、宇宙与空间、大小与同异、相对与绝对等问题，反映了纯理论的思想体系。

3. 公孙龙——“白马非马”（名的绝对性）

公孙龙（前320年~前250年），赵国人，东周战国时期思想家，名家离坚白派的代表人物。他的生平事迹不详，可能较长时间作平原君的门客。公孙龙善于辩论，提出了“离坚白”“白马非马”等命题，前者强调视觉与触觉的差异，后者分析一般与个别的关系。代表作品有《公孙龙子》。

（三）名家的主要思想及贡献

春秋战国时期，“名”与“实”的关系问题成为许多思想家关心和讨论的问题，名家因善于辩论和语言分析而著称于世。名家虽为一个思想流派，但并没有共同的政治主张和思想，仅限于研究对象的相同，且各说差异很大。在名家内部因观点不同形成若干派别，主要有“合同异”派和“离坚白”派。

所谓“合同异”，认为万物之“同”与“异”是相对的，皆可合其“同”“异”而一体视之。该派以宋国人惠施为代表。惠施提出著名的“历物十事”，即“天与地卑，山与泽平”“泛爱万物，天地一体”等十个命题。

所谓“离坚白”，即认为一块石头，用眼只能感觉其“白”而不觉其“坚”，用手只能感觉其“坚”而不觉其“白”。因此“坚”和“白”是分离的、彼此孤立的。该派以公孙龙为代表，提出“白马非马”“坚白石二”等命题。

“合同异”强调事物的统一性，“离坚白”强调事物的差异性。战国末期，后期墨家对二者的片面性有所纠正，提出了“坚白相盈”的观点，荀子亦强调“制名以指实”。

在中国传统学术阵营里，名家的地位和对后世的影响不及儒、墨、道、法诸家，但它在战国中期非常活跃，开创了哲学史上的逻辑学领域，对先秦的名实论和古代逻辑学的发展做出了独特的贡献。名家为知识而知识的学术倾向，对后世开展逻辑学研究乃至纯科学理论的研究具有重要的借鉴意义。

【拓展阅读】

太史公学天官于唐都，受《易》于杨何，习道论于黄子。太史公仕于建元元封之间，愍学者之不达其意而师悖，乃论六家之要指曰：

《易大传》：“天下一致而百虑，同归而殊涂。”夫阴阳、儒、墨、名、法、道德，此务为治者也，直所从言之异路，有省不省耳。尝窃观阴阳之术，大祥而众忌讳，使人拘而多所畏，然其序四时之大顺，不可失也。儒者博而寡要，劳而少功，是以其事难尽从，然其序君臣父子之礼，列夫妇长幼之别，不可易也。墨者俭而难遵，是以其事不可遍循，然其强本节用，不可废也。法家严而少恩；然其正君臣上下之分，不可改矣。名家使人俭而善失真，然其正名实，不可不察也。道家使人精神专一，动合无形，赡足万物。其为术也，因阴阳之大顺，采儒墨之善，撮名法之要，与时迁移，应物变化，立俗施事，无所不宜，指约而易操，事少而功多。儒者则不然。以为人主天下之仪表也，主倡而臣和，主先而臣随。如此则主劳而臣逸。至于大道之要，去健羡，绌聪明，释此而任术。夫神大用则竭，形大劳则敝，形神骚动，欲与天地长久，非所闻也。

——司马谈《论六家要旨》

自我测试

1. 佛教发源于（　　），但绵延千年、长盛不衰、光芒常在却是在（　　）。在中国绵延几千年的历史长河中有过三个开放的时期：（　　）（　　）（　　）。

2. 老子之后，道家发展为（　　）（　　）（　　）（　　）四大学派。

3. 我国最早的律师是（　　）。

4. 秦晋法家思想分为三派：一派以（　　）为代表，他主张在政治和治国方术中要用“势”，即权力与威势；一派以（　　）为代表，强调“术”，即权术谋略；一派以(　　)为代表，强调“法”，即法律和规章制度。

5. 邹衍根据（　　）理论，把五行的属性释为“五德”，创（　　）说，并以之阐释宇宙演变和历代王朝兴废的规律。

6. 儒家的核心思想是（　　）。

A. “道”　　B. “仁”　　C. “慈悲”　　D. “兼爱”

7. “兼爱”和“非攻”主张是（　　）家学派提出的。

A. 墨家　　B. 道家　　C. 儒家　　D. 兵家

8. 被尊为“百世谈兵之祖”的著作是（　　）。

A. 《墨子》　　B. 《孙子兵法》　　C. 《孙膑兵法》　　D. 《六韬》

9. （　　）将法家的“法”“术”“势”三者糅合为一，建立了完整的法治理论和朴素唯物主义的哲学体系。

A. 商鞅　　B. 韩非　　C. 李斯　　D. 秦始皇

10. 试论儒家“和”思想对现代文明融合的借鉴价值。

参考答案

1. 古代印度　中国　魏晋南北朝时期　隋唐时期　明清时期　2. 庄子学派　杨朱学派　宋尹学派　黄老学派　3. 邓析　4. 慎到　申不害　商鞅　5. 五行相生相克　“五德终始”　6. B　7. A　8. D　9. B　10. 略

第五章　软性法则：中国传统礼仪

在中国古代，礼是维持社会与政治秩序、巩固等级制度、调整人与人之间的各种社会关系和权利、义务的规范与准则。礼既是中国古代法律的渊源之一，也是古代法律的重要组成部分。

礼是中国古代社会的典章制度和道德规范。作为典章制度，它是社会政治制度的体现，是维护上层建筑以及与之相适应的人与人交往中的礼节仪式。作为道德规范，它是国家领导者和贵族等一切行为的标准和要求。在孔子以前已有夏礼、殷礼、周礼。夏、殷、周三代之礼，因革相沿，到周公时代，礼已比较完善。作为观念形态的礼，在孔子的思想体系中是同“仁”分不开的。孔子主张“道之以德，齐之以礼”的德治，打破了“礼不下庶人”的限制。战国时期，孟子把仁、义、礼、智作为基本的道德规范，礼为“辞让之心”，成为人的德行之一。荀子论证了礼的起源和社会作用。他认为礼使社会上的每个人在贵贱、长幼、贫富等等级制中都有恰当的地位。在长期的历史发展中，礼作为中国社会的道德规范和生活准则，对中华民族精神素质的修养起了重要作用；同时，随着社会的变革和发展，礼不断被赋予新的内容，不断地发生着改变和调整。

第一节　礼的渊源及作用

一、礼的渊源

礼是伴随中国古代先民的生存和发展而产生的。关于礼的起源古人有很多种观点，今人也有很多不同的论述。事实上，这些不同的观点从一个侧面说明了礼的起源具有多样性。

（一）礼起源于日常生产生活中分工协作的需要

《管子·轻重戊》曰：“黄帝作，钻燧生火，以熟荤臊，民食之，无兹胃之病，而天下化之。黄帝之王，童山竭泽。有虞之王，烧曾薮，斩群害，以为民利，封土为社，置木为闾，民始知礼也。”由此可知，礼产生于先民为生存而与自然抗争的过程中。先民通过钻木取火，获得熟食，有利于少生病；通过统一协作，抵御猛兽侵害，保护部落成员的安全；通过建造房屋，遮风避雨、防寒避暑，获得舒适的环境。这些活动的完成需要部落成员的分工与协作，而分工与协作所要遵循的原则或规则，便是礼产生的渊源之一。

（二）礼产生于祭祀活动

这一观点获得广泛肯定。《礼记·礼运》中说：“夫礼之初，始诸饮食，其燔黍捭豚，污尊而抔饮，蒉桴而土鼓，犹若可以致其敬于鬼神。”原始先民面对大自然的强大，生存能力有限，种族繁衍是所要解决的首要问题。在当时的历史条件和生产力条件下，部落当中最为重要的活动便是获取足够多的食物，以维持氏族部落的繁衍生息。同时，在科学知识极端匮乏的条件下，先民对自然有一种虔诚的敬畏之意和感激之情。他们认为自然灾害是上天的惩罚，获取食物和物资是上天的恩惠。先民为了表达对自然的敬畏和感激逐渐形成了一系列的仪式和规范，从而表达内心的虔诚，并祈求上天少降灾，多赐福。《礼记·祭统》说："凡治人之道，莫急于礼。礼有五经，莫重于祭。"这说明祭祀在古人心目中具有重要地位。《说文解字》也解释道："礼，履也，所以祀神致福也，起于神。"即礼起源于祭祀鬼神，祈求神明赐福的仪式。这便构成了礼的又一渊源。在原始社会图腾崇拜的时期，先民对祭祀鬼神的这一套礼的规则必然十分虔诚。

（三）礼起源于男女有别

著名国学大师金景芳先生曾经在他的《谈礼》一文中运用了很多历史资料来论证礼起源于男女有别。如《礼记·昏义》："先有男女，然后礼义有所措。"《礼记·郊特牲》："男女有别，然后父子亲；父子亲，然后义生。义生，然后礼作；礼作，然后万物安。"《礼记·礼运》"今大道既隐，天下为家，各亲其亲，各子其子，货力为己，大人世及以为礼，城郭沟池以为固，礼义以为纪；以正君臣，以笃父子，以睦兄弟，以和夫妇。"那么，男女有别是什么意思？金景芳先生认为"男女有别就是实行个体婚制"。个体婚制是比此前两性结合的各种方式如群婚制、走婚制、杂婚制等更为进步的婚姻方式，它需要个体在内心产生一定的自律和受到外在强烈的约束，而这个过程就是人们遵循某种规范的过程，其实就是尊"礼"的过程。

（四）礼起源于治乱

在我国历史上，不少圣贤和典籍都论述了礼起源于乱的观点。如儒家的重要代表人物荀子就是其典型的代表。他在《荀子·礼论》篇中写道："礼起于何也？曰：人生而有欲，欲而不得，则不能无求；求而无度量分界，则不能不争；争则乱，乱则穷。先王恶其乱也，故制礼义以分之，以养人之欲，给人之求，使欲必不穷乎物，物必不屈于欲。两者相持而长，是礼之所起也。故礼者，养也。"在这里，荀子表明了两方面的意思：一是人类自然存在很多利欲冲突；二是先王制礼，制礼是为了治乱。另外，春秋时期著名的法家代表管仲在他的《管子·君臣下》一篇中谈道："古者未有君臣上下之别，未有夫妇妃匹之合，兽处群居，以力相征。于是智者诈愚，强者凌弱，老幼孤独不得其所。故智者假众力以禁强虐，而暴人止。为民兴利除害，正民之德，而民师之。是故道术德行，出于贤人。"在这段话中，管子的观点为：天下乱，直到圣人制定出礼法，天下才走上有序之路。也就是说，管子认为礼起源于圣人为治乱。西汉司马迁《史记·礼书》有跟上述观点非常相近的记载："礼由人起。人生有欲，欲而不得则不能无忿，忿而无度量则争，争则乱。先王恶其乱，故制礼义以养人之欲，给人之求，使欲不穷于物，物不屈于欲，二者相待而长，是礼之所起也。故礼者养也。"刘泽华先生在其《先秦礼论初探》一文中谈道："这种说法看来平淡无奇。它的长处在于把礼视为历史发展到一定阶段的产物，是为解决社会矛盾而由人制定出来的。"由此可以得出的结论是：礼起于治乱。

（五）礼起源于风俗习惯

在没有进入国家状态的原始社会，人们的生活恬淡而宁静，没有法律，也没有各种各样的制度。但人们却能根据祖辈流传下来的风俗习惯安排他们的生活，处理人与人之间的关系。他们日常生活有一定的习俗规范：婚丧嫁娶（意指群婚、对偶婚及对亡者安葬等）有一定的程序过程，有大小不等的规模；治理"天下"（国家没有出现之前）也遵循着人们认为是合"礼"的习俗，就拿最高统治者的统治来看，禅让制的实行给我们提供了很好的明证。相传部落联盟首领尧帝老年之时，曾要四岳出任该职，四岳认为自己不能胜任，于是推荐隐居在民间的舜，尧对舜考察三年后，认为舜是理想的人选，能为天下人做事，才把天下交给了他。舜对禹的考察也是如此。这种传统的承袭方法较早包含了“礼”的习俗，而这种习俗在某种程度上已经上升到了治理天下的高度。进入国家状态以后，由俗而成“礼”更成为常态。钟敬文等认为：“礼与俗关系特别密切，以至于礼俗连称，礼俗无别。”赵明先生也认为：“礼源于风俗习惯，人类社会开始之日，便是礼产生之时。在逻辑意义上说，俗先于礼，礼本于俗而又超越于俗。”李亚农先生更直截了当地说：“‘礼’既不是法律，也不是道德，那么，究竟是什么？在我们看来，‘礼’就是恩格斯所说的数百年来的习惯。整整一部《仪礼》都是记载古代社会生活各方面的习惯的。”

以上是关于礼起源的几种基本看法，从中可以看出，礼的起源是多元的。

二、礼的作用

礼在古代包含着两方面的内容：一是作为形而上的道德规范；二是作为形而下的典章制度。作为道德规范，它是礼之所以存在的内在依据，是社会成员一切行为的准则和要求；作为典章制度，它是国家制度的一部分，是社会政治制度的体现，是维护上层建筑以及与之相适应的人与人之间交往中的礼节仪式。几千年来，中国素有“礼仪之邦”的美称。长期以来，礼在我们国家和社会生活中都占有重要地位，发挥着重要作用。正是在礼的指导下，我国建立了运行良好的古典政治、经济、科技、文化等制度；正是在礼的指导下，我国培育了一代又一代温文尔雅、文质彬彬的君子、贤人甚至圣人；正是在礼的指导下，我国还发展出高度发达的古代文明，影响了周边诸多国家和地区。

在现代社会，作为典章制度的礼已经不复存在，但礼中所包含的道德规范依然在发挥作用。

礼在修身过程中的作用。从孔子开始，“修身”即成为儒家知识分子的一个必要条件，很多儒家经典亦大量论证了“修养需要经过礼的规范”的观点。例如《荀子·修身》中“扁善之度，以治气养生，则后彭祖；以修身自名，则配尧禹。宜于时通，利以处穷，礼信是也。凡用血气、志意、知虑，由礼则治通，不由礼则勃乱提僈；食饮，衣服、居处、动静，由礼则和节，不由礼则触陷生疾；容貌、态度、进退、趋行，由礼则雅，不由礼则夷固僻违，庸众而野。故人无礼则不生，事无礼则不成，国家无礼则不宁”。另外《荀子·不苟》曰：“君子行不贵苟难，说不贵苟察，名不贵苟传，唯其当之为贵。故怀负石而赴河，是行之难为者也，而申徒狄能之；然而君子不贵者，非礼义之中也。山渊平，天地比，齐秦袭，入乎耳，出乎口，钩有须，卵有毛，是说之难持者也，而惠施、邓析能之；然而君子不贵者，非礼义之中也。盗跖吟口，名声若日月，与舜、禹俱传而不息；然而君子不贵者，非礼义之中也。故曰：君子行不贵苟难，说不贵苟察，名不贵苟传，唯其当之为贵。”从上述可以看到，礼是道德精神的体现，具体表现为谦恭的态度、文明的语言、优雅的举止等，是文化修养、道德品质、精神气质和思想境界的反映。一个人要想有高雅的外在表现，离不开必要的修养。人的道德修养，离不开对礼的自觉学习和接受。

礼是调节人们欲望、避免争乱的标准。荀子认为：“人上而有欲，欲而不得，则不能无求，一求而无度是分界，则不能不争。争则乱，乱则穷。”（《荀子·礼论》）怎么办？用礼“以养大之欲，给人以求”，对人有教化和矫饰作用。

礼是成事的重要条件。荀子说“事无礼不成”，“为政不以礼，则政不行矣”。因为“礼者，法之大分"，是办事的规矩。人们遵守礼，就是按规矩办事，端正其行为，因而事情就能办成。否则，人不守礼，乱了规矩，行为就不端正，事情就难办成，甚至会把事情办错。

礼具有促进社会和谐的作用。《礼记·曲礼上》载："道德仁义，非礼不成；教训正俗，非礼不备；分争辩讼，非礼不决；君臣上下，父子兄弟，非礼不定；宦学事师，非礼不亲；班朝治军，莅官行法，非礼威严不行。祷祠祭祀，供给鬼神，非礼不诚不庄。是以君子恭敬撙节退让以明礼。"《左传·隐公十一年》记载："礼，经国家，定社稷，序民人，利后嗣者也。"从这些表述中可以看到礼对于促进社会和谐中的作用。众所周知，任何国家都离不开稳定的社会秩序，而维护社会有序正常发展的途径主要是法律和道德。在我们国家长期以来，礼便充当了道德规范的角色，发挥了道德调整的功能。礼通过自律不断完善，规范个人行为，具有约束和警示的作用。正是在礼的作用下，国家和社会生活才变得有序与和谐。

第二节　祭祀之礼

祭祀是华夏典礼的一部分，是儒家礼仪的主要部分。"国之大事，在祀与戎"，祭祀礼是各种礼仪中最重要的。祭祀对象分为三类：天神、地祇、人神。天神称"祀"，地祇称"祭"，宗庙称"享"。祭祀礼则记载于儒家经典《周礼》《礼记》与《礼记正义》《大学衍义补》等书中。在古代"神不歆非类，民不祀非族"，祭祀有严格等级之分。天神地祇由天子祭，诸侯大夫祭山川，士庶只能祭己祖先和灶神。清明节、端午节、重阳节是祭祖日。"祭祀"也意为敬神、求神和祭拜祖先。

原始时代，人们认为人的灵魂可以离开躯体而存在。祭祀便是这种灵魂观念的派生物。最初的祭祀活动比较简单，也比较野蛮。人们用竹木或泥土塑造神灵偶像，或在石岩上画出日、月、星、辰、野兽等神灵形象，作为崇拜对象的附体。然后在偶像面前陈列献给神灵的食物和其他礼物，并由主持者祈祷，祭祀者则对着神灵唱歌、跳舞。祭祀时的祭品有一定的规范，旧俗备供品向神灵或祖先行礼，表示崇敬并求保佑。

进入文明社会后，物质的丰裕使祭祀礼节越来越复杂，祭品也越来越讲究，并有了一定的规范。"祭"与"祀"有所区别：祭侧重的是向祖先、向天地汇报工作，祀侧重于天地祖先对自己未来的新工作给予新的指导、教诲和启发。比如，皇帝御驾亲征要去攻打戎狄国家，在大军出发之前，就会举行祭祀大典。华夏文化中的神不是指人格化的妖怪，而是主导阴阳二气造化的自然力量，通过祭祀，可以让这个力量出阳藏阴，趋吉避凶，趋福避祸。

一、祭祀祖先

"慎终追远""昭祖扬祢"，是中国人古来一贯的重要精神信仰。从历史上来看，宗庙祭祀的起源非常早，可以一直追溯到三代之时，这是先民们生活中的重要组成部分。《礼记·祭义》曰："齐齐乎其敬也，愉愉乎其忠也，勿勿乎其欲其飨之也。"《诗经·周颂·载芟》云："为酒为醴，烝畀祖妣。以洽百礼，降福孔皆。"此皆言祭祀祖先之状者。

《史记·礼书》云："上事天，下事地，尊先祖而隆君师，是礼之三本也。"这更是以儒家文化为代表的中华文明一个极其显著的特点。"事死者如事生"，是祖先祭祀的通义，黍稷酒肉更是祭祀必备之物。宗庙祭祀乃礼之大者，殊为重要。先秦时期的宗庙之礼，大致有四：一曰荐孰，即奉进煮熟的牲体；二曰荐血腥，即奉进已杀未煮的牲体；三曰裸鬯，裸即灌，即用圭瓒酌郁鬯香酒洒沥于地以降神；四是馈食，是用黍稷煮熟食献给“尸”享用。

古代的宗庙制度是非常严格的。《礼记·王制》云：“天子七庙，诸侯五庙，大夫三庙，士一庙。”而庶人则“祭于寝”。先秦之时，天子七庙，大夫、士立庙则依次递减，庶士、庶人而不得立庙。《左传·庄公十八年》所云“因名数不同，礼亦异数”正是这个意思。

宗庙祭祀历来皆为国之重典，在历代国家祀典之中，均以郊庙二者最为隆重，皆作大祀等级，其程序仪节相应也极尽严格。周天子的宗庙祭祀，之前先要卜日，然后斋戒十天，祭祀正日，要沐浴换上祭服后才能去祭祀。否则，便是对祖先神灵的亵渎和不敬。祭祀所用的牺牲和礼器物品等，必须仔细挑选：太牢三牲要毛色纯正，璧、琮等玉器及束帛要完好无损。《新唐书·礼乐志》：“凡祭祀之节有六：一曰卜日，二曰斋戒，三曰陈设，四曰省牲器，五曰奠玉帛、宗庙之晨祼，六曰进熟、馈食。”

总的来说，宗庙之祭大致可分为正祭（常祭）、告祭（因祭）两类，具体为：

正祭为常设固定之祭，包括月祭、时享、殷祭。“月祭”：于每月初一日举行，名曰“朝庙”“告朔”“视朔”等；“时享”，即“四时之祭”：“祠、禴、尝、烝”，分别为春、夏、秋、冬四时之祭名。《诗经·小经·伐木》亦有“祠禴尝烝，于公先王”之说。四孟月之祭外，东汉光武帝之时又加入腊祭，是以“四孟一腊”底定岁凡五祀之格局；“殷祭”：亦作大祭、衣祭，有“祫”“禘”二者，乃商周之时合祭历代祖先之礼典。《礼记·曾子问》：“君之丧服除，而后殷祭，礼也。”孔颖达疏：“殷，大也。小大二祥变除之大祭，故谓之殷祭也。”由此而知，东周之后，殷祭之名虽存，其礼则异。又，《曾子问》：“祫祭于祖，则祝迎四庙之主。”孔颖达疏：“祫，合祭祖。大祖三年一祫。谓当祫之年则祝迎高、曾、祖、祢四庙，而于大祖庙祭之。天子祫祭则迎六庙之主。今言四庙者，举诸侯言也。”这说明殷祭改名为祫祭。东汉郑玄注云：“祫，合也。天子诸侯之丧，毕合先君之主于祖庙而祭之，谓之祫，后因以为常。天子先祫而后时祭，诸侯先时祭而后祫。”清秦蕙田《五礼通考》卷九十一《宗庙考二》云：“禘以夏四月，祫以冬十月。禘之为言谛，谛审昭穆尊卑之义。祫者，合也。冬十月五谷成，故骨肉合饮食于祖庙，谓之殷祭。”这说明正祭包括每五年一次的大祭和每三年一次的神主祫祭。后世当三年之丧毕，先祖神主将依次迁出一辈，于此时举行祫祭。而与之相关的宗庙之礼还有一种“祔祭”，即在宗庙中的配享之礼。由于新死者尚未有庙，就是奉新死者之木主，配享于祖庙，故曰“祔”。

告祭亦曰“因祭”，因事而祭也，为正祭以外的临时性祭祀。郑玄注《礼记·昏义》曰：“祭无牲牢，告事耳，非正祭也。其齐盛用黍。”由此可知，这种只用黍而不用牲牢的告事之祭，其礼不如正祭之严格。清末经学大师孙诒让亦云：“告祭及祈祷礼杀。”（《周礼正义》卷三十三）古天子凡即位改元、巡守朝会、生子立储、朝祖祔庙、临时谒庙、征伐凯旋等情况下之“告祭”皆属此类。凡出有事，如朝聘、盟会、征伐等，行前必“告祭”宗庙。返亦告庙，则谓之“告至”。

关于这一点，宋元之际的著名史学家马端临在《文献通考》卷九十九《宗庙考》中有论：“古者宗庙之祭，有正祭，有告祭，皆人主亲行其礼。正祭则时享、禘祫是也；告祭则国有大事告于宗庙是也。”

古代宗庙分为两部分，即后面停放神主与先人遗物之处曰“寝”，前面祭祀之地为“庙”，合称“寝庙”。孔颖达《正义》云：“寝庙者，《周礼注》云：前曰庙，后曰寝，则庙寝一物，先寝后庙，便文耳。”又，《礼记·月令》孔颖达疏：“庙是接神之处，其处尊，故在前；寝，衣冠所藏之处，对庙为卑，故在后。但庙制有东西厢，有序墙，寝制惟室而已。”

"祠堂"，乃后世衍生所出现。《说文解字》曰："堂，殿也"，"祠"，乃祭祀之意。概言之，"祠堂，即祭祀祖先神灵之场所、礼堂。慎终追远，民德归厚矣"。宋司马光《文潞公家庙碑》曰："先王之制，自天子至于官师皆有庙。君子将营宫室，宗庙为先，居室为后。……汉世公卿贵人多建祠堂于墓所，在都邑则鲜焉。"这里虽然说到"汉世公卿贵人多建祠堂于墓所"，但当时的墓祠并不是后世所谓的严格意义上的祠堂；至两晋，品官公卿之祖庙则频见于文献。《文献通考》云唐制亦规定：一、二品许立五庙；三、四、五品及兼爵者许立三庙；六品以下及庶人皆祭于寝。宋承唐制，三品以下仍不得立私庙。

中国宗法制度规定只有宗子才有祭祀权。《白虎通·宗族》说："宗，尊也。为先祖主者，为宗人之所尊。"清代大儒李塨云："祭礼通俗谱曰：祭必以子，子必有兄弟，周制兄弟严嫡庶，而嫡庶又严长次，唯长嫡可以主祭，次嫡与庶皆名支子，皆不得主祭。盖封建之世。天子诸侯卿大夫唯长嫡得袭位，次嫡即不袭，故古之重嫡即重贵也。"《礼记·丧服小记》云："庶子不祭祖者，明其宗也。"在传统宗法制度中，并不是所有的子孙都有主祭权的，只有身为嫡长的宗子才能主祭。所谓"继别者祭别，继祢者祭祢，继祖者祭祖，继曾祖者祭曾祖，继高祖者祭高祖，各有所继，各有所祭"是也。

二、祭天礼

古人以"圜丘祀天""方丘祭地"，二者都在郊外，所以又称为"郊祀"。圜丘是一座圆形的祭坛，古人认为天圆地方，圆形正是天的形象，"圜"同"圆"。祭祀之前，天子与百官都要斋戒并省视献神的牺牲和祭器。周代祭天的正祭是每年冬至之日在国都南郊圜丘举行。祭祀之日，天子率百官清早来到郊外。天子身穿大裘，内着衮服（饰有日、月、星辰及山、龙等纹饰图案的礼服），头戴前后垂有十二旒的冕，腰间插大圭，手持镇圭，面向西方立于圜丘东南侧。这时鼓乐齐鸣，报知天帝降临享祭。接着天子牵着献给天帝的牺牲，将其宰杀。这些牺牲随同玉璧、玉圭、缯帛等祭品被放在柴垛上，由天子点燃积柴，让烟火高高地升腾于天，使天帝嗅到气味。这就是燔燎，也叫"禋（yīn）祀"。随后在乐声中迎接"尸"登上圜丘。尸由活人扮饰，作为天帝化身，代表天帝接受祭享。尸就坐，面前陈放着玉璧、鼎、簋等各种盛放祭品的礼器 。这时先向尸献牺牲的鲜血，再依次进献五种不同质量的酒，称作"五齐"。前两次献酒后要进献全牲、大羹（肉汁）、铏羹（加盐的菜汁）等。第四次献酒后，进献黍稷饮食。荐献后，尸用三种酒答谢祭献者，称为"酢"。饮毕，天子与舞队同舞《云门》之舞，相传那是黄帝时的乐舞。最后，祭祀者还要分享祭祀所用的酒醴，由尸赐福于天子等，称为"嘏"，后世也叫"饮福"。天子还把祭祀用的牲肉赠给宗室臣下，称"赐胙"。后代的祭天礼多依周礼制定，但以神主或神位牌代替了尸。

周朝之后，特别是汉代儒家思想占据统治地位后，历代王朝皆尊崇周礼，祭天仪式也基本按照周代的方式进行。不过随着社会的发展，在流程、器物等方面略有增减。秦代祭天的有关资料甚少，只知道有三年一郊之礼。秦以冬十月为岁首，郊祀就在十月举行。汉高祖祭祀天地都由祠官负责。汉武帝初，行三年一郊之礼，即第一年祭天，第二年祭地，第三年祭五畤（五方帝），每三年轮一遍。成帝建始元年（前 32 年）在长安城外昆明故渠之南建圜丘。翌年春正月上辛日（第一个辛日）祭天，同祭五方上帝。这是汉代南郊祭天之始。东汉在洛阳城南建圜丘，坛分上、下两层，上层为天地之位，下层分设五帝之位，坛外有两重围墙，叫作"壝（wéi）"。五胡乱华之后，华夏文明受到冲击，郊祀制度也受到一些影响。中国北方一些少数民族建立的政权祭天时虽采用汉制，但常有民族传统礼仪掺入。南北朝时，梁代南北郊祭天地社稷、宗庙用的不是牺牲，而是果蔬。齐代开始在圜丘坛外建造屋宇，作为更衣、憩息之所。旧制全用临时性的帷帐，南齐武帝永明二年（484 年）始用瓦屋。

唐代祭天礼除了延续前代礼仪之外，皇后也开始参加，显示了唐代女性地位的提高。

宋代圜丘合祀天地后，要在皇城门楼上举行特赦仪式，赦免囚徒；改日，要到景灵宫祖宗神像前行“恭谢礼”。

明太祖洪武十年（1377 年），改变圜丘礼制，规定每年孟春正月合祀天地于南郊，建大祀殿，以圜形大屋覆盖祭坛。明成祖迁都北京后，在正阳门南按南京规制营建大祀殿，于永乐十八年（1420 年）建成，合祀天地。嘉靖九年（1530 年），世宗改变天地合祀制度，在大祀殿之南另建圜丘。至此，祭天礼已发展至最完善时期。

1913 年冬至，时任中华民国大总统的袁世凯在北京天坛举行祭天仪式，这是中国最后一次祭天仪式。此后祭天被视为“封建帝制”的产物而被终止。

祭祀后土是封建国家专门祭祀地神的仪式。后土神的来历，古籍记载不一。《山海经》《礼记》说是共工的儿子，名叫句龙，因其善于平整九州土地，受封为土正，祀为大地之神。但以原始信仰来看，古人祭祀地神，是为了酬谢大地负载万物、养育万民的功劳。由于天阳地阴的缘故，后土神被塑造为女人像。历史上首次将祭祀后土列为大典的是汉文帝。

三、祭祀山川

中国历朝历代都祭祀岳、镇、渎、海，即五岳、四镇（《周礼・春官》）、四渎（《礼记・王制》）、四海。《尔雅》注明江、河、淮、济为“四渎”，“岳”是山之尊，“镇”乃镇守九州之意，其地位次于“岳”。渎是大川，“四渎”是有独立源头并最终流入大海的大河大川。《尔雅・释水》认为大渎是长江、黄河，小渎是济水、淮水。海者，晦也，一眼望不到边的意思，古代的海有可能是大湖，能容纳大河的湖也被看作海。唐代由“五岳四镇”演变为“五岳五镇”，其他未变。

山川是大地的组成部分，也是大地的象征。古人崇拜山岳，大约因其高大，能兴风雨，似有神灵居住；崇拜大河，则因其终年流动，或利或害，神力无边；封建帝王祭祀山川则有事天地而礼山川，保天下而护江河的用意在内。

到王莽时，名山大川的祭祀就由道教方士来进行了。中国道教发明的祭祀方式是投龙简。投龙简，是道教斋醮仪式中的一个环节。封建帝王在举行黄箓大斋、金箓大斋之后，为了酬谢天、地、水三官神灵，把写有祈请者消罪愿望的文简和玉璧、金龙、金钮用青丝捆扎起来，分成三简，并取名为山简、土简、水简。山简封投于灵山之诸天洞府绝崖之中，奏告天官上元；土简埋于地里，以告地官中元；水简投于潭洞水府，以告水官下元。这天、地、水三官又称“三元”。这种告请三元的投简活动目的是祈求天地水神灵保护社稷平安，人民幸福长寿。

祭天只能由天子进行，诸侯可以祭祀山川，普通百姓只能祭祀父母和祖先。如果诸侯举行天祭或者大夫及平民百姓举行祭祀天地或山川的仪式，就被认为是僭礼。《史记・封禅书》：“《周官》曰……天子祭天下名山大川，五岳视三公，四渎视诸侯，诸侯祭其疆内名山大川。”

四、祭祀物品与祭祀方式

祭祀神灵，是以献出礼品为代价的。人们对神灵的归顺，大都是跪拜叩头、焚香燃纸，但对神灵来说最实惠的祭祀方式还是献上祭品。人有七情六欲，神灵也是如此。人们既然对神灵有所祈求，理应舍得拿出自己最好的东西祭献，以博得神灵的欢心。但人的喜好不一，不同的神灵也各有各的口味，所以祭品多种多样。

民以食为天，最初的祭祀以献食为主。《礼记·礼运》称："夫礼之初，始诸饮食。其燔黍捭豚，污尊而抔饮，蒉桴而土鼓，犹若可以致其敬于鬼神。"意思是，祭礼起源于向神灵奉献食物，只要燔烧黍稷并用猪肉供神享食，凿地为穴当作水壶而用手捧水献神，敲击土鼓作乐，就能够把人们的祈愿与敬意传达给鬼神。研究文字的起源也会发现，表示"祭祀"的字多与饮食有关。在诸多食物中，又以肉食为最。在原始采集和狩猎时代，肉食是人们拼着性命猎获而来的，所以很宝贵。当原始农业和畜牧业发展起来时，肉食仍极为宝贵。正因如此，肉食成为献给神灵的主要祭品，并被称为"牺牲"，指马、牛、羊、鸡、犬、豕等牲畜，后世称"六畜"。六畜中最常用的是牛、羊、豕三牲。鱼、兔野味也常用于祭祀，但不属"牺牲"之列。祭祀也有用人的，但人本身不叫"牺牲"，古书只说"用人"，不说"人牲"。作为祭品的食物除"牺牲"外，还有粮食五谷，称"粢盛"。鲜嫩的果品蔬菜在民间祭祀中也是常用的祭品，《诗经》中屡屡提及；佛教传入中国后，"斋祭"中果品更丰。另外，酒也是祭祀神灵的常用祭品。

祭祀时处置祭品的方式主要有三种：燔烧、掩埋和沉没。燔烧，指将牲玉等祭品加于柴上。在古人看来，天神在上，非燔柴不足以达之，燔祭时烟气升腾，直达高空，容易被天神接受。掩埋，挖坑将祭品埋没，祭山神和地神使用。沉没，祭水神使用，其实就是把牛或者羊等牺牲直接沉入水中。

古代祭祀时间历朝历代有所不同，慢慢形成了比较固定的祭祀节日或时间。主要有如下几个祭祀时日：

清明节：本是二十四节气之一，但因与寒食节相近也就成为扫墓祭祀先人的节日。

端午节：农历五月初五，是中国年历的一个节日。

鬼节：农历七月十五，中国传统称"中元节"，民俗中称"鬼节"，佛教称之为"盂兰盆会"，它是佛教传入以后才出现的。

农历十月初一：又称"寒衣节"。据说起自孟姜女千里寻夫送寒衣的故事，所谓"十月一日送寒衣，哭倒长城千万里，抱骨回乡"。

农历十一月十六：此日祭供有请求佛主超度亡灵的意思。

腊月二十三：俗称"小年"，是送灶神、祭祀迎春之日。同时，每月初一、初八、十五、十九、二十三、二十九和三十祭供，以消罪生福。另可按逝者卒日进行祭祀。

第三节　人伦社会交际礼

礼在中国传统文化中占有极其重要的地位，战国末期至西汉初年的儒家经典"三礼"便是儒家礼乐文化的一种象征。《礼记·礼器》云："经礼三百，曲礼三千。"我国古代礼的名目繁多可见一斑。

一、见面礼

古代人们之间见面时，有许多不同的的礼节，最常见的一种礼仪叫"揖"，即拱手行礼。

这是古代宾主相见的最常见的礼节。据考证，揖大约起源于周代以前，到了姜太公辅佐武王革命成功，揖礼开始大行于天下。据《周礼·秋官·司仪》记载，根据双方的地位和关系，作揖有土揖、时揖、天揖、特揖、旅揖、旁三揖之分。土揖时拱手前伸而稍向下；时揖是拱手向前平伸；天揖是拱手前伸而稍上举；特揖是一个一个地作揖；旅揖是按等级分别作揖；旁三揖是对众人一次作揖三下。此外，还有长揖，即拱手高举，自上而下向人行礼。向人作揖，表示恭敬。作揖的基本手势是男子右手握拳，左手成掌，对右拳或包或盖；女子反之，这样的作揖手势是“吉拜”；反之，“男子右手成掌，左手握拳”或“女子左手成掌，右手成拳”则为凶拜，一般用于吊丧。另外，古代还有一些其他特殊的见面礼节，如：

拱：古代的一种相见礼，两手在胸前相合表示敬意。

拜：古代表示恭敬的一种礼节。古之拜，只是拱手弯腰而已，两手在胸前合抱，头向前俯，额触双手，如同揖。后来亦指将屈膝顿首、两手着地或叩头及地称为“拜”。

拜手：古代的男子一种跪拜礼。行礼时，跪下，两手拱合到地，头靠在手上。《周礼》中作“空首”，也作“拜首”。

再拜：古代一种隆重的礼节，拜两次，表示敬意。一般只向很尊贵的人施再拜礼。如《史记·项羽本纪》载：“谨使良奉白璧一双再拜献大王足下。”《史记·魏公子列传》“公子再拜”说明“再拜”礼节的隆重。

顿首：跪而头叩地为顿首。“顿”是稍停的意思。行礼时，头碰地即起，因其头接触地面时间短暂，故称“顿首”。通常用于下对上及平辈间的敬礼。如官僚间的拜迎、拜送，民间的拜贺、拜望、拜别等。另外，这种礼节也用于书信的开头或末尾。

稽首：古代的一种跪拜礼。跪而头触地作较长时间的停留称为“稽首”。其中，“稽”是停留、拖延的意思。行礼时，施礼者屈膝跪地，左手按右手，拱手于地，头也缓缓至于地，手在膝前，头在手后。头在地上必须停留一段时间。稽首是最重的礼节，常为臣子拜见君王时所用。

二、座次礼

古代朝廷皆以南面为尊，即君主坐北朝南，故称“南面称王”；大臣面朝北参见君王，故称“北面称臣”。汉以前，堂与室建在同一个堂基上，同为一个房顶所覆盖，堂在前，室在后；堂大，室小。堂后有墙，与室相隔，堂前有阶，堂的前沿不封闭，故有“登堂入室”之谓。堂不住人，仅供议事、行礼、交际、祭祀之用，室中住人。

室之中皆席地而坐，堂中以南面为尊，而室中却以东向为尊。如《史记·项羽本纪》中关于“鸿门宴”的记载：“项王即日因留沛公与饮。项王、项伯东向坐；亚父南向坐。亚父者，范增也。沛公北向坐，张良西向侍。”从中可以看到当时以东向为尊。

秦汉以后，堂室结构进行了简化，堂的有些社交功能被合并于室中，因此室内的座次也相应地发生了一些变化。如会见宾客时，一般都是宾在西，主人在东，即所谓“东家”“西宾”。古人所谓“分宾主坐下”，即是这样的坐法。直到清代的乡饮酒礼仍是大宾位西北，主人位东南。

另外，除了在朝廷、家里的座次外，车上的座次也有一定考究。古代交通工具为马车，因此御者居中，主帅居左，警卫居右（又称“车右”）。因御者左手并辔，右手挥鞭，故须居中。

三、成人礼

成人礼，是为达到性成熟或法定成年期的青年人举行的确认其成年的一种人生仪式，它起源于原始社会的成丁礼，是一种相当古老的仪式，并“曾毫不例外地在世界各民族的社会历史发展中起到过重要的作用”①。“成人礼”作为人一生中的一种重要的仪礼，是个体由家庭进入到社会并被社会承认的一个重要标志，也是个体人生发展历程中的一个重要阶段和过程。

我国古代针对不同的性别，有不同的成人礼形式，“冠礼”与“笄礼”即是我国古代汉民族实行的最为普遍的两种形式。《淮南子·齐俗训》云：“中国冠笄，越人鬋发。”男子二十行冠礼，女子十五行笄礼。

1. 冠礼：古代男性的“成人礼”

“冠者，礼之始也。”从冠礼的历史演变过程来看，冠礼是由氏族社会盛行的成丁礼演变而来，周朝时开始出现，一直到汉朝，冠礼均强调这种仪式对成年男人的教育功能，而到了明朝冠礼仪式则颇具政治意味。明代之后，冠礼逐渐衰微；民国初期，冠礼与婚礼合为一体。

据《仪礼·士冠礼》载，起始于周朝的冠礼，其仪式非常讲究，其过程烦琐复杂。古代冠礼在宗庙内举行，仪式举行的时间为农历二月，冠礼前十天内，受冠者要先卜筮吉日，若十日内无吉日，则筮选下一旬的吉日，然后将吉日告知亲友。及冠礼前三日，要用筮法选择主持冠礼的大宾，并选一位“赞冠”者协助冠礼仪式。行礼时，主人（一般是受冠者之父）、大宾及受冠者都要穿礼服，先加缁布冠，次授以皮弁，最后授以爵弁。每次加冠毕，皆由大宾对受冠者读祝辞。然后，受礼者拜见其母。再由大宾为他取字，周代通常取字称为“伯某甫”（视排行而定）。然后主人送大宾至庙门外，敬酒，同时以束帛俪皮（帛五匹、鹿皮两张）作为报酬，另外再馈赠牲肉。受冠者则改服礼帽礼服去拜见君，又执礼贽（ 野雉等）拜见乡大夫等。若父亲已殁，受冠者则需向父亲神主祭祀，表示在父亲前完成冠礼。祭后拜见伯、叔，然后飨食。

2. 笄礼：古代女性的成人礼

笄礼，俗称“上头礼”，是我国古代汉族女孩的成人礼，即古代女子到了一定的年龄（《礼记·内则》中记载为15岁，最迟20岁，《礼记·曲礼》中记载为女孩许嫁之后），通过仪式，将女孩分于两侧、呈“丱形”的儿童发髻汇成一束挽作成人发髻，然后插上笄，而这种标志女孩成人的仪式就是“笄礼”。尽管有文字记载证实了我国古代笄礼的存在，但由于古代社会女子的社会地位、政治地位不高，因此关于女子“笄礼”的仪式细节等并没有太多记载，目前可查的多集中于周朝和宋朝对“笄礼”的相关记载。据《朱子家礼·笄礼》和《宋史》等古书记载，古代女子“笄礼”的过程与“冠礼”大致相似，诸如“笄礼”的日期需要通过占卜的方式来选择良辰吉日；“笄礼”也有三加、二加之分。同“冠礼”一样，古代女子的“笄礼”内涵丰富，喻示及笄者从此将由家庭中毫无责任的“孺子”转变为能履践孝、悌、忠、顺等德行的承担社会和家庭责任的人。

四、婚嫁礼

婚嫁礼属“五礼”中的嘉礼，是中国古代社会中的传统大礼。《礼记·昏义》指出：“昏

① 伊力奇：《成人礼的来源、类型和意义》，载《中央民族大学学报》1986年第3期。

礼者，将合二姓之好，上以事宗庙，而下以继后世也，故君子重之。”这就是说，婚礼不是个人行为，而是“合二姓之好”及“重人伦，广继嗣”的家族大事。婚姻成为传统社会关系的凝聚点，人们通过烦琐的礼仪规范来为之提供保障，由此产生了一系列隆重而严肃的婚嫁礼仪。

“父母之命，媒妁之言”是传统婚姻的首要要求，它反映了古代社会家长制度和包办婚姻的价值观，这使婚姻不仅在礼俗上得到肯定，而且在政治、法律上也得到认可和巩固。《诗经·齐风·南山》中就有“取妻如之何？必告父母”，“取妻如之何？匪媒不得”的说法。《白虎通·婚嫁》进一步解释说：“男不自专取，女不自专嫁，必由父母，须媒妁何？远耻防淫佚也。”

据《仪礼·士昏礼》和《礼记·昏义》记载，古代婚礼包括纳采、问名、纳吉、纳征、请期和亲迎六道程序，通称“六礼”。一是纳采，就是男方家长向女方献礼求婚的礼仪。在此之前，男方家长要先派媒人向女方提亲，称“下达”。在征得女方的同意后，才派使者前去行纳采之礼。《仪礼·昏礼》记载了这一礼节：“主人如宾服，迎于门外，再拜，宾不答拜。揖入，至入庙门。揖入，三揖，至于阶，三让。主人以宾升西面，宾升西阶，当阿，东面致命，主人阼阶上北面再拜，授于楹间。南面，宾降出，主人降，授老雁。”二是问名，即问女子的姓氏名字。郑玄注：“问名者，将归卜其吉凶。”目的是男方要将女方的姓名拿到祖庙里去占卜吉凶，以决定成婚与否。三是纳吉，就是男方在祖庙里卜得吉兆后派使者将好的结果告知女方。郑玄曰：“归卜于庙，得吉兆，复使使者往告，昏姻之事于是定。”至此，这桩婚事就算基本确定。四是纳征，又称“纳币”，就是男方向女方赠送聘礼。郑玄曰：“征，成也，使使者纳币以成。”这标志着双方的婚姻正式确定，定婚手续的完成。五是请期，就是男方把初步选定的迎取吉日通知女方，请女方决定。六是亲迎。这是“六礼”中的最后一道程序，即新郎亲自到女家迎接新娘。新娘到了夫家，还要履行一些仪式，最主要的是“共牢而食，合卺而缥”。“共牢而食”是指新郎新娘共同食用一牢之肉，即把一个完整的葫芦分成两个瓢，夫妻各执一个，饭后用来舀酒漱口，称“合卺”，表示此后夫妻二人合为一体，相亲相爱。最后还包括一个成妇之礼，即拜见舅姑和庙见，这样婚嫁礼才算真正全部完成。

五、丧葬礼

在漫长的历史进程中，我们古人形成了具有中国特色的丧葬礼仪，起到缅怀逝者、慰藉亡灵、继承其遗志并祈求其庇护的功效。丧葬礼分为两个部分，哀悼逝者的礼仪称为“丧”，处理逝者遗体的方式称为“葬”。

丧礼，即旧时居丧、举办丧事、处理死者殓殡奠撰和拜踊哭泣的仪节。《周礼·春官·大宗伯》：“以凶礼哀邦国之忧，以丧礼哀死亡。”《礼记·曲礼下》：“居丧未葬，谓丧礼。”孔颖达疏：“丧礼，谓朝夕奠下室，朔望奠殡宫，及葬等礼也。”古代丧礼大体有如下几个程序：第一，告丧，即人死之后，将噩耗告知于众，似今之讣告。第二，奔丧，即从外地赶回服丧。第三，护丧，即为丧家治理丧事或主持丧事。第四，吊丧，即到丧家慰问吊唁。第五，赗赙，即因助办丧事而以财物相赠。第六，居丧，即在直系亲长丧期中所行仪节，主要包括丧服、服期、服舍、庐墓。第七，墓祭，即在墓前祭祀。《后汉书·明帝纪》永平元年注引《汉官仪》曰：“古不墓祭，秦始皇起寝于墓侧，汉因而不改。诸陵寝皆以晦、望、二十四气、三伏、社、腊及四时上饭。”

葬礼，即处置死者的习俗礼节。古代人们相信“灵魂不死”之说，认为人的灵魂和生人一样生活在另一个世界，而且具有活人不具备的神秘力量。这些灵魂既可以降福，也可以作祸。因此，人们自然而然形成了对死人的崇拜。同时，对尸体进行一定的处置，加以保护，以讨好死者的灵魂。古代葬礼大体有如下几个程序：第一，招魂，即人初死必登屋招魂大呼死者名字使其回归。第二，沐浴。第三，饭含。在死者口中放置米贝称“饭”；放置珠玉称“含”。第四，殓，就是给死者穿上送终的衣服，放进棺材。第五，铭旌，即用细长的帛条制成止书“某某之柩”在堂前西阶用竹竿挑起。《礼记·丧服小记》载：“复与书铭，自天子达于士，其辞一也。男子称名，妇人书姓与伯仲。”其长短视逝者身份而有不同的等级：天子九尺，诸侯七尺，大夫五尺，士二尺。第五，出殡，把灵车运到安葬或寄放的地点。这一过程有一段间隔期，被称为“葬期”。葬期的长短因人而异，贵贱有别。古代送葬时有“执拂而哭”的礼俗。拂是牵引灵车的绳索。执拂送葬者的人数因逝者身份不同而有等级之差。据《仪礼》载，天子六拂，执者千人；诸侯四拂，执者五百人；大夫二拂，执者三百人；士二拂，执者五十人。

从史料记载看，丧葬礼仪反映的等级差异，不同时期各有其特点。

以上论述了中国古代比较典型的五种礼仪，它们既反映了中国传统文化的核心精神，即和谐，又具体而微地对传统文化进行了诠释。只要有人类社会存在，人际交往便是免不了的，社交礼仪也永远是需要的。

中国之所以被称为“礼仪之邦”，是因为其文明体系的完备和礼制、仪式的完善。礼仪有多种功能。首先，它是文明的标志，以别禽兽、夷狄。其次，它具有政治的功能，确定尊卑高下、治理秩序。再次，它具有人际交往的功能，礼尚往来，来而不往非礼也。另外，礼仪还是日常生活的规则，维系着人际间情感的功能。礼仪还具有抽象的玄学功能，是我们的先民连接祖先、天地自然的仪式。

在我国2000多年的封建社会中，礼的政治功能被逐步强化，变得繁复和森严，特别是与皇权和官僚秩序相关的官场礼仪变得更加森严，它逐步渗透到了社会的方方面面，开始脱离人们的实际生活体验，背离人际交往中礼尚往来的传统。臣子向皇上行礼，皇上不用回礼，慢慢演变为上对下，尊对卑也如此，礼尚往来的传统被颠覆，礼的情感功能大部分让位于政治功能。五四先贤们要打倒孔夫子，要打倒的就是这种“君君臣臣父父子子”的“礼”后面的森严的等级制度，推翻这种被政治和皇权官僚制度绑架的形式化的“礼”。历史走到今天，代表古代皇权专制主义的“礼”被推翻了，同时承载“礼尚往来”“自卑而尊人”的礼也不见了，见证我们先民们成长的“礼”也不见了，我们成了一个“无礼”的国家了。“礼”的政治功能（皇权专制主义）应该被摒弃，但“礼”的文明功能、人际交往功能和情感功能不应该被抛弃，也许我们可以从传统节日开始，逐步去寻找单纯的“礼”。

【拓展阅读】

礼本是指宗教上一种祭神的仪文……但中国古代的宗教很早便为政治意义所融化，成为政治性的宗教了。因此，宗教上的礼，亦渐变而为政治上的礼。……中国古代的政治，也很早便为伦理意义所融化，成为伦理性的政治。因此政治上的礼，又渐变为伦理上的，即普及于一般社会与人生而附带有道德性的礼了。所以，对于中国古代的礼，钱先生认为：“包括有‘宗教的、政治的、伦理的’三部门的意义，其愈后起的部门，则愈占重要。”

——钱穆《中国文化史导论》

若一民族对其已往历史无所了知，此必为无文化之民族。此民族中之分子，对其民族，必无甚深之爱，必不能为其民族真奋战而牺牲，此民族终将无争存于并世之力量。今国人方蔑弃其本国已往之历史，以为无足重视；既已对其民族已往文化，懵无所知，而犹空呼爱国。此其为爱，仅当于一种商业之爱，如农人之爱其牛。彼仅知彼之身家地位有所赖于是，彼岂复于其国家有逾此以往之深爱乎！凡今之断头决胸而不顾，以效死于前敌者，彼则尚于其国家民族已往历史，有其一段真诚之深爱；彼固以为我神州华裔之生存食息于天壤之间，实自有其不可侮者在也。

故欲其国民对国家有深厚之爱情，必先使其国民对国家已往历史有深厚的认识。欲其国民对国家当前有真实之改进，必先使其国民对国家已往历史有真实了解。我人今日所需之历史智识，其要在此。

——钱穆《国史大纲·序言》

自我测试

1. （　　　　）朝开始，臣子向君王行礼，君王可以不回礼。

2. 古代女人是法国学者西蒙娜·德·波伏娃所说的“第二性”，是附属于男性的。在中国突出表现为“三从”“四德”，其中“四德”指的是（　　　　　　　）。

3. 古代成人礼，男子称为（　　　　　），女子称为（　　　　　　）。

4. 今天我们的祭祀礼是墓祭还是庙祭？（　　　　）。

5. 中国有句俗语“礼尚往来”，即我去拜访你，你也应当来拜访我。这句话是(　　　　)。

6. 王朝时代最重要的礼是（　　　）。

A. 婚礼　　B. 丧礼　　C. 饮酒礼　　D. 祭礼

7. （多选题）古代的礼是（　　）。

A. 一种国家典制

B. 人际交往的准则

C. 确立人与社会、他人、自然的关系

D. 分等级和贵贱的，具有确定秩序的功能。

8. 下列不属于“儒家三礼”的是（　　）。

A. 礼记　　B. 周礼　　C. 仪礼　　D. 礼仪

9. 孔子克己复礼，请问孔子复的礼是（　　）。

A. 炎黄之礼　　B. 夏朝之礼　　C. 商朝之礼　　D. 周朝之礼

10. 我们的礼仪之邦今天已经比较“失礼”了，请问我们可以从哪些方面去重建日常礼仪？

参考答案

1. 秦　2. 德容言功　3. 冠礼　笄礼　4. 墓祭　5. 来而不往非礼也

6. D　7. ABCD　8. D　9. D　10. 略

第六章　守土有责：中国传统军事制度

我国自古以来就非常重视国防建设，重视对人民尚武卫国的思想教育，把它视为立国安邦之道，并建立了一系列的军事典章制度。

“兵者，国之大事，死生之地，存亡之道，不可不察也”“居安思危”“有备无患”“明耻教战”“教戒为先”“天下虽安，忘战必危”“国无防不立，民无兵不安”等都是古代国防思想的结晶。近代思想家梁启超先生，对培养人民的国防观念、民族精神，更有其独到见解，他说：“所谓固国家不以山溪之险，威天下不以兵革之利，其道何在？精神为也。”这句话的大意是：一个国家的国防巩固与否，不应只以“山溪之险，兵革之利”来衡量，而应看其国民的觉悟程度和精神状态。构筑和巩固全民牢不可破的精神防线，才是保障国家安全的根本之策。古今中外无数历史事实充分证明，一个国家，一个民族，要想生存和发展，有效地防御外敌入侵，其精神准备之重要，往往并不亚于物质的准备。

第一节　古代兵役制度

我国古代兵役制度的创新、存续和演变，经历了一个漫长的发展过程，形成了民军制、征兵制、募兵制、世兵制等风格各异的兵役模式。但在纷繁复杂的兵役现象背后，有一点是一致的，即兵役制度在兵役活动中具有基础性和主导性作用，并成为全面规范和调节兵役活动的基本准则。

一、奴隶社会时期的兵役制度

“国之大事，在祀与戎”，是夏、商直至西周很长一段历史时期内社会状况的真实写照。但在氏族社会尚未完全解体、社会统治秩序尚未完备的情况下，统治阶级对于武装力量的掌控，是维护其统治地位、维持宗法等级秩序最为有效的手段。

夏代是第一个奴隶制国家，从游牧渔猎经济形态向农牧过渡，社会结构带有“以氏族为基础和以领土与财产为基础的国家并存”的特征。宗族贵族渐已形成，在以血统为组织中心的氏族社会内部，宗族成员基本上是平等的，尚未形成明显的阶级差别。氏族贵族代表整个宗族的利益。所有部族或宗族成员都有承担兵役的义务和权利。遇有战事，氏族贵族带领本族成员参加战斗，无论是兼并异族土地，还是镇压奴隶反抗，牛羊、土地、战利品属于氏族社会全体所有。上下同欲，举族一致，是这一时期兵役状况的基本特点。

商代为适应私有制的发展和国家职能的强化，正式建立国家常备军。军队充当奴隶主贵族镇压奴隶和平民的反抗以及进行掠夺的工具。商王朝的军队主体是贵族家族的全体成员，甲士多由贵族充任。奴隶从军，都是强迫征发，只能从事军事劳役。军队的本质就是王室军队、贵族武装。宗族贵族成员服兵役，其兵役义务是维护本阶级的统治，其兵役权利是维护固化军事领域中的奴隶主贵族阶级在政治经济上的特权。而奴隶服兵役，则是其被奴役的地位在军事领域的延续，只有被强加的义务，毫无权利可言。商末牧野之战，“帝纣闻武王来，亦发兵七十万人距武王”（《史记·周本纪》），士兵大多是临时强制征而来的奴隶，缺乏必要的军事训练，结果到了战场上“皆倒兵以战”，商王朝彻底败亡。

西周在兵役制度方面沿袭了商代的基本做法，但结合当时的社会阶级状况，对兵役作出了相应的调整。其突出特点就是“国人当兵，野人不当兵”。国野之分，即周族与殷商遗民、工商业者、奴隶之分。国人和野人，作为统治阶级和被统治阶级，在政治身份上有着本质的区别。同时，以井田制作为经济基础，实行普遍义务兵役制。“野人”“鄙人”是劳力者，奴隶则只是权利客体，被视同财产，没有自由。他们处于社会的底层，作为被统治阶级是没有公民权的，是被畜养、驱使的对象，不能改变自己的职业和社会地位。当时的社会结构是“公食贡，大夫食邑，士食田，庶人食力，工商食官，皂隶食职”。当时的兵役制度是建立在以宗族血缘关系为核心的世袭等级制度之上的，其兵役范围有明显的限制，并不具有广泛性。其兵役资格取决于所处阶级的地位，以巩固以周天子为中心的奴隶主阶级的统治为根本目的。

二、向封建社会转变过程中的兵役制度

随着社会形态由奴隶制社会向封建社会逐渐演变，经济基础的变化使得兵役制度也进行了相应调整，原本的民军制走向没落，郡县征兵制日渐兴起。

春秋战国是中国从奴隶制向封建制转变的时期。春秋前期，参加战斗仅仅是贵族特有的权利。驾驭战车需要专门的训练，掌握特殊的军事技能，军事职业仅局限于贵族阶层从事。平民在战斗中只能充当跟随战车、辅助甲兵的徒兵。春秋末期，军队规模扩大，军队性质改变，普遍征发平民当兵成为迫切的现实要求。通过平民当兵扩大兵源，韩国和魏国由此拥有了军队，而秦国和楚国则拥兵百万。社会等级制度的松动和战争的客观需要，使平民普遍服役具有了现实的依据和紧迫性。世袭等级的废除使平民从军服役、依靠战功获得晋升。由此，通过服役谋求社会地位的提高成为当时许多人的主观愿望和自觉选择。同时，军队组织成了促进诸侯国社会各阶层大规模流动的调节器。孙膑、张仪、白起、赵奢、李牧、田单等名将是当时社会下层民众依靠军功改变社会地位的代表人物。

在中国奴隶制社会后期，郡县征兵制逐渐取代了民军制。在强制民众履行兵役义务这一点上，郡县征兵制与民军制是一脉相承的，在内容和形式上也有许多相似之处。但两者之间也有明显的区别：

一是兵役义务适用范围的扩大。民军制以土地作为交换条件，而郡县征兵制中土地的制约作用大为减弱。兵役履行者，不再限于土地拥有者，而是以履行兵役义务作为换取现实利益的条件，凸显了兵役义务的获益性。

二是原始形态的民军制的征兵方式为临时建军，征兵制已兼顾平时建军和战时扩军的双重需要。因此，郡县征兵制有现役与预备役之分。民军制军民不分的状况由此被逐渐打破，兵民合一为兵民分离所取代。

三、封建社会时期的兵役制度

兵役制度规范日益受到统治阶级重视，逐步建立起内容全面、规范周详、形式多样的完整体系，并出现了征兵制、募兵制和世兵制等多种形式。

（一）处于封建社会上升期的兵役制度

秦汉直至唐初，府兵制得以确立和完善。隋、唐的府兵制较好地解决了兵役义务与权利的均衡问题。

唐初征集府兵，缩小了兵役征集范围，将民户分为九等，只有上等、中等民户方有兵役资格，实行选征制。这一做法实际上是在注重兵员质量的同时，使享受更多社会权利的人去承担与此相对应的军事义务。同时，选为府兵，可按照均田法请授土地，免除徭役，立军功者可得勋官。将军户纳入民籍，由州县管理，并与均田制相结合，从而解决了军人一旦退役后居无定所、不能安居乐业的问题，使服役军人的权益得到了较为充分的补偿。这就为稳定和扩大兵源提供了坚实的物质基础。

府兵平时耕田为生，农隙习武，每年定期集中训练、集体操演。遇有战事，自备武器装备，奉调出征。府兵兵役资格的限定，确保了社会中上阶层成为军队成员的骨干，为政治经济上的创新举措提供了强有力的后盾。

科举、府兵、两税，三者齐头并进，环环相扣，紧密配合，互为支撑，实现了整个社会秩序相对的平等与公平，堪称典范。封建社会作为一种社会形态，在唐达到了极盛时期。

（二）处于封建社会停滞期的兵役制度

盛唐之后，封建社会的核心问题是土地问题。只有建立起土地与兵役制度的有机联系，才能较好地形成兵役义务与权利的一致性。在朝代的兴替轮回中，兵役制度虽屡有调整，无论是征兵制还是募兵制，只是兵役形式的变化。作为兵役制度的根本，即义务与权利的相互关系，多数时间里彼此背离。兵役，更多地表现为对人民的奴役在军事领域的延续。其兵役义务与权利状况难复唐初之盛。

同时，中国传统文化中的“伦理本位”“职业分途”催生了世兵制。世兵制是中国古代强制部分居民世代为兵的兵役制度，也称“军户制”或“士家制”，萌芽于春秋时期，形成于三国时期，在中国历史上曾长期实行。编入军户者，终身为兵，父死子继，兄终弟及，世代为兵。非有特殊功勋，不得改籍。世兵制以分工的固定化，使士兵及其家人永远处于社会分工体系的不利位置，失去了获得更多个人利益的选择权和行动的自由，沦为被剥削、被压迫的地位。

“寓兵于农”是中国封建社会历代谈兵者讨论的热烈话题之一。但是，它的重要前提是封建王朝拥有大量的自耕农和稳定的户籍数量，一旦广大土地被大土地占有者侵吞，大量自耕小农流离失所，基于土地关系的兵役义务与权利的相对平衡被彻底打破。“寓兵于农”失去存在基础。同时，随着社会工商业及贸易的繁荣，富家子弟为其赢利之迅速所吸引，势必尽量逃避兵役，尚武之风被营利之风取代，于是募兵制取代征兵制，职业兵代替征发更成的士兵便成为历史的必然。历史上募兵制虽表现出比“兵农合一”制度更多的弊病，但西汉以后历朝都不同程度地实行过；征兵制只是在某些朝代实行，而且不能贯彻始终，其缘故就在于此。

（三）清朝的兵役制度

从 17 世纪中期到 20 世纪初，是世界历史的近代时期。与这一时期大致相对应的是中国历史上最后一个封建王朝——清朝。

1. 八旗军

清八旗制度是满族贵族借以立国的主要军事力量。八旗制贯穿清王朝历史的始终，构成清代兵役制度的发展演变主线。1644 年，清入主中原后，八旗作为军事组织，是清王朝政权的坚强基础与核心力量，分为满洲八旗、蒙古八旗、汉军八旗，其兵由国家包养，并以养兵的形式来“恩养”旗人。

清初，为解决旗人生计问题，在京畿地区强行圈占土地、房屋，旗兵每人分得大约30亩土地和相应住房。派驻主要城市的驻防八旗，也相应分得住房和土地。旗官按九品文官级别领取薪俸，旗兵按五等级别领取粮饷，这些可视为相应的兵役权利。此时，八旗兵的收入可观，生活也很富裕。到清乾隆嘉庆年间，八旗人口成倍增加，总兵额基本保持不变，结果，不仅无法列编的余丁日益增多，一兵之饷所供养的人口也在增加，这样势必导致八旗及其家人生活水平下降，甚至入不敷出。清政府为保持旗人骑射习武的传统，规定旗人只以当兵打仗为终生职业。因此，八旗兵无法顾及自家土地，无法掌握生产技能。这一政策人为地将八旗兵置于养尊处优、自我骄纵的地位，同时也造成国家严重的财政压力。

清统治者给予八旗兵优越的政治、经济待遇，是基于维持满族集团和亲贵统治的需要。但这种优厚的兵役制度缺乏相应的社会基础作为支撑，无法与社会生活兼容，只能渐渐僵化，名存实亡。八旗由盛到衰也就不足为怪了。

2. 绿营

绿营是清朝统治者入关后沿袭明代兵制组织的武装，由汉人组成，在“三藩之乱”后取代八旗兵成为清王朝主要的军事力量。绿营实行世兵制，世代以当兵为职业。兵役权利微薄，兵饷根本无法维持生计，士兵只好兼营他业以谋生，“名在军籍，实为市佣”。由此，绿营军纪极为松弛，缺乏必要的、正规的军事训练。同时，平时守卫沿江、沿海、大道关卡的所谓“差防兵”多达20万人，占绿营兵总数的1/3，遇到重要军事任务才从各地抽调成军，选派将领统帅。由于临时组成队伍，官兵互不相识，往往号令不行，难以驾驭，最终变得“勇于私斗，怯于攻战”。清朝统治者为防范领军武将拥兵自重，采取以文制武、武将三年俸满加衔更调、丁忧守制等制度对武将的指挥、管理权限加以限制，形成了“兵不知将、将不知兵”的局面，这也在很大程度上削弱了绿营兵的战斗力。清咸丰十年（1860年），清军江南大营被太平军打垮。至此，绿营的战斗力实际上已全部崩溃。

3. 湘军及淮军

曾国藩创立的湘军，在清朝的军队体制中是属于“勇营”一类。勇营是清朝中后期，在国家正规军队不敷使用的时候，临时招募，在绿营之外独自成军，一旦完成预定任务即行裁撤的军队，具有临时性。与八旗、绿营不同，湘军将领不仅掌握了军事指挥权，而且还控制了地方政权、人权、财权。另外，以军事为中心，将原来皆由清朝各级衙门主持的领饷、拨缺、请奖、升迁等权皆集于将帅一身，由其全权定夺。曾国藩的兵役改革，将清军官兵本应对清王朝履行的兵役义务变为对湘军将领的个人义务，建立起很大程度上是基于官兵人身依附关系的权利义务架构，在一定程度上提高了清军的战斗力和凝聚力，成为与太平军作战的绝对主力，在战争中发挥了很大的作用。湘军后来虽被遣散，但李鸿章的淮军完全沿袭了湘军的体制。中日甲午战争，淮军被打得支离破碎，由新式陆军取而代之。

4. 新军

19世纪70年代，清王朝为图强自卫，仿照西方列强开始编练新军。新军的军制否定了八旗、绿营兵制，也否定了湘军、淮军，废除了随意“竖旗招募”的办法。新军在体制上仿效西方，治军思想仍秉承曾国藩带有封建宗法色彩，将领对所属部队实施其个人绝对控制的做法。同时，兵员、粮饷供给自行筹措。新军官兵薪饷待遇，较之绿营、湘军、淮军更为丰厚。士兵在常备军服役三年后，退伍回原籍，转为续备兵役，减成发饷，随时准备征调。续备军服役满三年后，编入后备军，仍有微饷，分期参加操练，服役满三年后即退为平民。服续备兵役者，平时自谋生路，每年十月集中训练，并根据情况完成地方官员赋予的缉匪拿盗的任务。每人每月可领饷银一两，参训期间饷银与常备军士兵等同；服后备兵役者，每两年参加一个月的集中训练，平时每月领饷银五钱。

新军采用洋枪、洋操，聘用洋教习，开设武备学堂，培训各级军官，并派遣大批军事留学生出国学习军事，还对新军士兵的年龄、体格、识字程度进行了规定。编练新军的目的，是为了镇压日益勃兴的反清浪潮。福利待遇的提升，是为了稳定军心，提高士气，使新军更好地充当清政府维持统治的工具。新军和八旗、绿营相比，兵员来源发生了大变化，战斗力确实也有了很大提高。

第二节 古代军事设施

军事设施是指一切与军事作战目的有关的物质措施和设备。我国古代的军事设施主要分为城池、军用道路和军用水陆土木建筑三种类型。

一、城池

城池是城墙和护城河的合称，古代城邑四周筑有城墙，墙外开有护城河，以利防守，城池之名因此而来。根据等级的不同，城池分为府级、县级、厅级、堡级等；一般来说，层级越高，规模越大，配置的建筑也就越牢固。中国早期的城池，绝大多数是土筑，到了明代以后，各地的城墙才开始大规模包砖。

早在殷商时代，先民们已经掌握了版筑技术。所谓版筑，就是筑墙时用两块木板（版）相夹，两板之间的宽度等于墙的厚度，板外用木柱支撑，然后在两板之间填满泥土，用杵筑（捣）紧，筑毕拆去木板、木柱，即成一堵墙。春秋战国时代，版筑技术大大提高，普遍采用悬版夯筑法，即用木棍穿过两侧夹板，以绳索固定取直，中间填土夯实。用这种版筑技术筑成的城墙，更结实，还可以取消两侧的护城坡，增加城墙的攀爬难度。有的城墙还采用土坯垒砌，上下交错叠压，提高墙体的密度和强度。春秋时期以后，我国城池一直采用这种土筑办法，直至元大都（北京）城墙依然由夯土筑成。

据文献考证，东晋十六国时夏国修建的统万城是土筑史上的奇迹。统万城采用“蒸土筑城”法，即把糯米汁、白粉土、沙子和熟石灰和在一起夯筑而成，虽为土城，《北史》云“其坚可以砺刀斧”，完全可以和现代水泥相媲美。当然，大多数的土城墙，为保证牢固度和强度，只能往高、大、厚上靠拢。如 2000 多年前齐国的都城临淄，城墙宽达 20 米，楚国都城郢的墙厚 14 米之多。为保险起见，在高大厚实的城墙外，与城墙平行的还有人工挖掘的宽深壕堑（也可以引注河水，成为护城河）。大的都城，城外环周的护沟壕，通常宽度达 30 米，深度为 4~5 米。

从军事防御的角度看，我国古代城池的构筑，可谓布局精妙、机关重重。在高大的城墙顶部，筑于外侧的有连续凹凸的齿形矮墙，称作“雉堞”“垛墙”。上有垛口，可射箭和瞭望，下部有通风孔，用来保护墙体。内侧矮墙称为“女墙”，又称“睥睨”，一般比垛口低，起护栏作用，防止士兵往来行走时跌下。此外，城墙内部也都修有环城马路和登城道。城墙的每座城门正中央都建有城楼，这是城墙顶上精致美观的高层建筑，平日登高瞭望，战时主将坐镇指挥，是一座城池重要的高空防御设施。

在高大的墙体外侧，每隔一定距离，有凸出于墙体外侧的一段，这就是马面，又称“敌台”“墩台”“墙台”。马面有长方形和半圆形两种，因外观狭长如马面而得名。马面可与城墙互为作用，消除城下死角，自上而下从三面攻击敌人。其宽度一般为12~20米，凸出墙体外表面8~12米，间距为20~250米（一般为70米）。宋代陈规《守城录·守城机要》载：“马面，旧制六十步立一座，跳出城外，不减二丈，阔狭随地利不定，两边直觑城角，其上皆有楼子。”这个距离恰好在弓矢投石的有效射程之内。为了增强马面的防御和战争能力，在马面之上一般都建有敌楼，可用以屯兵和瞭望，也可以储藏武器，使城墙的防御性能得以最大程度的发挥。战时既可以利用它外凸和高大建筑的特点，观望敌人，观察敌情，防止敌人迂回城下攻城，还可以凭借敌楼从正面及左、右两楼间三个方面的交叉火力，狙击敌人，随时点线相连，编织严密的高空火力网，是城墙防御工程的重要组成部分。另外，城墙四角的角台，各建楼橹一座，名为“角楼”。角楼的朝向与大墙呈135°角，楼的高度、体量介于城楼与敌楼之间，主要用以弥补守城死角即城墙拐角处的防御薄弱环节，从而增强整座城墙的防御能力。战时，角楼内的守御者居高临下，视野广阔，可监控和打击来自多种角度的进犯之敌。

从军事进攻的角度看，一座城池的最薄弱环节是城门。城池设计者会对城门加大保护力度，强化其防御能力。规模小的城池，一般要设置悬门或吊桥；大一些的城池，则要设置瓮城。瓮城，又称“月城”，是建在城门外的小城，专为保卫城门而设。《武经总要前集·守城》载，瓮城内地方狭窄不易于展开大规模兵力进攻，延缓了敌军的进攻速度，而城墙顶部的守军则可居高临下四面射击，给敌人以致命打击，正所谓关门打狗、瓮中捉鳖。《诗经·郑风·出其东门》云：“出其闉阇，有女如荼。”“闉阇”，指的便是瓮城。可见，早在春秋时期，城池的城防技术已经达到相当完善的地步。由城墙、城楼、护城河、马面、敌楼、角楼、瓮城等组成的立体城防格局，基本在春秋战国时期即已成熟定型，并一直持续到明清时代。

二、军用道路

军用道路，指的是军队在作战地区构筑、维护和利用的道路，在历史上有午道、驰道、甬道、栈道等几种说法。

战国时期，魏、赵、齐等各诸侯国构筑了纵横四达的大道，当时称为“午道”，在诸侯国互相征讨的作战中，有些就作为军用道路，用于保障战车机动作战。

秦始皇统一六国后构筑了驰道，路基高而坚实，宽50步（合69米），路旁每隔3丈（约8.295米）种植一棵松树。最初修建的驰道是供帝王出巡时行驶马车用的，后来在同匈奴的战争中，驰道被用于保障军队的作战行动。到了汉代以后，都城中也修建了驰道，以便利守城部队的调遣。秦始皇三十五年至三十七年（前212~前210年），为满足军事需要而修建的驰道，从咸阳以北的云阳（今陕西淳化西北）直达九原（今内蒙古包头西北），“堑山堙谷，千八百里”（《史记·蒙恬列传》），是中国古代的又一巨大军事工程。驰道的建成和当时长城的修筑，对于防御匈奴袭扰，巩固秦北部边境，起了重大作用。

甬道，是我国古代战争中筑的两侧筑有土墙的军用道路。土墙上每隔一定距离设瞭望哨，便于掩护部队机动和粮秣物资的运输。汉王四年（前203年），刘邦与项羽在成皋（今河南荥阳汜水）作战，汉军自荥阳向敖仓修筑了甬道，用来保障军事运输，对汉军坚持成皋阵地战起了重要作用。在建安十六年（211年）渭南之战中，曹操攻打马超、韩遂时，为运送积聚在河东郡（今山西夏县北）的粮草，也修筑过甬道，这条甬道是用木栅栏代替土墙。

栈道，是在峭壁陡崖上凿孔搭架连阁修建而成的山地军用道路。汉朝以前在潼关、孟津、三门峡地区出现了栈道。蜀汉建兴六年（228 年），诸葛亮率军北攻曹魏时，曾在陕西西南褒水大石门一带的陡峻山岭地区成功地修筑了栈道。唐乾符五年（878 年），为保障军队由浙江向福建进军，黄巢领导的农民起义军克服了沿途山峦起伏的悬崖峭壁，修筑了一条长 700 里的军用道路。此后，在相当长的一个时期，这条军用道路仍是浙江至福建的交通要道。

三、军用水陆土木建筑

我国古代为抵御外敌的侵犯，巩固边海防，修筑了数量众多、规模庞大的工程，主要有长城、京杭运河以及明朝以后的海防工程体系等。

（一）长城

长城是城池建设的延伸和发展。春秋战国时期，各国诸侯为了防御别国入侵，修筑烽火台，并用城墙连接起来，形成了最早的长城。

战国时期的秦、赵、燕等国长城具有很大的历史价值。首先，各国只有修筑长城，加上一定数量的驻军，才能有效防御北方游牧民族骑兵闪电式的袭击。没有长城，即使有大量的步兵和骑兵，仍然是防御不了的。其次，三国所筑的长城，基本上是利用险要的山川形势修建而成的，在山口与平原地区都建有高厚的城墙，以截断匈奴、东胡骑兵进出之路。内、外制高点还建有烽火台，进行侦察敌情和传递消息，让长城上的驻军做好准备；在交通路口和谷口建筑障城，派军驻守，以加强长城的防御能力。在长城以内，每隔一段距离都修建驻军的大城，并建设可迅速传递消息的通信网，以便统一指挥和互相支援。这条三国长城及其烽火台、障、城等配套建筑，是一套完整的军事防御体系。这套军事防御体系是合乎科学的，为后来的军事防御工程提供了样板。

秦始皇统一六国之后，为了巩固国防，下令蒙恬修筑新的长城，将秦、赵、燕三国北部的长城连为一个整体。据记载，秦始皇使用了近百万劳动力修筑长城，当时没有任何机械，全部劳动都由人力完成，工作环境又是崇山峻岭、峭壁深壑，十分艰难。长城从东向西行经 10 个省市区，总长 8851800 米，其中人工墙体长 6254239.662 米，堑壕和天然形成长 25942342.265 米。长城始建于春秋战国时期，历时达 2000 多年，总长度达 532 万多米。经历代多次修建连接，至明代形成西起嘉峪关，东至山海关，全长 8851 千米的军事防御工程。

（二）海防工程体系

海防工程体系主要是在沿海重要地段修建的以卫城、新城为骨干，水陆寨、营堡、墩、台、烽堠等相结合的工程体系。

明朝以前，除元朝沿海设防有抵御外敌从海上入侵的作用外，其余多是对付一国的敌对势力或国内其他民族，且限于个别地域，没有完整的防御体系。因此，这些不过是海防的萌芽，防御体系的真正形成则是在明代。明代的海防是因防御倭寇而形成的。倭寇对中国沿海的侵扰出现于南宋，至元末趋于严重，到明初则更为猖獗。

朱元璋在建立大明王朝之前就拥有一支规模相当可观的水军，明朝建立后，继续加强水军建设。与此同时，朱元璋还在沿海设卫所、造舰船，部署防御。到洪武十八年（1385 年），广东沿海建立 4 卫 9 所，福建建立 5 卫，浙江建立 4 卫 1 所，山东建立 3 卫 2 所，辽东建立 3 卫。这些卫所及其水军建立后，担负起部分陆上和海上的抗倭任务，不过因配置稀疏，无论是海上还是陆地都没有形成较为完整的防御体系。这期间的海防以水军在海上防御为主，水军又以明政府直属的卫的水军为主。洪武十九年（1386年），明朝的海防建设进入了一个新阶段。朱元璋命信国公汤和去浙江等地筹划海防。汤和要求熟悉沿海防务的方国珍的侄子方鸣谦一同前往，方鸣谦提出："倭海上来，则海上御之耳，请量地远近，置卫所，陆聚步兵，水具战舰，则倭不得入，入亦主得傅岸。"这个建议实际上是既能御敌于海上也能御敌于陆地的海防方略。朱元璋接受了这个建议。洪武二十六年（1393年），朱元璋决定天下要冲去处，均设立巡检司。沿海各地的巡检司更加完备，弥补了卫所防御的不足。到洪武末年从广东到辽东的沿海防卫设施，包括卫所、巡检司、墩台烽堠，基本建成了完善的海防体系。

第三节　古代军事器械

武器，又称"兵器"，是用于攻击的工具，也因此被用来威慑和防御。我国古代武器发明大致可分为冷兵器和热兵器两类。

一、冷兵器

冷兵器一般指不利用火药、炸药等热能打击系统、热动力机械系统和现代技术杀伤手段，在战斗中直接杀伤敌人、保护自己的武器装备。广义的冷兵器是指冷兵器时代所有的作战装备，总体上可分为抛射兵器、短兵器、长兵器和暗器四类。

（一）抛射兵器

抛射兵器主要有弓箭、抛石机等，以远距离杀伤敌人为目的。

在冷兵器时代，弓箭是最可怕的致命武器。弓由弹性的弓臂和有韧性的弓弦构成。箭包括箭头、箭杆和箭羽。箭头为铜或铁制，箭杆为竹或木质，箭羽为雕、鹰或鹅的羽毛，是军队使用的重要武器之一。

抛石机最早出现于战国时期，是纯人力抛石机，是用人力在远离投石器的地方一齐牵拉连在横杆上的梢（炮梢）。炮梢架在木架上，一端用绳索拴住容纳石弹的皮套，另一端系以许多条绳索让人力拉拽而将石弹抛出。炮梢分单梢和多梢两种，多梢最多为7个炮梢装在一个炮架上。

（二）短兵器

短兵器是指其长度一般不超过常人的眉际，分量较轻，使用时常单手握持的兵器。最常见的短兵器是刀、剑、斧、鞭、锏、钩、拐、杖、鞭杆等。

刀有单刀和双刀两种，均以劈、砍为主。单刀要求勇猛迅疾，多有缠头撩花动作。双刀更富于观赏性，好手舞起，犹如团雪滚滚，不见人影。

剑为双刃，以撩刺为主，风格轻灵潇洒。剑也分为单剑和双剑两种，以单剑为多。有的剑在剑柄上配有剑穗（又称"剑袍"），称为"文剑"。无剑穗的剑称为"武剑"。剑穗长者较为难练。有人又在剑穗上串有铁珠，随剑穗飞舞，可击人致伤。

斧是以抡、劈为主的短兵器。古代作战时用的斧多是长柄，俗称"大斧"；另一种短柄斧，俗称"板斧"。

鞭有软、硬两种。硬鞭为钢制，共13节，俗称"竹节钢鞭"，末端尖锐，以劈砸为主，也可挑刺。软鞭，俗称"九节鞭"，由9节细钢棒或细铜棒连缀在一起，长度略次于身高，其动作以缠绕和抡圆为主。

锏为长条状钢质兵器，多为四棱，无刃，末端无尖，长约 0.8 米，属于劈砸类兵器。另有双锏，每根长约 0.6~0.7 米。

钩是一种多刃器械，有尖有刃，末端为钩状，护手处作月牙状，武术中常见的是双钩，比较难练。

拐是一种木质兵器，有短拐和长拐两种。短拐长约 0.7 米，长拐长约 1.3 米。拐的特点是在木棒靠近末端处置一横柄，成“丁”字形，可用来击砸，也可用来钩拉锁拿对方兵器。

杖与拐相近，但其横柄置于木棒末端尽头，亦成“丁”字形。杖长约 1.2 米，可单手使用，也可双手使用，其技法有钩、挂、崩、点、拨、撩、戳、劈、扫、击等。

鞭杆是一种木质短棒，长约 1.3 米，杆梢略细，据说是从马鞭杆衍化而来。鞭杆短而无刃，便于携带，使用方便，流行于西北地区。

古代还有一种短兵器称“铁尺”，长约 0.6 米，细长而扁，无尖无刃，以劈砸点戳为主，清代时还比较流行，目前已极为罕见。

（三）长兵器

武林中最常见的长兵器是枪、棍、大刀三种。

枪被誉为“百器之王”。俗语说：“枪扎一条线。”使用枪时，要求扎出平直，即所谓“中平枪，枪中王，当中一点最难防”。枪法以拦、拿、扎为主，兼有劈、崩、挑、拨、带、拉、圈、架诸法。

棍是历史最悠久的长兵器，最早被叫作“殳”。棍有多种，从形制上分，有长棍、齐眉棍、三节棍、梢子棍等；从质地上分，有木棍、铁棍、铜棍等。其中，以木棍最常见。早期的棍多以枣木制成，取其坚实沉重。后来改用白蜡杆，取其有韧性、较轻便。棍法以威猛快速为上，多有旋扫及舞花动作，打击空间较大，故称“棍打一大片”。少林棍、昆吾棍都是比较著名的棍法。三节棍是将三节短木棍用铁环连在一起，可收可放，夭矫多变。梢子棍是在棍之末端以铁环连一短棍，在应敌时可收到出其不意的效果。三节棍和梢子棍都比较难练，稍有不慎，容易伤着自身。

大刀是将刀身后装上长柄，又名“春秋大刀”“偃月刀”“长刀”。唐代大刀全长达 3 米，重 7.5 千克，两面有刃，称为“陌刀”，当时军中专门组建有陌刀队。如今武林中所用大刀皆是一面有刃。另有一种朴刀，其刀柄比大刀的短些，刀身窄长，也是双手使用。

长兵器还有戟、叉、铲、钯、镋等，只是目前比较少见。

戟在南北朝以前是一种流行兵器，有长柄单戟和短柄双戟两类。短柄双戟属于短兵器。长柄单戟又分两种：在末端置有左、右两个月牙的称为“方天戟”，仅有一侧有月牙的称为“青龙戟”。

叉是一种常见的兵器，古代多为猎户所用。末端分两股的，名“牛角叉”；末端分三股的，名“三头叉”或“三角叉”，俗称“虎叉”。叉法本于枪法，重在中平一势，也可锁拿对方兵器。练叉者多在叉身套上若干铁环，演练时可“哗哗”作响。也有人能使叉在全身上下滚动，俗称“滚叉”，颇具观赏性。

铲是一种不多见的兵器，最早是除草工具。铲杆的前后都装有兵刃，前端是弯月形的铲，内凹，月牙朝外；尾部是斧状的铲柄，末端开刃。相传，铲最初是佛门兵器，又名“方便铲”或“月牙铲”，演练时身法轻盈而别致，有推、压、拍、支、滚、铲、截、挑等击法，其招式命名也多与佛教有关。

钯也是从农具演变而来的兵器，其末端装九齿铁钯，齿锋利如钉。钯全长约 2.4 米，重

2.5千克，可拍击，也可防御。

锐较为罕见。其形如叉，末端正中有尖头，称为“正锋”，长约0.5米。正锋靠后处横一月牙，月牙朝外，月牙上嵌着一排利刃。锐柄长达2.5米，尾端装有棱状铁钻。这种兵器过于长大沉重，只有身高力大者才能使用。

（四）暗器

暗器是指便于在暗中实施突袭的兵器。暗器大多为武林中人创造，体积小，质量轻，便于携带，大多有尖有刃，可以掷出十几米乃至几十米之远，速度快，隐蔽性强，是常规兵器的延伸，具有较大威力。武林中讲究一对一的打斗，双方距离很近，于是暗器就派上了用场。

暗器可分为手掷、索击、机射、药喷四大类，每一大类中均包括若干种。

手掷类暗器有标枪、金钱镖、飞镖、掷箭（甩手箭）、飞叉、飞铙、飞刺（包括三棱刺、峨眉刺）、飞剑、飞刀、飞蝗石、鹅卵石、铁橄榄（枣核箭）、如意珠、乾坤圈、铁鸳鸯、铁蟾蜍、梅花针、镖刀（三尖两刃）等。索击类暗器有绳镖、流星锤、狼牙锤、龙须钩、飞爪、软鞭、锦套索、铁莲花（铁四指）等。机射类暗器有袖箭、弹弓、弩箭、紧背花装弩、背弩、踏弩、雷公钻等。药喷类暗器有袖炮、喷筒、鸟嘴铳等。还有一些暗器很难归入以上四类，如吹箭、手指剑、钢指环、手盔、匕首、手锥等。

吹箭是将细小竹箭藏于吹管之中，临敌之际，用力在吹管一端吹，竹箭即从管的另一端射出。手指剑是套在指头上的微型短剑。钢指环是套在手指上的钢质圆环。手盔是套在手背上的钢套，有突起处。匕首属于短兵器，武林中人常把匕首藏在腰间，或掖在鞭筒里，可随时拔出用于袭敌。手锥用铜或铁制成，末端呈三角形，后端有柄，可藏于袖中，以出其不意击人。

此外，还有一些兵器介于常规兵器与暗器之间，如手杖刀、铁扇之类。手杖刀，又名“二人夺”，杖身中空，内藏窄身长刀一把。杖柄上装有机括，如遇人夺杖，按动机栝，即可抽刀刺敌。铁扇的扇骨为纯钢制成，扇面为绢质，打开可作普通扇子用，合住即可劈、砍、点、戳。

二、热兵器

热兵器，又名“火器”，古时也称“神机”，与冷兵器相对。热兵器是指一种利用推进燃料快速燃烧后产生的高压气体推进发射物的射击武器，传统的推进燃料为黑火药或无烟炸药。

南宋时出现了最原始的管形射击火器突火枪（竹制）。到了元朝，由于火药性能的提高及铜铁管铸造技术的完善，出现了具有现代枪械雏形的兵器——火铳。

明代火器得到了充分发展，主要有两大类：第一类是用手持点放的火铳和鸟铳，其形体和口径都较小，一般筒内装填铅弹和铁弹，其射程仅数十步至二百步；第二类是安装在架座上发射的口径和形体都很大的火炮，多数筒内装填石、铅、铁等物，俗称“实心弹”，少数则装填爆炸性的球丸，射程一般在数百步至二三里距离，既可用于守寨和攻城，也可用于野战、水战和海战。

明代还发明了使用火药推进的箭矢——火箭，火箭在当时也被称为“神机箭”。另外，地雷和水雷等爆炸性火器也在当时的战争中被广泛应用。

第四节　古代战略与战术

在古代，战略与战术没有严格的区分，统指作战的谋略和交战、布阵的艺术，这里主要介绍骑兵战、气象战、攻城战及车战。

一、骑兵战

骑兵的最大特点就是攻击迅猛，而且不易被步兵包围，中国历史上每个强盛的王朝都拥有一支骑兵队伍。作战时，骑兵会被特地划分为三支队伍或三个部分，然后一队接一队地衔命作战。第一波的攻击会突破或冲散敌军，接着第二或第三波的攻击就能加以制服。敌军一旦逃走，就可予以杀戮或俘虏。

元代蒙古军队的骑兵战最显“专业”，他们在远处进攻时就会先进行一轮弓箭的攻击，以打乱敌人的阵型。在发动冲锋时，狼狗冲在前面打击敌人的先锋部队。如果未能冲破敌阵就利用骑兵的机动性迂回到敌人后方，直接攻击敌帅。假如敌人还是岿然不动，那么骑兵部队将会把对手围于一个圈内，在四周不停地向内射箭，就地歼灭敌人。

骑兵可分为轻骑兵和重装骑兵。

轻骑兵作战需要个人能力与团队的配合，个人能力主要是指马上射箭和马上砍杀。在与敌人交战时，轻骑兵队伍会呈网状拉开，犹如层层渔网轮番对敌人进行强有力的连续冲击。即使在指挥官指挥错误的时候，轻骑兵队伍也能迅速回缩，重新集合发动下一波攻击。

重装骑兵的防护很好，骑士高坐马鞍、身披铠甲、脚蹬马镫，战马也会披上防护铠甲。重装骑兵经常用来做前锋和殿后，或将领的贴身卫队。它在突击能力上优于轻骑兵，拥有重装骑兵的一方可以较为容易击溃对方。在敌方人数占优势时，重装骑兵可以实施中央突破，将敌军割裂为数段，从而导致敌军溃败。另外，重装骑兵可以将骑射发挥到比较好的效能，能实施抵近围射，给敌军造成较大的杀伤。

二、攻城战

攻城战是指对城堡、城市或要塞进攻的战争模式，目的是夺取建筑、资源、战略要地和歼灭敌人。通常攻城战是在不得已的情况下才要进行的战争模式，因为往往需要付出巨大的代价才能达成目标。在我国古代，攻城方法一般有以下几种：

1. 围困。用围困的方式攻城，其目的是在尽量减少我方伤亡的情况下，使敌方后勤资源消耗殆尽，城池不攻自破。

2. 正面强攻。正面强攻比围困的方式要复杂得多，往往需要根据不同的情况制定不同的策略。

3. 火攻。火用于攻城最常见的策略是焚烧城门、城楼和建筑。焚烧城门可以打通进攻的通路，焚烧城楼可以减轻城内的抵抗。火攻可以达到扰乱敌军、打击敌军士气的目的，为顺利攻下城池起到重要作用。

4. 水攻。水攻最常见的做法是引水灌城，城墙被水浸泡后会垮塌，攻城军队再通过塌陷的缺口进入城内与守军展开巷战，功夺城池。

5. 地道攻城。采用地道攻城主要有两种模式：一种是用地道破坏其城墙或城楼，一种是派兵通过地道进攻城中或夺取城门。

6. 器械攻城。利用投石机、攻城车、火箭、火弩、云梯等作战工具，功破城门，爬上城楼，通过巷战，歼灭守军，获得城池的控制权。

三、车战

车战是古代用兵作战的重要方式。以战车甲士为进攻主体，两军列阵于野，驰车合战。

车战的历史可上溯至三皇五帝时代，在诸多神话传说中，出现了冲车、马车、特殊战车（如指南车）的原型，但由于缺乏史料记载，很难判断是否存在真正意义上的车战，故车战的历史一般从夏朝开始计算。

车战的基本作战单位是乘。乘是以战车为中心，配以一定数量的甲士和步卒（徒兵），再加上相应的后勤车辆与徒役编组而成。乘是车、卒组合的基本单元，也是当时军队的基本编制单位。古代车战分攻、守两种，攻车直接对敌作战，守车用于屯守及载运辎重。

作战时，甲士在车上，步卒随同战车行动；各战车队的战车则以一定方式展开成阵。阵本指战车和步卒的排列，亦即当时军队的战斗队形，其基本形态为方阵。方阵总体配置由左、中、右三个方阵组成。方阵战术要求战车结成一个正面宽大的巨大整体来实施攻击，因此当时军队作战受地形条件制约甚大，一般均将战场选择在开阔暴露的平原地区。由于步卒和战车成两线配置，易被敌人从中截断，使战车失去步卒的掩护，因此在古代的车战中，步车的协同很不密切。

第五节　古代著名军事思想

在中华民族光辉灿烂的文化宝库中，中国古代军事思想是别具异彩的珍贵遗产，它曾哺育了无数精兵良将，是指导中国古代战争的理论武器和法宝。

一、孙武及《孙子兵法》

孙武（约前 545~前 470 年），字长卿，春秋末期齐国乐安（今山东惠民）人，孙子是后世对他的尊称。春秋时期著名的军事家、政治家，尊称“兵圣”，又称“兵家至圣”，被誉为“东方兵学的鼻祖”。孙武出生于军事世家，从小研习兵法，颇有心得。青年时代，孙武离开齐国，来到吴国（今苏州附近地区）。据《吴县志》载，孙武当时隐居在苏州郊外的穹窿山上，潜心钻研兵法。后来，经伍子胥推荐，孙子把自己撰写的兵法呈献给吴王阖闾，并被任命为将，为吴国立下了汗马功劳。《孙子兵法》现存 13 篇，6000 余字，主要思想如下：

（一）重战、慎战、备战思想

重战思想，就是重视对战争的研究和准备。《孙子兵法·计》篇云：“兵者，国之大事，死生之地，存亡之道，不可不察也。”在孙子眼中，战争是关系国家民众生死存亡的头等大事，必须认真研究和对待。

慎战思想，即慎重对待战争，不轻易言战。孙子对战争的态度是慎之又慎。《孙子兵法·火攻》篇写道：“亡国不可以复存，死者不可以复生。”对待战争问题，明智的国君、贤良的将帅一定要慎重和警惕。孙子由此提出了“非利不动，非得不用，非危不战”的观点。他认为国家利益是第一位的，不是对国家有利的，没有取胜的把握，未处在危急关头，不能轻易发动战争。

备战思想，其意就是居安思危、未雨绸缪。春秋战国时期，大国争霸，战争频繁。生活在那个时代的孙子，提出了必须重视战备的思想，告诫人们自己要有充分的准备，使自己具备敌人无法攻破的条件。

（二）不战而屈人之兵

不经过直接交战而使敌人屈服的“全胜”战略思想，是孙子军事上所希望达到的最理想的境界。如何才能达到不战而屈人之兵的境界呢？孙子认为，在实战中必须要重视谋略。孙子主张：“上兵伐谋，其次伐交，其次伐兵，其下攻城。”（《孙子兵法·谋攻》）意思是用兵的上策是以谋略取胜，其次是通过外交手段取胜，再次是使用武力战胜，最下策是攻城。概括起来就是综合运用政治、外交、经济、武力威慑等手段制止战争的爆发，达到最终的政治目的。

（三）攻其不备，出其不意

“攻其不备，出其不意”的思想指的是在作战过程中隐蔽自己的作战意图，出其不意地打击敌人。此语出自《孙子兵法·计》篇，强调要在敌人没有防备的地方进行攻击，在敌人意想不到的时候采取行动。“攻其不备，出其不意”的出奇制胜是军事谋略中一条普遍使用的原则，战例举不胜举。

（四）知彼知己，百战不殆

《孙子兵法·谋攻》篇云：“知彼知己者，百战不殆；不知彼而知己，一胜一负；不知己，不知彼，每战必殆。”此句简明扼要地指出了战争的普遍规律。任何作战首先要做到知己知彼。历史上以少胜多的战例无不是以知己知彼为前提的。从某种意义上来说，知彼知己就是重视信息和情报工作。通过有效的情报工作，了解对方的战略意图，掌握对方的兵力部署情况。

（五）先胜而后求战

《孙子兵法·形》篇指出：“故善战者，立于不败之地，而不失敌之败也。是故胜兵先胜而后求战，败兵先战而后求胜。”意思是打胜仗的军队总是首先创造取胜的条件，然后再同敌人作战；打败仗的军队总是先同敌人交战，希望在战争中取得侥幸的胜利。

二、吴起及《吴子兵法》

吴起（前440~前381年），战国初期军事家、政治家、改革家，兵家代表人物。吴起一生历仕鲁、魏、楚三国，通晓兵家、法家、儒家等思想，在内政、军事上都有极高的成就。在楚国，他主持“吴起变法”，因得罪贵族而惨遭杀害。唐肃宗时位列武成王庙内，被称为“武庙十哲”。宋徽宗时被追尊为广宗伯，位列宋武庙七十二将之一。吴起的军事思想主要集中于《吴子兵法》。

（一）主张“内修文德，外治武备”，把政治和军事紧密结合起来

所谓“文德”，就是“道、义、礼、仁”，并以此治理军队和民众。他认为“民安其田宅，亲其有司”，“百姓皆是吾君而非邻国，则战已胜矣”，强调军队、国家要和睦。所谓“武备”，就是“安国家之道，先戒为宝”，必须“简募良材，以备不虞”。他把战争区分为义兵、强兵、刚兵、暴兵、逆兵等不同性质，主张对战争要采取慎重的态度，反对穷兵黩武。

（二）主张兵不在多，“以治为胜”

治，就是建设一支训练有素的军队：“所谓治者，居则有礼，动则有威，进不可当，退不可追；前却有节，左右应麾，虽绝成陈，虽散成行……投之所往，天下莫当。”要求选募良材、重用勇士和志在杀敌立功的人，作为军队的骨干，并“加其爵列”“厚其父母妻子”（《吴子兵法·料敌》）；对士卒的使用要因人而异，使“短者持矛戟，长者持弓弩，强者持旌旗，勇者持金鼓，弱者给厮养，智者为谋主”（《吴子兵法·治兵》），以发挥各自的特长；按照同乡同里编组，同什同伍互相联保，以对部众严加控制；采取“一人学战，教成十人；十人学战，教成百人……万人学战，教成三军”（《吴子兵法·治兵》）的教战方法，严格训练；明法审令，使“进有重赏，退有重刑，行之以信”（《吴子兵法·治兵》），做到令行禁止，严不可犯；将领必须与士卒同甘苦，共安危，奖励有功者，勉励无功者，抚恤和慰问牺牲将士的家属，以恩结士心，使其“乐战”“乐死”；“任贤使能”，选拔文武兼备、刚柔并用、能“率下安众，怖敌决疑”的人为将。

（三）强调料敌用兵，因情击敌

针对齐、秦、楚、燕、韩、赵六国的政治、地理、民情、军队、阵势等不同特点，他提出了不同的作战方针和战法。例如，对齐作战，“必三分之，猎其左右，胁而从之”；对秦作战，先示之以利，待其士卒失去控制时，再“乘乖猎散，设伏投机”；与楚作战，则“袭乱其屯，先夺其气，轻进速退，疲而劳之，勿与争战”；同燕作战，则“触而迫之，陵而远之，驰而后之”和“谨我车骑必避之路”；与韩、赵作战时，则“阻阵而压之，众来则拒之，去则追之，以倦其师”（《吴子兵法·料敌》）。

（四）强调“审敌虚实而趋其危”

吴起指出有八种情况不需占卜问吉凶，即可向敌进击；在十三种情况下要“急击勿疑”，旨在乘隙蹈瑕，不失战机；又列举了不需占卜即可决定不与敌作战的六种情况，要“避之勿疑”。他还进一步指出，“用兵之害，犹豫最大；三军之灾，生于狐疑”（《吴子兵法·治兵》）。他还注重“应变”，并提出了击强、击众、谷战、水战、围城等具体战法。他最早对养马和骑战做了专门的论述。

《吴子兵法》继承和发展了《孙子兵法》的有关思想，在历史上曾与《孙子》齐名，并称为“孙吴兵法”，为历代兵家所重视。

三、李靖及《李卫公兵法》

李靖（571~649年），字药师，唐京兆三原（今属陕西）人。他曾任隋朝下级官吏，后随唐高祖、唐太宗南征北战，立下了赫赫战功。李靖因功晋封为卫国公，世称“李卫公”。《李卫公兵法》主要包含以下军事思想：

（一）重视将领的才能、素质、作用

《将务兵谋》一开篇就说：“夫将之上务，在于明察而众和，谋深而虑远，审于天时，稽乎人理。”李靖认为，将领不仅应具深谋远虑、明察情况的才识，还应具团结士众的组织能力和果断的性格，所以“勇而轻死，贪而好利，仁而不忍，知而心怯，信而喜信人，廉洁而爱人，慢而心缓，刚而自用，懦志多疑，急而心速”的将帅是不能委以重任的。在李靖看来，要取得战争的胜利，将领是十分重要的，必胜之道的第一点就是“察将之才能”，没有对将领的深刻了解，就轻率地委以重任，则非常危险。

（二）强调在对敌情充分了解后，采取不同的策略

李靖在谈到必胜之道的几个方面中，“审敌之强弱”位居第二，可见李靖对了解敌情的重视。李靖说：“若上骄下怨，可离而间；营久卒疲，可掩而袭；昧迷去就，士众猜嫌，可振而走；重进轻退，遇逢险阻，可邀而取。若敌人旌旗屡动，士马屡顾，其卒或纵或横，其吏或行或止，追北恐不利，见利恐不获；涉长途而未息，入险地而不疑，劲风剧寒，剖冰济水，烈景炎热，倍道兼行，阵而未定，合而未毕，若此之势，乘而击之，此为天赞我也，岂有不胜哉。"这就是说，在充分了解敌情的基础上，采用不同的对策取得胜利是必然的。否则，"不知而击者败"。

为什么要了解敌情呢？李靖认为："料敌者，料其彼我之形，定乎得失之计，始可兵出而决于胜负矣。"这里强调的是"知己知彼"，知己固然重要，更重要的是知彼。以上诸多对比，说明不能轻举妄动，必须要充分了解敌我的情况，尤其是敌人的情况。

怎样才能了解敌情？李靖举了大量的实例来说明这一问题。他说："揣敌之术易知矣，若辞怒而不战者，待其援也；杖而立，汲而先饮者，倍程逼速，饥渴之兼也……若遇小寇而不可击者，为其将智而谋深，士勇而军整，锋甲尖锐而地险，骑畜肥逸而令行，如此，则士蓄必死之心，将怀擒敌之计。此当固而待之，未得轻而犯也。如逢大敌而必斗也者，彼将愚昧而政令不行，士马虽多而众心不一，锋甲虽广而众力不坚，居地无固而粮运不继。卒无攻战之志，旁无车马之援，此可袭而取之。抑又闻之，统戎行师，攻城野战，当须料敌，然后纵兵。夫为将，能识此之机变，知彼之物情，亦何虑功不逮，斗不胜哉！"什么样的敌人能打，什么样的敌人不能打，用什么样的方式与策略，这都要看不同的情况。所以，了解敌情是决策的基础。"当须料敌，然后纵兵。"不然，其结果可想而知。因此，作为将领，其基本能力是"能识此之机变，知彼之物情"。有了这样的能力，取胜自在情理之中。

（三）重视地形对战争的影响

在李靖的思想中，地形与天气占有不可忽视的地位。他认为："兵有三势，一曰气势，二曰地势，三曰因势。"三势之中，地势占其一。什么是地势？"若关山狭路，大阜深涧，龙蛇盘阴，羊肠狗门，一夫守险，千人不过，此所谓地势也。"地理不能不考虑，地势更不能失。因为"失地之利，士卒遗惑，三军困败。饥饱劳逸，地利为宝"。失去了地利，军队就陷入了迷乱疑惑，打败仗就不足为奇了。既然地利如此重要，就要利用不同的地形来设计破敌："被此俱利之地，则让而设伏，趋其所爱，而傍袭之；彼此不利之地，则引而佯去，待其半出而邀击之；平易之所，则率骑而与阵；险隘之处，则励步以及徒。"总之，"凡战之道，以地形为主，虚实为佐，变化为辅……不明地利，其败不旋踵矣"。李靖在这里把地形放在第一位，虚实、变化居其次。这样重视地形，这样以地形为主来考虑战略战术的设计，在以前的兵书中是从未曾有过的。这应该说是李靖的一大创新。

（四）强调赏罚并重的治军方法

李靖认为，"用兵上神，战贵其速。简练士卒，申明号令，晓其目以麾帜，习其耳以鼓金，严赏罚以戒之，重刍豢以养之"。这就是说，要用赏罚这两种手段来约束激励部队，让士兵既感到罚的威严，又看到赏的希望。赏罚不当必定造成怨声四起，这往往是失败的原因。怎样才能做到赏罚适当？李靖认为："尽忠、益时、轻生、重节者，虽仇必赏；犯法、怠惰、败事、贪财者，虽亲必罚。服罪输情，质直敦素者，虽重必舍；游辞巧说，虚伪狡诈者，虽轻必戮。善无微而不赞，恶无纤而不贬，斯乃励众劝功之要术……刑赏不在重，在必行；不在数，在必当……故须劝之以重赏，威之以严刑，随时而与之移，因机而与之化，可谓不滥矣。"赏罚不仅要实行，而且还要运用得当，遵循一定的原则。如果赏罚这两种手段运用得好，就会产生意想不到的效果。"如能赏罚不欺，明于察听，则千里之外，隐微之事，莫不阴变而为忠信。若赏罚直于耳目之前，其不闻见者，谁肯用命哉？故上无疑令，则下不二听；

动无疑事，则众不二志。由是言之，则持军之急务，莫大于赏罚矣。”赏罚并重历来是中国古代兵家强调的治军方法，但把它看成“持军之急务”，也就是治理军队最紧要的事情的，李靖是第一人。

（五）强调军队的管理、纪律、人员及武器的配置等

李靖强调“诸每营病儿，各定一官人，令检校煮羹粥养饲，及领将行”。“诸军内不得扇动军士，恐吓队伍，谬作是非，败损营垒。”“诸有人拾得阑物，隐不送虞侯，旁人能纠告者，赏物二十段。知而不纠告者，杖六十，其隐物人斩。”

李靖还创造了各种阵法战术，如七军六花阵、楔形队形、纵队战术、逐次抵抗战术等。这些阵法、战术在中国军事史上往往具有承前启后、继往开来的地位，对后世产生了深远的影响。

【拓展阅读】

孙子曰：兵者，国之大事，死生之地，存亡之道，不可不察也。

故经之以五事，校之以计，而索其情：一曰道，二曰天，三曰地，四曰将，五曰法。道者，令民与上同意，可与之死，可与之生，而不危也。天者，阴阳，寒暑、时制也；地者，远近、险易、广狭、死生也；将者，智、信、仁、勇、严也；法者，曲制、官道、主用也。凡此五者，将莫不闻，知之者胜，不知者不胜。故校之以计，而索其情，曰：主孰有道？将孰有能？天地孰得？法令孰行？兵众孰强？士卒孰练？赏罚孰明？吾以此知胜负矣。将听吾计，用之必胜，留之；将不听吾计，用之必败，去之。

计利以听，乃为之势，以佐其外。势者，因利而制权也。

兵者，诡道也。故能而示之不能，用而示之不用，近而示之远，远而示之近；利而诱之，乱而取之，实而备之，强而避之，怒而挠之，卑而骄之，佚而劳之，亲而离之。攻其不备，出其不意。此兵家之胜，不可先传也。

夫未战而庙算胜者，得算多也；未战而庙算不胜者，得算少也。多算胜少算，而况于无算乎？吾以此观之，胜负见矣。

——《孙子兵法·始计》

自我测试

1. 清八旗分为（　　）八旗、（　　）八旗、（　　）八旗，其兵由国家包养，以养兵的形式来“恩养”旗人。

2. 统万城采用“蒸土筑城”法，即把（　　）、白粉土、沙子和（　　）掺在一起夯筑而成，虽为土城，但具有石头一样坚硬的质地和抗毁力。

3. 公元前 221 年秦始皇统一六国后构筑了驰道，路基高而坚实，宽（　　），路旁每隔（　　）种植松树一棵。

4. （　　）是在峭壁陡崖上凿孔搭架连阁修建而成的山地军用道路。

5. 秦始皇为了巩固国防，防御北方匈奴的南侵，下令蒙恬立即修筑新的长城，将（　　）、（　　）、（　　）三国北部的长城连为一个整体。

6. （　　）北起北京，南至杭州，经过北京、天津、河北、山东、江苏、浙江六省、市，沟通了海河、黄河、淮河、长江、钱塘江五大水系。

A. 灵渠　　B. 京杭大运河　　C. 红旗渠　　D. 洛水

7. （　　）时期出现最原始的管形射击火器——竹制突火枪。

A. 北宋　　B. 元朝　　C. 南宋　　D. 东汉

8. （　　）作战需要个人能力与团队的配合，个人能力主要是马上射箭和马上砍杀。

A. 轻骑兵　　B. 重骑兵　　C. 步兵　　D. 炮兵

9. 车战的基本作战单位是（　　）。

A. 马　　B. 乘　　C. 台　　D. 人

10. 请谈谈你对“知己知彼，百战不殆”的认识，它对你当前的学习、生活有什么指导意义？

参考答案

1. 满洲　蒙古　汉军　2. 糯米汁　熟石灰　3. 50 步　3 丈　4. 栈道　5. 秦　赵　燕
6. B　7. C　8. A　9. B　10. 略

第七章　亲仁善邻：中国传统对外关系

中国传统的对外交往，即国家间的政治交往和人员来往，包括文化、经济、思想、科技等方面的交流。由于国家经济、军事、文化及统治者施政方针的影响，历朝历代所奉行的对外政策都别具特色。

中国传统对外交流初步发展于秦朝及两汉时期，兴盛于宋，到明清时期逐渐萎靡。对外交流尤其凸显在经济贸易上。从地区上看，中国古代同各国的交往是一个渐进的过程：先是从周边邻国开始，如朝鲜、日本、东南亚，以后扩展到印度、波斯、阿拉伯，最后到欧洲、东非和北非。随着历史的推移，交往范围呈辐射状扩大之势。

我国古代外交加强了国家间的文化传播与交流，传播了我国辉煌的文化，还学习和吸收了国外的文明，特别是一些生产技术等；同时对明朝以前的社会经济发展起到了很大的促进作用。

第一节　儒家外交的基本理念

梁启超先生把中国和外邦的关系描述为三个层次：一是中国之中国，就是“中央之国”与疆域内诸侯的关系；二是亚洲之中国，就是中国与亚洲国家的关系，一种以中国为中心的朝贡体系和经贸关系；三是世界之中国，就是工业化之后受西方主导、冲击下的被纳入世界体系的中国。我们就以三个层次来看待儒家的外交理念。

在中国之中国阶段，中央与地方的关系主要被看成内政，但也包含了外交的因素。特别是在秦大一统之前，商周王朝与地方诸侯之间的关系，与其说是内政，不如说是外交。商周王室与诸侯的关系，其实是相对独立的部落联盟之间的对等关系。内政和外交合二为一。诸侯需要中央的册封，中央定期对诸侯巡视、考核。但中央并不能实际控制地方诸侯，朝贡也多是礼仪性的。例如管仲讨伐楚君的理由就是“尔贡包茅不入”。从这里可以看出这种朝贡是象征性的。最具有标志性的是土地的拥有权归属诸侯、大夫，商王、周王都只是名义上的共主，而不具有实际的权力，周王室的衰微从他们实际领地的狭小就可以看出来了。

在春秋列国时代，儒家的外交观念就是“克己复礼”，遵从周礼。第一是尊王，必须尊周王为天下共主。第二是遵守周礼，不得僭越，恪守君君臣臣的周礼。诸侯恪守周代的礼乐制度，君臣各守其礼。从现存《周礼》《礼仪》《礼记》等典籍来看，大至国土区划、官吏职掌、乡遂授田、城郭道路之制、市肆关门之政以及庠序之教，小至冠、婚、丧、祭、歌舞乐律乃至衣、食、住、行，都作了详细明确的规定，涵盖政治、经济和文化，也涵盖了内政和外交。

儒家的大同世界和三代理想政治落实在外交关系上，就是以“天下大同”观念为归属，遵循亲仁善邻、睦邻友好的原则。当然，亲仁善邻是有条件的，这个“邻”本身不能对华夏文明构成毁灭性的伤害。例如在《论语·宪问》中，孔子就对抵御了以蛮霸楚国、提倡"尊王攘夷"的管仲评价很高，"微管仲，吾其被发左衽矣"，即没有管仲，我们就要像楚国的蛮人一样披散着头发、衣襟左开了。其实，说的就是文明被野蛮征服。儒家的仁政主张体现在外交上必然是"亲仁善邻"的。儒家反对战争，认为兵是凶器，不能轻启。

亲仁善邻、以力辅仁和古代中国特色的朝贡体系，即梁启超所言的亚洲之中国的建立。以中国为中心的东亚朝贡体系，是东亚历史上出现过的第一个地区国际关系体系。它不同于我们后来所理解的、源于近代欧洲的现代国际关系，即主权国家之间的关系，其表现形式从根本上有别于当今的主权国家之间所形成的地区共同体，它是在东亚特殊历史和文化环境中产生的一种地区共同体形式。自先秦以来，中国的统治者把自己的国家视为唯一文明的国家，自称为"华夏""中国""中华"，而把周边邻近地区的其他民族或部族蔑称为"蛮""夷""狄""戎"等所谓"四夷"。在很长的历史时间里，中国凭借其优越的物质与精神文明，在东亚处于中心地位，周边国家大多向其称臣纳贡。在朝贡体系中，中国实际上是地区主导国家或者领导国家，左右或指导着其周边国家的对外行为。这个体系内，只有一个中心，那就是中华帝国和它的皇帝，周围国家同它保持一种"以臣事君"和"以小事大"的关系。实际上，其周边邻国最重要的对外关系就是定期向中国王朝皇帝称臣纳贡。

以朝鲜为例。朝鲜本与明朝保持着传统的宗藩关系。1636 年，皇太极率兵攻占朝鲜京都汉城（今首尔），国王李倧接受了清军，并奉清朝为宗主。清朝定都北京以后，双方使节每年往来不断。朝鲜方面，每年除有贺冬至、贺正朔、贺圣节、纳岁币的四次固定朝贡使节外，还有多种不定期使节来华。中国对朝鲜的国家安全负有责任。例如，日本侵略朝鲜，朝鲜就会请求中国派兵支援。以中国为中心的朝贡体系类似于"天下共主"，尊奉儒家的"仁""和""礼"的观念，同时也有不可忽视的"以力辅仁"的观念与事实。外交关系不可能纯粹是口舌之争，其背后必然是国家经济、军事、文化实力的较量。只是儒家从来没有把武力作为政治关系和外交关系最核心的内容，而是把"仁""和""礼"作为核心内容。

亲仁善邻、以力辅仁这种外交理念表现最为突出的是唐代。唐代的对外关系最为开放，长安是国际性的大都市，容纳了不同类别的族群、文化。唐人的文治武功使得西域各国，东亚的日本、高句丽等纷纷派遣使者来华学习交流。西域诸国最初对华的依附可能跟大唐的武功有关，日本也是因在 663 年的白江口之战中败给唐朝水军而向唐朝学习的。可以看出，中国外交关系是以力辅仁，而不是以力为主。

实际上，中国历史上在处理外交关系中以力而求霸的实践多以失败告终，最典型的是隋炀帝的远征朝鲜。为了皇帝的威严，仅因高句丽国王没来朝见自己，杨广就动员百万以上的军队三千里远征，最后落得国破身亡。

《论语·子路》载："君子和而不同，小人同而不和。"孔子的"和而不同"的思想经后世大儒学者的传承、阐述和发挥，得到进一步丰富、发展和完善。欧阳修作《朋党论》，将孔子的思想加以创造性的发挥。他指出："小人所好者，利禄也；所贪者，货财也。当其同利之时，暂相党引以为朋者，伪也。及其见利而争先，或利尽而交疏，则反相贼害。虽其兄弟亲戚。不能相保。"朱熹认为，"和者，无乖戾之心；同者，有阿比之意"（《四书章句集注》）。冯友兰先生《中国现代哲学史》一文中作出新的阐释："在中国古典哲学中，'和'与'同'不一样，'同'不能'异'，'和'不但能容'异'，而且必须有'异'，才能称其为'和'。譬如一道好菜，必须把许多不同的味道调和起来，成为一种统一的新味道；一首好乐章，必须把许多不同的声音综合起来，成为一个新的统一体。只有一种味道，一个声音，那是‘同’；各种味道，不同声音配合起来，那是‘和’。”“和而不同”由儒家的君子与小人的分野逐渐演变为尊重整体利益，顾全大局而容纳个体差异和多样性。

“和而不同”有预设的前提，即基本的共识。在儒家看来最基本的就是“仁”“和”“礼”，如果完全不尊重“礼”，则谈不上“和”。古代外交关系中的“和而不同”还有一个原则就是儒家的和平原则。儒家反对侵略战争，在孔子那里，战争好像只有“尊王攘夷”具有合法性。在孔子和他所处的春秋时代，战争也是有许多“人道”原则的。如两国交兵不斩来使、如不杀“二毛”（老的和小的）、不能不宣而战、不能打对老百姓伤害非常惨重的围困战等。儒家反对用严刑峻法来治国，如孔子说“苛政猛于虎”。在国与国的关系处理上儒家也是秉承“仁”的原则，主张存亡继绝，不能灭亡其他的国家了。

第二节　华夷观念的变迁

在中国历史上，“华夏夷狄”观念根深蒂固。“华夏”指中国，而“夷狄”最初虽是指四方的少数民族，但范围依次扩大。与印度有了文化交流之后，印度也被归到夷狄的行列；与西方有了联系后，西方也逃不了夷狄的称号。这种华夷观念，是把世界二分化，即文明和野蛮两种类型。凡非文明，即野蛮。“华夷之辨”支配了几千年中国对外关系上的立场，以致到了近代，一些顽固的封建士大夫仍把西方列强视为夷狄。华夷观念主要不是指血缘、地域，而是指一种文化的概念。华夏文明的形成在周朝，遵从周礼，实行周制，也就是说“华”是农耕文明，建立的是封建邦国，而“夷”是游牧文明或其他文明，还没有进入礼乐文明。例如《诗经》中的“猃狁”“犬戎”，甚至春秋时的楚国，虽本身血缘也是炎黄子孙，但因为没有进入农耕文明，没有尊周礼、行周制而被看成夷狄。

如果把中国古代历史分为传说与早期时代（三皇五帝时代）、列国时代（夏、商、周）和帝国时代（秦汉到明清）三个阶段，可以简单地说，传说与早期时代基本上不存在华夷观念，在列国时代华夏观念基本形成，华夷的概念开始萌芽，而帝国时代华夷观念是相对浓厚的，但也呈现着不同的面貌。例如，秦汉唐宋的华夷观念与元清时期的华夷观念有巨大的差异，直到晚清时期，华夷观念才面临真正的挑战。

一、传说与早期时代的华夷观念

从历史来看，三皇五帝之说较为可信的是尧定都唐、舜定都虞、禹定都夏，这三个地方都在晋西南地区，大致在中原河洛地带。故章太炎认为，华夏最早可能是一个地名。仰韶文化和龙山文化的古遗址就出现在这个地区，这说明当时文明程度较高。到了周代，华夏开始突破地域的限制而更具文化特点。

这个时期是没有华夷之别的。比如黄帝和蚩尤大战，蚩尤可称“东夷”，而黄帝可看成“北狄”。黄帝战蚩尤，不过是大部落联盟的形成。

二、列国时代的华夷观念

商周时期是华夷观念的形成期。周代周公定礼之后，“华夏”和“夷狄”的概念开始明朗化。《左传·定公十年》说：“夷不乱华。”孔颖达疏云：“中国有礼仪，故称夏。有服章之美，谓之华。华夏一也。”《传》曰：“冕服采章曰华，大国曰夏。”《疏》云：“华夏谓中国也。”也就是说，“华夏”与“中国”为同义语。夷，原指东方的野蛮国。《说文·大部》云：“东方之人也。从大从弓。”《礼记·王制》中说“狄”原指北方民族。“夷”与“狄”连用，指中原四周的野蛮民族（东夷、南蛮、西戎、北狄）。

“华夏”和“夷狄”的观念从一开始就突破了疆域，具有文化色彩。尊周制、受周礼的就是华夏文明，属于华夏族；反之，不尊周制、不受周礼的就是野蛮文明，其族群就是野蛮族群。这一特点在相对长的时间内存在，血缘和地域的因素不是主要的因素，而中华文明主流的“礼乐文明”传统成为唯一的判断标准。这也是后世的鲜卑族、满族、蒙古族因接受了华夏文明传统而被视为华夏族（即梁启超说的中华民族）的原因。

三、帝国时代的华夷观念

在秦汉时代，中国文明的早熟，客观上助长了中国的“天朝”观念和以天下为中心的主张。中国一向主张“以夏化夷”，而决不可“以夷化夏”。

列国时代的华夏还没有明确的疆界，秦汉则有了较明确的疆界，“天下”不再是模糊的泛指，华夏的地理及文化边界随着国力的膨胀而向周边不断扩展。到了汉代末年，华夏边缘逐渐明确化、固定化，汉民族的“异族意象”与“自我意象”变得非常明晰而具体了。汉帝国北部的匈奴、鲜卑、乌桓，西部的西羌，西南方的西南夷，南方的南蛮，东南方的东越和南越都在很大程度上被排除在华夏之外。

唐朝的华夷观念并不强，对外国文化的输入也基本采取放任自由的态度。唐朝的统治是复合型的，分成四个层次：第一个层次是对关中、中原的强控制以及对经济举足轻重的江南的地区控制；第二个层次是通过道路网控制一些次级地方，如对成都、郫县的控制；第三个层次是与疆域内的其他民族政权的关系，与突厥、吐蕃、吐谷浑、西域、高句丽、契丹等建立的朝贡体系；第四个层次是与日本、东南亚诸国的关系。因为唐王室自身并非纯粹的“汉氏血统”，再加上盛唐武功，周边族群的风化和依附，日本、东南亚国家对唐的认同，唐代是中国古代华夷观念最为淡薄的朝代。

宋代的华夷之防比唐代严格得多。宋代与周边少数民族政权的军事冲突多以失败告终。有宋一代，华夷观念都很强烈。汉人、契丹人、蒙古人、金人分得非常清楚，两宋把周边的强敌看作夷狄，有文化上的优越感，但在政治、军事上却大体采取守势。

元朝是华夷观念的尴尬时期，一方面华夏文明视蒙古族为未开化的民族，视其文化为野蛮文化，另一方面汉人（南人）被蒙古人视作帝国体系中最下等的人。文化观念上的优越与实际地位的低贱形成悖论。客观而言，那种把中国看作中心、看作文明，把四方看作夷狄、看作野蛮和未开化的观念，只有在元朝时期具有正当性和合理性。元政权把他们看作夷狄，保持对华夏文明的自信，是华夏族保持民族自尊的一种方式。

明代恢复了华夏文明传统，永乐大帝时期的郑和几次下西洋，部分恢复了中国与周边国家的朝贡体系。清代大大拓展了明代的疆域，真正有效地控制了西藏、新疆等地区，清初的文治武功使得天朝的观念深入人心。在康熙时期，满、汉的分野远远大于夷夏之别。清朝中叶，满族逐渐汉化，为华夏文明所同化，自然不会被看作夷狄。到晚清鸦片战争开始，英、法、美等西方列强被看成夷狄。由于历史的原因，日本被看作是倭寇，其实也是夷狄。晚清中国为英国所败，虽进行了洋务运动，但朝廷和民间的“天朝上国”迷梦并未惊醒，对西方列强发达的工商业、代表现代文明的政治经济制度茫然无知。华夷观念还在顽强地、惰性地存在着。例如,《北京条约》中最使皇帝和官员难堪的是,条约明文规定不准称呼英国为夷。直到 1895 年的甲午海战,中国惨败,从而丧失了对朝鲜、越南、老挝等国的宗主权,朝贡体系瓦解。其后的有识之士,冲破传统的华夷观念,从"尊王攘夷"中走出来,学习西方,增强国力。

总的来说,华夷观念是一种以华夏文明为中心、以周边文明为附属的等级分明的意识形态。与这种观念匹配的外交原则是中国中心论。中国和周边国家的关系是宗主国和藩属国的关系,实际上是不平等的。藩属国的国王必须得到中国的承认和册封,藩属国必须向宗主国纳贡称臣。在客观上,华夷观念有助于唤起国人的民族自豪感,但是从总体而言,华夷观念好像一道文化壁垒,自大于内,轻慢于外。它与皇权制度、朝贡制度结合在一起,扭曲了我们看待自身的眼光,对于其他文明,我们也丧失了理性对待和积极探索的动力。

第三节 中国古代外交情况

一、古代中国与东亚的关系

(一)与朝鲜半岛诸国的海上交往

1. 与高句丽的海上军事战争

高句丽,又称"句丽""句骊""高氏高丽",位于朝鲜半岛北部。隋开皇十八年(598 年),高句丽王元进攻辽西,被营州总管追击。隋文帝曾以大军出征高句丽,终因孤军深入,无功而返。隋炀帝以水、陆两军,进行了三次亲征高句丽的战争,却因措置失当与国内动乱而无力持久,最终不仅无功而返,而且花费的人力、物力巨大,国力从此衰落。

唐朝再次统一中国后,国力强盛,收复辽东的主张就更加强烈了。在 644~677 年,唐朝以陆、海两线,先后发动了五次东征,最终平定高句丽,收复辽东。

2. 与新罗的海上友好交往

新罗,原位于辰韩与弁韩故地,旧称"斯卢",辖境约为朝鲜半岛之东南部,西邻百济,北接高句丽,东临日本海,东南望日本列岛。早在南北朝时,新罗人即曾附百济往返于中国。到唐初,新罗王真平派遣使者入朝,唐高祖派官员持节答赍。三年后(624 年),册封真平为乐浪郡王、新罗王,唐朝与新罗建立了一种藩属关系。新罗在唐朝的支持下,逐渐扩展起来。唐灭百济与高句丽后,新罗王金法敏招纳两国旧部,开始抵抗并驱逐唐朝势力。不过,新罗很快又恢复了友好的海上交往,积极派遣使者入贡,唐朝也复封他为鸡林州督王、新罗王。

唐朝与新罗之间以航海为中介的政治、经济、文化交往活动十分频繁。政治方面,新罗的政治体制基本效仿唐制,其官职设有宰相、侍中、司农卿、太府令等。新罗首都平壤的建置,也大体参照隋唐洛阳及长安的布局。经济方面,唐、罗两国贸易交往频繁,不仅官方朝贡贸易交流频繁,民间贸易也非常兴盛。唐朝的金银精器、紫罗绣袍、瑞文锦绣、五色罗、彩绫等大量运到新罗,新罗的牛黄、人参、海豹皮、金银等也频繁输入唐朝。在文化交往上,新罗锐意学习并吸收盛唐文化,派入唐朝的留学生络绎不绝,不少人还参加唐朝的科举考试,时称"宾贡进士",有的考中后还在唐朝做官。

(二)与日本之间的海上交往

1. 日本派遣使者多次出使中国

隋唐时期，为发展封建主义，日本不断派遣使者来中国，学习优秀的中华文明及各种完备的封建政体与礼仪。

据中、日两国的史书记载，在隋代，日本共四次派遣使者到中国朝贡，分别是开皇二十年（600 年）、大业三年（607 年）、大业六年（610 年）和大业十年（614 年）。日本遣隋使揭开了中日两国政府之间航海的帷幕。

至唐朝时，日本统治者为了吸取唐朝的优秀文化，开始有计划、有目的地大规模向唐朝派遣使者。据不完全统计，自唐太宗贞观四年（630 年）至唐昭宗乾宁元年（894 年）的 264 年间，日本共派出遣唐使 19 次。其中有 3 次虽已任命，但因故没有成行；1 次是送唐使回国，仅至百济则返；另 1 次是迎接唐使，称为“迎入唐使”；还有 1 次是送还唐客，名曰“送唐使客”。因此，实际派到唐朝的遣唐使是 13 次。这些遣唐使漂洋过海，学习唐朝先进发达的政治、经济和文化制度，并将其带回到日本加以发扬光大，改变了日本落后的局面。

2. 中日贸易交流

中日之间密切的政治外交关系为两国在海外贸易方面的交流营造了良好的环境。隋唐时期，中日之间的贸易交流频繁，不仅官方朝贡贸易兴盛，民间贸易也呈现出前所未有的繁盛局面。

唐朝前期，对日贸易主要是官方贸易。通常，日本派遣的使者不仅担负着政治友好交往的使命，更兼有经营官方贸易的任务，也就是在“朝贡”名义下进行的不等价交换。日本使者带来的贡物有琥珀、玛瑙、宝器等，日本称之为“国信物”和“别信物”。唐朝回赠的礼品多为丝织品、宝物、书籍等，也有使者直接要求赐予经书、佛像。

官方贸易到唐代中期发生了明显的变化，经受“安史之乱”沉重打击之后的唐政权逐渐衰弱，对日官方贸易逐渐衰退，对东南沿海民间赴日航海贸易的严厉管束也力不从心。于是，中日之间的贸易转而由商人充当了主角。据统计，自唐开成四年（839 年）至唐天祐四年（907 年）近 70 年间里，横渡往返于中日海岸之间的几乎全是唐朝的民间商船，唐朝商人张支信、李邻德、李达等频繁地到日本贸易，仅史书载明的就达 30 多次。这些民间商船从中国运去日本的主要是日本朝野上下均感兴趣的各种货物，如经卷、佛像、佛画、文集、诗集以及香料与药物之类，而从日本载回中国的主要是砂金、水银、锡、绢等土特产。当然，有时也附带捎客或承担某种特殊使命。

3. 鉴真东渡及圆仁入唐

鉴真俗姓淳于，扬州江阳县人，生于唐武则天垂拱四年（688 年），逝于唐代宗宝应二年（763 年）。鉴真 14 岁进扬州大明寺，师从闻名天下的智满禅师受戒学佛，三年后，他离开大明寺到越州龙兴寺学戒律，并受“菩萨戒”。景龙二年（709 年），20 岁的鉴真受了“具足戒”。此后，他不断钻研佛教经义，被誉为江淮一带的授戒大师，在佛徒中的地位很高，成为一方宗首，日本来到大唐的留学僧也都仰慕他的佛学造诣。

开元二十一年（733 年），日本第九次遣唐使来到大唐。随团前来的日本留学生荣睿、普照受日本圣武天皇之命，于唐玄宗天宝元年（742 年）敦请鉴真东渡弘扬佛法。笃信“普度众生”大乘教义的鉴真及弟子踏上了东渡日本的艰难历程。第一次东渡日本，鉴真和弟子祥彦等 21 人从扬州出发，因受到官府干涉而失败。第二次东渡他买了军船，采办了不少佛像、佛具、经书、药品、香料等，随行的弟子和技术人员达 85 人之多。可是船出长江口，就受暴风重击破损，不得不返航修理。第三次东渡，航行到舟山海面又因触礁而告失败。744 年，鉴真第四次东渡，准备由福州出发，却在前往温州途中被官府追缉，强制回扬州，未能成行。

748 年，鉴真进行第五次东渡，从扬州出发，在舟山群岛停泊 3 个月后横渡东海时又遇到台风，在海上漂流了 14 天后，到了海南岛南端的崖县。在辗转返回扬州的途中，弟子祥彦和日本学生荣睿相继去世，鉴真本人也因长途跋涉，双目失明。此次仍然没有到达日本。

753 年，鉴真离开扬州龙兴寺，乘第二艘遣唐使船从沙洲的黄泗浦出发，直驶日本。这位夙志不变、决心东渡弘法的盲僧，终于踏上了日本的土地。成功东渡 40 多天后，鉴真到达当时的京都奈良，受到举国上下的盛大欢迎，轰动日本全国。他在日本生活了 10 年，于 763 年在日本圆寂，终年 76 岁。

在日本的 10 年生活中，鉴真按扬州大明寺格局，在奈良建立了著名的唐招提寺。他孜孜不倦地受戒讲经，开创了日本的律宗。同时，他还广泛地传播先进的中华文明，被日本人民奉为“律学开山祖”“医药始祖”“文化之父”，直到今天仍然受到日本人民的极大尊敬与深切怀念。

圆仁，日本下野国都贺郡人。他自幼丧父，9 岁由其兄教授经史，后就学于都贺郡小野寺村大悲寺的鉴真和尚之三传弟子广智。15 岁登比睿山，投传教大师最澄门下，最澄圆寂后，圆仁成为其衣钵传人，不满 30 岁已在比睿山开坛弘法。

835 年，日本派遣以藤原常嗣为首的第十八次遣唐使团，圆仁受众僧推举为随团入唐僧。直到 838 年第三次渡海，饱经风险，备尝辛苦，才抵达中国扬州府。圆仁便在扬州开元寺求法，得到佛经 100 多部。839 年，圆仁未踏上返国的航程，决意单独留在中国求学佛法。840 年，历尽艰辛的圆仁终于被获准赴佛教圣地五台山求法巡礼。他在五台山逗留了 50 余日后，又来到了长安，向大兴善寺元政、青龙寺义真等高僧学习密宗和梵文，还向青龙寺发润学习金刚戒，并得到经书、道具多种。直到 847 年，圆仁一行才正式登上了归国的航程，带回经典 800 余部及佛像多种，完成了他渡海入唐求法巡礼的艰难历程。返日后，圆仁以比睿山为中心展开弘法事业，854 年任天台座主，861 年着手建造文殊楼。圆仁还撰写了《显扬大戒论》等著述近百部。圆仁留唐十年，客长安六载，写下中国游记《入唐求法巡礼行记》4 卷。该书具有很高的史料价值，是研究唐代历史、社会、宗教、文化和中日交流的重要资料，可以说是古代中日文化交流史上一部十分珍贵的文献。

二、古代中国与东南亚、印度半岛的关系

两汉时期，我国就和越南的贸易往来密切。首先，我国的铁器、农耕和水利技术传到越南，使越南的社会经济生活有了显著提高。我国从越南输入土特产和东南亚的珍稀物产，如越南的象牙、犀牛、玳瑁、珍珠等。中越经济文化的交流，对两国的经济文化和社会生活都有积极影响。其次，陆上丝绸之路的开通密切了我国与东亚、东南亚国家的经济和文化交流，加强了世界间的联系，扩大了我国对东南亚国家的影响；而海上丝绸之路则加强了我国与东南亚、南亚各国的关系，扩大了秦汉文化对外的影响，从海路沟通了东南亚外交联系，拓展了中国、亚洲濒海地区一些国家的外交活动范围。

在隋唐时期，中国和越南、柬埔寨、缅甸、泰国和马来西亚半岛的一些国家都继续往来。国家之间互派使节、交换土特产品的活动频繁。

明清时期，出现了一些对外往来的壮举。明朝的郑和下西洋，加强了与海外诸国的联系，即发展和亚非各国的友好关系，并为宫廷购回奢侈品，曾访问亚非 30 多个国家和地区，最远到达红海沿岸和非洲东海岸地区。郑和船队所到之处，受到热烈欢迎。郑和会见当地国王，表达明朝与之通好的意愿，还与当地居民和平贸易，以中国丝绸、瓷器、茶叶，换取供皇室

贵族享用的珠宝、香料、药材等。郑和航海期间，许多国家的首脑和使臣，搭乘中国宝船来华访问。郑和下西洋期间倡导的不欺寡、不凌弱、友好相处、共享太平等理念，为亚非国家之间的交往确立了不成文的准则，对后世影响深远。这次航程的意义之大，可谓是空前绝后。其规模之大，航程之远，所到国家之多，更是让世人叹然。这也是我国历史上最主要的主动外交举动，极大地加强了与亚非国家的友好关系和经济文化交流。另一方面，郑和下西洋促进了我国大量向东亚、东南亚移民。从唐朝开始，我国东南沿海一带有很多人到南洋诸岛谋生。郑和下西洋以后，更多中国人迁徙到南洋各岛定居，成为华侨，对南洋的开发做出了重大贡献。至今，新加坡有很多是我国移民的后代。

我国古代对东南亚的影响之深，还体现在货币对东南亚货币的影响上。我国古代钱币曾经对世界各地发生过重大的影响，特别是对爪哇、安南、占城、暹逻、万象（老挝）、缅甸、真腊（柬埔寨）各国产生的影响最大。另外，中国钱币曾经在天竺、印度、波斯、泥婆罗（尼泊尔）、大秦（东罗马）、苏门答腊、婆罗洲、吕宋（菲律宾）、鲜兰（斯里兰卡）、马来西亚、新加坡以及东印度群岛等东南亚国家和地区流通使用，曾经扮演过世界货币的角色。在唐代初期，中国钱币流向境外的数量增大，在很多国家流通使用，这与当时中国的国力强盛、经济发达有着密切的关系。我国不但有强大的经济实力，拥有丝绸、陶瓷、茶叶等特产，而且还有着准国际货币作为支付手段，这在当时是绝无仅有的。

通过贸易、文化、人口迁移等，我国古代和东南亚的往来密切，对其影响深远，相互间的友好往来至今未绝。

三、古代中国与中亚、西亚、欧非各地的关系

（一）与中亚的关系

古代中亚位于中国文明、印度文明、两河文明以及希腊—罗马文明的中间地带，因此受到欧亚大陆许多文明的影响。中亚地区地处东、西方交通和商业交流的要道，是古代“丝绸之路”的中心交点。中国的丝绸、瓷器等货物通过中亚地区流向西方，西方的货物也经由中亚地区运往中国。

由于地理位置的特殊性，中亚地区与中国的联系源远流长。公元前 138 年，张骞奉汉武帝旨意出使西域，经历大宛、大月氏、大夏、乌孙等地，为中国与中亚建立了直接的官方联系，促进了中国与中亚地区的政治往来、经济交流和文化融通，从而使中国与中亚地区的联系达到了历史上一个崭新的阶段。公元前 104 年，汉武帝又派贰师将军李广利征伐大宛，建立西域都护府，促进了丝绸之路沿线贸易发展，中亚同中国的经济文化交流更加密切。也就是说，中国与中亚地区的正式交往始自西汉时期张骞出使西域，而中国在西域设置都护府则标志着中国对西域地区，包括中亚部分地区的统治正式确立。中亚地区的葡萄、苜蓿等植物传入中原地区，而中原的金属工具、丝织品以及铸铁、凿井等技术传到中亚地区；中亚地区的佛教及与佛教有关的文化艺术也相继传到中原地区。西汉时期中国与中亚地区的交往极大地促进了东、西方政治、经济和文化的交流和发展。

唐朝时期，唐政府通过对东突厥、吐谷浑以及阻碍东、西方交流的高昌、西突厥进行打击，逐渐控制了西域和中亚地区。贞观十四年（640 年），侯君集率军打败高昌及其附近的西突厥领地，并设置安西都护府。后来，唐朝又击败龟兹，移安西都护府至龟兹。到 659 年，唐朝在中亚地区设立了都护府，将中亚地区置于自己的统治范围。此外，唐朝还与波斯、东罗马帝国有使臣往来。中国的造纸术和陶瓷制造术传入中亚，使中亚地区有了自己的造纸业。

阿拉伯国家通过中亚也学会了造纸术。

元朝时期，中国对中亚地区的政治隶属关系又重新确立，这促进了双方的经济联系、文化往来以及民族融合。明朝时期，中亚地区帖木儿崛起。帖木儿与明朝保持相对密切的经济贸易往来，多次派遣使者和商人前往明朝。他们大多携带马匹、骆驼、毛制品等，明朝以白金、丝绸等交换。一段时期内，帖木儿还向明朝交纳贡赋。在中亚地区取得绝对统治地位之后，帖木儿就对明朝采取了敌对态度，甚至扣留明朝派遣的使者。

清朝时期，今新疆地区和中亚部分地区由准噶尔汗国统治，准噶尔汗国臣属于清朝。但准噶尔汗国国王准备脱离清朝，康熙和乾隆先后派兵西征并平定了准噶尔汗国的叛乱，中亚许多地方处于清朝的直接统治下。中国对中亚实行了较明智的政策，中亚地区保持了比较安定繁荣的局面。

（二）与西亚的关系

据考证，中国青铜文明源于西亚。西亚早在5000年前已进入青铜时代，东亚大约4000年前才进入青铜时代。商周青铜文化达到鼎盛，而此时的西亚赫梯王国已进入铁器时代。

中国最早的铜制品，是陕西临潼县姜寨遗址出土的一件黄铜片和一个由黄铜片卷成的管状物，年代为公元前4700年左右。在甘肃东乡的林家村，出土了一件属于马家窑文化的青铜刀，保存完整，这是中国迄今发现的最早的青铜器，时代在公元前3000年左右。而巴尔干到安纳托利亚一带早在7000年前已开始冶金实践，5000年前已发明范铸法和失蜡法，不同比例的砷青铜、锡青铜、铅青铜或铅锡青铜也相继发明。也就是说，4000年前西亚已进入青铜时代的鼎盛时期，主要的青铜冶铸技术均已发明，并对周围世界产生了重大影响。青铜冶炼和铸造是高度复杂的技术活动，不可能一人一时一地完成，其中必然有一个不断完善和改进的过程。在旧大陆不大可能存在两个独立的起源。也就是说，中原地区的青铜器是从西向东传入东亚的。除了青铜技术，中国从西亚引入的家畜还有羊、黄牛和马。东亚养羊与西亚相比大约晚了5000年。水牛可能起源于东亚或南亚，而黄牛很可能来自西亚。从河姆渡到兴隆沟，东亚新石器时代遗址中出土的牛骨多为水牛骨骼。到了青铜时代，黄牛才在东亚大量出现。黄牛与山羊一样经历了大致相同的驯化和传播过程。

（三）与欧、非各地的关系

1. 与欧洲的关系

东汉时甘英出使大秦，行至波斯湾。166年，大秦王安敦王朝派使者来到东汉。这是中欧直接往来的最早记录。唐朝和东罗马有使者往还，东罗马的医术、杂技传入中国；唐朝的丝绸、瓷器大量运往欧洲。元朝时，意大利人马可·波罗来到中国，畏兀儿人列班·扫马前往西亚、欧洲，成为我国第一位访问欧洲各国的旅行家。16世纪后期，意大利传教士利玛窦来到中国。传教士来华，把西方的天文、数学、地理、绘画、音乐等方面著作介绍给中国，又把中国的儒学和道学介绍给西方，为中西文化交流做出突出贡献。徐光启等与传教士合译西方科技著作，为中国科技注入新的生机。1685年和1686年雅克萨反击战爆发；1689年签订中俄《尼布楚条约》签订。1553年，葡萄牙租占澳门。1662年，郑成功从荷兰殖民者手中收复台湾。

2. 与非洲的关系

在汉朝时期，中非关系已经发生了间接的贸易往来。丝绸和器皿等中国产品被运到非洲，而产自非洲的象牙、犀角等也进入中国。在唐代，中国与阿拉伯帝国发生了较多往来，中国产品进入北非和东非沿海。到宋代，海上贸易发展很快，中国产品已从东非沿海走进非洲内陆，如在津巴布韦和林波波河南岸发现了宋瓷。进入元代，中国通往非洲的航线不断向南伸延，在频繁交往中，双方人员开始直接互访，汪大渊周游非洲和伊本·白图泰的中国之旅就是最好的例子。明代把中非关系推向高潮，郑和下西洋是重要标志。郑和代表政府数次访问了东非沿海地区和国家，而北非和东非国家的官方使者也访问了中国，从此中非国家开始进行官方往来。

四、古代中外文化的吸纳

（一）中华文化的外传

秦汉时期，政治的稳定和经济的发展为中华文明走向世界奠定了基础。到了隋唐时期，中华文化圈的总体格局基本形成。

1. 造纸术的西传

中国的造纸术最早出现在西汉时期，而东汉的蔡伦改进了造纸的方法，使造纸术得以进一步推广。敦煌及甘肃西部都发现过汉代的原始麻纸。而造纸术传入中亚通常认为是在唐玄宗天宝（742~756 年）年间。唐朝的造纸工匠最先在撒马尔罕造纸，这里从此成为中国境内的造纸中心。794 年，阿拉伯帝国的都城巴格达也办起了造纸厂，并聘请中国的造纸工匠进行指导。此后，造纸厂相继出现在也门、大马士革等阿拉伯地区。

2. 蚕桑和丝织品的西传

在通过丝绸之路外销到西方的商品中，以丝绸最为著名。罗马历史学家普罗科匹厄斯认为，中国的蚕桑在 550 年左右传入东罗马帝国。在查士丁尼大帝执政期间，有一位久居中国的印度僧人到东罗马帝国都城，向查士丁尼大帝表示自己精通养蚕术，而且可以得到蚕卵。与皇帝达成某种协议后，这位僧人又返回中国，两年后他将蚕种藏在空心手杖中带回罗马。这样，罗马人终于可以自己生产一部分丝绸原料了。

7 世纪时，西亚地区被阿拉伯帝国占领。751 年，阿拉伯人的军队与唐朝大将高仙芝率领的部队在今哈萨克斯坦境内的怛罗斯河一带发生了战争，2 万唐军精锐最终难敌 20 万阿拉伯帝国军队，军中一些制作丝绸织品的工匠被俘，中国的丝织工艺很可能由此传入西亚地区。8 世纪时，西亚地区的养蚕业及丝织作坊发生了突飞猛进的发展，出现了许多从事缫丝、纺织、印染和刺绣的城市，波斯地区成为继中国之后的世界第二大丝绸业产地。

3. 茶叶的西传

茶叶出产于中国江淮地区和长江以南。茶叶传入西域的时间大约在唐代。贞观十五年（641 年），唐太宗将文成公主嫁给吐蕃国王松赞干布。文成公主带去了农耕器具、农作物种子、医疗器械、各类书籍，以及包括茶叶在内的生活用品。“安史之乱”爆发后，吐蕃人趁机占领了西域地区，茶叶在整个西域地区传播开来。茶叶有生津止渴、帮助消化的功效，对于以肉、奶为主要食物的西北游牧民族来说是最好的佐食饮料，传入西域后备受青睐。10~12 世纪，茶叶传到了高昌、于阗（即今于田）和七河地区，并由印度传入波斯。13 世纪蒙古崛起的初期，茶叶还是蒙古上层贵族的珍稀之物。14 世纪以后，蒙古人逐渐饮茶成习，茶叶也进一步由西域继续西传。到了明代，朝廷建立了官营的茶马贸易体制，在今天甘肃的天水、临潭、临夏和四川雅安等地设了统管茶马贸易的茶马司，意在通过控制茶叶贸易来制约西域各民族。饮茶之风已进入了西域各族人的日常生活。

4. 印刷术的西传

印刷术最迟出现在唐代。敦煌藏经洞的《金刚般若波罗蜜经》是现存较早的雕刻印书，标明的印刷年代是“咸通九年四月十五日”，即868年。北宋时期，工匠毕昇发明用胶泥刻成泥活字，发明了活字印刷术；元代工匠王桢于1313年创造了木活字，使印刷的效率大大提高。雕版印刷术很早就传到了朝鲜与日本，但是西传时间要晚得多。据推测，中国的雕版印刷术很可能是在宋元之际，在蒙古骑兵向西征讨的过程中传到中亚和西亚，进而传到北非与欧洲。14世纪末到15世纪初，欧洲出现了用木板雕刻的纸牌、宗教画、宗教书籍和学生用拉丁文法课本等。现存最早的欧洲版画印刷品，是刻印于1423年的《圣克利斯道夫像》木版画。到15世纪中期，雕版印刷术在欧洲相当普遍。1440~1448年，德国人谷登堡发明了铅活字印刷，但这一发明比毕昇的泥活字已晚了约400年。

5. 火药的西传

中国是火药和早期火药武器的诞生地。最早的火药是指以硝石、硫黄和木炭按一定比例配合而成的一种混合物。唐宋时期，中国人制造出了具有燃烧和杀伤作用的火器，并大量使用在战争中。13世纪，在蒙古大军向西征讨的过程中，火药配方和火器的制造技术也直接或间接通过阿拉伯人传入欧洲。蒙古军队中配有专门的炮火军，携带火铳、火箭、喷火枪、炸弹等火器，以配合骑兵攻城和大规模野战。1235年，蒙古军队第二次西征，15万铁骑长驱突进，日耳曼与波兰组成的联军被蒙古军打得惨败。当时就传说蒙古军中有口吐烟雾的怪物，还使用了“中国龙喷火筒”——能发出喷着火焰的火龙。初次见识这些火器的欧洲骑士备感震撼。1258年，在手持火器的蒙古大军进攻下，阿拉伯帝国灭亡，蒙古人建立的伊利汗国成为火药等中国科技向西方传播的枢纽。元朝不禁止火药出口，还在阿拉伯人和欧洲人中招募士兵，欧洲人因此得以掌握了火药制造技术。14世纪以后，欧洲出现的火铳、火箭、喷火枪、手榴弹、炸弹和烟火等，都是根据中国技术和样器仿制的。

（二）外来文化的引入

张骞出使西域，带回了西域的优良马种汗血宝马，还有一些在今天中国人生活中最常见的农作物。经由丝绸之路，许多西方的工艺、宗教、艺术传入中国，对中国文化的发展影响非常大。

1. 熬糖术的传入

印度次大陆是世界甘蔗的发源地之一，也是最早发明蔗糖加工技术的国家。据文献记载，西汉时期，印度一带就已出现了熬制蔗糖的技术。而中国的甘蔗种植虽始于春秋战国时期，但当时只会将甘蔗榨汁或直接食用，并未掌握制糖技术。唐太宗派使臣王玄策等人经丝绸之路前往古印度学习熬糖术，并下令在扬州地区大面积种植甘蔗，用于试制蔗糖，结果“色味愈西域远甚”（《新唐书·西域传》）。唐代以后，我国的制糖技术不断提高，品质不断改进。我国还在印度红糖制造技术的基础上不断改进，于明代发明了红糖脱色技术，制造出了白糖。

2. 琉璃的传入

在古籍记载中，琉璃是西方的特产，其在中原地区的出现与丝绸之路上商旅的往来密不可分。唐初学者颜师古引史书《魏略》：“大秦国出赤、白、黑、黄、绿、红、紫等十种流离。”其中的“大秦”指东罗马帝国，这里的“流离”应当是一种玻璃。据考证，最早的玻璃出现在公元前5000年，发明者是两河流域的苏美尔人。到公元前2000年的时候，地中海东岸的腓尼基人将玻璃制作技术传到了埃及，而埃及人则将玻璃的制作工艺发挥到了淋漓尽致的地步。早在公元前1000年，西方的玻璃珠就已经传入了中国的新疆地区。随着丝绸之路的正式开通，到了公元5世纪，中亚地区的玻璃制造技术随着大月氏商人传入了中国。

3. 西域物产的传入

张骞出使西域之后，西域诸国的物产大量传入内地。汉武帝时期引进的汗血宝马是著名的品种之一。这种马种体格魁伟，四足纤细，胸颈和臀部十分发达。此外，还有大象、狮子、安息雀（即鸵鸟）等也陆续传入内地。在植物方面，葡萄、苜蓿、胡麻、胡豆、胡蒜、胡瓜（即黄瓜）、胡桃、胡葱、巴旦杏等作物相继东传，印度的胡椒、安息的石榴等也先后传入中国。特别是棉花的传入，对中国的经济发展和百姓生活都产生了极其深远的影响。棉花原产于印度和非洲，中国最早植棉的地区是新疆地区。最迟在东汉时期，新疆地区就已经开始种植棉花和用棉线织布了。棉花传入之前，中国人传统衣着是穿裘皮、丝绸或麻布。唐代时，唐军平定高昌，取棉种移植内地，棉花才逐渐传入中原其他地区。目前中原地区所见到的最早的棉纺织品遗物，是在一座南宋古墓中发现的一条棉线毯。到了元代，棉布已成为中原百姓主要的纺织衣料。

4. 西域乐舞的传入

丝绸之路的开通使西域与中原的音乐文化得以交流，西域民族的乐器和乐舞开始传入中原。魏晋时期，西域乐器和乐舞大量经由丝绸之路传入内地。386~432 年，后凉吕光大败龟兹军队，俘获了一支完整的龟兹乐队，这支乐队共有 20 个乐工，使用的乐器有竖箜篌、琵琶、五弦、笙、笛、箫、腰鼓、铜钹等。568 年，北周武帝宇文邕娶阿史那公主为皇后，突厥可汗将一支由龟兹、疏勒、康国、安国等地组成的 300 人的庞大西域乐队作为公主的陪嫁，送至长安，同时派遣著名龟兹乐工苏祇婆（即白智通）等作为随从人员前去中原地区，从而使西域音乐对中原音乐产生了一定影响。从西域传入中原的乐器主要有唢呐、琵琶、箜篌等。唢呐是一种吹管乐器，最初由波斯传入中国，西晋时期的新疆克孜尔石窟壁画中就已出现了唢呐演奏的绘画。最晚在 16 世纪，唢呐就在中国的民间流传了。这种乐器发音高亢、嘹亮，极具表现力，至今在各地广泛流传。箜篌是一种弹拨乐器，其来自古代西方的“竖琴”。

隋唐时期，宫廷歌舞乐得以发展。隋朝宫廷中有“九部乐”的演奏，其中就有龟兹乐、疏勒乐、康国乐、安国乐和西凉乐等西域音乐。唐朝宫廷乐舞继承了“九部乐”规制，在 642 年又将高昌乐列入，从而成为众所周知的“十部乐”制，至此，国家最高规格的宫廷乐舞中，西域乐舞竟占了半数之多。在这十部伎乐中，龟兹乐无疑最具影响力，深受公卿贵族与普通民众的喜爱。除乐曲外，琵琶、箜篌、鼓、角等西域传统乐器也大放异彩，成为唐代以及后世音乐演奏中的重要乐器。

隋唐时期，西域舞蹈也在内地流行开来。西域舞蹈风格多样，最著名的当属胡腾舞、胡旋舞、拓枝舞三种。胡腾舞采用男子独舞的形式，动作以闪转跳跃为主，充满阳刚之气；胡旋舞以动作急速旋转而得名，表演者多为女性，据说舞技精湛者在滚动的圆球上旋转如飞。唐玄宗格外喜好胡旋舞，使得宫中妃嫔与宫女们“臣妾人人学圆转”，连挑起“安史之乱”的安禄山也精于此舞。拓枝舞舞姿矫健，节奏明快，变化多端，最初是单人舞，后发展成双人舞和多人舞。

5. 西方宗教的传入

在汉代到隋唐时期，印度的佛教、波斯的祆教和摩尼教、东罗马的景教、阿拉伯的伊斯兰教陆续传入中国，对中国的政治、思想、文化艺术以及科学的发展都产生了很大影响。

佛教诞生于公元前 4 世纪的古印度，大约在公元前 2 世纪，佛教沿着丝绸之路传到中国的新疆地区，后经玉门关、河西走廊传到内地，逐渐传播到全国各地。最早自西向东行进在古丝绸之路上的佛教僧人中，比较著名的有安息国王子安世高、龟兹僧人佛图澄等人。随着佛教的东传，石窟、雕像、壁画等艺术也传入了中国，与传统艺术相结合，从而创造出云冈石窟、龙门石窟、敦煌石窟等众多的佛教雕刻、壁画艺术群，留下了大量珍贵的艺术宝库。

祆教又称“琐罗亚斯德教”，流行于古代波斯（今伊朗）及中亚等地的宗教，中国史称“祆教”“拜火教”。公元前3世纪中叶，祆教经丝绸之路逐渐传入中国，在唐朝达到鼎盛。

摩尼教流行于波斯，唐代武则天延载元年（694年）由波斯传入中国。此教提倡节俭、互助，不吃荤、不饮酒，死后裸葬。

伊斯兰教是阿拉伯人穆罕默德创立的，最早于唐代传入中国，当时大批西亚地区的穆斯林来到中国内地经商，将伊斯兰教带入了中国。10世纪，以喀什、阿图什为中心的喀喇汗王朝国王沙图克·布格拉汗改信伊斯兰教。11世纪初，喀喇汗王朝大军攻灭于阗，使于阗地区普遍皈依伊斯兰教。13世纪时，在蒙古军队大举西征的背景下，大批西方人移居中国，信仰伊斯兰教的波斯人、阿拉伯人以及突厥语族人长期聚居在一起，融合发展并逐渐中国化，形成了中国特有的民族——回族。

【拓展阅读】

自文明伊始，亚洲的中心就是帝国的摇篮。底格里斯河和幼发拉底河孕育的美索不达米亚冲积平原，为文明本身的出现提供了土壤，正是在这里，诞生了人类最早的村镇和城市。系统化的农业出现在美索不达米亚并扩展到整个“新月沃地”——这是一片水源充足的沃土，从波斯湾一直延伸到地中海沿岸。在差不多4000年前，巴比伦国王汉谟拉比在这里颁布了世界上最早的成文法律，为他的臣民制定了详细的行为规范，并对违法者实施严厉的惩罚。在所有崛起于此的王国和帝国当中，最伟大的莫过于波斯帝国。公元前6世纪，波斯人从今日伊朗南部的家园迅速扩张，统治了邻国，将势力延伸到爱琴海岸，征服埃及后一路向东，直抵喜马拉雅山山脚……总之，波斯帝国是一片富庶的土地，连接着地中海和亚洲的心脏。波斯还是一座代表着稳定和公正的灯塔。贝希斯敦山（Behistun）上那块分别被波斯语、埃兰语和阿卡得语三种语言所雕刻的石碑，记录了古波斯帝国国王大流士如何平定暴乱和起义、击退外国入侵者、公平对待穷人和权贵。碑铭要求确保帝国安全，公正地善待子民，因为正义是帝国的基石。帝国对少数族裔的包容同样令人称道，某位波斯国王被称作“弥赛亚（Messiah）”，即“得到上帝祝福的人”，他的包容政策曾让在犹太人从“巴比伦之囚”中获得自由。

——［英］彼得·弗兰科潘《丝绸之路——一部全新的世界史》

自我测试

1.（　　　　）（学者名）把古代中国的火药、指南针、印刷术、造纸术命名为“古中国四大发明”。

2. 李鸿章说清朝面临“三千年未有之大变局”，请问三千年前的变局是（　　　）。

3. 中国古代（　　　）（朝代）基本上没有宵禁。

4. 丝绸之路上消失的古国最有名的一个是（　　　）古国。

5. “明犯强汉者，虽远必诛”是（　　　　）喊出来的。

6. 以下观点可能有民族主义情绪的是（　　　）。

A. 苟利国家生死以，岂因祸福趋避之

B. 非我族类，其心必异

C. 弱国无外交

D. 儒家主张亲仁善邻，所以儒家是反对发动战争的

7. 下列关于中国的表述，我们都习以为常，但是从现代的眼光，特别是“二战”以来的价值标准来看，可能有表述错误的一项是（　　）。

A. 中华民族是特别优秀的民族　　B. 华夏族、华夏文化真正形成于周代

C. 中国有信史的时代开始于商代　　D. 中华民族是勤劳勇敢的民族

8. 关于华夷观念，错误的一项是（　　）。

A. 民族平等

B. 中国中心

C. 把华夏以外的文明特别是周边的文明看作是野蛮的

D. 实际上是不平等的，歧视其他文明

9. 中国对外开放水平最高的朝代是（　　）。

A. 汉代　　B. 唐代　　C. 宋代　　D. 元代

10. 思考：你是如何看待明代的最大海事活动郑和下西洋的？

参考答案

1. 李约瑟　2. 由封建到帝制　3. 宋代　4. 楼兰　5. 陈汤　6. B　7. A　8. A　9. C

10. 略

第八章 身份标识：中国传统服饰

唐代孔颖达《春秋左传正义》云："中国有礼仪之大，故称夏；有服章之美，谓之华。"这是"华夏"来历之一说。我国自古就有"衣冠古国"之称，从服饰起源起，人们就将其生活习俗、审美情趣、色彩爱好以及种种文化心态、宗教观念等都融于服饰之中，积淀成了服饰文化的内涵。所以，服饰是一种文化，反映一个民族的文化素养、精神面貌和物质文明发展的程度。

"衣冠古国"之说，首要的是说"衣冠"。它首先指士大夫以上阶层按身份穿戴的冠服，因而衣冠也是士大夫和官绅的代称，也指礼教和文明。因而，服饰除了御寒、遮羞、审美功能外，它更具有政治功能，服饰是一个人身份地位的外在标志。"贵贱有级，服位有等，天下见其服而知贵贱。"

在炎黄时代，黄帝"垂衣裳而天下治"，汉服已具基本形式，经周代的规范制式，到汉朝已全面完善并普及，汉族（及其先民）已有独特的服装体系了。汉唐以来，尤其是近代以后，我国传统服饰大量吸纳与融合了世界各民族外来文化的优秀结晶，经过历代的积累和交融，不断丰富和发展，融合不同时期人们的美学思想和审美情趣，从有千古风韵的汉服到婀娜多姿的旗袍，再到具有传统特征与现代造型结合的新唐装、新中装，形成了中华民族特有的服饰文化系统。今天，这种文化还在继承和创新，昭示着全世界通用的设计语言：民族的，即是世界的；传统的，即是经典的！

第一节 服饰最初的价值

服饰是文化的组成部分。纵观人类发展的历史，服饰反映了不同时期、不同地域的政治、经济、文化、社会风俗和审美观念。服饰的演变体现了人类文明的发展和进步，在不同时期服饰呈现出来的特点，都蕴含了各个地区特有的民族文化特色。在漫长的历史长河里，中国服饰经历了几次变革，但无论怎样改变，中国服饰所蕴含的文化内涵始终没有变化，中国历来有"衣冠王国"的说法，中国服饰的文化体现了中华民族特有的民族精神和时代特征。

在遥远的远古时期，居住在洞穴里的原始人已经与猿有了本质的区别，除了会灵活地使用工具外，还褪去了满身浓密的毛发。由于气候条件的改变，北欧的巨大冰盖与西伯利亚相连，促使黄河流域的平均气温下降了3~5℃。在严酷的气候条件下，原始人一方面开始不断迁徙寻找适合生存的环境，另一方面开始以树皮、草叶等覆盖在身上，以达到保暖的功效。到后来，又通过狩猎，以动物的皮毛裹身来抵御寒冷。《礼记·礼运》载："未有麻丝，衣其羽皮。"为了适应气候的变化，原始人用树皮、皮毛等遮盖身体，这导致了最初服饰的产生。《释名·释衣服》载："衣，依也，人所以避寒暑也。"因此，最初服饰的出现是因为御寒的需要，这和生存的需要是紧密联系在一起的。

服饰的产生除了御寒需要以外，在严峻的自然环境中，当人类选择直立行走的方式彻底与猿告别之后，他们的身体就有更多的部位暴露出来，为了避免脆弱部位遭受更多的伤害，原始人选择了用其他物品来遮盖保护自己。随着气候的变化和环境的改变，原始人采用各种方式来保护自己。例如，为防止虫蚁侵袭，把全身涂满厚厚的泥浆；为了保护脆弱的身体部位，用草叶或兽皮作腰布进行遮挡。在酷热的环境下，原始人有时会将全身都包裹着，其目的就是避免全身水分蒸发过快，防止被强烈的阳光晒伤。原始人采用外界物品来保障个人安全，这其实是人类发展史上的一大进步。原始服饰的保护功能，也是从服装的实用性角度来说的。

原始人从猿进化而来，早期的原始人处于群居生活，原始人知其母不知其父的情况十分普遍。群居导致近亲繁殖，出现了很多有问题的后代，这些后代普遍多病，身体比较孱弱，寿命很短。随着人类的不断发展，渐渐意识到群婚和乱婚的危害性。于是，为了减少性冲动和性诱惑，原始人采用了用御寒的材料来遮住敏感部位。从这个时候开始，服饰不仅是御寒、保护的需要，遮羞的需求也标志着文明的进步，服饰成了生活中必不可少的物质条件之一。

随着生产力的发展，工具的进步，原始人在面临自然的考验比之前更加有经验，他们为了捕获一头大型动物，要与恶劣的气候和凶猛的动物作斗争。当原始人猎取大型动物时，这就需要原始人的强大力量和智慧以及通力合作。可以想象：获取一头大型动物是多么得艰难。大型动物体积庞大，肉也比较多，可以让族群里更多的人食用，以维持族群人们的生命，让更多的人身体变得强壮有力。兽牙、兽骨则是勇猛力量的象征，在族群里面，只有可以猎取大型动物的人，可以有资格将此据为已有并佩戴在身上，这是力大无比的勇士和狩猎英雄才可以享受的一项殊荣。除此之外，原始人还会选择漂亮的动物羽毛、光滑的贝壳等来美化自己的形象。在此基础上，原始先民们渐渐发现，通过装饰自己的身体，既可以展现出自己不可征服的勇气和强大的战斗力，又可以博得同性的羡慕及尊重，震慑猛兽；最重要的是，还获得了更多异性的关注和好感，具有很多延续后代的机会，可以繁衍子孙，壮大族群势力。这样，具有装饰作用的服饰就在人群中传播开来。在此，服饰的装饰价值得到凸显，这体现了服饰往审美方向的创造性发展。

在原始社会，生产力水平低下，科学技术落后，先民们幻想有一种神奇的超自然力和神灵的魔力控制着整个自然和人类。先民把那些认为是超自然神力的代表物品（如兽骨、大型猛兽的牙齿、石头、果实、鸟的羽毛等）佩戴在身上，希望通过这些物品连接超自然的神力并获得神力的庇佑。虽然最初服饰的装饰作用本身并不是从实用的角度出发，但这也是原始的先民们为了在严酷的竞争中求得生存和发展的一种方式和手段，归根结底也是出于一种实用目的。

在巫术盛行的上古时期，神山、树林、音乐、歌舞、服装、动物、酒等是巫觋沟通自然神灵的重要工具。巫觋通过歌舞的方式取悦神灵，求得庇护，歌舞的内容与生存和发展息息相关：《载民》歌唱始祖；《玄鸟》歌唱燕子，可能是该部落的图腾；《遂草木》歌唱草木茂盛；《奋五谷》歌唱五谷生长；《敬天常》遵循自然法则；《达帝功》反映了原始人的宗教信仰；《依地德》歌唱的是顺应大地上阴阳消长及四时变化。在这套乐曲中，通过诗、乐、舞一体的形态寄托了原始人关于生存和繁衍发展的美好愿望。

在巫舞祭祀场合，服装也有特殊的装扮。不同时期的巫术活动，由于目的不同，服饰的展现也有所不同。在希望增加狩猎成果、获得神灵庇佑以求得生存的巫术活动里，巫觋模拟动物的形象，将兽头、兽角、羽毛等作为头饰，或者将具有天然纹理颜色的动物皮毛、羽毛披在身上，又或者将动物的牙齿、利爪、锋利的骨头佩戴在身上起舞祭祀。通过造型的模拟、色彩的搭配和饰品的佩戴三种方式，展现原始服装的审美功能。

随着生存重心转向农耕畜牧业，与农耕畜牧业相关的天象气候、草木花果成了巫术活动的主题。巫觋通过歌舞祭祀活动，寄托着希望风调雨顺、草木茂盛、五谷丰登的美好愿望。在巫术活动中，将日月天象、花草树木、云雨气候等形象做成头饰，佩戴在头上，或者将花草图案、颜色绘制在人体身上或印染在衣服上。从出土文物看，18000 年前的山顶洞人钟情于红色。大部分骨器和石质装饰品中间都穿有小孔，且不约而同地染成了红色。对山顶洞人来说，红色不仅是一种审美的习惯，更包含了在特定时期的意识形态倾向、巫术活动习俗。巫术的发展成了原始人服饰发展的精神动力，对人类服饰文化的发展起着催化作用，服饰审美的需求得到了进一步深化。

服饰的发明源于人类进化的结果，早期人类在适应自然界的过程中，懂得运用天然的材料（如树皮、草叶）来御寒。后来的先民们通过狩猎，用兽皮裹身。到了旧石器时代，服饰的发展从被动适应进入自觉时期。考古发现，早在 35000 年前的四川资阳人，有运用骨锥的习惯，出土的骨锥的锥尖钝而光滑，锥身有刮削加工的痕迹；山顶洞人掌握了缝制皮衣的技术，用经过刮磨打造得圆滑而微弯曲的骨针来缝制兽皮。这说明原始先民们具备服装制作的技巧和方法，是服饰发展史上的又一巨大进步。

到新石器时代，服饰的材料和工艺得到了飞跃发展。缝纫技术得到提高。人们找到了新的制作服饰的材料——麻和葛。人们采集野麻和葛，将纤维从茎部剥除，再将纤维捻成线，然后用石纺轮或陶纺轮织成布。从采集野生植物，到纺线织布，再到缝制成衣，人类在衣服原料的发明上又前进了一大步。传说神农氏“身自耕，妻亲织”，制成了衣裳，这象征着茹毛饮血时代的结束，穿衣不再局限于御寒遮体，而是有了更深层次的文化含义。

我国是世界上最早种植桑树和养蚕的国家，种桑养蚕是中华民族对人类文明的伟大贡献之一。相传，首创种桑养蚕方法的人是黄帝的正妃嫘祖。考古资料表明，我国的丝织技术至少具有 5000 年的历史。丝绸的品种丰富多样，有绫、罗、绸、缎、纺、绉、纱、绡、绨、绢等。从此以后，丝绸不仅丰富了服装面料的种类，更重要的是它代表了中国古代的文明和服饰文化，是极具特色的文化符号。

从最初的价值来看，服饰具有御寒、保护、遮羞的基本功能。早期的先民们为了适应环境和维持自身生理需要，在恶劣的生存环境中被动适应自然导致了最初服饰的产生。具有非常强的实用性。经过时间的洗礼之后，服饰的装饰作用、社会功能日益明显，为了生存和繁衍，通过巫术来求得神灵庇佑是使服饰明显带有主动性、精神性和社会性的特点。服饰的需求已从物质性转向了更高层次的精神性的追求。在这一过程中，服饰的发展史其实也是一部文化的发展史。

服饰的文化内涵是丰富多彩的，服饰也体现出了等级差别。《易・系辞下》曰：“黄帝、尧、舜垂衣裳而天下治，盖取诸乾坤。”意思是，尊卑等级、衣冠服饰各有分别，人与人之间的活动是有序的，那么帝王只要拱手而立，天下就可太平。在《周易》中，“乾”为天，“坤”为地，天在未明的时候为玄色，地为黄色，而当时的衣服形制是上衣下裳，衣服颜色是上玄下黄，从服饰上就体现出了“天地崇拜”的观念，由此说明中国古代社会对服饰等级教化作用的重视。到后来，服饰“明贵贱，别等级”的作用越发显著，服饰的等级差别制度更加完善和复杂。服饰成为封建法权的道德信念的标志，用料、颜色、样式等都有严格的规定，不可逾越。

第二节　服饰的文化内涵

在上古社会，有过一个漫长的巫术盛行时期，巫术成了当时主流文化意识形态。承担巫术活动的人，一般来说都是族群里最有力量和智慧的人，有的时候就是部落首领本人。比如夏禹，《洞神八帝元变经·禹步致灵》曾经就这样描述："禹步者，盖是夏禹所为术，召役神灵之行步。"意思是，夏禹跛行走路实为召唤神灵的一种法术，由此推断出夏禹极有可能是一名沟通天地和神灵的大巫。巫师在进行巫术活动时，出于职业需要，服饰往往与一般民众有所不同。长此以往，部落首领以及后来的王公贵族就有了与平民截然不同的服饰。从夏朝开始到西周时期，贵族与平民的服饰无论是从颜色、材质上都有所分别，贵贱之分越发显著，服饰制度日趋完善，阶层之间的固化越发明显。上层阶级的服饰面料名贵，款式特殊，色彩、纹样十分讲究，而平民的服饰材质低廉，色彩灰暗，纹样单调，样式普通。

一、中国古代冠帽制度

从周代开始，贵族与平民帽子的佩戴上就有区别，尊卑等级之分十分明显。冠，又称为"首服""元服""头衣""头巾"等，其功能与其他服饰搭配，具有装饰功能。在古代，不同的冠代表不同的年龄、身份、地位等信息。周制规定天子、诸侯、大夫用冕冠，南北朝之后只有皇帝才能用冕冠，平民只能用巾。汉代官员等级的高低主要通过冠帽和佩绶进行区别，汉代文官戴进贤冠，武官戴武冠。汉代时，文官上朝奏事时，用毛笔将所奏之事写在竹简上，写完后将笔杆插入耳边发际。后来在汉代就形成了一种制度，文官上朝都要插笔在耳边，不过此时的笔尖纯粹用作装饰，史称"簪白笔"。

幞头最初创制于后周时期，隋唐时期的幞头用质地柔软的黑色纱罗围成头巾。最开始只用一方幅，后来四角缀四带，后边二小带系住发髻，前边二大带包裹脑袋，在脑后收结，收结的两个带子垂下，称其为"软脚幞头"。唐中期以后，用铁丝将下垂的两带撑起，叫作"硬角幞头"。在宋代，幞头代替冠成为男子的主要首服，帝王和官员在祭祀典礼、隆重的场合以外都是戴幞头。为避免官员交头接耳、传递小道消息，宋代中后期将硬角幞头的两个脚再伸长到一尺左右，从而起到了严肃朝堂秩序的作用。显然，服饰不仅仅体现了身份地位，而且还起到了规范管理的作用。

宋代硬角幞头

明代乌纱帽

如今说到官职时用"乌纱帽"这一说法，魏晋时期开始流行乌纱帽。当时的乌纱帽是一种以黑色纱罗围制成的软帽，成桶状，高高地竖立在头顶。但魏晋时期流行的乌纱帽并不是官帽，只是当时文人雅士高雅俊逸、附庸风情的一种休闲帽。在隋朝，由于隋文帝杨坚喜欢戴乌纱帽，官员们也跟着效仿，乌纱帽就这样开始在官方流行起来。到了明代，乌纱帽指代官职得以正式确立起来。明代的乌纱帽以铁丝为框，外面蒙了一层乌纱，帽子前低后高，左右各插一翅。文武百官上朝穿朝服、头戴乌纱帽，成了明朝官服的固定搭配。

到了清代，与官服搭配的帽冠就是“顶戴花翎”了，不同级别官员的顶戴、花翎有区别。“顶戴”指的是官员冠帽顶上镶嵌的各种宝石，“花翎”是附戴在冠帽上的羽毛饰品。清代官员的帽冠上都会有顶戴，这是级别的象征，但不是所有的官员都能戴花翎，花翎是恩宠荣誉的象征。清代经过了三次修改，最终在雍正八年（1730 年）形成了冠帽制度：一品冠顶红宝石，二品冠顶红珊瑚，三品冠顶蓝宝石，四品冠顶青金石，五品冠顶水晶石，六品冠顶砗磲，七品冠顶素金，八品冠顶阴文镂花金，九品冠顶阳文镂花金。乾隆以后，冠顶用颜色相同的玻璃替代了宝石。透明玻璃称“亮顶”，不透明玻璃称“涅顶”。冠帽制度为：一品亮红顶，二品涅红顶，三品亮蓝顶，四品涅蓝顶，五品亮白顶，六品涅白顶，七品黄铜顶。

清代顶戴花翎

花翎就是带有“目晕”的孔雀翎，俗称“眼”。在清代官员帽冠上出现的花翎其实并不是满人的首创，早在明代就有了戴花翎的现象。清顺治十八年（1661 年）才确立了戴花翎的制度，明确规定：亲王、郡王、贝勒、宗室一律不许戴花翎，贝子及受皇室恩赐的人戴三眼花翎。国公戴双眼花翎，五品以上戴单眼花翎，官职属于五品的一、二、三、四清代官员等侍卫可以戴单眼花翎，六品以下戴无眼的蓝翎。花翎虽与官职高低有关，但花翎制度不似其他服饰制度那么严格，主要是充当赏赐的作用。从乾隆中期开始，郡王得到赏赐也可以戴三眼花翎。到了清代后期，花翎就彻底成了奖赏物。如慈禧太后奖赏李鸿章三眼花翎，以表彰李鸿章举办洋务的功劳。

元、明、清瓜皮帽

在中国古代，相比每朝每代官场的严格精细的冠帽制度，平民头上所戴的无论从材质、颜色和样式就简单许多。平民戴头巾，尊者戴冠。在秦代，平民佩戴黑色的头巾，故有“黔首”的说法。汉代的尊者也可以戴头巾，以示儒雅，而平民不能戴冠。汉代平民戴一种叫作“帻”的头巾，奴仆戴深青色的头巾，所以称汉代的奴仆为“苍头”，青头巾的地位低于黑头巾。春秋时，卖妻女者戴绿头巾，以示其贱。在汉代和唐代同样也是戴绿头巾的人地位是最卑贱的。到了元明时期，规定娼家的家长和亲属男子戴绿头巾。相传明太祖朱元璋创制了六合一统帽，六合一统帽就是俗称的“瓜皮帽”。此帽用六块罗帛拼接起来，六瓣合缝，就像瓜皮倒扣在头上，这种帽子主要适用于市民百姓。瓜皮帽在元、明、清时期都十分流行，到了民国初年，还可以见到戴瓜皮帽的遗老遗少。

二、中国古代官、民服饰制度

在商代，服饰还没有明显的等级差别，服装的基本形式是上衣下裳。奴隶贵族的服饰装束是头戴扁帽，上衣是窄袖子，右衽交领，下裳是裙子或裤子，腰间束带，脚穿翘尖鞋。这种上衣下裳、右衽交领的装束，是古代华夏民族服饰的基本特点。周代官服主要是冕服，级别等级的差异主要是通过冕冠体现的。从南北朝时期开始，帝王和大臣的服饰有了“法服”和“常服”的区别。“法服”是朝会、祭祀等重要场合穿戴的，宽袍大袖、高冠博带；“常服”是官员们日常生活时穿戴，这类服装是由圆领窄袖的“裤褶服”发展而来的。这种“法服”与“常服”并存的制度，一直延续到明代。

隋唐的官服分为朝服、常服、公服和章服。朝服又叫作“具服”，是官员在祭祀、招待重要客人、拜表大事时所穿的衣服，用冠帽的不同来区别官员级别的高低。常服古称“宴服”，是按身份品级规定颜色、面料以及佩饰的一类服饰，用于礼仪较轻的场合。在隋初，皇帝与朝中显贵大臣所穿的常服基本相同，区别是在腰带上，皇帝腰带有十三环。唐朝官员品级的高低也体现在腰带上：一、二品官员为金铐带，六品以上为犀牛带，七、八、九品官员为银饰带，平头百姓则用铁质腰带。武则天时期，在常服的袍上装饰有不同的图案，用来区别官职的高低：诸王袍子图案有盘龙和鹿，宰相饰以凤池，尚书饰对雁，其他文臣武将以狮子、麒麟、老虎、豹、鹰、鹘、豸七种图案来区别职位的高低。公服是隋唐时期官员在公事、常朝、谒见、婚礼时所穿的一种汉服，服色有紫、朱、绿、青四等。由于省略了朝服许多烦琐的挂佩，公服又有“从省服”之称，隋唐时期又称作“小礼服”。章服是隋唐时期以纹饰为等级标志的礼服。章服的颜色是绯色、紫色的官员必须佩带鱼袋。鱼袋是用来装鱼符的，鱼符有两块，官员要随身携带，具有类似印信、通行证的作用。

明朝时期的常服用补子区分官员的等级，故明朝时将常服又称作“补服”。补服从明朝开始正式形成官员的服饰制度，一直延续到清朝灭亡。补服，又称“补子”，是我国服饰发展史上最具代表性的官服，补子是绣在补服上的圆形或者方形的图案，图案不同标志着官员的等级不同。总体来说，明代补子分为两种：文官绣禽鸟和武官绣禽兽。

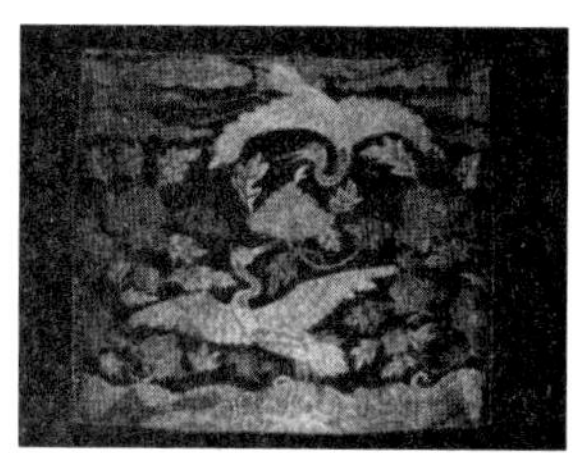

明代文官补服

补子图案的具体规定是：公、候、驸马、伯，绣麒麟、白泽；文官一品绣仙鹤，二品绣锦鸡，三品绣孔雀，四品绣云雁，五品绣白鹇，六品绣鹭鸶，七品绣鸂鶒，八品绣黄鹂，九品绣鹌鹑，杂职未入流绣练鹊；监察御史官绣獬豸；武官一品、二品绣狮子，三品、四品绣虎豹，五品绣熊罴，六品、七品绣彪，八品绣犀牛，九品绣海马。

在明清时期，文武官员有一种礼服叫作“蟒服”，蟒服因绣有蟒纹而得名。明代称“蟒衣”，清代称“蟒袍”。蟒纹近似于龙纹，所以蟒服显得尤其尊贵。蟒纹与龙纹的区别在于蟒无足无角，龙角足俱全，四爪为蟒，五爪为龙。明代的蟒衣是显贵之物，一般来说都是皇帝御赐的，高官都不能轻易得到。到了清代，蟒袍的使用较宽松，文武百官和命妇可依据品级的不同穿蟒袍，蟒袍根据不同的品级颜色和蟒数划分成了四等，都是用金线绣蟒纹。

清代蟒袍

在清代，皇帝会赐黄马褂给臣子。黄马褂原来是皇帝穿的，后来赐给了臣子，就成了赐服。在清代，臣子能够得到黄马褂的有三种情况：第一种可以穿黄马褂的是皇帝的护卫大臣、侍卫。这些人是皇帝的亲近心腹，在工作中与皇帝走得近，所以可以穿黄马褂，这类黄马褂又称为“职任褂”。一旦任职期满或被贬，就不能再穿黄马褂。第二种情况是在狩猎行围的时候，陪同皇帝狩猎而射中目标的人赏赐黄马褂穿在身上，狩猎结束，就要脱下收藏起来。第三种情况是赏赐给有军功的高级将领或者统兵的文官。因军功赏赐得到的黄马褂，在任何时候都可以穿，不受限制，通常所指的“赏穿黄马褂”就是这类情况。黄马褂是皇帝赏赐的圣物，受赏者平时会供奉着，在重大场合才会穿，赏穿黄马褂是皇帝对高级官员的最高奖励。身穿黄马褂，可以见官大三级，方便在官场行事。

深衣是汉民族服饰的最早形式，对中国的服饰产生了很大的影响。深衣是一种宽袍大袖、衣与裳连成一体的衣服。深衣，上到天子达官贵人，下到黎民百姓，都可以穿着。在春秋战国及汉代时期，深衣的用途也十分广泛，深衣是官员们除祭祀、上朝、参加重要活动以外的重要服饰，也是日常服饰。对于平民来说，深衣是吉服，是他们的礼服。

魏晋时期的平民服饰以瘦、窄、短为特点，这是便于劳作的需要。不论男女，上身穿窄袖短衫，袖长至腕，衣长至膝盖，下身穿裤子。隋唐时期，男子的主要服饰是圆领袍衫，这是除祭祀典礼以外的日常穿着。而隋唐时期的平民、农民只能穿一种两旁开衩较高衫子称为“缺骻四䙆衫”。宋代特别强调服饰与身份、职业、地位相符，这不仅仅体现在官场上，也体现在商业经营中，宋代规定了不同职业和行业的人的服饰穿戴，行业制服已经在宋代出现，这样服饰起到了提高工作效率便于管理的作用。明代平民百姓的服饰以白布裤、蓝布裤、青布袄为主。清代平民的服饰有马褂、马甲、衫、长袍等。马褂原为兵营士兵所穿的衣服，因为穿着方便，便于士兵骑马，故得名马褂，后来演变成民间男女的居家服饰。与马褂搭配在一起的穿着，就是长袍。清代早期的长袍长到了脚踝，到了顺治末年，长袍减短到了膝盖处，马褂长袍一直到民国时期都有人穿着。

三、中国古代服饰颜色、材质禁忌

古代服饰对颜色的选用有十分严格的规定，一般人不能僭越。每朝每代对颜色都有崇尚，且跟五行有关。尧舜时以黄色为贵，夏启时崇尚青色，殷商时推崇白色，周代推崇红色。西周的服饰，赤色为高贵色，秦朝以黑色为高贵色，汉代以赤色和黄色为贵。汉代，农民只能穿本色麻布衣，不能用彩色。西汉后期的平民可用青绿色，奴婢代称为“青衣”。到了隋代，开启了服饰颜色的制度。唐代沿用隋朝制度，赤黄色为皇帝衣服的颜色，其他人一概禁止使用。唐代规定了衣服的等级颜色：亲王及三品以上大臣着紫色，五品以上着绯红色，五品以下着绿色、青色，士兵着黑色。未考取功名的士子和庶人着白色。宋代衣服的等级颜色，与唐代相差不大，有在民间禁止用紫色为服饰的禁令。从服饰的颜色看，黄色、朱色等鲜艳颜色染色成本较高，工艺较复杂，贵族用这些颜色，也正是体现了其身份和地位。而黑、白色制作技术简单，成本低，这就成了平民百姓穿戴的颜色。在明代，规定民间色彩不得用大红、鸦青及黄色。

不同的阶级地位，甚至不同职业的人在服饰材料的使用上也有所讲究。总体来说，官职高、地位高的人的服装材质采用名贵材料，比如丝、锦等；平民百姓服装材质采用普通面料，比如麻、葛、棉等。几乎每朝每代对平民百姓的服饰材质都有严格的规定。在周代时，裘是王公贵族的专用品，下层平民穿羊羔皮。汉高祖时期规定商人禁止穿锦绣等丝织品，平民只能穿本色的麻布衣。在明朝时，规定民间不能用金绣、锦绮、纻丝、绫罗，只能用绸、绢、素纱。农民的服饰材质可用绸、纱、绢、布等，商人的服饰材质只准用衣绢、布等。

中国古代服饰作为物质文化的载体，是生产力水平发展的体现。服饰背后蕴含了丰富的中国传统文化，是中国古代文明的体现。服饰反映出人的审美情趣、等级观念、宗教意识等，在中国封建社会，服饰的“明贵贱，别等级”的功能比较明显，体现了森严的等级观念。

第三节 古代帝王冠服

中国古代服饰是一种源于古人对天地崇拜而产生的服装形制，是“天人合一”理念在服装中的物化。尽管古代朝代更迭频繁，但不同历史时期的改服制、易服色都显现出“天人合一”的哲学表征。其中，经阴阳家糅合又被儒家吸纳的“五德终始说”对服饰文化的影响尤其深广。“五德终始说”源于“阴阳五行说”，五行各有一色代表：土为黄、木为青、金为白、火为赤、水为黑。此五色被称为“正色”，两色相混为“间色”，多色相混为“浊色”，自然形成了等级差。在中国服饰制度中，天子服饰受“天人合一”的思想影响最深，古人崇尚“以德配天”的思想在帝王服色的选择上体现最为明显。

一、天授皇权——五色莫盛于黄

按邹衍的“五德终始说”和董仲舒的“三统说”（黑统、白统和赤统），帝王服色应按照五色或三色的次序逐一更替，也就是与“顺天道”或“以德配天”相契合。秦始皇统一全国后，阴阳家们称其以“水德王天下”。据《史记·秦始皇本纪》记载：“始皇推终始五德之传，以为周得火德，秦代周德，从所不胜。方今水德之始，改年始，朝贺皆自十月朔。”因此，秦朝尚黑，礼服旌旗等都用黑色。西汉武帝将尚黑改为尚黄，取土克水之意，董仲舒适时提出“五行莫贵于土”“五色莫盛于黄”，这一提法为后世天子专用黄色的服饰制度奠定了基础。

隋初，文帝上朝着赭黄袍，唐初因袭隋制。唐高祖李渊于武德四年（621 年）正式颁布车舆衣服之令，对皇帝、皇后、群臣百官、命妇、士庶等各级各等人士的衣着、色彩、服饰、佩戴诸方面都作了详细规定，衣冠制度正式确立。“唐高祖武德初，用隋制，天子常服黄袍，逐禁止庶不得服，而服黄有禁自此始。”（宋·王楙《野客丛书·禁用黄》）唐高宗时期，则禁天子外一切人禁止用黄色。从此，黄色成为天子专用色，也成了中国特有的服饰文化现象，宋、元、明、清都如此，“黄袍加身”也成了夺权称帝的代名词。

二、顺应天意——四时衣、五时衣

董仲舒在《春秋繁露》中说：“天有四时，王有四政，四政若四时，通类也。天人所同有也。庆为春，赏为夏，罚为秋，刑为冬。庆赏罚刑不可不具也，如春夏秋冬不可不备也。”在阴阳五行中，木、火、金、水分别与春、夏、秋、冬四时相应，并以青、赤、白、黑四色代表。从西汉开始，为与“四时”“四政”相应，帝王所穿衣服的色彩要与四季色彩相匹配，史称“四时衣”，即春天着青色、夏天着赤色、秋天着白色、冬天着黑色。东汉时，为对应“五行”，改“四时衣”为“五时衣”，即春天着青色、夏天着赤色、季夏着黄色、秋天着白色、冬天着黑色，帝王朝服用“五时衣”，皇后亦然。

三、以冕敬天——帝王冕服

依照古制，冕服共有六种，总称“六冕”，以典礼的大小轻重不同而有所区别，主要以冕冠上“旒”的数量、长度与衣、裳上装饰的“章纹”种类、个数等内容相区别，基本形制是一种冕冠配合一种祭服。

冕冠与祭服的共同特点是“象天”，就是以形制、色彩、纹样与天地、乾坤相顺应，形成“小宇宙式”的独特服饰。

冕冠，由冕版、冕旒、笄、纨、充耳等组成。冕冠的顶部覆盖一长形木板，称为“冕版”。冕版又称为“延”，用细致的布帛包裹，板形前圆后方、前低后高。前圆后方象征天圆地方，有天子奉上天旨意来治理天下之意；而前低后高，呈前俯之状，象征帝王有谦恭美德，能倾听民意，关怀天下百姓，这也是“冕”字的本意。冕版的中间横着一条红带，代表天河，称为“天河带”。

冕版的前后各有垂珠，称为“冕旒”。《礼记·玉藻》上载：“天子玉藻，十有二旒，前后邃延。”孔颖达疏：“天子玉藻者，藻，谓杂采之丝绳，以贯于玉，以玉饰藻，故云玉藻也。”意即藻由五彩丝线编织而成，藻上穿以数颗珠玉，一串珠玉即为一旒，故旒又称为“玉藻”。天子的冕冠有十二旒，诸侯以下依官职等级递减。如大裘冕的冕版前后各垂十二旒，每旒十二玉，长十二寸，以应天数。如《字汇·冂部》上载：“古者诸侯、大夫皆有冕，但以旒之多寡别耳。”据战国史书《世本》记载：“黄帝作冕旒，垂旒，目不斜视也。”冕旒在皇帝眼前脑后来回晃动，会遮蔽视线，意在告诫皇帝目光不斜视不该看的事物，品行要端正，遵守礼制，并且要有威严。

冕冠的帽身（圆筒状）两侧各有一个小孔，称为“纽”。戴上冕冠后，要用玉笄（簪子）从纽的一侧进入，穿过冕冠内的发髻再从另一侧纽出来，如此冕冠便固定在头上不易松脱。帽身的底部有帽圈，称为“武”。

冕冠两侧各垂一条悬系玉瑱的彩线，称“紞”。紞上的玉瑱，正好垂在耳旁，是用来塞耳的玉器。如《说文解字》载：“瑱，以玉充耳也。”又《左传·昭公二十六年》：“以币锦二两，缚一如瑱。”杜预注：“瑱，充耳。”孔颖达正义：“礼以一绦五采横冕上，两头下垂，系黄绵，绵下又县玉为瑱以塞耳。”所以瑱又称为“充耳”。天子的充耳为玉，诸侯则为石。充耳只是悬挂在两耳边，目的是提醒皇帝身居宫中耳不聪，不可妄听，勿信谗言。

冕冠的旒数按典礼轻重和服用者的身份而有区别。按典礼轻重来分，天子祀上帝的大裘冕和天子吉服的衮冕用十二旒；天子享先公服鷩冕用九旒，每旒贯玉九颗；天子祀四望山川服毳冕用七旒，每旒贯玉七颗；天子祭社稷五祀服希冕，用五旒，每旒贯玉五颗；天子祭群小服玄冕，用三旒，每旒贯玉三颗。按服用者的身份地位分，天子的衮冕用十二旒，每旒贯玉十二颗。公的衮冕用九旒，每旒贯玉九颗；侯伯服鷩冕，用七旒，每旒贯玉七颗；子男服毳冕，用五旒，每旒贯玉五颗；卿、大夫服玄冕，

按官位高低玄冕又有六旒、四旒、二旒的区别，三公以下只用前旒，没有后旒。天子为十二旒，周之诸侯王公之旒有九、七、五之分。后来旒只限于帝王，“冕旒”也就成了帝王的代称，同时也是帝王的象征。

据《周礼·春官·司服》记载：“王之吉服，祀昊天上帝，则服大裘而冕，祀五帝亦如之；享先王则衮冕；享先公飨射则鷩冕；祀四望山川则毳冕；祭社稷五祀则希冕；祭群小祀则玄冕。”

大裘冕：帝王祭祀昊天上帝所穿的礼服，配十二旒冕冠，大裘、玄衣纁裳。上衣绘日、月、星辰、山、龙、华虫六章纹，下裳绣藻、火、粉米、宗彝、黼、黻六章纹，共十二章，因此又称“十二章纹”或“十二章服”。

十二章服的起源可追溯到史前时期，到了周代正式确立，成为历代帝王的服章制度，一直沿用到近代袁世凯复辟帝制为止。北洋政府时期的国徽也是依照十二章纹设计的。十二章纹一般认为包括日、月、星辰、山、龙、华虫、宗彝、藻、火、粉米、黼、黻，每一章纹饰都有丰富内涵：

日、月、星辰代表三光照耀，象征着帝王皇恩浩荡，普照四方。

山，代表着稳重性格，象征帝王能治理四方水土。

龙，是一种神兽，变化多端，象征帝王们善于审时度势，正确地处理国家大事和对人民的教诲。

华虫，通常为一只雉鸡，象征王者要“文采昭著”。

宗彝，是古代祭祀的一种器物，通常是一对，绣虎纹和蜼（一种长尾猿）纹，象征帝王忠、孝的美德。

藻，则象征皇帝的品行冰清玉洁。

火，象征帝王处理政务光明磊落，火焰向上有率士群黎民向归上命之意。

粉米，就是白米，象征着皇帝给养着人民，安邦治国，重视农桑。

黼，为斧头形状，象征皇帝做事干练果敢。

黻，为两个己字相背，代表着帝王能明辨是非、知错就改的美德。

十二章为章服之始，以下又衍生出九章、七章、五章、三章之别，按品位递减。

兖冕（王之吉服）：王之吉服，配九旒冕冠，玄衣缥裳，衣绘龙、山、华虫、火、宗彝五章纹，裳绣藻、粉米、黼、黻四章纹，共九章。

冕（王祭先公与飨射的礼服）：王祭先公、飨射所用，配七旒冕冠、玄衣缥裳，衣绘华虫、火、宗彝三章纹，裳绣藻、粉米、黼、黻四章纹，共七章。

毳冕（王祀四望山川的礼服）：王祀四望山川所用，配五旒冕冠、玄衣缥裳，衣绘宗彝、藻、粉米三章纹，裳绣黼、黻二章纹，共五章。

希冕（王祭社稷先王的礼服）：王祭社稷、先王所用，配四旒冕冠、玄衣缥裳，衣绣粉米一章纹，裳绣黼、黻二章纹。

玄冕（王祭群小即祀林泽坟衍四方百物的礼服）：王祭群小即祀林泽坟衍四方百物时所用，配三旒冕冠、玄衣缥裳，衣无章纹，裳绣黻一章纹。

此外，六冕还与大带、革带、韨、佩绶、赤舄等相配，并因服用者身份地位高低，在花纹等方面加以区别。

四、九五至尊——龙袍中龙的数量

龙袍是指皇帝的朝服，绣有龙形图案，又称“龙衮”，泛指古代帝王穿的龙章礼服。中国帝王龙袍从隋文帝起，首次用蚕丝中最好的辑里湖丝（简称“辑丝”）作为龙袍的经纬线，并以手工丝绣龙等图案。辑丝丝绸制作龙袍一直延续到中国封建王朝覆灭。

龙袍上的龙章图案，历代有所变化。据史籍记载，龙袍上绣有九条龙，胸前、背后各一，左右两肩各一，前后膝盖处各二，还有一条绣在衣襟里面。

为什么龙袍要绣九条龙呢？这是因为古代帝王受《周易》影响，崇尚“九五至尊”。《易·乾》中说：“九五，飞龙在天，利见大人。”意义是说，这条龙曾经飞上天了，表示到达了最高境地。也是由于这个缘故，皇室建筑、家具摆设和生活容器等多用九、五两个数字。

为什么要将一条龙绣在里襟呢？因为九是奇数，很难在布局上做到均衡对称，于是，将一龙绣在里襟。这样，龙袍的实际龙纹不少于九条，而且在正面或背面看又都是五条（两肩之龙前后都能看到），正好与九五之数吻合。

不过，也有例外的，明朝皇帝龙袍的龙纹数就多于九条。1958 年出土的万历皇帝的“缂丝十二章衮服”，就有十二条龙，被绣在一个圆形的中间，俗称“团龙”。

十二条龙因位置不同而有不同的名称，位于衮服前胸和后背的龙，是正身的龙，也就是面向外的龙，被称为“正龙”或者是“坐龙”；侧身的龙叫作“行龙”，行龙也按照朝向上下的不同分为升龙和降龙。

第四节　汉　服

自古我国就有“衣冠古国”之称，服饰是一种文化，反映一个民族的文化素养、精神面貌和物质文明发展的程度。

汉服，全称“汉民族传统服饰”，又称“汉衣冠”“汉装”“华服”。它是以华夏文化为背景和主导思想，以华夏礼仪文化为中心，通过自然演化而形成的具有独特汉民族风貌特点，又明显区别于其他民族的传统服装和配饰体系。

“汉服”一词的记载最早见于《汉书·西域传下》：“后数来朝贺，乐汉衣服制度。”这里的“汉”是指汉朝，“汉衣服制度”是指汉朝的服装礼仪制度。与“汉人”一词类似，汉服中的“汉”字词义外延亦存在着由汉朝扩大为整个民族指称的过程。

一、汉服变迁

从炎黄时代黄帝“垂衣裳而天下治”，汉服已具基本形式，历经周朝的规范制式，到了汉朝已全面完善并普及。一些古籍的观点认为，汉族（及其先民）在炎黄时期已有独特的服装体系了。《史记·五帝本纪》就认为“华夏衣裳为黄帝所制”“黄帝之前，未有衣裳屋宇。及黄帝造屋宇，制衣服，营殡葬，万民故免存亡之难”。在未有考古实物支持的年代之前，汉服最早的出现应该是殷商时期。约5000年前的仰韶文化时期，中国就产生了原始农业和纺织业，开始用织成的麻布来做衣服，黄帝的妻子嫘祖发明了饲蚕和丝纺，人们的衣冠服饰日臻完备。

殷商以后，冠服制度初步建立。西周时，服饰制度逐渐完善，并形成了以“天子冕服”为中心的章服制度。春秋战国时期，衣服款式空前丰富，主要表现在深衣和胡服上。周代后期，政治、经济、思想文化发生急剧变化，特别是百家学说对服饰的完善有着一定的影响，诸侯国间的衣冠服饰及风俗习惯开始有着明显的不同，并创造了深衣。冠服制被纳入了“礼治”的范围，成了礼仪的表现形式，从此中国的衣冠服制更加详备。《礼记·深衣》孔氏正义曰：“所以称深衣者，以余服则，上衣下裳不相连，此深衣衣裳相连，被体深邃，故谓之深衣。”总之，深衣之制，实为古衣之首，深衣之领袖群衣，不独在其制度形式，且上下通服，在时间上，流行最久。与深衣同时的还有胡服，胡服一般由短衣、长裤和靴组成，衣身紧窄，便于游牧和射猎。

秦代汉服主要承前朝影响，仍以袍为典型服装样式，分为曲裾和直裾两种，袖也有长、短两种样式。秦代男女日常生活中的服饰形制差别小，均大襟窄袖，只是男子的腰间系有革带，带端装有带钩；而妇女腰间只以丝带系扎。

至东汉明帝，确立了以冠帽为区分等级主要标志的汉代冠服制度。服饰在整体上呈现凝重、典雅的风格。秦汉时期的男子，除了祭祀和朝会以外，主要穿着一种宽衣大袖的袍服，分为曲裾袍和直裾袍两类。汉代女子一般都将头发向后梳掠，绾成一个髻。髻式名目繁多，不可胜举。贵族女子头上还插步摇、花钗作装饰。奴婢则多用巾裹头。汉代的直裾男女均可穿着，但在西汉时不能作为正式的礼服。直至东汉以后，直裾逐渐普及，并替代了深衣。

唐代服饰承上启下，法服和常服并行。法服是传统的礼服，包括冠、冕、衣、裳等；常服，又称“公服”，是一般性正式场合所着服饰，包括圆领袍衫、革带、长筒靴等。品色衣至唐代已形成制度。平民多着白衣。唐代女子的髻式繁复。还有在髻鬓上插金钗、犀牛梳篦的，贵族女子面部化妆成鹅黄、花钿、妆靥等。唐代女服主要为裙、衫、帔。襦裙是唐代妇女的主要服式。在隋代及初唐时期，妇女的短襦都用小袖，下着紧身长裙，裙腰高系，一般都在腰部以上，有的甚至系在腋下，并以丝带系扎，给人一种俏丽修长的感觉。中唐时期的襦裙的比初唐的较宽阔一些，其他无太大变化。

宋代服饰大体上沿袭了隋唐旧制。由于宋朝长年处于内忧外患交并之中，再加上程朱理学等因素的影响，这一时期的服饰崇尚简朴、严谨、含蓄。唐代的软脚幞头这时已经演变为了内衬木骨、外罩漆纱的幞头帽子。皇帝和达官显宦戴展脚幞头，公差、仆役等戴无脚幞头，儒生戴头巾。宋代男子服装仍以圆领袍为主，官员除祭祀朝会以外都穿袍衫，并以不同的颜色区分等级。宋代女子的发式以晚唐盛行的高髻为贵，簪插花朵已成风习。宋代的女裙较唐代窄，而且有细褶；衫多为对襟，覆在裙外。

元朝时长衣统称为“袍”，南北方样式差异不大，材料贵贱精粗却差距悬殊。汉族男性发式变化不多，但北方的汉族女性发式较前简化。明朝建立之初曾力图消除元朝蒙古族服制对汉服的影响，“悉命复衣冠如唐制”，但未能完全贯彻执行。至洪武二十六年（1393 年）才开始确定了许多服制。明朝时期棉布得到普及，普通百姓衣着材料有所改善。明代官员的主要首服沿用宋元幞头而稍有不同。普通百姓服装或长或短，或衫或裙，基本承袭了传统服饰样式，而且品种十分丰富。明朝时期，一般人所戴的帽，除了过去流传下来的，朱元璋又亲自制定了两种，即六合统一帽和四方平定巾，颁行全国，士庶通用。

明装与唐装相比，在于衣裙比例的明显倒置，由上衣短下裳长，逐渐拉长上装，缩短露裙的长度。衣领也从宋代的对领蜕变成以圆领为主。明代女装上衣是三领窄袖，身长三尺有余，露裙二三寸，即所谓“花冠裙袄，大袖圆领”。当时扬州流行一种新式样：女衫长二尺八寸，袖子宽一尺二寸，外护袖镶锦绣，冬季镶貂狐皮。裙装在明代初年用色偏向浅淡；崇祯时期提倡白色裙。裙边有一二寸绣边。明初裙宽为六幅，明末时发展为八幅、十幅。裙褶十分盛行，有细密褶纹，也有大褶纹。褶纹装饰十分讲究。有一种名为彩条裙，每条选用一种颜色缎，每条色缎上绣出花鸟纹饰，带边镶以金线可成为独立的条带，将数条这样的各种彩条拼合在腰带上，就成为彩条飘舞的裙子，因此取名“凤尾裙”。有的还将整块缎料用手工做成细褶纹，取名“百褶裙”。一种二十四褶裙取名“玉裙”。

清朝统治者为了达到削弱汉人的民族认同感以便于维护满州的统治，实行“剃发易服”，服汉衣冠、束发者治重罪。汉服本身虽然在清朝的剃发易服等统治政策下消失了，但具有强大的生命力，部分元素一直没有灭绝，直到现代汉族人信仰的道教、佛教以及一些边远山民，还有国内少数民族都还保持着汉服的小部分特征，现代社会的一些重要祭祀、纪念活动、民俗节日等仍能看到汉服的部分元素。

二、汉服的形制

（一）交领右衽

汉服中左侧的衣襟与右侧的衣襟交叉于胸前的时候，就自然形成了领口的交叉，所以形象地叫作“交领”；汉服的领型最典型的是“交领右衽”，就是衣领直接与衣襟相连，衣襟在胸前相交叉，左侧的衣襟压住右侧的衣襟，在外观上表现为“Y”字形，形成整体服装向右倾斜的效果。衽，本义衣襟。左前襟掩向右腋系带，将右襟掩覆于内，称“右衽”，反之称“左衽”。这就是汉服在历代变革款式上一直保持不变的“交领右衽”传统，也和中国历来的

“以右为尊”的思想密不可分，这些特点都明显有别于其他民族的服饰。

（二）系带暗扣

一般情况下，汉服不用扣子，一般就是用带子打个结来系住衣服。同时，在腰间还有大带和长带。

（三）宽衣广袖

汉服的袖子又称“袂”，其造型在整个世界民族服装史中都是比较独特的。袖子，其实都是圆袂，代表天圆地方中的天圆。袖宽且长是汉服礼服袖型的一个显著特点，但不是唯一的款式特点，汉服的小袖、短袖也比较多见。

（四）旗袍

广义上讲，旗袍经历了清代旗女之袍、民国时期的新旗袍和当代时装旗袍三个时期，尤以民国时期的新旗袍最为典型，也最为重要。从狭义来说，旗袍就是民国旗袍，包括民国以后保持民国旗袍特征的旗袍。它是中国和世界华人女性的传统服装，由中华民国政府于1929年确定为国家礼服之一，是中国绚烂多彩的服饰文化中独特的现象和形式之一。

清代旗装的裁制一直采用直线，胸、肩、腰、臀完全平直，使女性身体的曲线毫不外露。旗装大多采用平直的线条，衣身宽松，下摆不开衩，胸腰围度与衣裙的尺寸比例较为接近；在袖口领口有大量盘滚装饰。旗装色彩鲜艳复杂，用料等花色品种就多样，喜用对比度高的色彩搭配。

20世纪20年代，受西方服饰影响，经改进之后的旗袍逐渐在广大妇女中流行起来。旗袍的样式很多，有长旗袍、短旗袍、夹旗袍、单旗袍等。20世纪30年代，出现了“改良旗袍”，裁法和结构更加西化，胸省和腰省的使用让旗袍更加合身，同时出现了肩缝和装袖，几乎成为中国妇女的标准服装。

（五）新唐装

“唐装”一般有两层基本含义：一是指唐代人的服装；二是指一般意义上的中式服装。第二种含义可能与海外“唐人街”“唐人”等概念有关，基本上是指被海外所认知的中式服装或泛指中国人的装束。但是，自从2001年10月21日在上海召开的APEC领导人非正式会议上，一套经过重新精心设计的中式服装一经亮相，“唐装”一词便有了新的第三层含义，亦即专指那种由马褂结合西式剪裁重新设计而来的并迅速在海内外华人中流行开来的现代中式服装，也称作“新唐装”。

新唐装对于直接从清末的服装文化遗产汲取资源持肯定态度，对服装文化的满汉融合也持宽容和欣赏的态度。新唐装基本上以清代的对襟马褂为基础，经改良而成的中式轻上装。新唐装款式的主要特点是立领、对襟、接袖、盘扣，主要使用团花织锦缎面料，并采用了不少传统的装饰图案或纹样。它较好地处理了传统服装要素与现代款式造型相结合的问题，既较好地汲取了经典的传统因素，同时又营造出了新唐装的现代美感。在新的时代背景下，中国人的民族自尊心、文化自信心和自豪感，都使得国民对于新唐装的感知和印象，已经和近一个世纪之前对于长袍马褂的认知与印象完全不同了。

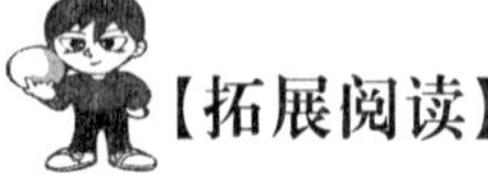

【拓展阅读】

服装最讲究的时代是春秋战国。不仅统治者本人常常一身华服，即从臣客卿也是穿珠履，腰佩金玉，出入高车驷马。因为儒家说玉有七种品德，都是做人不可少的，于是“君子无故玉不去身”的说法，影响到社会各方面，贵族不论男女，经常必佩戴上几件美丽雕玉。剑是当时的新兵器，贵族为表示武勇，兼用自卫，又必佩带一把镶金嵌玉的玉具剑。当时还流行使用带钩，于是又用各种不同贵重材料，做成各种不同样子，有的用铁镶金嵌玉，有的用银镶玉嵌五彩玻璃珠，彼此争巧，日新月异。即或是打仗用的兵器，新出现的剑和发展中的戈矛，上面也多用细金银丝镶嵌成各种精美花纹和鸟兽形文字，盾牌也画上五彩云龙凤，并镶金镂银，男子头上戴的冠，更是件引人注目的东西，精细的用轻纱薄如蝉翼，华美的用金玉，有的还高高的如一个灯台。爱国诗人屈原，文章中就提起过这种奇服和高冠。鞋子用小鹿皮、丝绸或细草编成，底子有硬有软，贵重的还镶珠嵌玉在上面。

——沈从文《沈从文说文物·服饰篇》

冠是一般贵族所戴的普通帽子。男子长到二十岁，要行冠礼。《礼记·曲礼上》：“男子二十，冠而字。”（冠、字，动词。行冠礼、取字的意思。）少年男子经过冠礼，社会和家庭就按成人的标准要求他了，他的一举一动要合乎成人道德标准。正因为如此，古人把戴冠看成是一种“礼”。例：《左传·哀公十五年》记述卫国内乱，子路被人砍断了系冠的缨，他说：“君子死，冠不免。”于是，停下战斗来“结缨”，被对方杀死了。在当时的贵族社会里，当冠不冠是“非礼”的，不仅帝王将相如此，有“教养”的平民也是如此。

——许嘉璐《中国古代衣食住行》

自我测试

1. 在服饰的价值中，（　　）是具有实用性的价值。

2. “汉服”一词最早记载见于（　　）。

3. 原始人将（　　）、（　　）和（　　）作为御寒的工具。

4. 中国古代社会皇室及地位官职高的人的服饰可以使用的颜色有（　　）、（　　）和（　　）等，平民百姓只能用（　　）、（　　）、（　　）颜色。

5. （　　）是中国古代服饰当中最具有文化符号的产物，在世界上也有很大的影响力。

6. “乌纱帽”在（　　）指代官职得以正式确立。

A. 西周　　B. 秦汉　　C. 明代　　D. 宋代

7. 在宋代，为了防止官员在朝会上交头接耳影响秩序，将官员的官帽改成了（　　）。

A. 软角幞头　　B. 硬角幞头　　C. 乌纱帽　　D. 冕冠

8. 黄色成为皇室专用颜色是什么朝代确定的？（　　）

A. 秦朝　　B. 汉朝　　C. 唐朝　　D. 明朝

9. 中国古代封建社会服饰“明贵贱，别等级”的功能十分明显，你认为这是时代的进步还是倒退？为什么？当今社会服饰的颜色样式丰富多彩，不像古代社会服饰有那么多的禁忌，但在正式场合还是要注意到服饰的穿戴搭配，请问在正式的工作场合男女服饰的样式及色彩有哪些要求？

参考答案

1. 御寒　2.《汉书》　3. 树叶　草皮　兽皮　4. 黄　红　紫　黑　白　青　5. 丝绸　6. C　7. B　8. C　9. 略

第九章　感官体验：中国传统饮食

中国的饮食文化历史悠久，博大精深，具有鲜明的中国特色，是中华民族文化的奇葩，更与法国饮食、土耳其饮食并称为“世界三大饮食体系”。“烹饪王国”的美称当之无愧！

中国饮食文化迄今已有8000多年的历史。从萌芽的远古时代开始到成形的夏商周时代，再到丰富的秦汉魏晋南北朝和高峰状态的唐宋元明清时代，由此可见我国的饮食文化历史悠久，源远流长，并在不断地发展成熟。现今，中国与世界的联系越发密切，中国的饮食文化与世界其他饮食文化也在相辅相融中不断成长。

哈佛大学知名人类学者、考古学家张光直教授在《中国文化中的饮食》中说道：“到达一个文化的核心的最好办法之一，就是通过它的肠胃。”文化背景不同的人，饮食的内容和方式十分不同，因而吃什么与怎么吃，往往能反映文化的核心。

第一节　饮食文化的发展

中国饮食文化历史悠久，在几千年的生产和生活实践中，形成了注重色、香、味、意、形的特点；在与外域的友好交流中不断丰富着自己的饮食文化，并极大地影响了世界其他各国的饮食文化。

一、饮食文化的历史发展概况

中国饮食文化的历史发展大致可分为五个阶段：

原始社会是中国饮食文化的初始阶段。当时，人们已学会种植谷子、水稻等农作物与饲养猪、犬、羊等家畜，这时便已奠定中国饮食以农产品为主、肉类为辅的杂食性饮食结构的基础。

先秦时期是中国饮食文化的形成阶段。经过夏、商、周近2000年的发展，中华传统饮食文化的特点已基本形成。在商周时期，人们根据五行学说提出“五味”，“五味调和之说”成为后世烹调的指导思想，同时也是中国饮食文化经久不衰的原动力之一。主副食搭配平衡膳食的理论及以“五谷为养，五果为助，五畜为益，五菜为配”的“五谷为养”之学说的确立，成为中国饮食文化千古不变的理论。周代在饮食内容、使用餐具、座次、入席、上菜、待客等方面都有严格规定，不合礼法，当事人可以拒绝用餐。同时，夏商西周时期谷物种类已齐备，粮食作物已成为日常饮食的来源。夏朝非常重视帝王的饮食保健，在宫中首设食官、配置御厨，迈出了食医结合的第一步。

春秋战国时期的畜牧业相当发达，不仅家畜、野味共登盘餐，而且蔬果、五谷俱列食谱。儒家的饮食思想备受推崇，其讲究营养、注重卫生，以饮食涵养人性、完善人性等饮食观开始对中国饮食文化产生深远影响。

秦汉时期，整个中华民族呈现出一派欣欣向荣的景象，张骞出使西域后引进了石榴、葡萄、西瓜、黄瓜、菠菜、胡萝卜等，丰富了中原地区的饮食文化。豆腐也在此时被端上餐桌，现在常用的酱油、醋都是这个时期产生的。

唐宋时期，中国饮食文化出现新的发展势头，开始走向成熟。唐代中外交流频繁，这种空前的交流融合也表现在了饮食文化上。宋代开始，中国城市化加强，大的商业市镇开始形成。由于城市人口集中，各民族杂居，各种饮食文化在城市互相交流，使得城市饮食业不断向高层次发展。因此，城市饮食业和饮食文化的水平代表了中国饮食业和饮食文化的水平，城市成了饮食文化的中心。由于坊、市连成一片，大量通宵的饮食店开始出现，市坊沿街的食铺众多，也出现了另一些小食摊点和走街串巷的小食担，各种食品应有尽有。

明清时期，许多汉族文人为逃避现实，乐于从事饮食行业，此时汉人饮食文化开始融入满、蒙饮食的特点，饮食结构有了很大变化。宫廷贵族为了显示其尊贵无比的地位，在饮食上也是标新立异。满汉全席是清代宫廷盛宴，寓意着满汉一家，既有宫廷菜的特征，也有地方菜的特色，是中华菜系文化的最高境界。

二、食俗的发展

（一）三餐制

在现代人看来，一日三餐再正常不过。但是，在先秦时期，古人都是一日两餐。从汉代开始，原来的一日两餐开始变成一日三餐，称之为“三食。”所谓“三食”，即一食为早饭，时间大概在黎明之后；二食为午饭，一般在正午时刻；三食是晚饭，时间在下午三点到五点。

虽然“三餐制”在汉代出现了，但是并不普及，一些穷苦人家依旧保持着一日两餐的习俗。甚至，上流社会的贵族和皇室采用的还是“四餐制”，在原有“三食”的基础上多了一个饭点——“宵夜”。由此可见，“三餐制”虽然出现，但是餐次的多少，取决于其身份地位和贫富贵贱。

（二）合食制

在原始社会，财物平均分配，食物也同样如此。人们拿到食物后，习惯席地而坐、就地吃饭，这就是最原始的分餐制度。后来，战国时发明了“食案”，就餐时每人一个食案，案上摆满食物，这种分餐而食的制度一直延续到了隋唐时期。

“分食制”到了隋唐时期才逐渐退出历史舞台，取而代之的是随之产生的“合食制”。用餐制度变革的原因在于家具的变革，而根本的原因在于隋唐时期规模空前的民族大融合。西晋后期的“五胡内迁”（亦称“五胡乱华”），在给社会带来动荡的同时，随之而来的民族大融合为中华文明注入了新的活力，比如桌、椅等家具开始出现。于是，人们在吃饭时，先把饭菜摆放在桌子上，然后大家围坐在一起吃饭，不仅食用方便，而且坐在椅子上比席地而坐舒服，完成了由分食制向合食制的过渡。“合食制”虽然在隋唐时已出现，但真正普及直到宋朝才开始。

（三）工作餐

“工作餐”起源于唐朝。据资料记载，唐朝官员每次上朝的时候都有“廊餐”可以享用。“廊餐”是皇帝为了表示对重臣的关心，特地设置了“工作餐”。在六部或者议事堂，都有这样的“工作餐”，其开支由朝廷支付。

（四）四菜一汤

“四菜一汤”就是一餐四样菜一份汤，相传此举是明太祖朱元璋为惩治达官显贵穷奢极欲而首创的，此后多被提倡。

明朝初年，官场的贪污之风渐起。明太祖朱元璋出身贫苦，对此深恶痛绝，下决心要彻底整治官场的奢靡之风。马皇后向他进言，可借寿宴摆上粗茶淡饭，以警示文武百官。于是，在每年八月初八，皇后寿诞之日，举办寿宴：第一道菜是一盘炒白萝卜，第二道菜是一盘炒韭菜，随后又是两大盘青菜，最后是一份葱花豆腐汤。朱元璋对文武百官莱说：“今日皇后寿筵之规格，为本朝励勤励俭之始，今后众卿往来之餐饮，至多为‘四菜一汤’，皆为节俭。皇后之寿筵即是榜样，谁若违反，严惩不贷！”从此，“四菜一汤”便成为官场上的规矩。

三、食材的发展

（一）猪肉

在唐宋时期，由于禁食牛肉，羊肉便成为皇室成员的主要肉食。皇室盛行，自然上行下效，从官员到民间，羊肉成为宋朝餐桌的头等肉食。民间无论婚丧嫁娶，或是中秀才举人，还是烧香还愿，都会在食案上摆一只羊。猪肉则被视为是一种低档的肉食。人们认为猪长得丑陋，又喜在泥水里翻滚，生活的环境污浊肮脏。所以在古时，猪肉即便价格远低于牛羊肉，平民百姓就算买得起，也不喜食之。所以苏东坡在《食猪肉》里说：“（猪肉）富者不肯吃，贫者不解煮。”让猪肉被人们广泛接受的还是苏东坡。他在杭州任上，因为治理西湖要解决民工的吃饭问题，创造性地发明了“小火慢炖”的方块肥肉，这种以姜葱、红糖、料酒、酱油等做成的猪肉菜肴，被命名为“东坡肉”。

明朝时，猪肉逐渐流行开来，在皇家食谱中已有所见。到了清朝，猪肉成为汉族的主要肉食。

（二）豆腐

据传，豆腐是西汉时淮南王刘安发明的，豆腐的产生与他的爱好分不开。西汉时期“罢黜百家，独尊儒术”，但刘安一生喜好黄白之术，认为儒家是“俗世之学”。他修习道家思想，经常召集方士炼制丹药，不想，在一次偶然的机会下，制成了豆腐。

“豆腐”这个名称，最早见于北宋《本草衍义》，书中记载：“生大豆炒熟……可硙为腐食之。”就是说豆碾为腐食的意思。起初有人把它叫作“椒乳”，也有叫“甘脂”“黎祁”“软玉”等。豆腐的产生，很快就受到了人们的青睐。食用豆腐能够祛火除热，消除胀满、调和脾胃，还可以防止水土不服去浊气。

（三）“番邦蔬果”

所谓“番邦蔬果”，就是指原产国并非中国，而是其他国家的蔬菜瓜果。来自“番邦”的蔬果大致有三类：一是“胡”字食材，它们大多为两汉、两晋时期经由陆上丝绸之路引进中国；二是“番”字食材，大多为南宋至元明时期由“番舶”（外国船只）经海上丝绸之路带入；三是“洋”字食材，到了清朝，大概满族贵族知道自己被汉人称为“番邦”，对外来食材就不再称“胡”称“番”了，一般冠以“洋”字。

1.“胡”字食材

胡瓜，原产于印度，据说是西汉张骞出使西域时带回的。到了隋朝，因为隋炀帝忌讳胡人，就将胡瓜改称为“黄瓜”。从此，黄瓜成为风行大江南北的佳蔬，拌着吃、炒着吃，生吃、熟吃皆随意。

胡蒜，即大蒜，原产自大宛、乌孙等西域地区。关于大蒜名字的由来，因为北方少数民族被称为“胡”，所以大蒜传入之初叫作“胡蒜”，而当时汉地也有一种体积相对较小的本土蒜，后来人们就把胡蒜叫作“大蒜”。它不仅香辣可口，开胃提神，而且在做菜的时候，还可以去除肉类的腥味。大蒜作为蔬菜，可与大葱、韭菜媲美；作为调料，可与盐齐名，食用方法多样。

胡萝卜，是元代时才从欧洲引入中国的。《本草纲目・菜一・胡萝葡》中说：“元时自胡地来，气味微似萝卜，故名。”胡萝卜营养丰富，有“假人参”之称。

2. “番”字食材

番瓜，就是南瓜，也有人称之为“倭瓜”和“北瓜”的。浦东人至今还将南瓜叫作“番瓜”或“饭瓜”。南瓜的原产地在墨西哥，明朝时传入中国，因为宜菜宜饭，又可当点心，很快就普及开来。

番柿，又叫“番茄”“西红柿”。番茄原产于南美，明末时由葡萄牙传入中国。番茄多汁，甘酸适口，既可佐餐又可生吃。

番麦，即玉米，明嘉靖年间传入中国。玉米原产于南美洲，是印第安人最喜爱的食物。在哥伦布发现新大陆后，从南美洲传入欧洲和非洲，后经中东传入中国。在《本草纲目》中，李时珍称它为“西天麦”“番麦”。

番薯，即红薯，于明万历年间传入中国。据广东《电白县志》记载，有一位名医叫林怀芝，他到交趾（越南）行医，以高超的医术救活了无数病人，获得了很高的名望。国王闻讯后赏赐番薯给他吃。番薯这个东西可熟食，也可生吃，其味道都不错。林怀芝知道番薯是好东西，只浅尝两口就将剩下来的半只生番薯藏起来。当时交趾国是严禁将番薯带出境的，林怀芝携带半只番薯离境，终于辗转回到故乡，引种成功。

番椒，即辣椒，原产于中南美洲热带地区。明末时传入中国，起初只是作为观赏作物和药物，入中国菜谱的时间并不太长。清康熙年间，贵州及其相邻地区最先开始食用辣椒并“用以代盐”。四川地区食辣的时间相对较晚，清同治以后，四川食用辣椒开始普遍起来，以至辣椒在四川“山野遍种之”，抢占了传统的花椒、姜、茱萸的地位。清光绪以后，四川食用辣椒更为普遍，除在民间广泛食用外，经典菜谱中已经有了大量食辣椒的记载。

3. “洋”字食材

洋芋，学名马铃薯，俗称“土豆”，北方又叫“山药蛋”，广东称之为“薯仔”，粤东人称之为“荷兰薯”，闽东人又称之为“番仔薯”。马铃薯原产于南美洲安第斯山区，在大航海时代，它被西班牙人带到欧洲。马铃薯传入中国不晚于清朝康熙年间，现在中国是世界上马铃薯产量最多的国家。

洋葱，别名“球葱”“圆葱”“葱头”“荷兰葱”“皮牙子”，原产于中亚或西亚。16 世纪传入北美洲，17 世纪传到日本，清中期时从澳门传入广东。洋葱是一种健康食品，煎炒慢炖、凉拌泡酒，样样皆可。

洋白菜，即卷心菜，俗称“连花白”“疙瘩菜”“包菜”等，原产地为地中海，希腊人和罗马人视之为“万能药”。16 世纪时，由欧洲传到日本，再传入中国。另一条路径是从俄罗斯进入中国东北，东北人叫卷心菜为“俄罗斯菘”。

四、食器的发展

（一）陶器

在新石器时期，饮食的器具是陶制的器皿。这一时期的陶制食器具有煮制成熟的功能，主要包括陶罐、陶釜、陶鼎和陶鬲。到了宋代，瓷器的生产迅猛发展，制陶业趋于没落，但是有些特殊的陶器品种仍然具有独特的魅力，在各个历史时期其制作和使用一直未中断。直至今天，陶制的砂煲、茶壶、茶杯、罐、钵、盆、缸等，作为传统烹饪器具仍在使用。

（二）青铜器

在夏、商、周三代，食器更新，出现了青铜器皿。我国古代的青铜器主要是铜锡合金。作为中国饮馔史上的第二代烹饪器具，青铜器曾在历史上产生过巨大影响。青铜具有熔点低、易锻造、硬度高、不易锈蚀等优点。青铜既具有石器坚硬的特点，又具有陶器的可塑性，弥补了陶炊具易碎的不足。因此，随着青铜烹饪时代的到来，青铜逐步取代了陶器。

（三）铁器

铁制食器在汉代开始使用，常见的食具有碗、盘、杯、壶、盒、罐、釜、甑等日用器具。此外，汉代还出现了铁煅的厨刀、轻薄的供小炒用的小釜、大口宽腹的小爨、类似隔舱锅的五熟釜和夹层蓄热的诸葛行锅等。隋唐以后，各类烹饪铁器有了明显改进，加热器具由厚变薄，形制不断推陈出新。明清时期，各种铁制烹饪器具的制作技术更加先进，样式更加繁多。直到今天，铁器仍是烹饪不可缺少烹饪器具。

（四）瓷器

到了东汉，瓷器逐渐成为最普遍的食具，产量极大，制作材料也十分完备。由于器具制作工艺精良，质量上乘，远销海外。食器分类也越来越细致，茶具、酒具已经从传统食具中独立出来，瓶类实用器逐渐发展成精致的陈设品；碗、盘、瓶及壶变化最多。

在唐宋时代，饮食礼器与食品精致搭配超越了前代，饮食器具已成为艺术精品。唐宋的瓷器制作工艺更有突出成就，烧制各种瓷具的窑遍布全国各地。在唐代，最具代表的青瓷、白瓷和“唐三彩”表现出制陶工艺的最高境界。其中，青瓷工艺十分注重在餐具的内饰中饰以山水、鱼虫、花鸟、动物和神仙人物等图案，十分生动形象。至今仍然有重要艺术价值的“唐三彩”，在当时就已是各类高级筵席上的名贵饮食器具。

明清时期，瓷器餐具款式多样，而且烧制技术极高，色彩丰富艳丽，纹饰五彩缤纷，质地光泽细润，而这些饮食器具与当时品种繁多的各类肴馔相结合，形成了丰富多彩的饮食文化内涵。

第二节　传统烹饪技艺与菜系

中国美食的形成与当地的地理、自然及人文环境紧密相关，具有明显的地域特征。中国烹调技艺经过长期的继承发展和开拓创新，集中了各民族烹调技艺精华，使中国菜肴形成了具有不同地域文化特征的风味流派。

一、传统烹饪技艺

“烹调”，就是人们俗话所说的做菜。“烹”就是烹制，是指运用各种加热手段，使烹饪原料由生到熟并形成一定色泽、形状和质感的菜肴的过程。“调”就是调制，是指运用各类烹饪调料和各种施调方法，使菜肴形成一定的滋味、香气和色彩的过程。所以，“烹调”就是将加工切配好的烹饪原料，通过烹制和调制制成菜肴的过程。

中国菜肴的烹调方法丰富多彩、精细微妙，常用的热菜烹调方法有几十种，如煎、炒、烹、炸、熘、爆、蒸、焖、烧、炖、烤等；常用的冷菜烹调方法亦有十余种，如拌、炝、腌、熏、冻、风、腊、煮、卤、醉等。运用不同的烹调方法，就能制作出口味不同、形态各异、色彩丰富的菜肴。

（一）热菜烹调方法

1. 炒

人们习惯将主、辅料经过刀工处理成丝、片、丁、粒、条等小型或易熟的原料，锅内用油量较少，在适当的火候油温时，原料依次入锅，快速翻炒，一锅成菜的烹制方法，都笼统称为“炒菜”。实际上，炒只是一种具体的烹调方法，按“炒”的传热方式来分，有油炒、沙炒、盐炒等，菜烹调中的“炒”一般专指油炒。炒菜时依据火候油温、原料生熟、是否码味码芡来分，又有小炒、生炒、熟炒、煸炒、爆炒、炝炒、软炒等不同炒法。

2. 熘

熘，是将经刀工处理成丝、丁、片、块的小型原料或整条鱼等原料，进行蒸、炸、过油等熟处理，再用芡汁粘裹成菜的烹制方法。由于菜肴的要求不同，又分为鲜熘和炸熘两种方法，这两种方法共同的特点是成菜都具有特别滑嫩的口感。熘菜之所以滑嫩，是因为选用质地疏松细嫩且含水分较高的原料，并在烹调中中火温油加热，尽量保持原料的水分。熘菜主料选用细嫩无筋或剔去肉中筋膜的禽畜里脊肉以及鸡脯肉、鱼肉等，这类肉脂极少，肉质纤维细嫩，因此吸水性强，熘制成菜后具有柔软滑嫩的良好口感。

3. 烧

人们习惯将加汤汁烹调制作的各类菜肴笼统地称为“烧菜”，所谓的烧菜中除了多种多样的烧法以外，还有操作与烧相近的烩、煨、焖等烹调技法。

烧，是将加工成形的原料，或经过熟处理的半成品，再下锅加入汤水、调料，先用旺火烧沸，再改用中火或小火烧至成熟入味的方法。以成菜色泽分，有红烧、白烧；以突出某一味调料分，有酱烧、葱烧、家常烧（辣烧）。此外，烧菜中还有一种中火慢烧、自然收汁的干烧。可用于烧制的食材十分广泛，如禽畜、水产、蔬菜、豆制品和干果类等。不论采用哪一种烧法，成菜大都有色泽美观、亮汁亮油、质地鲜香软糯的特点。

（二）冷菜烹调方法

冷菜，又叫“凉菜”，讲究色、香、味、形、质、营、器的有机统一，要求色泽明艳，脆嫩鲜香，味型多样，造型美观，食具精致适配。

凉菜的烹调分热烹冷食和冷烹冷食两大类。

热烹冷食，就是调味与加热同时进行，也用热菜相似的炸、烤、蒸、煮、卤等烹调方法，制成的菜肴先晾凉，然后再切配，摆盘食用，这样烹制成菜，具有酥烂干香或软嫩鲜香的特点。

冷烹冷食，就是制作菜肴时调味而不加热，也就是只调不烹，如拌、泡、冻、糟醉等。冷制的菜品具有清鲜不腻、脆嫩爽口的特点。

1. 拌

拌就是把生的原料或凉冷的熟制原料，切制成小型的丝、片、丁、块、条等形状后，加入各种调味品，然后调拌均匀，使其上味的做法。凉拌菜肴具有用料广泛、制作简易、味道多变、口味清爽的特点。凉拌菜的制作方法，大体分为生拌、熟拌和生熟混合拌三种。凉拌菜在具体操作时，有拌味汁、淋味汁和蘸味汁三种方法。

2. 炸收

炸收是指原料经加工成形，腌渍、油炸后脱去部分水分，再加调料和汤汁在锅中加热，使之回软、上色入味的方法。炸收类菜肴有色艳酥嫩、干香味浓、滋润化渣、回味绵长的特点。如陈皮兔丁、花椒肉丁、五香鱼条、葱酥鲫鱼、怪味花仁等。

3. 卤

卤是将大块或整形的原料，放入用调料、香料与汤汁兑成的卤汁中，在旺火上加热致熟，使之上色入味的烹调方法。卤菜具有色泽美观、粑软味浓、清洁卫生、存放时间长的特点，是凉菜制作的主要方法之一。根据卤汁的不同颜色，卤水又分为红卤和白卤两种。

4. 熏

熏是将烹制成熟或已码味的原料放入熏炉中，使之增加烟香味的方法。熏制时把经过蒸、煮、炸等熟处理并经调味的熟料，或先将调味品腌制的生料，置放于不燃明火且无浓烟的熏炉中。按菜肴要求，用茶叶、柏枝、樟树叶、杉木锯末、甘蔗渣、花生壳等燃制带香气的轻烟熏制，使原料带上熏料特有的烟香味。

二、传统菜系

中国地大物博，饮食文化源远流长。由于地理位置、物产分布及风俗习惯不同，菜肴做工在南北方各有特色。在此基础上，逐渐演变出了“八大菜系”，即鲁菜、川菜、粤菜、闽菜、苏菜、浙菜、湘菜和徽菜。

（一）鲁菜

鲁菜，即山东菜的简称。其主要特点：一是用料广泛，刀工精细；二是精于制汤，注重用汤；三是技法全面，讲究火候；四是咸鲜为主，善用葱香；五是丰满实惠，雅俗皆宜。

鲁菜主要由济南菜、胶东菜和济宁菜（孔府菜）构成。济南菜以清、鲜、脆、嫩见长，特别精于制汤，清浊分明，堪称一绝。名菜有清汤什锦、奶汤蒲菜、糖醋黄河鲤鱼等。

胶东菜擅长爆、炸、扒、熘、蒸，口味以鲜夺人，偏于清淡。选料则多为明虾、海螺、鲍鱼、蛎黄、海带等海鲜。其中名菜有扒原壳鲍鱼、蟹黄鱼翅、芙蓉干贝、烧海参、烤大虾、炸蛎黄等。此外，胶东菜在花色冷拼的拼制和花色热菜的烹制中也独具特色。

孔府菜做工精细，烹调技法全面，尤以烧、炒、煨、炸、扒见长，制作过程复杂，其中以煨、炒、扒等技法烹制的菜肴，往往要经过三四道程序方能完成。

（二）川菜

四川菜，简称“川菜”。川菜的主要特点：一是调味多样；二是选料广泛；三是方法多样；四是博采众长。

川菜主要由成都风味、重庆风味和自贡风味构成。川菜有“三椒三香”之说，“三椒”是花椒、胡椒、辣椒，“三香”是葱、姜、蒜。此外，还有“七滋八味”之说，“七滋”指甜、酸、麻、辣、苦、香、咸；“八味”即是鱼香、酸辣、椒麻、怪味、麻辣、红油、姜汁和家常。在烹调方法上，川菜善于根据原料、气候和食者的要求，具体掌握，灵活运用。38种川菜烹调方法中，现在流行的仍有炒、煎、炸、烧、腌、卤、煸、泡等30多种。川菜的口味特别重，肯在“味”字上下功夫，以味多、广、厚著称，且色、香、味、形俱佳，故烹饪界有“食在中国，味在四川”之说。川菜善于吸收其他风味菜的长处融为己有，如宫廷、官府、寺院、少数民族风味菜等，均为四川风味菜所借鉴而创制出名菜。在吸取山东风味菜制汤调味的优点后，其形成了注重用汤、色调自然的特点。川菜的代表菜有樟茶鸭、宫保鸡丁、鱼香肉丝、麻婆豆腐、水煮牛肉、回锅肉等。

（三）粤菜

粤菜，即广东菜的简称。广东地处中国南部沿海，雨量充沛，物产富饶，是一个经济发达、开放性很强的省份。它自古以来就是南北汇通、对外贸易的一个重要中转站，人员流动密集，给文化的交流带来极大方便。

粤菜系由广州菜、潮州菜、东江菜（客家菜）三种地方风味组成。

广州菜地域最广，用料庞杂，选料精细，技艺精良，善于变化，风味讲究，清而不淡，鲜而不俗，嫩而不生，油而不腻。夏秋力求清淡，冬春偏重浓郁。其老火靓汤非常有名，以致有“食在广州”之称。

潮汕菜故属闽地，其语言和习俗与闽南相近。它主要以海味、河鲜和畜禽为原料，加工多样，可分为炒、烹、炸、焖、炖、烧 、烤、焗、卤、熏、扣、泡、滚、拌。汤菜功夫尤深，其中以清炖、红烧、汤泡最具特色。

东江菜，又名“客家菜”，因客家原是居于中原的汉人，在汉末和北宋后期因避战乱南迁，聚居在广东东江一带。其语言、风俗尚保留中原固有的风貌。用料以肉类为主，原汁原味，讲究酥、软、香、浓；注重火功，以炖、烤、煲、焗见称，尤以砂锅菜见长。做法上仍保留了一些奇巧的烹饪技艺，具有古代中原的特色。

总的来说，粤菜的主要特点为用料广博、方法独特、兼容并蓄、口味清鲜。

（四）闽菜

闽菜，即福建菜系。闽菜以福州菜为代表，以海鲜类为主，口味清鲜、淡爽，偏于甜酸，尤其特别讲究调汤。另一特色是善用红糟作配料，具有防腐、去腥、增香、生味、调色的作用。在实践中，有炝糟、拉糟、煎糟、醉糟、爆糟等十多种做法，尤以淡糟炒香螺片、醉糟鸡、糟汁氽海蚌等菜肴最负盛名。闽菜还讲究作料，善用甜辣。最常用的作料有辣椒酱、沙茶酱、芥末酱、桔汁等。佛跳墙是闽菜中最著名的古典菜。

（五）苏菜

苏菜，即江苏菜的简称，主要以苏州菜、南京菜和扬州菜为主要代表。总体来看，苏菜有如下几个特点：一是选料严谨，制作精细，因材施艺，按时治肴；二是擅长炖、焖、煨、焐、蒸、烧、炒等烹饪方法，且精丁泥煨、叉烤；三是口味清鲜，咸甜得宜，浓而不腻，淡而不薄；四是注重调汤，保持原汁。其中，南京菜刀工细腻，火工纯熟，菜肴滋味醇，兼有四方之美，适应八方口味，尤以鲜香、酥嫩取胜；苏州菜口味趋甜，以烹制四季佳蔬、江河湖鲜见长；扬州菜史称“淮扬风味”，刀工精细，火候精微，色调清新，造型别致，突出主料，强调本味，清淡可口，适应面宽，尤以擅长制汤而著称。

（六）浙菜

浙江菜系由杭州、宁波、绍兴、温州四大地方风味组成。杭州菜制作精细，清秀隽美，擅长爆、炒、烩、炸等烹调技法，具有清鲜、爽嫩、精致、醇和等特点。同时，菜品秀丽雅致，讲究内在美与形态美的统一。宁波菜尤善制海鲜，技法以炖、烤、蒸著称，口味鲜咸适度，菜品讲究鲜嫩爽滑，注重本味，用鱼干制品烹调菜肴更有独到之处。绍兴菜品香酥绵糯，汤浓味醇，富有水乡古城之淳朴风格。浙菜的名菜主要有西湖醋鱼、东坡肉、龙井虾仁、叫花鸡、蜜汁火方、宋嫂鱼羹 等。

（七）湘菜

湘菜，即湖南菜。湖南菜系以古长沙为中心，遍及三湘四水，主要由湘江流域风味、洞庭湖区风味、湘西山区风味三大流派组成。湖南菜以腴滑肥润为主，多将辣椒当主菜食用，不仅有北方的咸，也有南方的甜，更有本地特色之辣与酸。香、嫩、清、脆是其特色，所用材料以新鲜、价廉物美为原则。此外，湘菜还特别讲究原料的入味，技法多样，有烧、炒、蒸、熏等方法，尤以蒸菜见长。最为精湛的是煨，原汁原味。且刀功精妙，形味兼美，菜肴千姿百态，变化无穷。

（八）徽菜

徽菜，即安徽菜的简称。安徽菜系由皖南、沿江、淮北三大风味组成。皖南风味以徽州地方菜肴为代表，主要特点是喜用火腿佐味，以冰糖提鲜，善于保持原汁原味，口感以咸、鲜、香为主。沿江风味善用糖调味，常用味型有咸鲜微甜、浓甜微咸、糖醋味、椒盐味、咸香味、咸鲜酸甜，辣味酸甜等复合味型。淮北风味以咸鲜辣为主，多用芫荽、辣椒、生姜、八角等调味。常见味型有五香咸鲜、辣味咸鲜、椒盐辣味、鲜辣味、葱香味等。

三、传统小吃

中国传统饮食发展至今，在日常生活中除了有食材讲究、摆盘精美的“大菜”之外，还有极具浓郁地方特色的传统风味小吃。很多小吃在流传的过程中，还伴随着一些深入人心的典故，使中国的传统饮食蕴含着深厚的人文情怀。

（一）老婆饼

老婆饼，顾名思义老婆做的饼。相传在广州，有一间创办于清朝末年的老字号茶楼，以各式点心及饼食驰名。某日，茶楼里一位来自潮州的点心师傅，带了店里各式各样的招牌茶点回家给老婆吃，想不到他老婆吃了之后，不屑地说：“茶楼的点心竟是如此平淡无奇，没一样比得上我娘家的点心冬蓉角!”这位师傅听了之后心里自然不服气，就叫他老婆做一些冬蓉角带给茶楼的其他师傅品尝。回到店中，师傅们食后皆赞好，得知是其老婆所做后，便呼之为“老婆饼”。后来，点心师傅稍微改进了配方与工艺，饼馅用冬瓜磨蓉，加入玫瑰糖、猪油、芝麻和淀面等调制，饼形改为圆形，油炸改为用烘炉烤，这样一来，饼皮酥松、入口即化，馅料清甜可口，深受顾客欢迎，成为老少皆宜的饼食。不少地方还喜用它作为结婚礼饼，又被称为“嫁女饼”。

（二）过桥米线

传说，云南蒙自县城有一书生，在南湖筑一书斋，独居苦读，妻子一日三餐均送到书斋。因为路上要过一座桥，所以当她从家里把热的饭菜送到书斋后，饭菜就凉了半截，妻子因此觉得很过意不去。一日，她宰鸡煨汤，煮米线，精心调制，携罐提篮，送往书斋，却因操劳过度，晕倒在南湖桥上。书生闻讯赶来，见妻子已醒，汤和米线均完好，汤面为浮油所罩，表面看无一丝热气，疑汤已凉，以手掌捂汤罐，灼热烫手，大感奇怪，食之，热气腾腾，味道鲜美。书生说到，此膳可称为“过桥米线”。妻子于是隔三差五便送过桥米线给书生，在她的精心照料下，书生考取了举人。这事被当地群众传为佳话。过桥米线一经传开，人们纷纷仿效，竟成为云南名小吃。

（三）灯影牛肉

据说，灯影牛肉与唐代诗人元稹有关。元稹在任通州司马时，常到一家酒肆小酌，下酒菜中有一道牛肉，其色泽油润红亮，味道麻辣鲜香，质地柔韧，入口自化而无渣，食后令人回味无穷，使元稹赞叹不已。更让他惊奇的是，成菜肉片较大，薄如纸，呈半透明状，用筷子夹起，在灯的照射下，红色牛肉的丝丝纹理在墙壁上显出清晰的影像来，十分好看。这使他联想到当时长安盛行的“灯影戏”（即皮影戏），兴之所至，当即称之为“灯影牛肉”。人们尊敬元稹的清正廉洁，因他的赞誉，该菜引起轰动，一举成名。

第三节　传统茶文化

中国是茶的故乡，也是茶文化的发源地。“茶发于神农，闻于鲁周公，兴于唐朝，盛于宋代。”（陆羽《茶经》）发展至今，茶更是成为举国之饮，它既能阳春白雪，又能下里巴人。对百姓而言，“开门七件事，柴米油盐酱醋茶”，茶是人们的生活必需品；在文人看来，“琴棋书画诗酒茶”，茶也是生活中的一种雅韵，能提神益思，激发灵感。在中国，茶被赋予了“天地人和”的思想，宁静内敛，朴素淡泊。一缕茶香由古而今，从味觉体验至精神感悟，5000 年中华文明孕育出独特的中国茶文化。

一、饮茶的起源与发展

中国是世界上最早采茶与饮茶的国家。早在《尔雅》一书中，就有关于茶的记载：“槚，苦荼。”那时，茶被称作“槚”或“荼”。不过，饮茶的历史远远早于《尔雅》的成书。茶的起源，流传最广的是三皇五帝时期，“神农尝百草，日遇七十二毒，得荼而解之”的故事。传说，后来唐玄宗在《开元文字音义》中，正式将“荼”去掉一笔，写成“茶”字，并慢慢流传下来。

西汉时，茶被列入药材、写进医书，其药用价值已被人们广泛认识。不过，当时的人们都是直接嚼茶叶或熬煮茶叶。比如巴蜀地区的人饮茶多以熬制汤药的方式熬茶，或以煮粥的方式煮茶。这种方式与现代的煮茶方式有很大不同，他们会把茶叶放在锅中熬煮，待水沸腾之后再加上食盐、生姜、花椒、薄荷等佐料。

魏晋以前，茶被认为是一种养生之妙药。魏晋时期，王公贵族才开始煮茶为羹，把茶作为日常饮品。

唐代中期，出现了“茶道”一词，语出自封演的《封氏闻见记》，此“茶道”指的就是陆羽提倡的饮茶之道。在《茶经》中，陆羽提出了关于茶的一系列规则和礼仪，通过《茶经》将饮茶从日常物质生活提高到精神品鉴的层面。唐朝的文人雅士、僧侣逐渐将饮茶作为其修身养性的方式。

茶盛于宋代。在宋代，出现了许多关于茶和饮茶的著作，如宋徽宗赵佶的《大观茶论》、文学家蔡襄的《茶录》、黄儒的《品茶要录》等。喜爱饮茶的人，上至皇帝，下至布衣。彼时，茶叶贸易日益兴盛，茶肆、茶馆大为流行，甚至民间还出现了“斗茶”。

到了宋朝，“点茶法”则成为时尚。“点茶法”始于五代，北宋时风行于世。实际上，它是“煎茶法”的改革，其方式是先将茶粉放在茶盏中烤熟，再用少量的开水调成糊，最后将沸水注入茶盏中，并且茶水里不加任何佐料。

明清时，在“点茶法”的基础上形成了“泡茶法”。虽然“泡茶法”在饮茶的方式和使用的茶具上都发生了不少变化，却完成了唐宋时期人们品茶修身的精神追求。

二、中国茶的传播

中国茶的清雅馨香弥漫九州，更是飘香四海。茶，成为中国对外交流的名片。据统计，全世界共有 50 多个国家种植茶叶，近 30 亿人饮茶。这些国家种茶、制茶、饮茶大都受到中国的影响，甚至茶的英文单词 Tea 也源于我国闽南地区方言中“茶”的发音“ti”，而茶在印度语和日语里的发音更近似普通话的“cha”。

品茶有茶道，茶的贸易也有“茶道”。中国茶同丝绸和瓷器等物品一起，被捆缚在骆驼背上、马背上，穿过北方的戈壁大漠，翻过西南的高黎贡山，经由“丝绸之路”和“茶马古道”走出国门，去往异域他方。除了陆上的“茶道”，“海上丝绸之路”也早在秦汉时就已被开辟出来，唐宋时得到进一步发展，到明清时达到鼎盛。明代郑和率领船队下西洋，在 28 年间，7 次远航，共游历 30 多个国家，将茶叶、丝绸和瓷器作为馈赠佳品。

随着历史的进步，远洋航海的发展，饮茶文化漂洋过海传到了西方各国，并成为其上流社会所推崇的生活风尚。17 世纪末，“下午茶”开始在英国流行，并风靡至今。而饮茶经英国传入美洲也受到了欢迎。

三、茗茶的种类

中国茶的划分有多种方法，根据制作方法和发酵（茶多酚氧化）程度的不同，可分为六大类：绿茶（不发酵）、白茶（轻微发酵）、黄茶（轻发酵）、青茶（即乌龙茶，半发酵）、黑茶（后发酵）、红茶（全发酵）。外观由绿向黄绿、黄、青褐、黑色渐变，茶汤也由绿向黄绿、黄、青褐、红褐色渐变。

（一）绿茶

绿茶是我国第一大类茶，是不发酵茶，因其成品的色泽和冲泡后的茶汤以绿色为主调，故被称为“绿茶”。绿茶以茶树新梢为原料，经杀青、揉捻、干燥等典型工艺过程制成的茶叶。根据杀青和干燥工艺的不同，绿茶又分为蒸青绿茶、炒青绿茶、烘青绿茶、晒青绿茶四类。

绿茶保留了鲜叶内的天然物质，其中茶多酚、咖啡碱保留鲜叶的 85%以上，叶绿素保留 50%左右，维生素损失也较少，从而形成了绿茶滋味收敛性强的特点。据科学研究结果表明，绿茶中保留的天然物质成分，对减缓衰老、防癌抗癌、杀菌消炎等均有特殊效果，为其他茶类所不及。绿茶的代表品种有西湖龙井、洞庭碧螺春、黄山毛峰、六安瓜片等。

（二）白茶

白茶是中国的特产，主要是通过萎凋、干燥等制成的。白茶的外形、香气和滋味都很好。它是一种不经发酵，亦不经揉捻的茶，加工时只将细嫩的叶背布满茸毛的茶叶晒干或用文火烘干，而使白色茸毛完整地保留下来，故名“白茶”。白茶主要产于福建，主要花色有白毫银针、白牡丹。

（三）黄茶

黄茶属轻发酵茶类。其加工方法近似于绿茶，其制作过程为：鲜叶杀青、揉捻、闷黄、干燥。其中最重要的工序是闷黄，这是形成黄茶特点的关键，主要做法是将杀青和揉捻后的茶叶用纸包好，或堆积后以湿布盖之，时间以几十分钟或几个小时不等，促使茶坯在热水作用下进行非酶性的自动氧化，形成黄色。黄茶具有干茶金黄、汤色黄亮、叶底嫩黄的“三黄”特点。

黄茶分为“黄芽茶”（包括湖南洞庭湖的君山银芽、四川雅安名山县的蒙顶黄芽、安徽霍山的霍内芽）、“黄小茶”（包括湖南岳阳的北港毛尖、湖南宁乡的沩山毛尖、浙江平阳的平阳黄汤、湖北远安的鹿苑）、“黄大茶”（包括广东的大叶青、安徽的霍山黄大茶）三类。

（四）青茶

青茶是一类介于红、绿茶之间的半发酵茶，俗称“乌龙茶”。青茶在制作时适当发酵，使叶片稍有红变，是介于绿茶与红茶之间的一种茶类。它既有绿茶的鲜爽，又有红茶的浓醇。因其叶片中间为绿色，叶缘呈红色，故有“绿叶红镶边”之称。乌龙茶在六大类茶中工艺最复杂费时，其中做青工序是形成乌龙茶品质的关键步骤。乌龙茶泡法也很讲究，所以喝乌龙茶也被人称为“喝功夫茶”。青茶的代表品种有安溪铁观音、武夷岩茶大红袍等。

（五）黑茶

黑茶属后发酵茶，主产区为四川、云南、湖北、湖南、陕西、安徽等地。黑茶制茶工艺一般包括杀青、揉捻、渥堆和干燥四道工序。黑茶采用的原料粗老，加工时堆积发酵时间较长，使叶色呈暗褐色。黑茶是藏族、蒙古族、维吾尔族等民族不可缺少的日常必需品。黑茶品种最为著名的当属云南普洱茶。

（六）红茶

红茶是一种全发酵茶，发酵程度大于80%。红茶与绿茶的区别在于加工方法不同。红茶加工时不经杀青，而是萎凋，使鲜叶失去一部分水分，再揉捻（揉搓成条或切成颗粒），然后发酵，使所含的茶多酚氧化，产生茶红素和茶黄素等，因而颜色褐红，冲泡出来的茶汤红浓明亮，故得名红茶。我国的红茶代表品种以祁门红茶最为著名。

在六大类茶之外，还有一种“香片”茶深受人们的喜爱，俗称“花茶”。花茶属再加工茶类，并以花定名，如茉莉花茶、桂花茶、玫瑰花茶等。花茶的制作和饮用起源于宋代，主要是将植物的花、叶、果实与新茶一起窨制，制作而成的花茶既有茶香，又有花果香。

四、传统茶具

水为茶之母，器为茶之父。好茶需要好水来诠释，泡好茶则需要好茶具陪衬。茶具自成一体，是中国茶文化不可分割的重要组成部分。“茶具”一词最早见于西汉王褒的《僮约》赋中。另外，“烹茶尽具”一词，即是说烹茶极讲究其用具。如今，人们喝不同的茶会选择不同的茶具：泡绿茶用玻璃杯，泡花茶用盖碗，而乌龙茶要用全套的功夫茶具。我国茶具经历由粗到精，由简到繁，由单 功能到多重功能的演变，它不仅代表着科技的发展，更承载着精神文明的传承与发展。

茶具是指茶杯、茶壶、茶碗、茶盏、茶碟、茶盘等饮茶用具。中国的茶具种类繁多，造型优美，除实用价值外，也有颇高的艺术价值，因而驰名中外，为历代茶爱好者所青睐。由于制作材料和产地不同，茶具分为陶土茶具、瓷器茶具、漆器茶具、玻璃茶具、竹木茶具、金属茶具等。

（一）陶土茶具

中国茶具最早以陶器为主。紫砂茶具是陶土茶具的代表，其外形简练大方，色彩憨厚古雅，外形有似竹结、莲藕、松段和仿商周古铜器形状的。紫砂壶制作始于明朝正德年间，紫砂壶和一般的陶器不一样，壶内壶外都不着釉，胎质细腻，经久耐用。紫砂壶以宜兴紫砂壶最为出名，宜兴紫砂壶泡茶既不夺茶真香，又无熟汤气，能较长时间保持茶叶的色、香、味。紫砂茶具还因其造型古朴别致，经茶水泡、手摩挲，会变为古玉色而备受人们青睐。

（二）瓷器茶具

瓷器发明之后，陶土茶具就逐步为瓷器茶具所替代。瓷器茶具又可分为白瓷茶具、黑瓷茶具和青瓷茶具等。

1. 白瓷茶具

白瓷以景德镇的瓷器最为闻名。景德镇白瓷坯质细密通明，上釉、成陶火度高，无吸水性，音清而韵长。因色泽皎白，能反映出茶汤色泽，传热、保温功能适中，外形各异，可谓喝茶器皿之珍品。

2. 青瓷茶具

青瓷茶具在晋代开始发展，那时青瓷的首要产地在浙江，最盛行的是一种叫“鸡头流子”的有嘴茶壶。早在东汉年间，已开始生产色泽纯粹、通明发光的青瓷。晋代浙江的越窑、婺窑、瓯窑已具相当规模。在宋代，作为“五大名窑”之一的浙江龙泉哥窑出产的青瓷茶具，已达到鼎盛时期，远销各地。明代，青瓷茶具更以其质地细腻，外形正经，釉色青莹，纹样雅丽而蜚声中外。

3. 黑瓷茶具

宋人衡量斗茶的标准：一看茶面汤花样泽和均匀度，以“鲜白”为先；二看汤花与茶盏相接处水痕的有无和呈现的早晚，以“盏无水痕”为上。时任三司使给事中的蔡襄，在他的《茶录》中就说得很明白：“视其面色鲜白，着盏无水痕为绝佳；建安斗试，以水痕先者为负，耐久者为胜。”而黑瓷茶具，正如宋代祝穆在《方舆胜览》中说的：“茶色白，入黑盏，其痕易验。”所以，宋代的黑瓷茶盏，成了瓷器茶具中的最大种类。其中，黑瓷兔毫茶盏，风格独特，古朴高雅，瓷质厚重，保温功能较好，最为斗茶行家所珍爱。

（三）漆器茶具

漆器是采割天然漆树液汁进行炼制，掺进所需色料，制成绚丽耀眼的器具。脱胎漆茶具的制造精密而烦琐，先要依照茶具的规划需求，做成木胎或泥胎模型，其上用麻布或绸料以漆裱上，连上几道漆灰料，然后脱去模型，再经填灰、上漆、打磨、装修等多道工序，才能变成古朴高雅的脱胎漆茶具。脱胎漆茶具一般是一把茶壶连同四只茶杯，存放在圆形或长方形的茶盘内，壶、杯、盘一般呈一色，多为黑色，也有黄棕、棕红、深绿等色，并融书画于一体，饱含文明意蕴，色泽光亮，明净照人，且又不怕水浸，能耐温、耐酸碱腐蚀。脱胎漆茶具除有实用价值外，还有很高的艺术赏识价值，常为鉴赏家所收藏。

（四）玻璃茶具

玻璃，古人称之为“流璃”或“琉璃”，实是一种有色半透明的矿物质。用这种材料制成的茶具，能给人色泽艳丽、光彩照人之感。中国的琉璃制造技能尽管起步较早，但直到唐代，随着中外文明交流的增多，西方琉璃器的不断传入，中国才开端烧制琉璃茶具。陕西扶风法门寺地宫出土的由唐僖宗供奉的素面圈足淡黄色琉璃茶盏和素面淡黄色琉璃茶托，造型原始简朴，质料微显混浊模糊，是地道的中国式茶具。

（五）金属茶具

自秦汉至六朝，茶叶作为饮料已渐成风气，茶具也逐步从与其他饮具共用中分离出来。大概到南北朝时，中国出现了包含喝茶器皿在内的金银用具。到隋唐时，金银用具的制造到达顶峰。

唐代时，朝野上下无不以饮茶为乐。唐代饮茶器具，民间多以陶瓷为主，而皇室贵族家庭多用金属茶具和当时稀有的秘色瓷和琉璃茶具。20 世纪 80 年代中期，陕西扶风法门寺出土的一套唐代的鎏金茶具，可谓是金属茶具中的稀世珍宝。这套茶具包括烘焙器、碾罗器、贮茶器、贮盐器、烹煮器、饮茶器等，质地精美，造型精巧，具有很高的艺术价值。

金属茶具同时还有较强的实用性。金属贮茶用具的密闭性要比纸、竹、木、瓷、陶等好，具有较好的防潮、避光性能，这样更有利于散茶的保藏。因而，用锡制造的贮茶用具，至今仍流行于世。

（六）竹木茶具

竹编茶具由内胎和外套构成，内胎多为陶瓷类喝茶用具，外套用精选慈竹，经劈、启、揉、匀等多道工序，制成粗细如发的柔软竹丝，经烤色、染色，再按茶具内胎形状、大小织造嵌合，使之成为全体如一的茶具。这种茶具，不仅颜色调和，美观大方，而且能维护内胎，削减损坏；泡茶后不易烫手，并极具艺术赏识价值。

隋唐时期，中国喝茶虽逐步推行开来，但属粗豪喝茶。其时的喝茶用具，除陶瓷器外，民间多用竹木制造而成。陆羽在《茶经》卷四《器》中开列的28种茶具，多数是用竹木制造的。这种茶具来源广，制造便利，对茶无污染，对人体亦无害。因而，自古至今，备受爱茶之人的偏爱。

第四节　传统酒文化

一、中国酒之源流

“何以解忧，唯有杜康。”“酒”为何物？就文字书写的“酒”而言，自殷商甲骨文时代就已存在，此后便频繁地出现在历代文献之中。《说文解字・酉部》释“酒”：“就也，所以就人性之善恶；从水、从酉，酉亦声。一曰造也，吉凶所造也。古者仪狄作酒醪，禹尝之而美，遂疏仪狄。杜康作秫酒。”可见酒的意义不可小窥，它能造就人性或造成人性的善恶变化，甚至引起并导致吉凶之事的发生。段玉裁注曰：“宾主百拜者，酒也；淫酗者，亦酒也。”“宾主百拜”强调“酒以成礼”，此为“善”；而“淫酗者酒”则与桀、纣王酗酒亡国的教训有关，此为“恶”。一礼一淫，一吉一凶，正好反映了酒所包含的两面性。

因曹操《短歌行》中名句“何以解忧，唯有杜康”的影响，“杜康”成为酒的别名，被视作“酒祖”。“杜康”是何人？据《说文解字・巾部》记载：“古者少康初作箕帚、秫酒。少康，杜康也。”杜康是周朝的一位牧羊人。他放牧出远门时，就用竹筒子盛上小米粥，挎在身上，以作便餐。一次，因为小米粥放得太久，居然发酵变成了酒，醇香甘美，虽无色如水，却散发着粟米的甘甜与竹子的芳香。杜康由此受到启发，便弃牧而专营酿酒了。“杜康”能“解忧”的秘密何在呢？酒香醇美只是其一，饮酒致醉才是关键。生理生物学对此的解释是乙醇作用于神经中枢后使人产生的兴奋、提升、致幻和上瘾现象。

从出土文物推测，早在新时期时代的仰韶文化时期，原始人类受到含糖野果自然发酵成酒的启发，就开始逐渐有意识地采集野果酿造果酒了。到了龙山文化时期，先人们开始使用谷物作为酿酒的原料。周代，国家已专门设置了管理酿酒的官吏。春秋战国时，酒已成为祭祀、会盟、庆祝胜利、招待使者的必备之物。

我国从什么时候开始有蒸馏酒（烧酒）的呢？李时珍在《本草纲目》中说：“烧酒非古法也，自元间始创其法。”有资料说，烧酒是元代从阿拉伯传入我国的，也有的说元代以前我国已有蒸馏酒了。目前，说法不一。

1. “琼浆玉液”

酒的出现与自然的互动不无关系。中国古代的酒实际可概括为三种，即粮食酒、果子酒与奶制酒。就酿酒的过程来看，主要是对耕种、栽培的果实以及驯养动物奶汁的再加工，经过压榨、烘焙、发酵等工艺获取酒精饮料。因而酒的源起与酿制意味着人类在农耕、园艺与畜牧上的一大进步。除了酿制的工艺细节，所处的纬度、海拔、日照、空气、水质与微生物等综合状况，亦决定着当地酒品的特色和质地。

在长期的酿造实践中，我国历代出现了许多风味独具、饮誉中外的名酒。如商代用黑黍加香草酿成的“秬鬯”，汉朝时的清酒“中山冬酿”，南北朝的“乾和酒”，宋明以来的宫中御酒“曲沃匏”、潞州的“珍珠红”、岭南的“琼琯酌”，都可谓名盛当世。清代的绍兴鉴湖酒、苏州福贞酒、无锡惠泉三白酒、宜兴红友酒及江苏奔牛酒，则是江南的黄酒佳酿。至于贵州茅台、四川五粮液、山西汾酒、安徽古井、河南杜康等更是享誉全球。自古以来，文人学士爱酒者给酒起了许多雅致的别名，如“金浆”“玉醴”“琬液”“琼苏”等。关于酒的故事亦饶有趣味。

2. 屠苏酒

我国在唐宋时期，每逢大年初一，都有喝屠苏酒的习俗。如宋代诗人王安石在《元日》一诗吟道：“爆竹声中一岁除，春风送暖入屠苏。千门万户曈曈日，总把新桃换旧符。”

唐宋之后，喝屠苏酒的习俗没有沿袭下来，制作屠苏酒的酒方也长期失传。后人对屠苏酒的得名众说纷纭。有的说，屠苏是一种草，屠苏酒就是用这种草浸泡的酒；有人认为屠苏本是一座古庵的名字——或者最初是从草庵中传出来的；也有人认为屠苏酒能除邪气，避瘟疫，取其“屠绝鬼气，苏醒人魂”之意。如果我们将王安石诗中把饮屠苏酒和同是驱邪避鬼的挂桃枝习俗连在一起看，关于屠苏酒的后一种说法是有道理的。到了清代，一位叫梁章钜的人遍览古书，辑录到屠苏酒的酒方，即用大黄、桔梗、白术、肉桂各一两八钱，乌头六钱、菝葜一两二钱，把它们揉合研末，在除夕中午沉入水井，初一早晨从井中捞出，再倒入酒中煮开，然后饮用。由此看来，屠苏酒是一种能去火、有一定滋补作用的药酒。

3. 汾酒

山西流传一首民谣：“汾州府，汾阳城，离城三十杏花村。杏花村里出美酒，杏花村里出贤人。”汾酒在古代叫作“汾清”，最晚在6世纪的北齐时已成为宫中佳品了。好酒得于醴水，传说有一位仙人来到杏花村，他有意造化这一方百姓，就来到一口井旁，喝了井里的水，又把水吐回井里。从此，这眼井水便清澈甘甜起来，用井水酿成的汾酒也开始名扬天下。村民在这里修了古井亭，至今仍见亭上有300年前的“得造花香”的匾额，还有石刻《酒泉记》。据说，李自成率军进攻北京之前，路过杏花村，队伍在这里驻扎了三天三夜，百姓用汾酒款待了他们。李自成喝了酒，把百姓的盛情和名酒归在一起，给这个村庄取了一个新名叫“尽善村”。直到1953年，才恢复了杏花村这一原名。

二、“以酒为礼”

（一）祝 酒

这种礼仪始于殷周，《诗经·大雅·既醉》描写了贵族宴饮时的一种应酬。《新序》记载了这样的故事：春秋时，齐桓公与大臣管仲、鲍叔、宁戚一起饮酒，桓公请鲍叔祝酒，鲍叔举杯说道：“祝我君无忘其出而在莒也，使管仲无忘其来缚而从鲁也，使宁子无忘其饭牛于车下也。”鲍叔说的这一番话，就是古人发表的祝酒词。

祝酒是人们交往采取的一种媒介，它反映了人的生活态度、思想和感情。如“劝君更尽一杯酒，西出阳关无故人”（王维《送元二使安西》），表达对好友即将离去的眷恋惜别之情；“对酒当歌，人生几何”（曹操《短歌行》）反映了对短暂人生的慨叹；“尔酒既清，尔肴既馨，公尸燕饮，福禄来成”（佚名《凫鹥》）则是对贵族宴饮时无聊应酬的描述。在国际交往中，祝酒是一种招待外宾的礼仪。外宾来访，主人常常要举行国宴或家宴，为客人接风洗尘。宴会伊始，主人要致祝酒词，表示对客人的热情欢迎，畅叙主宾之友情，祝愿友好关系的发展。

（二）酒与年节

古人认为，谷食来源于神，来源于上天的恩典，因而要食而感恩，食而敬神。如《礼记・月令》描述“孟秋之月”道：“农乃登谷，天子尝新，先荐寝庙。”这一传统流传久远，启迪了礼乐的产生并开导了后来食礼与酒礼的先河。直到今天，有些地区的民众，在举行家宴时，还会先向门外倾一杯酒或者用手指蘸酒弹向空中，这就是古语所说的“酒以成礼”。

人生礼仪里充满了丰富多彩的饮酒活动，如满月酒、加冠酒、订婚酒、新婚酒、生日酒、祝寿酒、丧礼酒、葬礼酒、祭奠酒等。以加冠酒为例，按古之礼制，男子二十而“冠”，女子十五而“笄”。男子冠礼在宗庙举行，大宾把规定的服饰加于青年，共行三次，称为始加、再加、三加，于是以酒祝青年。礼毕之后，再由其父设酒宴款待所请宾客。此俗如今仍流行于朝鲜族人民的生活之中。纳西族的男子穿裤仪礼与此相似，其同样以酒相随。凉山彝族少女的换裙仪式像过节一般喜气洋洋，富户要杀猪宰羊，大宴宾客；穷户至少也要打鸡泡酒招待亲邻，大家开怀畅饮，男子则尽醉方休。至于丧礼葬礼中的饮酒用酒，古往今来可谓绵延不断，排场惊人。

总的说来，“以酒为礼”在体现人们敬神、敬人的善的效用的同时，还对人们的行为产生了规范与制约，抑制人们纵饮为恶的欲望。

三、“醉翁之意不在酒”

（一）庄子与“饮酒为乐”

庄子之时，礼崩乐坏，宫廷宴享式的“纵欲之醉”已发展到了酒色并举、夜以继日的泛滥地步。对于饮酒，庄子有一套独到见解。在《庄子・渔父》篇中，庄子谈道：“真在内者，神动于外，是所以贵真也。其用于人理也……饮酒则欢乐，处丧则悲哀……饮酒以乐为主，处丧以哀为主……饮酒以乐，不选其具矣，处丧以哀，无问其礼矣。”“真”即是不涉礼乐的自然之真。若得此真，则欢乐、悲哀流露无阻，不待外物；若失此真，则处丧不哀，饮酒不乐。在庄子看来，凡有世俗礼乐的地方即无此真。礼乐本身便是“真”的障碍，“真”的反动，是使人丧失其“真”的根本祸因。而要想改变非真之状，从世俗困境中摆脱出来，唯一的途径就是摒弃礼乐，返璞归真。

（二）陶渊明与“造饮辄尽，期在必醉”

陶渊明视世俗礼乐为“尘网”，认为唯有在返归田园、躬耕自给后才能获得解脱，有诗为证：“久在樊笼里，复得返自然。”（《归园田居》）不过，陶渊明的“返”途并不轻松。萧统在《陶渊明集序》中谈道：“陶渊明诗篇篇有酒，吾观其意不在酒，亦寄酒为迹者也！”这正是欧阳修所谓“醉翁之意不在酒，在乎山水之间也”的先声。

陶渊明在乎什么？鲁迅先生曾指出：“陶集里有‘述酒’一篇，是说当时政治的。这样看来，可见他于世事也并没有遗忘和冷淡。”（《而已集・魏晋风度及文学与药及酒之关系》）

这种既归田园又心念礼乐的心情是颇为痛苦的。为了摆脱这种干扰，彻底忘掉心中杂念，就不得不求助于酒，求助于醉。这是陶渊明嗜酒如命的主要原因。“吾常得醉于酒，足矣！”在《五柳先生传》中，他自述曰：“衔觞赋诗，以乐其志。”“造饮辄尽，期在必醉。”“忘怀得失，以此自终。”饮酒致醉，醉感帮助陶渊明忘却尘网，摆脱樊笼，消解文化，心归自然。

（三）王羲之与酒醉成书

东晋书法家王羲之影响最大的作品是《兰亭序》，其背后的故事可谓书法史上的传奇。相传东晋有一个风俗，即每年阴历三月三日，人们必须去河边玩一玩，以消除不祥，这叫作“修禊”。永和九年（353 年）三月初三，时任会稽内史、右军将军的王羲之邀请谢安、孙绰等 41 位文人雅士聚于会稽山阴的兰亭修禊，曲水流觞，饮酒作诗。

“曲水流觞”，亦为“曲水宴”，即 42 位名士列坐溪边，由书童将盛满酒的羽觞放入溪水中，随风而动，羽觞停在谁的位置，此人就得赋诗一首，倘若作不出来，就要罚酒三觥。在众人沉醉于酒香诗美之时，有人提议将当日所做的 37 首诗，汇编成集，这便是《兰亭集》。众人又推王羲之写一篇《兰亭集序》。王羲之酒意正浓，提笔在蚕纸上畅意挥毫，一气呵成，便有了名噪天下的《兰亭序》。

《兰亭序》共 28 行，324 字。序中记叙了兰亭周围山水之美和聚会的欢乐之情，抒发了作者对好景不长、生死无常的感慨。翌日，王羲之酒醒后意犹未尽，伏案挥毫在纸上将序文重书一遍，却自感不如原文精妙。他不愿意相信，一连重书几遍，仍觉不得原文的精华。这时他方才明白，这篇序文已经是自己一生中的顶峰之作，自己的书法艺术在这篇序文中得到了酣畅淋漓的发挥。究其因由，非物境、人境、酒境合一，于憩然之中挥毫，实难一气呵成此旷世极品。三境难再现，《兰亭集序》也就难再现，极品本自天成，亦是酒成。

【拓展阅读】

熟物之法，最重火候。有须武火者，煎炒是也，火弱则物疲矣。有须文火者，煨煮是也，火猛则物枯矣。有先用武火而后用文火者，收汤之物是也；性急则皮焦而里不熟矣。有愈煮愈嫩者，腰子、鸡蛋之类是也。有略煮即不嫩者，鲜鱼、蚝蛤之类是也。肉起迟则红色变黑，鱼起迟则活肉变死。屡开锅盖，则多沫而少香。火熄再烧，则无油而味失。道人以丹成九转为仙，儒家以无过、不及为中。司厨者，能知火候而谨伺之，则几于道矣。鱼临食时，色白如玉，凝而不散者，活肉也；色白如粉，不相胶粘者，死肉也。明明鲜鱼，而使之不鲜，可恨已极。

——清·袁枚《随园食单·须知单·火候须知》

茶之为饮，发乎神农氏，闻于鲁周公。齐有晏婴，汉有扬雄、司马相如，吴有韦曜，晋有刘琨、张载、远祖纳、谢安、左思之徒，皆饮焉。滂时浸俗，盛于国朝，两都并荆渝间，以为比屋之饮。

饮有粗茶、散茶、末茶、饼茶者。乃斫、乃熬、乃炀、乃舂，贮于瓶缶之中，以汤沃焉，谓之痷茶。或用葱、姜、枣、橘皮、茱萸、薄荷之等，煮之百沸，或扬令滑（清），或煮去沫，斯沟渠间弃水耳，而习俗不已！

——唐·陆羽《茶经》六之饮

自我测试

1. 原始社会时期人们已学会种植（　　）、（　　）等农作物与饲养（　　）、犬、羊等家畜，这时便已奠定中国饮食的以农产品为主、肉类为辅的杂食性饮食结构的基础。

2. 唐朝官员每次上朝的时候都有“廊餐”可以享用。“廊餐”是皇帝为了表示对重臣的关心特地而设的。这其实就是最早的（　　）。

3. 粤菜系由（　　）、（　　）、东江菜（客家菜）三种地方风味组成。

4. 菜肴常用的热菜烹调方法有煎、（　　）、烹、炸、（　　）、爆、蒸、焖、（　　）、炖、烤等。

5. 自古以来，文人学士爱酒者给酒起了许多雅致的别名，如“金浆”、（　　）、（　　）、（　　）等。

6. 一般认为，“三餐制”最早出现于（　　）。

A. 先秦　　B. 汉代　　C. 唐代　　D. 宋代

7. 闽菜以福州菜为代表，它以海鲜类为主，口味清鲜淡爽，（　　）是闽菜中最著名的古典名菜。

A. 葱烧海参　　B. 红焖大虾　　C. 佛跳墙　　D. 海蛎煎

8. 青茶的代表品种有安溪铁观音、（　　）等。

A. 黄山毛峰　　B. 武夷岩茶大红袍　　C. 洞庭碧螺春　　D. 祁门红茶

9. 黑茶属后发酵茶，主产区为云南、湖北、湖南、陕西、安徽和（　　）等地。

A. 四川　　B. 山西　　C. 湖北　　D. 新疆

10. 直到今天，有些地区的民众在举行家宴时，还会先向门外倾一杯酒或者用手指蘸酒弹向空中，描述这种习俗的发展过程及蕴含的文化意义。

参考答案

1. 谷子　水稻　猪　2. “工作餐”　3. 广州菜　潮州菜　4. 炒　熘　烧　5. “玉醴”“琬液”“琼苏”　6. B　7. C　8. B　9. A　10. 略

第十章　巧夺天工：中国传统建筑

中国传统建筑，具有悠久的历史和光辉的成就。从陕西半坡遗址发掘的方形或圆形浅穴式房屋发展到现在，已有六七千年的历史。修建在崇山峻岭之上、蜿蜒万里的长城，是人类建筑史上的奇迹；建于隋代河北赵县的安济桥，在科学技术同艺术的完美结合上，早已走在世界桥梁科学的前列；现存的高达67.1米的山西应县佛宫寺木塔，是世界现存最高的木结构建筑；北京明、清两代的故宫，则是世界上现存规模最大、建筑精美、保存完整的大规模建筑群。至于我国的古典园林，以独特的艺术风格，成为中国文化遗产中的一颗明珠。这一系列现存的技术高超、艺术精湛、风格独特的建筑，在世界建筑史上自成系统，独树一帜，是中国古代灿烂文化的重要组成部分。它们像一部部石刻的史书，同时也是一种可供人观赏的艺术。

中国的传统建筑是一幅“画”，以围墙作画框，主要的欣赏对象则是围墙内的空间。欣赏方式不是静态的“可望”，而是在动态“可游”的画面之中，步移景换，情随境迁，玩味各种“画”的神韵。

第一节　最早的房屋

《孟子·滕文公下》记载：“当尧之时，水逆行，泛滥于中国，蛇龙居之，民无所定，下者为巢，上者为营窟。”《礼记·礼运》亦云：“昔者先王未有宫室，冬则营窟，夏则居橧巢。”“营窟”即营建居住的地穴。在中国北方，黄河流域有广阔而丰厚的黄土层，土质均匀，含有石灰质，有壁立不易倒塌的特点，穴居便成为这一地区人们广泛采用的居住方式。在中国长江以南地区，由于地势卑下潮湿、虫蛇灾害多，人们则尽可能把居住地修筑得远离地面，从而形成了楼层以支柱架离地面的建筑形式，这种远古的巢居式建筑是中国传统干栏式建筑的雏形。从文献记载来看，穴居和巢居是同时存在于不同空间地域、所处位置有别的不同居住方式。

一、天然洞穴

在生产力水平低下的状况下，天然洞穴显然首先成为最宜居的“家”。从早期人类的北京周口店、山顶洞穴居遗址开始，原始人通常居住的天然岩洞在辽宁、贵州、广州、湖北、江西、江苏、浙江等地都有发现。可见，穴居是当时的主要居住方式，它满足了原始人对生存的最低要求。

在中国境内，考古发现的最早的人类住所是距今约55万年前的北京周口店龙骨山岩洞。原始人选择作为栖身之所的天然岩洞主要有以下特点：

靠近水源。为了方便饮水和渔猎，选择的洞穴往往靠近湖滨或河岸附近。为避免河流涨水时被水淹没，选择的洞口一般要高出附近水面 10~100 米不等，多数在 20~60 米处。

洞内干燥。选择钟乳石较少的喀斯特溶洞，洞内湿度较低，利于生存。生活遗迹表明：原始人居住生活在接近洞口的部分；深入洞内，则过分潮湿而缺少新鲜空气，不宜居住。山顶洞人居住的岩洞，前部为集体生活起居用，而内部低凹部分，早期也曾住人，后期则改为埋葬死者处。

洞口背寒风。选择的天然洞穴洞口一般背向冬季主要风向，即主要朝向南方，很少朝向东北或北方。

原始人在栖居自然岩洞的同时，在森林和沼泽地带，主要依靠树木作为栖居的处所。当时人们借以栖身的树木和岩洞都只是自然界本身，但是生活的经验已经使他们懂得，对栖居的树木，去掉一些有碍的枝杈茎叶，或采用一些枝干之类填补空档；对于岩洞则清除有碍的石块填补地面坑洼，略加修葺改善。

大约在新石器时代以前，人类就已走出天然洞穴，开始营造更适于居住的人工住所。根据地理位置和季节气候的变化，中国远古先民发明了穴居和巢居两种最为原始的人工住宅形式。

二、西北黄土高原的横窑与竖穴

中国北方最早的人为洞穴是新石器时代前期的横窑与竖穴。在西北黄土高原的崖壁上，人们模仿天然岩洞开凿了宜于居住的横穴式窑洞。这种洞穴出现较早，但因黄土断崖容易坍塌，迄今未发现新石器早中期的遗存，而在甘肃、陕西、山西、内蒙古、宁夏等地，近年发现了多处新石器晚期的横穴式窑洞遗址。

在甘肃庆阳地区、陕西咸阳北部的长武、彬县、旬邑、淳化、永寿、乾县、礼泉等地以及晋南和豫西地区，都发掘出了比横穴式窑洞稍晚的下沉式窑洞“地窨院”。其做法是：先在平地上挖出方形大坑，通过坡道与地面联系；再在人工形成的四面断崖上，挖出横穴式窑洞。“地窨院”充分体现了中国传统建筑的向心性，每孔窑洞的门户都面向中央，庭院则将分散的单元空间联系成整体。这种做法能有效节约土地，还能节约能源保证冬暖夏凉。

“地窨院”是竖穴与横穴两种形式的结合，从实际施工程序看必须先行掘出竖穴而后才有可能挖掘横穴。显然，当先民最初下迁至低地时，发现此处不宜挖掘横穴式窑洞，便采用向下挖掘简单竖穴的办法。从山西夏县东下冯龙山文化的晚期遗存中可以看出：竖穴一般为圆形，大部分在地面以下，挖出的土堆砌到穴口周围，堆成冢形，穴顶覆盖檩、椽、柳条和草，再覆以土。中间留口，作换气和通烟之用。

除了竖穴式房子，还有竖穴式窖穴。窖穴的主要功能是储存粮食。在新石器时期，温饱是头等大事。随着当时农业的发展和粮食的丰裕，人类离开天然山洞建立聚落，人工挖掘的窖穴应运而生。它们多分布于居住区的房址周围。窖穴的挖掘方式大体与竖穴式房址类似，只是为了增加储存量和出入的便利，窖穴往往挖得比较深，有的深达 6~7 米，而同时竖穴式房址的深度则较小，通常微略超过 2 米。

随着社会生活实践的发展，原始穴居逐步得到改进。大地湾文化遗址中发掘出的深穴窝棚式建筑，距今 7000~8000 年，这是标志着人类的居住方式从竖穴向半穴居迈进的一个新起点。

三、中原丘陵坡地的半地穴“大房子”

窑洞和竖穴曾一度解决了迁居到低地后的居住问题，但其阴暗、潮湿，不利于人类的健康。随着构筑屋顶基础的提高，半地穴式房屋便出现并很快流行起来。

黄河中上游地区，距今约9000~7000年的裴李岗文化，距今约7000~5000年的仰韶文化和距今5000~4000年的龙山文化均出现了半地穴式“大房子”。裴李岗文化的半地穴式房址20座，其中面积最小的是10平方米，最大的接近60平方米；房穴深（高）20~40厘米，房基下控深度约在40~80厘米；平面呈椭圆形、不规则形和圆角长方形；房址以单间式为主，共17座；多间式3座，均为双间，中间有通道；房内居住面积和墙壁均经过处理，周围圆形或椭圆形柱洞，当为泥墙中的木骨遗存。

从裴李岗文化的聚落遗址可看出半地穴式房址的特征：一是生活面由深到浅，坑壁之上的墙体采用木骨架扎结枝条再涂泥的做法（木骨泥墙），地面以屋顶覆盖；二是多数平面保持圆形或椭圆形，但少数平面接近矩形；三是出现面积的大小差异，小的不足10平方米，大的50多平方米。

仰韶文化时期的半穴居房址的上述特征继续发展：早期以半地穴式为主，后期生活面上升到地面后，墙体仍旧采用木骨泥墙，较大的房址内部出现支撑屋顶的木柱；较小平面中开始出现矩形，而“大房子”平面皆为矩形；聚落以一座或几座面积更大的矩形“大房子”为中心，形成有序的组合。从地穴到半地穴再到地面建筑的演变，离不开结构技术的进步；从圆形穴居到长方形“大房子”的转换，除了技术进步之外，更源于领袖人物对威仪形态的追求。

四、东部丘陵坡地的半地穴“排房”

新石器晚期，黄河下游和西辽河流域出现了半地穴“排房”。这种建筑与自然条件的关联似乎并不紧密。在一定意义上，这种半地穴“排房”是融合了黄河和长江两地居住特点的建筑。从单体建造方式上看，半地穴是西北高原的竖穴向地面建筑演进的过渡形式；从布局方式上看，“排房”则与东南湿地的干栏式“长屋”有着某种内在联系。

山东章丘后李文化的西河遗址，发现了半地穴式排房。房址有30多座，多为圆角方形，向南开设短门道，一般面积为30多平方米，最大者超过50平方米；排列有序，布局合理，分布密集，聚落形态显示出相当完善的规划设计。距今7300~6300年的北辛文化已形成完整的聚落，房址以半地穴和浅穴式为主，平面多为椭圆形和圆形，面积多为5~10平方米，常见柱洞；入口朝向以东和东偏南为主，门道分台阶式和斜坡式两种。

距今8000年前后，西辽河流域开始出现了排列整齐的房址，其中最典型的是内蒙古赤峰敖汉旗兴隆洼文化和辽宁阜新查海文化遗址。兴隆洼遗址位于牤牛河上游平坦的缓坡台地上，有半地穴式房址170余座，平面为圆角方形或长方形，井然有序地呈东北—西南向排列，共12排，每排10余座；部分房屋重叠地建在已废弃的房址之上，反映房址有其固定的排列位置，显示出精心的统一规划；其中最值得注意的是房址面积大小不一，其中2座大型房址面积达140平方米，分属两排，并位列于聚落中心。通过人体骨骼鉴定，考古学家们推测，每个房址为一个单元，相当于今天的一个家庭；每一排房址内的各家庭之间存在血缘关系，相近的几排组成一个家庭；聚落由多个家族组成，聚落周围掘壕为界，组成了一个部落；几个部落连在一起，组成了一个集团，其中一个部落居于中心地位。

西辽河流域半地穴“排房”的形成原因有待探寻。从距今5000年前开始迅速消失的事实来看，这种建筑与当地条件的关联并不紧密；兴隆洼文化聚落中房址不设门道而从屋顶上下的现象，显然是北方穴居传统的延续。

除了黄河下游和西辽河流域以外，半地穴或地面式“排房”也曾断断续续地出现于黄河中游及其附近地区。在仰韶文化晚期与屈家岭文化中期相交的大约5000年前的地层中发现了“排房”，它们呈东西连贯的南北两排，间隔约20米；房址中的门扇为南方色彩浓厚的推拉式，支撑结构却为北方常见的木骨泥墙，地面光滑而坚实；“排房”中不同年代的房址层层叠压，但始终保持着先前的位置；两排“排房”之间的地层呈水平多层的堆积状，平整坚硬，可能是人工不断平整的结果。

中国北方民族在史前穴居的几千年也就是黄河流域物质文明不断进步的几千年，穴居本身不但是人类改造自然环境、创造人类文明的有力见证，而且穴居民族及其后裔在华夏大地上更创造出了光耀千秋的灿烂文化。

五、南部平原湿地的干栏“长屋”

在湿润的南部平原，人类经过改良鸟禽的居住方式，创造了一种近似树巢的“干栏式”建筑。

“干栏”是汉族史籍对古代百越族房屋的音译，“干”对应于“粳”，“栏”是带走廊的楼房，“干栏”合意为“粳稻民族带走廊的楼房”，现在称作“长屋”。这种建筑采用当地富产的木材，构成方形或长方形围合的架空生活面，屋顶覆以树皮、树叶或茅草，适合温暖湿润地区人类的生存。其结构轻便且易于组合，后演变为中国古代两大结构之一的“穿斗式”，即用横枋把排柱穿连起来成为立架，然后用枋、檩连接而成。

河姆渡遗址便是典型的“长屋”。整体布局呈西北—东南走向，背坡向水，纵轴与等高线平行；它由若干单元式房间组成，或为一个大家庭所有。出于便利的需求，“长屋”屋顶的中脊应当位于纵向中央的顶部，从上而下沿长边排水；出入口一定设置于总平面上较窄的一边，与中国后世常见做法大相径庭；如此一来，屋顶必呈独特的长脊短瞻式。这种屋顶与单元式成排组合的布局密切相关，当布局改变之后，后脊短檐也就失去了存在的意义。

作为南方的典型建筑，“长屋”的主要特征是立柱高架式结构、带状布局和长脊短檐式屋顶，它们共同构成了一个有机整体。立柱结构能消除低湿环境对人体的损害，长脊短檐式屋顶解决了人口避雨的问题，带状布局则利于整体的稳定。当这些建筑特征持续时间足够长久后，生活于其间的族群逐渐产生一种依赖，而人类建筑文化的传统，大约也就在此过程中逐渐形成。

在距今50万年前的旧石器时代初期，原始人群曾利用天然岩洞作为居住之所。到旧石器时代后期，中华民族的祖先早就在黄土地层上挖掘洞穴，作为居住之所。新石器时代，黄河中游的氏族部落，在利用黄土层为壁体的土穴上，用木架和草泥建造简单的穴居和浅穴居，逐步发展为地面上的房屋，从而形成聚落。从全部挖掘在地面以下的袋穴，上升到半在地下的浅穴；从露天的穴口，到用树枝等在穴口上搭盖遮蔽风雨的棚罩。穴居时代积累了对黄土地层的认识和夯筑的技能，在搭盖穴口顶盖的过程中也积累了对木材性能的了解和加工的经验技巧。如在穴口周围堆土培实，以防地面水流入穴内；顶盖上留出洞口，以便排烟通风……这些措施，逐渐形成了某些固定的屋顶形式。在南方某些低洼或沼泽地区，还从巢居逐步发展出桩基和木材架空的干栏构造。这些可以看作建筑的起源。从新石器时代仰韶文化的西安半坡遗址、临潼姜寨遗址等中可以看到，当时的聚居点已经是有规划的形式，半坡遗址中显然已能分出居住、烧制陶器、墓葬等区域范围；居住区的中心有一座“大房子”；居住区外围挖有宽而深的壕堑，作为防护之用。可以认为，在原始社会时期，中国建筑的特点已经开始萌芽。半坡遗址中许多小房子全都以一个大房子为中心；这种原始社会的生活方式，后来发展成为集合若干单体建筑组成“组群”的总体布局原则。

第二节　建筑材料的文化选择

中国传统建筑的材料，以土、木为主，砖、石次之，古代与建筑有关的事物及活动便皆以“土木”称之，如大兴土木、土木之功、土木营造、土木之费等。以天然的柔性材料土、木为主，是中国传统建筑的重要特征。从早期南方的巢居、北方的穴居，到后来综合性的亭台楼阁，土、木的使用方式虽有变化，但二者与中国建筑的关系始终如一。

一、土木结合及演进

春秋战国时的“高台榭美宫室”，虽土所占分量重于木，但南方干栏木构的影响仍不可低估。“榭”便是木构，高台将建筑提升到地面之上，似乎也是南方巢居一贯做法的延续，只不过将抬高方式由架木变为夯土而已。

先秦的台榭之风弥漫于全国，南北各具特点，而以楚国最为兴盛。《左传·成公十二年》记载显示了南北建筑的区别。晋国郤至出使楚国，楚王在地下室设置乐器，当郤至一到，地下钟磬齐鸣，郤至大惊，调头就跑。从建筑角度看，晋国身处中原，殿堂上的台座是夯土而成的实体；而楚国地处南方，保留了更多的干栏遗制，因此台下可以架空悬挂乐器。

干栏之制，萌生并成熟于南方，后传播到北方。高台建筑最初可能源于南方，三代之后北方文化一直居于支配性地位，后来的高台不免染上较多的北方色彩，最突出的一点便是土的作用大于木。春秋战国时，台榭是宫室建筑的主要形式，其具体做法：先夯筑高大的多层土台，再依附土台向外搭建多层木构，并在台顶建造宫殿。夯土称台，木构称榭，二者共同构成整体。《尚书·泰誓》孔传：“土高曰台，有木曰榭。”《说文解字·木部》曰：“榭，台有屋也。”《释名》亦云：“榭者，藉也。”这些记述都说明台榭是以土台为中心，木榭依附于台而建。北方之土成为主体，南方之木成为附庸。

夯土与木架结合的台榭，是中国古代最重要的建筑形式。随着时间推移，南方木构技术逐渐取代夯土作用，形成以“墙倒屋不塌”为特点的木结构建筑。承重结构以木构架组成的骨干为主，土墙或砖墙不再承重，只起围护、分隔和扶持柱子的作用。中国最早的工官被称作“司空”，后世称作“将作”，前者陶土，后者斫木，与从夯土为主到构木为主的演变刚好对应。全木构架结构代替土木混合结构是一个漫长的过程。至少在唐代以前，大型建筑一般都采用土木混合结构，其中土的比例和作用都要大于木。

隋唐的大型宫殿由若干座单体建筑聚合而成。通过单体组合追求宏丽，前承台榭遗韵，后启院落新风。其后再建单栋的大体量建筑，并以群体组合为主，回归了木构本色，因为木适于运用小建筑进行群体组合见长。

隋唐时期的单体建筑的组合大致有三种形式：左右并列、主次聚合和左右环抱。左右并列指在主体两侧平行布置较小的辅助建筑，辅助建筑或与主体相连或独立设置，相连的称

“挟屋/楼”，独立的称“朵殿/楼”。主次聚合是在主体周围或几面附加较小的建筑，形成大的组合体。其中，有前后聚合的；有以中心建筑为主体，四面辅以次要建筑的；有将两座建筑呈曲尺状相接、两面出歇山的；还有将附属建筑与主殿正面垂直相接、形成山面向外的“龟头屋”的。一般说来，聚合而成的建筑群体主体部分比较高大，附建部分相对低小，为主体屋檐所覆盖。左右环抱是指在主建筑的前方，左右对称或不对称地建次要建筑，以曲尺廊与主体相连，组成凹形平面。

唐代大明宫含元殿和麟德殿都是通过组合构成的宏伟殿宇。含元殿建在大明宫中部高地上，先凭借地形筑成10余米高的台座，其上再筑3米高的二层台基，下层为陛，上层为阶，阶上建大殿。大殿前面设置长坡道，平与地相间，共7折，形似起伏的龙尾层层下垂，故称“龙尾道”。含元殿是一座重檐大殿，殿身面阔11间副阶周匝，进深4间。大殿柱网有3圈：内圈分为两排，共20根；中圈东、西、北三面由夯土墙代替，具有重要的承重和稳定作用，南面一排12根；外圈是38根副阶柱。殿两侧有东西行廊，行廊南折，通往两个突出在外的墩台，台上建有木构楼阁，东称“翔鸾”，西称“栖凤”，与主殿形成左右环抱的凹形平面。麟德殿位于太液池西部高原上，建在二层台基上，由前中后三殿组成。三殿的东西两面，有厚达5米的夯土墙，墙体用木柱加固。中殿为二层楼阁，底层用土墙隔为三间，中央一间四面封闭，没有光线，称作“荫殿”，可能用于夏季避暑。前殿和后殿皆为单层，从侧面看，三殿主次有序、高低错落，非常壮观。中殿和后殿的东西两侧对称建有东亭、西亭和郁仪楼、结隣楼，都建在用砖包砌的夯土墩上，是与主殿左右并列的“朵楼”。

含元殿和麟德殿都建在高台上，殿内都有很厚的土墙，说明春秋以来土木混合的传统对其仍有影响。同时，木构架成为承重主体，土墙仅为辅助，木重土轻的趋势已不可逆转。此后，全木构架日益居于主导地位。到明清紫禁城，外朝的三大殿仍然居于土筑台基之上，仍有台榭遗留，但三大殿的承重体系已经完全采用木构，其雄伟壮观无与伦比。

中国传统建筑的演变，从穴居、巢居到干栏、台榭，从单体建筑成长为院落组合，仅就材料而言，始终没有超出土、木的范围，虽然二者的比例和作用时有交替。在中国历史长河中，砖石结构只是偶尔采用，往往成为地下陵墓、供佛的佛塔和交通桥梁的主要材料。人们的寻常起居，则一直置身于具有“生生之气”的土木之中。中国建筑选择土、木作为主要材料，初期是顺应自然环境的选择，后来则成为社会大众共持的文化执着。张华《博物志》云：“（地以）石为之骨，川为之脉，草木为其毛，土为其肉。”土和草木是自然的皮肉毛发，取舍皆容易，应该说是两种最具原生态意义的材料；但对于崇尚“天人合一”观，追求“与天地合其德，与日月合其期，与四时合其序”的中华民族，土木才是再恰当不过的选择。

二、对木、石两种材料的取舍

中国古代建筑以土、木为主要材料，而很少使用石材。由于木材的耐久性远逊于石材，使得从古希腊的神庙到巴洛克教堂，以石材为主要材料的欧洲建筑遗产蔚为壮观，而相比之下，从先秦到明清，以木材为主要材料的中国建筑遗产则乏善可陈。

从先秦到明清，在加工条件完备、也不缺乏需求的情况下，石材在中国建筑始终未能登上大雅之堂。这是为什么呢？梁思成在《中国建筑史》中给出了这样的推论：“中国结构既以木材为主，宫室之寿命固乃限于木质结构之未能耐久，但更深究其故，实缘于不着意原物长存之观念。”也就是说，中国建筑不以石材为主，根本原因在于中国古人不追求建筑的永恒存在。

其实，在中国大地上，石材遍布大江南北。在中国广袤的土地上，到处都蕴藏着适合建筑的优良石材，主要有两类：一类是大理石，另一类是花岗石。大理石原指产于云南大理的白底黑纹的石灰岩，剖面类似水墨山水画，古代常用来制作画屏或镶嵌画，后泛指一切经沉积或变质而呈现出花纹的碳酸岩类岩石，如大理岩、白云岩、灰岩、砂岩、页岩和板岩等。我国大理石矿产资源的品种多，总储量居世界前列。初步查明国产大理石品种近 400 个，按花色分类主要有以下几种：纯白的有北京房山汉白玉、安徽怀宁和贵池白大理石、河北曲阳和涞源白大理石、四川宝兴蜀白玉、江苏赣榆白大理石、云南大理苍山白大理石、山东平度和掖县雪花白等；纯黑的有广西桂林的桂林黑、湖南邵阳黑大理石、山东苍山墨玉和金星王、河南安阳墨豫黑等；红色的有安徽灵璧红皖螺、四川南江的南江红、河北涞水的涞水红和阜平的阜平红、辽宁铁岭的东北红等；灰色的有浙江杭州的杭灰、云南大理的云灰等；黄色有河南淅川松香黄、松香玉和米黄等；绿色的有辽宁丹东的丹东绿、山东莱阳的莱阳绿和栖霞的海浪玉、安徽怀宁的碧波等；彩色的有云南的春花、秋花、水墨花和浙江衢州的雪夜梅花等。大理石质感柔美，格调高雅，花色繁多，是建筑装饰的理想材料，也是艺术雕刻的传统材料。

花岗石是指各类岩浆岩，如花岗岩、安山岩、辉绿岩、绿长岩、片麻岩等。我国花岗岩矿产资源储量也较丰富、品种多。据统计，天然花岗岩石有 100 多个品种，较著名的有福建沿海的泉州白、辉绿岩，山东济南的济南青，河南偃师的菊花青、雪花青、云里梅，四川石棉的石棉，江西上高的豆绿色，广东中山的中山玉，山西灵邱的贵妃红、麻点白、绿黑花、黄黑花等。花岗石经过亿万年质变老化，形态极为稳定，不因常规温差而变形，无磁性反应，硬度高，因此精度保持性好。

与此同时，在中国古代，建筑主材料木材也并非随处都容易获取。“蜀山兀，阿房出”，秦代修建阿房宫的木材就是从千里之外的四川运到陕西的。木材的不断砍伐，优良大木逐渐稀少，使得华北地区很难找到可用之材，以至于要到长江流域历经千山万水地搬运木材到北方。中国古代建筑营造并非实行“就地取材”的经济原则。在古代交通不便利的情况下，建筑材料长途搬运需要花费大量的人力、物力和财力，只有当木材的使用意义超越了实际的物质层面，上升为一种执着的文化选择或是建筑理念时，人们才会千方百计、不辞辛劳地在全国各地寻找木材来修建房屋。

选择木材而不是石材作为建筑主材料，这是与华夏民族古老的价值观密切相关的。中国自古以来宗教观念淡薄，从未出现为神权凌驾一切的时代，这就使得中国古代建筑思考主要从“人本”出发。建筑服务于人，其理性和适度的使用就十分重要。人的寿命是有限的，我们所创造的环境应该和自己可使用的年限相匹配就足够了，不必希冀子孙后代在自己创立的环境中生活，何况他们也不一定满意前代替他们做的安排。这是一种很现实的态度，人是一代一代地过去，匹配的房屋建筑也应一代一代地更替。

中国古代社会一直以“礼”治国，汉以后，尤以儒家作为整个社会行事准则。儒家提倡节俭，一贯反对铺张浪费以节省民力。从材料性质上看，木材显然比石材容易加工，用木材建造房屋效率更高，耗时更短；反之，加工和修建石材房屋则费事费时费工得多。古代试图采用石材造屋的人物或言行，也往往会遭到强烈的批评。《礼记·檀弓上》记载：“昔者，夫子居于宋，见桓司马自为石椁，三年而不成。夫子曰：‘若是其靡也，死不如速朽之愈也。’”做一个石棺材，三年却没成功，说明石材的确不容易加工；对于崇尚务实和节俭的中国人来讲，这是浪费奢侈的行为，如果人要这样费时费工，倒不如人一死形体就灰飞烟灭。

房屋建筑主要是为了满足人们日常起居和礼仪规范的实际功效。《墨子·辞过》云："古之民，未知为宫室时，就陵阜而居，穴而处，下润湿伤民，故圣王作为宫室。为宫室之法，曰室高足以辟润湿，边足以圉风寒，上足以待雪霜雨露，宫墙之高，足以别男女之礼，谨此则止。……是故圣王作为宫室，便于生，不以为观乐也；作为衣服带履便于身，不以为辟怪也。故节于身，诲于民，是以天下之民可得而治，财用可得而足。"在这里，墨子将房屋看作是区别男女的礼仪工具，是人类"以避群害"的防御体系。房屋建筑一直被当作一种生活上的实际需要，只要满足了社群基本的起居和礼仪需求就够了，不必在豪华奢侈上花费心力。

中国传统哲学从未认真对待过永恒这一主题，儒、释、道三家学说均坚信"万物无常"，认为"一切皆变"的规律才是永恒的。在这些思想影响下，自古以来，中国人一直就没有把建筑物看成是一种永久性的纪念物。无论房屋或整个城市，陈旧了，衰颓了，或者不再适合当时需求了，直接抛弃重新建造。中国历史上，除了唐朝和清朝外，几乎所有开国之君都是重新设置自己新的宫殿和都城。而西方恰恰相反，把建筑物看作是永久性的纪念物，陵墓、神庙和教堂，都是为永恒世界服务的。

用木材为作为主要建筑材料，除了与思想追求相适应外，木材建筑本身有非常完美的优点。它们在节约材料、劳动力和施工时间方面，比石材建筑有天生的优势。毫不夸张地说，在达到统一要求和效果的前提下，中国建筑是世界上最节省的建筑。尤其是在施工时间上，同时代同规模的中国建筑往往比西方建筑快很多倍，秦始皇在位仅 11 年，却完成了阿房宫、渭水长桥、骊山陵、万里长城、驰道等规模巨大的建筑工程便是明证。

第三节　古代主流建筑观念

大约新石器时期，先人们就认识到"过犹不及"的自然规律，从而在人类社会濒临崩溃之前力挽狂澜。至迟到大禹治水之时，两股相互角力的意识逐渐走上历史舞台：一是疏导法，一是湮堵法。与此同时，从民生出发力求社会稳定的"卑宫室"建筑思想站稳脚跟，出于人类本能欲望的"大壮"思想受到挑战与暂时抑制。由此，"卑宫室"和"大壮"两种思想反复登台，各有一番理论依据，数千年交锋不已，而中国传统建筑就在这二者竞争中孕育出中国建筑独特的气象。

一、高台榭，美宫室

春秋战国时期，盛行高台宫室，各国诸侯穷奢极欲，纷纷在高台上兴建大量壮观华丽的宫室，即所谓"高台榭，美宫室"，使高台建筑成为当时宫殿建筑的主要特征。

早在商周时期，夯土高台与木构楼榭的结合，成就了一种重要的建筑类型。它既可以隔潮防水，也可以观察天地、祭祀鬼神并可使人登高游览。西汉刘向《新序·刺奢》记载，商纣王的鹿台"其大三里，高千尺，临望云雨"，虽记载尺寸未必实指，但鹿台建筑的过度奢华是真实的。总的看来，高台楼榭建造于春秋前期的并不多，春秋后期才大量出现。

春秋后期，晋、楚势力相当，两国罢兵合约签订后，不惜人力物力，费时费工地建造高台楼榭，凭借宏大的建造彰显其称霸争雄的野心。宋平公于公元前 556 年开启建造高台楼榭的序幕；公元前 535 年，楚灵王耗时六年建成章华台，时隔一年，晋国同样耗时六年的虒祁宫落成，与楚章华台相媲美。

各诸侯国中数楚国的高台楼榭成就最大。《战国策·楚策》记载，楚庄王游云梦泽："楚王登强台而望崩山，左江而右湖，以临彷徨，其乐忘死。"刘向《说苑·正谏》记载，楚庄王便计划修建层台："延石千里，延壤百里，士有反三月之粮者。"当时的云梦泽缺少土和石，建造者于千里之外搬运石头、土地，服役的百姓要带三个月的粮食。西汉贾谊《新书》记载，楚灵王建造的章华台高耸壮观："翟王使使楚，楚王夸使者以章华之台。台甚高，三休乃止。"。以台向人夸耀，而登越高台竟然要中途休息三次，都说明台有足够的高度。章华台除了高大和坚固，直到北魏郦道元经历此处，残迹依然"高十丈，基广十五丈"。

素有"天下第一台"之称的章华台，以其崇高壮丽溢美于当时，也以凄凉悲痛垂训于千古。根据遗址复原，章华台共分四层：第一层是夯土层，第二层是木骨版筑墙围成的空心台，台上建有两层木构楼阁。据《国语·楚语上》记载，楚灵王与伍举一起登临，感慨"台美夫"；伍举上谏，章华台使国民疲惫，国库空虚，如以此美为楷模，楚国危矣。灵王羞愧不久又开始修筑乾溪台，"乐乾溪，不能去也。国人苦役"（《史记·楚世家》）。公子弃疾趁机作乱，灵王流落荒山，被申亥救回，自缢而死，落了个"以高台陂池亡其国者"（《战国策·魏策》）的下场。

春秋末年，国君沉湎于高台楼榭的弊端人尽皆知。"庶民罢敝，而宫室滋侈；道殣相望，而女富滋尤。民闻公命，如逃寇仇"，这是叔向对晏婴感叹晋国衰落的根源。王公梦自奉过度，宫室奢华，导致百姓穷困，离心离德。当时普遍流行的观念就是，国势强弱与君王自奉厚薄，尤其是对待宫室建筑的态度恰好成反比。钱穆认为，春秋时期，"古代贵族文化已发展到一种极优美、极高尚、极细腻雅致"的境界，列国君子从事政治、外交甚至战争，都表现出那个时代特有的风度与襟怀。战国后期，当争强好胜之心战胜礼信道义时，贵族阶层没落了，随之诸子百家兴起，原先奢侈的宫室成为众矢之的。

瓦在西周只应用于檐部和屋脊等重要部位，到春秋战国时才广泛应用于宫殿建筑。各诸侯国竞相建造高台宫室，台上的木架建筑是一种体形复杂的组合体，而不是庭院式建筑群；春秋战国时期的建筑色彩已很富丽，加上灰色的筒瓦屋面，使宫殿建筑彻底摆脱了"茅茨土阶"的简陋状态。诸侯们建造高台宫室的目的有三：一是使宫殿显得高大雄伟，表现统治者的权威；二是加强安全防卫；三是以夯土台作为整个建筑结构的核心，以建造多层建筑，这种做法可以弥补当时木构技术的不足，取得更大的建筑空间。

高台榭，美宫室，是春秋贵族文化华丽的谢幕。它兴起于诸侯罢兵之后，是取代战争的一种和平竞争方式；它是中国建筑活动的第一个高峰，显示了古代物质成就的辉煌，并产生了高台楼榭这一重要建筑类型。先贤们在物质辉煌面前所做的远见卓识使中国建筑走上了一条独特的道路。

二、非壮丽无以重威

宫殿是中国发展最为成熟、成就最高、规模最大的建筑，鲜明地反映了中国传统文化注重巩固人间社会政治秩序，特别强调统治者权威的特色。宫殿是帝王朝会和居住的地方，除了满足帝王的物质生活要求外，更主要的还要以其巍峨壮丽的气势、恢弘的规模和严谨整饬的空间格局，给人以强烈的精神感染，实现帝王至尊的权威。

司马迁《史记·高祖本纪》记载："萧丞相营作未央宫，立东阙、北阙、前殿、武库、太仓。高祖还，见宫阙壮甚，怒，谓萧何曰：天下匈匈苦战数岁，成败未可知，是何治宫室过度也？萧何曰：天下方未定，故可因遂就宫室。且夫天子以四海为家，非壮丽无以重威，且无令后世有以加也。高祖乃说。”意思就是，天子以四海为家，建筑不雄壮美丽就无法显示天子地位的至尊和威严。“非壮丽无以重威”显示了萧何的美学思想，上承孔子“文质彬彬，然后君子”通过彩绘镂金表现富丽堂皇的审美观，下启汉朝以铺张扬厉、气势煊赫、润色鸿业为特征的极力渲染大场面、大建筑、大景观、大仪式的审美观，充分认识到了建筑艺术可能拥有的政治作用。

为实现“非壮丽无以重威”的目的，古人通过三种手法来实现：一是在建筑的体量和数量上增大，宫殿建筑往往体量最大，组成宫殿建筑群的单体建筑的数量也最多；二是在群体布局上强调中轴对称方式，最尊贵的建筑放在中轴线上是，较次要的放在两边；三是将中轴对称布局扩大到整个都城。所以，中国的宫殿与都城的关系密不可分，二者的“壮丽”往往是一脉相承的。

汉代都城长安是中国古代最负盛名的都城，也是当时世界上最宏大、最繁华的国际性大都市。公元前 202 年，高祖刘邦在秦兴乐宫基础上兴建长乐宫，揭开了长安城建设的序幕。公元前 199 年，萧何提出“非壮丽无以重威”观点，营建未央宫，立东阙、北阙、前殿、武库、太仓。

按照萧何的观点，一旦将未央宫营造得如此壮丽，后世就不会加建。实则不然，况且“岂有先为过度之事，而冀后世之无所加者乎？”（《秦汉史·政治卷》），春秋战国的“高台榭，美宫室”，到秦代已登峰造极了，秦始皇统一天下后，秦代宫室之盛，为我国古代社会之罕见；毫不夸张地说，夏商以下迄于春秋战国所建宫室皆未有能与之相比拟者。汉继秦兴，仍大肆修筑宫室，而不是萧何所说的“无令后世有以加”。惠帝三年（前 191 年）和五年期间修筑长安城墙，六年兴建西市。武帝元朔五年（前 124 年），在城南安门外建太学，元鼎二年（前 115 年）修柏梁台；太初元年（前 104 年）修建章宫；太初四年（前 101 年）修明光宫。至此，西汉长安城规模基本定型。平帝元始四年（4 年），在长安城南修建明堂、辟雍，结束了西汉王朝对其都城的营建。

汉长安城三大宫之一额长乐宫位于城东南，周长 90 公里，面积 5 平方公里，占长安城面积的 1/6，宫内共有前殿、宣德殿等 14 座宫殿台阁；未央宫位于城西南，汉朝的政治中心，史称“西宫”，周长 9 公里，面积 5 平方公里，占长安城面积的 1/7，宫内共有 40 多个宫殿台阁。建章宫是一组宫殿群，周围 10 余公里，号称“千门万户”。汉长安城以其宏大的规模、整齐的布局而载入都城发展的史册。

司马光在《传家集》中总结汉代国运兴衰历程时说，“孝武卒以宫室糜弊天下”，史上多有佐证。元狩三年（前 120 年），朝廷以练习水战之名，在上林苑之南修筑昆明池。武帝甚为兴奋，“乃作柏梁台，高数十丈”。元丰二年（前 109 年），“长安作飞廉、桂观，甘泉作益寿、延寿观……又作通天茎台……更置甘泉前殿，益广诸宫室”；太初四年（前 101 年），兴建明光宫。汉武帝所修建的宫室中，数建章宫规模最大。“度为千门万户。其东则凤阙，高二十余丈；其西则唐中，数十里虎圈；其北治大池，渐台高二十余丈，命曰太液池，中有蓬莱、方丈、瀛洲，壶梁象海中神山、龟鱼之属；其南有玉堂、璧门、大鸟之属。立神明台、井干楼，度五十丈，辇道相属焉。”（《资治通鉴·汉纪十三》）据说，建章宫的前殿非常高峻，可居高临下地俯瞰未央宫。

两汉时人严厉批评宫室修建之奢侈，刘向《说苑》、王充《备乏》中都有论述。在《古文尚书》中，有两篇文字提及宫室奢侈的危害：一是《五子之歌》谈论亡国征兆：“内作色荒，外作禽荒，甘酒嗜音，峻宇雕墙。有一于此，未或不亡。”二是《泰誓》谴责纣王：“惟宫室、台榭、陂池、侈服，以残害于尔万姓。”宫室奢侈被列为亡国罪状之一，也许正是汉武帝“内侈宫室”的社会现实在思想领域的反映。

三、“时弥近者制弥陋”

顾炎武《日知录》卷十二总结唐宋城市建设的区别：“余见天下州城，为唐旧治者，其城郭必皆宽广，街道必皆正直，廨舍之为唐旧创者，其基址必皆宏敞。宋以下所置，时弥近者制弥陋。人情苟且，十百于前代矣。”顾氏见解深透，不论州城，单论都城和皇宫自北宋以后的规模和气势远不及汉唐。

北宋的都城开封，前身是唐德宗年间修建的汴州城，历经五代至宋虽屡经扩建，依然街道狭窄、屋宇拥挤。都城内的皇城，前身是唐汴州宣武节度使衙署。建隆三年（962 年），宋太祖深感规模狭小，下诏模仿洛阳扩建宫室。然扩建后的开封周围仅 5 里。皇城中宫殿多是在旧有宫殿基础上扩建而成，最重要的大庆殿和文德殿都沿用了前代建筑。宋太祖建国之初所作的扩建，基本奠定了北宋皇宫开封的规模，后代帝王没有太大扩建。皇城西北角有一片后苑，是帝后们的游乐之所。面积很小，纵横不过百步，主殿宣和殿只有 3 间，建筑上不施文采，仅下部柱子涂以朱，上部梁枋刷以绿。宋人感叹道：“祖宗不崇园池之观，前代未有也。”

宋代堪称“文人治国”的典范，司马光编纂《资治通鉴》的初衷，“专取关国家兴衰，系民生休戚，善可为法，恶可为戒者，为编年一书”，希望君王“鉴前世之兴衰，考当今之得失”，是宋代成为前所未有的治世。司马光对“非壮丽无以重威”的批判给君王留下了深刻印象。太祖赵匡胤陈桥兵变，既无商、周之德，也无汉、唐之功，“上畏天命，下畏人心”，在处理帝王与子民关系尤为谨慎，扩建皇城适可而止。当时营建的金明池虽为皇家苑囿，却能依循古训与民同乐，“河间云水，戏龙屏风，不禁游人”。

王夫之在《宋论》中，专论太祖的节俭，“民之恃上以休养者，慈也、俭也、简也……不忍于人之死，则慈；不忍于物之殄，则俭；不忍于吏民之劳，则简”。太祖深知“一将功成万骨枯”，“怵于天命之不恒，感于民劳之已极”，施行仁政出于不忍之心，不为求利，不为沽名，是真能体恤民情，不忍为浩大工程。王夫之再言，“三代以下称治者三：文景之治，再传而至；贞观之治，及子而乱”。西汉的文景之治传了两代，贞观之治只传了一代，而北宋先后历太祖、太宗、真宗、仁宗、英宗五代，直到神宗熙宁变法之前，百余年百姓康宁。由此看来，北宋治世之长久远胜前代，这都源于太祖留下的“家法”和“政教”。在这一点上，宋太祖这位创业垂统之君，给后世子孙做了一个好榜样。

从春秋末年的“高台榭，美宫室”，西汉的“非壮丽无以重威”，再到北宋以来的“时弥近者制弥陋”，建筑气象的变化非常大。然而从史料可以看出，三个时代的建筑营造看似截然相反，实则一脉相承，“卑宫室”思想贯穿这一过程的始终。

战国时期，诸子百家对奢侈宫室的批评不绝于耳。据《后汉书·杨震列传》记载，汉灵帝打算修筑毕圭和灵琨两苑时，杨赐表示反对。他认为苑囿足够游乐，皇帝应体察下民疾苦。据《建康实录·太祖下》记载，三国孙权迁都建康，将武昌旧宫的材料拆卸用于营造建康新宫，基于“大禹以卑宫为美，今军事未已，所在多赋，妨损农桑”；《隋书·帝纪》载，隋炀帝杨广在即位诏书云：“今所营构，务从节俭，无令雕墙峻宇复起于当今，欲使卑宫菲食将贻于后世。”唐太宗建玉华宫，宫内建筑皆用茅草修葺，将皇宫降为原始茅屋的地步，虽不免有作秀嫌疑，但可见“卑宫室”思想的影响。

"卑宫室"思想成熟于先秦，定型于汉代，于北宋达到顶峰，在中国历史上从未中断过。陈寅恪为《宋史职官制考证》作序如是说："华夏民族之文化，历数千载之演进，造极于赵宋之世。"而宋代州城、廨舍均"时弥近者制弥陋"便是中国建筑"卑宫室"的最大体现。

第四节　向大地回归的仙楼佛塔

在中国古代，王权与教权的过早分离和人文精神的高度发达，使中华文明中的宗教意味相对淡薄，中国建筑由此也以合宜适度、卫生足用为宗旨，人文的光辉远超过物质的成就。

然中国建筑在主流的谦卑状貌之外，物质层面的发展也经历过几次高潮，尤其是两种向高空垂直发展的建筑类型——楼阁和佛塔。两者似乎一度离开大地，摆脱理性，与宗教有着千丝万缕的关系。楼阁与道教有关，塔与佛教有关，宗教的狂热与执着，对建筑技术的发达无疑有着不可低估的作用。

一、仙人好楼阁

《周礼·考工记》云："夏后氏世室，殷人重屋，周人明堂。"《说文解字》曰："楼，重屋也。""重屋"大概是中国最古老的楼阁了。夏、商、周三代所建之楼与仙人并没关系，是用于布政、通天、祭祖等的建筑。高楼真正兴盛起来，是在秦汉时期，也就是在它们与仙人建立了联系之后。

道教正式出现于东汉，但其精神早已存在于上古思想中。《庄子》一书中就有很多理想人格的描述，如《逍遥游》中"肌肤若冰雪，绰约如处子，不食五谷，吸风饮露，乘云气，御飞龙，而游乎四海之外"的"神人"，《齐物论》中"大泽焚而不能热，河汉冱而不能寒，疾雷破山、飘风振海而不能惊"的"至人"，《大宗师》中"其心忘，其容寂，其颡頯；凄然似秋，暖然似春，喜怒通四时，与物有宜而莫直其极"的"真人"。这些"神人""至人""真人"皆有种种神通，逍遥自在、无往不适，正是后代仙人的原型。

庄子笔下的理想人格称作"真人"，与其相对的是假人。世间之人皆为假人，但通过修炼可返璞归真，过上逍遥日子。庄子指出的这条路径，经过后世神仙家、阴阳家的演绎发挥，衍生出各种道术和方技。神仙思想实际是人类基本欲望无限度的扩张，人间的约束只是手段和暂时节制，以便成仙后得到更大满足。这对尘世中人有着极大的吸引力，上至帝王，下至草民，无不表现出对神仙长生的痴迷。

闻一多先生《神仙考》中推知神仙如何与楼阁关联起来的，还指出"长寿""不死"观源于中国西部的"灵魂不死论"。"秦之西，有仪渠之国者，其亲戚死，聚柴薪而焚之，熏则烟上，谓之登遐。"（《墨子·节葬下》）仪渠为西部之国，火葬之后，灵魂便乘坐袅袅飞烟上天而得永生。此不死观传入东方，先演变为"灵肉同生论"，继而演变为燕齐一带的"肉体不死论"。炼丹、服药、行气，均是为了改变重浊的肉身，达到飞升的目的。人一旦升天，就可与神仙一样长生和万能。长生、飞升、登天，种种观念糅合在一起，人们自然想到神仙的居所也定是高耸入云的楼阁，甚至唐代李白还对成仙津津乐道，吟诵"不敢高声语，恐惊天上人"。

汉武帝晚年追求长生不老之方、得道成仙之术。"仙人好楼居"便是方士游说汉武帝的动人辞令。汉武帝"乃作通天台，置祠具其下，将招来神仙之属"，并在建章宫中"立神明台、井干楼，度五十余丈，辇道相属焉”，营造通天台和神明台有两个目的：一是迎接仙人下凡，招来神仙；二是引导武帝成仙后升天。为了迎候神仙与天相通，汉武帝还建造了很多楼观。“令长安则作蜚廉桂观，甘泉则作益延寿观”，“（建章）前殿度高中央，其东则凤阙，高二十余丈”，加上井干楼、通天台等，各种形制，无所不有。

楼阁在两汉成为一种广泛使用的建筑形式，反映了木构技术的巨大进步，其背后则是当时独特的人生观念和审美追求。“殷人重屋”“仙人好楼居”，重屋和楼阁这两个名称自身就反映了中国古代高层建筑的两个特征：“重屋”与井干相通，层层重叠，枋木重叠构成井干，房屋重叠构成楼阁，一座高楼实际是由许许多多单层房屋组成；而西方大教堂则是一个整体，是一座内部空间特别高大的单层建筑。“楼居”的重点在于“居”，表明中国古代高楼的目的是把人带到高处生活，春秋战国时的高台如此，重屋之制的楼阁如此，甚至传入中国并最终中国化的佛塔亦如此。

二、佛塔绰影

在佛教建筑中，佛塔最具代表性。佛塔最早源于印度窣堵坡，本是一种埋葬骨灰的半圆形覆钵状墓塔。印度的早期佛塔中，以桑奇大塔最为著名也最具代表性。整个佛塔由三部分组成：最下层是圆形的塔基，其上为半球形的覆钵，顶部为方形的石栏平台，台子中央的立杆支撑着整个伞盖。整个墓塔采用实心石构，整体造型为下圆上方，但这个建筑特点在佛塔进入中国后产生了较大变化。

佛塔随着佛教传入中国。佛教正式传入中国是东汉永平年间。《洛阳伽蓝记》云：“孝明帝夜梦金人，项有日光，飞行殿庭，乃访群臣，傅毅始以佛对。帝遣郎中蔡愔、博士弟子秦景等使于天竺，写浮屠遗范。……愔之还也，以白马负经而至，汉因立白马寺于洛城雍关西。”白马驮经归来在永平十年（67 年），同年建白马寺安置外来僧人，并建造佛塔。《魏书・释老志》记载：“凡宫塔制度，犹依天竺旧状而重构之，从一级至三、五、七、九。世人相承，谓之浮图，或云佛图。”最早的佛塔基本沿袭了印度窣堵坡式，但却采用犍陀罗式将其基座重叠以后变成多级的高塔，这反映了中国人对三代“重屋”形式的执着和继承。

敦煌壁画中有若干窣堵坡式佛塔，它们二至四层不等，底层为方形台座，其上为丰满圆润的覆钵，层层叠加。壁画中还有一种下层为方形木屋，上部搁置数层窣堵坡的建筑，直接引入汉代楼阁的做法。这是佛教传入中国之初，佛塔原型与重楼意象的叠加，两种建筑的初步结合还是稍显粗陋。随着时日的流逝，两种建筑的结合日渐圆融，中国的重屋情结使原本单层的印度佛塔迅速变成多层。从世界范围看，只有中国佛塔采用重楼形式：木构楼阁取代实心石塔，内部有活动空间，最初只是供奉佛像，供人礼拜，后来演变为可层层登临的高层建筑。此后的中国佛塔采用方形台基，台基上立多层方形塔身，窣堵坡则被缩减为覆钵、露盘、宝珠等，置于塔顶作为塔刹。

西汉武帝开启释、道合一的先例，东汉“浮图与黄老同祀”更是蔚然成风。佛家崇“清净”，道家尚“无为”，二者教义相通作为西方神明的佛祖与黄帝、老子及其他神明人物一起受到敬奉。同时，东汉之前流行的本土楼居影响了供奉西方神明的高塔。汉代楼阁所采用的木构技术来自中国南方，木构佛塔的建造也与南方有关。

6 世纪的北魏洛阳是寺塔林立的城市，其中最著名、最壮观的永宁寺塔。熙平元年（516 年），胡太后立永宁寺，并在寺院中心建塔，该塔成为洛阳的标志性建筑。永宁塔高 1000 尺（约 300 米），《魏书・释老志》云：“佛图九层，高四十余丈。”佛塔有两层夯土台基，底层东西长 101 米，南北宽 98 米，接近方形；上层为方形，边长为 38.2 米，其上有 124 个方形柱础，内外五圈作方格网式布列。第四圈木柱内有方约 20 米的方台，是一座土坯垒砌的实体高台，第五圈木柱为外圈檐柱。内部高台的东、西、南三面正中的五间，都有佛龛；北面无佛龛只有壁柱，是设置楼梯之处；高台外部的第五圈木柱，主要作为回转礼拜的通道，参拜中心高台表面龛中的佛像。永宁塔高九层，内部土台高七层，台外各层围有一圈木构回廊，台上建两层木构房屋，这表明当时建塔仍受到秦汉以来台榭建筑依附高台架立木构、形成木构建筑外观的结构形式的影响。

印度佛塔原本是实心的，只埋佛骨，不供佛像，更不能登临；传入中国后，佛塔之内出现供奉佛像的空间，单层佛塔变为多层，但初期只在底层置佛像，其上各层仅供观瞻，并无实际功用。这种状况在南北朝时期逐渐被打破。佛塔内部开始层层供佛，逐层登临也就成为必要。从实心到空心，从不登临到登临，是佛塔逐渐中国化的一个重要标志，也是汉代“楼居”精神的延续。隋唐时，登塔仪式司空见惯，著名的“雁塔题名”便是进士及第之后群体登临长安慈恩寺浮图的题诗。

以高耸形象为主要特征的中国密檐式塔和楼阁式塔，在形制上显然较多地接受了中国传统建筑中亭台楼阁的深刻影响。许多佛塔塔檐出挑和起翘，形象轻盈俏丽，是对中国传统大屋顶屋檐形制的借鉴运用。

三、回归大地

中国早期寺庙的布局中，佛塔占据首要的中心地位，但从南北朝开始，这一地位开始逐渐改变。内部供奉佛像的佛塔，实际是一种佛殿，后来随着佛像的增加，原来狭小的空间容纳不下，于是采用传统的殿宇作为佛塔的补充。随着殿宇地位日益上升，传统的院落手法也逐渐运用于寺庙布局中，最终导致了佛塔主体地位的丧失。

中国传统建筑发展到北魏，单体组织和院落布局已经很成熟了，洛阳皇宫就是一组复杂有序的庞大院落。永宁寺效仿洛阳宫殿，自然受到其布局方式的影响，不过此时的高塔仍居于永宁寺的主宰地位。唐朝以后，以佛殿为中心主体、佛塔分置两侧，甚至别院的布局形式才逐渐定型。然而，这一回归大地的趋势已不可逆转。隋唐时期，净土思想流行，建造宏丽的佛寺成为潮流；其显著特点便是以高大的殿阁为主体，以回廊院落为单元，通过繁复的空间组织，形成丰富开阔的院落格局。此时的人们不再追求天国仙界，而是回转执着于现实世界的佛国净土。

从高层楼塔到单层院落，一个垂直发展，一个水平分布，都是三代“重屋”思想的产物，前者是房屋在竖向维度上的重复叠加，后者是房屋在横向维度上的重复组合。

中国佛教建筑从未形成一种独特的建筑类型。首先，佛塔的最早名称便沿用了汉代官署机构“寺”的名称命名；其次，其建筑形式也沿用了中国传统的庭院式建筑，通常平面布局与空间排序，有一条由主要建筑所构成的纵向中轴线，构成中轴对称的发展态势，而且往往是南北向的。

院落式的群组布局还具有一种独特的审美效果：重要建筑都在庭院之内，很少能从外部一览无遗。越是重要的建筑，作为前奏的院落就越多，主体在人们的行进中层层剥开，引起人们可望而不可即的期盼心理，一旦主体建筑最终呈现在眼前时，朝拜者激动和兴奋之情完全不可遏制。尤其是帝王宫殿，屈原发出了“岂不郁陶而思君兮？君之门以九重”的感慨，唐诗中更不乏描述帝王殿堂的深不可测，如骆宾王《帝景篇》的“山河千里国，城阙九重门”、韩愈《左迁至蓝关示侄孙湘》的“一封朝奏九重天”和崔颢《行路难》的“九重幽深君不见”等。这种由层层建筑构成的空间距离之感，在宫廷中偏重于皇权的威慑力，到园林建筑和寺庙建筑则多转化为一种审美需求。

作为中国古代最主要的两种高层建筑，楼阁与高塔的发展皆与宗教有关。宗教热情对于建筑技术的进步和物质成就的提高有着不可低估的作用。但中国的高层建筑，越到后期，佛教的异域色彩越淡化，最终演变为完全中国式的禅宗。禅宗阶段的佛教，认为心外无物、此心即佛，事实上已不需依靠建筑或其他物质方面的形色渲染吸引信徒，此时在禅宗寺院中开凿石窟、营建高塔之类物质上的孜孜以求已经没有太大意义。僧人们在青山绿水、竹窗茅舍间“砍柴担水，无非妙道”，不多的房屋朴素亲切。显然，中国化后的佛教禅宗，添加了许多老庄意味，是佛、道两家的合流。

隋唐以后，楼阁式佛塔日益世俗化，登临观赏成为楼阁的重要功能；宋元明清兴建的风水塔或风水楼，不再是礼佛求仙的工具，而成为“通显一邦，延袤一邦之仰止；丰饶一邑，彰扬一邑之观瞻”的标志性建筑，成为纯粹装点祖国大好河山的装饰物。佛塔的世俗色彩逐渐浓厚，表现在三个方面：

一是佛塔的多样化。佛教初入中国，寺塔并立，塔居于寺中心，后渐渐变成塔建于寺前后或左右，后来干脆使塔脱离于寺，有时建塔不建寺或建寺不建塔。随着塔从寺中独立出来，塔成为一种独立的艺术形式。塔与中国传统建筑样式相结合，演变出楼阁式、密檐式、亭阁式、覆钵式、金刚宝座式、过街式、门式、多顶式、圆筒式、钟式、球式、高台式以及经幢式等形制。这些塔形的建造灵感来自于中国建筑传统文化中的楼、阁、亭、阙、台等理念。中国人按照本有的伦理观念和审美趣味去理解佛塔，削弱了佛教崇拜观念，是中国古代世俗观念向佛教的渗透。

二是佛塔的伦理化。传入中国后，佛塔样式和意义都逐渐发生了一些变化。佛教徒适应中国人的丧葬习俗，砌筑地宫，使用中国式的棺椁安奉舍利。佛塔在中国的宗教情绪淡化，具有了许多世俗功能，许多佛塔甚至成为直接表达世俗伦理道德的外在形式。如长安的大雁塔，本名“慈恩寺塔”，是唐高宗李治答谢其母长孙皇后养育之恩，后又将其中的大雁塔改名为慈恩寺塔；明成祖朱棣于永乐十年（1412 年）在南京建大报恩寺琉璃塔，便是追念蒙冤而死的生母所建。类似“慈恩”“报恩”之类的名称，渗透着浓浓的儒家“孝”观念。以宗教形式表达亲情，在中国是非常普遍的行为。

三是佛塔的实用化。楼阁式常常临据于自然美景的制高点，便于人登临远眺。唐代大雁塔是文人雅士“雁塔题名”的胜地，以科举及第、皇家赐登、雁塔题名为人生一大荣耀。有的佛塔则具有实用功能。中国古塔除了藏舍利、供礼佛的宗教功能外，还有许多实用功能。杭州六和塔、海盐资圣寺塔以及泉州姑嫂塔等，是为指示航向、引渡导航之用，是灯塔和航标。河北定县开元寺塔，建于北宋仁宗至和二年（1055 年），位于宋、辽之间的军事要冲，是宋兵登临瞭望辽军动向的军事工具，有“料敌塔”之称。各种各样具有地标性质的塔遍布城乡，被人们视为风水塔、文峰塔、文风塔等，寄托了世俗社会中人们对国家安泰、美好生活的向往。

种种现象表明，作为佛教信仰象征的佛塔，在传入中国之后，已经与中国古代社会的伦理信条和道德规范相结合，产生出新的、世俗化的艺术形式和实际功用。

第五节　生死观与墓葬制度

在中国传统观念中，生死是人生大事。《荀子·礼论》云："生，人之始也；死，人之终也。始终俱善，人道毕矣，故君子敬始而慎终，始终如一。"人的生与死是生命的两个端点。"善始"，要人看重现实生命，珍爱生命，善待生命，不轻易论死；"慎终"，指举丧要尽其礼。

一、生死与鬼神

儒家将生死看作一个不可逆转的自然规律，是不可违抗的"天命"。西汉扬雄《法言·君子》云："有生者必有死，有始者必有终，自然之道也。"人终究避免不了死亡，死亡之后的人是什么呢？又将到哪里去？

《礼记·祭义》云："众生必死，死必归土，此之谓鬼。"人死之后埋葬于土里，称之为"鬼"。《墨子·明鬼下》亦云："古之今之为鬼，非他也。有天鬼，亦有山水鬼神者，亦有人死而为鬼者。"许慎《说文》曰："人所归为鬼。从儿，象鬼头。从厶，鬼阴气贼害，故从私。"《列子·天瑞》记载："精神离形各归其真，故谓之鬼。鬼，归也，归其真宅。"《列子》认为人死后有灵魂，灵魂离开身体就成为"鬼"。无论"鬼"是指人死后的形体还是指人死后脱离形体的灵魂，都需要一个归处。

儒家观念认为，人死后要回归土地。在《礼记·中庸》"事死如事生，事亡如事存，孝之至也"的理念支撑下，中国古人往往对死者举行丧葬之礼，而且还会根据死者生前的社会地位布置陵墓格局。

二、"古也，墓而不坟"

古人将死者的尸体或尸体残余按照一定方式放置在特定场所的行为，称作"葬"；用来放置尸体或其残余的设施称作"墓"。二者合称"墓葬"。

《礼记·檀弓上》云："古也，墓而不坟。"东汉郑玄注："墓，谓兆域，今之封茔也。古，谓殷时也。土之高者曰坟。"殷商之前，凡挖掘塘穴埋葬棺木，棺木的土与地面持平，不在埋入处植树的称作"墓"。"坟"是在埋葬死人的地方筑起的土堆。"墓而不坟"指埋葬死人后不作任何标识。

土葬是世界大多数民族所采用的传统丧葬形式。中国古代社会是宗法社会，亲亲观念比较浓厚，天葬或火葬在汉民族看来是对死者极不尊重和不人道，故不取；而土葬将死者身体进行掩藏，具有入土为安的感情寄托。

从文献中，不难发现古代中原地区实行的是"墓而不坟"的习俗及其采用这种做法的原因。《易·系辞下》记载："古之葬者，厚衣之以薪。藏之于野，不封不树，丧期无数。"而《礼记·檀弓上》亦云："葬也者，藏也；藏也者，欲人之弗得见也。""墓而不坟"，最终目的就是不让生者知晓，不让其打扰死者的归处和宁静。在夏商时期的黄河流域，无论贵族还是平民的墓葬，都严格奉行"不封不树"的习俗。商代贵族大墓内部陪葬品增多，不封土而将墓地扩大；元代皇家墓葬更是将"藏"的意图发挥到极致，采用蒙古古制，收敛后送至陵园所在之处，深埋棺材于地下，以万马踏平葬地，派专人长期守护，直到墓地青草长得与周围地面相同，葬地不复相识。

相传“墓而不坟”在周代孔子时得到改变。孔子少年丧父，因年纪小而不知亡父叔梁纥葬于何处；等到其母卒后，依周礼必须将母亲与父亲进行合葬。后在别人的指示下寻得地点将父母合葬于防山北麓。为了记住父母墓地所在，方便日后依时祭拜，孔子便“今丘也，东南西北之人，不可以弗识也。于是封之，崇四尺”（《礼记・檀弓上》）。这看似平常的举动，在当时却是一场大变革。据古籍记载，在墓地上起坟和夫妻合葬，均开始于孔子。

封土之后正好赶上一场大雨，其弟子为“防墓崩”而回来晚了，告之孔子。如此三次，“孔子泫然流涕曰：吾闻之，古不修墓。”清朝江永对此解释道：“古人略于墓，而详于庙。殷人于墓不坟，则无崩坏之虞，无修墓之事……顺地道安静，不欲惊其体魄也。”孔子为殷人之后，封土有违殷礼，因此哭泣。

孔子改革还是有所依据的，见多识广的孔子于坟丘封树可能源于中国古代南方的墓葬方式。在长江以南，西周以前就出现了封土的贵族墓葬。其具体做法为：在地面铺设石块，再加上红烧土或木炭作为墓床，埋入陪葬器具，再于上面堆垒生土。这种墓葬方式可看作平地土葬的发展。南方封土主要是出于防雨防潮的功能考虑，北方坟墓则主要是新贵们突破礼制刻意炫耀的结果。然而，封土形式由南往北的传播是不争的事实。

春秋时期，诸侯争霸，战争频仍，大兴土木工程，南北交融加剧。值此之时，早先局限于长江流域的“封土”大规模地传入中原，具有开创精神的孔子认可并亲自实践了这一改革。随着频繁的游学活动和征战，大大增强了各国人民和信息的流动，也促进了墓葬封土的推广。考古发现，春秋末年，殷商之后的宋国，将大墓高高筑于丘陵之上，高 7 米，直径长 55 米。显然，中原北方“不封不树”的墓葬古制已然瓦解了。

三、“托体同山阿”

东晋著名诗人陶渊明《拟挽歌辞》中有一句“死去何所道，托体同山阿”，表达了自己希望死后被葬于山坡之上的愿望。山与水不仅是中国古人生存必需物，也往往成为人们死后安葬的理想所在。

《墨子・辞过》云：“古之民……就陵阜而居，穴而处。”中国早期农耕文明大体是利用自然的结果，先民选择往往选择最有利的环境定居，其村落多在大河支流的台地、丘陵上。考古发现，无论是黄河流域的仰韶、龙山文化还是长江流域的屈家岭、良渚文化均是如此。《管子・乘马》中总结了古代国都的选址原则：“非于大山之下，必于广川之上；高勿近阜而水用足，下勿近水而沟防省。”选址建都的地方得有山有水，而且高度适宜，不能离山水太近又不能离得太远。

《尚书・禹贡》在九州之一的兖州中有一句话：“桑土即蚕，是降丘宅土。”伪孔传云：“地高曰丘。大水去，民下丘居平土，就蚕桑。”意思是，先民们在平地耕种，洪水泛滥时为避免生命被夺走就躲到居于高处的山丘，洪水退去后又回到平地耕种。丘，《广雅・释丘》释之为“小陵”，《说文》云：“丘，土之高也。非人所为也。从北从一。一，地也。人居在丘南，故从北。”“丘”的字形结构蕴含了中国古代先民们坐北朝南、背山面水的认知观念。宅，东汉刘熙《释名》释曰：“宅，择也，言择吉地而营之也。”“降丘宅土”暗含着选择吉祥之地的意图，为后世相地、择吉的堪舆学家所尊崇，对中国建筑和城市规划影响甚大。

关于人死后葬地的选择，《吕氏春秋・节丧》云：“葬浅则狐狸抇之，深则及于水泉。故凡葬必于高陵之上，以避狐狸之患、水泉之湿。”这种选择墓葬地址的原则与“古之民就陵阜而居”的城市建设、阳宅相地之法大致相同。人类居住地的避水防潮措施关乎健康，不可不明察，所以无论是北方的“半坡穿穴”还是南方的“构木为巢”都将人类的生活地与水保持一定距离。同样，在“事死如事生”的观念影响下，生者在其亲人死后，自然也会将其遗体尽量远离水患而埋葬在高处。先流行于南方长江中下游的平地土葬法，便是在地面上直接堆土掩埋尸体从而封土，后流传到北方黄河流域。

《吕氏春秋·安死》记载：“世之为丘垄也，其高大若山，其树之若林，其设阙庭、为宫室，造宾阼也若都邑。”地表封土的加高加大，也是墓葬工程在经济方面所采取的顺应措施。在大型墓葬的地穴内部，由于棺椁和陪葬品的增多，必须挖掘出更大空间；加之出于坚固和耐久的高需求，地穴内填空入大量白膏泥、木炭或木材等，使得空间又需扩大。出于施工便利，挖掘出的土石自然在原地堆积，从而形成更高大的封土。

墓葬的封土逐渐高大，以至于可与天然山陵相媲美，久而久之，先民们便以山的名称来称谓“坟墓”。顾炎武在《日知录》中较为详细地描述了这一过程的演变：“古王者之葬，称墓而已。及春秋以来，乃有称丘者。楚昭王墓谓之昭丘，赵武灵王墓谓之灵丘，而吴王阖闾之墓亦名虎丘。盖必其因山而高大者，故二三君之外无闻焉。《史记·赵世家》：肃侯十五年起寿陵。《秦本纪》：惠文王葬公陵，悼武王葬永陵，孝文王葬寿陵，始有称陵者。至汉则无帝不称陵矣。”在封土成为普遍做法并日渐高大之时，先民们难免会将作为古代居址和葬地的丘与新兴的作为坟墓的山陵混同起来。尽管顾氏谓赵武灵王墓谓灵丘、吴王阖闾墓谓虎丘还存在疑问，但墓地封土日渐高大，以至于成一座座山陵却是不争的事实，甚至后人衍生出将任何帝王墓地皆称作“陵”的做法，如山东曲阜帝丘，被后人延伸出一个少昊陵。

以地面封土形制为标尺的墓葬称谓的变化，以及墓葬等级差别皆可以直观地体现在丘封制度上。《周礼·春官·冢人》云：“以爵等为丘封之度，与其树数。”郑玄注：“别尊卑也，王公曰丘，诸臣曰封。《汉律》曰：列侯坟高四丈，关内侯以下至庶人各有差。”孙诒让释曰：“丘者积土高大，象丘山之形……封者聚土筑之，若堂若坊之类是也。”将“丘”与“封”这两种高土在形状和高度上的区别进行了生动形象的说明。

“丘”也不能满足统治者的现实需要，于是就发生了“赵起寿陵”这一标志性事件。据《史记·赵世家》记载：赵烈侯六年（前 403 年），魏、韩、赵皆立为诸侯。赵敬侯十一年（前 376 年），魏、韩、赵共灭晋，分其地。赵肃侯八年（前 342 年），五国相王，肃侯独否，然令国人谓之“君”。赵肃侯十五年（前 335 年），起寿陵。赵惠文王三年（前 296 年），灭中山。赵孝成王元年（前 265 年），触龙说赵太后中有“一旦山陵崩”的话。南宋吕祖谦《大事记解题》卷三云：“古者不豫凶事，其豫为之者则有之矣。一则以其年也，一则以其位也。至于死而可制，如绞紟衾冒则未尝豫为之也。诸侯五月而葬，以一国之力为陵墓有余矣，何必豫哉?”从此，作为“凶事”的墓葬就这样在君王生前大张旗鼓地营造了。

从政治权力的获取到称谓称号的转换，赵肃侯打破礼制预作“寿陵”开启新时代，后期“山陵”不仅指帝王墓葬，还直接作为帝王本人的代称。“山陵”以其自然的雄壮，加上作为财货聚集之地，经过生民所仰的联想，帝王随之获得了无上的权威。大型陵寝的营造，无疑直截了当地昭示着统治者无上的世俗权力。

四、帝王陵寝

作为至尊无上的统治者，中国古代帝王更是将自身陵寝选择在高大雄伟的大山下甚或大山之内。

始皇陵位于西安以东30公里骊山脚下，陵区分为陵园区和从葬区两大部分。陵园区占地近8平方公里，筑有两重略呈方形的夯土城垣，象征皇城和宫城。内城周长约3500米，外城周长约6000米。骊山封土略呈覆斗形，底边周长1500余米，长和宽皆约350米，高约51米。

秦始皇即位之初便着手营治骊山，及其统一六国后，更是遣发70余万刑徒参与，可见陵墓工程之浩大。司马迁所谓“其穿三泉，下铜而致椁”，便是说开挖墓穴掘穿了三层地下水，为防止各层地下水渗入，乃用铜汁浇灌四壁铸成一圈的防水板。要求山陵高大，无非有两种方法：一是别出心裁凿山为陵，一是因循旧制厚积方土。在汉代，这两种方法皆有尝试。

在骊山西麓，汉文帝霸陵在形制方面打破先祖高帝和惠帝之例，别出心裁地将陵墓凿于山中，且不起坟丘。西汉十一位皇帝的陵墓中，文帝霸陵是唯一的例外。《史记·孝文本纪》中记载汉文帝遗诏：“朕闻盖天下万物之萌生，靡不有死。死者天地之理，物之自然者，奚可甚哀。当今之时，世咸嘉生而恶死，厚葬以破业，重服以伤生，吾甚不取。且朕既不德，无以佐百姓；今崩，又使重服久临，以离寒暑之数，哀人之父子，伤长幼之志，损其饮食，绝鬼神之祭祀，以重吾不德也，谓天下何！”又《汉书·文帝纪》载：“霸陵山川因其故，毋有所改。归夫人以下至少使。”这里的霸陵便是文帝在世时已经确定修筑的陵墓。又云：“治霸陵，皆瓦器，不得以金银铜锡为饰，因其山，不起坟。”

汉成帝在位期间，先于咸阳原上西汉主陵区修建延陵，近十年之后因厌恶附近秦陵的影响，改而于汉长安城东南另修昌陵。由于昌陵地势低下，修建费用浩大，五年之后即被放弃而又返回延陵，致使国库空虚，民力疲乏。要修筑高大的山陵，必须选用地势高土厚之地，不能到远处使用客土。直到明清，帝王陵寝的选择，依然以土厚为美。魏晋南北朝时的君王有感于两汉诸帝的陵冢皆遭挖掘，便倾向于因山为陵，强调薄葬。

秦始皇积土为山和汉文帝因山为陵，皆开创了陵墓建筑之先河，各代不外乎这两种。宋代以后，积土为山逐渐退出历史舞台，因山为陵成为山陵制度的主流，在自然山川风物的融合中获得令人惊叹的成就。

唐代效仿汉文帝因山为陵，昭陵即建在九嵕山主峰，其海拔为1188米。明代陵墓效仿唐代，太祖孝陵选址于南京东郊钟山南麓，坟丘以一座独立山峰为之。其南有一小山，状似近案，神道绕其西侧后继续往北，从而开陵墓自然式布局的先河。明孝陵将山陵和祭祀殿堂串列于一线，格局效仿宫城的外朝内寝，祭祀区扩大为三个院落，重要性得到加强。与唐宋陵寝相比，明代陵寝下宫被取消，隆恩殿突出；宝顶南面的明楼属于新创，其后明代诸陵效仿之。明孝陵还将坟丘，即宝顶依天然山丘筑为圆形，以适应江南多雨的气候。战国秦汉以来的方土转为圆坟，实为另一起南风北渐的实例。帝王陵寝主体外观上的这一重大变化，起初当仅为地区传统使然，未必是明王朝主观有意为之，可后来却成为一种定例。永乐皇帝迁都北京，其后修建的十三陵皆采用宝顶形。

迁都北京后，明帝王除景泰帝葬西郊外，十三帝均葬于北京北面的天寿山南麓。天寿山南麓，局面开阔，负阴抱阳，气势雄壮。杰出的总体规划结合严谨的后期营建，使十三座陵墓主次分明又各据一势；诸陵合用一条总神道，长约14公里，南端有两座天然小丘夹峙，如同双阙。这种线性布局无疑是对当时宫城布局的效仿。

清代陵墓制度沿袭明代。清兵入关后，九位帝王陵墓分别于京城东、西两个方向择地营建。清东陵在今河北遵化，基址由顺治皇帝亲选，陵内埋葬五位皇帝；清西陵在今河北易县，四位皇帝被埋葬于此。二陵地势堪称优胜，气象略有不同：东陵恢弘，西陵清幽。在东陵之北，有燕山余脉的昌瑞山为屏镇，南有影壁山为案，更有芒牛、金星诸山为朝，东有磨盘山为龙，西有黄花、杏花诸山为虎；在坦荡的平原之上，西大河与来水河如玉带般环绕于前方。西陵坐落于永宁山下，整体地势西高东低，西部诸山海拔 1500 米以上者甚多，来龙去脉构成了陵区南、西、北三面环护，符合风水理论对于龙、穴、砂、水的要求。综观清代陵墓的选址和营建，建筑物和自然山水的结合堪称完美，帝王的态度在其中起了决定性作用。乾隆在《相度胜水峪万年吉地》中云："遵照典礼之规制，配合山川之形势。"道光帝更为明确："登极后选建万年吉地，总以地臻全美为重，不在宫殿壮丽以侈观瞻。"至此，陵墓真正做到了"青山埋忠骨，而非陵墓埋忠骨"。

中国人山陵制度的建立与山岳崇拜密切相关。晋代发现的《汲冢周书》中有《穆天子传》，讲述了周穆王巡游西极达昆仑会西王母的故事。秦汉以来封泰山禅梁父、穷河源觅昆仑的活动代代传承，对五岳五镇等名山的祭祀列为国家法统所在。世传山岳有灵，称之为"龙脉"。唐僧一行将中国山脉分为三大干龙，昆仑为其首，为后世堪舆学家所重视。觅龙、察砂、观水、点穴的相地四大要诀中，前二者皆与山有关。

第六节　园林中的天地与人情

体现崇拜与信仰的壮丽宫殿、体现意志与力量的雄伟长城和体现趣味与多变的园林是中国建筑文化中的三大瑰宝，共同构成了中国古代建筑的主调。

中国古代园林凭借自身独特的艺术风格和意趣，以自己丰富的历史内涵和精神追求，在世界园林中占据一席之地。

根据园林拥有者的不同，中国古典园林分为四类：皇家园林、私宅园林、寺庙园林和公共园林。由于历史原因，皇家园林主要在北方，私宅园林主要在南方，寺庙园林所剩无几，而公共园林主要在山水胜地。

中国现存的著名古典园林数量不少，多数是明、清两代的遗物。其精华集中在江南。前人有所谓"江南园林甲天下，苏州园林甲江南"的评语。中国建筑界也认为："中国古典园林精华萃于江南，重点则在苏州，大小园墅数量之多、艺术造诣之精，乃今天世界上任何地区所少见。"之所以形成这一情况，主要是因为从春秋以来，苏州一直是我国南方的重要城市，它具有物质丰裕、文化发达、山明水秀的优越条件，自晋室南迁以后直至清代，历代贵族官僚不断地在苏州建造供他们享受的园林。因此，现存的苏州古典园林相当可观。在刘敦桢的《苏州古典园林》一书中论述的古典园林就有 15 处（拙政园、留园、狮子林、沧浪亭、网师园、怡园、耦园、艺圃、环秀山庄、拥翠山庄、鹤园、畅园、壶园、残粒园、王洗马巷某宅庭院）；最为著名的有拙政园、留园、狮子林、沧浪亭和网师园等处。此外，北方地区也保存着一些著名的古典园林，如北京的颐和园和北海以及河北承德的避暑山庄。

不论是帝王的皇家宫苑，还是官僚、地主的私家花园，南北方的古典园林虽由于地区和园主在政治、经济上所处的地位不尽相同，在园林的规模、风格等方面表现出各自的特点，但中国园林在布置和造景的艺术手法上有许多共同之处。这些共同之处是注重园主心性与自然环境的结合，从而构成了具有浓厚的诗情画意的中国古典园林艺术。

一、追求人与自然的统一和融合

古典园林在园景上主要是模仿自然、再造自然，艺术地再现自然。中国园林无一例外地模拟山水，取法自然，人为地创造了一个和谐统一的客观环境。

首先，用人工的力量建造自然的景色，达到“虽由人作，宛自天开”的艺术境界。在整个园林布局上，除大量的建筑物外，还要凿池开山，栽花种树，用人工仿照自然山水风景；或利用古代山水画为蓝本，参以诗词的情调，构成许多如诗如画的景。所以，中国古典园林是建筑、山池、园艺、绘画、雕刻和诗文等多种艺术形式的综合体。这一特点，主要是由中国园林的性质决定的。造园，除了满足居住上的享乐需要外，更重要的是追求幽美的山林景色，以达到身居城市而仍可享受山林之趣的目的。

其次，中国古典园林绝大部分是封闭的，即园林的四周都有围墙，景物藏于园内。除少数皇家宫苑外，园林面积一般都比较小。要在一个不大的范围内再现自然山水之美，最重要也是最困难的是突破空间的局限，使有限的空间表现出无限丰富的园景。

一般来说，中国古典园林突破空间局限，创造丰富园景的最重要手法，是采取曲折而自由的布局，用划分景区和空间及“借景”的办法。

所谓曲折而自由的布局，是同欧洲园林惯用的几何形图案的布局相对而言的。这种布局在面积较小的江南私家园林表现得尤为突出。它们强调幽深曲折，讲究“景贵乎深，不曲不深”。例如，苏州多数园林的入口处，常用假山、小院、漏窗等作为屏障，适当阻隔游客的视线，使人们一进园门只是隐约地看到园景的一角，几经曲折才能见到园内山池亭阁的全貌。以布局紧凑、变化多端、有移步换景之妙为特点的苏州留园，在园门入口处就先用漏窗，来强调园内的幽深曲折。至于园内的对景，也不像西方庭园的轴线对景方式，而是随着曲折的平面，移步换景，依次展开。

至于划分景区和空间的手法，则是通过巧妙地利用山水、树木、花卉、建筑等，把全园划分为若干个景区，各个景区都有自己的特色，同时又着重突出能体现这一园林主要特色的重点景区。例如，苏州最大的园林拙政园，全园包括中、西、东三部分，其中中部是全园的精华所在。同时，水的面积约占全园的3/5，亭榭楼阁，大半临水，造型轻盈活泼，并尽量四面透空，以便尽收江南水乡的自然景色。园内的空间处理，妙于利用山、池、树木、亭、榭，少用围墙。故园内空间处处沟通，互相穿插，形成丰富的层次。再如北京的颐和园，全园面积约3.4平方公里，分为多个景区，其中有些景区甚至是大园包小园，如谐趣园。但在这些景区中，昆明湖与万寿山则是精华所在。正是这些重点的景区构成了这些园林的主要特色。各个园林不论其大小，只要主要景区很有特色，即使其他方面略有欠缺，也仍可给人以深刻的印象。

“借景”更是中国古典园林突破空间局限、丰富园景的一种传统手法。它是把园林以外或近或远的风景巧妙地引“借”到园林中来，成为园景的一部分。这种手法在我国古典园林中运用得非常普遍，而且具有很高的成就。一切都可以借，天山的云烟、日月、晨露、雪影，四时的风物，都可以借入园中，形成“爽借清风明借月，动观流水静观山”的曼妙。例如，苏州园林中建园历史最早的沧浪亭，其重要特色之一便是善于借景。园门外有一泓清水绕园而过，便在这一面不建界墙，而以有漏窗的复廊对外，巧妙地把河水之景“借”入园内。又如北京的颐和园，在名为“湖山真意”处充分发挥借景手法，将附近玉泉山和较远的西山之景“借”进来；颐和园的西堤一带，除了用六座形式不同的桥点景外，没有高大的建筑屏挡视线；昆明湖的南北长度也正适合将园内看得见的西山群峰全部倒映湖中。同时，两堤的桃柳，恰到好处地遮挡了围墙，园内园外的界限无形之中消失了。西山的峰峦、两堤的烟柳、玉泉山的塔影，都自然地结合为一体，成为园中的景色，园的空间范围无形中扩大了，景物也更加丰富了。呈现在人们眼前的是一幅以万寿山佛香阁为近景、两堤和玉泉山为中景、西山群峰为远景的锦绣湖山诗境画卷。中国古典园林的这种借景手法，还被总结为五种方法，即“远借、邻借、仰借、俯借、应时而借”。

相对于借园外之景的“远借”，“邻借、仰借、俯借、应时而借”均是指园林之内的借景。所谓“邻借”，指园内距离不远的景物，彼此对景，互相衬托，互相呼应。如颐和园中“知春亭”与附近的桥、柳、石等互相映衬，协调而优美。“仰借”一般是指借碧空白云、明月繁星等天象。不过，处于高势的山峰、瀑布及苍松劲柏、宏伟壮丽的建筑也可称为“仰借”。如北京北海公园的正门，抬头即可仰望出类独秀的白塔。“俯借”则是指凭栏望湖光倒影、临轩观池鱼游跃等。“应时而借”是指善于利用一年四季或一月之间不同的时辰景色的变化——如春天的花草、夏日的树荫、秋天的红叶、冬天的雪景、早晨的朝霞旭日、傍晚的夕阳余晖等。如苏州园林中以精巧幽深见长的网师园，园中的重要景区“殿春簃”就是根据宋人芍药诗里的两句“多谢化工怜寂寞，尚留芍药殿春风”，借春末的芍药花造景的。

最后，中国古典园林特别善于利用具有浓厚民族风格的各种建筑物，如亭、台、楼、阁、廊、榭、轩、舫、馆、桥等，配合自然的水、石、花、木等组成体现各种情趣的园景。以常见的亭、廊、桥为例，它们所构成的艺术形象和艺术境界都是独具匠心的。如亭，不仅造型丰富多彩，而且它在园林中间起着“点景”与“引景”的作用。苏州西园的湖心亭、拙政园别有洞天半亭、北京北海公园的五龙亭便是典范。又如加廊，它在园林中间既是引导游客游览的路线，又起着分割空间、组合景物的作用。当人们漫步在北京颐和园的长廊之中，便可饱览昆明湖的美丽景色；苏州拙政园的水廊，则轻盈婉约，人行其上，宛如凌波漫步；苏州怡园的复廊，用花墙分隔，墙上的形式各异的“漏窗”（又称“花窗”或“花墙洞”），使园有界非界，似隔非隔，景中有景，小中见大，变化无穷。“漏窗”在江南古典园林中运用极广，这是古代建筑匠师们的一个杰出创造。因为本来比较单调枯燥的墙面，经过“漏窗”的装饰，不仅增添了丰富的变化，那一个个各不相同的“漏窗”图案在墙面上成为一幅幅精美的装饰纹样，而且通过巧妙地运用一个“漏”字，使园林景色更为生动、灵巧、流动，增添了无穷的情趣。苏州的西园、狮子林的“漏窗”都充分地体现了这一特色。至于中国园林中的桥，则更是以其丰富多彩的形式，在世界建筑艺术史上大放异彩。最突出的例子是北京颐和园的十七孔桥、玉带桥。它们各以其生动别致的造型，把颐和园的景色装点得更加动人。此外，江苏扬州瘦西湖的五亭桥，苏州拙政园的廊桥则又是另一种风格，成为这些园林中最引人注目的园景之一。

中国古典园林追求人与自然的统一和融合，实际是“天人合一”哲学观念在园林艺术中的体现。古代哲人们早就从自然界中寻找美感，如孔子就提出了“仁者乐山，智者乐水”。事实上，中国园林都是以山水为主体，山是骨骼，水是血脉。造园时特别注重山水的配置，要求山要有脉，水要有源，水随山转，山因水活，因而中国园林又可以叫作“山池”。

二、注重体现人的意趣和精神追求

中国园林不是无目的地再现自然，而是在自然景物中寄托一定的理想和信念，借助自然景物来表达园林主人或所处阶层的志向和趣味，以满足人的某种精神追求，因为中国园林大多借景寓情，以景明志，赋予外在的景物以丰富的文化内涵。

（一）崇尚诗情画意的意趣

清代钱泳《履园丛话》云：“造园如作诗文，必使曲折有法，前后呼应，最忌堆砌，最忌错杂，方称佳构。”造园与写诗作文如出一辙，从诗文中可悟出造园章法，而园林又能兴游以成诗文。造园与诗文同样要通过构思表达意境。诗有诗境，词有词境，曲有曲境，而造园的高明之处，就是能够运用文学之境，再以山水花木、池馆亭台组合而出。无独有偶，“绘画乃造园之母”，任何风景式园林都或多或少地具有“画意”，在一定程度上体现绘画原则。很多诗人、画家亲自参与造园，使中国园林如同山水画卷一般，“本于自然，高于自然”，造园也就顺理成章地与绘画同步发展，从立意构思到布局技法，无不从绘画中汲取精髓，以增强其艺术表现力，从而具有了诗情画意般的氛围。

（二）表达造园主的精神追求

古典园林的很多题名和匾额体现了“隐逸”观念。单从园林命名即可知“隐”意，如苏州的拙政园，取归隐田园山林乃“拙者之政”的主题，表达了园主人从此不问官场沉浮、归隐山林的情思。苏州网师园也是以“隐”为主题的，自古以来，隐士所自比钓翁、钓叟、钓公、烟波钓徒等渔钓之人，“渔隐”成为“不事王侯，高尚其事”的隐逸符号，“网师”即渔翁之意，表达了园林解甲归田的渔翁之乐。

古典园林体现了礼制文化的痕迹，其“礼”主要体现在园区的布局与建筑的营造上。大部分园林都是厅堂于前，游园在后，居室又于后的布局，这本身便是礼制的体现。虽园林整体呈现出活泼的不对称布局，但设计建造多取正方形或长方形，院落层层递进，布局强调中轴线，南北轴线上多为厅堂建筑，东西横轴上则安置宅室等次要建筑，构成了平面上的礼式布局。而皇家园林则体现了严格的礼制和皇权至尊理念。如颐和园以万寿山为中心制高点，前山是全园的中心，建筑从万寿山上的最高处智慧海顺次向下排列，整体上构成一条规整而庄重的轴线；颐和园的园中之园——谐趣园整体布局并不对称，但其中的建筑如涵远堂、知春堂、橙爽斋、湛清轩、知春亭等则强调了中轴线的意识。皇家园林在布局和形象上也体现了皇权至尊的寓意。清代雍正、乾隆时期，皇权的扩大达到了前所未有的程度，这在当时所修建的皇家园林中也得到了充分体现。例如圆明园后湖的九岛环列，象征禹贡九州；东面的福海，象征东海；西北角上的全园最高土山“紫碧山房”，象征昆仑山；整个园林布局，象征全国版图，从而表达了“溥天之下，莫非王土”的皇权寓意。

第七节　堪舆中的生活哲学

堪舆，又称“风水”，或称“卜宅”“相宅”“图宅”“青乌”“青囊”“形法”“地理”“阴阳”“山水之术”，是中国古代用于宫殿、村落、住宅、墓地选址、规划等的一套原则和方法，是古代中国人对居住环境进行选择和处理的一门学问，即以古代有机论、自然观为基础，将古代天文、气候、大地、水文、生态环境等内容引进选择地址、布局环境的艺术之中。

一、堪舆学的源流演变

中国人对地理堪舆的意识产生得很早。在六七千年前的原始村落——半坡遗址，地势高而平缓，土壤肥沃，适宜生活和开垦。到了殷周时期，已有卜宅之文。如周朝公刘率众由邰迁豳，亲自勘察宅茔，“既景乃冈，相其阴阳，观其流泉”（《诗经·大雅·公刘》）。

战国与秦时期是堪舆理论的形成期。《史记·樗里子甘茂列传》载：“秦惠王异母弟樗里子，生前自选地于渭南章台之东，预言：‘后百岁，是当有天子宫夹我墓。’”秦代朱仙桃著《搜山记》，成为风水理论的重要组成部分。

汉代时，人们将阴阳、五行、太极、八卦等相配合，形成中国独有的对宇宙总体框架认识的理论体系。这是风水学的理论基石，对风水的应用与发展具有重要意义，即使风水由只用于卜宅、相宅的机械活动升华到理论阶段。

魏晋南北朝时代，堪舆理论已经逐渐完善，郭璞的《葬书》被推崇为风水理论的“经典”。当时的风水师也颇受推崇，如管辂以占筮、相术、相墓著称于世。

唐宋时期，堪舆学普及，最突出表现是《葬书》的流行、罗盘的广泛使用。《青囊奥语》使风水学成为一门独立的理论，形成了一定体系和流源。隋末到唐时，李播、李淳风父子作《天文大象赋》《大衍历》，李淳风负责编纂《晋书》《隋书》中的天文志，对天上各大星座作了详细描述，使风水之学与天地相对应。与此同时，地理学上则兴起了对山川地形进行考察的热忱，促进了风水学理论应用于山川地形的勘察。

明清时代，堪舆活动遍及民间及至皇室。明朝开国大臣刘伯温就是一位堪舆大师，他对堪舆学有很大的影响；后期蒋大鸿将地理堪舆发展到了一个新的阶段，所著《地理辨正》为近代堪舆理论的经典。

二、堪舆原则

（一）整体系统原则

堪舆理论把环境作为一个整体系统，以人为中心，包括天地万物。环境中的每一个系统都是相互联系、相互制约、相互依存、相互对立、相互转化的要素。《黄帝宅经》主张：“以形势为身体，以泉水为血脉，以土地为皮肤，以草木为毛发，以舍屋为衣服，以门户为冠带，若得如斯，是事严雅，乃为上吉。”堪舆学的功能就是要宏观地把握各子系统之间的关系，优化结构，寻求最佳组合。整体原则是风水学的总原则。

（二）依山傍水原则

依山傍水是堪舆最基本的原则之一，山体是大地的骨架，水域是万物生机的源泉，没有水，人就不能生存。考古发现的原始部落几乎都在河边台地，这与当时狩猎、捕捞、采摘果实等生产生活方式相适应。

依山的形势有两类：一是“土包屋”，即三面群山环绕，中间开阔，南面敞开，房屋隐于万树丛中。湖南岳阳县渭洞乡张谷英村就处于这样的地形：五百里幕阜山余脉绵延，在东、北、西三方突起三座大峰，如三大花瓣相拥而成一朵莲花。另一种形式是“屋包山”，即成片的房屋覆盖着山坡，从山脚一直到山腰。长江中上游沿岸的码头小镇都是这样，背枕山坡，拾级而上，气宇轩昂。有近百年历史的武汉大学建筑在青翠的珞珈山麓，依山建房，学生宿舍贴着山坡，像环曲的城墙，有个城门形的出入口。山项平台上以中孔城门洞为轴线，图书馆居中，教学楼分别立于两侧。主从有序，严谨对称。学校得天然之势，有城堡之壮，显示了高等学府的宏大气派。

（三）因地制宜原则

根据环境的客观性，采取适宜于自然的生活方式。《易·大壮卦》提出：“适形而止。”先秦时的姜太公倡导因地制宜，《史记·贷殖列传》记载：“太公望封于营丘，地潟卤，人民寡，于是太公劝其女功，极技巧，通鱼盐。”

中国地域辽阔，气候、土质不一样，建筑形式亦不同。西北干旱少雨，人们采取穴居式窑洞居住。窑洞位多朝南，施工简易，不占土地，节省材料，防火防寒，冬暖夏凉，人可长寿，鸡多下蛋。西南潮湿多雨，虫兽很多，人们就采取栏式竹楼居住。此外，草原的牧民采用蒙古包为住宅，便于随水草而迁徙。贵州山区和大理人民用山石砌房，华中平原人民以土建房，这些建筑形式都是根据当时当地的具体条件而创立的。

（四）水质分析原则

怎样辨别水质呢?《管子·地贞》认为：土质决定水质，从水的颜色判断水的质量，水白而甘，水黄而糗，水黑而苦。堪舆经典文章《博山篇》主张：“寻龙认气，认气尝水。其色碧，其味甘，其气香，主上贵。其色白，其味清，其气温，主中贵，不足论。”不同地域的水分中含有不同的微量元素及化合物质，有些可以致病，有些可以治病。《山海经·西山经》记载，石脆山旁有灌水，“其中有流赭，以涂牛马无病”。浙江省泰顺承天象鼻山下有一眼山泉，终年不断，热气腾腾，当地人生病后到泉水浸泡就见效。只因水中含有大量的放射性元素氡。云南腾冲县有一个“扯雀泉”，泉水清澈见底，可无生物生还，因水中含有大量的氰化酸、氯化氢。

（五）坐北朝南原则

中国位于地球北半球，欧亚大陆东部，大部分陆地位于北回归线以北，一年四季的阳光都由南方射入。朝南的房屋便于采取阳光。建筑坐北朝南，既利于采光，也是为了避北风。

中国的地势决定了其气候为季风型。冬天有西伯利亚寒流，夏天有太平洋凉风，一年四季风向变幻不定。甲骨卜辞有测风的记载。《史记·律书》云：“不周风居西北，十月也。广莫风居北方，十一月也。条风居东北，正月也。明庶风居东方，二月也。”风有阴风与阳风之别，清末何光廷在《地学指正》云：“平原不畏风，然有阴阳之别，向东向南，所受者温风、暖风，谓之阳风，则无妨。向西向北，所受者凉风、寒风，谓之阴风，宜有近案遮拦，否则风吹骨寒。”这就是说要避开西风、北风和西北风。

（六）适中居中原则

适中，即恰到好处，不偏不倚，不高不低，尽可能优化，接近至善至美。《吕氏春秋·重己》指出：“室大则多阴，台高则多阳，多阴则蹶，多阳则痿，此阴阳不适之患也。”阴阳平衡就是适中。

堪舆理论主张山脉、水流、朝向都要与穴地协调，房屋大小也要协调，房大人少不吉，房小人多不吉，房小门大不吉，房大门小不吉。清人吴才鼎《阳宅撮要》载：“凡阳宅须地基方正，间架整齐，若东盈西缩，定损丁财。”

适中的另一层意思是居中。《太平御览》卷一五六有记载 ：“王者受命创始建国，立都必居中土，所以控天下之和，据阴阳之正，均统四方，以制万国者。”洛阳之所以成为九朝故都，原因在于它位居天下之中。

适中的原则还要求突出中心，布局整齐，附加设施紧紧围绕轴心。在典型的风水景观中，都有一条中轴线，中轴线与地球的经线平行，向南北延伸。中轴线的北端最好是横行的山脉，形成丁字型组合，南端最好有宽敞的明堂（平原）。中轴线的东西两边有建筑物簇拥，还有弯曲的河流。明清时期的帝陵，清代的园林就是按照这个原则修建的。

（七）顺乘生气原则

堪舆理论认为，气是万物的本源，太极即气，一气积而生两仪，一生三而五行具，土得之于气，水得之于气，人得之于气，气感而应，万物莫不得于气。风水理论提倡在有生气的地方修建城镇房屋，这叫作“顺乘生气”。只有得到滚滚的生气，植物才会欣欣向荣，人类才会健康长寿。

（八）观形察势原则

清代《阳宅十书》载：“人之居处宜以大地山河为主，其来脉气势最大，关系人祸福最为切要。”堪舆学重视山形地势，把小环境放入大环境考察。

堪舆学把绵延的山脉称为“龙脉”。龙脉源于西北的昆仑山，向东南延伸出三条龙脉：北龙从阴山、贺兰山入山西，起太原，渡海而止；中龙由岷山入关中，至秦山入海；南龙由云贵、湖南至福建、浙江入海。每条大龙脉都有干龙、支龙、真龙、假龙、飞龙、潜龙、闪龙。勘测风水首先要搞清楚来龙去脉，顺应龙脉的走向。

龙脉的形与势有别，千尺为势，百尺为形；势是远景，形是近观。势是形之崇，形是势之积。有势然后有形，有形然后知势，势住于外，形住于内。势如城郭墙垣，形似楼台门第。势是起伏的群峰，形是单座的山头。认势唯准，观形则易。势为来龙，若马之驰，若水之波，欲其大而强，异而专，行而顺。形要厚实、积聚、藏气。

在龙脉集结处有朝案之山为佳。朝山案山是好似于朝拱伏案之形的山，就像臣僚簇拥着君主。朝案之山可以挡风，并且很有曲趣之情。如《朱子语类》论北京的大环境云：“冀都山脉从云中发来，前则黄河环绕，泰山耸左为龙，华山耸右为虎，嵩山为前案，淮南诸山为第二案，江南五岭诸山为第三案，故古今建都之地莫过于冀，所谓无风以散之，有水以界之。”这是以北京城为中心，以全国山脉为朝案，来说明北京地理环境之优越。

从大环境观察小环境，可知小环境受到的外界制约和影响，诸如水源、气候、物产、地质等。只有形势完美，宅地才完美。每建一座城市、一栋楼房或一个工厂，都应当先考察山川大环境。大处着眼，小处着手，必无后顾之忧，而后福乃大。

三、堪舆宝地

堪舆最看重理想环境的选择，符合堪舆标准的环境被称作“风水宝地”。

堪舆的理想环境就是一个由山和水围合起来但又有出口的地方，其实就是一个盆地，其中尤以水为生气之源。所谓“天有三宝”，即日、月、辰；“地有三宝”，即风、水、火；人有三宝，即精、气、神。《水龙经》中说：“夫石为山之骨，土为山之肉，水为山之血脉，草木为山之皮毛，皆血脉之贯通也。”《黄帝宅经》的观点更为明确：“宅以形势为身体，以泉水为血脉，以土地为皮肉，以草木为毛发，以舍屋为衣服，以门户为冠带，若得如斯，是事俨雅，乃为上吉。”这里明显地把宅舍作为大地有机体的一部分，强调建筑与周围环境的和谐，这是堪舆学关于建筑思想的主旨，也是人们把理想的居住环境称作“风水宝地”的根源。

堪舆学中选择环境和处理环境的一整套理论与方法，是从“避风聚水”的目的出发的。其主要内容可以归纳为四个方面，即觅龙、察砂、观水、点穴。在风水学中，龙指的是山脉，觅龙即寻山。寻山首先从山脉的出处开始，古人认为那里是祖宗居住的最高处，再找近处山脉的入首处，从远而近分别称为太祖山、太宗山、少祖山、少宗山、父母山，后来简化为祖山、少祖山、主山。寻到山脉还得看山的形势，远观势，近观形，总的要求是群峰起伏，山势奔驰为好，此乃藏气之地。砂，指的是主山脉四周的小山。在主山的两侧有上砂与侍砂相拥抱，能遮挡外来恶风，增加小环境的气势，在前面远处还有低平的迎砂，是贵地的象征。

风水学又把四周的山与象征地上前、后、左、右四方位的神兽相联系，形成左青龙、右白虎、前朱雀、后玄武的环抱形态，认为这就是觅龙察砂的理想环境。观水是看水口，水口即水的入口处与出口处。水主财源，要有藏蓄之势。点穴，指的是确定人住的阳宅和葬地阴宅的位置。觅龙、察砂、观水中实际上已经决定了穴的最佳所在。

堪舆学所谓的“风水宝地”背靠祖山，祖山山脉从很远的地方蜿蜒而来，将至到头处再隆起山峰，前景开阔，远处前面有案山相对，中间有明堂；有水自山间流来，呈曲折绕前方而去；四周之山最好有多层次，朝向最好坐北面南。如此即形成一个四周有山环抱，负阴抱阳、背山面水的良好生态环境。

中国人偏好以三面围合而一方出口的盆地，源于中国的早期文明萌发和成熟于中原大地；加之自给自足的农耕文明不喜交换和贸易，而围合起来的盆地既有安全感受又能满足人们的需要。

堪舆学，通俗地说，就是利用周围环境营造人类良好的生活空间。中国古代人们在选择住宅建筑地时会考虑很多方面，靠近水源，面朝流水，既能吹到夏日南边来的风，便于生活且有利于农业灌溉，利于粮草生长；选择靠山，有利于抵挡冬季的寒风。

堪舆学实际上是地理学、地质学、星象学、气象学、景观学、建筑学、生态学及人体生命学等多种学科综合的一门自然科学。其宗旨是审慎周密地考察、了解自然环境，顺应自然，有节制地利用和改造自然，创造良好的居住与生存环境，赢得最佳的天时地利与人和，达到“天人合一”的至善境界。

【拓展阅读】

建筑之始，产生于实际需要，受制于自然物理条件，非着意创制形式，更无所谓派别。其结构之系统及形式之派别，乃其材料环境所形成。中国建筑乃一之结构系统，历史悠久，散布区域辽阔，独特纯粹之木构系统。

建筑显著特征之所以形成，有两个因素：有属于实物结构技术上之取法及发展者；有源于环境思想之趋向者。

——梁思成《中国建筑史·中国建筑之特征》

墙

《周礼·周官·考工记》：“匠人为沟洫，墙厚三尺，崇三之。”郑司农注云：“高厚以是为率，足以相胜。”

《尚书》：“既勤垣墉。”

《春秋左氏传》：“有墙以蔽恶。”

《释名》：“墙，障也，所以自障蔽也。垣，援也，人所依止，以为援卫也。墉，容也，所以隐蔽形容也。壁，辟也，辟御风寒也。”

看详，一今来筑墙制度，皆以高九尺，厚三尺为祖。虽城壁与屋墙、露墙，各有增损，其大概皆以厚三尺，崇三之为法，正与经传相合。今按《周官·考工记》等群书修立下条。

筑墙之制，每墙厚三尺，则高九尺；其上斜收，比厚减半。若高增三尺，则厚加一尺；减亦如此之。凡露墙，每墙高一丈，则厚减高之半。其上面之广，比高五分之一。若高增一尺，其厚加三寸；减亦如之。凡抽纴墙，高厚同上。其上面之广，比高四分之一。若高墙一尺，其厚加二寸五分。以上三项并入“壕寨制度”。

——（宋）李诫《营造法式》第一卷《总释上》

自我测试

1. 六七千年前，我国广大地区都已进入氏族社会，其中具有代表性的房屋遗址主要有两种：一种是长江流域的（　　　）建筑，另一种是黄河流域的（　　　　）房屋。

2. 明清北京紫禁城的正门是（　　　），属于（　　）门形制。

3. 山西五台山佛光寺大殿，平面柱网由内外两圈组成，这种形式在宋《营造法式》中称为（　　　）。

4. 中国古代城市的三个要素分别是（　　）（　　　）和（　　）。

5. 宋辽金时期的木楼阁上下层结构连接方式多用（　　　　）造，结构抗震的关键部分是（　　　　）。

6. 历史上第一个依山凿穴为玄宫的帝陵是(　　)。

A. 唐乾陵　　B. 汉文帝霸陵　　C. 汉武帝茂陵　　D. 宋裕陵

7. 目前我国保存有三城三河的最完整、最古老的地面城池的城市是(　　)。

A. 春秋淹城　　B. 曲阜鲁故都　　C. 燕下都故城　　D. 东汉洛阳

8. 一般认为，中国古代地方城市中的商业街应出现于(　　)。

A. 宋　　B. 宋以前　　C. 明清　　D. 元

9. 我国已知的最早采用榫卯技术构筑木结构房屋的建筑遗址是(　　)。

A. 浙江余姚河姆渡遗址　　B. 西安半坡母系氏族部落聚落遗址

C. 连云港藤落龙山文化遗址　　D. 西安客省庄龙山文化遗址

10. 当代有些中国人在选择城市规划或家庭居住环境时，往往会查勘地形、选择适合时间进行动工或入住。请说说此现象存在的渊源并阐释这是否与科学相违背。

参考答案

1. 干栏式　木骨泥墙　2. 午门　阙　3. 金箱斗底槽　4. 统治结构（宫廷和官署）手工业和商业区　居民区　5. 叉柱　榫卯　6. B　7. A　8. A　9. A　10．略

第十一章　水陆交错：中国传统信息传递

中国交通有着悠久丰富的历史，自国家出现以来就受到历朝历代的重视。交错纵横的道路、姿态各异的桥梁、功能多样的馆驿、各具特色的舟车，都展示了中国古代交通的风采。

远古时候，我们的祖先学会了制造工具，在狩猎活动中开始了有目的地进行运输和信息传递的活动。最原始的运输方式是手提、头顶、肩挑、背扛；最原始的信息传递方式是呼叫、打手势。由于社会生产力的发展，畜牧业和农业出现了分工，再后来出现了手工业和农业的分工，货币产生了，商品交换量迅速增长，逐渐形成了专门从事运送旅客和货物的运输业和专门传递信息的邮电业。

当交通成为相对独立的专门行业之后，古代运输业、邮电业的内容和方式，随着社会生产力的发展和科学技术的进步，也不断得到发展和丰富。在人类历史长河中，运输业从古代的人力拖拽到今天的航空运输，邮电业从古代的烽火报警到今天的卫星通信，经历了几千年的漫长岁月。

第一节　古代交通概貌

中国古代交通可以追溯到距今170万年左右的旧石器时代。原始先民在所居住的洞穴附近，沿着河谷小道从事渔猎和采集活动。这一时期的道路处于“踏地为路”的被动状态。当原始先民逐渐在平原、丘陵和山区等地定居下来，建立起以血缘为纽带的星罗密布的姓氏村落后，各氏族和各部落之间为了联系沟通，逐渐开辟出各种天然道路，并“刳木为舟，剡木为楫”，开始了自觉的水陆交通建设。

国家出现以后，道路成为人们开疆拓土的产物。夏商以来，交通道路的建设成为社会的总体行为，大规模的交通建设网开始形成。龙山文化晚期遗址中发现的城门、路基遗址和陶制排水管道等，就证明了早在5000多年前，中国已经出现了具有多种功能的人工交通道路系统。夏朝（约前2070~前1600年）的统治中心主要在今河南西部和山西南部，呈现出沿黄河流域自西向东横向建立交通联系的大趋势。商朝（前1600~前1046年）的统治中心大致在今河南北部、河北南部一带，其交通发展呈现出由这一地区向四方辐射推进的趋势，即以王都为中心，初步建立起通往四方的交通干道。这一时期是奴隶制国家建立和发展的重要时期，统治者迫切需要拓展交通网络和运用先进的交通工具，以便对辽阔的疆域实施有效的统治。

西周时期（前1046~前771年），道路在古文献中有了正式记载。周先王在殷商中叶迁居岐山后，一边垦荒，一边开路。周建国后，为了加强对分封诸侯和属地的控制，统治者与各诸侯国之间都建设了交通干线。据《国语·周语》中记载，周时对道路有三项规定：一是按照一定时间进行修理；二是路旁种植树木以作标记；三是设置司空，管理路政。在以镐京（今陕西西安）为中心的方圆千里的王畿之内共设有10余个关口，在关内专门修有宽阔的大道，在关外则有通往各地的普通道路。道路平坦笔直，有“其平如砥”的赞誉。

春秋战国时期（前770~前221年），各国不遗余力地修建交通道路，在商、周交通干道的基础上，修建了纵横南北和贯通东西的多条交通干线。另外，此时在高原和山区还建立起各类栈道，如秦蜀之间的栈道等。水上交通在这一时期有了进一步发展。当时人们不仅利用了自然河道，而且还开凿了人工运河。春秋时期，最先开凿运河的是陈、蔡、楚等国。当时陈、蔡两国为了改善相互之间的交通联系，开凿运河将淮河的两条支流沙水和汝水连通起来。楚国也开凿了一条从都城郢到汉水的水道。这一时期最重要也最著名的是吴国开凿的沟通太湖与长江的胥河、沟通长江与淮河的邗沟、沟通淮河与黄河的菏水，以及魏国开凿的沟通黄河与淮河的鸿沟。总之，中国古代的交通道路在先秦时期就已经具有一定的规模和管理制度。

秦汉时期（前221~220年），水陆交通形成全国性的交通网。秦始皇统一中国后，中国古代交通进入了第一个发展高峰。秦始皇即位后实行了一系列改革，颁布了“车同轨”的法令，动用大量的人力、物力和财力，把杂乱无章的交通路线加以整修和连接，建成了遍及全国的交通驰道，车辆可以畅行各地。同时又设置驿道，颁布有关邮驿的法令，建立起传递官府文书和军事情报的邮传系统。汉代沿袭秦代形成的交通信息网络，着力开拓通往异国的交通道路，形成了从西北通往西域诸国的丝绸之路和由西南通往南亚的交通道路，并建立起从东南沿海出发至日本列岛和东南亚等地的海上通道。秦汉交通道路的布局和走向，奠定了古代交通的基本格局，当时道路的数量和质量也是空前的。这一时期，无疑是中国古代交通道路发展史上的一个辉煌时期，与此同时也是中国古代水上交通的一个高峰时期。

魏晋南北朝时期（220~589年），中国经济重心从北向南转移，交通道路建设突破了以北方为重点的格局，南方的水路交通网日趋完善。除此之外，边疆和对外交通也大有改观。但此时的交通事业开始走向衰落，全国道路遭到严重破坏。从道路的网络来看，因政权林立，画地为界，完整的道路系统变得支离破碎。从与外域的交通来看，除南朝与日本、朝鲜、印度的交通有局部发展外，北方的域外交通明显缩小。晋室南迁后，与西域的交通隔绝，北方丝绸之路在东汉末年中断。一直到北魏时，北方暂时统一，或多或少改变了以前与西域隔绝的状态，信使重新往来，丝绸之路慢慢恢复，也进而加强了与康居（今中亚）、安息（今西亚一带）和大秦（古罗马帝国）的联系，与东部的日本、高句丽，东南亚的扶南（今柬埔寨）、天竺（今印度）及狮子国（今斯里兰卡）的联系也更加频繁。

隋唐时期（581~907年），全国的水陆交通进入一个新的历史阶段。交通南北畅通，疆域空前扩大。以洛阳、长安为中心的四通八达的交通网重新建立起来。当时陆路有干线、支线、联络线，水路也增添了隋代重修的以洛阳为中心、贯通南北的京杭大运河，这是世界上规模最大、里程最长的古代运河。京杭大运河的贯通极大地推动了东南地区在全国交通上的地位，可以说是东南道路发展的转折点。唐代时，西北丝绸之路空前发达，各国使臣来往频繁，与今中亚等国都有交往，海上贸易逐渐发展起来。这一时期重要的交通线路还有长安经洛阳而至江淮地区的漕运路线，以及从长安经千里蜀道至天府之国益州（今成都）的“财源之路”。长安发展为国内外交通的重要枢纽和中心，使长安成为一座极具国际化的都市之一。唐朝还在各水陆要道上广设驿馆，每30里一驿，构成了以长安为中心、遍布全国的驿路系统。

宋金元时期（960~1368年），因战乱和分裂，道路的修建和畅通受到影响。两宋以汴京和临安为中心向外辐射，此时的交通范围比隋唐时期大为缩减。宋室南迁后，国内交通南北截断。元代的交通干线随着元统一全国的进程逐渐建立：定都大都前，曾以和宁和开平为中心向四周辐射；定都大都后，又以此为交通枢纽，开辟了通往全国的交通干线。元代的交通是陆路、内河与外海并行。元朝与域外的交通联系达到了历史上的空前水平，中国的水路、陆路、海路之盛亘古未有。除继续开挖京杭大运河使之全线通航外，又开辟了以海运为主的漕运路线，海上最多时年运粮量达 360 万石。元代幅员辽阔，驿路分布之广也为前代所不及。在全国水陆通道上遍设驿站，构成了以大都为中心、通向全国乃至境外的稠密驿路交通网。

明清两代（1368~1911 年）十分重视全国的交通道路建设，初期建立了以今南京为中心的交通网络，后又形成了以今北京为中心的水陆并重的交通网络。郑和七次下西洋，把古代航海事业推向了顶峰。后来明清两朝实行海禁，古代航海事业从此一蹶不振。清代沿袭明代以北京为中心建立的交通网，又在其控制的更为辽阔的地域建立起新的交通干线，中外往来愈加普遍平常，海路、陆路进一步得到发展。五口通商之后，中国的交通发展又进入了一个千古未有的新时代。清代由此奠定了中国近现代交通网络的基础。

第二节　古代道路

中国古代几千年以来的交通道路，主要有四种类型，即陆路、栈道、水路和海路。这四种道路，组成了古代中国广大疆域之内的交通网络，也促进了中国古代经济、文化的繁荣。

一、陆路

陆路是指修建在陆地上专供人或车马出行的道路。中国古代陆路交通不仅包括内地的主要交通干线，还包括与外域交往的交通干线。

秦代是全国陆地交通网的形成时期。中国几千年的陆路交通干线，最著名和影响最大的首推秦始皇所修建的驰道。为实现中央集权的目的，秦始皇下令废除战国以来各地的堡垒和关塞，以首都咸阳为中心，向四方辐射修建道路。在全国范围内精心设计和修建了统一的交通道路网络，将重要的城市和郡县连通起来，这就是秦驰道。秦驰道的统一标准：路面宽为 50 步（约 70 米）；路基高出两侧地面，以利排水；每隔三丈种一株青松，作为行道树；除路中央三丈为皇帝专用外，两边还开辟了韧性旁道；每隔十里建一亭，作为区段的治安管理所、行人招待所和邮传交接处。著名的秦驰道有两条：一条是从咸阳出发向东经山东直达今东北，另一条是向南直达今湖北、江苏和浙江省内。为反击匈奴侵扰，秦始皇又下令修筑了一条从咸阳向北的“直道”，全程长达 700 公里，这条大道途经陕西、甘肃等直达九原郡。直道宽度为 60 米左右，可并排行驶 12 辆大卡车，最宽处可当作现代中型飞机起飞降落的跑道。其沿途支线密布，有容纳 2 辆或 4 辆卡车并排行驶的宽度。直道正式使用以后，秦骑兵从军事指挥中心——云阳林光宫出发，三天三夜即可驰抵阴山脚下，出击匈奴。秦驰道在中国历史上路线之长，宽度之广，取道之近，修筑之坚实宏丽，可谓空前绝后。

汉朝时期在秦原有道路上继续扩建延伸，构成了以京城为中心向四面辐射的交通网，如自长安而东，出函谷关，经洛阳，至定陶，以达临淄，为东路干线；自长安而北，直达九原郡，为北路干线；自长安向西，抵达陇西郡，为西北干线。自公元前 2 世纪开通河西、西域后，这条干线经由河西走廊，延长到西域诸国，这就是“丝绸之路”；自蒲津渡黄河，经平阳、晋阳，以通平城，为河东干线；自长安向西南经汉中，以达成都，并远至云南，为西南干线；自长安向东南出武关，经南阳，以达江陵，为南路干线。

唐代是中国古代道路发展的极盛时期，初步形成了以城市为中心的四通八达的道路网。宋代、元代、明代对驿道网的建设和管理也有所发展。

二、栈道

古代陆路除修在平原上外，还可翻山越岭，在悬崖绝壁之间修筑道路，这便是栈道。栈道，就是在悬崖峭壁边的梁柱上置板为路，所以又称“阁道”。

古代栈道有三种类型：第一类是只在石壁上凿孔，行人借助随身带的短木，手攀脚蹑而过；第二类是在绝壁上凿穴，插上短木，上铺木板；第三类是改进第二类，只靠一边架设短柱。这种有梁有柱的栈道是最典型的古代栈道，比前两种都结实牢固，可行人走马，在万壑绝壁间，可称为平途了。

中国栈道最早见于春秋战国时期，历代都有修建，一直延续到明代。栈道皆建造在崇山峻岭中，修建最早和最著名的栈道在秦蜀之间。著名的有三条：一条是褒斜栈道。始建于战国，初名“石牛道”，即“天梯石栈相钩连”的栈道。刘邦向项羽示弱，烧了栈道。西汉又重新修复和扩充，改成褒斜道。魏晋南北朝时，褒斜道仍建有栈道。汉以前的褒斜栈道属于有梁无柱形式，俗称“千梁无柱”。汉时，褒斜栈道改建成有梁有柱的形式。三国时，诸葛亮治蜀，又将其改建为有梁无柱的栈道。至北魏时，又按旧路修复起来，仍是千梁无柱。褒斜栈道一直延续到明代。

另一条是金牛栈道。金牛栈道最早开凿于战国，是秦伐蜀开凿的路，最初大规模开通的栈道是在秦与巴蜀间跨越秦岭和巴山的地段。后世由陕栈入川的南栈道就是秦时金牛道的故道。根据褒斜栈道的修建来看，金牛道在秦时就应该有栈道存在。

另外，秦蜀之间还有子午道。子午道的险要不亚于褒斜栈道。东汉明帝后，褒斜栈道“乍开乍闭，通塞不恒”，于是北魏时宣武帝下令修建子午道。自五代以后，因斜谷道废弃。

通往四川的这三条栈道，曾与汉代刘邦、蜀国诸葛亮、唐玄宗李隆基的趣闻轶事有关联，故而愈加出名。中国古代有名的栈道远不止这些，如马阁栈道、剑阁栈道、盘蛇谷栈道、雀鼠谷栈道等。栈道的修建比陆地要艰难得多。在悬崖绝壁上修栈道时，要在山顶立横木，用绳索捆住匠人悬挂下来，像猿猴一样吊在半空，又似飞鸟傍着峭壁。匠人们提心吊胆地在石壁上凿孔，再把梁架在半空之中，柱子斜插在悬崖岭边，把栈道架在断崖之间。建成的栈道像龙一样蜿蜒盘绕在绝壁上，不知要花费多少人力与物力。所以，栈道是中国古代最难建造的一种道路。

三、水路

历代统治者对开凿水路也十分重视，在每一个时期都有不少水路漕渠出现。如先秦时期有著名的鸿沟和邗沟；秦汉时期有著名的灵渠、渭渠、阳渠和汴渠；魏晋南北朝时有著名的平虏渠、贾侯渠、邓艾渠；隋唐时期有广通渠、通济渠、永济渠，这三大渠与自然河流相连，出现贯穿南北的大运河；元明清时期除运河外，还开凿了通惠河、浑河、冶河、会通河等。其中，鸿沟、灵渠和大运河在中国历史上影响最大。

（一）邗沟与鸿沟

邗沟，又名“邗江”“邗溟沟”“渠水”“中渎水”，为春秋末年吴王夫差所开，沟通了江、淮两大水系。这条水路历代都有修建，不过魏晋时期又回到了原来的旧道，不能直达。

鸿沟，为战国时魏惠王十年（前 361 年）开凿，经宋、郑、陈、蔡、卫、曹等六国之地，连接济水、泗水和菏水等河道，形成黄淮平原上的水道交通网。

邗沟和鸿沟是春秋战国时南北交通的重要水道，对当时政治、经济和文化的交流、发展起了很大的作用。

（二）灵渠

灵渠是秦统一六国后，为统一南越修建的，连接了湘江与漓江两大水系。由于灵渠是我国古代有名的水利工程，历代都有疏通改建。唐、宋、清分别在灵渠上建有斗门。斗门分布在南北二渠中，唐代筑斗门 18 座，宋代 36 座，清代 32 座，顺次启闭，以增高水位，使船越过高地。可见斗门有减缓比降、提高水位、蓄水行舟的作用，是近代船闸的先导，也是世界上最早的航船措施。

灵渠构思之巧妙、设计之独特，就是在今天也让人赞叹不绝。这一伟大的工程，不仅连通湘江和漓江两大水系，而且使我国南方长江和珠江两大水系也连通起来，成为南方古代交通的大动脉，对促进岭南地区和中原地区经济和文化的发展有着极大的贡献。直至明清时，灵渠仍被称为“三楚两粤之咽喉”。

（三）大运河

如果说灵渠是秦汉时期的杰作，那么贯穿南北的大运河，则是隋唐时期的伟大创举，其地位和意义比闻名世界的万里长城有过之而无不及。

隋唐运河主要有四大工程：第一是广通渠，第二是通济渠，第三是永济渠，第四是江南河。从隋京都长安出发，由广通渠入黄河进洛水到洛阳，从洛阳由永济渠直到涿郡，从洛水入通济渠达淮河，从淮河入邗沟达长江，从长江入江南河至杭州，全长 5000 余里。

隋唐大运河不仅沟通了我国黄河、淮河、长江三大水系，而且汇总了所经过的许多河流。这样，以大运河为中心，形成了华北、黄淮平原水利交通网络，对这些地区的经济发展有着极其重要的意义。隋唐宋时期社会经济持续上升，日趋繁荣，与大运河的开凿有密切关系。

四、海路

我国从秦汉开始，数千年来与东边的日本、朝鲜，南边的南洋群岛以及西欧诸国有着密切的海上联系，开辟出了数条海上友好之路。

（一）国内海路

元以前，中国的都城大都建立在长安、洛阳、开封，所在位置比较居中，靠内陆运河转输就很便利了。元、明、清三代，均建都在北京，地处边陲，与江南岭外相隔遥远，仅靠大运河转输已不能满足社会发展的需要；加之黄河、淮河、长江三大水系水流量的涨枯季节不同，特别是黄河的改道和水灾的发生，给运河的正常运行造成了极大的困难。为此，元代开始从东边沿海开辟新的海路，并使之成为元代转输江南漕粮的主要运道，运粮量每年达 300 万石以上。

（二）与日本、朝鲜的海路

中国与日本海上交往开始于秦汉时期。传说秦始皇派徐福带童男童女数千人越海至日本岛求长生药，可惜当时的航海线路不得详知。两汉时期，中日交往日益频繁，东汉时的往来比西汉又有增加。唐代时，日本遣唐使及高僧、留学生大批涌入中国。宋代以后诸代，与日本、朝鲜的交往一直不断，海上路线多循唐的道路。至清代，日本对中国海运航路所指定的路线就有 8 条。

（三）与南亚及西欧的海路

中国与南亚及西欧之间的海道，最早开始于西汉，发航地点在今雷州半岛。在这条海路上，来往交通颇为频繁，特别是货物交易。人们通过这条海路去印度用黄金交换明珠和奇石。东汉时，南海交通之盛况不减于西汉。

魏晋南北朝时，建都江南的吴、东晋和宋、齐、梁、陈，与南亚及西欧都有交往，海路没有因国内的分裂而断绝。

隋唐时期，与南亚及西欧的交通又有了新的发展，海道也随之得到开拓。唐时与南亚诸国的交往比前代更盛。

宋元时，与南亚海路交往更加频繁。元代建立之后，海上交通比唐宋更盛，沿南海岸立七市舶司与东南亚诸国贸易。然而，明代郑和七次下西洋的航海佳话比元代更负盛名。

明代所谓西洋，系指南海以西的海洋及沿海洋诸地。郑和本姓马，赐姓郑，云南昆阳人，他曾奉命七次通使西洋，经营南海以西诸国，足迹遍布30余国，最远到达了非洲东岸的红海和麦加，其航海记录的最终完成比哥伦布发现美洲大陆和达·伽马到达好望角要早半个多世纪。这一伟大壮举，把中国到西洋的海路交通推向全盛时期。

中国古代道路一直处于发展变化的状态，由局部性发展为全国性，从零散变为整体，由粗线路变为纵横交织的网络，日益成为国民经济中一个不可缺少的部分，为社会的繁荣发挥了重要的作用。

第三节　古代车辆

中国幅员辽阔，各地自然条件不同，使用的交通工具自然也不同，这就使得中国古代的交通工具多种多样。

中国是世界上最早使用车辆的国家之一，其发明时间有两种说法：一说是上古时代的黄帝造车；另一说是4000多年以前的夏朝人奚仲造车。商朝时期，不仅车辆急剧增多，还出现了用牲畜驾车。当时的车有了独木辕，两边各驾牲畜一头。车有了轮、箱、轴、辕、衡、轭等部件，车轮分辐和牙两部分。车辕由单木做成，安装在两轮毂的中间，毂外是軎。有的车驾一头牲口，套在辕的下面。有的却驾四头，分别驾在辕的左右。

春秋战国时期，车更加普遍，一般百姓用车比戊车数量还要多。秦汉时，车种类繁多，其名称有辒辌、鹿车等，乘车也有了严格的等级规定。如秦始皇东游死于沙丘平台，就是用辒辌车载回咸阳的，而一般人只能乘坐普通的车，如鹿车之类。魏晋南北朝时期，战争的需要促进了车的发展。北朝的车辆，就是一般普通车辆在制造上也比以前有所改进。如石崇和王恺同游，“争入洛城，崇牛迅若飞禽，恺绝不能及”（《晋书·石崇传》）。牛车速度如飞，无疑是造车技术大有提高，否则单靠牛力是不可能达到这种程度的。正因如此，王公贵族乃至皇帝都争坐牛车，成为一时风气。

隋唐时期，车发展到极盛，已经成为普通的交通工具。隋炀帝出游塞外作六合城，千人帐，载以枪车，车载六合二板。车上张幕，幕下张平　弩傅矢，五人更守。可见此时车已不单是代步工具，而是用在各个方面，能在车上作六合殿，可知车的构造一定有所改进。当时，民间造车技术也提高很多，且普及甚广。唐代造车工人在工商界已成为一个行会，社会上有许多人以造车为业。

宋元时期，车的发展在数量上比前代有增无减，特别是指南车的发明让古代车的发展进入一个新时代。明清时期，车与以前没有多大的变化，清末西方交通工具开始传入中国。

古代车辆按结构可以分为两类：一类是独辕车和双辕车，独辕车主要出现在上古时代，双辕车主要使用在封建时代；另一类是独轮车、双轮车和多轮车，其中双轮车从上古一直沿用至今不变，是中国古代车的基本构造形式。古代传统车辆还有畜力车和人力车之分，畜力车又可分为马车、牛车等，人力车可以分为独轮车和多轮车。如果按其用途分类，车辆又可分为乘车、兵车、猎车、货车、耕车、指南车、记里鼓车等。

一、乘车

所谓乘车，主要指专门供人往来乘坐的车，包括帝王的御车、皇后妃嫔的车、王公大臣的车和民间的车。就宏伟和精美程度来说，以御车为首。

御车总称“辂车”。辂车之中又分大辂、玉辂、金辂、象辂、革辂、木辂。从周代起一直延续到明清，虽历代车制有所变化，但这种制度长期不废。因此，供皇帝乘坐的车就有多种。

（一）大辂

辂车在殷周时期称“大辂”，此时的辂车属单辕双轮，中间的车箱称舆，呈左右长方形，即前后短，左右长，有的还从中间一分为二。上古时期大辂车结构简单，装饰精美。直到明清时还有建造。

（二）玉辂

玉辂以玉装饰，形制与大辂基本相同。周代的玉辂，配有锡樊缨和太常十二旗，旗长九仞而曳地，上绘日月龙图。至清代，更加精美，其高度和装饰仅次于明代的大辂车。玉辂之外的金、象、木、革四辂，建制与玉辂基本相同，只是车的颜色和某些部分有所不同。以上五辂全供历代皇帝朝会时陈设，实用价值不大，却是中国古代车的杰作。皇后所乘坐的车也分五种，但不以辂为名，分别为重翟、厌翟、安车、翟车、辇车等。

王公大臣所乘的车，历代规定不尽相同。汉代规定，中二千石及二千石所乘的车为皂盖。后汉景帝改为六百石以上的官吏为车幡，三百石以上的官帛为布盖，千石以上为帛缯覆盖，二百石以下为白布盖。唐代规定，王公以下车辂，亲王及武职一品乘象辂，即以象牙饰车的诸末端。其余及二品、三品乘革辂，即以皮革饰车诸末端。四品官员乘木辂，即用漆装饰，余同革辂。五品官乘轺车，曲壁，青色车幔。

（三）马车

马在中国的驯养可以追溯到新石器时代，以马驾车不晚于夏代。古代马车按照车舆形制可分为独辀式和双辕式两种。独辀车使用最早，早期的独辀马车主要用于车战，舆身面积不大。晚期的独辀马车使用范围增加，其形制也有了相应的变化，从乘坐方式上可分为立乘高车和卧乘高车，从装饰构造上可分为舆身敞开的轺车、斧车和舆身封闭的辎车、骈车等。

战国至秦汉，随着骑兵的兴起，马车逐渐转变为载人运物的交通工具。在这种大趋势下，双辕马车相比独辀马车有用马少、易驾驶的优点显示出来，故双辕马车在两汉时期成为马车的主要类型。宋元以后，由于骑乘的普及和肩舆的广泛使用，马车不再是人们出行的必备交通工具。因此，马车在整体结构上基本沿袭相承而没有再继续发展。

（四）牛车

民间百姓所乘之车，历代也有严格的规定。汉代规定：“贾人不得乘马车。”金代规定：

“庶人坐车平头，只用一色黑油。”清代规定：“庶民车，黑油，齐头，平顶，皂幔，轿同车制。”由此可知，民间的车在古代数千年中的装饰都是以黑色为主，在形制上基本就是齐头平顶，与皇帝和王公贵族的车相比是很简陋的。牛车就是其中一种。

牛车，也称“犊车”，是古代常见的民用车。春秋时期以前，盛行双牛系驾的独辕牛车。战国早期，双辕牛车开始出现。秦汉以后，牛车的种类有所增加，但其用途仍然偏重于运输粮草和杂货，时称“柴车”。西汉初年和东汉末年，马匹急剧减少，牛车在继续运送货物的同时，成为人们的重要交通工具。魏晋至隋唐是牛拉栈车的鼎盛时期，为适应贵族阶层的乘坐需要，栈车的舆箱增大，内部设施更加舒适，外部装饰也愈加华丽。宋代以后，牛车的速度比不上日益普及的新型鞍马，其舒适性也落后于各类肩舆，因此牛车又重新担负起运送杂货的职责。

（五）鹿车和露车

鹿车是一种极简单的车，以人力推行，在汉代民间普遍流行。在南北朝，鹿车仍是民间来往的主要交通工具。隋唐时期也是如此，隋炀帝伐高丽发动民间鹿车达万乘，可见民间鹿车之多，用途之广。鹿车一直沿用到明清时期，和汉魏隋唐时期的鹿车大致相同。

露车也是民间常见的一种供人往来的车。比鹿车大，并有辕以驾牲口拉动，而且在三国时还曾作为赏赐物品，这说明此车也被民间富庶人家和有地位的官吏所乘用。

二、战车

中国历代的战车，名称纷杂。有的分为五种，如《周礼》分为戎路、广车、阙车、苹车、轻车，这就是郑玄所谓的“兵车五戊”；有的分为两类，如孙武分驰车和革车；还有的分三类，如曹操分为攻车、革车和守车。

（一）戎路

戎路，指皇帝临战的乘车。《周礼》郑玄注曰：“王在军所乘也。”周室衰微以后，各诸侯皆乘戎路，戎路已不为王专用。进入封建社会后，戎路又重新作为皇帝专用车，统称为“戎车”。戎路后逐渐发展成为军队中一种主要的战车。因戎路不再为皇帝专有，隋唐以后的史书中再没有戎路的记载。

（二）轻车

轻车是古代主要的战车，它是一种善于奔驰和冲击的车种，在史书中均被称为“战车”。轻车之所以采用高轮构造，原因有二：一是大轮速度快；二是所驾马匹高大，戎马高八尺（约1.8米）者，车轮必须为六尺六寸（约1.5米）。轻车在春秋战国时期最为兴盛，因当时的战争主要是车战方式，战车的多少成为一个国家军事实力的体现，出现了“千乘之国”和“万乘之国”的说法。从秦汉以后，虽然作战大都是以骑兵和步兵为主，但兵车仍然被大量使用。

（三）阙车

《周礼》中有“阙车之萃”。阙，“空缺”之意，阙车就是填补空缺的一种战车。因为古时作战讲究布阵，方阵中因战车缺损而出现的空缺不能不填充，阙车就担任这一任务。东汉郑玄称此车为“补阙之车”。另外，阙车还担任警戒任务，常作为两翼被派出警戒，因而又被称为“游阙”。

（四）苹车和广车

苹车是一种战斗防御用车，主要用作工事和堵塞敌方进攻。它的作用与古代战术有密切关联。先秦时期，部队营宿地四周要修建防御工事（即土墙），在条件和时间有限不能修筑时，就用车相次连接围绕起来。同时，苹车还可用于摆阵，因此，历代作战都离不开苹车。广车也是一种防御战车，在作战中与苹车一样，不同的是广车还能用于攻击。

三、猎车

所谓猎车，是指专供狩猎时乘坐的车。狩猎习惯由来已久，主要是原始社会以狩猎维持生活的遗风，使得历代帝王都离不开狩猎活动，因而专门分出一类供狩猎用的交通工具。

早期的猎车比较简单，进入封建社会以后，猎车日趋精美，但同时不免有繁缛的弊端。曹魏时，将猎车改为阘虎车。西晋皇帝的猎车驾四马，其他与东汉无异，又称“踏猎车”“踏兽车”。南北朝时，称为“踏虎车”。说明这时的猎车已经有了顶盖、帷幔，没有战国时的猎车方便。

四、货车

专门运输货物的车。中国古代由于供人乘坐的车大都有盖幔遮掩，不便装卸，因而便有了专门的货车。古代货车中最典型的就是明清时期的合挂大货车。此车特点是四轮高厢独辕，可载重五十石，驾骡马多至十二挂（挂，即匹）或十挂，至少也要八挂。货车中仅次于合挂大货车的是双轮骡车，它也是运输的重要工具之一。其结构与四轮大致相同，只是四轮车架的一半。这种车能随时装卸，十分灵活。如果合挂大货车遇到条件较差的曲径山道，只好止步，而双轮大车在这种道路上行走，就要比合挂车方便得多。

五、指南车和记里车

指南车，又称“司南车”，是中国古代用来指示方向的一种装置。与指南针利用地磁效应不同，指南车不用磁性，而是利用机械传动系统来指明方向的一种机械装置。

指南车的工作原理是：车箱内部设置有一套可自动离合的齿轮传动机构。当车子行进中偏离正南方向，向东（左）转弯时，车辕前端向左移动，而后端向右（向西）移动，即将右侧传动齿轮放落，使车轮的转动能带动木人下方的大齿轮向右转动，恰好抵消车辆向左转弯的影响，使木人手臂仍指南方。当车子向西（右）转弯时，则左侧的传动齿轮放落，使大齿轮向左转动，以抵消车子右转的影响。而车子向正前方行进时，车轮与齿轮系是分离的，因此木人手臂所指的方向不受车轮转动的影响。如此，不管车子的运动方向是东西南北，或不断变化，车上木人的手臂总是指向南方，起着指引方向的作用。

可与指南车媲美的是记里鼓车，它的基本原理和指南车相同。东汉以后，有关记里鼓车的记载有零星字句，但都太简略。北宋时，记里鼓车制造方法有了更大改进。《宋史·舆服志》记载比较详细，大体说记里鼓车外形是独辕双轮，车箱内有立轮、大小平轮、铜旋风轮等，轮周各出齿若干，“凡用大小轮八，合二百八十五齿，递相钩锁，犬牙相制，周而复始”。记里鼓车行一里路，车上木人击鼓，行十里路，车上木人击镯。

指南车和记里鼓车的形状在历代制造时都有改进，其差动齿轮原理在1800多年前已被张衡所应用。记里鼓车的记程功能是由齿轮系完成的。车中有一套减速齿轮系，始终与车轮同时转动，其最末一只齿轮轴在车行一里时正好回转一周，车子上层的木人受凸轮牵动，由绳索拉起木人右臂击鼓一次，以示里程。

指南车和记里鼓车的发明为陆路远征扫清了障碍，这是陆路交通的一大进步，也是中国人智慧的结晶。

第四节　古代舟船及河运

一、古代舟船发展概况

路上交通靠车马，水上交通靠舟船。作为交通工具，舟船在中国古代各种运输方式中历史最悠久。浙江余姚河姆渡发掘的木浆表明，古代舟船产生于距今约 7000 年前的新石器时代。文字记载夏后氏时就有了舟。

殷商时期的舟已脱离了原始独木舟形式，有了木质结构的船。周时，舟的使用颇为普遍，其数量也多于前朝，舟本身由小变大，出现了由多人共同操作的大舟。春秋战国时期舟成为水中重要的交通工具，吴、楚、越三国甚至用船行军作战。秦汉时期，大型楼船已经出现。

魏晋南北朝时期，战争需要促使舟发生了三大变化：一是舟的体积越来越大；二是船的速度比以前更快；三是造船的技术明显提高，能在短期内造出成千上百条战船。

隋唐时期，舟的发展达到顶峰。隋唐时期造船业极度发达，天下公私造船业都非常兴旺。江南的私人造船之盛，已引起统治者的关注。唐代官营造船厂遍布江淮各地，大大多于隋。隋唐造船技术比前代有了明显的发展，不仅能造出载重万石的大船，而且能达到造船不用铁钉的非凡水平。唐代还发明了机械式的轮船，此船不用摇橹划桨，用脚踏轮即可，既省力又行走快。轮船的诞生为中外航海事业带来一个新的天地。

宋元时期，舟的发展在数量上有增无减，造船业也有了不少突出的地方。最为突出的有三点：一是大型船屡见不鲜；二是造船技术有突出进步，远渡重洋的海船在当时是比较先进的；三是根据指南车，南朝创造了指南船。宋代将指南船广泛运用在航海上，使中国古代航海从此进入了一个新时代。

明代的造船业，江海各异，江船的制造基地有江口、福建、两浙。海船著名的有福建的福船，江南的沙船，广东的车船等。明代造船的进步，在战船上反映得十分突出，一般的船也有明显的进步。如郑和下西洋的船，长 44 丈，广 17 丈，共载士卒 27800 人，这是中国史书上少见的大船。第一次出洋，大船就有 62 艘。船上有官校、旗军、火长、舵工、班碇手、通事、办事、书算手、医士、铁锚、搭材等匠人。明代在航海技术上的进步更空前的。明代嘉靖年间，吸收欧洲根据中国水浮盘改造成的旱罗盘，开始在航海中运用。宋代将指南针应用到航海方面，是航海史上一件划时代的大事。明代改用旱罗盘，又是中国航海史上的一个里程碑。原因是它推进了航海的发展，使人们发现了大陆。英国哲学家培根在《新工具论》中指出，印刷术、火药与指南针“这三种发明已经在世界范围内把事物的全部面貌和情况都改变了：第一种是在学术方面，第二种是在战事方面，第三种是在航行方面，并由此又引起难以数计的变化来：竟至任何教派、任何帝国、任何星辰对人类事务的影响都无过于这些机械性的发现了”。李约瑟认为，指南针在航海中的应用是“航海技艺方面的巨大改革”，它将“原始航海时代推到终点”“预示航海时代来临”。显然，明代在航海上有着巨大的功绩。

郑和下西洋以后的明代实行禁海锁国政策，一直到清朝仍然保持这种局面。所以，长期处于领先地位的中国造船和航海事业由此衰落下来，中国古代的造船与航海事业与世界航海和造船业迅速发展的距离也越来越远了。

二、古代舟船种类

中国古代舟船的种类非常多，从船首形状分，可分为尖首和方首两大类；从船底式样分，可分为尖底和平底两大类；从使用对象来分，可分为官用、民用、军用船等；从用途来分，又可分为客船、货船、渔船、战船等。

（一）客船

所谓客船，是指运送客人为主的船，类似现在的客轮。这类船在建造上与其他船的最大不同之处是建有客舱，在建造材料上非常讲究，不仅外观华丽，而且舒适典雅。

客船中，以历代皇帝乘坐的船最为壮观，尤以楼船和龙舟为上品。楼船是在木板船上重楼叠屋而建成的巨型战船。据记载，早在春秋战国时期，吴国水军便建有楼船，其后历代屡有建造。龙舟也是战国以来用于游戏竞赛的船舶，形似蛟龙，可能是从两头上翘的独木舟演变而来。龙舟在历代均十分盛行。从汉代起，皇帝巡幸便使用豪华的楼船。隋唐时，由于经济社会富庶，皇帝的楼船、龙舟建造得更是超越前代。宋代如同前制，龙舟楼船为皇帝专用。到明清时期，皇帝御船有所改变，不再全是龙舟。

（二）战船

先秦时期就开始将船用于战争。春秋时制造专门用于战争的船只。当时的楚国、吴国、越国、齐国都建有强大的水军，制造了大量的战船。此后的几千年，船就成为水战中的重要交通工具乃至作战设备。它从原来的民用船发展为专门的战船，并日益发展，种类繁多，不胜枚举。

1. 楼船

类似皇帝乘坐的楼船，大小不等，层数各异，每层都有防御敌方弓箭矢石的“女墙”，女墙上有发射弓弩的窗孔。汉武帝时，乘坐楼船作战的水军称为“楼船士”，水军统领称“楼船将军”。东汉楼船仍十分重要，建武九年（25 年），岑彭在一次战争中就建造直进楼船数千艘。魏晋南北朝时，楼船也在战争中起着重要的作用，长久保持着重要地位。隋朝的楼船，不仅高大，还装置了拍打敌船的拍杆，比前代有很大的进步。宋代以后，楼船在结构和外观上比前代有更大提高。不过从宋代开始，楼船的战斗力逐渐减弱，主要起助长声威的作用。

2. 三翼船

三翼船与楼船相比，不同之处在于楼船体积高大，相当于陆军战争中的行楼车；而三翼船狭长，相当于陆军战争中的轻车，行动急速。三翼船分大翼、中翼和小翼。三种船体都是瘦长型，长宽比相差较大，船阻力小，桨手多，速度快。三翼船对后世影响颇深，明清时创造的连环舟，实际上就继承了三翼船，都是狭长的体型，船身短了一些，中间分成两半。

3. 蒙冲船

蒙冲船与三翼船类似的地方是体型狭长，不同的是体积小，没有楼船高，也没有三翼船长。其主要作用“务在捷速，乘人之不备”，冲击敌阵，是一种主力战船，禁止民间制造。至宋代，蒙冲船完全变成一种战斗舰，体积短小灵活，以冲击敌方舰队而著名。

4. 斗舰船

斗舰船比蒙冲船高大，战斗力也更强。斗舰上除建有庐舍外，还安装有防御设备。南北朝时期，斗舰船相当雄伟，和楼船的气势不相上下。从南北朝至唐五代，斗舰船制造得越来越宏伟，是水军的主要战船。

5. 海鹘船

因形体如鹘而得名，便于在大风浪中作战，产生于唐代，以其优越性称著于世。宋代对唐代海鹘船进行了重大改造：一是在船舷两侧加装铁板，增强防护能力；二是在船首加装铁尖，增加冲击力。宋代的海鹘船经改进后成为一种结构坚实、冲击力更强的新型战舰。

6. 舡船

战斗中常用的一种船只，船上建有庐舍及防御设施，不怕箭射，有的还建有楼，类似楼船。用舡船作战见于先秦时期，后来历代使用不断。西汉平定南越时，便充分发挥了楼舡的作用。在南北朝战争中仍大量使用。

除以上战船之外，中国古代战船还有许多，特别是宋元以后新的战船层出不穷，明清时期战船多达20余种。战船既要在江河湖海中航行又要在水中作战，不仅坚固，而且在设计和制造方面都具有当时最先进的技术。所以，战船也是历代舟船的最高代表之一。

（三）漕船

中国古代很早就利用水路运送租税货物，特别是隋唐以后，漕运江南租米成为北方政府的主要财政收入，由此产生了专门运输货物的漕船或者货船。这种船的特点是只有货舱没有客舱，除运货人外，不再有乘客。

在春秋战国时代，就已经开始大量使用漕船了。战国时的漕船除单船外，还有把两只单体船连接起来的“舫”。至秦汉时期，漕船已经很普遍了。隋、唐、宋三代，随着漕运的鼎盛，漕船日益发展和改进。这一时期，漕船上架起了桅帆。元明清时期，由于海上漕运的兴起，漕船又有了新的变化，当时的漕舫相当可观。

（四）海船

海船主要指适宜在海上航行的大型船只，此类船与内陆水中的船相比，具有自己的特点。从唐中叶以后，中国海上贸易和友好往来日趋繁荣，海船由此大兴。唐末中国海船已经超过了外国水平。宋、元、明时，中国海船几乎垄断了中国至印度之间的航线，古代海船以大著称于世。当时中国海船之大，致使去伊朗的海面上，有些地方都难以通过。元明时的海船不减唐宋风骚，以大而比，郑和下西洋的“宝船”与宋代的“神舟”不相上下，而且在某些方面更加进步，比唐宋更安全。

（五）车船

车船是在船的两侧安装轮子，由动力装置带动轮子运转使船前进，而不用橹和桨划拨。它为中国古代的舟船开创了一个新纪元，后世的轮船就是由它发展而来的，车船因此被尊为“现代轮船之祖”。据文献记载，中国古代车船最早产生于唐后期。这种船的结构是让士兵用脚踩踏，带动轮桨转动，速度极快。车船在宋代日益得到推广，不仅日趋普遍，而且不断得到改进，新式的车船也不断涌现。

综上所述，中国古代的舟船众多，除以上主要类型外，还有各种游船、渔船、商船、渡船、独木船等，至于名目更是多不胜举。由此证明，自古以来我国的水路交通工具是十分发达的，不仅在中国古代政治、经济的发展中起着积极作用，而且在世界上具有重要的地位。

第五节　古代邮政演变

根据考古发现，殷商时期甲骨文已有关于通信活动的记载，因此可以说，从商朝至清朝末期国家开办近代邮政之前，中国古代邮驿通信经过了3000多年的发展历程。

一、原始通信方式的出现

通信起源于人类活动的过程中。最初保留和传递信息的方法是在绳子上结扣、在器物上画线或简单图画等。《易经·系辞》上说的“上古结绳而治，后世圣人易之以书契”就反映了这一状况。原始公社阶段，人们之间传递信息大都以物示意。如“树叶传情”，便是青年男女用树叶表达爱情的故事。

鼓是原始社会末期人类思想交流的工具之一。在中国，最晚在原始公社末期已经开始用击鼓传声的方式来传递信息了。非洲大陆流传至今的有“鼓邮”。击鼓时，不同的声音和节奏传达不同的“语言”，传递方式便捷。

国家建立后，政令军情的传递、物资的交流、科学文化的推广等都需要通信；交通的改善，交通工具的进步。文字的产生，成为通信发展的必要条件。

古代邮驿起源于夏商时期，商迁都殷之后有了官方通信组织。

二、西周至战国：邮驿初步发展

为巩固统治，周朝采取分封诸侯的制度。作为连接中央与周围诸侯国纽带的通信，其作用日显突出，邮传组织应运而生。从西周开始，通信组织不断完善，逐渐形成两套并行的通信系统：一是以烽火报警为主的早期声光通信系统。当时保卫边疆，烽火信号或烽、鼓并用成为重要的通信手段。二是以步行、乘车为主的邮传通信系统。当时交通道路条件有很大改善，有“周道如砥，其直如矢”之说。在干道上还附设了馆舍与路室，为提高通信效率提供必要服务。周朝通信使用了轻便的传车，速度可观。

春秋战国时期，诸侯国会盟，军队调动，商业活动不断，官员、说客、商贾等往来频繁。为了迅速传达政令、递送军情、便利往来、沟通信息、物资交换，一些诸侯国初创了“驿”，当时称为“路室”。为承担“以邮传命”的任务，国家设置官驿的同时，贵族豪门还设置了私驿。战国“四公子”都有过自己的驿馆，尤以孟尝君的私驿更为完备。专管私驿的官叫“传舍长”。

我国古代把专为官用的通信机构称为“邮驿”。《说文解字》云：“邮，境上行书舍。从邑、垂。垂，边也。”早期学者认为“邮”指古时边陲地区传递书信的机构。对于“驿”，《说文解字》云：“驿，置骑也，从马声。”在古代，“驿”即指传递官方文书的马、车。自周以后，邮驿在各个时期有不同的称呼。周朝称“传”或“驲”，春秋战国称“遽”或称“邮”“置”。秦时统一叫“邮”，汉代叫“驿”，魏晋时“邮”“驿”并称，唐时又把“驿”叫作“馆”。宋时为战争所需，创设“急脚递”。金代仿宋，不称“急脚递”而称“急递铺”。元自有“站赤”之称。明代又改“站”为“驿”。清时将“邮” “驿”合二为一称“邮驿”。现在习惯上把我国古代通信简称为“邮驿”“驿站”或“邮传”。

三、秦汉魏晋：邮驿的完善

秦始皇统一中国后，以咸阳为中心，在各地建立了邮传机构。秦代制定的《行书律》是迄今为止所发现的我国第一部有关通信的法令。此外，秦还开通了中原通向西北、东北两条邮传通信路线。

汉朝投入大量财力完善道路建设，直接促进了邮驿的扩展。在每一交通干线上设置驿站、邮亭，方便传递文书、接待过往官员和运送货物。汉朝对传递公文要求严格，对所采用的步传、车传、马传分别规定时限。对公文简牍的封缄有具体操作细则，防止私拆和泄密起到了很大作用。汉时邮传功效在国防军事上也是显著的，开辟了由长安经河西走廊，分沿天山南北两路，西越葱岭，到古罗马东部的路上交通路线，即“丝绸之路”。

曹魏时期，邮驿由法曹管理，隶属丞相府。这一时期军事通信系统完善起来，以军事重镇为中心，建立四通八达的邮传通信网。战争频繁，全国统一的邮驿已遭到破坏，军事文书大多直接交驿用快马传递，马速达每天 600 里左右，形成一套军事快递制度。三国时期，为适应南方水路运输需要，出现了水驿、水陆相兼的邮驿制度。

两晋时期，时有战乱，邮驿大多恢复由地方州、郡、县管理。东晋时期，北方先后出现的 16 个少数民族割据政权，大都仿照汉族传统方式建立邮驿制度。1972 年，在嘉峪关魏晋墓中发现一块驿使画像砖，画像上驿马飞驰，驿使一手持缰绳，一手持公文，英姿勃勃，应是当时邮驿景观的展现。

四、隋唐时期：邮驿的繁荣

隋朝恢复汉驿制度，集中力量修复开拓交通道路。为方便隋炀帝四方巡行，在驿路上修建许多驿馆、台传，提供过往官员和使者的饮食驻留。

唐代建成了以长安为中心的七条放射状驿路。当时洛阳居于全国中部，是驿路的总汇之一。长安至洛阳之间共设 41 个馆驿，驿路两旁树木成荫。《通典》载：“夹路列店肆，待客酒馔丰溢。每驿皆有驴赁客乘，倏忽数十里，谓之驿驴。南诣荆、襄，北到太原、范阳，西到蜀州、凉府，皆有店肆，以供商旅。”驿路的繁华，促进了商旅往来和驿传事业。

唐代着力改善长安至成都这一入蜀要道，并向西南少数民族地区延伸，同时开通两条海上交通线，即“登州海行入高丽渤海道”和“广州通海夷道”。这些都为邮驿发展创造了良好的条件。

唐代邮驿制度最为完备，有一整套人事考核制度、御史监察制度及夹河两岸驿防办法等，说明当时邮驿已达到很高水平。唐朝邮驿驿长由“州里富强之家主之”改为“以吏主驿事”，由民办转改为官办，这是非常重要的变化。

五、宋代：邮驿的改革和空前发展

由于长期与北方辽、金、西夏等政权相峙，宋朝对邮驿进行了重大改革，带有浓厚的军事色彩。邮驿由兵部和枢密院管理，经费由军费开支，邮驿人员由军人担任。在马递、步递之外，新创设一种昼夜兼程的“急脚递”，后称“急递铺”。“急递铺”专管通信，不承担接待、运输等任务，设置是 10 里 1 铺，20 里的马铺有马歇亭。“急递铺”传递公文，步递日行 400 里，马递日行 500 里；步递使用红字牌，马递使用青字牌，最紧急的使用金字牌。宋以前邮驿只传递官方文书，宋明文规定：允许步递时，官员家书与官方文书一起传送。宋朝的邮驿制度比较健全，法规较为完善。《永乐大典》收录的《金玉新书》，详细记载了递铺的法规，全文共 115 条。

元朝邮驿高度发达，驿站设置普遍。《元史・地理志》载：“凡在属国，皆置驿传，星罗棋布，脉络贯通，朝令夕至，声闻毕达。”邮驿由驿站和递铺组成，驿站称为“站赤”。据史载，当时全国有站赤 1519 处，全国驿站马匹有 30 万匹，房屋 1 万多所。与宋朝相比，元朝的急递铺制度更完备，组织更严密，网络更加发达。元朝邮驿沿袭唐宋旧制，由兵部管理驿站统用，由通政院管理驿站事务。地方管理上实行路、州、县三级建制。元朝邮驿以“路”为中心，路既是地方政府，也是交通通信枢纽。元驿站繁多，费用开支巨大，统治者便将许多负担转嫁给老百姓，让一些“站户”专门承担驿站差役的费用。在沉重压迫剥削下，“站户”纷纷破产，或逃亡在外，或出家为僧。元末，建立在“站户”基础上的站赤制度便无法维持下去了。

六、明清邮驿的兴衰

明朝建立后，朱元璋下令整顿和恢复全国的驿站，将元朝的“站”一律改称为“驿”。“会同馆”是当时设在北京的全国驿站的总枢纽，水马运和递运所即各地的驿站和运输机构。驿站是递运军需物资和上贡物品的专职机构。这种递运基本上采取定点、定线兼以接力的办法，把陆路运输和海、河运输结合起来。由于种种因素，明代递运所制度仅存在了200年。

清代邮驿制度历经整顿，采取主要措施为：颁布车马、夫驿、邮符、给驿等一系列条例制度；调整并使邮驿网络向县一级纵深发展；改革驿银支付办法；革除明朝驿马由百姓负担等政策。康熙年间，全国邮驿组织规模空前，星罗棋布，驿站达2000余个，递铺14000个，有7万名驿吏和4万多名铺兵。

清代以前，邮、驿一直合称，但邮和驿实际上是两种职能不同的组织机构。从汉唐以来，“邮”负责传递公文，为通信组织；“驿”实际上只负责提供交通工具、设施，并兼有招待所性质。清朝时候，这两种组织融为一体，驿站从间接地为通信使者服务，变为直接办理通信事务的机构。

清朝末年，随着交通工具如轮船、火车的迅速发展，近代邮政的创办与崛起，使历经3000多年的邮驿最终完成其历史使命。

【拓展阅读】

运河开凿工程，并不是人们想象的那么简单。要求在勘察测量、节制水量、平衡水位差、利用天然湖泊和故水道等等，都必须有高超的科学水平。隋代开凿运河时对这些复杂的技术问题如何解决且怎样进行具体的计划和施工等问题。文献资料缺乏记载，但从史实看，隋唐大运河是一次设计，一次施工，一次通航的，从工程进展的顺利和完工的速度来看，是与当时高超的工程技术知识和优秀的技术人才及丰富的经验密不可分的；而这些经验的积累和使用，都是与地方性运河的开凿密切关联的。隋朝时大运河的修建，首先是以东周春秋时期吴王夫差修建的邗沟为基础的，邗沟在经历秦、汉、魏、晋和南北朝的发展，又连通了许多河道。到了隋朝时，隋炀帝杨广下令开凿一条贯通南北的大运河，主要包括四大工程：第一是广通渠；第二是通济渠；第三是永济渠；第四是江南河。

——李楠、傅璇琮《中国古代交通》

自我测试

1. 秦始皇统一中国后，使中国古代交通进入了第一个发展高峰，他颁布了“(　　　)”法令，又建成了遍及全国的（　　　　），奠定了中国古代交通的基本格局。

2. 总结中国古代几千年以来的交通道路，主要有四种类型，即（　　）、栈道、(　　)

和海路。这四种道路组成了古代中国广大疆域之内的交通网络，也促进了中国古代经济和文化的繁荣。

3. 古代皇后所乘坐的车分五辂，但不以辂为名，请写出其中任意三种名称：（　　）、（　　）、（　　）。

4. 中国古代作战讲究布阵，方阵中因战车缺损而出现的空缺要用（　　）车填充。

5. 在世界内河航运史上占有重要地位的有一条著名的运河，这条运河北与海河相连，南与钱塘江相接，将海河、黄河、淮河、长江和钱塘江五大水系连成了一个统一的水运网，这是古代人民改造大自然的一个奇迹，它是（　　　　）。

6. 道路在古文献中有了正式记载的时期是(　　)。

A. 夏朝　　B. 西周　　C. 春秋战国　　D. 秦汉

7. 刘邦当年为了向项羽表示不反意，动手烧了的栈道是(　　)。

A. 金牛道　　B. 子午道　　C. 褒斜栈道　　D. 陈仓道

8. 中国古代的五种代表战车，可根据其性能分为三类，其中起指挥作用的是(　　)。

A. 戎路　　B. 轻车　　C. 苹车　　D. 广车

9. 京杭大运河主要是四大工程中，若要从淮河入邗沟到达长江，必须要先到达（　　）。

A. 广通渠　　B. 通济渠　　C. 永济渠　　D. 江南河

10. 请结合当今海路、陆路、空路的飞速发展状况，说一说中国古代交通信息传递的方式及发展。

参考答案

1. 车同轨　驰道　2. 陆路　水路　3. 重翟　厌翟　安车　翟车　辇车（任意三种均可）　4. 阙

5. 京杭大运河　6. B　7. C　8. A　9. B　10. 略

第十二章　实践结晶：中国传统发明创造

中华民族的科技活动有着悠久的历史，曾经为人类发展做出过巨大的贡献，并且在16世纪中期以前一直处于世界科技舞台的中心。

数学在中国历史悠久，从公元前二三世纪到14世纪初居于世界数学发展的前列，是当时世界数学发展的主流。

中国天文学的历史可以追溯到文字产生以前的物候授时、观象授时，夏商时期就已经有了天象划分与天象观测的详细记录。中国历法结合了阴历和阳历，既可知道潮汐涨落，又可基本掌握四季更替，闪耀着我们祖先的智慧之光。

以造纸术、火药、印刷术、指南针等四大发明为代表的科技创新成果的出现，标志着中国古代科学的发展达到了世界的顶峰。英国科学家李约瑟博士认为，中国“在三世纪到十三世纪之间保持着一个西方所望尘莫及的科学知识水平”，现代西方世界所应用的许多发明都来自中国，中国是一个发明的国度。

融生命科学和生命哲学于一体的中国传统医学，经过中华民族几千年的完善和发展，成为我国一笔难得的知识宝藏，并为全人类所共享。在这快速发展的现代社会，中医以其独特的卫生理论和疾病诊治方法，影响了世界医学模式的转变和人类健康观念的发展。

第一节　古代数学

中国古代将数学称为“算术”，即“算数之术”，后又称为“算学”“算法”，宋元开始使用“数学”一词。此后，算学、数学并用。1939年6月中国数学名词审查委员会确定用“数学”而不用“算学”。从公元前二三世纪到14世纪初居于世界数学发展的前列，是当时世界数学发展的主流。

数学在中国历史悠久。据《易·系辞下》记载：“上古结绳而治，后世圣人易之以书契。”在殷墟出土的甲骨文中有一些是记录数字的文字，包括从一至十及百、千、万专用的记数文字，最大的数字为三万。司马迁的《史记·夏本纪》提到大禹治水使用了规、矩、准、绳等作图和测量工具，而且知道“勾三股四弦五”这个勾股定理（西方称为“华氏定理”）。讲述阴阳八卦、预言吉凶的《易经》还包含组合数学与二进制思想。2002年在湖南发掘的秦代古墓中，考古人员发现了距今大约2200多年的九九乘法表，与现代小学生使用的乘法口诀十分相似。

一、十进位置值制记数法

正整数逢十进一位，逢百进二位，逢千进三位，这种以十为基数的十进位制，今天看起来简单合理的事情，却是人类经过艰辛探索才创造出来的。

随着文字的萌芽与发展，出现了记数文字。公元前三四千年的西安半坡遗址和公元前近 2000 年的二里头遗址陶文中有一，二，三，亖，㐅，∩，∧，十，)(，㐅，丨等数字，分别表示 1，2，3，4，5，6，7，8，70。殷墟甲骨文卜辞中有许多数字，其中 13 个记数单字如右图：

一	二	三	亖	㐅	∩ ∧	十
1	2	3	4	5	6	7
)(	[illegible]	丨	[illegible]	[illegible]	[illegible]	[illegible]
8	9	10	100		1000	10000

前四个是象形文字，其他几个是假借字，如㐅是午，∩、∧是入，十是切，)(是分，[illegible]是肘（一说象蛇形），[illegible]是虿，象蝎子。[illegible]是“一白”，[illegible]是“一人”的合文。十、百、千、万的倍数用合文，如[illegible]、[illegible]、[illegible]、[illegible]、[illegible]、[illegible]、[illegible]、[illegible]、[illegible]分别是 20、30、50、80、200、800、2000、8000、30000。甲骨文用九个数字与四个位置值符号，表示大到万的任何自然数，此时位置值制已经萌芽。

十进位置值制记数法最晚在春秋时代已相当完善。《墨经・经说下》：“五有一焉；一有五焉，十二焉。”意思是，从个位看 1，5 中包含有 1，从十位看 1，1 中含有 5，因为 10 有两个 5。

中国在全世界最早使用十进位制。十进位制之所以在中国最早出现，这与汉字是方块字而不是拼音文字有紧密关系，同时极大地促进了十进位制的形成。据记载，古代巴比伦人用相加或累积计数，如用 CCC 表示 300；古埃及和古希腊用特殊的记号来表示 20、30、40 等 10 的倍数，比如古埃及用一只鸟表示十万、古希腊半岛采用 27 个字母计数法，从 1~9 用九个字母表示，10~90 再用另外九个字母表示，100~900 用剩下的九个字母表示，这种十进制计数法一直延续到文艺复兴前夕。印度人在 6 世纪才开始使用十进位制。欧洲人采用十进位制计数法是在 976 年。

十进位制是中国对人类文明的重大贡献之一，正如李约瑟博士在《中国科学技术史・数学卷》中所说：“如果没有这种十进位制，就几乎不可能出现我们现在这个统一化的世界了。”

二、《九章算术》

随着数学知识的积累和发展，中国古代数学进一步成熟和定型，而成熟和定型的标志就是数学知识开始系统化表示出来，《九章算术》的出现标志着中国古代数学体系的形成。后世的数学家，大都是从《九章算术》开始学习和研究数学知识的。唐、宋两代明令规定其为教科书。1084 年，北宋进行刊刻，这是世界上最早的印刷本数学书。

（一）《九章算术》的内容

《九章算术》是中国最著名的传世数学著作，是中国古代数学一直处于世界数学前列的基础。它含有方田、粟米、衰分、少广、商功、均输、盈不足、方程、勾股九卷，近百条十分抽象的公式、解法以及 246 个例题。其中分数理论、比例、盈不足、开方、线性方程组、正负数加减法则及解勾股形等算法都是具有世界意义的成就。它奠定了中国传统数学的基本框架和长于计算，以算法为中心，以及数学理论密切联系实际的风格。

（二）《九章算术》的编纂

《九章算术》作者不可考。《九章算术》之名最先见于东汉灵帝光和二年（179 年）的传世文物青铜器量斛上的铭文，现存于上海博物馆。

最早谈到《九章算术》编纂过程的是三国魏的刘徽。他在该书的序中说：“周公制礼而有九数，九数之流，则《九章》是矣。”又说：“汉北平侯张苍、大司农中丞耿寿昌皆以善算命世。苍等因旧文之遗残，各称删补。故校其目则与古或异，而所论者多近语也。”意即秦之前已有类似《九章算术》的本子，汉初张苍和耿寿昌删补整理，内容逐渐成形。刘徽的论述为先秦典籍及战国秦汉数学简牍所证明，“九数”确实是《九章算术》的滥觞。

（三）《九章算术》的特点

《九章算术》注意“循序渐进”，全书由简而繁，由浅入深进行编排。如先平面后立体，先单比例再分配比例后加权分配比例；先矩形后曲线图形；先开平方再开立方；先整数后分数等。《九章算术》注重实用性，具体表现为注重解决贸易、建筑、税收、管理等问题以及当时存在的一些数学计算问题。

另外，它语言规范、概念清楚。规范了古代数学的基本术语和概念，如分子、分母、通分、约分、开平方、开立方、勾股等。

（四）《九章算术》的历史影响

在代数方面，《九章算术》在世界数学史上最早提出负数概念及正负数加减法法则；中学讲授的线性方程组的解法和《九章算术》介绍的方法大体相同。该书的一些知识还传播至印度和阿拉伯，甚至经过这些地区远至欧洲。

《九章算术》中有许多数学问题都是在世界上首次记载的。例如，关于比例算法的问题，它和后来在16世纪西欧出现的三分律的算法一样。关于双设法的问题，在阿拉伯曾称为“契丹算法”，13世纪以后的欧洲数学著作中也有如此称呼，这也是中国古代数学知识向西方传播的一个证据。《九章算术》还流传到了日本和朝鲜，对其古代的数学发展也产生了很大的影响。

三、宋元四大数学家

中国古代数学经历了远古至西周数学的萌芽，春秋至汉以《九章算术》为代表的数学框架的确立，在宋元时期达到繁荣的顶点。在宋元期间，涌现了一大批卓有成就的数学家，其中秦九韶、李冶、杨辉和朱世杰成就最为突出，被誉为“宋元数学四大家”。

（一）秦九韶和《数书九章》

秦九韶（1208~1261年），字道古，自称鲁郡人，嘉定元年（1208年）春出生于普州。秦九韶聪敏勤学，据《癸辛杂识续集》记载，“性极机巧，星象、音律、算术，以至营造等事，无不精究”，“游戏、毬、马、弓、剑，莫不能知”。宋绍定四年（1231年），秦九韶考中进士，先后担任县尉、通判、参议官、州守、同农、寺丞等职。他在政务之余，对数学进行虔心钻研，并广泛搜集历学、数学、星象、音律、营造等资料，进行分析、研究。淳祐四年（1244年）回湖州守孝期间，秦九韶结合长期积累的数学知识和研究，将收集到的生产、生活中的数学问题分为九类并加以编辑，于1247年完成了《数书九章》并创造了“大衍求一术”。他所论的“正负开方术”被称为“秦九韶程序”。“大衍求一术”比西方著名数学家高斯（Gauss，1777~1855年）建立的同余理论早554年；他的任意次方程的数值解比英国人霍纳（W·G·Horner，1786~1837年）的解法早572年。

秦九韶的数学成就主要表现在《数书九章》之中。《数书九章》共18卷，本名《数术》，南宋时称《数学九章》或《数术大略》，明朝时又称为《数学九章》。该书采用“合类”“通类”“推类”等方法，共列算题 81 问，分为 9 类，每类 9 个问题，结合当时的实际需要提出的问题分成大衍、天时、田域、测望、赋役、钱谷、营建、军旅、市易九类。此书代表着当时中国数学的先进水平，也标志着中世纪世界数学的最高水平。我国数学史家梁宗巨评价道：“秦九韶的《数书九章》（1247 年）是一部划时代的巨著，内容丰富，精湛绝伦。特别是大衍求一术（不定方程的中国独特解法）及高次代数方程的数值解法，在世界数学史上占有崇高的地位。那时欧洲漫长的黑夜犹未结束，中国人的创造却像旭日一般在东方发出万丈光芒。”

（二）李冶和《测圆海镜》

李冶（1192~1279 年），字仁卿，号敬斋，金真定栾城（今河北栾城）人，生于大兴（今北京大兴）。李冶自幼聪敏，对数学和文学很感兴趣。

父亲李通清廉正直，为人及好学精神对李冶影响较大。他认为学问比财富可贵，如“积财千万，不如薄技在身”“金璧虽重宝，费用难贮蓄。学问藏之身，身在即有余”。时人称赞他“经为通儒，文为名家”。

1234 年，金朝的灭亡给李冶生活带来了不幸，但客观上使其科学研究有了充分的时间。他以著书为乐。经过多年的艰苦奋斗，李冶的《测圆海镜》终于在 1248 年完稿。它是我国现存最早的一部系统讲述天元术的著作。

《测圆海镜》共 12 卷，收入了 170 多个问题，解决的都是已知直角三角形中各线段、利用天元术求内切圆和旁切圆的直径问题。《测圆海镜》全书基本上是一个演绎体系。如卷一列出了一幅“圆城图式”，提出了 170 个与“圆城图式”有关的问题，根据已知条件，分别计算出 15 个直角三角形各边之长，绘出各三角形的容圆公式，计算出勾股和、勾股差，然后计算出勾弦和、勾弦差等。其中 19 题列出三次方程，13 题列出四次方程，还有些题列出六次方程，还成功地用代数方法降低方程次数。后面各卷问题的解法均可在此基础上以天元术为工具推导出来。

李冶之前的算书，一般采取问题集的形式，各章（卷）内容大体平列。李冶以演绎法著书，这是数学史上的一个进步。《测圆海镜》的成书标志着天元术成熟。元代大数学家朱世杰说：“以天元演之、明源活法，省功数倍。”清代阮元说：“立天元者，自古算家之秘术；而海镜者，中土数学之宝书也。”

（三）杨辉和《详解九章算法》

杨辉，字谦光，浙江钱塘（今杭州）人，南宋时期杰出的数学家和数学教育家，生平不详。杨辉从事数学研究和教学工作，为了推广他的数学成果，在苏州和杭州等地经常设馆收徒教授数学。他先后完成了 5 种 21 卷数学著作，分别是《详解九章算法》12 卷、《日用算法》2 卷、《乘除通变本末》3 卷、《田亩比类乘除捷法》2 卷、《续古摘奇算法》2 卷，后三种又合称为《杨辉算法》。同时，他非常重视数学教育的普及和发展，在《算法通变本末》中，杨辉为初学者制订的《习算纲目》是中国数学教育史上的重要文献。

《详解九章算法》从其序言可知，该书乃取魏刘徽著、唐李淳风等注释、北宋贾宪细草的《九章算术》中的 80 问进行详解。在《九章算术》9 卷的基础上，又增加了 3 卷：一卷是图，　卷是讲乘除算法的，居九章之前；一卷是纂类，居书末。从体例看，该书对《九章算术》的详解可分为：一为解题，即是对《九章》原题作详细解释，有的则辅以评论和校勘。内容为解释名词术语、题目含义、文字校勘以及对题目的评论等方面。二为明法、草，先列算法，后列算草，有图附图，有表附表，如杨辉说“以图参法，取用可知”。在编排上，杨辉采用大字将贾宪的法、草与自己的详解明确区分出来。三为比类。选取与《九章算术》中题目算法相同或类似的问题作对照分析。四为续释注。在前人基础上，对《九章算术》中的80问进一步注释。杨辉的“纂类”，突破了《九章算术》的分类格局，按照解法的性质，重新分为乘除、分率、合率、互换、衰分、叠积、盈不足、方程、勾股九类。

杨辉在《详解九章算法》一书中还画了一张表示二项式展开后的系数构成的三角图形，称作“开方做法本源”，现在简称为“杨辉三角”。

杨辉还广泛征引数学典籍和当时的算书，中国古代数学的一些杰出成果，比如刘益的“正负开方术”，贾宪的“开方作法本源图”“增乘开方法”。

（四）朱世杰和《四元玉鉴》

朱世杰，字汉卿，号松庭，寓居燕山，生卒年代不详，《四元玉鉴》莫若序称：“以数学名家周游湖海二十余年”，“踵门而学者云集”。朱世杰对多元高次方程组解法、高阶等差级数求和，高次内插法都有深入研究，他著有《算学启蒙》《四元玉鉴》各3卷，在后者中讨论了多达四元的高次联立方程组解法，联系在一起的多项式的表达和运算以及消去法，处于世界领先地位，比西方早400年。

朱世杰全面地继承了秦九韶、李冶、杨辉的数学成就，并给予创造性的发展，把我国古代数学推向更高的境界，形成了宋元时期中国数学的最高峰。

《四元玉鉴》成书于大德七年（1303年），共3卷24门288问，介绍了朱世杰在多元高次方程组的解法——四元术。在朱世杰之前，中国已有解方程的方法“天元术”。“天元术”解方程时是设“天元为某某”，某某就是（x）。朱世杰不仅继承沿用了天元术，方程组解法由二元、三元推广至四元。未知数不止一个时，除设未知数天元（x）外，还设地元（y）、人元（z）及物元（u），再列出二元、三元甚至四元的高次联立方程组，然后求解。在欧洲，解联立一次方程始于16世纪，关于多元高次联立方程的研究则是18~19世纪的事了，朱世杰的“天元术”比欧洲早了400多年。

美国著名科学史家萨顿这样评说朱世杰：“（朱世杰）是中华民族的、他所生活的时代的、同时也是贯穿古今的一位最杰出的数学科学家。”“《四元玉鉴》是中国数学著作中最重要的，同时也是中世纪最杰出的数学著作之一。它是世界数学宝库中不可多得的瑰宝。”

第二节　天文历法

我国天文历法不是新开拓的学科，而是古代天文学的延续，它的渊源可以追溯到人类的上古时期。我国现代天文历法虽然继承了古希腊的天文学体系，但也闪烁着中国古代天文学智慧的光辉。

一、我国古代天文历法发展概况

中国天文学的历史可以追溯到文字产生以前的物候授时、观象授时，夏商时期就已经有了历法。历朝历代都设置有天文机构，配备有专事观测的人员，观测记录天象，编印历书，用于指导农事和占卜吉凶。

（一）天文台

我国历朝历代都非常重视天文研究，设置有天文机构——天文台。传说夏朝的天文台叫

“清台”，商朝叫“神台”，周朝叫“灵台”。周以前的天文台主要是为了祭祀日月而设立的，后才分开而专司观测天文和气象。

西汉时的天文台开始也叫“清台”，后改为“灵台”。台上安置了浑仪、铜表和相风铜乌等天文气象仪器，天文学家张衡曾两次被委以太史令之职，直接管辖灵台的观测工作。东汉灵台沿用到三国、西晋时期，直到北魏才被废弃。

唐代的天文台是仰观台，又叫“司天台”，直接归太史监管辖，天文学家李淳风就是在这里进行观测的。唐代中期，专为天文学家一行建了一座仰观台，为天文学家薛颐建了一座清台，专供其占卜吉凶之用。

北宋时期，科技发达，仅汴京一地就设立了 4 个天文台，且都备有大型浑仪，各用铜 2 万斤铸成。除此之外，还设立了一个校验所，用以校验浑仪和漏刻的准确性。

元初，郭守敬在“周公测景台”原址——登封告成镇建了一座观星台。观星台建筑物本身就是一个绝妙的表：高台中央的门为表端，由 36 块石板铺成的“路”为圭，圭长 31.19 米，台高 9.46 米。登封观星台不仅是中国现存最早的天文台，而且也是世界上最古老的天文台之一。

元代官方天文台叫“司天台”，建在大都城的东南方向，完成于 1279 年，300 多年以后毁于战争。司天台是当时世界上最先进的天文台之一，可以和中亚的马拉加天文台相媲美。

明清两代的天文台叫“观象台”，坐落在北京建国门立交桥旁，有 540 多年的历史，至今保存完好。观象台上安置的仪器，大多是耶稣会传教士设计。

（二）天文观测人员

我国古代各个朝代都有专事观测的人。据《史记·天官书》记载：在上古，高辛氏以前有天文官重和黎，尧、舜、禹时期有羲氏与和氏，夏朝有昆吾，商朝有巫咸，周代王室有史佚和苌弘。各诸侯国也都有自己的天文官，如宋国有子韦，郑国有裨灶，齐国有甘德，楚国有唐昧，赵国有尹皋，魏国有石申。他们往往兼有神职，是帝王的特殊顾问。

东汉时期，最高级别的天文官员称作“太史令”，管辖天文台和明堂两个部门。具体主持天文台工作的是灵台丞，灵台丞手下有 42 个助手，主要任务是观测恒星、太阳、风向、晴雨、时间和校验钟声，分工十分细致。元代以前天文机构的人员配备大体如此。元代的天文机构叫太史院。太史院下设推算局、测验局和漏刻局，共 70 人。

明初的天文机构下设两个分机构：司天监和回回司天监，后来司天监改称“钦天监”，内设天文、漏刻、大统历和回回历四科。

编制历法和占星是天文机构的两项主要任务，因此中国古代的天文研究一直得到官方的扶持，研究经费、仪器设备和工作条件都有充分的保证，所以尽管改朝换代，但观测和记录一直持续了 2000 多年没有间断。

二、天象划分与记录

（一）天象的划分

我国古人为观测日（太阳）、月（太阴）和金（太白）、木（岁星）、水（辰星）、火（荧惑）、土（镇星）五大行星运行的情况，将天空划分为二十八个星区，统称为“二十八宿”，用以说明日、月、五星运行所到的位置。二十八宿中每一个星宿包含有若干颗恒星。

古人把二十八宿分为东、南、西、北四宫，每宫七宿，各宫分别将所属七宿连缀想象为一种动物的形象，即青龙为东方之神，白虎为西方之神，朱雀为南方之神，玄武（龟蛇合体）为北方之神。它们是“天之四灵，以正四方”。

东宫苍龙所属七宿是角、亢、氐、房、心、尾、箕。

南宫朱雀所属七宿是井、鬼、柳、星、张、翼、轸。

西宫白虎所属七宿是奎、娄、胃、昴、毕、觜、参。

北宫玄武所属七宿是斗、牛、女、虚、危、室、壁。

二十八宿环绕在天体大气象里面，周而复始，运行不停，主掌东、西、南、北四方天象，以分昼夜、寒暑的交替和阴阳气数的变化。久而久之，二十八宿不仅是观察日、月、五星位置的坐标，同时被赋予了不同的寓意，被广泛应用于古代的天文、宗教、文学及星占、星命、风水、择吉等术数之中。

（二）天象的观测

出于用星象占卜吉凶之需要，占星家日复一日、年复一年地密切关注着天空异常天象的出没，并认真地记录发生异常天象的名称、现象、位置、发生的日期和时刻等，很多重要的天象记录得以在正史中存留。

1. 日食、月食观测

太阳和月亮是天上最重要的星体，古代天文学家特别重视对太阳、月亮的观测。如对日食、月食的观测与记录就十分丰富，并且保持着长期连续性。有史可查的我国最早的日食记录出现在一块殷代的甲骨上，经过考证，这次日食发生在公元前 1217 年 5 月 26 日。关于月食的记录比这个时间还要早，甲骨上就记载有公元前 14～前 13 世纪发生的五次月食。《春秋》中记载了在公元前 770 年至公元前 476 年共 294 年中出现了 37 次日食。此后，自 3 世纪开始的日食记录和自 5 世纪开始的月食记录，都一直持续到近代。

2. 黑子观测

中国古代天文学家在公元前就观测到太阳表面发生的黑子、日珥、日冕等现象，其中尤以黑子的记录最有价值。中国最早的日珥记录出现在甲骨卜辞上，称之为“三臽食日”。三臽即为三个火臽之义。现今世界公认的关于太阳黑子的最早记录是中国西汉成帝河平元年（前 28 年），《后汉书·五行志》说：“成帝河平元年三月乙未，日出黄，有黑气，大如钱，居日中央。”关于“黑子”一名，最早出现在西晋初年（268 年）的一条记载中。

3. 流星雨和陨石的观测

中国古代关于流星雨的记载也很多，《竹书纪年·帝禹夏后世》记载：“夏六月，雨金于夏邑。”也就是公元前 2133 年降落在河南省的一场流星雨，这也是世界上最早的关于流星雨的记录。对陨星的记录也很多，宋代科学家沈括在《梦溪笔谈》中详细记载了坠落在宜兴许氏园中的陨石。

4. 彗星观测

《春秋》记载：“鲁文公十四年秋七月，有星孛于北斗。”星孛即彗星，这是世界上关于哈雷彗星的最早记录。哈雷彗星平均每 76 年多回归一次。从秦始皇七年（前 240 年）到清代宣统二年（1910 年），间隔 2149 年，哈雷彗星回归 29 次，每一次都有详细的记录。

不同彗星的彗核大小、彗发多寡不一，形态各异，古人便以为它们是不同类的天体而分别命名：彗尾长且直的叫“扫星”或“彗星”；彗尾稍短略有弯曲的叫“孛星”或“拂星”。彗星呈钩状的叫“蚩尤之旗”。有几条彗尾的彗星，很罕见，叫“五残”“狱汉”“昭明”。此外，还有彗星分裂现象的记载。《新唐书·天文志》里曾描述一颗彗星分裂成三部分，在虚宿和危宿之间出没的情形。

5. 变星观测

中国古代天文学家对变星也有记录。《史记·天官书》里记载："有句圜十五星属杓，曰贱人之牢。其牢中星实则囚多，虚则开出。"后两句很重要，意思是如果"牢"中星比较多则囚犯就多，"牢"中星稀少则囚犯少。有时星多，有时星少，说明有些恒星的亮度在变化。司马迁所说的贱人之牢相当于现在的北冕星座。北冕座确实有三颗变星。可见，古人的观察非常准确。

6. 新星和超新星

新星和超新星都属于变星，是爆发型的变星。新星爆发时，其亮度几天之内可增加几千至几万倍，随后慢慢变暗，一般要经过几年或几十年，才能还原到爆发前的亮度。超新星的爆发规模更大，亮度增加几千万甚至几亿倍。中国古代有关新星的可靠记录有 50 多例，超新星有 10 多例。与世界上任何国家相比，中国古代关于奇异天象的大量记录都是最可靠、最完整的，从数据角度来说，可用率最高。

三、计时单位及记录方法

天文观测是用于指导农事和预测吉凶，故天文学要制定相应历法。历法是安排年、月、日的方法。具体而言，就是规定一年里有多少月、一月里有多少日、一年的第一天定在什么时候、闰月或闰日怎样添加等。

（一）中国历法类型

人类历史上曾经出现过三种历法：太阳历、太阴历和阴阳历。

太阳历以回归年为基本周期，一年设 12 个月。这里的"月"与朔、望月没有关系，是人为创造的计时单位。现行公历就是太阳历的一种。

太阴历以朔、望月为基本周期，每月以 29 天或 30 天交错安排，12 个月组成一年，共 354 日。现在阿拉伯国家颁行的历法就是太阴历。

中国自有历史记载以来一直使用阴阳历，即通常所说的农历。农历取阴历的月为月，阳历的年为年，兼顾回归年和朔望月两个周期，使每月符合月亮盈亏的变化，每年符合四季的变化。根据农历，我们可知道潮汐涨落和掌握四季更替。可以说，农历是我国的独创，闪耀着祖先的智慧之光。

年，是地球绕太阳公转的反映；日，是地球自转的反映；月，是月亮绕地球公转的反映。这三种运动互相独立，年、月、日三者不是简单倍数关系，故编制阴阳历比编制阴历和阳历更复杂。中国历法就是使年的平均长度尽量接近回归年，使月的平均长度尽量接近朔望月，并寻找一个合适的置闰周期。

为方便起见，农历规定大月 30 天，小月 29 天，一年 12 个月共 354 或 355 天，比回归年 365.2422 天少 11 天左右，积四年就要少一个多月。为了解决这个问题，便采用"闰月"的办法。早在公元前 600 多年，祖先就开始采用"19 年 7 闰法"，即在 19 个农历年中，规定 12 个平年，每年 12 个月；另 7 年每年增加 1 个月，变成 13 个月，这个增加的月便叫"闰月"。这样，19 个农历年的总日数与 19 个回归年的总日数基本相等，农历的月份和四季冷暖也基本相符，日历和天时就不会错乱了。

（二）中国古代计时方法

中国古代的计时方法很多，一般有以下几种：

1. 日晷计时法

日晷又称"日规"，是古代观测日影计时的仪器，即利用太阳投射的影子来测定并划分时刻的计时方法。在机械钟表传入中国之前，日晷一直是通常使用的计时器。

2. 漏刻计时法

漏刻计时是以壶盛水，利用水均衡滴漏原理，观测壶中刻箭上显示的数据来计算时间。这种计时方法将一昼夜分为一百刻（一刻相当于今天的14.4分钟），因而古代语言中就有“刻”的说法。

3. 天色纪时法

天色纪时法，即根据天色的变化纪时。古人根据天色的变化，将一昼夜划分为十二个时辰，分别是：夜半、鸡鸣、平旦、日出、食时、隅中、日中、日昳、晡时、日入、黄昏、人定。

4. 干支纪时法

干支纪时法，即以六十对干支来表示年、月、日、时的序号，周而复始，不断循环的纪时方法。干支纪时法早在殷商时代就已普遍使用。

古天色纪时、地支纪时与今序数纪时对应关系表

天色	夜半	鸡鸣	平旦	日出	食时	隅中	日中	日昳	晡时	日入	黄昏	人定
地支	子	丑	寅	卯	辰	巳	午	未	申	酉	戌	亥
现在	23~1点	1~3点	3~5点	5~7点	7~9点	9~11点	11~13点	13~15点	15~17点	17~19点	19~21点	21~23点

针对不同的时间单位，又有不同的纪时方式。具体分纪年、纪月、纪日、纪时四大类：

1. 纪年。主要有三种方式：一是按照王公即位的年次纪年，二是用干支纪年，三是用国君的年号纪年。

2. 纪月。主要方式有三种：一是用地支纪月，二是在春夏秋冬各季前加上孟、仲、季等字作各季中相应月份别称，三是如同现代的数字纪月。

3. 纪日。主要方式亦有三种：一是用干支纪日，二是用特定的节日、节气名称纪日，三是在一月之内，用“朔”（农历每月初一）、“朏”（农历每月初三）、“望”（农历每月十五）、“既望”（农历每月十六日）、“晦”（农历每月的最后一天）等表示日期。

4. 纪时。主要方式也有三种：一是用天色纪时，二是用地支纪时，三是更鼓纪夜。

古今时段、时辰对照表

夜间时辰	五更	五鼓	五夜	现代时间
黄昏	一更	一鼓	甲夜	19~21点
人定	二更	二鼓	乙夜	21~23点
夜半	三更	三鼓	丙夜	23~1点
鸡鸣	四更	四鼓	丁夜	1~3点
平旦	五更	五鼓	戊夜	3~5点

四、二十四节气

阴阳历的平均长度接近回归年，但因三年多才加一个闰月，补偿方式显得有些唐突，气候变化在阴阳历上不能完全体现出来。比如，表示夏天开始的立夏，今年在三月，明年可能就在四月，与月序的关系不固定。在农业国家，人们格外关心播种和收割的时间，不能反映季节的历法很难普及推广，因此二十四节气便产生了。

二十四节气，本质上是将地球绕太阳运动的轨道平均分成 24 份，每个节气代表轨道上的一个固定位置。从时间上来说，地球公转的速度不均匀，这就导致了有的节气 14 天，有的近 16 天，平均 15 天多。季节是地球公转的反映，所以节气可以比较准确地表征气候冷暖现象。

二十四节气的具体名称是立春、雨水、惊蛰、春分、清明、谷雨、立夏、小满、芒种、夏至、小暑、大暑、立秋、处暑、白露、秋分、寒露、霜降、立冬、小雪、大雪、冬至、小寒、大寒。其中位于奇数的，如立春、惊蛰、清明等叫“节气”；位于偶数的，如雨水、春分、谷雨等叫“中气”，一年共有 12 个节气和 12 个中气。

按其名称的含义，二十四节气又可分为四种：一是表征四季的节气有立春、春分、立夏、夏至、立秋、秋分、立冬、冬至；二是表征冷暖程度的节气有小暑、大暑、处暑、小寒、大寒；三是表征降水量多寡的节气有雨水、谷雨、白露、寒露、霜降、小雪、大雪；四是与农事相关的节气有惊蛰、清明、小满、芒种。

二十四节气属阳历系统，与朔、望月配合使用，是中国阴阳历的一大特点。

五、岁首与建正

岁首，指一年以什么季节为开始。在秦汉以后，岁首统一放在立春逢朔之日，以正月为岁首。由于阴历年短于回归年，某些年的首日有可能早于立春，但安置闰月后又会调整如初，基本上保证了每年以春天开始。

建正与岁首相同。所谓建正，就是确定哪个月是“岁首”，具体而言，就是指将哪一个月作为农历一年的第一个月。建子为正，即以子月为岁首正月，建寅为正，即以寅月为岁首正月。夏朝采用以寅月为正月，商朝采用以丑月为正月，周朝采用以子月为正月。春秋战国时期各国建正也存在不同。汉代恢复用夏历，即正月建寅为岁首，一直沿用至今。

一天以什么时刻作为起点？为什么要定在子夜而不是其他某个时刻？在人类历史上，日出、日落、日中、子夜都曾作为一日之始。唯有子夜做日期分界点最为合适。当子时又细分为子初和子正时，子正就成为一天的开始，与现行公历制度恰好吻合。

阴阳历要素对照表

	中国农历（阴阳历）	公历（阳历）
岁首	立春逢朔	冬至以后的第 10 天
平年月数	12 个月	12 个月
平年日数	354 日	365 日
闰年日数	383 日或 384 日	366 日
置闰方法	无中气之月为闰月	四年一闰，但 400 年 97 闰，闰日加在第二月末
月首	朔日	与朔、望无关
月的日数	29 日或 30 日	28 日、29 日、30 日、31 日
日首	午夜 0 点	午夜 0 点

第三节　中国四大发明

中国古代的发明不计其数，如蚕桑丝织、粟作和稻作、琢玉、木结构营造技艺，青铜冶铸术、中医、珠算、中式烹调法、制瓷、漏刻、深井开凿术、火箭、火药、指南针、印刷术和造纸术等，其中闻名古今中外的是火药、指南针、印刷术和造纸术这四大发明。因为这四大发明不仅对中国的文明发展有着深远的意义，而且对于世界文明的发展也具有重要的意义和影响力。

一、指南针

指南针是中国最早的古代四大发明之一，它在各个不同的历史时期有着不同的形式和名称，如司南、司南鱼、指南针和罗盘等。在大约 12 世纪末，我国发明的指南针通过海上通路传到阿拉伯，然后再由阿拉伯传到欧洲。

（一）指南针的发明

在 2000 多年以前，中国人在长期的生产实践中，发现了天然磁石。迄今为止我国已发现的古籍中有关磁石的最早记载是战国时期的《管子》，其中有“山中有慈石者，其下有铜金”的描述。最早明确提出“慈石”能吸铁的著作是《吕氏春秋·精通》，即书中所写“慈石召铁，或引之也”。战国时代，中国人就发现了磁体的指极性，从而为以后指南针的发明奠定了基础。

战国时代，中国根据磁石指示南北的特性制成了“司南”。司南由地盘和天然磁体制成的磁勺组成。地盘是青铜做成的，内圆外方，中心圆面磨得非常光滑。地盘中心的小勺是用整块的天然磁石磨成的，磁铁的正极磨成司南的长柄，勺头底部是半球面，圆底放在平滑的“地盘”上并保持平衡，而且可以自由旋转。

北宋时期，在司南的基础上，人们用人工磁化方法制造出了过渡性指南仪器——指南鱼。随着知识的丰富和技术的发展，人们又制造出了更灵敏的指南仪器指南针。沈括《梦溪笔谈》记载了这一发明，还总结出了指南针的四种装置方法：水浮法、指甲旋定法、碗唇旋定法、缕悬法。其中，他认为缕悬法效果较好，从而基本上确立了近代罗盘的构造。后来人们学会了把指南针固定在有刻度的方盘里，制造出了罗盘针，并把它运用到航海、大地测量、旅行及军事等方面。12 世纪时，中国人还发明了“指南龟”。指南龟是当时流行的一种新装置，将一块天然磁石放置在木刻龟的腹内，在木龟腹下方挖一光滑的小孔，对准并放置在直立于木板上的顶端尖滑的竹钉上，这样木龟就被放置在一个固定的、可以自由旋转的支点上了。由于支点处摩擦力很小，木龟可以自由转动指南。

（二）指南针的应用及推广

大约在 11 世纪时，指南针已经应用于航海活动。1119 年，北宋朱彧在《萍洲可谈》中第一次记载了中国广州海船使用指南针的情况：“舟师识地理，夜则观星，昼则观日，阴晦则观指南针。”中国的航海家首先把指南针装到船上，标志着人类从此获得了在海洋上全天候、远距离航行的能力。

指南针作为中国古代四大发明之一，对宋元及以后的海上贸易以及对外文化交流做出了巨大贡献。郑和船队七下西洋，远达非洲东海岸，与能够利用成熟的航海指南针导航技术密不可分。关于这一点，郑和船队随行人员的巩珍在《西洋番国志》中有记载："始则预行福建、广、浙，选取驾船民梢中有经惯下海者称为火长，用作船师。乃以针经、图式付与领执，专一料理。事大责重，岂容怠忽。"

在12世纪以前，埃及人、腓尼基人、希腊人、罗马人的船只主要航行在地中海上，只有极少数的冒险家曾到过非洲西海岸。在宋代，中国的航海指南针技术传到了阿拉伯。1180年左右，指南针传到了欧洲。西方学者亚布说："罗盘针是中国人最重要的发明，它放开我们的眼界，引导我们走向世界。"欧洲人通过指南针技术，才有了15~16世纪时哥伦布发现美洲大陆和麦哲伦的环球航行，以及达·伽马环绕非洲到达印度的航行，促进了殖民扩张，为资本原始积累以及新兴资产阶级的产生创造了条件，进而推进了历史的进程。

二、造纸术

中国是世界上文明最发达的国家之一，已有了将近4000年的有文字可考的历史。在我国历史悠久、光辉灿烂的科学技术的发展中，造纸术是中国古代最伟大的发明之一，也是人类文明史上的一项杰出成就。在公元前100年左右（西汉时期）我国即已创造出植物纤维纸。这比欧洲建立第一个造纸的工场，早了1200多年。

（一）造纸术的发明

文字发明以前，古人以绳结记事。文字出现以后，在造纸术发明之前，世界其他古国用以书写和记载文字的工具有纸草、树叶、羊皮膜、岩壁、陶面、体肤等。我国古代则有甲骨、金、石、简（竹）牍（木）、缣帛（丝织品）。竹简、木牍笨重且占空间，写作和阅读很不便利。当时的所谓"学富五车"书的大学者，只不过看过五车竹简、木牍而已，所含信息量很难与现在一本比较厚的书相比。《史记·滑稽列传》载：汉武帝时，齐人东方朔"初入长安，至公车上书，凡用三千奏牍。公车令两人共持举其书……读之二月乃尽"。缣帛便于书写，但价格昂贵，只有少数皇家贵族才能享用。

随着政治统一、经济和文化迅速发展，原有记载文字的工具已远远不能满足要求。因此，造纸术就是在这种形势下应运而生的。

西汉时期的纸，质地粗糙，制造技术原始，在应用上受到限制。对造纸技术的发展有卓越贡献的是东汉时期的蔡伦（？~121年）。蔡伦组织工匠在总结前人造纸经验的基础上，并加以革新、创造，扩大造纸原料的来源，用破布、鱼网、树皮、麻头等作为原料，改进造纸技术、提高纸张质量，制造成了适合书写的、人们普遍使用植物纤维纸。因他曾被封为"龙亭侯"，人们把他创造的纸叫作"蔡侯纸"。

此后，我国的造纸术得到广泛推广应用。自东汉始"变废为宝"，以敝布、旧鱼网作为造纸原料；北宋年间，又以故纸回槽制成"还魂纸"，开废纸循环利用之先河；还因地制宜，以间伐复种等方式循环利用各类植物资源，保障造纸原料、降低生产成本；天然漂白工艺的采用更使纸品具有了千年存真的品质。到唐宋时已能制造出种种绚丽多彩的纸张。如根据原料不同，有麻纸、藤纸、皮纸、竹纸等；根据用途不同，有钱纸、窗纸、印纸、法纸等；根据品质不同，有绫纸、罗纸、薄纸、硬黄纸、生纸等；根据颜色不同，有红纸、青纸、绿纸等。更引人注意的是，还可以制造出各种加工纸，如金泥纸、流沙纸、云纸等。此外，中国手工造纸业还形成了独有的技术体系，人们以"刀""张"等作为计量单位；针对纸质检验，归纳并广泛使用着"纸质幼嫩""结实响张""沙丁""洋河"等30余个名词术语。

（二）造纸术的传播

东汉蔡伦造出“蔡侯纸”后，中国造纸术便在世界范围内迅速传播。南方邻国越南早在2世纪就有了纸及书卷的传入，在3世纪开始造纸。东邻朝鲜在4世纪亦已掌握了中国的造纸术，以后又由朝鲜的僧侣将造纸术传入日本。造纸术向南传入印度较晚，大约在7世纪末叶。造纸术向西方传播也较晚，8世纪中叶，传播到亚洲中部；公元12世纪中叶经由西亚、北非传播到欧洲的西班牙。1150年，西班牙开始造纸，建立了欧洲第一家造纸厂。到16世纪，纸张已流行欧洲。中世纪的欧洲，据说抄一本《圣经》要用300多张羊皮，因材料的限制，文化信息的传播范围极其狭小。1568年法兰克福出版的《百职书》就记录了当时欧洲的造纸技术，其设备和工艺与中国传统造纸基本一致。到16世纪，纸张已完全取代欧洲传统书写载体羊皮，普通百姓也有能力购买，从而推动了欧洲各国文化的普及和发展，进而为文艺复兴奠定了物质基础。19世纪初，欧洲实现了纸的机械化生产。可以说1300多年以来，正是中国手工造纸术的一路西传，最终催生出现代造纸术，有力地推进了人类文明传播发展的历史进程。

三、火药

（一）火药的发明

火药的研究开始于2000多年前古代道家的炼丹术。在古代，有些人梦想长生不老或者点石成金，于是搜寻一些植物和矿物来炼制丹药。这些“炼丹家”发现，硫着火后容易飞升。为了控制硫的这种特性，方士们发明了一种“伏火法”，使之改变性能。由于医药学和炼丹活动的发展，最迟在唐代，人们观察到：硝石、硫黄和木炭放在一起烧炼，会发生异常激烈的燃烧或爆炸。于是人们逐渐总结出了火药的成分与应用方法。由于火药的发明主要来自于人们长期的炼丹制药实践，其名称与“药”相连。

（二）火药的应用及推广

火药发明以后，不久便被人们应用到武器上。火药代替了一般的如油脂、松香等易燃物，它燃烧快、火力大，使古代军事家采用的火攻战术威力大增。在此基础上，唐末发明了火炮、火箭。宋朝时期，由于战事频繁，火药与火器的制造发展很快。1000年左右，唐福和石普创造了“火蒺藜”和“火球”等火药武器。蒙古人发明了粒状火药和火帽等，将火药、毒药加上一些沥青、桐油等而做成毒球，点着以后，用弓箭射出，杀伤敌人，这就是后来的“万人敌”。

除了燃烧性、爆炸性的之外，火药武器呈现多样化。1259年，一种管形火药武器“突火枪”问世。它用粗竹筒制成，筒里除装火药外，还装有“子窠”，即原始的子弹。元末出现了铜或铁铸的筒式大炮“火铳”。宋元之际，出现了利用火药燃烧喷射气体产生的反作用力而把箭头射向敌方的火药箭，与现代火箭的发射原理一致。

13世纪以前，欧洲还没有发现制造火药的材料硝石。唐朝时，阿拉伯人把硝叫作“巴鲁得”（意思为“中国雪”），波斯人则称之为“中国盐”，且他们只知道用硝来炼金、治病和制作玻璃。主要的火药武器大多通过战争西传。元代初期，蒙古军队西征中亚、波斯，阿拉伯人才知悉火箭、火炮、震天雷等火药武器，并掌握了火药的制造和使用。1305年，欧洲才第一次制造火药。

火药武器的发明和使用，改变了作战方式，帮助欧洲资产阶级摧毁了封建堡垒，加速了欧洲的历史进程，改变了世界历史。

四、印刷术

印刷术是中国古代四大发明之一。随着纸张的大量生产，若干书籍可以同时印成，增加了书籍的流通量，这对人类文化的传播普及、社会经济文化的发展产生了巨大的推动作用。

（一）印刷术的发明

中国是世界上最早发明印刷术的国家。隋唐时出现了雕版印刷。早期的印刷是把图文刻在木板上用水墨印刷的，木版水印画仍用此法，统称“刻版印刷术”，或称“雕版印刷术”。刻版印刷的前身是公元前流行的印章捺印和后来的拓印碑石等。造纸和制墨等生产技术出现后，逐渐发明了刻版印刷技术。868 年印制的《金刚经》是世界上现存最早的雕版印刷品。该经长达 4877 毫米，高 244 毫米，卷轴格式，由七张粘连起来而成一卷。卷首有释迦牟尼说法图，末有“咸通九年四月十五日王玠为二亲敬造普施”题记。原藏于甘肃敦煌千佛洞，1907 年为英国人斯坦因盗去，现存于英国伦敦不列颠博物馆。宋元时期，我国已有套色印刷技术。在山西应县木塔内，发现了辽代的红、黄、蓝三色佛像版画，这是目前发现的我国最早的雕版彩色套印印刷品。

雕刻印刷比起手工抄写来是一个巨大的进步，一部书只要一次制板，就可以印刷很多部，极大地提高了效率。可是，雕版印刷在人力和材料等方面的浪费很大，一副版刻好之后，这副版就成了“死版”，它只能印刷一种书，有了错误也不好改正。最大的缺点莫过于一个字刻错，整个版都作废了。在这种情况下，活字印刷便是雕版印刷发展的必然趋势了。

毕昇（？~1051 年），北宋时期布衣，初为印刷铺工人，专事手工印刷。他在印刷实践中，深知雕版印刷的艰难，认真总结前人的经验，发明了活字印刷术。北宋科学家、政治家沈括曾在《梦溪笔谈》中详细记载了活字印刷的过程。随着烧结陶土字符的使用，沈括描述毕昇制作字形、拣字排列、印刷，并在印刷后拆解留待后来使用。据载，北宋时期毕昇发明的胶泥，被认为是世界上最早的活字印刷技术。

宋朝毕昇发明的泥活字印刷术是中国乃至世界印刷史上一次伟大的技术革命。元代的活字印刷术继续得到发展并有所创新，除沿用泥活字外，又发明了锡活字和木活字。到 1298 年，王祯设计刻出我国第一副木活字并试印《大德旌德县志》成功，还发明了可以转动的排字盘（或称“转轮排字架”）。明代的活字印刷除沿用木活字外，发明了铜活字和铅活字。清代的活字印刷除沿用泥、木、锡、铜、铅等活字外，还发明了磁活字，其中最有名的是“泰山磁版”。

（二）印刷术的应用及推广

宋代毕昇首创的胶泥活字印刷术，是具有深远影响的技术革命，法国斯丹尼·茹莲认为：“印刷术中最重要的改良，都不及宋代的活字术。”唐代的雕刻印本传到日本，8 世纪后期，日本完成了木板《陀罗尼经》，以后又传到朝鲜、中东一带和东欧。15 世纪，德国人学会了用合金铸字，从此毕昇首创的活字印刷在欧洲各地推广开来。活字印刷在欧洲的传播及其对近代印刷技术体系的影响，无疑具有重大的历史意义。近代印刷技术的发明以催化剂的角色推动了欧洲科学、文化的迅猛发展也为资本主义的产生创造了物质条件。可以说，活字印刷术的发明，为人类文化发展做出了不朽的贡献。

第四节　中　医

一、中医：是科学，也是哲学

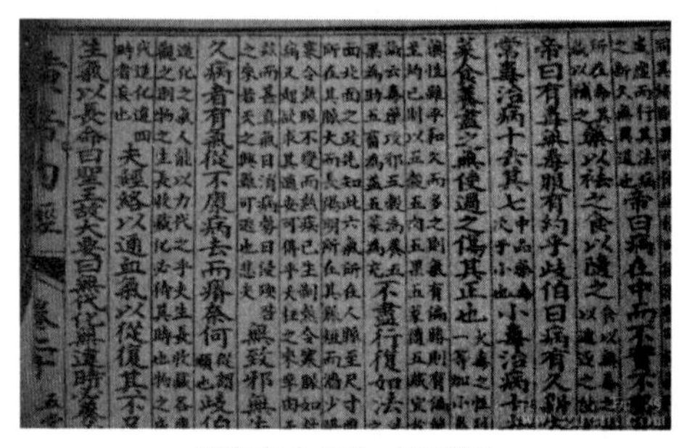
《黄帝内经》(局部)

中医，顾名思义，就是中国的医学，相对于西方医学而言。西医传入中国之前，并无“中医”之称。

中医有很多别称。第一个是岐黄。这个名字来源于《黄帝内经》。因其是黄帝与岐伯讨论医学的专著，便称《黄帝内经》为“岐黄之术”。自然，“岐黄”也就成了中医的别名。此外，中医的别称还有“青囊”“杏林”“悬壶”“橘井”等，每一个别称都有一个动人的故事。西医学传入中国后，中医又被称为“汉医”“国医”。在日本，中医被称为“汉方医学”。

中医解释生命的秘密是整体观、精气学说、阴阳学说和五行学说。

整体观认为人与自然环境、人的机体与精神是一个整体，即所谓的“天人合一”与“形神合一”。“天人合一”即人与自然是一整体，自然界的变化必然引起人体相应的变化，人与自然必须遵循同一运行规律，否则就会自取灭亡。“形神合一”即指人体自身也是一个有机的整体，人体所有的脏腑、器官、孔窍及皮肉筋骨等都是相互联系、相互影响的，脏腑功能失常可以通过经络而反映于体表，而体表组织器官的病变亦可以通过经络而影响脏腑。

精气学说认为，气是构成天地万物的原始物质。“人与天地相参，与日月相应”，“人生于地，悬命于天。天地合气，命之曰人”（《黄帝内经》），人为天地之精气所化生。人体的构成也是以“气”为物质基础，“气聚则形成，气散则形亡”（《医门法律》）。气分为“天气”和“地气”（《素问·六节藏象论》），“天食人以五气，地食人以五味”。“天食人以五气”即臊、焦、香、腥、腐，五气也。臊气入肝，焦气入心，香气入脾，腥气入肺，腐气入肾，五气分入不同的脏腑以供养人体。“地食人以五味”，即酸、甘、苦、辛、咸，五味也。其中酸入肝，甘入脾，苦入心，辛入肺，咸入肾。人每天都要吃饭，其实也是为了供养五脏。“天气”与“地气”相合，共同维持着人体正常的生理活动。气流动不止，气的流动有“升降出入”四种形式，统称为“气机”。由运动而产生的各种变化，称为“气化”，才有了动物的“生长壮老已”和植物的“生长化收藏”。

中医阴阳学说认为，人是自然界的一个组成部分，由阴阳两大类物质构成，阴阳二气相互对立又相互依存，并时刻都在运动与变化之中。在正常生理状态下，两者处于一种动态的平衡之中，一旦这种动态平衡受到破坏，即呈现为病理状态。学中医，必须懂阴阳。在治疗疾病、纠正阴阳失衡时，不能孤立静止地看问题，要多从动态的角度出发，即强调“恒动观”。

中医五行学说认为，木、火、土、金、水这五个属性分别代表肝、心、脾、肺、肾所统领的五大系统，它们存在相生、相克、制化、胜复、相侮、相乘、母子相及等交互作用。中医不研究微观的病毒细菌如何作用于人体，而是研究人体整体的各个系统之间的关系，并且通过中药、按摩、针灸甚至心理作用去调节各个系统之间的平衡，以此保持身体健康。

中医的原理和精神用两个字概括，就是“中和”。“有病不治，常得中医”（《汉书·艺文志》），道出了中医理论的精髓：医道精微，若用不好药，还不如不用药。另外，人生病了不治疗，病可以慢慢好，比起庸医来说，相当于请了一个水平中等的医生。所以，“持中守一而医百病”，身体没有阳燥，没有阴虚，一直保持中和，疾病就不会缠身。

二、中医的理念

（一）防病于未然

中医的重点在防病，而不是治病。中医认为，人生病不是在于他发病之时，而是在没有发病的时候病根已经存在了，所以应当在人没有生病的时候下功夫。《素问·四气调神大论》中说：“圣人不治已病治未病，不治已乱治未乱。”又说：“病已成而后药之，乱已成而后治之，譬犹渴而穿井，斗而铸锥，不亦晚乎！”治未病，是中医的重要指导思想。

治未病，首先要“饮食有节”，保持能量摄入的平衡。没有能量摄入，生命将无法维持。但过量摄入，又会给身体带来负担。所以中医提出“饮食有节”，适度获取能量。其次，强调“不妄作劳”，即重视“固本培元”，注意身体内部根基的培植，不要过分的劳累，无节制地消耗。第三，要“起居有常”，保持人与自然的平衡。《素问·四气调神大论》说：“春三月，夜卧早起，广步于庭……逆之则伤肝；夏三月……夜卧早起，无厌于日……逆之则伤心；秋三月，早卧早起，与鸡俱兴……逆之则伤肺；冬三月……早卧晚起，必待日光……逆之则伤肾。”这段话告诉人们，人的起居要与自然保持平衡，才会有益于身。最后，就是要保持精神的平衡。病从心起，养生重在养心。人的精神因素是内在平衡的根本，精神平衡被打破，容易引起疾病。一个人如果心胸狭窄，性情暴烈，心情长期处于不平衡之中，就会经常出现消极郁闷、孤独无依、患得患失、偏执独断等不良心理状态，容易带来疾病。

“正气在内，邪不可干；邪之所凑，其气必虚。”中医“治未病”的医学思想，经过千百年的发展和完善，如今已成为中国传统健康文化的理念之一。

（二）寻求整体平衡

中医具有完整的理论体系，其独特之处，在于“天人合一”“天人相应”的整体观及辨证论治。

中医学认为人与自然环境、人的机体与精神是一个整体，即所谓“天人合一”与“形神合一”。首先，人和自然都是由“气”构成，是阴阳二气相互作用的结果。其次，人依赖自然而生存，又受到大自然的制约。《黄帝内经》认为，人从天处获得五气，从地处获得五味，后才产生人的精气神，才有了生命。再次，自然界的变化必然引起人体相应的变化。一年四季，春温、夏热、秋凉、冬寒，气候各不相同。人体在四季气候的规律性影响下，也以不同的生理功能来适应。最后，人与自然都必须遵循同一运行规律，否则就会自取灭亡。所以人只有与自然保持和谐，身体才会健康。就像《黄帝内经》所描述的：人的气血运行正常了，就会筋骨强壮，皮肤致密；精神活动正常了，五脏才能不受侵害；对环境冷暖适应了，才会经脉通畅，肢体安康。

中医学认为人与自然环境是一个整体，还认为人体自身也是一个有机的整体，人体的形体组织及五官九窍都可纳入以五脏为中心的脏象系统，通过经络的联系，把人体所有的脏腑、器官、孔窍及皮肉筋骨等组织连接成一个统一的整体，使气血津液得以运行畅通。如脏腑功能失常可以通过经络而反映于体表，而体表组织器官的病变亦可以通过经络而影响脏腑。

由此，中医的诊断和治疗也是整体分析，辨证施治。在诊断上，可以司外揣内、以表知里，通过五官、形体、色脉等外在的异常表现，由表及里推断和了解内脏之病变，从而作出正确的诊断。在治疗上，从整体出发，辨证论治，不能头痛医头、脚痛医脚。即根据阴阳、寒热、表里、虚实八类证候，从整体上协调阴阳、气血及脏腑的平衡，扶正祛邪，消除病变对全身的影响，切断病变在脏腑间的连锁反应，达到消除病邪、治愈疾病的目的。

中医博大精深，数百种医学名著流传至今。其中尤以《黄帝内经》《神农本草经》《难经》《伤寒杂病论》《脉经》《千金方》《本草纲目》等为最。《黄帝内经》是最早的医学典籍，作者托名为中华始祖黄帝，实际并非一人一时之作；东汉张仲景的《伤寒杂病论》开创了我国医学的一大流派——伤寒学派。明代李时珍的《本草纲目》是我国古代药物学的集大成之作。

三、中医诊断

中医有一套独特的诊断技术，那就是望、闻、问、切。《古今医统》云："望闻问切四字，诚为医之纲领。"《难经》言："望而知之谓之神，闻而知之谓之圣，问而知之谓之工，切脉而知之谓之巧。"这都强调了望、闻、问、切的重要性以及掌握的难易程度。

所谓望诊，是通过观察病人形体、面色、舌体、舌苔，根据形色变化确定病位、病性的诊断方法。望诊分观神、视形、察色、辨舌等几个方面。一照面就能说出病人的病情，而且还能说出这病是怎么得的，常常令人目瞪口呆，赞叹不已，所以，中医界把望诊看成是诊断的最高境界。

所谓闻诊，是通过听声音和嗅气味来诊察疾病的方法。闻诊包括听声音和嗅气味两方面，一是从病人发生的各种声音的高低、缓急、强弱、清浊测知病性，二是通过嗅病人身体的气味和病室内的气味诊察病况。

所谓问诊，是询问病人及家属，了解现有证象及其病史，为辨证施治提供依据的一种方法。明代医家张景岳认为问诊"乃诊治之要领，临证之首务"，写出"十问歌"供行医人参考："一问寒热二问汗，三问头身四问便，五问饮食六胸腹，七聋八渴俱当辨，九问旧病十问因，再兼服药参机变。妇人须问经带产，小儿痘疹全占验。"综观四诊所获证象，大多由问诊得来。

所谓切诊，是指用手触按病人身体，借此了解病情的一种方法。切诊分脉诊、触诊两种，脉诊又称切脉、把脉，是最具有中国传统医学特色的诊断方法。人们普遍认为，扁鹊是发明切脉察病术的鼻祖。据传，扁鹊曾用脉诊使昏迷不醒的晋国上卿赵简子和患"尸厥"症的虢国太子"起死回生"，所以，司马迁在《史记·扁鹊仓公列传》里说："至今天下言脉者，由扁鹊也。"

有关中医切脉的趣闻甚多。《西游记》中孙悟空曾用"悬丝诊脉"之法治好了朱紫国国王的病，《封神榜》中闻太师通过"悬丝诊脉"识破了妲己的真面目。上海中医药大学医史博物馆内，至今仍保存着一张清代陈御医为慈禧太后牵线诊脉的照片。不过，悬丝诊脉纯属子虚乌有，它不过是医者受缚于皇威不得已而施展的一种骗技。

值得一提的是，自 20 世纪 50 年代以来，中医的切脉术作为现代科学研究的新项目，已引起中外学者的密切关注。

四、经络与针灸

中医治病除了用药之外，还有针灸、按摩。如治疗呕吐，在内关、中脘、足三里等穴位扎几针就好了。小小的银针为什么能发挥出这样的奇效呢？要想揭开其中神秘的面纱，首先必须熟悉中医经络和穴位。

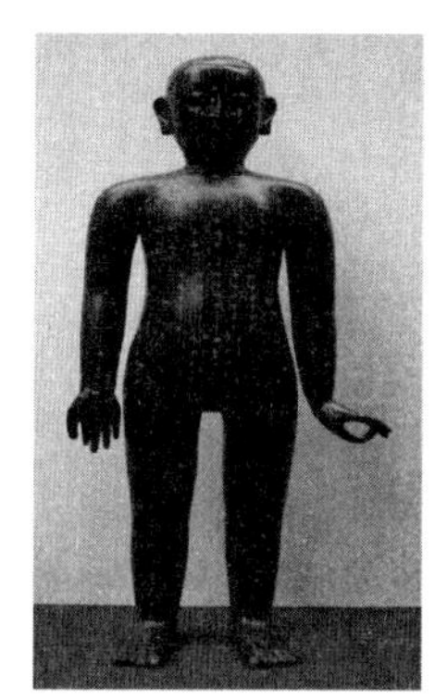

针灸铜人

在中医的理论体系里，人体除了脏腑外，还有许多运行气血的通道——经络。人体共有十二条大的经脉，这十二条经脉与五脏六腑相连，环绕周身，首尾相连，“如环无端”。人体真气就在这十二条经脉里做着“纵椭圆形”的运行。除此之外，还有任脉、督脉、冲脉、带脉、阴维、阳维、阴跷、阳跷八条奇经，统称“奇经八脉”。在奇经八脉中，最重要的是任脉和督脉。人体真气如果沿着任脉和督脉走一圈，就是走了一个“小周天”，如果沿着十二正经奇经八脉都走一圈，就是走了一个“大周天”。

《黄帝内经》说：“夫十二经脉者，人之所以生，病之所以成，人之所以治，病之所以起，工之所以止。”它还强调经脉是决定生死，调理百病，调整人体虚实的东西。从《黄帝内经》的成书年代开始，经络就已经成为医家诊断治疗、防治疾病、循经取穴乃至药物归经的重要指导思想。古人说：“医者不明经络，犹人夜行无烛。”强调经络学说对学中医的人的重要性。

经络上布满了穴位。十二正经与任、督二脉上所排列着的穴道，称为“正穴”，全部共有 365 处。人体周身约有 52 个单穴、300 个双穴、50 个经外奇穴，共 700 多个穴位。现代医家在临床实践中不断总结，又发现了耳穴、手穴、足穴、踝穴、鼻穴等，这些穴位对于治疗某些疾病有特别效果。

相传在三皇五帝时期，伏羲氏“尝百草”“制九针”，发明了针灸治病之法。通过针灸之术，刺激经络、穴位，治病养生，可以说是中医中独特的治疗手段。针灸包括针法和灸法。针法是以毫针刺激人体经络穴位，通过提、插、捻、转等不同手法，起到调整脏腑、疏通经络的作用。灸法是借助艾火热力，灸灼、薰熨穴位，以达到温通经络、调养脏腑的效果。有诗云：“漫道经脉不可寻，还教针石起沉疴。”作为中医的特色治疗方法，针灸技术现已经传播到 200 多个国家。

五、中医养生之道

从古至今人类寻求养生长寿之道从未间断过，而中医在养生方面就有一套完整的理论。《素问·上古天真论》说：“上古之人，其知道者，法于阴阳，和于术数，饮食有节，起居有常，不妄作劳，故能形与神俱，而尽终其天年，度百岁乃去。”这实为中医养生的真谛。

（一）法于阴阳

季节有生、长、收、藏的过程，自然有风、火、暑、湿、燥、寒等不同气候，人体气血也随季节气候的变化而变化。自然环境和气候变化会影响人体健康，“顺四时则生，逆四时则亡”，所以要人法自然，顺应四时阴阳特点，“春夏养阳，秋冬养阴”，保持阴阳平衡，避免六邪侵袭，达到益寿延年的目的。

（二）和于术数

中医所说的“术数”，就是指各种养生之道。《黄帝内经》不但强调以“静”养神，同时也非常重视以“动”养形。进行运动养生时一定要坚持“和”的原则，既不能太过，也不要不及，恰如健康谚语所云：“常锻炼，抗衰老，量力行，勿过劳。”

（三）饮食有节

中医非常强调节制饮食，“谨和五味，食宜清淡”，多样化饮食，以“五谷为养，五果为助，五畜为益，五菜为充，气味合而服之，以补益精气”，达到五味调和。极力反对偏食、偏嗜五味。

（四）起居有常

中医重视起居有常，即根据自然和生命的节律安排作息时间，白天阳气主事之时人要劳作，夜间阴气用事之时人要休息。除此之外，要按四时生、长、收、藏的规律作息，以“顺四时而适寒暑”，保持机体的勃勃生机。

（五）不妄作劳

中医主张不要违背常规去劳作，同时，过度劳倦，将会“劳倦内伤”，但是过逸则“久卧伤气，久坐伤肉”，所以既不过劳，也不过逸，“养性之道，常欲小劳”（孙思邈语）。劳逸结合、劳逸适度才是养生之道。

（六）精神内守

人的七情与脏腑的功能活动密切相关。《黄帝内经》上说，过喜伤心，过悲伤肺，大怒伤肝，过恐伤肾，过思伤脾。《素问·举痛论》也说，“怒则气上”“喜则气缓”“悲则气消”“恐则气下”“惊则气乱”“思则气结”。因此，要注意对情志进行调节与疏导，“精神内守”，及时排除不良的情感刺激，保持心情舒畅，心理健康。

（七）外知所避

外邪是致人疾病的主要原因，因此中医提倡“虚邪贼风，避之有时”，平时，要注意避免外邪的侵袭。古代的伤寒、瘟病、瘟疫，近时的病毒性脑炎、SARS、甲型 H_1N_1 流感等传染性疾病，尤应严格隔离，避其毒气，做到“未病先防”“既病防变”。

六、医乃仁术

在中国历史上，医家与儒家有着共同的伦理道德观念和人文精神传统，都有“惠民济世”的思想。儒家以仁爱之心治国平天下，医家以仁爱之心救助患者，传播爱心。《灵枢·师传》：“上以治民，下以治身，使百姓无病，上下和亲，德泽下流，子孙无忧，传于后世，无所终时。”《备急千金要方·诊候》：“上医医国，中医医人，下医医病。”《本草纲目·序》：“夫医之为道，君子用之以卫生，而推之以济世，故称仁术。”在古代医家的观念中，治病、救人、济世，三位一体，不可分割。可以说，“医乃仁术”与“仁者爱人”同出一辙。范仲淹把从医作为仅次于致仕的人生选择，“不为良相，愿为良医”，足见“医”在中国文人心目中的分量。

孙思邈《备急千金要方》中的《大医习业》和《大医精诚》，从业务技术和医德修养两方面对医生的职业道德进行了规范和要求，指出作为一名“大医”，不但要“博极医源，精勤不倦”，还应当身怀“救济之志”。孙思邈的医德要求，集中而完美地体现了中国传统的伦理道德观念，被后世的医家奉为圭臬，直到今天仍然具有重要的现实意义。

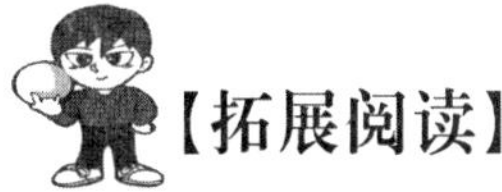

【拓展阅读】

是故君子所居而安者，《易》之序也；所乐而玩者，爻之辞也。是故君子居则观其象而玩其辞，动则观其变而玩其占，是以“自天佑之，吉，无不利”。

彖者，言乎象者也；爻者，言乎变者也。吉凶者，言乎其失得也；悔吝者，言乎其小疵也。无咎者，善补过也。是故列贵贱者存乎位，齐小大者存乎卦，辩吉凶者存乎辞，忧悔吝者存乎介，震无咎者存乎悔。是故卦有大小，辞有险易；辞也者，各指其所之。

《易》与天地准，故能弥纶天地之道。仰以观于天文，俯以察于地理，是故知幽明之故；原始反终，故知死生之说；精气为物，游魂为变，是故知鬼神之情状。与天地相似，故不违；知周乎万物，而道济天下，故不过；旁行而不流，乐天知命，故不忧；安土敦乎仁，故能爱。范围天地之化而不过，曲成万物而不遗，通乎昼夜之道而知，故神无方而《易》无体。

一阴一阳之谓道。继之者善也，成之者性也。仁者见之谓之仁，知者见之谓之知，百姓日用而不知，故君子之道鲜矣。显诸仁，藏诸用，鼓万物而不与圣人同忧，盛德大业至矣哉！富有之谓大业，日新之谓盛德。生生之谓易，成象之谓乾，效法之谓坤，极数知来之谓占，通变之谓事，阴阳不测之谓神。

——《易·系辞上》

自我测试

1. 中国在全世界最早使用十进位制。十进位制之所以在中国最早出现，这与(　　　　)有紧密关系。

2. 随着数学知识的积累和发展，中国古代数学进一步成熟和定型，而成熟和定型的标志就是数学知识开始系统化表示出来，(　　　　) 的出现标志着中国古代数学体系的形成。

3. 中医的基础理论有（　　　　）（　　　　）（　　　　）和（　　　　）。

4. 古人还把二十八宿分为东、南、西、北四宫，(　　　　) 为东方之神，(　　　　) 为西方之神，(　　　　) 为南方之神，(　　　　) 为北方之神。

5. 二十四节气中表征四季的节气是：(　　　)、(　　　)、(　　　)、(　　　)、(　　　)、(　　　)、(　　　)、(　　　)。

6. 早期的印刷是把图文刻在木板上用水墨印刷的，木版水印画仍用此法，统称（　　），又称“雕版印刷术”。

A. 活字印刷术　　B. 刻版印刷术　　C. 泰山磁版

7. （多选题）火药俗称“黑色火药”或“褐色火药”，其主要成分是（　　）。

A. 硝石　　B. 硫黄　　C. 木炭　　D. 水泥

8. 我国最早的医学典籍是（　　）。

A.《黄帝内经》　　B.《神农本草经》　　C.《伤寒杂病论》　　D.《难经》

9. 我国的农历属于（　　）。

A. 阴历　　B. 阳历　　C. 公历　　D. 阴阳历

10. 谈谈中国古代四大发明对“一带一路”周边国家的影响。

参考答案

1. 汉字是方块字而不是拼音文字　2.《九章算术》　3. 整体观　精气学说　阴阳学说　五行学说　4. 青龙　白虎　朱雀　玄武　5. 立春　春分　立夏　夏至　立秋　秋分　立冬　冬至　6. B　7. ABC　8. A　9. D　10. 略

第十三章　精巧绝伦：中国传统艺术

我国传统艺术遗产极其丰富，从黄钟大吕到风情小调、从阳春白雪到下里巴人、从霓裳羽衣到秧歌腰鼓、从敦煌莫高窟到核舟微雕、从斧凿痕迹到翰墨风骨、从《霸王别姬》到《三岔口》……无不渗透着中华5000年文明古国深厚的文化底蕴，呈现出中国社会历史生活的一幅文化长卷。

远古时期，先民兴之所至，情之所钟，发于喉舌，则成歌谣；若以手足调节之，加上乐器伴奏，则成乐舞。从“周公制礼作乐”开始，“乐治”便与“礼治”融合，成为贯穿古代法律体系的“礼乐之治”。统治者以乐治国，文人志士以琴抚心，以舞传情，真实反映了人民的思想感情、追求和愿望。

“昔在黄帝，创制造物。有沮诵、仓颉者，始作书契，以代结绳，盖睹鸟迹以兴思也。因而遂滋，则谓之字。”汉字的创造、使用、演变、发展和无穷组合，造就了中国文化的辉煌灿烂和流光溢彩。一部中国书法史，是一部汉字的演化发展史，也是一部形象的中国文化史。博大精深的中国书法，是博大精深的中国文化的基础和缩影。

中国绘画、中国古代雕塑和中国戏曲是中国文化的重要组成部分，根植于民族文化土壤之中。它们不仅具有鲜明浓郁的民族特色，而且日益为世界现代艺术所借鉴吸收。

第一节　中国音乐

一、原始乐舞

远古时期，先民兴之所至，情之所钟，发于喉舌，则成歌谣；若以手足调节之，加上乐器伴奏，则成乐舞。在原始艺术中，诗歌、音乐、舞蹈是三位一体、紧密相连的：诗，言其志也；歌，咏其声也；舞，动其容也。

《山海经·海经》载：“帝俊有子八人，是始为歌舞。”这是古籍中最早讲到乐舞的文字。原始乐舞的内容和形式都和当时人们的劳动生活密切相关，真实反映了远古人民的思想感情、追求和愿望。从总体来看，原始乐舞主要包括两个方面的内容。

（一）反映生产劳动的乐舞

《吕氏春秋·古乐》中记载《葛天氏之乐》：“昔葛天氏之乐，三人操牛尾，投足以歌八阙：一曰载民，二曰玄鸟，三曰遂草木，四曰奋五谷，五曰敬天常，六曰建帝功，七曰依地德，八曰总禽兽之极。”“投足”是一种舞姿，表演时三人手里拿着牛尾，象征耕作动作，脚下踏着音乐节奏，边歌边舞。反映劳动生产是乐舞艺术的一个重要传统，今天民间传统舞蹈仍有许多脱胎于生产劳动。例如，台湾高山族人民舂米时，手持木杵，围绕石臼，随着长杵起落发出铿锵的节奏，边舂边歌，便形成《杵乐》这种舞蹈形式。黎族“打柴舞”、土家族“摆手舞”和汉族“秧歌”等都源于生产劳动。

（二）反映祭祀图腾崇拜的乐舞

从我国许多古代文献的记载中可以看出，在原始社会中，随着氏族部落之间战争的爆发和原始宗教的产生，逐渐产生为各代所制或歌颂自己氏族部落首领、图腾的乐舞。据记载，黄帝部落的乐舞叫《云门》，歌颂唐尧的乐舞叫作《咸池》，歌颂舜的乐舞叫作《大韶》。这就是后世文献中所称之的“三代乐舞”。《云门》也叫《云门大卷》，是黄帝氏族部落歌颂自己的“图腾”——“云彩”的乐舞。《咸池》也叫《大咸》，是唐尧氏族部落的乐舞。据《史记·天官书》记载，“咸池”是天上“西宫星”名，唐尧氏的先民认为“咸池”是日落之处，在他们的眼中，西方是遥远而不可理解的，他们幻想那里有神灵，所以就用乐舞来崇拜和歌颂它。

舜的时代，原始神话被不断地人间化和理性化，他们部落的乐舞叫作《大韶》。《大韶》可说是原始社会时期登峰造极的乐舞作品，它是被先民们视为含有神圣性质的一种宗教乐舞。因其主要伴奏乐器用“箫”，又称之为《箫韶》；它结构庞大而丰富多变，故又称之为《九辩》；加上它“歌”的部分包含多段，又称之为《九歌》。这部乐舞被长期视为原始艺术的最高典范。

以图腾崇拜为重要特征之一的原始巫术在乐舞中也有所体现，相传禹、汤两位君王均为大巫，夏禹的巫舞步法“禹步”，还为后世巫师所效仿。至商朝，以歌舞事神的巫觋甚至跳出花样，祭祀目的不同，所跳之舞也有所不同。如求雨的《雩舞》、驱邪的《魌舞》、出征的《伐舞》等。

二、礼乐治国，乐舞达意

中国早期文化是一种礼乐文化。礼和乐相互配合，用以治理国家，维持社会的和谐安定，这是中国文化的一大特点。以乐治国是中国古代独有的治国方略，从“周公制礼作乐”开始，“乐治”便与“礼治”融合在一起成为贯穿中国古代法律体系的“礼乐之治”。“礼”作为外在的行为规范，它的内容是“序”，即维护社会秩序、社会规范；“乐”是内在熏陶和感发，它的内容是“和”，即调节性情，使人保持和谐悦乐的状态。人与自然的和谐，称为“大乐与天地同和”，这是中国古代乐舞追求的最高境界。

（一）礼乐治国

编钟兴起于西周，兴盛于春秋战国至秦汉。编钟是上层社会专用的乐器，是等级和权力的象征，多用于宫廷的演奏，每逢征战、朝见或祭祀等活动时，都要演奏编钟。1978年，湖北随州南郊擂鼓墩出土的曾侯乙墓战国编钟是至今为止所发现的成套编钟中最引人注目的一套，曾被誉为“世界第八大奇迹”。演奏时乐队由几个人组成，用6只丁字形木棰敲高、中音，用两根长形棒撞低音。经声学专家研究，编钟中的每只钟都可以发出两个不同的乐音，只要准确地敲击钟上标音的位置，它就能发出合乎一定频率的乐音，整套编钟能奏出现代钢琴上的所有黑白键的音响。这套编钟正是我国“以乐治国”的一个缩影。

曾侯乙墓出土的编钟

周初制定的礼乐制度，被后世承袭，形成了一套“雅乐”体系。“文舞”与“武舞”成了歌颂历代帝王文德与武力的固定程式，历史上著名的《六舞》《六小舞》就是这一时期的产物。

《六舞》即后世文献中的“六代乐舞”，包括黄帝时期的《云门》、唐尧时期的《大咸》、虞舜时期的《大韶》、夏禹时期的《大夏》、商汤时期的《大濩》以及周武王时期的《大武》。前四个是“文舞”，后两个是“武舞”。表演“文舞”时，武者左手持龠（形状像排箫的乐器）、右手秉翟（用野鸡尾装饰的道具）；“武舞”表现的是以武力夺取天下的君主。舞者手拿朱干（盾）、玉戚（斧）。据《周礼》记载，周代统治者用《六舞》祭祀天地、日月、山川以及祖先等，由王室和贵族子弟表演，其演出仪制、用途有明确规定，不可违反。《六舞》成为中国古代雅乐的一种典范，为巩固其宗法社会和进行统治服务，《六舞》也被称作“先王之乐”。

《六小舞》则是用于教育贵族子弟的乐舞教材，有时也用于某些祭祀场合。周代“乐师”的任务就是“掌国学之政，以教国子小舞”。《六小舞》包括《帗舞》（执长柄饰五彩丝绸的舞具而舞）、《羽舞》（执鸟羽）、《皇舞》（执五彩鸟羽）、《旄舞》（执旄牛尾）、《干舞》（又叫《兵舞》，执盾）、《人舞》（不执舞具，“以舞袖为容”）。多少岁学什么舞，什么身份学什么舞，何人负责教授，何时组织会考，对不用功者如何笞罚，对成绩优异者怎样任官封爵等，其都有细致严密的规定。

《史记·孔子世家》载：“孔子以诗书礼乐教。”孔子作为著名的思想家、教育家、音乐家，非常重视“乐”的教化作用和社会功能，称“广博易良，乐教也”；他还认为“移风易俗，莫善于乐；安上治民，莫善于礼”。孔子 30 岁办学授徒，所授科目称“六艺”，即《诗》《书》《礼》《易》《乐》《春秋》。在当时，礼、乐并提，可见乐的重要性。

（二）以琴抚心

在古代，人的文化修养是通过琴、棋、书、画四方面的才能表现的，琴为首位。东汉哲学家桓谭《新论·琴道》载：“八音之中，惟丝最密，而琴为之首。琴之言禁也，君子守以自禁也。大声不震哗而流漫，细声不湮灭而不闻。”一语道中古琴的音质、音色特点，其刚柔相济、清浊兼备、变化丰富，意趣盎然的含蓄之美，与中国古人所崇尚的中庸和谐精神相符，故而古琴也被士大夫作为一种不可替代的精神寄托，且被赋予特殊的精神内涵。文人有“君子不撤琴瑟”的说法，将琴作为修养心性的工具，也是去除躁动、荡涤杂虑、实现自我安顿的重要途径。

琴曲《碣石调幽兰》，又名《倚兰》，传为孔子所作，曲调清丽委婉，与幽兰的独秀气质颇为吻合。琴曲为南朝梁丘明所传，至唐武后时抄写成谱，后传去日本，现藏于东京国立博物馆。这份手抄卷子谱是目前仅见的一份用文字谱记写的琴谱。

《碣石调幽兰》谱

1. 琴可交心

高山流水遇知音的俞伯牙与钟子期的神交被世人广为流传。在这段意蕴深远的千古佳话中，伯牙所鼓之琴时而“巍巍乎若太山”，时而“汤汤乎若流水”（《吕氏春秋·本味》）。子期死后，伯牙摔琴断弦谢知音，《高山流水》这首琴曲却流传至今。

2. 琴可传情

汉朝文人司马相如在临邛时，听说临邛富豪卓王孙有一女，名卓文君，貌美有才，好音而善琴，青年寡居在家。于是，他到卓府做客时以一曲《凤求凰》向卓文君表达爱慕之意。两人由此结缘而情愫暗生，传为千古佳话。

3. 琴可明志

“竹林七贤”之一的嵇康弹得一手好琴，尤其善于演奏《广陵散》，音乐史上常有“嵇琴阮啸”的说法。嵇康卓越的才华和不羁的处世风格，终不容于世。262 年，司马昭下令将嵇康处以死刑，刑场上三千太学生请愿要求赦免嵇康，嵇康最后一次弹起《广陵散》，琴音丝毫不乱。琴毕，嵇康叹曰“《广陵散》于今绝矣”，而后慨然赴死。

4. 琴可静心

南朝画家、音乐家宗炳说：“抚琴动操，欲令众山皆响。”他常常在山涧的清泉旁抚琴，浑然忘我，感觉群山都回响琴声，自己完全融入到天地间。唐代诗人王维有诗《竹里馆》言：“独坐幽篁里，弹琴复长啸。深林人不知，明月来相照。”月下弹琴，月光下泻，琴声悠扬，更能陶冶情趣。

（三）缘情而舞

1. 借舞咏志

《史记·高祖本纪》记载，汉高祖刘邦在平定淮南王黥布谋反叛乱之后，回师路过家乡沛县，宴请父老乡亲，席间借酒助兴，击筑高歌：“大风起兮云飞扬，威加海内兮归故乡，安得猛士兮守四方！”令 120 个儿童合唱，自己则慨然起舞。这段歌舞淋漓尽致地抒发了他取得天下后既踌躇满志又为江山未稳而忧心不已的复杂心情，以至于“慷慨伤怀，泣数行下”。这种感怀而动、即兴起舞的舞蹈风格，自汉初始便蔚成风气，史不乏书。

2. 以舞相属

在全民歌舞自娱风气盛行的汉代，出现了一种礼仪性的舞蹈，叫“以舞相属”，即宴饮席间，宾客之间一人踏着节拍翩翩起舞，然后用肢体语言和舞蹈动作授意另一个人随之起舞。如此循环，相属而舞。一般是主人先舞，相属于宾客。“以舞相属”这种舞蹈充满着人际交往的深层内涵：宾客之间可以拒绝相属而舞，以表对前舞者的不满和隔阂；也可以在相属而舞时加大力度，以表他们之间情谊的深厚和关系的密切。

3. 以舞扬威

《剑器》是唐代流传比较广泛的属健舞类的表演性舞蹈，为女子戎装的独舞。杜甫的《观公孙大娘弟子舞剑器行》记述了他观看这个舞蹈时的感受：“昔有佳人公孙氏，一舞剑器动四方。观者如山色沮丧，天地为之久低昂。霍如羿射九日落，矫如群帝骖龙翔。来如雷霆收震怒，罢如江海凝清光。……”从诗中的描写可以看出：“这个舞有跳跃，有回旋，有变化，进退迅速，起止爽脆，节奏鲜明；或突然而来，或戛然而止，动如崩雷闪电，惊人心魄，止如江海波平，清光凝练。”

4. 以美释美

《霓裳羽衣曲》，又称《霓裳羽衣舞》，是一种唐代的宫廷乐舞，为唐玄宗所作，常在宫廷和贵族士大夫的宴会中表演。此舞以杨贵妃的表演最为出色，她把《胡旋舞》的旋转动作巧妙运用在《霓裳羽衣曲》中，生动地表现了仙女的轻盈飘逸之美。《霓裳羽衣曲》是描写唐玄宗向往神仙而去月宫见到仙女的神话，其舞、其乐、其服饰都着力描绘虚无缥缈的仙境和舞姿婆娑的仙女形象，给人以身临其境的艺术感受。全曲共 36 段，分散序（6 段）、中序（18 段）和曲破（12 段）三部分，融歌、舞、器乐演奏为一体，表现了中国道教的神仙故事。它是唐代歌舞的集大成之作，白居易在《霓裳羽衣舞歌和微之》中称赞此舞的精美道：“千歌万舞不可数，就中最爱霓裳舞。”

三、五声与八音

《尚书·益稷》云：“予欲闻六律，五声，八音，在治忽。”六律是中国古代的一种律制，相传黄帝时伶伦截竹为管，以管之长短区别声音的高低清浊，乐器的音调皆以此为准。乐律共有十二律，又分为阴、阳两类，凡属奇数的六种律称“阳律”，属偶数的六种律称“阴律”。此外，奇数各律称“律”，偶数各律称“吕”，故十二律又简称“律吕”。六律即黄钟、太蔟（簇）、姑洗、蕤宾、夷则、无射。六吕即大吕、夹钟、中吕、林钟、南吕、应钟。五音六律中的六律单指阳律。

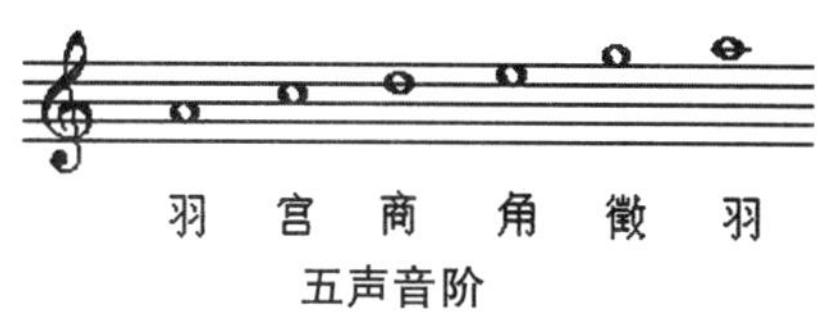

五声音阶

早在春秋战国之时，就出现了阴阳五行学说，世界由水、火、木、金、土构成，五行相生相克，天下万物离不开五行，人的五脏配五行，五行与五音相配。班固在《白虎通德论·礼乐》中说：“五音者何也？宫、商、角、徵、羽。土谓宫，金谓商，木谓角，火谓徵，水谓羽……”因而，“五声”即是按五度的相生顺序，从宫音开始到羽音，依次为宫、商、角、徵、羽；如按音高顺序排列，即为1，2，3，5，6。

周朝乐器见诸各种文献记载的已有70多种，仅《诗经》中提及的就有29种。将当时的乐器按制作材料，分为金（钟、镈）、石（磬）、丝（琴、瑟）、竹（箫、篪）、匏（笙、竽）、土（埙、缶）、革（鼗、雷鼓）、木（柷、敔）八类，这便是古代的“八音”，它是中国历史上最早的乐器科学分类法。

第二节　唯一的文字艺术——书法

书法，在古代又称为“书道”“墨道”“书学”等，简称“书”，是一门古老的汉字书写艺术。从甲骨文、金文、石鼓文演变而为大篆、小篆、隶书，至定型于东汉、魏、晋的草书、楷书、行书等，书法一直散发着艺术魅力。汉字，是中国文化的最小单元，又是中国文化的最高代表。一部中国书法史，是一部汉字的演化发展史，也是一部形象的中国文化史。

一、品评书体

（一）婉通凝重——篆书

篆书作为最古老的书体，宋代《宣和书谱·篆书叙论》载：“篆书所自来远矣，其古文科斗之书，已见于鼎彝金石之传。”古老的篆字是刻在龟甲、牛骨、鹿骨上的甲骨文，铸在青铜器上的金文，以及后来的小篆。其笔画种类最少，没有点、钩、折。线条强调粗细一致，笔画之间讲求均匀、对称。

西周《散氏盘》

大篆，又称“籀文”，周朝时期的文字，一般认为是周宣王（前827年）时太史籀所造。广义来说，甲骨文和金文都属于大篆。大篆用笔，讲究婉而通。书写篆书时，用笔圆婉劲健，笔力沉雄，书写出来的线条有骨力，圆实凝重。用笔切忌轻滑松弛，不宜过快，不能简单直过。用笔弛，即软缓，软则无筋，缓则失通解决这些问题的要诀在于一个“韧”字，只有这样才能做到中含内敛，纡余委婉，气韵生动。大篆的结体、章法讲究错落变化。蔡邕在《篆势》中说："远而望之，若鸿鹄群游，络绎迁延。"刘熙载也在《艺概·书概》中说："篆书要如龙腾凤翥。"意思是说结体要有奇正变化，形象生动，整体要和谐统一有变化。

小篆，即秦篆，是秦始皇为统一天下文字而命李斯所制的篆书。小篆较之大篆，形体笔画均已省简，而字数日增。从古文到大篆，从大篆到小篆的文字变革，在中国文字史上具有划时代的意义，占有重要地位。小篆字形修长，而且紧画、向下引伸，构成上密下疏的视觉错感，这与自上而下的章法布局也有关系。线条匀称，无论点、画、长、短，笔画均呈粗细划一的状态。这种在力度、速度上都很匀平的运笔，给人以纯净简约的美感，加之字体结构趋简约固定的倾向，小篆书体的章法布局更能形成纵横成行的有序性。秦时刻石如《泰山》《峄山》《琅琊台》等，传为李斯所书，是小篆的典型式样。唐代李阳冰、五代徐锴与清代的邓石如均是小篆大家。

《琅玡台刻石》

（二）笔画波磔——隶书

隶书，由篆书发展而来，包括秦隶（也称"古隶"）、汉隶（也称"今隶"）。字形多呈宽扁，横画长而竖画短，讲究"蚕头雁尾""一波三折"。根据出土简牍可知，隶书起源于战国。传说，程邈首先将篆书改革为隶书，汉隶在东汉时期达到顶峰，对后世书法有不可小觑的影响，书法界有"汉隶唐楷"之称。

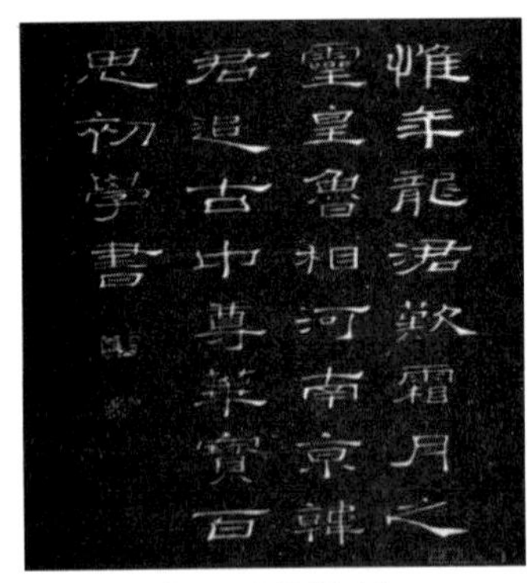

东汉《礼器碑》

隶书之名源于东汉。隶书的出现是汉字演变史上的一个转折点，使中国的书法艺术进入一个新境界，奠定了楷书的基础。汉隶在笔画上具有波磔之美。所谓"波"，指笔画左行如曲波，后楷书中变为撇；所谓"磔"，指右行笔画的笔锋开张，形如"燕尾"的捺笔。写长横时，起笔逆锋切入如"蚕头"，中间行笔有波势俯仰，收尾有磔尾。这样，在用笔上，方、圆、藏、露诸法俱备，笔势飞动，姿态优美。在结构上，由小篆的纵势长方初变为正方，再变为横势扁方汉隶，具有雄阔严整而又舒展灵动的气度。

（三）体势连绵——草书

草书，通常有广、狭两种。广义上说，凡是写得潦草的字，都可以归入草书之列。狭义的草书，则是指至汉代时才形成的特定的一种字体。大约从东晋时期开始，为了与当时的新体草书相区别，称汉代的草书为"章草"，称当时的新体草书为"今草"。楚默在《书法形式美学》中认为："草书的形式之美集中体现在三个方面：一是气势奔逸，神变无极；二是筋摇骨转，草活如龙；三是节奏鲜明，颠倒跳掷。"

章草，起于西汉，盛于东汉，字体具隶书形式，字字区别，不相纠连。历代对章草的名称有不同的解说，相传是汉元帝刘奭时由黄门令史游所创。现在流传有他书写的《急就章》，因取其"章"字，因此称为"章草"。

今草，即现今所通行的草书，通称为"草书"，相传为后汉张芝所创始。今草是脱去了章

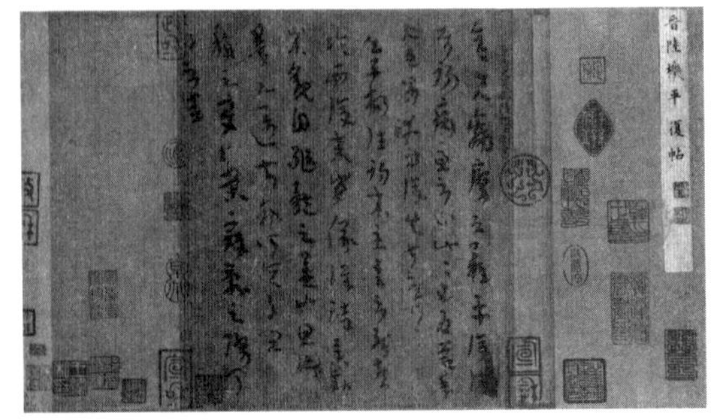

章草——陆机《平复帖》

草中保留的隶书形迹，并在章草和楷书的基础上加快行笔，增加圆环勾连而成。狂草创始于唐朝，唐人张旭是狂草的开山祖，故有“草圣”之称。后来的和尚怀素亦是狂草大家。狂草比今草更加简便快速，且笔势更加连绵回绕，活泼飞舞，奔腾放纵，大有驰骋不羁、一泻千里之势。

（四）非草非真——行书

行书介于楷书与草书之间，大约出现在西汉末东汉初。它是在楷书的基础上发展起来的，分为行楷和行草两种，是为了弥补楷书书写速度太慢和草书难于辨认的缺点而产生的。“行”是“行走”的意思，因此它不像草书那样潦草，也不像楷书那样端正。实质上，它是楷书的草化或草书的楷化。楷法多于草法的叫“行楷”，草法多于楷法的叫“行草”。行书经王羲之发展，它的实用性和艺术性得到最完美的融合，从而创立了光照千古的南派行书艺术，成为书法史上影响最大的一宗，王羲之也因此被誉为“书圣”。

在浩如烟海的书法艺术宝库中，行书无疑是一座最为绚烂多姿、丰富厚重的宝藏。其中王羲之创作了被誉为“天下第一行书”的《兰亭序》，颜真卿创作了“天下第二行书”《祭侄文稿》，苏轼创作了“天下第三行书”《寒食帖》，王珣创作了《伯远帖》，王献之创作了《鸭头丸帖》。

被誉为“天下第一行书”的《兰亭序》

《兰亭序》共计327字，逸笔天成，而且结构变化、笔法转换、匠心独运而又不毫无造作的痕迹。它符合传统书法最基本的审美观，“文而不华，质而不野，不激不厉，温文尔雅”。“内恹”的笔法偏重骨力，刚柔相济，点画凝练简洁。其在书写技巧上包含了无数变化之道，仅一个“之”字就有10余种写法，成为传统的“中和之美”格式上的样板。

（五）规划点画——楷书

楷书，也称“正楷”“真书”“正书”，由隶书逐渐演变而来，更趋简化，横平竖直。楷书规范了点、横、竖、撇、捺、折、钩等笔画的写法，后人以此为楷则。

颜真卿《多宝塔碑》

楷书，通常分为魏碑和唐碑两个体系。魏碑是指魏晋南北朝时期的书体，是一种从隶书到楷书的过渡书体，因经常带有汉朝隶书的写法，其楷书性质还不成熟，但正因为这种不成熟性，成就了百花齐放的场面，意态奇异，形成了一种独特的美，康有为评价有“魏碑十美”。唐碑则是指到唐朝以后逐渐成熟起来的唐楷，其代表人物有初唐的欧阳询、虞世南、褚遂良、薛稷，中唐的颜真卿，晚唐的柳公权。“唐书重法，宋书重意”，宋朝的苏轼以其诗人的风度开创了丰腴跌宕、天真烂漫的“苏体”，堪称“宋朝第一”；宋末元初的赵孟頫，以其恬润、婉畅，形成了“赵体”。我们常说的楷书四大家“颜柳欧赵”指的是颜真卿、柳公权、欧阳询、赵孟頫。

二、书法之美

梁启超认为，中国书法的美是线的美、力的美、光的美和表现个性的美。他在《书法在美术上的价值》中说：“美术一种要素是发挥个性，而发挥个性，最真确的莫如写字。如果说能够表现个性就是最高的美术，那么各种美术，以写字为最高。”

（一）笔力之美

书法的线条和字有血有肉、有筋有骨，富含动态之美。笔画是最基本的，字和行都是由笔画合成的，笔画着重的是笔力，唐代书论家孙过庭认为：“众妙攸归，务存骨气。”骨气是指用笔的内在之力及纸上的点画所外现的力量。

（二）构筑之美

书法艺术的字法即结字所追求的用笔画、线条构筑美的空间。构筑字体需要掌握五个原则：平正、匀称、参差、连贯、飞动。平正是指写字应注意其合度、适当和稳定；匀称是指字的笔画之间、各部分之间所形成的合适感、整齐感；参差是指字的布局要有错落之美；连贯是指一字的笔画之间、各组成部分之间的照应，甚至要衔接在一起；飞动是书法具有活泼形象的最重要方法，能使人从静态艺术作品中感受到生气勃勃。

（三）布白之美

布白是指整幅书法的格局，字的点画与空白均有繁简、短长，结体也有大小、疏密、欹正。书写时必须因字生势，灵活多变。布白得当，能使字和字之间产生错落参差而又呼应协调的艺术效果。布白讲究章法，章法的要领在于：血脉相连、虚实相生、错落有致。所谓血脉相连，指书法的各行文字宜在形体、气势上相互联络、接应成为整体，一气贯注。王献之的行草《中秋贴》，自古被称为“血脉相连”的楷模，后人称为“一笔书”，意思是连绵不断如同一笔写成。所谓虚实相生，指一幅书法，有笔画的地方是实处，而字与字间、行与行间则为虚处，一虚一实，形成有机整体，书法术语叫作“计白当黑”。所谓错落有致，是以缤纷交错求奇趣、于森严法度中求变化的一种章法。篆书、隶书、楷书法度较严，要求体势整齐，讲“守中”的原则，就是使一行各字的中轴线都与整行的中线重合，而体势偏于飞动的草书以及行书，则不强调这种守中的原则，即各字的中轴线有的与行的中线重合，更多的是不重合，而形成或小或大的角度。

（四）气韵之美

在古代书论中，气，常指形势、气格、气骨、气象，指的是作品具有活跃的精神，这是书法至美的一个基本因素；韵有别于气，是指作品的点画、字、行搭配恰当，布置停匀，形成和谐、美观、有力感、韵律感的整体。书法之美是气、韵的融合，气能“穷变态于毫端”，强调形式上变化的丰富性，体现的是高超的技艺和表现能力；韵能“合情调于纸上”，强调精神内涵的深广度，体现的是艺术的领悟力、想象力和创造力。清朝文艺评论家刘熙载非常推崇书法气韵之美，他说：“高韵深情，坚质浩气，缺一不可以为书。”他认为书法的气韵应是个人心灵的表现，否则作品即使幸免于薄浊，也只不过是别人的写照而已。他还强调“书当造乎自然”，认为治书者除了仿照万象之美来抒情以外，还要磨砺自我，拔去俗气，使自己的人格精神得到净化，这样才能写出富有气韵之美的上佳作品。

（五）中和之美

“中和”是儒家提出的一种伦理、道德规范。《礼记·中庸》说：“中也者，天下之大本也。和也者，天下之大道也。”做到了中和，天地就处于恰当的位置，万物就得到生长。“中和之美”就是书法各个有机成分之间协调统一，书法作品反映事物之美与抒情之美的和谐一致。书法创作是人的自然感情的流露，但这种流露必须中节、中理，不激不厉，和谐恰当，本乎天地之心，使人性之美与自然之美得到协调统一。明末清初的王铎写字求新求奇，笔下的字都如他所言“掀起脚，打筋斗，腾云驾雾向空中行”，他的字在纸上呈纷纭错落、疾闪飞动之势，达成一种“中和之美”。

第三节　色彩分明的中国画

中国画，简称“国画”，是我国传统造型艺术之一。“中国画”一说源于汉代，华夏先民称呼自己居住区域为“中国”，因而中国的绘画也称为“中国画”。从美术史的角度讲，民国以前的都统称为“古画”。国画在古代无确定名称，一般称之为“丹青”，在世界美术领域中自成体系。

国画强调“外师造化，中得心源”，要求“意存笔先，画尽意在”，强调融化物我，创制意境，从而达到以形写神，形神兼备，气韵生动。

一、品评六法

“谢赫六法”是中国古代美术品评作品的标准和重要美学原则。“六法”最早出现在南齐谢赫的著作《画品》。“六法者何？一气韵生动是也，二骨法用笔是也，三应物象形是也，四随类赋彩是也，五经营位置是也，六传移模写是也。”

“六法论”提出了一个初步完备的绘画理论体系框架——从表现对象的内在精神、表达画家对客体的情感和评价，到用笔刻画对象的外形、结构和色彩，以及构图和摹写作品等，将创作和流传的各个方面，都概括进去了。

（一）气韵生动

“气韵生动”或“气韵，生动是也”，是指作品和作品中刻画的形象具有一种生动的气度韵致，显得富有生命力。气韵，原是魏晋品藻人物的用词，如“风气韵度”“风韵遒迈”等，指的是人物从姿态、表情中显示出的精神气质、情味和韵致。

画论中出现类似的概念，首先是用以衡量画中人物形象的，后来渐渐扩大到品评人物画之外的作品，乃至某一绘画形式因素，如说“气韵有发于墨者，有发于笔者”（张庚《浦山论画》），“气关笔力，韵关墨彩”（黄宾虹《论画书简》）。

在谢赫时代，气韵作为品评标准和创作标准，主要是看作品对客体的风度韵致描绘、再现得如何，而后逐渐涵容更多主体表现的因素，气韵就指的是作为主客体融一的形象及形式的总的内在特质了。能够表现出“物我为一”的生动气韵，至今也是绘画和整个造型艺术的最高目标之一。

（二）骨法用笔

“骨法用笔”或“骨法，用笔是也”，是说所谓骨法及与其密切相关的笔法。“骨法”最早大约是相学的概念，后来成为人们观察人物身份和特征的语言，在汉魏时期很流行。

画论上用“骨”字，如“善笔力者多骨，不善笔力者多肉”（《笔阵图》）等，指的是力量、笔力。画评中出现“骨”始于顾恺之，如评《周本纪》“重叠弥纶有骨法”；评《汉本纪》“有天骨而少细美”等。这里的“骨法”“天骨”诸词，还和人物品藻、相学有较多的联系，指所画人物形象的骨相所体现出的身份气质。谢赫使用“骨法”则已转向骨力、力量美即用笔的艺术表现了。当时的绘画全以勾勒线条造型，对象的结构、体态、表情，只能靠线条的准确性、力量感和变化来表达。因此，他借用“骨法”来说明用笔的艺术性，包含着笔力、力感（与书论“善笔力者多骨”相似）、结构表现等。这可以由“用笔骨梗”“动笔新奇”“笔迹困弱”“笔迹超越”诸论述中看出。谢赫之后，骨法成为历代评画的重要标准，这是传统绘画所特有的材料工具和民族风格所必然产生的相应的美学原则，而它反过来又促进了绘画民族风格的完美发展。

（三）应物象形

“应物象形”或“应物，象形是也”，是指画家的描绘要与所反映的对象形似。在六法中，象形问题摆在第三位，表明在南北朝时代，绘画美学对待形似、描绘对象的真实性很重视。但又把它置于气韵与骨法之后，这表明那时的艺术家已经相当深刻地把握了艺术与现实、外在表现与内在表现的关系。后代的论者有的贬低形似的意义，有的抬高它的地位，那是后人不同的艺术观念在起作用，在“六法论”始创时代，它的位置应当说是恰当的。

（四）随类赋彩

“随类赋彩”或“随类，赋彩是也”，是说着色。“赋”通“傅”，赋彩即施色。随类，解作“随物”。《文心雕龙·物色》：“写气图貌，既随物以宛转。”这里的“类”作“品类”即“物”讲。汉王延寿《鲁灵光殿赋》：“随色象类，曲得其情。”随色象类，可以解作色彩与所画的物象相似。随类即随色象类之意，因此同于赋彩。

（五）经营位置

“经营位置”或“经营，位置是也”，是说绘画的构图。经营原意是营造、建筑。经是度量、筹划；营是谋画。谢赫借来比喻画家作画之初的布置构图。“位置”作名词讲，指人或物所处的地位；作动词，指安排或布置。谢赫说毛惠远“位置经略，尤难比俦”，其中“位置”是安置的意思。唐代张彦远把“经营位置”连起来读，“位置”就渐被理解为动宾结构中的名词了。他说“至于经营位置，则画之总要”，把安排构图看作绘画的提纲统领。位置须经之营之，或者说构图须费思安排，实际是把构图和运思、构思看作一体，这是非常深刻的见解。

（六）传移模写

“传移模写”或“传移，模写是也”，指的是临摹作品。传，移也，或解为传授、流布、递送；模，法也，通“摹”，摹仿；写亦解作摹。绘画上的传移流布，靠的是模写。谢赫亦称之为“传写”：“善于传写，不闲其思。”其实早在《汉书·师丹传》中就有了“传写”二字：“令吏民传写，流传四方。”把“模写”作为绘画美学名词肯定下来，并作为“六法”之一，表明古人对这一技巧的重视。顾恺之就留下了《摹拓妙法》一文。模写的功能，一是可学习基本功，二是可作为流传作品的手段。谢赫并不将它等同于创作，因此放于六法之末。

自“六法论”提出后，中国古代绘画进入了理论自觉的时期。后代画家始终把“六法”作为衡量绘画成败高下的标准。宋代美术史家郭若虚说：“六法精论，万古不移。”（《图画见闻志》）从南朝到现代，六法被运用着、充实着、发展着，从而成为中国古代美术理论最具稳定性、最有涵括力的原则之一。

二、绘画手法：两分天下

中国画按照绘画手法分为工笔画、写意画两大类。

（一）工笔画

工笔画，亦称“细笔画”，属中国画技法类别的一种。工笔画与“写意画”对称。工笔画属于工整细致一类画法，如宋代的院体画、明代仇英的人物画等。

唐・周舫《簪花仕女图》

中国工笔画历史悠久，源远流长，在工笔画理论界看来，“工笔画”的历史能够上溯到战国楚墓中的帛画，从战国到两宋，工笔画的创作从萌芽走向了成熟。两宋时代是“工笔画”的古典时期或者说黄金时代，这一时期工笔画的跨越式发展以及令人惊叹的成就，即使是在文人画占主导的后世也无法抹杀的。到了明朝，也许是文人水墨写意画的强势，美术史论家们除了对工笔画作具体描述时用到与“细”相关的词语之外，他们称谓工笔画时几乎不再使用“细画”这一专有名词，而是使用与“工”相关的词语。明朝中期唐寅的名句“工画如楷书，写意如草圣”就用到了“工画”这一名称。到了明朝末年，“工画”的使用频率有所加大，仅仅是唐寅的那句话就被很多人“转引”。

中国工笔画的名称由“细画”到“工画”，再到“工笔画”的嬗变，相对于中国工笔画从肇始到繁荣再到式微的漫长过程来说，的确不是很复杂，也不是很巨大，但这三个名称的徐徐推移和变动所隐匿的文化潜在动力却是很复杂的，也是很强大的。

工笔画在长期的历史发展中建立了一套严整的技法体系，从而形成这一画体的独特风格面貌，其特点归纳如下：

1. 线条

以线造型是中国画技法的特点，也是工笔画的基础和骨干。工笔画对线的要求是工整、细腻、严谨。一般中锋用笔较多。

2. 色彩

以固有色为主，一般设色艳丽、沉着、明快、高雅，有统一的色调，具有浓郁的中国民族色彩审美意趣。

3. 装饰性与平面感

在工笔画中装饰性是不可缺少的因素。从构图、线描、设色到形象的细部处理都带有一定的平面感和装饰性。关于装饰性一方面是来源于传统的程式化手法，另一方面是作者对生活中的形象通过提炼、夸张、创造而形成的美感效果。

（二）写意画

写意画，是用简练的笔法描绘景物，融诗、书、画、印为一体的艺术形式。写意画多画在生宣上，纵笔挥洒，墨彩飞扬，较工笔画更能体现所描绘景物的神韵，也更能直接地抒发作者的感情。中国传统艺术和现代艺术写意精神的终极目标，是达到人与自然完美融合的精神境界。

唐代王维因其诗画俱佳，故后人称他的画为“画中有诗，诗中有画”，他“一变勾斫之法”，创造了“水墨淡，笔意清润”的泼墨山水。董其昌尊称王维为“文人画之祖”。五代徐

南宋・梁楷《泼墨仙人图》

熙先用墨色写花的枝叶蕊萼，然后略施淡彩，开创了徐体“落墨法”。之后宋代文同兴“四君子”画风，明代林良开“院体”写意之新格，明代沈周善用浓墨浅色、陈白阳重写实的水墨淡彩、徐青藤更是奇肆狂放求生韵。经过长期的艺术实践，写意画时代已进入全盛时期。经八大山人、石涛、李鲜、吴昌硕、齐白石等发扬光大，如今写意画已是影响最大、流传最广的画法。

写意画主张神似。董其昌有论：“画山水唯写意水墨最妙。何也？形质毕肖，则无气韵；彩色异具，则无笔法。”写意画注重用墨。如徐渭画墨牡丹，一反勾染烘托的表现手法，以泼墨法写之。写意画强调作者的个性发挥。“扬州八怪”以“怪”名世，作画不拘常规，恣意涂写，以一个“乱”字表露他们的创新精神。金冬心画竹也是喜“乱”，曾言：“用焦墨竿大叶，叶叶皆乱。”郑板桥擅长书法和绘画，相互参融，以画法作书，创隶书间于行楷之中“六分半书”，又以书法的笔法作兰竹，风格明快劲峭。清人蒋士铨评曰：“板桥作字如写兰，波磔奇古形翩翩；板桥写兰如作字，秀叶蔬花见姿致。”

三、绘画种类——三足鼎立

从内容取材的角度来划分，中国画分为山水画、人物画、花鸟画三大类。

（一）山水画

山水画，简称“山水”，是以描写山川自然景色为主体的绘画，传统分法有水墨、青绿、金碧、没骨、浅绛、淡彩等形式。庄子的“天地与我并生，万物与我为一”，诚然是“天人合一”的最好注脚，也是山水画的哲学基础。魏晋南北朝时期，中国社会“仕隐分工”，形成了隐士阶层，隐士们厌烦世事纷繁，回归自然，深入山水，通过自然山水以“畅神”“澄怀观道”，追求“天人无际”“天人合一”。山水画的形成和确立，得益于魏晋风度的渗透，崇尚自然的必然，文人个体意识的觉醒，人们对自然山水的审美感知。自晋代顾恺之创作了《庐山图》后，山水画得以形成和确立，并成为“山水文化”重要且独特的表现形式。

山水画虽在魏晋、南北朝已逐渐发展，但仍附属于人物画，作为背景的居多。隋唐时期开始独立，如展子虔的设色山水、李思训的金碧山水、王维的水墨山水、王洽的泼墨山水等。到五代、北宋时期，山水画日渐成熟，米芾、米友仁的水墨山水，王希孟、赵伯驹、赵伯骕的青绿山水，南北竞辉，达到高峰，从此山水画成为中国画中的一大画科。到元代，山水画趋向写意，以虚带实，侧重笔墨神韵，开创新风。明清及近代，随着明清商品经济的发展，山水画走向了没落。

（二）人物画

人物画，简称“人物”，是中国画中的一大画科，其出现早于山水画、花鸟画等。人物画大体分为道释画、仕女画、肖像画、风俗画、历史故事画等。人物画力求人物个性逼真传神、气韵生动、形神兼备，常把对人物性格的刻画寓于环境、气氛、身段和动态的渲染之中，故中国画论上又称人物画为“传神”。历代著名人物画有东晋顾恺之的《洛神赋图》、五代南唐顾闳中的《韩熙载夜宴图》、北宋李公麟的《维摩诘像》、南宋李唐的《采薇图》等。

战国楚墓出土的《人物龙凤》与《人物驭龙》帛画是已知最早的独幅人物画作品。到汉代，人物画发展基本成熟。在人物画的创作上，有造型精准的画像，也有以形传神和夸张、变形的作品，但大多画像都具有鲜明的写意性。魏晋时期，随着思想的解放、佛教的传入、玄学的风行、专业画家队伍的确立，人物画由略而精，宗教画尤为兴盛，出现了以顾恺之为代表的第一批人物画大师，也出现了以《魏晋胜流画赞》《论画》为代表的第一批人物画论，奠定了中国人物画的重要传统。盛唐时期，吴道子把人物宗教画推向了更富于表现力、更生动形象的新境地。五代、两宋是中国人物画深入发展的时期。随着宫廷画院的兴办，人物画更趋精美；又随着文人画的兴起，民间稿本被李公麟提升为一种被称为“白描”的绘画样式。这一时期，社会风俗画和具有现实意义的历史故事画亦蓬勃发展。张择端的《清明上河图》便产生于这一时期。自南宋受禅宗思想影响，梁楷的泼墨、简笔写意人物画，标志着写意人物画肇兴，中国人物画开始朝另一方向发展，仕女画、高士画大量出现。明末的陈洪绶、清末的任颐都创作了不少人物画的优秀作品。

东晋·顾恺之《洛神赋图》

中国人物画家主张以形写神、形神兼备，即紧紧抓住有利于传神的眼神、手势、身姿与重要细节，强调分别主次，有详有略，详于传情的面部手势而略于衣冠，详于人物活动及其顾盼呼应而略于环境描写。在人物活动与环境景物的关系上，抒情性的作品往往借创造意境氛围烘托人物情态，叙事性的作品在采取横幅或长卷构图中，尤善于以环境景物或室内陈设划分空间，采用主体人物重复出现的方法，把发生的事件一一铺叙，突破了统一时空的局限。人物画中使用的笔墨技巧与技法，在工笔设色、白描和小写意作品中，更重视笔法的基干作用，为此创造了“十八描”。笔法或描法一方面服从于形象的结构质感、量感与神情，另一方面也要传达作者的感情，同时还用以体现作者的个人风格。在写意人物画中，笔墨相互为用，笔中有墨，墨中有笔，一笔落纸，既要状物传神，又要抒情达意，还要显现个人风格，其难易程度远胜于山水花鸟画。被称为“行乐图”的人物肖像画，一律把人物置于最易展现其气质品格的特定景物中，具有不同于一般肖像画的特点。在色彩使用与诗书画印的结合上，人物画具有一般中国画的特色。

（三）花鸟画

凡以花卉、花鸟、鱼虫等为描绘对象的画，称之为花鸟画。北宋《宣和画谱·花鸟叙论》云：“诗人六义，多识于鸟兽草本之名，而律历四时，亦记其荣枯语默之候。所以绘事之妙，多寓兴于此，与诗人相表里焉。”花鸟画中的画法中有“工笔”“写意”“兼工带写”三种。工笔花鸟画即用浓、淡墨勾勒对象，再深浅分层次着色；写意花鸟画即用简练概括的手法绘写对象；介于工笔和写意之间的就称为兼工带写，形态逼真。

宋·赵佶《芙蓉锦鸡图》

早在工艺、雕刻与绘画尚无明确分工的原始社会，中国花鸟画已萌芽。战国末期木版画的《老虎被缚图》是已知最早的独幅花鸟画。两汉六朝时期，花鸟画初具规模。东晋画家刘胤祖是已知的第一位花鸟画家。经唐、五代、北宋，花鸟画完全发展成熟。在风格精丽的工笔设色花鸟画继续发展的同时，风格简括奔放以水墨为主的写意花鸟画，水墨写意“四君子画”（梅、兰、菊、竹）相继出现于南宋及元代。

随着写意花鸟画的深入发展，以明末徐渭为代表的画家们自觉实现了以草书入画并强烈抒写个性情感的变革。至清初朱耷，则达到了史无前例的高水平。经过数千年的发展，中国花鸟画积累了丰富的创作经验，形成了自立于世界民族之林的独特传统，终于在近现代产生了吴昌硕、齐白石、潘天寿、李苦禅、朱宣咸、关山月等花鸟画大师。

第四节　中国雕塑

雕塑在中国没有像西方那样独立的地位，几乎一直是建筑的附属部分。但雕塑又一直在被创造出来，如浙江余姚河姆渡文化遗址出土的陶猪，青铜器上的虎、鹤，春秋战国的土俑、陶俑，秦兵马俑，汉霍去病墓的石兽，以及源源不断的宗教造像、民间小品等。

中国传统雕塑主要由四个集群组成，它们分别是：①陵墓集群，包括陵墓表饰（华表、石人、石兽等）、墓室雕饰（墓门、墓道、宫床等墓内建筑雕饰及墓内肖像）、明器艺术（陪葬用的俑和动物造型、建筑模型和器物模型）。②宗教集群，包括佛道寺庙和佛教石窟里的塑像、浮雕。③建筑装饰，包括宫殿、苑囿、会馆、牌坊、居民、桥梁等建筑物上的装饰性雕饰。④工艺雕塑，包括工艺性的泥塑、瓷塑、金属塑铸、木雕、干漆雕塑、竹雕、根雕、石雕、牙雕、骨雕、角雕、果核雕等。

一、陵墓雕塑

陵墓雕塑是中国古代雕塑艺术的重要组成部分，是中国古代厚葬流行的产物，并集中体现了特定历史时代的社会理想、审美形式和高超的艺术水平。中国古代陵墓雕刻艺术以寓意象征的手法表达特定的主题，雕刻技巧独特，整体造型稳定而强劲，形成了中国古代雕刻艺术独的民族风格。

中国古人迷信灵魂不灭，特别是秦汉以来，统治阶级更加笃信天命，妄想死后继续享受无上的权力和奢华的生活，因此厚葬风气盛行，帝王和王公贵族的陵墓中有大量的殉葬品，包括随葬俑，还在墓前或墓周围设置石柱、石兽、石人等大型纪念碑式的石刻。可见陵墓雕塑艺术是中国古代厚葬流行的产物，并集中体现了特定历史时代的社会理想、审美形式和高超的艺术水平。

西汉马踏匈奴

俑是我国古代墓葬中模仿活人而制作的一种偶像，是奴隶制社会盛行的活人殉葬的物质替代品，一般为木雕或陶塑，始于东周，至战国已蔚然成风。秦、汉和唐代尤为盛行，宋以后，由于墓葬制中流行纸具器，俑才逐渐消失。

在俑的艺术中，以陶俑的艺术价值最高，最令人瞩目的是被誉为“世界第八大奇迹”的秦始皇兵马俑。秦俑艺术的魅力首先在于其惊人的数量和体积。群体的组合，雄伟的气势，给人一种震撼心灵的崇高感，现已挖掘的 1、2、3 号坑，占地 2 万余平方米；若按其排列形式复原，应有武士俑 7000 余件，陶马 100 余匹，战车 100 余乘，它们依照皇家禁军真实的军容浩浩荡荡地排列为长方形军阵，令人肃然敬畏，显示出秦军“奋击百万，战车千乘”的威势以及“秦王扫六合”统一中国的雄心和壮举。秦俑的主要艺术特点是：崇高写实，手法严谨；性格鲜明，形象生动；在总体布局上，利用众多直立静止体的重复，创造出排山倒海的气势，使人产生敬畏而难忘的印象。

陵墓的地上雕刻是我国古代雕塑艺术重要的一部分，自汉至唐十分兴盛，虽然宋至明清帝王将相的墓前仍有设置，但其气势和艺术性已不能与之同日而语。现存的西汉霍去病墓、南朝帝王和贵族陵墓以及唐乾陵和“昭陵六骏”雕刻是最具典型意义的作品。这些雕刻与秦俑在形象塑造上以写实为主的手法截然不同，采用的是寓意与象征的手法，极富幻想和浪漫主义的色彩。具有划时代意义的霍去病墓石雕群及陵墓的总体布局都是富有象征意义的。作品始终没有直接描绘霍去病的形象和具体的战争场面，特别是主题雕刻《马踏匈奴》更以象征的艺术手法，用矫健沉着的骏马和马腹下作垂死挣扎状的匈奴形象概括出霍去病英勇抗敌、安定边疆、沟通西域的赫赫功绩。东汉石刻的新成就，主要体现在造型劲健的大型石辟邪上。洛阳及伊川出土的一对石辟邪，姿态雄健豪迈。南阳宗资墓出土的石天禄与石辟邪，咸阳出土的一对石兽，于雄健中蕴含着秀丽灵动的格调。此外，四川雅安高颐墓前的石辟邪，亦属东汉晚期造型凝重、气宇不凡的优秀遗例，对后世陵墓装饰石雕具有深远的影响。

现存的南朝陵墓雕刻有 31 处，分布在南京及附近丹阳一带，以石兽为多，也最具特色。置于帝王陵前的石兽，通常头上有角，双角的称“天禄”，独角的称“麒麟”。王侯墓前的石兽无角称“辟邪”。这些石兽都不是现实生活中具体的动物形象，而是传说中神异的瑞兽，是墓主的保护神和权威的象征。因此石兽均造型高大厚重，昂首挺胸，膛目张口，肩部双翼微展，作阔步前行状，气势极为威武雄壮。

中外著名的唐“昭陵六骏”是以浮雕形式来表现的，但马的形体雕刻近于圆雕。作品通过刻画唐太宗在开国战争中受伤、牺牲的六匹战马来表彰他的丰功伟绩。乾陵是唐高宗与武则天的合葬墓。陵墓是按唐太宗确立的“以山为陵”的体制，利用自然起伏的山势，在陵前形成一条纵贯南北的长长神道 ，石雕群则对称地配置在神道的两侧。自南而北，计有华表 1 对、翼马 1 对 、鸵鸟 1 对、鞍马 5 对（各配奠官 1 人）、文武侍臣 10 对、藩臣像 61 躯。这些体貌不同、高低错落、排列空间不等的石雕群，为整个陵区创造了十分神圣、庄严、崇高的气势。这个庞大的雕塑群无论人物还是动物形象，除了具有象征守护和仪仗的作用外，都是服从于整个乾陵所要表达的主题，即显示封建王权的强盛和天下归心的思想；尤其是其中出现了以往帝王陵中没有的形象，如来自异国远方的翼马、鸵鸟和蓄臣像，从而深化了主题。

中国古代陵墓雕刻的艺术成就除以寓意象征的手法表达特定的主题外，还表现在其独特的雕刻技巧和深沉雄大的气魄上。它们都是根据天然整石雕凿而成，继承集圆雕、浮雕和线刻于一体的商周传统以及我国传统玉石雕刻因势象形的手法。整体造型稳定而强劲，从而形成了中国古代雕刻艺术独的民族风格。这种深沉雄大的气魄也体现出中国封建盛世豪迈进取的时代精神。

二、宗教雕塑

宗教雕塑，特别是佛教雕塑，与陵墓雕塑相比具有更多的变化和更丰富的内容。在雕塑材料上，石窟为石雕，寺庙多为泥塑，在艺术风格上，各代的佛、菩萨、罗汉雕塑与当时人们的审美观念紧密相连。如历代佛像的形象变化：魏晋六朝，瘦骨清像；隋唐五代，圆满丰腴；有宋以来，匀称多媚。宗教雕塑产生了许多优秀作品，如明代平遥双林寺彩塑。

平遥双林寺，原名“中都寺”，始建于北魏。宋以后，改称“双林寺”，其意取自释迦牟尼的涅槃之地。据佛经记载，释迦牟尼圆寂于天竺跋提河边的两棵沙罗树之间，双林寺之“双林”便源于此。从寺中现存的碑刻来看，双林寺在宋代已经声名显赫。现存的建筑大多为明清时期重建，其中的彩塑也是在重建时期 ·起完成的。双林寺彩塑保存得非常完整，且数量惊人。现存共有 2052 尊，保存完好的有 1566 尊。几千身彩塑，均似出自高手，是非常有价值的文化遗产，因此平遥双林寺也被誉为“东方彩塑艺术宝库”，有“雕塑博物馆”之称。

按照经文塑造的雕像，大都多流于平庸。平遥双林寺的彩塑，妙在内容虽违背经文，却有大胆创新，且能生动地处理造像。以双林寺天王像为例，四大天王的巨大身躯一字排在高檐之下，具有慑人的威力。他们的尺寸、排列方式以及形象塑造都异于同期的其他寺庙，显示出雕塑家独特的才华和创造力。明代天王像大多注重强调形象的怪异和凶恶，而不注重天王性格特征和气质的刻画，从而显得粗陋和平庸。双林寺天王像则汲取了武士像的特征，具有巨人般的气势和英雄般的神态，使人感到雕塑饱含着一股强大的内在生命力，气势十足，凝聚着一触即发的力量。

双林寺的彩塑几乎件件令人惊叹，除天王像外，罗汉殿雕塑也是精华所在，其中的十八罗汉为中国雕塑的传世精品。它们与真人等高，比例恰当，结构准确，甚至被誉为“神品”。罗汉，在中国佛教传统中具有佛性但又更接近人间的修行者，在罗汉的塑造上更易突破宗教的束缚而具有人性特征。双林寺罗汉殿内，每一尊罗汉具有山一样的稳定，给人以神气上行、内力十足之感。这种灵气与整体的稳定感形成对比，象征了罗汉外柔内刚、外文内武的特质，从而产生微妙的意境。最为生动的是其中一尊“哑罗汉”，他头戴风帽，于一处盘腿静坐，身体呈左右对称的姿态，双手为衣襟遮盖，身躯挺拔，沉稳得像一座小山，整个身体虽没有动势，却给人以胸中按捺着无限苦衷和力量的印象。最出色的还是面部表情，望向一侧的双眼充满了欲说还休的愤懑，其刚直不阿的性格和看尽世间悲苦的眼神令人印象深刻。这正符合顾恺之“于妙处传神写照，正在阿堵中”的评述。

三、建筑雕塑

建筑雕塑，是建筑的组成部分，主要起装饰作用，如秦砖汉瓦。从先秦时期开始，建筑上就多见砖石雕刻与瓦当装饰。春秋战国时期，各诸侯国都有自己的宫殿建筑特征。秦统一中国，东方六国的建筑风格也成为秦所效法并发展的标本。此时建筑的遗留物多为瓦当，且以半圆形瓦当为主，也有圆形瓦当，其装饰目的十分突出。瓦当，又称“瓦头”，指的是陶制筒瓦顶端下垂的部分，即是瓦的头端，其主要功能是防水和排水，以保护木构的屋架部分，同时也是建筑审美的一部分。战国时期，燕国瓦当多雕刻有双鸟、双兽纹，秦国与赵国多为鸟兽装饰的圆形瓦当，还有一些是继承上周时期的饕餮纹样。

秦统一中国后，据传建造了恢宏无比的阿房宫，今日虽不见此宫室踪影，但从规模次之的咸阳宫旧址中，可见昔日秦国宫殿的雕刻风格。秦代瓦当有文字纹和图案纹样两类，图案纹样又包括云纹和动物纹。这些纹样，在线的运用和结构上，都显示出秦代雕刻艺术的简练和概括，与此后汉代的圆熟风格有所差异。与瓦当相比较，秦代建筑雕刻上更胜一筹的当属空心大砖，这类作品在陕西咸阳一带常有出土，有的饰有龙纹、凤纹的浮雕，有的则是表现山林狩猎的线刻，更体现出秦朝建筑雕刻的大气和质朴。

至西汉时期，宫殿、祠庙、墓室建筑更为发展，砖瓦装饰也更为广泛，圆形瓦当成为主流。西汉瓦当上最多见的是文字雕刻，反映了当时书法和文学的成就。瓦当装饰开始出现专有意义，不同文字和图案都有各自的象征含义。宫殿建筑上多雕有篆书或隶书的吉祥语，如“长乐未央”“长生无极”“延年益寿”等四字结构的圆形瓦当。还有两字的，如“万岁”“无极”等，也有三个字、八个字或九个字，都是一些祝福帝王和国家延年昌盛的语言。同时，每一个字又有不同的布局和字体的变化，形成多种样式。除文字外，还有动物图案以及文字和图案共用的样式。动物纹图案中，汉代的代表图形是“四神”纹。“四神”，即传说中的青龙、白虎、朱雀、玄武四种神兽，是辟邪祈福的象征，每一种神兽的形象都适合于一个圆形之中，并无局促感，图案雕刻遒劲有力、流畅自然，是古代设计中的杰出代表。

四、工艺雕塑

宋代以来，随着城市经济的发展和市民文化的繁荣，雕塑也出现了具有民间情趣的小型作品，世俗化倾向十分显著，如“巧儿”“摩睺罗”。宋代婴戏题材十分常见，在绘画上有百子图和婴戏图，在陶瓷上也常绘有小儿嬉戏的场面。同时，民间小型泥塑中也有类似的婴孩题材。小型泥孩儿的出现，与宋代民俗有着直接的关联。北宋时期，“七夕”是重要的节令，民间以塑造泥孩儿寓“乞巧”之意，故称“巧儿”。在宋代，泥孩儿还被称为“摩睺罗”，与当时佛教的世俗化密切相关。佛教故事中，摩睺罗是释迦牟尼出家以前与耶输陀罗所怀之子，于释迦牟尼悟道时降生。摩睺罗六七岁时拿着母亲的信物去见父亲，凭着天生的聪慧，在众多外形一样的人群中将父亲认出。为此，世人为祈求子女能够聪慧可人，便将这种泥孩儿称作“摩睺罗”。

摩睺罗制作最为繁盛的是北宋。当时的彩塑摩睺罗通常是一个手持荷叶、天真胖润的婴孩形象。江南一带的制作中心是苏州，还出现了彩塑名家袁遇昌，“以塑婴孩形象名扬四方”。他在彩塑婴孩上安置芦哨，按其脑囟，就可以发出婴儿啼叫之声。在当时的临安（今杭州），民间彩塑也很盛行，还出现了以出售泥孩儿得名的孩儿巷，集中了善塑泥孩儿的各类小作坊。

宋·泥孩儿

1976年，在江苏镇江的一处宋代遗址中发现了一批小型泥塑，其中有五件完整的泥孩儿，高十余厘米。五个泥孩儿面貌相似但姿态各异，通体无釉，身体上有施金粉的痕迹。泥孩儿全部为男性，穿着开襟薄衣，或双手抄袖而立，或作戏耍状，塑造手法比较写实，给观众以亲切朴实之感。

赏玩泥孩儿的习俗，从宋代到元代，延续了近四五个世纪，这段时期也正是佛教逐渐走向世俗化的阶段。民间也逐渐将高深的佛教义理巧妙地结合在市井民俗之中。摩睺罗的出现，正是佛教世俗化的具体体现。

五、艺术特征

古代雕塑是中国古代艺术精华，在形式风格、题材内容、雕塑技法及艺术表现上都具有鲜明浓郁的民族和时代特色。

（一）题材的广泛性

中国传统雕塑的题材非常宽泛，人物、动物、自然山水都被纳入刻画的范围。在中国，人物依然是雕塑的基本题材之一，如原始时代的陶塑女神像，秦始皇随葬俑及两汉以后的各式铭器陶俑，是中国人物雕像发展的一个支脉；魏晋以后的莫高窟、云冈石窟、龙门石窟等处的高大佛像，属于另一分支。动物题材也有很大比重，如新石器时代动物形状的象形陶器，秦始皇陵出土的陶马和铜马，形态逼真；西汉霍去病墓前的石兽，古朴自然；唐代的昭陵六骏，肥壮矫健；明清宫殿府邸前的石窟蹲狮，威严但不乏生气。山水题材的作品不多，但很有特色。自然山水姿态万千，复杂丰富，雕塑很难驾驭与把握，而中国传统雕塑恰恰在这方面做了有益的尝试。如汉代铜铸“博山炉”，炉盖上塑有精致的层峦叠嶂；唐宋寺庙出现的山水塑壁在墙壁上刻出自然山水、山岩、泉溪、云树，错落有致。

（二）形式的整体性

中国雕塑一直没有脱离建筑整体而独立出来，更强化了整个中国艺术本有的特征：整体的服从性。一个雕塑的大小是由雕塑群体和建筑整体决定的。同是门前石狮，门的大小决定狮的大小。同是佛像，寺殿内部空间的大小决定其大小。同理，佛的两大弟子伽叶、阿难及菩萨、罗汉形象总是比佛小。整体性决定了中国雕塑是程式化的，陵墓雕塑的狮、马、龙、凤应怎样造，佛、菩萨等应穿什么衣服，手应是什么姿势，或应持何种器物，立姿与坐法如何等，都有一定程式。程式性往往压倒了雕塑的自身特质。

（三）技法的综合性

注重综合是中国传统雕塑技法方面的显著特征。中国雕塑史上的所有杰作，基本上都出自民间工匠之手。民间工匠缺乏系统的理论指导，但也正因为没有过多的拘泥与束缚，所以可以自由地吸收文化养料，发挥聪明才智，从而形成综合全面的雕塑技法。

在中国传统雕塑中，圆雕与浮雕发展都比较充分，而且两者常常结合在一起。如霍去病墓的马踏匈奴、跃马等作品，整体造型是独立的圆雕，可是局部却有效地采用了浮雕的技法，又如许多石窟或一般寺庙中的佛像，头部是圆雕，背部则与龛壁相连接，类似所谓的“高浮雕”，而又让人浑然不觉。

民间雕塑工匠们主动吸收借鉴绘画表现手段，更使中国传统雕塑技法得到丰富和完善，主要体现在线刻和彩绘上。首先是线刻。线刻是在雕像局部的平面上刻以线纹，简洁而又富于魅力，其效果类似绘画中的线描勾勒，但却能为整体的立体空间造型服务。从商代的石刻人像到汉代的霍去病墓前的石刻卧虎，从六朝的镇墓石兽到云冈、龙门的高大佛像，都可以让人感受到线刻的特殊效果。其次是彩绘。西方雕塑缺乏色彩美，中国雕塑并不是这样，而是很自然地将绘画中的色彩美纳入进来。中国泥塑或陶塑发达，而绝大多数泥塑或陶塑都是施以彩绘的，这种特点，在汉唐陶俑、敦煌莫高窟唐塑和麦积山石窟宋塑佛教造像以及太原晋祠宋塑侍女、大同华严寺辽塑菩萨、平遥双林寺明塑和昆明筇竹寺清塑罗汉像等作品上都可见到。

（四）造型的写意性

中国古代雕塑深受中国绘画的影响。中国画无论工笔还是写意，不求形似，而求传神，追求虚实相生而生发的想象审美空间。因为中国艺术讲究的是气韵生动，神似胜于形似，所谓“笔不周而意已周”，“离形得似”，“遗貌取神”。只有把握中国雕塑与中国文化精神相同的意境追求，才能对它有更进一步的理解。如霍去病墓前的石兽，细部刻画得相当粗率简略，甚至有失真之处，但那种征服者的粗犷气概却得到了极好的传达。

第五节　中国戏曲

当代戏剧理论家张庚曾这样说：“世界上有三种古老的戏剧文化：一是希腊悲剧和喜剧，二是印度梵剧，三是中国戏曲。”中国戏曲在长期发展过程中，吸收了丰富的文化艺术养料，形成了鲜明的表演体系。它虽然成熟年代较晚，但自身的传统系统一直没有中断，时至今日，依然保持着旺盛的生机。

一、中国戏曲的发展足迹

中国戏曲源远流长，从原始仪式到汉代百戏，从唐代参军戏到宋金诸宫调，直到元代杂剧，才形成我国戏曲的第一个黄金时代。由于元代科举制度废止，大量富有才华的知识分子被迫投身于杂剧创作，涌现出一批杰出的剧作家，如关汉卿、王实甫、马致远、白朴，产生了一批优秀作品，如《窦娥冤》《西厢记》《汉宫秋》等。明清戏曲高潮迭起，形成我国戏曲艺术的第二个黄金时代，此时各种声腔兴起，尤以昆山腔最为突出。昆山腔后经文人打磨提升，自明代中叶起走向繁荣，于明末清初达到鼎盛，盛行200多年。清中叶后，昆曲及文人创作日渐走向衰落，与此同时，自宋元后便在广大农村极为活跃的各种地方戏曲，蓬勃兴起，形成四大声腔系统：弋阳腔、弦索腔、梆子腔和皮黄腔。从乾隆至道光，在包括昆山腔在内的各大声腔“合班”演出的相互影响中，新的大型剧种京剧在北京形成。清末，民间的地方戏也很兴盛，如花鼓戏、采茶戏、花灯戏、秧歌戏等。当下，作为中国古代戏曲的最优秀代表还是昆曲和京剧，除此之外，越剧、豫剧、黄梅戏、川剧、粤剧等剧种在剧坛上也具有很大的影响力。

二、中国戏曲的艺术特征

中国戏曲最主要的艺术特征是程式化和虚拟化。

所谓程式化，是指艺术家将人们生活中的动作经过艺术加工，变为舞蹈，使之节奏化、套路化，并把生活中的自然形态按照艺术美的原则予以提炼和概括，使之成为节奏鲜明、规律严整的艺术格式。程式是戏曲中运用歌舞手段表现生活的一种独特的技术格式。戏曲表现手段的四个组成部分——唱、念、做、打皆有程式，是戏曲塑造舞台形象的艺术语汇。

戏曲的程式化体现在戏曲表演的各个方面，如京剧角色分为生、旦、净、丑四大基本行；每个基本行又可再分，如旦角又分为青衣、花旦、花衫、武旦、刀马旦等。每一行都有角色特有的性格、道德品格和唱腔、念白的规定性。青衣也叫“正旦”，多演温柔贤惠、端庄典雅的青中年女性，但大多命运波折，因常穿青色褶子而得名。青衣用假嗓，以唱为主，说韵白。花旦大多是小家碧玉或丫鬟，性格天真烂漫、活泼俏皮，服装颜色鲜艳，多穿不带水袖的上衣，配长裙或裤子。花旦用假嗓，重做功，说京白。

项羽脸谱

与角色分行相对应的一方面是脸谱化妆，用颜色把角色的性格符号化、标签化、特征化，戏谚有“红忠白奸黑直爽，黄色勇猛金神仙”的说法，是大部分脸谱颜色与角色特征的简单注解。如楚霸王项羽的脸谱，主色用黑色，黑色在京剧中表示勇猛刚直。从鼻子处到脑门，有一条下窄上宽的线条，称作“通天纹”，鼻子正中是一个隶书形的“寿”字；眼睛好像一条昂首甩尾的鲤鱼，眉毛由弧线交叉组成两个草写的“寿”字。整个脸型显得威严肃穆。楚霸王脸谱用“寿”字，表达人们希望他长寿而他却短寿之意。

与角色分行相对应的另一个方面是穿戴类型。戏曲的服饰装扮也是程式化的。戏曲服装大体上分为蟒、靠、褶、帔、衣五大类，地位最高的是“蟒”。蟒是戏剧中帝王将相、后妃、公主等身份高贵者用于庄重场合的礼服。蟒上龙形图案和色彩的有机搭配，既体现了戏曲艺术巧妙运用服装塑造人物的高超，也体现出戏曲程式化特点。黄色蟒衣是皇帝专用，红色蟒衣则为皇亲国戚、宰相元帅、钦差大臣等身份较高的角色所用。

戏曲的程式浸润于戏曲表演的各个方面。戏曲舞台的道具是程式化的，舞台上最常见道具便是一桌二椅，它们的颜色和摆设方法的不同，就能变换不同的场景，且内涵截然不同。戏曲的化妆也是程式化的，演员采用“美化式”化妆方法来舍弃人物之间容貌上的差别，只对其共同特征加以概括、提炼、创作，它不属于某个人，而是一类人共有的面貌特征。戏曲的表演也是程式化的，不同类型人物说话、走路甚至眼神都有不同的规范。程式来源于生活，以生活为创作依据，但又不是一成不变地照搬生活，而是从生活实际出发，将生活中的各种动作进行认真的剖析，选出最为关键的动作，然后进行艺术装饰，采用模拟的手法提炼加工，以此来强调动作的关键性。

程式化的一个方面是类型化，另一个方面就是虚拟化。虚拟化是戏曲艺术的重要特征之一，也是戏曲艺术表现生活的基本手法，指的是演员在舞台上模拟现实生活的一些动作，并在此基础上进行艺术化的处理，将现实主义和浪漫主义完美地统一。

戏曲虚拟主要有三种：空间虚拟、道具虚拟和数量虚拟。戏曲舞台上没有固定的时空限制，通过演员在台上的一些程式化动作，就可以实现戏台时空的转换。如武打京剧《三岔口》，一张桌子放在舞台正中央，表示旅店的一个房间。舞台上虽然灯光明亮，但通过两个人的表演，表现的却是发生在一个黑暗屋子里的故事。

京剧《三岔口》

再如《女起解》中苏三与崇公道，从洪洞到太原，百里行程，二人边说边走，片刻就到了太原。戏曲情节中所用的道具和布景也多是虚拟，如举杯做出饮酒动作即是喝酒，挥舞一根马鞭歌舞即是骑马，手握船桨表演即是乘船，新娘子出嫁亦无需花轿，只需轿夫和新娘配合做出抬轿、乘轿的程式化动作就是热闹的出嫁场面。此外，京剧中各种“数”和“量”在舞台上的表达也是虚拟的，四个龙套代表千军万马；责打四十大板，行刑人口喊“一十！二十！三十！四十！”就已完成。只要剧情需要，演员自会表演得惟妙惟肖。戏台表现愈是虚拟化，表演动作就愈显程式化。正是在虚拟与程式的相互推进中，中国戏曲创造出了最具文化意味的形式美。

三、戏曲表演的“四功”“五法”

戏曲演员的基本功大致分为四大类：唱类、白类、做类、打类。唱类基本功包括气口、归韵、咬字、四呼等。唱功是戏曲表演的基本功，唱功最基础的条件是嗓子。嗓子的好坏是天赋，但无论天赋如何，不练唱功是绝不会唱好的，因此，唱是靠“功”托起来的。白类包括京白、韵白、方言白、定场诗等，戏曲的念白与演唱一样，既讲音韵，又讲气口，还讲功夫，所以称为“念功”。戏谚有“三年胳膊五年腿，十年练不好一张嘴”的说法，可见对“念”的要求还是很高的。做类包括亮相、起霸、圆场、走边、趟马等，戏曲中的“做”，就是演员进入剧情时的身段、表情、气派等表演的总称，简单地说就是表演动作。这个“动作”，戏曲的行话称为“做功”，也叫“做派”。所谓“做功”，就是表演功，手、眼、身、法、步。打类包括抢背、下腰、虎腰、筋斗、乌龙搅柱等。戏曲中的“打”，也叫“开打”，演员通过武打表演来展示剧情。作为一种表演手段，就要求打得有章法、有节奏、有层次。最基本的武打有两种：一种是用于表演兵器的“把子功”，一种是翻、跌、腾、扑等俗称“筋斗”的“毯子功”。唱、念、做、打这些基本功再加上行头、砌末、髯口的配合运用，各种功法不下几百种。这些功法都是表演的固定程式。把这些固定的程式功法练扎实，按照戏曲的情节有机、合理、巧妙、艺术地组合发挥出来就完成了戏曲的表演。

戏曲的“五法”是“做”的延伸，也是“做”的具体体现。“手”指手势，“眼”指眼神，“身”指身段，“步”指台步，“法”指法度。以手势为例，行当不同，手势也不尽相同，如武生手指要合拢，花脸五指要分开，小生将四指合拢直伸，拇指按在掌心等。“五法”是戏剧表演的基本程式，是做功的基础动作。

四、京剧艺术大师梅兰芳

清中期之后，各地方戏纷纷进京献艺，在与昆曲的“花雅之争”的过程中，安徽的徽戏和湖北汉戏合班演出，在互相融合中逐渐京化，演变成一个新的剧种——京剧。京剧在发展过程中，出现了大量优秀剧目，也涌现出众多优秀的表演艺术家。在他们的不懈努力下，京剧成为中国戏曲中最成熟、最有代表性的剧种，受到全国人民的喜爱与欢迎，因此也被称为“国剧”。在众多京剧艺术家中，影响最大的莫过于梅兰芳。

梅兰芳，祖籍江苏泰州，1894 年出生于北京的一个京剧艺术世家。8 岁学艺，10 岁登台表演。1913 年，他首次到上海演出，主演《玉堂春》等剧，风靡沪上。1915 年，梅兰芳大量排演新剧目。此后几年陆续创演著名戏曲专家齐如山编剧的《宦海潮》《邓霞姑》《嫦娥奔月》《黛玉葬花》等。1916 年，梅兰芳第三次到上海，连唱 45 天。1918 年后，他在京剧艺术炉火纯青的顶峰时期移居上海。梅兰芳的音色、音质脆，亮、甜、润、宽、圆俱备，而作为一个男旦演员最难得的是又甜又亮，他自成一派的“梅派”唱腔就有着醇厚流丽的特点。他精通音律和多种发音方法，除继承传统唱腔外，还编制了大量独具个性的唱腔，甚至有些以前罕用的传统唱腔板式，由于他的创新，在舞台上广为流行起来。他在唱法上的革新之处，在于演唱时结合了人物的思想感情——角色身份、剧情、唱法不同。他的念白抑扬顿挫，句读分明，越是高音，越是甜润，能从他的念白中听出喜、怒、忧、思、悲、恐、惊来，不但字字珠玑，而且念白与眼神、身段、手姿互相陪衬，浑然一体。他的做功身段融入了昆曲表演的腰肢步伐之美，为京剧表演创造了各式各样的舞蹈，有绸舞、剑舞、盘舞、袖舞、拂尘舞等，同时又在一些非舞蹈戏中融入大量的舞蹈动作，其身段无处不美。梅兰芳的武打戏是舞、武的结合，虽以“帅”“美”为主，却很懂得掌握分寸，因剧中人物的思想感情、身份地位不同而不同，大抵上是一种舞多武少的打法，这又是一种突破。梅兰芳的表演综合了青衣、花旦、刀马旦的表演方式，还吸收了风靡上海的文明戏的表演手段以及新式的舞台布景灯光等新鲜的改良成分，同时他还参考了中国古代仕女画和女神雕塑，对人物的面部化妆、头饰、服装做了创造性革新。可以说，梅兰芳在京剧的唱、念、做、打舞表情音乐服装上均做出了独树一帜的贡献，丰富了京剧旦角的表现手段，更对京剧艺术产生了深远的影响。

1927 年，北京《顺天时报》举办中国首届京剧旦角名伶评选，梅兰芳与程砚秋、尚小云、荀慧生并称“四大名旦”。1931 年九一八事变后，梅兰芳在上海排演《抗金兵》《生死恨》等剧，宣扬爱国主义，并在第二次世界大战期间蓄须明志，深居简出，拒不演出，表现出崇高的民族气节。

在京剧艺术家中，出访最多和在国内接待外国艺术家来访最多的当属梅兰芳，外国人在他身上看到了中国京剧表演艺术的精髓和中国艺术家谦逊、朴实的优良品质，梅兰芳也因此享有广泛的国际声誉。梅兰芳一生排演过约 400 出大小剧目，有资料可查的常演剧目在 100 出以上。其中既有青衣戏，又有花衫戏，塑造了大量栩栩如生的温柔、刚烈、含蓄、高雅、华贵的中国女性。他的代表剧目是《贵妃醉酒》《霸王别姬》《穆桂英挂帅》等，先后培养、教授学生100多人。

【拓展阅读】

书法史上有一个专有名词“波磔”，用来形容隶书水平线条的飞扬律动，以及尾端笔势扬起出锋的美学。

汉代隶书不只确立了水平线条的重要性，也同时开始修饰、美化这一条水平线，形成“波磔”这一汉代视觉美学上独特的时代标志。

“波磔”如同中国建筑里的“飞檐”——建筑学者称为“凹曲屋面”。利用往上升起的斗拱，把屋宇尾端拉长并且起翘，如同鸟飞翔时张开的翅翼，形成东方建筑特有的飞檐美感。

写隶书的人都知道，水平“波磔”不是一根平板无变化、像用尺画出来的横线。隶书“波磔”运动时必须转笔使笔锋聚集，到达水平线中段，慢慢拱起，像极了建筑飞檐中央的拱起部分。然后笔锋下捺，越来越重，再慢慢挑起，仍然用转笔的方式使笔锋向右出锋，形成一个逐渐上扬的“雁尾”，也就是建筑飞檐尾端的檐牙高啄的“出锋”形式。

隶书的美，建立在“波磔”一根线条的悠扬流动，如同汉民族建筑以飞檐架构视觉最主要的美感印象。

《诗经》里有“作庙翼翼”的形容，巨大建筑有飞张的屋宇，如同鸟翼飞扬，美学的印象在文学描述里已经存在。

——蒋勋《汉字书法之美》

自我测试

1. 原始社会时期登峰造极之乐舞作品是（　　）。

2. 全民歌舞自娱风气盛行的汉代，出现了一种礼仪性的舞蹈，叫（　　）。

3. 楷书四大家分别是（　　）、（　　）、（　　）、（　　）。

4. 马踏匈奴是汉代名将（　　）的墓前石刻，他的陵墓陪葬于汉武帝的陵墓——（　　）旁边。

5. 著名的元曲四大家分别是（　　）、（　　）、（　　）、（　　）。

6. “五音六律”中的“六律”是指（　　）。

A. 阳律　　B. 阴律　　C. 音律　　D. 乐律

7. 京剧舞台的旦行角色中，通常饰演小家碧玉或丫鬟，性格天真烂漫、活泼俏皮的行当是（　　）。

A. 青衣　　B. 花旦　　C. 老旦　　D. 彩旦

8. 被誉为“天下第二行书”的是（　　）。

A. 兰亭序　　B. 寒食帖　　C. 祭侄文稿　　D. 伯远帖

9. 董其昌尊称（　　）为“文人画之祖”。

A. 谢灵运　　B. 陶渊明　　C. 王维　　D. 顾恺之

10. 在中国传统雕塑中，被誉为“东方彩塑艺术宝库”和“中国古代雕塑博物馆”的雕塑群指的是哪里？试用现代雕刻观念分析其存在的渊源。

参考答案

1.《大韶》　2. 以舞相属　3. 颜真卿　柳公权　欧阳询　赵孟頫　4. 霍去病　茂陵　5. 关汉卿　王实甫　马致远　白朴　6. A　7. B　8. C　9. C　10. 略

第十四章　形神兼备：中国传统文字与文学

生活中，我们几乎每时每刻都在以不同的形式通过不同的媒介使用文字来表达观点、传递情感。我们可以看到世界文明的变迁、中国的兴衰与荣辱、经济的发展、文化的进步、政治的开明、社会的变化，这一切都归功于文字的产生和演变。

中国传统文学以汉字为基础，不仅形象触发性强，容易把人带入想象的空间，而且其音韵和谐，富有音乐性。尤其是汉字一字一音节的特点，造就了律诗、散文、辞赋、词曲、小说等中国文学的独有样式。

中国传统文学带给我们强大的震撼，其中的各种文体是如何表露情感的？短短的文字背后又传承着什么样的精神和文化？文字发展至今经历了多少演变，文字发展的结构又是怎样的？这些都值得我们去探讨、去发现、去弘扬。

“写方块字，做中国人”，在方正的线条中体会汉字的特点，感受中国人的刚正，领略中国文化的博大精深。汉字创造了中国人类文明的开端，使中国传统文学得以长久留存，带给我们心灵的涤荡和震撼。文字和文学的相辅相成、相互促进，才让我们除了生活之外，还有诗和远方。

第一节　汉字构造法

汉字的历史非常悠久，关于汉字的发明，说法不一，其中流传最为广泛的是仓颉造字说。传说汉字的发明者是黄帝时代的史官仓颉，他观察天上的星星、地上的鸟兽等自然之物的形状得到启发，创造了文字。那么，汉字从产生到发展，其构造方法又是怎样的呢？

汉字属于表意体系的文字。在造字时，人们根据事物的意义来进行创造。因此，汉字的造字结构与字义有着紧密的联系。研究汉字的造字结构，便能更好地了解汉字的本义，这对我们掌握古汉语词义，了解华夏先民对宇宙、自然、人类社会等的认知方式具有很大帮助。

中国对汉字造字方法的研究由来已久。东汉时期，学者们总结出汉字的几种造字方法，其中，得到社会普遍认可的是东汉许慎《说文解字》中的“六书”说，即用“六书”来分析汉字的结构类型。“六书”包括象形、指事、会意、形声、转注、假借，实际上前四种才是造字法，后两种只能看作汉字的使用方式，即用字法。现代汉字多数是从古代汉字传承下来的，只有少部分新造字和一些简化字，因而了解古人分析汉字构造的方法还是很有用处的。

一、象形

《说文解字·叙》云：“象形者，画成其物，随体诘诎，日月是也。”意思是依照物体的轮廓，用弯曲的线条或笔画，具体勾画出物体的外形特征，这就是象形。而用象形法创造出来的字就是象形字，如“日”“月”等：

日：甲骨文　金文　大篆　小篆　隶书

月：甲骨文　金文　小篆　隶书

门：甲骨文　金文　小篆　隶书

这些象形字有的简单，只象事物的大致轮廓，有的复杂，类似于图画。象形字跟图画又有不同，象形字代表的是汉语中的语素，有特定的读音和意义，能跟其他字一起记录汉语。象形字一般分为独体象形和合体象形两大类。

1. 独体象形，是指字体中的线条笔画全部用来描绘所指事物的本体形状。如：

羊　　牛　　车

2. 合体象形，是指字体中的线条笔画，一部分用来描绘所指事物的本体形状，另一部分则用来描绘相关事物的形状。如：

瓜：

果：甲骨文　金文　小篆　楷书 果

象形字是古老的文字，来源于最初的图画文字，但图画性质减弱，象征性增强，是一种原始的造字方法。它象事物之形，便于理解字义；然而抽象的事物、复杂的事物如何想象、相近的事物又如何区别，象形字不能表现。所以，象形字在汉字中的总量并不多。

二、指事

《说文解字·叙》云："指事者，视而可识，察而见意，上下是也。"意思是看一下就可以知道它是什么，但要仔细观察后才能明白它的意义，比如"上""下"等字。它是用抽象的符号或者在象形字的基础上加提示性的符号来表示某个语素的造字方式，用这种方式造出的字就是指事字。指事字分为两类：一是使用象征性符号的指事字。如：

上：二（甲骨文）　二 上（金文）　丄 上（篆书）　上（隶书）

下：（甲骨文）　二 下（金文）　丅 下（篆书）　下（隶书）

再如，"一、二、三、四"，用纯粹的象征性符号。纯粹象征性符号指事字数量很少。

另一种指事字是在象形字上加提示性符号构成的。如：

甘：甲骨文　大篆　小篆　隶书 甘。在口内加一点，表示口中含有甘美的食物。

用点表示树木根部。如本：金文　大篆　小篆　隶书 本。

末：金文　大篆　小篆　隶书 末。用点表示树梢。

其他的像在人的两臂下面加点是"亦"（即"腋"的古字）；箭头下面画一条线，提示箭头落地，是"至"字，这类指事字的数量稍微多些。如：

亦：甲骨文　金文　大篆　小篆　隶书 亦。用两个点指出腋下位置。

指事与象形的主要区别是指事字含有比图画更抽象的东西，而不单单是事物形象的描摹，如"刃"字是在其锋利处加一点以作标识；"凶"字则是在陷阱处加上交叉符号。这些符号的标识，便是抽象部分。不过，总的来说，指事字的数量是少的，因为用抽象简单的符号表示或提示复杂的字义是十分困难的。

三、会意

《说文解字·叙》云："会意者，比类合谊，以见指抝，武信是也。"意思是把两个或两个以上的字合并在一起，并把它们的字义合起来，就会出现一个新义的指向。因此，会意字多为合体字。如：

武：甲骨文 金文 大篆 小篆 隶书 武，从戈从止。"止"是"趾"本字，戈下有脚，表示人拿着武器走，有"征伐"或"显示武力"的意思。

大多数会意字是由两个不同的字汇合而成，我们称之为"异文会意"。如：

休：甲骨文 金文 大篆 小篆 隶书 休，从人在木（指树）下，表示休息。

明：甲骨文 金文 大篆 小篆 隶书 明，从日从月。

涉：甲骨文 金文 大篆 小篆 隶书 涉，从水从步，甲骨文象两脚过河。

益：甲骨文 金文 大篆 小篆 隶书 益，从水皿，水从皿中流出，是"溢"的本字。

但有时会意字可以由两个相同的字汇合而成，由两个相同汉字汇合而成的会意字又可分同文会意和对文会意两类。同文会意是指构成会意字的两个或几个汉字不仅文字相同，而且文字的方向也相同。如：

从：甲骨文 金文 小篆 隶书 从，表示两人前后相随。

比：甲骨文 金文 大篆 小篆 隶书 比，表示两人接近并立。

林：甲骨文 金文 大篆 小篆 隶书 林，表示树木众多。

森：甲骨文 金文 小篆 隶书 森，表示多木状。

晶：甲骨文 大篆 小篆 隶书 晶，表示群星闪亮。

对文会意是指构成会意字的两个汉字相同，但文字的方向相反或相对。如：

北： 两人背向而立（古"背"字）。

步： 两止相对，一上一下或一前一后，表"步行"。

合字表义的造字方式也有局限性。首先，可以用来合字的象形字、指事字数量不多；其次，复杂的事物或抽象的事物依然难以表达。

合成会意字的原字在过去都是现成的字，随着字形的演变，有的不再单独成字，只能作为偏旁使用。由于会意字汇合了象形字和指事字成为新字，从而提高了造字的效率，会意字的数量远远大于象形字和指事字，不过会意字的数量还是远远小于形声字。

四、形声

《说文解字·叙》云："形声者，以事为名，取譬相成，江河是也。"由表字义类属的形旁（义符）和表读音的声旁（声符）组成新字的方法即为形声。用形声方法创造出来的字就是形声字。

所谓形声，就是一个表意成分跟一个表音成分合起来组成一个新字的造字方式，用这种方式造出来的字就是形声字。如“扪”字，“提手旁”表示字义的类属，“门”表示字音；“湖”字的“三点水”表示字义的类属，“胡”表示字音。

形声字的表意部分被称为“意符”，也叫“形符”“形旁”，如“扪”字的“扌”，“湖”字的“氵”，表示该字的意义类属范畴。形声字的表音部分被称作“音符”，也叫“声符”“声旁”，如以上二字的“门”“胡”，表示该形声字的读音。

形声字声旁和形旁的组合方式比较复杂，其中多数都容易辨别，也有少数较难区别。大体可以分为以下六类：

一是左形右声，如河、村、拍、绞、饭、访；

二是右形左声，如功、瓴、郊、政、鸦、顶；

三是上形下声，如管、露、芳、崖、霖、晨；

四是下形上声，如意、资、紫、烈、堡、娶；

五是内形外声，如闻、闷、辩、床、闵、庄；

六七外形内声，如廊、阑、逅、衷、座、阔。

由于形声字的音符跟所记录的语素的读音相联系，因而比没有表音成分的象形字、指事字、会意字有更大的优越性，同一个意符加上不同的音符就可以造出意义相关而读音不同的一批汉字，如：跟意符“氵”有关的字有江、河、湖、海、污、汛、池、汤、汲等；反过来，同一音符也可以加上不同的意符造出读音相同或相近的一组字，跟音符“曷”读音相同或相近的字有渴、喝、谒、遏等。由此可见，形声字造字法有很强的优越性，既表音又表意，兼得二者之妙，具有极高的能产性。甲骨文仅 20%的形声字，东汉许慎的《说文解字》中，形声字就占有 80%之多，现代汉字则占 90%以上。

形声字的大量出现也说明汉字字形有了表音化的趋势。不过，形声字的音符自身并不是音位或音素符号，音符还是利用了原来的象形字、指事字、会意字、形声字。所以，形声字音符的出现只说明汉字有了表音趋势和表音符号，并没有从根本上改变汉字表意的性质。

五、转注

《说文解字·叙》云：“转注者，建类一首，同意相受，考老是也。”意思是同一类的字有统一的部首，如果字义相同，则可互相注释，如“考”“老”就是这样。“考”“老”属同一部首，又都是“年老”的意思，所以《说文解字》说：“老，考也。”“考，老也。”因此，转注要满足两个条件：一是部首相同，二是字义相同。非此则构不成转注。类似的字如“民”和“氓”、“走”和“趋”、“舟”和“船”等。

转注字可以分为三类：

1. 在同一个部首内，意义联系密切的不同音、不同形的汉字。如：桥（水梁也）——梁（水桥也），踏（践也）——践（履也）——履（践也）。

2. 不同部首之间意义联系密切的字。如：问（讯也）——讯（问也），杀（戮也）——戮（杀也）。

上例两组转注字之间，字形和字音毫无联系，只有意义形成互训关系。

3. 同一个字，由于转注而产生新的义项。如《说文解字》云：“履，足所依也，从尸从彳从夂，舟象履形。一曰尸声。”朱骏声《说文通训定声》云：“此字本训践，转注为所以践之具也。”这是一个字通过“转注”产生出新的义项例子，即由动词的“履践”义生出名词的“履（鞋）”义。

六、假借

《说文解字·叙》云：“假借者，本无其字，依声托事，令、长是也。”意思是本来没有这个字，但也不创造新的字，而是借用同音或音近的字去表示，如“令、长”就是这样。因为古代一县之长为令。“令”本发号施令之义，“长”本年长、尊长之义。表示一县首脑的字没有，借用“令、长”二字来代用。这一类字，现多为代词或虚词。如“我”，甲骨文“我”，本为兵器，借指为第一人称代词，本义废。如“自”字甲骨文为，本义为“鼻子”，借用为代词、介词，后另造形声字“鼻”来表示人体器官“鼻子”。如“耳”，甲骨文为，本义为“耳朵”，借用为语气词，表语气完结，但本义不废，与借用义并行。

假借字通常分为两种：一种是本无其字，纯粹用原先存在的一个字表示另外一个新产生的意义，如“其”本指运土的工具，后作代词。第二种是本有其字。如“信”借作“申”，有申张、申明之义。假借字不仅扩大了字的使用范围，而且也是创造新字的桥梁。如：

道：本义是指“道路”的会意字，假借为道德的“道”。

它：本义是指“蛇”的象形字，假借为表动物的代词“它”。

来：甲骨文 金文 大篆 小篆 隶书 。本义是指“麦子”的象形字，假借为“到来”的“来”。

汉字构造“六书”对汉字教学大有裨益，因为掌握了汉字构造，就可以避免写错字（如“寇”与“冠”），帮助理解词义（如“爨”）。联系字形往往是寻求本义的最佳途径。

第二节　汉字书写形体的演变

汉字已有6000多年的历史，在漫长的历史长河中，汉字作为意音文字的本质没有发生变化，但形体却发生了变化，主要体现在字形和字体两个方面。字形的变化是指一个个汉字外形上的变化，由原来的多种多样趋于规范，逐渐简化；而字体的变化则是指文字在字形特点和书写风格上的总体变化。小篆以前的汉字为古文字，隶书以后的汉字为近代文字。古文字与近代文字最根本的差异，是由象形变得不象形，这是划分文字两大阶段的分水岭。许多时候，字形和字体变化交织在一起，相互影响，难以截然分别。

书写形体是一种态势，一种笔画与笔画、笔画与部分、部分与部分之间的结合方式。汉字将可听的语言转化为一种可视的符号载体，它在几千年的发展演变中形成并巩固了自己独特的形象。由笔画这个基本元素构成汉字，已形成了较为固定的方式和规律。从古至今，汉字形体发生了几次重大变化，传承下来的主要有8种，即甲骨文，商周金文，战国文字，秦代小篆，汉代隶书、草书，魏晋以后的楷书、行书。但是它们的变化过程是紧密联系、又逐渐过渡的，其中，隶书也是区别古今文字的重要分水岭。

一、甲骨文

甲骨文是刻在龟甲和兽骨上的文字。殷商时代，事事都要卜问吉凶，巫师把占卜的事件和结果刻在龟甲、兽骨上，便是后来所说的甲骨文。清朝末年，在商朝的首都殷墟（今河南安阳附近的小屯村），安阳农民耕地时发现了埋于地下3000多年的甲骨。1899年，学者王懿荣在这些甲骨、兽骨上发现有字，甲骨文才被发现。其后，考古学家组织殷墟发掘，陆续出土甲骨15万余片，已发现的汉字总数达5000多个，其中已被识读的约1700字。甲骨文是迄今为止中国所发现的最早的文字。

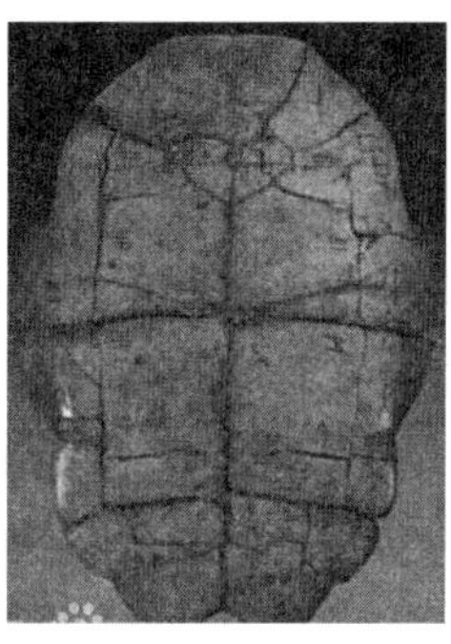
武丁占卜用的龟腹甲

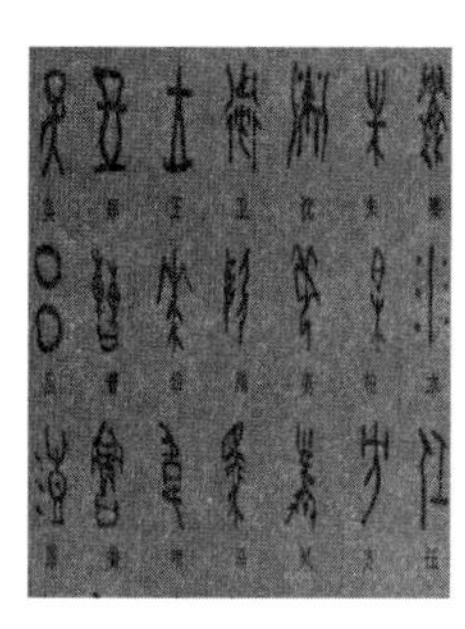
常见汉字之甲骨文形

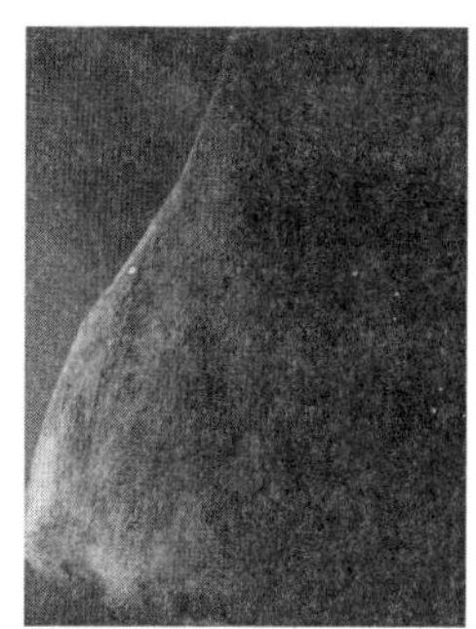
刻在肩胛骨上的甲骨文

甲骨文一般是用刀刻写的，因龟甲和兽骨质地坚硬，笔画细且直，有较多的图画痕迹，字形不固定，笔势大多方折，字形棱角分明，字的大小也不统一，笔画繁简不一，显得参差不齐，同一字往往有多种写法。但是，它的单字数量多，且已具备象形、指事、会意、形声等汉字的基本造字法。这表明甲骨文已是一种成熟的文字，甲骨文又称“殷契”“契文”“殷墟文字”等。从所记录的内容来看，主要是商代王室占卜的记录。尽管如此，甲骨文已经是相当发达的文字了，可以用来记录较为复杂的内容，有些字已经带表音成分，有了假借字。

中国汉字把甲骨文作为开始成熟的标志。甲骨文的盛行不仅反映了商代对汉字的管理成果，同时也反映了汉字在该时期的地位和社会对它的认可度。这就表明，甲骨文已经进入了汉字的成熟期。据载，当时使用的单字已达4600多个。如：

马　鱼　目　斤　足

甲骨主要涉及天文、气象、地理、职官、畜牧、宗教等方面。由于制作困难并受甲骨材料的限制，甲骨文的篇幅大多短小。甲骨文最初在使用中多为巩固统治阶级政权服务，主要是政府的公文，其语体是一种公文语体。简约性和程式化是甲骨文语言的重要特点。因此，甲骨文也并非殷商语言文字的全部。

二、金文

金文是铸刻在青铜器上的文字。商周时盛行青铜器，帝王及贵族常在青铜器上铸刻铭文，用以记功记事，这些器物连同上面的文字留传后世。古人把青铜称作“金”，把浇铸在或刻在青铜器上的文字称作“金文”。由于钟和鼎在各种铜器中占有比较重要的地位，

西周·毛公鼎

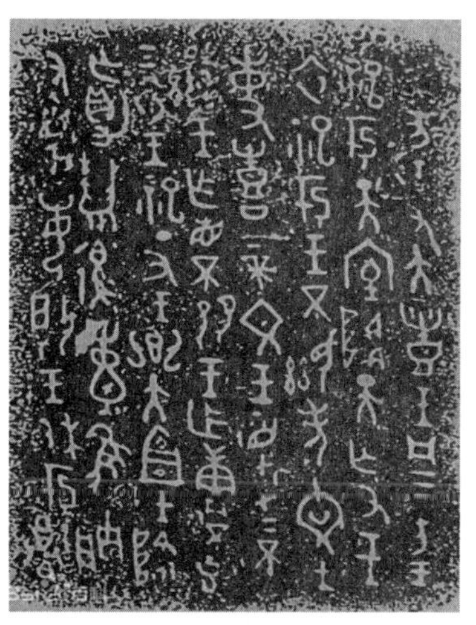
西周·天亡簋铭文

也有人称金文为“钟鼎文”，其文辞被称作“铭文”。商周青铜器虽历经沧桑毁损不少，但保留下来的也很多，宋代以来出土的就有10000件以上，上面有4000多个单字，现在已被识读的有1000多个，其中商代青铜器上的文字较少，西周的文字较多。金文的笔画丰满粗肥，其字形早期与甲骨文相似，后期图画痕迹降低，符号化程度有了提高。

在结构和行款上，金文更趋于整齐、匀称、方正，图画特征减少，文字的符号性增强，但异体字依然较多，形声字明显多于甲骨文，是一种更为成熟的形体。

三、篆书

篆书有大篆和小篆之分，大篆又有广义和狭义之分。广义的大篆指先秦时期的所有文字，包括甲骨文、金文、籀文以及春秋战国时代通行于六国的其他文字。狭义的大篆专指春秋战国时期秦国的文字，一般以籀文和石鼓文为代表。籀文传说是《史籀篇》里的字，石鼓文因刻在鼓形石上而得名。

大篆，又称“籀文”，是西周末至春秋战国间的文字。相传周宣王时的太史籀编了一部儿童识字书，后人称作《史籀篇》，称其字体为“籀文”，或“大篆”。《史籀篇》早已失传，今天能见到的只是东汉许慎《说文解字》书中收入的200多字。隋朝年间，陕西凤翔县出土10块镌有文字的石头，上面刻有10首四言诗，其文字与大篆相近，称之为“石鼓文”。石鼓文至今尚能辨认300多字，学者们认为是春秋时代秦国的石刻文字。

秦石刻文字《诅楚文》

因为篆书采用的是凿刻的方法，在石头表面点击而成，因此可以避免刀具或者铸造的“书写”限制，基本反映了当时实际使用的汉字，具有笔画粗细均匀一致、大小接近方形、形体相对统一、结构工整、上下结构和左右结构混用的异体字得到统一等形体特点。现存大篆字样数量不多。

大篆直接脱胎于金文，尚有较浓的金文痕迹，但笔画更趋均匀，字形更趋整齐。小篆是秦统一六国后国家规定的文字，由大篆发展而来，小篆的形体固定，一个字一般只有一种写法，字体的偏旁及字体的各个部分不能随意更改，是汉字历史上第一次规范字体。李斯、赵高、胡毋敬等人编写《仓颉篇》《爰历篇》《博学篇》，用标准的小篆抄写，成为文字的范本。《说文解字》中收有9300多个小篆字。小篆虽然有很大进步，但转折的地方都要写成弧形，书写不太方便，至汉代已不通行，只有用小篆字刻印章的习惯沿用至今，成为一门艺术。如：

羊　月　雨　水　车

小篆是秦始皇统一六国后采用的标准字体，跟统一之前的秦国文字之间并不存在明显的界线。小篆的字体，以泰山刻石为代表，与石鼓文非常接近。从字形上看，小篆比大篆更加简化，结构上更加匀称、整齐，线条粗细一致且略带弧形，笔势舒展流畅，形体长圆，大小一致，字的偏旁及组合方式完全固定下来，减少了异体字，字形进一步趋于定型化。

小篆是汉字历史上第一次规范化的字体，小篆的诞生标志着汉字的统一，对汉字的规范化和符号化起到了重要作用。

四、隶书

隶书分为秦隶和汉隶。秦王朝以小篆为标准字体，同时还通行隶书。隶书是下级人员（徒隶）用于日常书写的辅助字体，隶书来源于篆书的草率写法，即俗体，所以，隶书与篆书有很长一段共存时期。

秦隶发展到汉朝更加趋于简单易写，从而形成汉隶。汉隶是汉代通行的正式字体，又叫“今隶”，相对的秦隶又称为“古隶”。

隶书在汉字发展史上占据重要地位，是古汉字演变为现代汉字的分水岭。隶书变古汉字的曲线线条为方折，变弧形为直线，变汉字为扁方形字体。隶书改变了小篆的笔势，用点、横、竖、撇、捺等笔画转写篆书圆转勾连的线条，文字学将这种变化称为“隶变”。隶变改造了小篆的偏旁，使汉字进一步变为纯粹符号性质的文字，大大降低了汉字的繁难程度，奠定了楷书的基础。

五、楷书

楷书，又称“真书”“正书”，“楷”就是法式、规范的意思，一般认为楷书始于东汉末年，魏晋以后开始流行，是汉字的标准字体。楷书是从隶书演变而来的，它一方面继承了隶书结构匀称、明晰等优点，同时也取消了隶书的波磔笔法，笔画更加平直显化，字形方正，也更加简化，易于书写。楷书使汉字完全变为由笔画组成的方块形符号。

六、草书

草书萌芽于东汉时期，包括章草、今草、狂草三种。广义的草书，指写得潦草一些的字体，篆、隶、楷书都有相应的草体。正式得名“草书”的字体是指汉代以后形成的一种字体。

章草是与汉隶相对应的一种字体，起于秦末汉初，因是用于奏章的一种草体，故称“章草”，一说流行于汉章帝时代，故名。章草仍保留了隶书的法式和风格，横画仍然上挑，左右波磔分明。但章草解散了隶体，笔画可以相连，更趋于简便。不过，章草整体书写，字和字之间仍然分开。总之，写章草，横竖要古朴如隶书，而笔画连绵处则旋转如今草。

今草是从楷书变化出来的，它一字内点画相连，一气呵成；字和字之间往往牵连不断，书写更加简易快速，但不易辨识。

唐代以后出现狂草，狂草往往混同偏旁，任意连写，变化多端，往往极难辨认，只能作为书法艺术看待，实用价值不大。

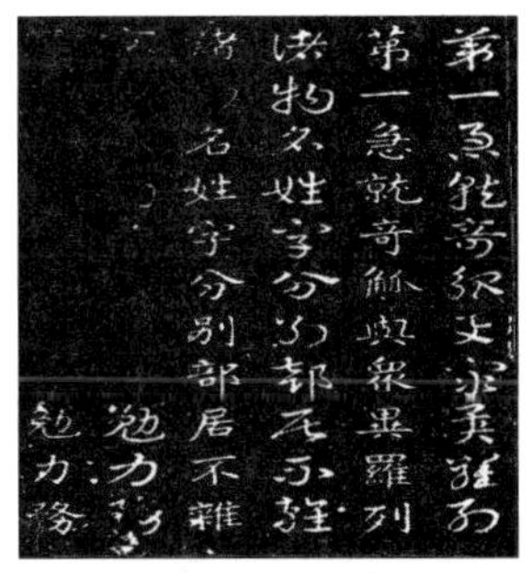

王羲之的草书

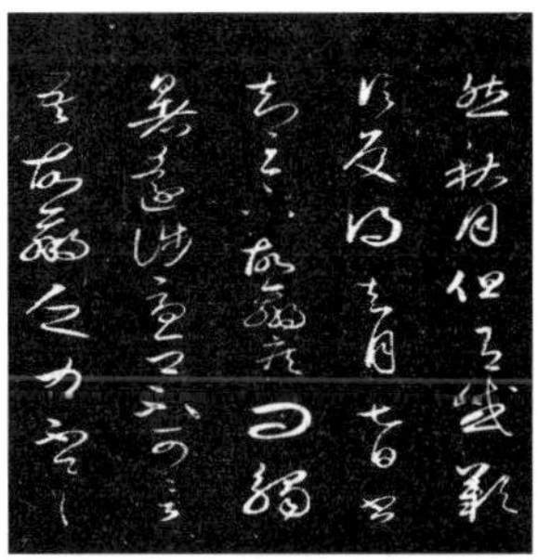

草书《皇象书》

七、行书

行书是大约在东汉末年以后今草和楷书盛行时出现的一种字体，介于今草和楷书之间，可以看作楷书的草化或草书的楷化。行书近于楷书而不拘谨，近于今草而不放纵，笔画虽连绵但各字独立，清晰易认。

由于行书兼有楷书和草书的优点，字体清晰易认而书写速度快，实用性强，很受欢迎，因而行书长期流行。一般人手写汉字多用行书，行书长期以来成为楷书的主要辅助字体，其实用价值不在楷书之下。

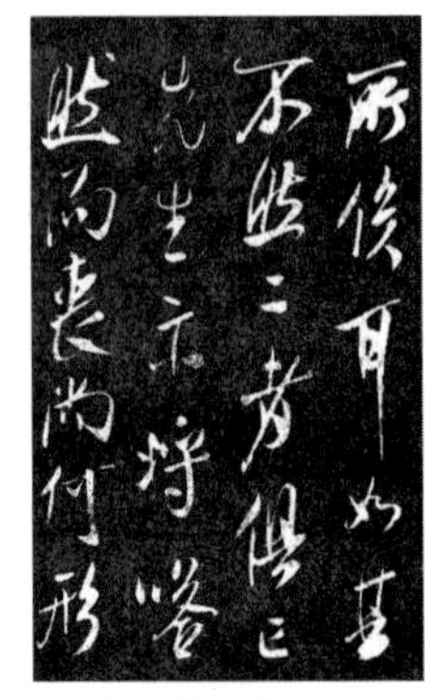

米芾行书

籀文的形状多为长方形，线条多圆转弯曲，给文字的使用带来了诸多不便，接连产生了隶书、草书、楷书、行书。至楷书，汉字形体基本固定下来，以后的变化也多为结构部分的细小变化。自汉代隶书至今，是汉字的稳定时期，也是其终结期。作为书法来讲，在简化字颁布之前，虽有某些撰写的改变，但字的形态和结构一直保持着稳定性。

万物的形态是多样化的，历代文字学家根据汉字使用方便（易识、易读、易写）和形态审美的需要，逐步将汉字的形体进行了整理、归纳和固定。也就是说，汉字基本形态为方形。基本的方形主要包括正方形、长方形、扁方形几种形式。

根据这个原理，可以认为：每一个汉字都是由以上各种不同形态的笔画、部分和单字交叉组合而成。例如：汉，由两个长方形部分组成；字，由一个扁方形“宀”和一个正方形“子”组成的长方形；二，是由两个扁方形笔画组成的扁方形。举一反三，可用此方法分析每一个汉字。

不同的笔画组成了汉字，其实质是线条，所以说线条是构成汉字的基本元素。汉字自产生以来，形体不断地演变，在历史上出现过甲骨文、金文、小篆、隶书和楷书等字体。汉字字体的每一次变革，其实都是一次简化，新字体总比旧字体容易写。

第三节　传统文学的成就

如果说中国文化是一棵有着千年历史的古树，那么中国传统文学就应该是这棵古树上最重要的分支，既发展了自己，又丰富了中国文化体系。从先秦至清末，中国传统文学取得了十分辉煌的成就，形成了每个时期富有特色的文学样式。例如先秦诗歌、散文、汉赋、唐诗、宋词、元曲、明清小说等都积累了大量的文学作品，既前后相继，又一脉相承，生动地展现了中国文化的源远流长和精神内涵，是中国文化体系中最重要、最具影响力的组成部分。

一、神话

神话是文学创作的源头，它记载了上古时期的先民对自然和社会的认识。中国的上古神话主要见于《山海经》《庄子》《淮南子》等书，它们是古人对口头流传的神话加以记录、整理或创新的结果。

中国上古神话按其内容可以分成创世神话和英雄神话两大类。“盘古开天地”和“女娲造人”是两个创世神话的代表。盘古开天地的神话传说认为，很久很久以前，宇宙处于混沌黑暗的球状体之中，是盘古挥动巨斧把球状体分开，才有了天和地。盘古死后，他的身躯化作了高山、田野，血液化作了河流，眼睛成了太阳、月亮，毛发成了数不清的星星。“女娲造人”的神话则认为，人类是由一个名叫女娲的女神用泥土制造的。女娲开始造人时，是将泥土捏成人形，后用草绳沾了泥浆甩，泥点落下，就成了一个个活蹦乱跳的人。这两个神话展现了远古先民对宇宙和人类起源的想象和认识。

“羿射九日”“夸父逐日”和“精卫填海”等是中国古代英雄神话的代表。“羿射九日”中，传说上古时期，天上有10个太阳，它们由10个乌鸦驮着每天轮流出现。但是某一年，10个太阳突然一起出现，造成了天下大旱，庄稼、动物和人类都无法生存。此时，神箭手羿勇敢地射下了9个太阳，拯救了人类。“夸父逐日”中的夸父是一个形体高大的巨人，他与太阳竞跑，一路上喝干了黄河和渭河的水，还不解渴，于是去北方的大湖饮水，未至大湖，口渴而死。死后，手中的拄杖化作一片桃林。在“精卫填海”中，炎帝的女儿去东海游泳，溺水身亡，死后化作一只叫精卫的小鸟，天天衔着木石去填浩瀚的东海。此类神话反映了远古先民与大自然的抗争，表现了人类战胜困难的勇气和毅力。

中国古代神话在文学史上是积极浪漫主义的源头，其新奇的幻想和神奇的夸张，对后世文学的发展产生了巨大的影响。

二、诗歌

在中国文学史上，诗歌占了十分重要的位置。中国古代诗歌始于先秦，盛于唐宋，至明清时形式更加多样，如“词”“曲”等。我们知道，诗歌是在劳作中表达情感，缓解疲劳或协调力量而产生的，因此，我们不难发现早期诗歌在当时都是以歌唱的形式流传下来。诗歌在发展过程中内容丰富、文辞优美，不仅反映现实生活，而且还给人带来无穷无尽的艺术享受和美学价值。先秦的《诗经》《楚辞》，汉魏六朝的乐府诗和文人诗以及唐诗、宋词、元曲，都是传统诗歌的组成部分。

中国先秦时代的诗歌以《诗经》和《楚辞》为代表。《诗经》是中国最早的诗歌总集，大约编成于公元前6世纪，它收集了西周初年到春秋中叶约500年间的诗歌创作，共305篇。《诗经》的作品原本是以合乐的形式歌唱的，因此，按乐调不同分成“风”“雅”“颂”三部分。“风”又叫《国风》，是从当时的15个诸侯国采集而来的民间歌谣；“雅”是指周王朝直接控制地区的乐调，多为贵族文人的作品；“颂”是宗庙祭祀时唱的颂歌。《诗经》一般运用赋、比、兴三种艺术表现手法。“赋”是直接铺陈和描写客观事物；“比”指的是以客观事物来比喻诗人的思想感情；“兴”是指用声音、意义等类比关系引发诗歌内容。《诗经》的形式采用四言体，句式整齐，富有音乐性和韵律感。《诗经》的内容真实而深刻地反映了当时的社会现实，是中国传统文学中现实主义文学创作的起点，对后世影响深远。

《楚辞》产生于公元前4世纪的楚国，深受南方自然环境和文化风格的影响，极具地域特色。《楚辞》的句式长短不一、灵活自由，其作品感情奔放、想象力丰富、辞藻华美，极具浪漫主义色彩。爱国诗人屈原是《楚辞》的主要作者，其代表作有《离骚》《九歌》《九章》等。其中《离骚》是中国古代最长的抒情诗。屈原之后的楚辞作者还有宋玉、贾谊等人。由于《诗经》以《国风》的影响最大，《楚辞》以《离骚》的影响最大，因此人们把《诗经》和《楚辞》合称为“风骚”，它们构成了中国诗歌发展史上现实主义和浪漫主义的两大源头。

汉魏六朝的诗歌代表是乐府诗和文人诗。乐府负责采集民歌，编制乐章，整理外来乐曲，后来把乐府搜集来的歌词统称为“乐府诗”，后人又把魏晋六朝及至隋唐时代可以入乐的诗歌和模仿乐府古题的作品称为“乐府诗”。汉魏乐府“感于哀乐，缘事而发”，极具现实主义精神，叙事性比《诗经》更强。汉魏乐府深刻地揭露了当时的社会矛盾和下层民众的生活。代表篇章有《十五从军行》《战城南》《东门行》《陌上桑》《孔雀东南飞》等。《孔雀东南飞》是汉乐府民歌中最长的一篇，也是中国古代最长的长篇叙事诗，全诗完整地叙述了一个封建因家长专制而产生的爱情悲剧。《木兰辞》也是一首长篇叙事诗，诗中塑造的女扮男装、替父从军的女英雄花木兰，成为中国文学中世代相传的巾帼英雄。汉魏六朝乐府民歌的叙事特色，改变了《诗经》和《楚辞》以抒情为主的风格，扩大了诗歌创作的领域。乐府民歌的形式比较自由，有三言、四言、五言、六言及杂言，其灵活的句式与叙事的要求相适应。东汉后，乐府民歌中的五言诗渐渐增多，其中《古诗十九首》最为著名，其借景抒情，语言凝练，交替使用“赋”“比”“兴”手法，具有很高的艺术造诣。汉末建安年间，面对战乱的社会现实，以“三曹”（曹操、曹丕、曹植）和“建安七子”（孔融、陈琳、王粲、徐干、阮瑀、应玚、刘桢）为代表的诗人，关切民生，在作品中抒发忧国治世理想和愿望，其雄健深沉、慷慨悲凉的艺术风格，文学史上称之为“建安风骨”。魏晋南北朝时，陶渊明以率真自然的笔法描绘田园风光和生活，成为诗歌史上“田园诗派”的开创者，其代表作有《归去来兮辞》《归园田居》《饮酒》《咏荆轲》《桃花源诗》。南朝刘宋的谢灵运纵情山水，通过诗歌艺术挖掘山水风光之美，开创了诗歌史上的“山水诗派”。这一时期，沈约、谢朓等人还研究了汉语四声的规律，创造出一种讲究声律和对仗的新诗体，因其流行于南齐永明年间，人称“永明体”。所以，南北朝时期被认为是我国诗歌发展的重大转变时期。

至唐朝，唐诗成为中国诗歌史上最为辉煌的篇章。唐诗的作品和作者之多超越以往各代，据清代编纂的《全唐诗》及后人对唐诗所作的补遗统计，目前留存的唐诗约有 53000 首，作者约 3500 人。唐诗不仅数量多，而且在体例上有很大发展，出现了从“永明体”发展而来的“格律诗”，主要有五言、七言两种句式和律诗、绝句两种类型，常见的有五律、七律、五绝、七绝四种格式。自此，格律诗成为古典诗歌的主要形式。

唐代诗歌的发展有初唐、盛唐、中唐、晚唐四个阶段。“初唐四杰”是初唐代表。盛唐是唐诗最为辉煌的时代，出现了以高适、岑参为代表的“边塞诗派”和以王维、孟浩然为代表的“田园诗派”。前者描写边疆的大漠风光，表达边关将士从军报国的英雄气概；后者以清新秀丽的语言描绘优美的山水和宁静的田园生活。

代表盛唐诗歌最高成就的是中国诗坛的两大“巨星”李白和杜甫。李白一生大部分时间生活在唐朝最强盛的时期，他游历了大半个中国，写下 1000 多首诗作。李白的诗歌气势宏大、想象丰富、感情奔放，具有强烈的浪漫主义色彩，后人把他誉作“诗仙”。杜甫生活在唐朝由盛转衰的时期，他亲历安史之乱的社会动乱，对社会的黑暗、百姓的痛苦有真切的感受。杜甫一生写有 1400 多首诗，这些诗真实地反映了当时的历史面貌，具有强烈的现实主义精神，被后人称作“诗史”。杜甫的诗语言精练、感情深沉、意境悲壮，充满忧国忧民的意识和儒家的仁爱思想，后人把他誉作“诗圣”。

中唐的诗歌继盛唐之后继续繁荣，名家辈出，其中最有名的是白居易。白居易一生创作 3600 多首诗，他的诗继承杜甫正视现实、抨击黑暗的传统，具有强烈的现实主义精神。白居易诗歌的另一特点是通俗易懂，据说他写完诗后，常常先念给不识字的老妇人听，然后不断修改，直到她们听懂为止。因此，他的诗在民间很受欢迎。

中国古典诗歌发展至唐代，已完成了全部形式的创造。唐代以后，诗歌朝词、曲方向进一步发展。词又叫“长短句”，是一种按格式填写，便于歌唱的新体诗歌。词在唐代已产生，但真正繁盛是在宋代。宋词作家作品众多，《全宋词》及有关补遗收录1400多家2万余首作品。这些作品按风格不同，可分成婉约派和豪放派两大流派。婉约派以写男女爱情为主，柳永是影响最大的婉约派词人，他的词在社会上流传很广，即“凡有井水饮处，即能歌柳词”。女词人李清照旧时亦归入婉约派词人，她的前期作品描写少女、少妇的闺阁情怀，缠绵委婉；然而，后期经受战争和颠沛流离的生活之后，词风趋于深沉苍郁。豪放派词人的代表有苏轼和辛弃疾。苏轼是豪放派词的创始者，他把词的内容由写男女爱情扩展到咏史怀古、说理议政、记游抒情等领域，使词摆脱了阴柔婉约的风格，展现了阳刚豪放的色彩。辛弃疾继承发扬苏轼的豪放词风，把爱国主义主题融入词的创作，进一步扩大了词的题材，开拓了词的意境。

曲是和词不同的另一种新体诗歌。曲的产生可追溯至金代，在元代走向繁盛，因此后人称其为“元曲”。元曲包括散曲和杂剧。散曲是一种可配乐歌唱的诗体。元代散曲作家有名可考的有200多人，其中关汉卿、马致远、白朴、郑光祖被后人称作“元曲四大家”。杂剧融合歌曲、舞蹈、说白等多项艺术，是文学与表演艺术的结合体，应当归入戏曲的行列。

三、散文

我国古代散文早在先秦时期就已得到了充分的发展，在中国传统文学宝库中，散文有着自身的特点。古代散文大致分为古文和骈文两大类，古文的概念是唐代韩愈提出的，指先秦两汉就已存在的散文文体；骈文是南北朝流行的一种讲究对偶、排比、音律的散文文体。

散文早在先秦时代就已出现，商周时代的典籍《尚书》是散文最早的源头。先秦散文按内容可分为历史散文与诸子散文两种。《左传》《国语》《战国策》等都是历史散文，其共同点是叙事。《左传》是古代叙事文学的杰出典范，突破了《春秋》提要式的叙事格局，对所述事件有详尽描写，“郑伯克段于鄢”这一事件《春秋》中仅6个字，《左传》则写了600余字。《左传》擅于刻画人物，全书共出现3000多个人物，将不少人物的性格特征刻画得惟妙惟肖。先秦的诸子散文是以论理为主旨，主要作品有《论语》《孟子》《庄子》《荀子》《韩非子》等。诸子散文的表现形式随时代的推移不断进步，《论语》是语录体的散文；《孟子》《庄子》由语录体开始向对话体、论辩体过渡；到了《荀子》《韩非子》，已发展成为专题性的论理散文。

汉代散文最有特色的是政论文和史传散文。汉代政论文是先秦专题性论理散文的发展，有不少名篇佳作。西汉贾谊的《过秦论》和晁错的《论贵粟疏》是两篇出色的政论文。前者分析了秦王朝覆灭的教训；后者建议朝廷采取重农抑商的政策，以安定民生。两篇文章结构严谨，说理精辟，是古代政论文的传世之作。汉代的史传散文继承先秦历史散文的传统，亦取得巨大成就，其代表是《史记》和《汉书》。《史记》是一部史学名著，但有极高的文学价值，它以人物传记为纲，用生动的文笔塑造了众多具有鲜明个性的人物形象，是中国传记文学的开山之作。《汉书》秉承《史记》的风格，也是一部富有传记文学特色的史学名著。

汉语的对偶、排比能使句子显得对称工整，增强句子的音乐美和节奏感。对偶、排比作为一种修辞手法，在先秦两汉散文中已经存在，但是后来，人们刻意追求文章的对偶、排比，终于形成一种新的文体——骈文。骈文形成于两晋时期，南北朝取代旧有的散文体，出现骈文一统天下的局面。骈文讲究语言的华丽工巧，用骈文写成的文章不乏精美之作。但在骈文过于雕琢的文风影响下，许多作家因强调文章的形式美而忽略了文章的内容。

骈文的流行形成了创作中的形式主义，引起有识之士的不满。中唐时期，韩愈、柳宗元等文学家发起了“古文运动”，倡导恢复先秦两汉的散文传统。他们反对在文章中堆砌华丽的辞藻，反对言之无物，提出文章应流利生动，明了易懂；他们还提出“文以载道”的口号，提倡文章为政治和现实服务。在“古文运动”的影响下，唐宋两朝出现了很多著名的散文家，其中韩愈、柳宗元、苏轼、苏洵、苏辙、王安石、曾巩、欧阳修被后人称作“唐宋八大家”。他们的散文涉及政论、传记、寓言、游记等多方面，不仅在当时，而且对后世都产生了巨大的影响。

唐宋“古文运动”结束了骈文独霸文坛的局面，但骈文在元、明、清三代仍然存在，然而，唐宋文学家提倡的文体最终成为散文的主流。

四、小说

中国古代的传统文学观念把诗歌和散文视作正统，而把小说和戏曲看成“旁门左道”。在这一思想的影响下，古代小说的产生和发展比较迟滞。中国最早的小说是魏晋南北朝时期的志怪小说和和志人小说。在唐代传奇小说、宋元话本小说的基础上，到明清时期，中国小说才进入兴盛时代，取得了令世人瞩目的成就。

魏晋南北朝的志怪小说记述神异鬼怪的故事，志人小说记载士人的言行轶事。此时的小说情节简单，语言也很简朴，尚未脱离杂记的表现形式，只能算小说的雏形。流传至今的志怪小说的代表有干宝的《搜神记》，志人小说则以刘义庆的《世说新语》最为有名。

志怪小说和志人小说都是用文言写成的短篇小说，此类文言短篇发展至唐代，故事情节和人物描写渐趋丰富，艺术性有了很大提高，被称为“传奇”。唐传奇的出现，意味着“小说”已成为一种独立的文体。唐传奇的内容比较广泛，有写志怪的，写爱情的，写侠义的，也有写历史故事的。其中有些名篇，如《柳毅传》《莺莺传》《枕中记》《长恨歌传》等对后世的小说和戏曲创作影响很大。

宋元时期，市民阶层兴起，迎合市民艺术情趣的新的小说形式——话本产生。话本用白话书写，是当时表演“说话”（讲故事）的艺人的讲稿。话本内容主要有“小说”和“讲史”两类，前者多以婚姻爱情、断狱公案等作题材；后者关涉历史。其中“讲史”类的话本对后世的长篇小说影响极大。

明清是古代小说创作的繁盛阶段，涌现出100多部长篇小说和大量的短篇小说，有不少成就卓著、影响巨大的作品。明代的长篇白话小说《三国演义》《水浒传》《西游记》《金瓶梅》被称为“四大奇书”。《三国演义》是取材于东汉末年和三国时期群雄逐鹿的历史写成的历史演义小说；《水浒传》描写北宋末年以宋江为首的梁山农民起义，是英雄传奇小说；《西游记》是以唐僧西天取经为背景的神怪小说；《金瓶梅》是描写世俗风情的市井家庭小说。清代著名的长篇白话小说有《儒林外史》和《红楼梦》。《儒林外史》是讽刺小说，深刻揭露了科举制度下儒林人士的丑态陋行，鞭笞了被制度扭曲的灵魂；《红楼梦》是一部具有深刻历史内涵和社会批判意义的爱情小说，以一个封建大家庭的盛衰变迁，揭露了社会对人性的束缚和摧残。《红楼梦》的内容涉及传统文化的方方面面，被称作“封建时代的百科全书”。

明清的短篇小说也有很大的成就。明代最著名的短篇小说集有《警世通言》《醒世恒言》《喻世明言》和《初刻拍案惊奇》《二刻拍案惊奇》（称“三言二拍”）。“三言二拍”涉及明代的社会生活，反映了市民阶层的生活情趣。清代的文言短篇小说集《聊斋志异》非常著名，该书通过对众多狐仙鬼怪的奇异描写，深刻地揭露了社会的丑恶，歌颂了人间的真情。

明清是中国古典小说的鼎盛时期，出现了白话、文言、长篇、短篇各种形式的小说全面发展的格局。明清小说的艺术成就也极高，其所塑造的数以百计的人物形象已成为中国文学的艺术典型，深深地镌刻在文学的殿堂。因此，小说成为明清最有特色的代表性文学样式。

五、戏曲

戏曲是表演艺术，但戏曲表演离不开剧本，因此，戏曲和文学有着难解之缘。中国的古代戏曲经历了唐代的参军戏、宋代的杂剧和南戏、元代的杂剧、明清的传奇等许多阶段，各个阶段有自己特色的戏曲文学。戏曲在封建时代原本不受文人的重视，因此，保存至今的早期戏曲资料很少，据周密《武林旧事》记载，宋代的杂剧有 280 本，但是只有剧目而没有剧本传下来。流传至今最早的剧本是保存在明朝《永乐大典》中的《张协状元》等三种宋元南戏剧本。此外，还有元末明初流行的“四大南戏”（《荆钗记》《白兔记》《杀狗记》《拜月记》）和元代南戏最优秀的作品《琵琶记》。

元朝时期，北方的元杂剧和南方的南戏并存。元杂剧也称“元曲”，历史上出现的剧目有 700 多种，其中关汉卿的《窦娥冤》和王实甫的《西厢记》最为有名。《窦娥冤》是一部悲剧，描写的是一个名叫窦娥的女子遭恶人陷害，反被官府冤判而杀害。临死前，窦娥发下三桩誓愿：血溅白练、六月飞雪、大旱三年。后来，三桩誓愿一一实现。《西厢记》是从唐代的传奇小说《莺莺传》改编而来的，讲述张生和莺莺一对情人曲折的爱情故事。

明清时期的戏曲形式称“传奇”，已知明清传奇的剧本约有 2600 种，其内容十分广泛，涉及历史、神话、政治、宗教、家庭、伦理等各个方面。明代的汤显祖是继关汉卿之后又一位不朽的大剧作家，著有《紫箫记》《紫钗记》《牡丹亭》《南柯记》《邯郸记》等著名的传奇，他生活的年代与英国的莎士比亚恰好同时，被誉为“中国 16 世纪的莎士比亚”。

清代著名的剧作家有洪昇和孔尚任。洪昇的作品《长生殿》描写唐玄宗和杨贵妃的爱情故事，孔尚任的作品《桃花扇》写南明王朝文人侯方域和歌妓李香君的爱情故事。两部戏剧都写爱情，都有历史事件作为背景衬托，这种将时代巨变和个人命运相结合的视角，取得了很好的艺术效果。

文学是文化中最生动的组成部分。文学以形象的语言向人们传递丰富的文化信息，使之成为了解文化内情的最佳窗口。例如，宋朝时期，禅宗与理学的思想对士大夫产生了深刻影响，要了解这种影响，最好的材料不是禅宗语录和理学的讲章，而是宋诗。因此，了解传统文学的文化特征不仅有助于理解文学作品，更是理解中国文化精髓的需要。

概括而言，中国传统文学的文化特征主要有：一是关注现实；二是文以载道；三是中和之美。传统文学的“中和之美”追求平衡与和谐的意境，它是中国人平和、宽容、偏重理性的文化性格在文学中的真实体现。

【拓展阅读】

汉字是汉族的“自源”文字，既非“借意”文字，也非“借形”文字。自源创造要经过原始阶段才能达到古典阶段。甲骨文是相当成熟的文字，还可以看出些微原始形态。参看纳西族的东巴文，可以想象汉字更早时期的状况。参看云南、四川和贵州的彝文，可以想象汉字在“书同文”之前的文字异形情形。

文字在长期使用中成为民族图腾是通常现象。汉字也成为汉族和汉文化的图腾。不少民族一再更改文字，因为他们的文化是借入的。汉族有自己的文化，引进佛教知识补偿汉文化之不足，没有废除固有的汉文化，所以能长期保持传统的汉字。“文字跟着宗教走”的规律，在汉族不适用。

——周有光《汉字和文化问题》

在文字定义问题上，语言文字学者分狭义和广义两派。狭义派认为文字是记录语言的符号。广义派大致认为，人们用来传递信息的，表示一定意义的图画和符号，都可以称为文字。我们觉得这种分歧只是使用术语的不同，很难说这里面有什么绝对的是非。我们是狭义派，因为在传统的汉语文献里，历来是用“文字”这个词称呼记录语言的符号的，采取狭义派的立场，讲起话来比较方便。

文字的产生是需要一定的社会条件的。在社会产生和社会关系还没有发展到使人们感到必须用记录语言的办法来记录或传递信息之前，他们只可能直接用图画来代表事物，而不会想到用他们来记录事物的名称——语言里的词。通常要到阶级社会形成前夕，文字才有可能出现。

——裘锡圭《文字学概要》（修订本）

自我测试

1.《说文解字》的“六书”是象形、（　　）、会意、形声、（　　）、转注。

2. 汉字形体演变分为以下几个阶段：从甲骨文、金文到（　　），到（　　），再到楷书。

3. 中国古代神话主要集中在《　　》和《淮南子》两部书中。

4.《诗经》的主要表现手法是（　　）、（　　）、（　　）。

5. 孔尚任《桃花扇》中的主人公是（　　）、（　　）。

6. 汉字是一种(　　)。

A. 象形文字　　B. 表意文字　　C. 表音文字　　D. 意音文字

7. 下列各组汉字中，象形字、指事字、会意字、形声字都有的一组是（　　）。

A. 牛 鸟 林 河　　B. 旦 末 刃 莫　　C. 辨 本 鱼 信　　D. 武 逐 步 日

8. 开创我国田园诗新领域的诗人是(　　)。

A. 陶渊明　　B. 谢灵运　　C. 王维　　D. 孟浩然

9. 写出下列各字最早的古文字字形，并根据字形解释其本义。

保、行、莫、北、来、州、戎、止、那、它。

10. 中国的小说在宋朝以后才得到较快发展，其中有什么文化原因？

参考答案

1. 指事　假借　2. 篆书　隶书　3. 山海经　4. 赋　比　兴　5. 侯方域　李香君　6. D　7. B　8. A　9. 略　10. 略

第十五章　强身健体：中国传统体育运动

作为中国生命文化的突出代表——传统体育，源远流长，种类繁多，形式多样，独具特色，是中华民族奉献给全人类的一块瑰宝。

中国的球类活动有着悠久的历史和丰富的种类。有的曾经风靡一时，现已消亡，有的则至今仍蓬勃发展。中国武术融技击、修身、思辨、审美为一体，纷繁浩瀚，博大精深，具有鲜明的中华民族文化特色。以少林拳为代表的外家拳法，刚猛迅捷；以太极拳为代表的内家拳法，柔和缠绵。中国传统棋类游戏具有益智性特点，种类很多，其中最有代表的是围棋和象棋。围棋和象棋与中国易经、道家、佛家、兵家思想有着极深的渊源关系，既是一种体育竞技活动，也是一种智力游戏，是中国古代劳动人民智慧的结晶。

数千年的农业社会生活方式促进了中国民俗体育的发展，如踏青、放风筝、赛龙舟、踢毽子、扭秧歌、舞龙、舞狮、跺高跷、登高等，这些活动往往与相应的节令联系在一起，是季节性节日庆祝活动的重要组成部分。

第一节　中国传统体育运动特点

中国传统体育源远流长，独具特色，是中华民族贡献给人类的一块瑰宝。追溯中国传统体育运动发展的源头，我们可以发现，有的萌芽于原始社会人类与大自然斗争的生产活动，有的转化于原始宗教舞蹈，有的诞生于部落之间的争战，有的来源于原始的医疗活动。在漫长的历史长河中，中国传统体育不断融合、创新、发展，有的体育项目曾经风行一时，现已消失；有的则深深扎根在中华大地，历尽沧桑而不衰，形成了独具东方特色的体育文化，为世界体育的发展做出了重要的贡献。

一、中国传统体育的类别

从时间上来说，中国传统体育是指从体育活动的出现到18世纪末西方现代体育传入中国为止的这一期间的体育；从内容上来说，则是指在中国历史上产生并发展的传统体育活动形式。它包括华夏民族的传统体育形式，还涵盖在历史上民族交往过程中，少数民族以及其他国家的传统体育形式传入我国并发展起来的体育活动。归纳起来，中国传统体育分为五种：

（一）从生产实践活动和军事战斗技能中转化出来的运动项目

这类运动项目具体包括射箭、田径、举重、马术等运动形式，以及水上与冰雪运动项目。

在古代，射箭既是一项体育运动，也是一项军事技能，还是一种礼仪活动。射箭可谓中国传统体育项目的鼻祖，在2.8万多年前就已出现，在周代被列为“六艺”之一。中国传统体育史上没有“田径”一说，古代田径运动的发展主要来自军队的跑、跳、投掷等训练。马术活动包括赛马、马戏等，也是军队训练的重要内容。游泳与跳水是南方各国水上兵士训练的重要内容，在南方比较普及；冰雪运动是北方少数民族擅长的运动，明熹宗五年（1625年）正月，女真族首领努尔哈赤曾在太子河上举行过一次盛大的冰上运动会，项目包括冰球、花样滑冰等。

从生产实践、战斗技能中转化出来的体育运动项目，充分体现了中国传统体育以增强自身体格体能、娱乐为主的体育精神，被赋予了游戏、竞技、健身和教育的文化内涵，对我国及世界体育的诸多项目有着深刻影响。

（二）具有技击和保健特色的项目

这类项目具体包括武术、角力、摔跤与养生活动。

武术包括三个方面：器械、拳术和器械演练。武术器械在商周时期已经得到很大的发展；拳术最早在周朝已经出现萌芽，在民间比较普及；器械演练是为适应“近战决胜负”之需要而发展起来的，统称为“十八般武艺”。

摔跤基本上是沿着角力、角抵发展而来的，最早起源于古代北方的“蚩尤戏”，在北方少数民族中较为多见，明清时称“摔跤”。摔跤不仅是民间体育项目，而且是一种练兵的方式。

与武术相关的还有古代的养生术。保健养生被称为“中华武术之魂”，也可以说是中国整个传统体育的基础。保健养生在古代主要分三大部分：导引术、行气术和按摩术。导引、行气最早的资料见于长沙马王堆汉墓。按摩术与导引、行气相配套。可以说，行气、导引和按摩是现代保健养生的重要基础。

（三）具有娱乐特色的球类运动

中国古代的球类运动比较丰富，主要有蹴鞠（足球）、击鞠（马球）、捶丸（高尔夫球）、木射（保龄球），以及掌旋球、步打球、板球、曲棍球等其他球戏。其中影响最大的是蹴鞠、马球和捶丸。蹴鞠是中国古代的足球，在战国时期就已经在民间普及。马球运动起源于何时尚有争议，但在汉代马球就已经存在，唐代曾经风行一时，到了清代消亡。捶丸出现在宋徽宗时期，在元明时期大盛。捶丸与现代的高尔夫颇为类似。

（四）具有益智特点的棋类游戏

围棋，在春秋战国时期就流传，魏晋南北朝时，已有十九道的棋盘，并设立了“棋品制”。隋唐时期，十九道的围棋基本定型，围棋普及。到了明清，围棋的发展主要表现在流派增多，棋谱也更为多样化。清代末年，围棋水平下降，直到20世纪80年代，中国围棋才又崛起。

中国象棋，一般认为起源于兵家，最早称为“象戏”。发展到了唐代，其形制有了很大的变化，北宋时期，象棋基本上定型，无论棋制上还是棋子上，都基本上与现代没有大的差异。

在棋类中，还有一种叫“六博棋”，在春秋战国时期就出现。六博棋主要包括棋局、棋子、鱼、箸、博筹等，它是掷采行棋的一种方式。汉代以后，六博棋逐渐转化为一种赌博的形式，隋唐以后逐渐消亡。

（五）具有地域和民俗体育运动

这类运动具体包括春游、放风筝、荡秋千、赛龙舟、拔河、秧歌、舞龙、舞狮和众多的儿童体育游戏。这些民俗体育活动，多数依据民俗节令的变化，带有季节的规律性。因是一种例定性的活动，带有休闲娱乐性质，在民间比较普及。

二、中国传统体育的特点

如果说古代希腊和罗马的体育是具有典型竞技色彩的奴隶社会体育，那么中国传统体育是具有典型健身特点的封建社会体育。中国传统体育运动有以下主要特点：

一是娱乐性。中国传统体育有很强的娱乐性，这是其最突出的一个特点。在漫长的封建社会中，中国长期受儒、道、佛文化影响，缺乏公平竞争的社会环境，因此，中国传统体育并不太注重竞技性，甚至不刻意追求超乎自然常态和令人叹为观止的体格与体能，而是注重自家的切身体会，注重体育的娱乐性，可以说，中国传统体育的发展过程是一个竞争性逐渐减弱、娱乐性逐渐增强的过程。这一特点虽然使古代中国难以出现类似古希腊奥林匹克运动会那样大规模的竞技体育现象，但却使中国传统体育更接近体育的本质和真正精神，并促进了体育的多样化发展，产生了千姿百态的体育形式。

二是季节性。古代中国是一个农业国家，农业生产有着严格的季节性，因此古代的中国体育也表现出比较鲜明的季节性。人们往往依据民俗节令进行有规律的体育活动，如端阳节赛龙舟，重阳节登高，清明节前后打秋千、踏青、蹴鞠、放风筝等，具有明显的季节性和规律性。

三是地域性。中国疆域辽阔，且在经济上以农业为主，人们对土地的依附性很强，自给自足的小农经济把人们的活动范围限制在不同的地域。气候环境的差异、文化背景的不同，使中国传统体育形成了很强的地域性特点，南方水网纵横，水上运动比较普及；北方冬季寒冷，千里冰封，万里雪飘，冰雪活动比较兴盛；山区宜登高，平原好走马。在中国古代，不同的地方有不同的体育形式。

四是哲理性。中国传统体育与传统的哲学思想结合紧密，这是中国传统体育与古希腊、古罗马的体育很重要的一个区别。中国传统体育大量地引入如“阴阳五行”“八卦”“气”等传统哲学思想，用来解释、指导体育实践，形成了中国独特的体育理论，这在武术中表现得最为充分。在这种体育理论的指导下，中国传统体育锻炼既注重人体外部的肢体活动，又注重身体内部机能的锻炼。可以说，这种内外合一、形神兼备的整体锻炼法，是中国传统体育的一个突出特点。

五是道德性。传统体育非常强调体育活动中道德品质的培养，几乎在所有的体育活动中，如射箭、蹴鞠、捶丸、武术等都提出了道德方面的要求。如蹴鞠中尊师重道、谦虚友爱的仪德；武术中不畏强暴、不欺弱逞强的武德，仍然值得继承和发扬。

第二节　中国古代球类运动

球是体育活动的一个重要工具，几乎在所有的古文明中都有球类活动的记载。中国很早就出现了球类游戏。种类比较丰富，有蹴鞠、击鞠、捶丸、木射、掌旋球、板球、曲棍球等。其中影响较大的蹴鞠、击鞠和捶丸等。

一、最早的足球——蹴鞠

足球运动是一项影响巨大、最受人们欢迎的体育运动项目，素有“世界第一运动”的美誉。足球运动最早源于我国古代的一种球类游戏——蹴鞠。1958 年，国际足联主席阿维兰热来中国时曾表示："足球起源于中国。"2004年初，国际足联确认足球最早起源于中国古代的蹴鞠。2006年6月，蹴鞠被列入首批"国家非物质文化遗产名录"。

蹴鞠亦作"蹵鞠""蹋鞠""鞞鞠""蹴鞠"，是指以脚蹴、蹋、踢皮球的活动，类似今日的踢足球。

（一）蹴鞠的源流

关于蹴鞠的起源，汉代学者刘向、刘歆父子均认为起源于4600年前的黄帝时代。刘向在《别录》中说："蹵（通"蹴"）鞠，黄帝作，盖因娱戏以练武士。"刘向认为，黄帝作蹴鞠的目的是寓军训于娱乐，锻炼士兵。因无文字记录，后世文人也多认同这一口口相传的说法，黄帝的故都新郑也就成为蹴鞠起源地。2011年3月，在新郑市黄帝故里景区，立起了一块蹴鞠石碑，以纪念"黄帝授卒蹴鞠，以练武知有才，创现代足球之原型"。

早在战国时期，汉族民间就流行娱乐性的蹴鞠游戏，《史记》和《战国策》都有记载。《史记·苏秦列传》记载：齐宣王时期，在齐国临淄城，足球活动十分盛行，"其民无不吹竽，鼓瑟，击筑，弹琴，斗鸡，走犬，六博，蹴鞠者"。到了战国末年，蹴鞠流行更广，不仅成为一种娱乐活动，还是训练士兵、考察兵将体格的一种方式。

汉代蹴鞠堪称我国古代蹴鞠史上的第一次高峰。受汉高祖刘邦的影响，蹴鞠在整个汉代都非常流行，不仅是一项体育活动，也是一种练兵之法。

宋代出现了蹴鞠组织与蹴鞠艺人。宫廷中建有足球队，在朝廷举办的各种盛会上，往往有足球队出场表演。南宋出现了专门的蹴鞠组织——"齐云社"，又称"圆社"，专门负责蹴鞠活动的比赛组织和宣传推广。齐云社类似于今天的足球俱乐部；可以说，它是世界上最早的足球俱乐部。2009年，曼联足球队赴杭州参加比赛，朱炳仁将介绍"齐云社"的纪念册赠送给曼联，曼联队员说："这是世界上最优秀的现代足球俱乐部和世界上最早的古代足球俱乐部之间的一次奇妙碰撞。"

清代开始流行冰上蹴鞠，但同时，这项活动也开始衰落。但从蹴鞠的发展历史来看，蹴鞠是中国古代流传久远、影响较大的一朵体育奇葩，是足球的最早起源。

（二）蹴鞠的影响

西汉时期的项处是第一个有记载的球迷，因不听医生的叮嘱，坚持外出踢球，结果劳累过度，呕血身亡。唐人康骈的《剧谈录》记载："有三鬟女子，方年十七八……值军中少年蹴鞠，接而送之，直高数丈。"

《宋太祖蹴鞠图》

历史上喜欢蹴鞠的皇帝与大臣亦不乏其人。唐僖宗喜欢以蹴鞠、斗鸡为乐，自称若以蹴鞠取士，准能中状元。宋太祖赵匡胤就是个球迷。元代画家钱选所临苏汉臣之《宋太祖蹴鞠图》，表现的就是宋太祖和大臣们一起蹴鞠的情景。北宋宣和时的李邦彦也是极喜好蹴鞠的一位宰相，他曾自称"赏尽天下花，踢尽天下球，做尽天下官"，因而被时人称为"浪子宰相"。

一些蹴鞠艺人因善于踢球而得到君主赏识，如三国时的孔桂、宋代的高俅。宋人刘邠的《中山诗话》也记载了一个因踢球而扬名的人——柳三复。柳三复是个秀才，因踢得一脚好球而得到宰相丁谓的赏识，谋得一官半职。

纵观中国几千年的蹴鞠发展演变历史，我们不仅可以看到蹴鞠的丰富内容，也可以看到中国文化由刚健趋向文雅、由力量发展为技艺、由竞争演化为表演的演变脉络。

二、马上的高尔夫——击鞠

马球是继蹴鞠兴起后出现的又一个风行于中国古代社会的体育项目，古时称为“击鞠”。在欧美地区，马球只在王室和高端人群中流行，可以说是真正的“贵族运动”，但在中国古代，却是普天同享的体育活动。

唐章怀太子墓中的《马球图》

（一）马球的源流

马球的起源，目前尚无定论。一说是唐朝时由波斯传来的，一说由吐蕃传入中原的，也有认为是中国自己创造发明的。

“击鞠”一词最早出现于曹植的《名都篇》：“连骑击鞠壤，巧捷烓万端。”唐朝是马球的黄金时代。马球与古代骑兵的发展有直接的关系，它不仅是一项娱乐活动，也是一种训练骑兵骑术的方式。唐代大力发展骑兵，组建了快速机动灵活的轻骑兵，打马球可有效提高轻骑兵的骑术，从而成为重要的军训手段。唐玄宗曾专门颁诏，将马球列入军队训练的科目，马球运动由此风行起来。

唐代的马球场一般在大殿前铺设，三面有矮墙环护。球场的长度在1000步左右（约合1300米），表面十分平整，“平望若砥，下看犹镜”。球场上搭有油布帐篷，配有特制的大型蜡烛，以便风雨天和晚上打球比赛。

唐代马球的球棍也很讲究。球杆也叫“鞠杖”，是木制的，杖柄也有用藤做的。球杆下端呈偃月状，外部包有牛皮，杆上有各种彩色花纹的装饰。

唐代马球比赛分为单、双球门两种比赛方法，单球门是在一个木板墙下部开一尺大小的小洞，洞后结有网囊，以击球入网囊的多少决定胜负。打双球门的赛法与现代的马球相似，以击过对方的球门为胜。

到了宋朝，马球已是一项高度程式化的活动，宋太宗曾下令制订打马球的详细规则。马球场设在大明殿前，球场东、西两侧分置球门，并设有守门员。宫中乐队在两廊设有鼓乐，双方球门旗下，还各有五面战鼓。比赛分左、右两队进行，左队衣黄襕，右队衣紫襕，马尾都要打结。在鼓乐声中，由皇帝开球，然后命令诸王大臣驰马争击。

尽管宋代将马球列为军礼活动，但它已没有唐朝时的隆盛。实际上唐以后，马球运动就逐渐走向衰落，到明朝中期基本消亡。

当马球在中原地区逐渐衰落的时候，在崇尚骑射的北方少数民族中却广为普及。辽国、金国每年重五（五月初五）、中元（七月十五）和重九（九月初九）都要举行隆重的拜天仪式。祭礼之后即举行射柳和马球比赛。辽史、金史都有许多帝王、大臣观看马球比赛或者亲自打球的记载。

（二）马球的特点与影响

马球由练兵打仗发展而来，有很强的对抗性，是一项重视配合与控制的运动，所以，比赛往往十分激烈，颇受人们的喜爱。张建封有首诗赞美马球技术：“俯身仰击复傍击，难于古人左右射。齐观百步透短门，谁羡养由遥破的。”（《酬韩校书愈打球歌》）说的是马上持杖击球，比马上开弓还要难，在百步内击球入门，与古时养由基的“百步穿杨”有异曲同工之妙。

唐代马球的风行，带动了两种新型体育运动——驴鞠和步打球的诞生。驴，体型较小，跑得也慢，骑驴打球相对温和，比较适合女性，这种骑驴打球的运动就叫“驴鞠”。驴鞠深受妇女们的喜爱，一直流行到宋代。步打球，又称“步打”“步击”，除了不骑马之外，运动方式与马球运动大体相似，是拿球杆徒步打球的游戏。步打球在唐朝比较流行，每年寒食节，宫中的“献球”活动就包括步打球。唐代贞观年间，步打球还与音乐舞蹈相结合，产生了唐宋时期一种名为“打球乐”的舞曲，后来唐玄宗将之改编为《羯鼓曲》。唐末，步打球传到了我国达斡尔族和少数民族地区，也传到了日本。

三、中国的高尔夫——捶丸

在一片绿茵之上，蓝天白云之下，没有都市的喧嚣和嘈杂，人们一边欣赏着大自然的美景，一边挥杆击球，一边交流，动作舒缓平和，举止优雅高贵，这就是当今世界上非常流行的体育运动——高尔夫球。高尔夫球因长期在欧美宫廷贵族和上层社会中流行，而且球场地设备昂贵，故有“贵族运动”之称。

《明宣宗宫中行乐图》中的捶丸运动场景

高尔夫球运动的起源一直是个谜，西方的体育史家有的认为起源于苏格兰，有的认为起源于荷兰。可是在公元前两三百年前，在中国就曾流行过类似于高尔夫球运动的球戏，中国称之为“捶丸”。

（一）捶丸的源流

捶者，打也；丸者，球也，捶丸是我国古代一种以球杆打球的体育运动。捶丸形成于北宋时期，而其发展、兴盛则是在元、明时代。

捶丸的出现与盛行于唐代的球类活动有密切的关系，可以说，捶丸是由蹴鞠、马球、驴鞠、步打球一步步演变而来的。唐代的步打球曾风靡全国，影响很大。到了宋代，步打球仍然流行，但在形制和规则上有了新的变化：取消了球门，改用球穴。竞赛形式也由唐代的“以球进入对方球门为胜”变为“以球入穴为胜”，由对抗性竞赛逐渐演变为非对抗性比赛。这种新型的球类活动被称之为“捶丸”。

到了元代，捶丸成为一种非常成熟的体育项目，无论是宫廷还是民间，都非常盛行。现存于山西省洪洞县广胜寺水神庙的元代捶丸壁画，就真实、形象地反映了元代民间捶丸活动的情形。元代还出现了一部专门论述捶丸的著作《丸经》，这部专著系统叙述了捶丸的发展历史，介绍了捶丸的场地、器具、竞赛规则以及各种不同的击法和战术，还特别强调了捶丸运动要遵守的道德准则，是一份不可多得的珍贵资料。

在明代，捶丸主要在都市中流行。明万历年间，周履靖重刻《丸经》，附跋中说“予壮游都邑间，好事者多好捶丸”。创作于明代的《明宣宗宫中行乐图》《捶丸仕女图》说明捶丸作为一种高雅的体育娱乐活动，盛行于皇族及士大夫之间。

明王朝覆灭后，捶丸和蹴鞠、马球一样，在清代逐渐消亡。

（二）捶丸的特点与影响

捶丸最显著的特点是场上设球穴，以杖击球，即如《丸经·集序》所说“视土燥湿坚坌而安基，择地平峻凹凸以制胜，拽肘运杖，击构收窝”。其具体特点表现在以下三方面：

1. 场地

捶丸的场地，多设在野外。《丸经·因地章》云：“地形有平者、有凸者、有凹者、有峻者、有仰者、有阻者、有妨者、有迎者、有里者、有外者。”也就是说，捶丸游戏的场地一般是有地形变化、凹凸不平的空旷场地。

捶丸的场上设有“窝”和“基”，“窝”即小洞，窝边插不同颜色的彩旗，以表示窝与窝的区别。“基”就是画定的击球点。基，大小、长宽不超过一尺。球基和球窝的距离，远的可以相隔五六十步，近的至少宽于一丈。

总而言之，捶丸的场地有平地、湖泊，也有小丘、斜坡，比较接近自然的环境，与现代高尔夫球场基本相似。

2. 器具

捶丸的器具主要包括杖、丸。杖，俗称“棒”，有撺棒、杓棒、朴棒、单手、鹰嘴等不同类型，以供不同条件下使用。根据棒数多寡，棒可分为全副、中副、小副三种：全副为10根，中副为8根，小副在8根以下。“如击得球好，亦须得好棒”，因此棒的制作非常讲究，必须取秋冬之际的木材，并用牛筋、牛胶加固。柄用刚坚厚实的南方大竹制作。捶丸的球，叫“丸”，要选用赘木，因为赘木纤维绞结紧密，轻重适宜，久击不坏。

3. 规则

捶丸比赛既可分组，也可不分组，各自为战。根据参加人数的多寡，又分为大会、中会、小会、一朋、单对等。9~10人为大会，7~8人为中会，5~6人为小会，3~4人为一朋，2人为单对。

比赛前先领筹。捶丸时，每人三棒，头棒需先安基再击球，之后每棒要以“上一个落球处”为新的起点。三棒将球击入窝中才能赢一筹，所赢筹由输家给。根据筹之多少可分为大筹（20）、中筹（15），小筹（10），比赛以先得以上各数为胜。

此外，捶丸还有一系列惩罚规定，如不许换球、不准重捶、不准加土或做坑阻拦别人球的行进、不准妨碍他人击球、不准随便移动球的位置、比赛中不准换球棒等，如违犯则判输筹。

此外，捶丸还有各种复杂的击法，如用撺棒立着打、用勺棒蹲着打、用扑棒既站着打也可蹲着打。击球的手法很多，有击、挑、拨、推、砍、兜、刮、舀、扫、碾等。

总之，宋元时期的捶丸活动，无论从比赛规则到挥杆要领，从球棒的制造到场地如何保养，其专业与精致的程度丝毫不亚于现代的高尔夫球运动。

（三）捶丸和高尔夫球的比较

比较捶丸和高尔夫球，两者有着高度的相似性。

首先，从形制上看，捶丸球杖同高尔夫球杖有着惊人的相似。

其次，从技术上看，捶丸和高尔夫球运动有三大共同特征：第一，两者都有球洞，而且赛场球洞差异并不大。《明宣宗宫中行乐图》中有10个洞，高尔夫球则设9或18个洞。第二，两者都用球杖击球，球杖的使用基本相同。第三，场地选择极为相似。捶丸场地要求以地形有凸、有凹、有峻、有仰、有阻、有妨、有迎、有里、有外、有平的园林为球场，而高尔夫球场也要求有平坦的地形、凹凸粗糙不平地段和沙地、洼地、水沟等障碍物。

第三节 养生体育

人的生命是世界上最奇妙的事物之一。如何将人的机体调整到一种最佳状态，并且长时间地保持这种状态，是人类从诞生的那一刻起就面临的一个古老课题。中国传统养生体育为中华民族探索这一课题提交了一份天才答卷，为整个人类文化做出了重要贡献。

一、古代养生体育的产生

在中国古代，很早就有追求健康长寿的思想，夏商时期就对长寿和健康有了朴素的认识。《尚书·洪范》列出“福”和“祸”的标准，认为人有“五福”：“一曰寿，二曰富，三曰康宁，四曰攸好德，五曰考终命。”人还有“六极”（六个穷极恶事）：“一曰凶短折，二曰疾，三曰忧，四曰贫，五曰恶，六曰弱。”可见，健康长寿成了当时人们评判幸福的重要标志，这种追求健康长寿的观念是后来的养生思想产生的重要动因。

养生体育最初由舞蹈发展而来。史载，尧帝时代，发明了一种叫“大舞”的舞蹈，用来排泄心中的烦闷，治疗关节肿胀。《黄帝内经》也指出，可以用导引和按摩来治疗中原地区因潮湿和劳动不足导致的疾病。

夏、商、周时期，中国出现了养生思想的雏形，其代表人物是彭祖。春秋战国时期到两汉，医学与哲学结合，形成了中国独特的中医理论，养生术也在中医理论的指导下迅速发展，形成了三大养生方式：一个是导引术，一个是行气术，还有一个按摩术。导引术强调以动健身，行气术强调以静养生，按摩术往往与导引、行气相配套。可以说，行气、导引和按摩是现代保健养生的重要基础。

二、古代养生体育的理论基础

中国古代没有“体育”或“运动”概念，对生命、健康和保健的知识，都属于“养生”或“修养”（修身养性）的范畴。古人认为，人保持与天地人之间的和谐一致，是保持人体健康的基本前提。各种养生体育的思想、方法和有关的知识，大体上都建立在这个理论基础之上。可以说，古代养生体育理论，与古代哲学、医学有着不可分割的姻缘关系，概括起来，主要有以下几种：

（一）整体观

中国古代养生学认为人与自然环境、人的机体与精神是一个整体，即所谓“天人合一”与“形神合一”。“天人合一”，即人与自然是一整体，自然界的变化必然引起人体相应的变化，人与自然必须遵循同一运行规律，否则就会自取灭亡。“形神合一”，即指人体自身也是一个有机的整体，人体所有的脏腑、器官、孔窍及皮肉筋骨等都是相互联系、相互影响的，脏腑功能失常可以通过经络而反映于体表，而体表组织器官的病变亦可以通过经络而影响脏腑。

（二）气一元论

气一元论认为“气”是构成宇宙万物最基本的物质形态，是世界的本元。世间万事万物均在于一气之变化，物的产生是气之聚，物的灭亡则是气之散。气也是组成人体和维持生命活动的基本物质。与生俱来的气是“先天之气”，即“元气”；出生以后，通过饮食呼吸获得的维持生命活动的气是“后天之气”。元气是人生命的根本，元气充盈就意味着健康、长寿。但是一个人自脱离了母体后，他与生俱来的元气就开始了逐渐衰退的自然过程，这就必须用后天之气来不断补充。养生的目的在于保养精气，使体内之气平衡协调。

（三）阴阳五行学说

阴阳学说认为，人是自然界的一个组成部分，由阴、阳两大类物质构成，阴、阳二气相互对立又相互依存，并时刻都在运动与变化之中。在正常生理状态下，两者处于一种动态的平衡之中，一旦这种动态平衡受到破坏，即呈现为病理状态。在纠正阴阳失衡时，不能孤立静止地看问题，要多从动态的角度出发，即强调“恒动观”。五行学说认为，宇宙本原之气分化成木、火、土、金、水五种基本物质，这五种物质又是不断运动变化的。人体也有木、火、土、金、水五大系统，它们存在生、克、乘、侮等交互作用。养生锻炼的目标在于协调阴阳，使躯体内环境趋于平衡，并顺应外部阴阳环境的变化，保持人与天地之间的平衡。

（四）经络学说

中国古代经络学说认为，人体除了脏腑外，还有许多经络，其中主要有十二经络及奇经八脉。每一经络又各与内在脏腑相联属，人体通过这些经络把内外各部组织器官联系起来，构成一个整体。体外之邪可以循经络内传到脏腑，脏腑病变亦可循经络反映到体表，不同经络的病变可引发不同的症状。通过宁神调息、气沉丹田、活动舒缓等养生活动，可以达到强身健体、延年益寿的功效。

（五）精气神学说

精气神学说是养生学中的重要理论。精，是构成人体和维持人体生命活动的基本物质，它可以促进生长发育，并具有滋养和生殖作用；气，是构成人体的基本物质，人必须在气的推动下才能活动。当气的运动失衡时，就会引发疾病；神，是人的一切生命活动的主宰者，在生命之初就生成。神的物质基础是精。精、气、神乃人之三宝，精可化气，气可化精，精气生神，精气养神，而神则统驭精与气。三者互相关联，任何一个的失调都会影响其他二者，只有当三者和谐稳定时，人才能保持健康。

（六）性命学说

性，指人的精神、意识活动的基础或本原；命，指人体机能活动的基础或本原。性与命二者相辅相成，共同构成了人体的生命，故“性命”又可理解为生命。研究性、命及性命相互关系的学说，称为“性命学说”。养生体育就是通过修性（注重精神的炼养）、修命（注重气的炼养）或性命双修（神气并重，身心兼练），达到强身健体、延年益寿的目的。

三、古代养生体育的类别

中国古代养生体育在长期的发展，形成了三大系统：一是强调以“动”为主的导引术，即以肢体活动为主，配合呼吸运动和自我按摩养生；二是强调以“静”为主的行气术，即通过控制意念和呼吸运动养生治病。三是按摩术，即用手按摩皮肤肌肉，促进血液循环、调整神经功能和人体机制的被动养生方法。在此重点介绍导引术和行气术。

（一）导引术

导引是中国独具特色的医疗保健操和养生术，是养生方法的集中体现。狭义的导引一般指“屈伸执法”“俯仰之术”，是人的肢体活动；广义的导引除肢体活动外，还包括呼吸吐纳和自我按摩。

1. 导引术的发展

早期的导引术势，主要是模仿各种动物的动作，具有鲜明的仿生特点。《庄子·刻意》曾有描述："吹呴呼吸，吐故纳新，熊经鸟申，为寿而已矣。此道引（导引）之士，养形之人，彭祖寿考者之所好也。"即利用呼吸吐纳的方法，把体内的废物排出去，将外界的新鲜气体吸进来，模仿熊在树枝上悬垂，鸟在空中飞翔中伸足的动作。这都是为了长寿的缘故。春秋战国时期，导引成为一种流行的养生方法，其内容包括呼吸运动和肢体运动。

秦汉三国时期，引导养生术日趋规范，产生了《淮南子》的养生观和桓谭、王充的养生观，导引已成为一种专门学问，在西汉已有专著出现。长沙马王堆西汉墓出土的《导引图》，便体现当时导引术的发展水平。

马王堆《导引图》的一个术势只是针对一种疾病的单势导引，而东汉末年的华佗从提高人的整体机能水平出发，模仿虎、鹿、熊、猿、鸟五种动物的形态编了一套自我保健的导引套路——五禽戏，把治病防病、强身健体融为一体，开拓了导引套路化的方向，是导引发展史上的一次重大变革。

两晋南北朝时期，受玄学、道教和佛教的影响，养生走上神秘的道路。在养生方法上，偏重精神修养或服"神丹妙药"，鄙视身体活动。代表人物有嵇康、葛洪、陶弘景与颜之推等。

隋唐时期，随着医学的发展，各种流派的养生术逐渐汇集。隋朝巢元方的医书《诸病源候论》列有 260 多条气功养生法，唐代医学家王焘的《外台秘要》记载的导引方法竟然多达 300 种。一些著名的养生家如孙思邈、司马承祯等人，撰写了不少养生专著，自成一家之言。

唐以后，随着科学文化特别是医学的高度发展，导引逐渐从医学中独立出来，朝着预防疾病、健身保健、修身养性、益寿延年的方向发展。宋代出现了精炼成套、简便易学的导引术，促进了导引术在社会上普及推广。宋代有影响的导引术有三种：一是宋初陈抟创编的"十二月坐功"，共 24 个术势，按照一年中 24 个节气进行练习；二是道士蒲虔贯创编的"小劳术"，是以按摩为主的健身法；三是至今仍然广为流传的"八段锦"。

从宋代开始，特别是明清两代，人们对古代养生资料进行整理、分析，出现了一系列著作，如明代高濂的《遵生八笺》、冷谦的《修龄要旨》、龚廷贤的《寿世保元》、胡文焕的《寿养丛书》、罗洪先的《万寿仙书》和清代的《寿世传真》《内功图说》等。导引逐渐把肢体运动、按摩和行气结合在一起，到明代产生了"易筋经十二势"。

易筋经是内外锻炼结合的导引术，它的发展导致了后来风靡世界的太极拳的诞生。太极拳将内功与武术完美地结合在一起，既有导引的特点，又有气功的效果，还保持并增强了武术技击的功能。可以说，太极拳是中国古代养生术几千年发展的结晶。

2. 导引术的主要功法

导引术的发展形成了一系列的导引养生功法，影响较大的有：马王堆导引术、五禽戏、八段锦、易筋经等。

（1）马王堆导引术。

1973 年，在长沙马王堆西汉墓中发掘出了帛画《导引图》。该图画上共有 44 个导引动作，全是彩色工笔绘成。身体运动可分为肢体运动、呼吸运动和器械运动三种类型。各个动作之间缺乏联系，只是单势动作，没有组成套路。从每个导引术势旁边所注的文字来看，大多数的动作都是为治疗特定的疾病而设计的。

（2）五禽戏。

五禽戏是东汉末年著名医学家华佗模仿虎、鹿、熊、猿、鸟五种动物的神态创编的一套自我保健套路。在做五禽戏时，练习者一会儿像虎一样的蓄势欲扑，一会儿模仿鹿的奔驰反顾，还有熊的倒卧翻滚，猿的攀枝自悬和鸟的展翅欲飞。动作有刚有柔，有疾有徐，全身上下都要参与运动，具有良好的锻炼效果。

五禽戏把治病防病、强身健体和养生融为一体，注重整体机能水平的提高，是我国古代最有影响的导引术。

（3）八段锦。

八段锦是由多种导引术和行气术综合而成的养生套路。八段锦从北宋末年开始在民间流传，并在流传中不断完善，至清末逐渐定型。八段锦动作简单，而且有便于记忆的套路歌诀：

两手托天理三焦，左右开弓似射雕，调理脾胃须单举，五劳七伤往后瞧，摇头摆尾去心火，背后七颠百病消，攒拳怒目增气力，两手攀足固肾腰。

八段锦只有八节连贯的动作，但与行气结合在一起，对身体的锻炼非常全面，因此人们以彩色锦缎来为其命名。

（4）易筋经。

易筋经是明代托名达摩而创编的健身功法，由韦驮献杵一二三势、摘星换斗势、倒拽九牛尾势、出爪亮翅势、九鬼拔马刀势、三盘落地势、青龙探爪势、卧虎扑食势、打躬势、掉尾势等 12 个动作组成。易筋经将调息练气与肢体活动紧密地结合在一起，既练外又练内，注重强身健体，具有鲜明的强身壮力的特点。因易筋经动作刚劲有力，所以习练少林拳的人多以之为武术训练的基本功，通过练习易筋经而“气盈力健，骨劲膜坚”。

（二）行气术

养生体育中的行气术，是以后天之气对元气进行补充，使之继续保持充盈状态的方法，是我国养生体育的重要派别。

1. 行气术的发展

行气术的最早记录是战国时期的《行气玉佩铭》。这篇镌刻在 12 面体柱形的玉佩上的铭文，虽只有 45 个字，却非常简练地描述了呼吸行气的具体方法。

先秦时期也有一些关于气功和辟谷服食的描述，如屈原的《楚辞・远游》。长沙马王堆三号汉墓出土的《却谷食气篇》，提到了一种不吃粮食、只吃石韦（一味中药），通过食气（呼吸锻炼）养生的行气术。

东汉后期，道教的盛行带动了行气养生的发展，导引气功成为修炼的重要手段和研究对象。道教在养生方面留下了不少著作和理论，如《太平经》的“守一”和“存想”的练功法，《周易参同契》的“精、气、神”合一的行气理论等。

两晋南北朝时，葛洪提出了“胎息法”。继葛洪之后，陶弘景提出了吐气六字诀。

到了唐代，行气术出现了许多流派，孙思邈和司马承祯的影响尤其突出。孙思邈提出了调气法、内视法、胎息法、六字诀和禅观法等行气术；司马承祯打破传统，引佛入道，把佛教的渐悟、禅定、止观等理论引入行气术中，解决了练功时入静的问题。

中国古代也有不少妇女热衷于气功修炼。长沙马王堆的西汉帛画《导引图》就有妇女练习导引功的生动形象。历史上对养生发展做出杰出贡献的女性有两位：一位是东晋时的魏华存（215~334 年），即人们常说的魏夫人。她专志于练功养生，淡泊于世俗之事，被追封为道教茅山宗的第一代祖师；另一位是道教全真派道姑孙不二（1119~1182 年），她抛家舍子，潜心修炼七年，开创了妇女练功的道家修炼术——“女丹”。

2. 行气术的主要功法

中国传统的行气术是通过控制意念和呼吸运动养生治病，主要功法有：

（1）胎息法。

胎息，又称“脐呼吸”“丹田呼吸”，指像婴儿一样用脐呼吸。胎息法是在吸进气后，逐渐延长闭气的时间来提高呼吸机能和内脏功能水平的一种养生方法，为晋代葛洪根据师传整理而成，其特点是通过逐渐延长闭气不息的时间，最终达到胎息状态。

（2）吐气六字诀。

是根据不同的病症采用的六种吐气方法，为陶弘景所提出。六种吐气方法即吹、呼、唏、呵、嘘、呬，吹以去热，呼以去风，唏以去烦，呵以下气，嘘以散滞，呬以解极，后人称之为吐气六字诀。“六字诀”与内脏的器官可一一对应，用不同的吐气方法医治相应的脏器的病症，即吹肾、呼脾、唏胆、呵心、嘘肝、呬肺。

（3）内丹术。

内丹术即静气功，是把整个身体看作是一个冶炼炉，把精、气、神作为需要冶炼加工的原料，通过炼己、调药、产药、采药、封炉和炼药等六个步骤的气功修炼，将精、气、神“炼”融为一体，使它们在人的身体内凝聚不散，这就是内丹。内丹修炼的思想源于魏伯阳的《周易参同契》，后经许多养生家的完善，明清时成为一种成熟的具有很高养生价值的高级功法。

（4）气功。

气功是通过调整呼吸（调息）、调整身体活动（调形）和调整意识（调心），达到强身健体、抗病延年、开发潜能等的养生方法。气功起源于晋朝，包括吐纳、导引、行气、服气、炼丹、修道、坐禅等。根据功法特点，气功可分为静功与动功两类，并划分为吐纳、禅定、存想、周天、导引五大派。

中国传统养生体育思想以“天人合一”的生命观为基础，从人与自然一体相通的高度认识生命的本质，探讨养生的法则，对克服人与自然对立和身心分离，缓解精神紧张，抵御现代“文明病”，增进身心健康，无疑具有深远的卫生学价值，正越来越引起现代体育的重视。

第四节　中国棋类运动

琴、棋、书、画是中国四大传统艺术形式，是具有丰富内涵的文化形态。棋者，弈也。在中国，“弈”并不是简单的消遣游戏，它往往与军事、哲学、诗词、艺术相联系，在黑白之间，楚河汉界内外，棋艺常常被赋予了不同的内涵，给人们带来无限的启悟。

中国传统棋类游戏种类很多，主要有围棋、象棋、五子棋、双陆、六博、樗蒲、塞戏、弹棋等，其中最有代表的是围棋和象棋。

一、启智性游戏——围棋

围棋是中国一种体育竞技运动，也是一种智力游戏，古时称“弈”，初现于4000多年前。围棋有许多别称，如“烂柯”“方圆”“黑白”“乌鹭”“手谈”“忘忧”“木野狐”等，可以说，围棋蕴含着汉民族丰富的文化内涵，是中国文化与文明的体现。

（一）发展历史

围棋起源于中国，传为尧舜所发明。先秦典籍《世本·作篇》记载：“尧造围棋，丹朱善之。”晋张华在《博物志》中继承并发展了这一说法：“尧造围棋，以教子丹朱。或云：舜以子商均愚，故作围棋以教之。”

围棋在春秋战国时即有文字记载，弈秋是见于史籍的第一位棋手，而且是“通国之善弈者”，被推为“围棋鼻祖”。《左传·襄公二十五年》“弈者举棋不定，不胜其耦”中的“举棋不定”是我们现在常用的成语，意思是下棋的时候拿着棋子，不知该如何下，比喻做事情的时候有很多顾忌，犹豫不决。

唐《弈棋仕女图》（吐鲁番出土）

三国时吴国盛行围棋与六博，吴太子孙和认为博弈妨事费日而无益于用，劳精损思而终无所成，特命韦曜著《博弈论》，反对和否定围棋，但是吴国好弈之风并未受到影响；反而流传下来不少经典棋局。敦煌本《棋经》中曾两次提到“吴图二十四盘”，杜牧也留有“一灯明暗复吴图”的优美诗句。

魏晋时期，社会动荡，文人朝不保夕，围棋被文人当作寄托精神的“艺”而得以勃兴，弈棋风尚、品棋制度和文人风度相映成趣，围棋也成了“手谈”“坐隐”“忘忧”的代指。“建安七子”中的王粲因覆局而被誉为“弈中神人”。

唐代设置了棋待诏制度，围棋自此走出国门，传入朝鲜半岛和日本。王积薪是唐代最具有传奇色彩、最负盛名、对围棋贡献最大的棋手。

宋代的围棋制度进一步细化，出现了职业和业余之分，形成了棋待诏、棋师、门客、棋工等以棋谋生的人，产生了刘仲甫这样具有标志性的棋手。

明清时期城市的繁荣带来了围棋热潮，明中期形成了“永嘉派”“新安派”“京师派”三大流派鼎足而立、相互竞争的局面。明清时期先后产生了过百龄、黄龙士、徐星友、范西屏、施定庵等著名围棋国手。明末还出现一位女棋手薛素素。薛素素是苏州人，棋、诗、书、琴、箫、绣等无不工绝，是位才华横溢的女子，也是明代唯一有史料可查的女棋手。

近代，随着范西屏、施定庵为代表的盛清国手下世后，中国古代围棋由盛转衰，江河日下。直到20世纪初，日本棋手向中国挑战，中国棋手在惨败中才痛感“山中才一日，世上已千年”，开始了从古棋到现代棋的变革。围棋发展到现在，已形成中、日、韩三国鼎立态势，每年三国之间都有多种围棋赛事。围棋已成为文化交流的工具，走向欧美，走向世界。

（二）弈具与弈制

1. 棋子

围棋棋子分黑白两色，多为石制，较为珍贵的有蛤碁石、玛瑙、贝壳等制。棋子呈圆形，中国一般使用一面平、一面凸的棋子，日本则常用两面凸的棋子。云南所产云子是最有名的棋子，已有500多年的历史。云子为多种矿物质烧炼而成，白子莹莹如玉，黑子乌黑透碧，为广大弈者所青睐。

2. 棋盘

棋盘呈正方形，上有纵横各19条直线361个交叉点，其中有9个小圆点，称为“星位”，中央的星位称“天元”。中国古代围棋棋盘有木质、石质、瓷质、织锦、金玉等多种，最通行的是木制棋盘，侧楸盘则在中上阶层中比较流行。日本正仓院的藏品中，有一桑木质的围棋盘，为奈良时代圣武天皇的实用物，非常名贵。

3. 棋制

围棋棋子没有大小之分，每个子都是平等的，棋子走在点上，落子后不能移动，以围地多者为胜。

棋手非常重视围棋的精神、品格，下棋时十分看重弈德。如比赛前猜先应由卫冕者、段位高者、年长者来抓子；下棋时要坐姿端正，谦逊待人；对局前下手方应主动整理棋具；黑棋的第一手应下在右上角，把距离对方右手最近的左上角留给对方；下棋时要轻拿轻放、落子无悔；结束时“胜固欣然，败亦可喜”；观棋的人要观棋不语等。

（三）黑白之间的文化

围棋的文化内涵十分丰富，在《易》，它是阴阳之道；在儒，它是教化之机；在道，它是坐隐艺术；在佛，它禅棋一味；在人，它是心灵栖息之所。北戴河醒园有一楹联：“车千乘，马千匹，强弩千张，统百万雄狮指麾如意；酒一斗，茶一瓯，围棋一局，约二三知己畅叙幽情。”写出了围棋对中国古人的影响，即“仕”与“隐”，“入世”与“出世”，“进取”与“退守”的机变：进则出世做官，成就千古功名；退则寄情山水，诗酒琴棋，作精神上的逍遥游。所以才有了“商山四皓”“观棋烂柯”“橘中戏”等神异故事，有了诸葛亮的洒脱、陶渊明的隐逸、王维的恬淡、苏轼的豁达。

二、对抗策略的游戏——象棋

象棋，亦作“象碁”，是一种二人对抗性策略游戏。在中国古代，象棋被列为士大夫们的修身之艺，当今则被视为一种怡神益智的体育活动。象棋充满了东方智慧，一直备受人们的推崇，是普及较广的棋类项目。

（一）象棋的起源和发展

象棋的起源有多种说法，尤以起源于中国、印度、埃及、希腊四说最盛。20 世纪五六十年代，苏联象棋史学界认为象棋起源于印度，中国象棋是从印度传入的。后来欧洲象棋史学家否定这一说法，认为象棋创造于中国。

中国古文献关于象棋起源的传说主要有四种：一是神农氏，一是黄帝，一是战国之时，一是北周武帝之时。各有一定根据，但都值得进一步商榷。

象棋因“棋中有象”而得名，宋人晁补之的《广象戏格·序》：“象戏，兵戏也。黄帝之战，驱猛兽以为阵；象，兽之雄也，故戏兵以象戏名之。”现代棋史专家孟森先生也认为象棋以象形得名。

象棋的发展历史可以追溯到3000 多年前的春秋战国时代。

春秋战国时期，棋艺被认为是数学的组成部分，并与天文学、军事有关，统称为“博弈”。“博”在古文献中或写成“簙”，也叫“象棋”，“象棋”一名最早出现于战国时期的《楚辞·招魂》“菎蔽象棋，有六博些”句。汉刘向《说宛·善说》中“燕则斗象棋而舞郑女”句，应该是先秦象棋的记载。

秦汉及以前，象棋不是专指单一的某种棋，除围棋外的其他几种棋戏如六博、弹棋等均称象棋。

三国两晋南北朝时期，象棋从当时的棋戏独立出来，并得以勃兴。我国南北朝至北宋末的象棋，古文献中都以“象戏”名之。

隋唐时期，我国的棋艺如围棋、象棋、双陆、弹棋等都比较普及。唐牛僧孺《玄怪录》

中的《巴邛人》讲述了一个“橘中戏”的象棋神话故事，成为后人文学创作题材。明代象棋谱《橘中秘》《橘中乐》等书名当来源于此。

北宋时期，象棋迎来史上的一次大革新，增加了“炮”“士”“象”，棋子成为32个。宋代象棋著述比较多，先后有司马光的《七国象戏》、尹洙的《象戏格》《棋势》、晁补之的《广象戏格》等著作问世。

南宋和元代，象棋遍及全国，家喻户晓，出现了《棋经论》《单骑见虏》《事林广记》等象棋谱。

明朝时期，象棋技术和理论的发展已经开始趋向精细化，涌现出了不少象棋名手和论述象棋的专著。其中，象棋专著有《适情雅趣》《金鹏十八变》《梦入神机》《橘中秘》等，其中徐芝精选的《适情雅趣》是其中最系统、完整、实用的棋谱。

清代是中国象棋发展的全盛时期，名家辈出，名谱众多。有名的象棋著作有《梅花泉》《韬元机略》《心武残篇》《竹香斋象戏谱》《百变象棋谱》等。其中，王再越《梅花谱》开创了“马炮争雄”的历史篇章，是中国象棋史上一部带有划时代意义的棋谱。当时，还产生了“七星聚会”“野马操田”“千里独行”和“蚯蚓降龙”等四大排局。

如今，中国象棋已流传到十几个国家和地区，古老的东方象棋游戏已走向世界。

（二）象棋棋具与棋制

1. 棋具

象棋是使用方格状棋盘及红黑二色圆形棋子进行对弈的棋，棋具主要有棋盘和棋子。

棋盘由九条平行的竖线和十条平行的横线相交组成，共有90个交叉点，棋子就摆在交叉点上。棋盘中间第5、第6条横线之间未画竖线的空白地带称为“河界”，整个棋盘以“河界”为界分为两部分。两端第4条到第6条竖线之间的正方形部位，以斜交叉线构成“米”字方格的地方，称作“九宫”。

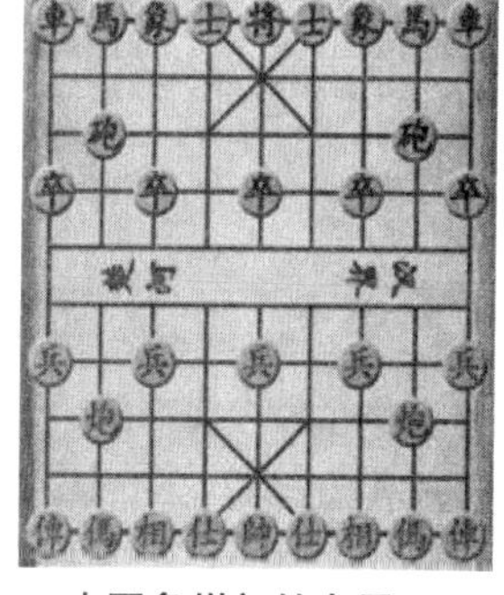
中国象棋初始布局

象棋棋子共有32个，分为红、黑两组，每组共16个，各分7个兵种，其名称和数目如下：

红棋子：帅一个，车、马、炮、相、仕各两个，兵五个。

黑棋子：将一个，车、马、炮、象、士各两个，卒五个。

不同的棋子有不同的功能和行走规则，如“象飞田”“车行直路”“炮打翻山”“马走日”等。

2. 棋制

早期的象棋，棋制由棋、箸、局等三种器具组成。两方行棋，每方6子，分别为枭、卢、雉、犊、塞（二枚）。棋子用象牙雕刻而成。箸，相当于骰子，在棋之前先要投箸。局，是一种方形的棋盘。比赛时，“投六箸，行六棋”，斗巧斗智，相互进攻逼迫，而制对方于死地。由此可见，早期的象棋，是象征当时战斗的一种游戏。

当原始棋步入文明社会，在长达数千年的历史时期中，象棋随着历史的发展而发展，棋法由简到繁，由粗到精，而成为今天的形制。64格的棋枰，32子力的配置，楚河汉界的划分，“象行田，马行日，炮隔山打子，车纵横八方，将帅不出九宫”的棋规，各棋子疏密有致的定位，已浑然一体，如若一个宇宙系。

（三）象棋的文化内涵

中国象棋是以“将死”或“困毙”对方将（帅）为胜的一种二人对抗性策略游戏。在几千年的发展中，形成了独特的文化现象，是中国文化心理的一个符号和缩影。

一是象棋与中国的哲学、科学、兵法等相结合，具有知识性。象棋是斗巧斗智的游戏，象棋运动的精髓即是“斗智不斗力”，将帅是核心，坐九宫之内，运筹于帷幄之中，决胜于千里之外；士相为谋士和丞相，是运筹者的象征，显示了中国文化中智胜于力的思想。

二是象棋与中国的文学、绘画、建筑、书法等相结合，具有艺术性。象棋棋具有建筑学的形美，行棋规则有政治学的秩序，行棋技巧又有精深的数学内容，棋坛掌故又是文学创作的养分，所以象棋充满了艺术的魅力。正如清代一副对联：“旧书一堂，龙不吟，虎不啸，花不香，鸟不叫，见此小子，可笑可笑；残棋半局，车无轮，马无鞍，炮无烟，兵无粮，喝声将军，提防提防。”

三是象棋寄托了人们的人生理想和情感，具有社会性。象棋的“九五”之争寄托了建功立业的愿望，行棋寄托了勇往直前、百折不挠的情怀，和棋寄托了以和为贵的处世哲学，明代曾子棨有诗云：

两军对敌立双营，坐运神机决死生。千里封疆驰铁马，一川波浪动金兵。

虞姬歌舞悲垓下，汉将旌旗逼楚城。兴尽计穷征战罢，松阴花影满棋枰。

这首诗以楚汉之战喻象棋之戏，既有儒家积极进取的壮美，又有道家自由洒脱的飘逸，是普通百姓的心灵写照。

棋戏作为竞技性游戏，与人类之生存争斗有关。但不同的棋戏，其争斗的方式也不同。比较围棋与象棋，围棋则更多地体现了原始社会的平等、人多为胜的原则，象棋则是阶级等级社会的产物，体现了差异化；围棋，黑白子，纵横 19 道棋盘，规则最为简单，但变化又最为复杂。象棋作为分兵种游戏，是对战争的直接模拟，对抗性很强。围棋主要反映了道家的自然和谐，象棋则更多地体现了儒家的积极进取。可以说，围棋和象棋，双峰对峙，两水分流，体现了中国两个显然不同的文化特点。

第五节　中国武术

中国武术又称“武艺”“中国功夫”，是一项具有鲜明民族文化特色的体育运动项目，也是我国的一项宝贵的文化遗产，深受国人的喜爱。在中国古代，习武之人相当普遍。

一、中国武术的类型

在中国历史上，武术主要包括三个方面：武术器械、拳术和器械演练。

（一）武术器械

武术器械最初从生产工具和军事兵器发展演变而来，在商周时期已得到了很大的发展。商周时期的青铜兵器，如戈、戟、钺、矛、斧、刀、剑、铩、殳等都是最早的武术器械。秦汉时期，随着铁制器械的发展，整个武术器械的内容、范围和种类更加多样化，出现了五类器械：一是钩击类，有戈、钩、戟等；二是击刺类，有矛、剑、铩、殳、枪、叉等；三是劈砍类，有刀、斧、钺；四是砸击类，有棍棒头、鞭锤等；五是卫体类，有护臂、护甲、盾等。

（二）拳术

拳术在周代就已萌芽，《诗经·小雅·巧言》中就有“无拳无勇，职为乱阶”的诗句。《汉书·艺文志》收录《手搏》6 篇，这是有关拳类的最早著述。从汉代到隋唐，拳术在民间比较普及，特别是在宗教寺院，拳术成为武术演练的主要形式。敦煌莫高窟就有一类以拳术演练为主的图案。到了明清时期，拳术、拳法得到了理论性总结，整体上提升到一个新的高度，如戚继光的《纪效新书》，就曾经记载了宋太祖的“三十二式长拳”。明清时期拳术还出现了许多门派。

（三）器械演练

器械演练是随着武术器械的丰富和拳术的发展而出现的。秦汉时期，为适应“近战决胜负”的实际需要。此时的器械演练主要有击剑、剑对钩镶、剑对戟等，并出现了单人、双人训练形式。三国时期，器械演练普及民间，三国吴朱然墓里边曾经出土了一个漆盘，上面有小童对棍表演的画面。从宋元一直到明清，中国器械演练的技术逐渐丰富，出现了一个关于器械演练的统称——“十八般武艺”。在明清绘画当中，常可看到器械演练的场景。

中国武术有许多拳种和门派。据习云太《中国武术史》统计，拳种有46节计75种，器械有27节。著名的门派有少林派、武当派、峨嵋派、南拳门等。少林派地处中原，范围最广、历史最长、拳种最多，是整个外家功夫的集大成，被尊为“武林之宗”；武当派为宋人张三丰所创，为内家之宗，支派众多，有人认为太极、形意、八卦都属于武当支派；峨嵋派流行于我国西南一带，相传为一女子所创，最初叫作“玉女拳法”，修炼者以道姑为主，其中许多招式具有女性色彩；南拳源于南少林，流行于我国南方，其中广东南拳影响最大，产生了如洪熙官、方世玉、黄飞鸿以及晚清“广东十虎”中的铁桥三、苏乞儿等著名武术家。

中国武术有内家、外家之分。尽管武术界对这种分类存在异议，但这两大拳系的风格差异还是比较明显的。一般认为，少林为外家，武当为内家；在道为内家，在释为外家。外家拳的特点是主于搏人，少林拳是其代表；内家拳以静制动，后发制人，太极拳、八卦掌、形意拳是其代表。从风格特点上看，外家拳刚猛迅捷，内家拳柔和缠绵，“文有太极安天下，武有八极定乾坤”，两者双峰并峙，各有千秋。

二、武术中的文化

（一）拳起于易，理成于医

中国武术起源于易，并在发展过程中，不断吸收中医的辩证思想和整体观、五行学说、经络学说理论，以易理说拳埋，形成了独特的健身之道。可以说，医学成就了武学，武学光大了医学，中国很多武术家往往也是医学家。清末民初的洪拳大师黄飞鸿，不仅武功超群，医术亦十分精湛，一生充满了传奇色彩。香港拍摄的武打电影中，以黄飞鸿为题材的影片就有100多部，李连杰、成龙等著名演员皆扮演过他。

（二）学艺先学礼，习武先习德

中国武术具有“尚武崇德”的优良传统。作为一名习武人，不光要有坚强的意志品质，更要有良好的武德修为，“学艺先学礼，习武先习德”。武术界有“八打八不打”的要求，不准攻击致残、致死的部位。少林武术也有“十不传”的规矩：人品不端者不传，不忠不孝者不传，人无恒心者不传，文武不就者不传，借此求财者不传，俗气入骨者不传，市井刁滑者不传，骨柔质钝者不传，拳脚把势花架者不传，不知珍重者不传。各家各派对武德的要求不尽相同，但几乎都有尊师爱友、以武会友、切磋技艺、讲礼守信、见义勇为、不凌弱逞强等道德要求。

（三）真传一句话，假传万卷书

在中国武术界，有一种独特的传承文化，即习武讲究师承关系，注重师父的言传身教，注重实践实战。过去，武术常常是人们谋生的技艺，民间有“教会徒弟，饿死师父”的说法，因此自己的武艺是不轻易传人的，特别是那些独门功夫和绝技，更是门内的不传之秘。正如一首佛门偈颂《禅宗七祖谈禅》所云：“达摩西来一字无，全凭心意用功夫。若要经上寻佛法，笔尖蘸干洞庭湖。”所以，仅靠书本自学成才几乎不可能，往往需要与师父朝夕相处数年乃至十数年，得到师父的口传身授才能修得正果。

（四）以技击为末学

“以技击为末学”是中国武术道德观的核心。在中国人的社会观念中，人与人之间应和平共处，而不是矛盾对立。战争的结果，要么两败俱伤，要么你死我活，这样的斗争是伤害于人的，是不文明、不道义的行为。中国武术不提倡伤生，更反对野蛮的战争，其目的是通过强大自身来避灾远祸，延年益寿。

三、少林功夫

人们一提中国功夫，必称“少林”。2005 年，“少林功夫”被申报为“人类口头和非物质文化遗产”，少林功夫成了中华武术的象征。

（一）悠久深远的历史

传说北魏孝明帝时期，印度高僧达摩来到嵩山少林寺修炼弘法，面壁九年，创立了禅宗，并创造了一套动静结合的罗汉十八手，成为少林拳的始祖。

当然，这只是一个传说。事实上，在达摩以前，北朝寺院的练武风气就已形成。

少林武术的发扬光大，始于隋唐之际的一件大事。隋朝末年，秦王李世民与大郑皇帝王世充作战，少林武僧应邀相助，活捉王仁则，逼降王世充。李世民即位后，对昙宗等十三棍僧大加赏赐，少林武术从此繁荣发达，逐渐成为中原武林第一大门派。

少林武术可以说是外家功夫的集大成者。一些武僧，出家之前本是武艺高强之人。此外，少林寺也经常邀请各地武林高手到寺内传授功夫，如韩通传通臂，马籍传短打，李叟传洪拳，白玉峰传龙、虎、蛇、豹、鹤五拳和气功，明代抗倭名将俞大猷也曾到少林寺传授棍术。五代十国时高僧福居曾邀十八家武术家到少林寺演练三年，并将其拳术汇集成少林拳谱。这些武功在少林寺流传过程中，受禅宗的影响，逐步演进为相对稳定的少林拳派。

少林武功博大精深，无人可以穷尽，因此在江湖上，少林派常常充当着“道义”的维护者、裁判者和领头羊的角色。

（二）精彩绝伦的武艺

少林功夫不是一般意义上的“门派”或“拳种”，而是系统的哲学和技术体系。据少林寺内流传下来的拳谱记载，少林功夫套路共有 708 套，另有 72 绝技、擒拿、格斗、卸骨、点穴、气功等各类功法 156 部。其中“少林五拳”——龙拳、虎拳、豹拳、蛇拳和鹤拳，被称为“少林拳的精华”。

少林功夫招招式式非打即防，利于实战。素有“就地十八滚”之称的地躺拳，动作反常，招法无形，起若惊鸿，扑跌翻滚，变化自如；风趣幽默的猴拳、猴棍，左右腾挪，上下翻滚，动作活泼，形象洒脱；轻盈潇洒的醉拳，既有艺术美感又不失技击实用性。

传说，达摩祖师在嵩山少林寺留下了两本经书——《易筋经》《洗髓经》。这两部经书认为，人之身有内有外，“洗髓”能“清其内”，“易筋”是“坚其外”，“洗髓”“易筋”之后，就可以体证佛道，得享高寿。

少林武术常常与气功配合训练。少林寺的硬气功非常了得。如硬气功铁布衫内练一口气，外练筋骨皮，待气运于周身，就能够承受强大的外力击打。二指禅手指如钢棍一般，可以二指击断坚硬的砖块，也可以二指支撑倒立。

（三）禅武合一的功夫

少林功夫与其他武术的最大不同之处，就是它讲究“禅武合一”。

少林寺是佛教禅宗的祖庭，在佛门眼中，参禅是正道，拳勇是末技。千百年的历史传统赋予了少林武术一种精神，那就是“做功夫”。“功夫”一词源自佛教，禅宗的修行成果就叫“功夫”。“做功夫”的目的是开悟成佛，超凡入圣，彻底改变人的品质。少林僧人的参禅习武传统使少林寺成了禅和武的世界。在少林寺，有“禅武同源，禅拳归一”之说，禅为武之主，武为禅之用，习武就是一种修行，以禅入武，便可达到武术最高境界。

“内心不乱为定”“外不着相为禅”，少林功夫的极致就是练就不动心，练就不动心，就不再贪生怕死；不贪生怕死，才会更加热爱生命，这才是学习少林功夫的真正目的。因此，学少林功夫，要有一颗参禅的心。离开了参禅心，少林功夫就无从谈起。从这一角度上说，少林武术不是纯粹的武术，而是禅武合一的功夫，是学佛的一个法门。

四、太极拳

太极拳最早叫“绵拳”“十三式”“软手”等，后王宗岳写《太极拳论》，定其名为太极拳。杨露禅到北京教拳时，光绪帝的老师、大学士翁同龢对其高超的技艺大加赞赏——“杨进退神速，虚实莫测，身如猿猱，手如运球，犹太极之浑圆一体也”，并题写“手捧太极震寰宇，胸怀绝技压群英”的联句相赠。由于武禹襄等文人的参与，“太极拳”之名得以大定和流传。太极拳在发展进程中，诞生了不同的流派，其中流传最广的是陈式、杨式、武式、吴式、孙式、和式等六大流派。

（一）松柔圆活的艺术

太极拳是圆转流动的艺术。乾坤有圆气流转，人的身体内部也有一个循环往复、圆转流动的气场，太极拳要在蹿蹦跳跃、闪展腾挪中化外在的圆为身体之中的潜气内转，画出生命中的圆圈。打太极拳，注重轻灵圆转、刚柔相济、转动不息，表现出一种行云流水般的意韵和优雅宁静的美。

太极拳也是吐故纳新的导引术。打拳时，口中吐出浊气，鼻中吸入新鲜空气，吐故纳新，促进身体的新陈代谢和血液循环。

（二）用心研习的功夫

太极拳绵缓柔软，似乎毫不用力，许多人以为它仅是老年人的健身操，这其实是对太极拳的误解。打太极拳时，表面上看似平静如海，不增不减，但内在里“拳势如大海，滔滔而不绝”，汪洋洪泛，海涵一切。有人形容太极拳是柔似水，力无边，柔中有刚，绵里裹铁。

作为典型的内家拳，太极拳学习重在“心路”，学“心诀”，用心来练习。太极拳有“三练三不练”之说，即练理不练力，练本不练标，练身不练招。强调的就是对拳理的理解，反对蛮练。如放松是太极拳的灵魂，大松大柔，才能至刚至坚。这一理论和训练方法需要用心领悟才行。又如，太极拳主张的“彼不动己不动，彼微动己先动”的后发制人功夫，以及以柔克刚、四两拨千斤的技巧，不用心揣摩、反复练习也是不可能掌握的。

（三）中华民族的“哲拳”

太极拳“虽曰习武，文在其中”，是“人文与科学”结合得最好的运动。

学习太极拳的往往是儒雅渊博之士。据考证，创编陈氏太极拳的陈王廷不仅懂《黄帝内经》《易经》《黄庭经》，还有诗文传世。武式太极拳创始人武禹襄为儒生，其家兄武澄清、武汝清均为进士，其外甥李亦畬为秀才、李启轩为举人，他们在太极拳方面的造诣都极高。

太极拳的拳理具有浓厚的中国传统哲学意味，如太极拳的“静中触动动犹静”“黏即是走，走即是黏”“阴不离阳，阳不离阴”“阴阳相济，方为懂劲”等理论体现了《周易》的阴阳辩证思想；松静自然、周身处处毫无牵制、“动静做势，纯任自然”“屈伸开合听自由”“牵动四两拨千斤”等法则体现了道家的天人合一、道法自然、“柔弱胜刚强”的思想；“立身中正”“不偏不倚”“无过不及”“虚领顶劲”“尾闾中正”等拳理则体现了儒家的“中庸”思想；“由着熟而渐悟懂劲，由懂劲而阶及神明”“舍己从人”“内固精神，外示安逸”等则分别体现了释家的“悟”“空”“定”的思想。

在中国武术中，太极拳著述最为丰富，而其中的经典首推王宗岳的《太极拳论》。王氏以儒家中庸学说为体、阴阳学说为用阐述拳法奥秘，说明深透，伦次不差，骈散兼备，文采斐然，堪称文学佳品。

太极者，无极而生，阴阳之母也。动之则分，静之则合。无过不及，随曲就伸。人刚我柔谓之走，我顺人背谓之黏。动急则急应，动缓则缓随。虽变化万端，而理唯一贯。由着熟而渐悟懂劲，由懂劲而阶及神明。然非用力之久不能豁然贯通焉。虚领顶劲，气沉丹田，不偏不倚，忽隐忽现。左重则左虚，右重则右杳。仰之则弥高，俯之则弥深。进之则愈长，退之则愈促。一羽不能加，蝇虫不能落。人不知我，我独知人。英雄所向无敌，盖皆由此而及也！

（四）性命双修的健身术

太极拳虽是武术，但是许多太极名家“不徒作技艺之末”，而是将太极拳当作修身养性、益寿延年的健身养生术。王宗岳有诗赞曰：“详推用意终何在，益寿延年不老春”。（《太极十三势行功歌诀》）

太极拳有一套科学的运动法则。太极拳强调静心用意，以心行意，以意导气，以气运身，身体相对静止，而内里意气周流。通过导引之术，增加气血能量，排除病灶，从而获得健康。此外，如“主宰于腰”“虚领顶劲，气沉丹田”的训练对五脏六腑、大脑、腰腿都有很好的锻炼作用。

中国武术界有句名言叫作“太极十年不出门”，讲的是太极拳学习不能短期速成，需要有恒心和毅力，耐得住寂寞。当代太极拳名家郑曼青先生说：“行也布袋，坐也布袋。放下布袋，何等自在。”布袋即心理上、名利上的负担，打拳时要求身心静净，百无挂碍。太极拳的这些训练要求也是修养心性的要旨。

第六节　中国民俗体育

古代中国是一个农业社会，在数千年的农业社会生活方式的影响下，形成了许多季节性的民俗体育活动，如舞龙、舞狮、踏青、放风筝、赛龙舟、踢毽子、秧歌、高跷、登高、旱船、云车、跑驴、霸王鞭、太平鼓、竹马等。这些活动往往与相应的节日联系在一起，成为季节性节日庆祝活动的重要组成部分。

一、“好花皆折尽”——春游

春游又叫“踏青”“探春”“寻春”等。三月清明，春回大地，自然界到处呈现一派生机勃勃的景象，正是郊游的大好时光。中国民间长期保持着清明踏青的习惯。

五代梁·赵嵒《八达春游图》

春游习俗可追溯到遥远的周代。西周时，在立春这一天，天子要率百官去郊外举行迎春仪式，祈祷老天保佑，劝课农桑。渐渐地，这种宗教活动就成一种习俗，一直延续了下来。

汉代的春游是与消灾除邪的习俗联系在一起的，即在农历三月上旬的上巳节，人们都要在河边用香草浸泡的水将全身上下洗个干干净净，以祛病消灾，这叫作“祓禊”。上巳节的活动，更增添了许多世俗的色彩，成为一种受人欢迎的郊游娱乐活动。自魏晋以后，这种暮春出游的活动成为一年中十分重要的娱乐。届时，人们携酒出城，宴饮娱乐，踏青赏景。

春日郊游到唐代已经成为非常流行的一种娱乐活动。每年的三月初三，人们都要出城沐浴祓禊，戏水为乐，踏青赏花，临水宴饮。许棠有一首诗描写三月三踏青盛况：“满国赏芳辰，飞蹄复走轮。好花皆折尽，明日恐无春。鸟避连云幄，鱼惊远浪尘。”（《曲江三月三日》）除此之外，清明时节，春游之风更为强劲，杜甫对当时长沙清明春游有生动的描写：“著处繁花务是日，长沙千人万人出。渡头翠柳艳明眉，争道朱蹄骄啮膝。”（《清明》）到了宋代，随着城市的发展，春游活动内容更加丰富多彩，甚至学校还给学生放春游假，让青年学生亲近大自然。

春游这一回归大自然、娱乐身心的古老习俗沿袭到如今，已成为人们聚会交友、谈情说爱、亲近大自然的重要娱乐活动。

二、“忙趁东风放纸鸢”——放风筝

风筝，又叫“纸鸢”“风鸢”，是中国非常流行的民俗体育活动。清代高鼎有诗云：“草长莺飞二月天，拂堤杨柳醉春烟。儿童散学归来早，忙趁东风放纸鸢。”（《村居》）春天，沐浴和煦的阳光和春风，呼吸着新鲜空气，放飞千姿百态的风筝，确实令人赏心悦目，心旷神怡。因此，放风筝颇受人们尤其是儿童的喜爱。

追寻风筝的起源，可上溯到2000多年前的春秋战国时期。最初的风筝叫“木鸢”，以鸟为形，以木为料，可在空中飞行。据史料记载，因为战争的需要，墨子、公输般均制造过木鸢。

唐以前，风鸢一直是战争时通信和侦探的重要工具。到了唐代，寒食节和清明节合并，清明节兴起，朝野盛行禁火、扫墓、踏青、插柳条等风俗，作为军用的风鸢，开始向民间娱乐工具转化，放风鸢也开始在民间流行。唐代风鸢的制作技艺、放飞效果已有较高的水平，能做出带有灯光和发出声音的形形色色的风鸢，风鸢飞在高空，发出阵阵悦耳的响声，好像有人拨动古筝的琴弦。因此，风鸢又被人们叫作“风筝”。随着传统节日风俗的不断强化，放风筝逐渐进入节日的娱乐活动之中，一直流行至今。

放风筝在我国具有深远的民俗文化内涵。清明节“既有祭扫新坟生死离别的悲酸泪，又有踏青游玩的欢笑声”，是一个特殊的节日，所以在一些地方，人们把春天放风筝称为“放郁”，把风筝放得高而远，然后有意将风筝线割断，让风筝随风飘去，意思是把一年来积下的“郁闷之气”彻底放出去，以使未来一年不生病。

三、“绿杨交映画秋千”——荡秋千

荡秋千是一项古老的体育活动，早在原始社会，我们的祖先在攀藤上树取食物的劳动中创造了荡秋千。

民间最早的秋千活动称为“千秋”。据说是在春秋时期，为北方的山戎民族所创。开始只有一根绳子，以手抓绳而荡。直到汉武帝在后庭祈祷千秋之寿，令宫女们要绳戏为乐，为避讳而将“千秋”倒转为“秋千”，以后逐步发展为用两根绳索加上踏板的“秋千”。

到了唐宋时，秋千之戏盛行。荡秋千这种在彩云端、树枝头飘飘荡荡的游戏，使人产生一种飘飘欲仙的感觉，因此唐玄宗和宫女们把它称为“半仙之戏”，甚为普及。

荡秋千主要是在春季进行，清明节前后是人们荡秋千、踢足球的大好时光。古人认为秋千既可“摆疥”，除掉疾病，还可“释闺闷”，因此深得妇女和儿童的喜爱，流传甚广。

秋千也是我国许多少数民族十分喜爱的体育娱乐活动，如纳西族、阿昌族、傈僳族、仡佬族、朝鲜族都有自己别具特色的秋千，柯尔克孜族还发明了双人合作的秋千，此外还有彝族的“磨秋”、土家族的“轮子秋”、维吾尔族的“空转轮”等多种秋千形式。

四、“两龙跃出浮水来”——赛龙舟

每年的农历五月五日端阳节，在我国南方各地都有赛龙舟的习俗，俗称“龙舟竞渡”。在我国，南起珠江、闽江，北到黄河流域，到处可见赛龙舟的热闹场景。

关于龙舟赛的起源有多种说法。有的说是为了纪念伍子胥，有的说起自越王勾践，有的说与屈原有关。闻一多先生则认为是起源于史前的图腾祭祀，这一说法为不少学者所赞同。

赛龙舟最初只在长江下游一些地区进行，东汉后逐渐扩展到其他地方，南北朝以后成为全国性的季节性活动。唐代张建封的《竞渡歌》给我们勾画了一幅赛龙舟的盛况：

鼓声三下红旗开，两龙跃出浮水来。
棹影斡波飞万剑，鼓声劈浪鸣千雷。
鼓声渐急标将近，两龙望标目如瞬。
坡上人呼霹雳惊，竿头彩挂虹霓晕。

赛龙舟有多重文化含义。首先，它是中国龙文化的体现。龙是中国文化的一个重要象征，是人们顶礼膜拜的神，赛龙舟就是中国先民祭神、娱神的一种习俗活动。至今，这种习俗在我国多地仍有保持，如黔东南清水江流域苗族的龙船节，赛龙船不仅有一系列庄严肃穆的祭祀仪式，而且还有种种禁忌，充满了淳朴的乡土气息和神秘的祭神色彩。

其次，赛龙舟也是中国人民爱国情怀的体现。尽管学术界对龙舟竞渡的起源说法不一，但人们更愿意相信它是纪念屈原的活动。每年这一天都要举行龙舟赛，以纪念这位伟大的爱国者。

此外，赛龙舟也是我国劳动人民生活面貌的表征。龙舟竞渡正值南方紧张的插秧结束后的农闲时节，人们利用这一活动让身心得到放松，精力得到恢复，这说明我国古代劳动人民不仅会勤奋地劳作，而且会愉快地生活。

五、“野田齐唱插秧歌”——秧歌

秧歌是流行于我国北方的一种集体性的民俗娱乐活动，多用于传统的节日庆典。

关于秧歌的起源有多种说法：有认为源于古代农民的插秧、拔秧等农事劳动；有认为起源于黄河岸边的抗洪斗争；有认为源于社日祭祀土地的活动；有认为由“踏歌”发展而来。一般认为，秧歌起源于插秧、薅秧的农事活动。清道光五年（1825 年），《晃州厅志》记录有劳动中的秧歌场面：农民在薅秧时，相互牵扯着衣袖，随着田埂上击鼓的节奏，在田里行走，以脚趾代替锄头，一边走一边拨铲，时前时后，时快时慢，既像劳动，又像舞蹈。

秧歌在不同地区有不同的类型。根据称谓不同，秧歌分为两种：踩跷表演的称为“高跷秧歌”，不踩跷表演的称为“地秧歌”。近代所称的秧歌大多指地秧歌。当前的代表性秧歌有陕北秧歌、山东鼓子秧歌、河北秧歌、东北的满族秧歌等，而南方的“花鼓”“花灯”“采茶”以及广东和香港流行的“英歌”，其名虽异，但都属于秧歌这一类型。

秧歌一般以舞队为主要形态，舞队人数少则十数人，多时上百人，既有集体舞，也有双人舞、三人舞。各地秧歌的舞法、动作和风格各不相同，有的威武雄浑，有的柔美俏丽，千姿百态，美不胜收。

秧歌因其动作简单，节奏鲜明，群众基础深厚，在 2006 年被列入“第一批国家级非物质文化遗产名录”，如今已成为城镇中老年人晨昏锻炼的主要形式和校园艺术训练的一门课程。

六、“男儿何不带吴钩”——拔河

拔河在春秋战国时期就已存在，最初叫“牵钩”“钩强”，是一种非常吸引人的体育活动。

拔河由古代水军舟战的一种军事技能演变而来。《荆楚岁时记》载，战国时，楚国与吴国水上交战，公输子为楚国设计了“钩强”的器具，“其退则钩之，进则强之”，使敌船进攻不能贴近自己的船，而战败想逃又被钩住厮杀。

楚军这种用钩强对拉的军事训练，逐渐演变为荆楚一带的“施钩之戏”，成为后来的拔河。到了唐代，拔河运动非常热闹，参加人数之多，气氛之热烈可谓空前。唐朝进士薛胜的《拔河赋》，绘声绘色地描写了唐玄宗时举行的一次拔河盛况：“成巨索兮高轮囷，大合供兮长千尺。尔其东西之首也，派别脉分，以挂人胸腋；各引面向，以牵乎强敌。”即拔河绳长达四五十丈，在主绳上分出许多条小绳，1000 多个力士，胸前系一根小绳，立在标志旗两边。在比赛中，这些大汉们一个个汗流浃背，面红耳赤，脚趾陷入泥土里。武将声如虎吼，文官瞠目而视，千人用力，万人喝彩，一时间地动山摇，场面非常壮观。

由于拔河运动简单实用、欢快喜庆，所以深受中国各族人民的喜爱，并发展出了多种形式。如柯尔克孜族一对一背向拔河，哈尼、拉祜、撒拉等民族的“拔腰”，藏族的“拔棍”等与拔河十分相似，东北朝鲜族的“索战”，其规模、场面甚至可与唐王朝的媲美。

拔河运动因其规模宏大、气氛热烈，在国际上具有广泛的影响力，曾经五届列入奥运会的正式比赛项目。2015 年，联合国教科文组织将“拔河”列入人类非物质文化遗产名录。

七、“白光如轮舞索童”——跳绳

跳绳是一种在环摆的绳索中做各种跳跃动作的游戏，是备受人们喜爱的一种体育项目。

跳绳在中国已有数千年的历史，唐宋明清都有跳绳的记载。跳绳在不同的时期有不同的叫法，唐时称“透索”，宋时称“跳索”，明时称“白索”，清时称“绳飞”，民国以后才称“跳绳”。跳绳原属于庭院游戏，南宋以后逐渐发展成民间竞技运动。沈榜对明代儿童们跳绳有这样的描述：两个孩子对牵一丈多长的长绳，飞摆不定，让人难以看清楚，好像有100条绳索。一群孩子们乘着绳子的摆动，轮流跳入，能跳过去的为优胜，跳不过去的或让绳子绊住了腿的，就得让掌绳人用绳子打一下，以示惩罚。

跳绳运动最受儿童的喜爱，每在正月初一和元宵节时，孩子们常常穿着色彩鲜艳的衣服，一边唱着歌，一边跳绳，正如《松风阁诗抄》中一首童谣所描绘的：“太平鼓，声冬冬，白光如轮舞索童，一童舞索一童唱，一童跳入光轮中。”

跳绳的形式很多，有单人跳、双人跳、集体轮流跳或同时跳等。跳的时候，要求摆绳与踏跃动作合拍，可一摇一跳，也可一摇两跳、一摇三跳。可按不同情况编排各种动作花样，也可用节奏与旋律适宜的歌谣伴唱。

八、“鸿毛成撮脚尖花”——踢毽子

古代用脚踢的各种体育活动十分丰富，踢毽子是其中极有特色的一种。

踢毽子在我国具有悠久的历史。根据史料记载和出土文物证明，它起源于中国汉代，魏晋时期已形成雏形。

从宋代开始，鸡毛毽在民间流行起来。城市里出现了专门制造毽子的手工作坊。宋代蹴鞠的发展对踢毽子产生了很大的影响，出现了如里外廉、拖枪、耸膝、突肚、佛顶珠、剪刀、拐子等多种花样的踢法。到了明清，毽子更加普及，开始有了正式的踢毽比赛。踢毽子不仅是儿童的游戏，也为妇女所喜爱，妇女踢毽子称为“撵花”。

到了清代，出现了以踢毽为生的江湖艺人，这些人技艺非常高超，表演起来手舞足蹈，连贯流畅，花簇锦团，妙不可言。

除了汉族有踢毽子的娱乐外，居住在我国广西的侗族姑娘也有玩毽子的习俗，侗族姑娘玩毽子的历史有1000多年。与汉族的踢毽子不同，侗族玩毽子叫“哆毽”，即用手拍毽的意思。侗族的毽子有青草毽、稻草毽、芦苇毽和鸡毛毽等多种。比赛以打得高远、接得稳、落地少为优。打法多种多样，有男单、女单及一二十人的集体打。

踢毽子流传到今天，已经发展成为一种十分正规的体育比赛项目——毽球，有一套严格的比赛规则，在我国许多中小学已普及。

九、“一夜鱼龙舞”——舞龙

舞龙运动是指以龙为道具，伴随鼓乐模仿龙的动作和姿态，展示龙的精、气、神、韵的一项传统体育项目，是广大群众最喜闻乐见的民俗活动。世界上凡是有华人居住的地方，在节庆、贺喜、祝福、驱邪、祭神、庙会等期间都有舞龙的习俗。

在中国文化中，龙是能行云布雨、消灾降福的神物，常被古人奉为“吉物”出现在庆典祭祀中，舞龙则包含了古人“风调雨顺国泰民安”的美好意愿，同时也有着“祈年”的意思。

舞龙始于汉代的“鱼龙漫衍”之戏，唐宋时开始盛行，经过2000多年的衍化，舞龙已成为一种人们喜闻乐见的民俗活动，在我国广大地区流行，尤其是从春节到元宵灯节期间，到处可见舞龙的活动。

舞龙的龙身一般用竹、木、纸、布扎成，节数不等，均为单数。节与节之间以绸布相连，再用色彩绘成龙的形象。节下装有木柄，供舞时握持。其中燃有灯烛的叫“龙灯”“火龙”，不点灯烛的叫“布龙”“打龙”。比较有代表的龙舞包括浙江的“草龙”和“百叶龙”、四川的“火龙”，此外，还有土家族的灯笼龙、草把龙、板凳龙、扁担龙、泼水龙等。

龙灯表演形式十分丰富，大体上分“单龙戏珠”与“双龙戏珠”两种。舞龙时，龙跟着绣球做各种动作，或腾跃，或滚动，或盘旋，或穿插，不断地展示扭、挥、仰、跪、跳、摇等多种姿势，气势磅礴，雄浑豪壮。

舞龙是一项集娱乐、喜庆、竞技、健身等多功能于一体的习俗活动。随着华人移民到世界各地，舞龙活动现已遍及东南亚、欧美、澳大利亚、新西兰等华人集中的地区，成为中华文化的一个标志。

十、“胡腾醉舞筋骨柔”——舞狮

舞狮是集舞蹈、武术、杂技、音乐为一体的综合性民间体育活动。在中国民间，每逢佳节或集会庆典，都会以舞狮来庆贺助兴、祈福献瑞。

舞狮大约始于汉代。《后汉书·西域传》记载，汉章帝时大月氏国进贡了一头狮子，当时叫“狻猊”，从那时起，人们便把雄健、威武的狮子视为吉祥、勇敢的象征，模仿狮子的形象和动作跳舞，逐渐形成狮舞。狮舞开始时盛行于宫廷之中，后来才逐渐发展到民间，成为节日和社戏中的主要娱乐节目。

舞狮是由两个人合作的表演，一人舞头，一人舞尾。表演者在锣鼓音乐下，装扮成狮子的样子，做出狮子的各种形态动作。因此，表演狮舞要有一定的武术功底，在表演过程中，舞狮者要以各种招式来表现本派的武功，因此充满了阳刚之气。

舞狮有很多风格流派。根据表演风格划分，可分文狮、武狮。文狮动作细腻诙谐，主要表现狮子的活泼及嬉戏神态，如抢球、戏球、舔毛、搔痒、打滚、洗耳、打瞌睡等，富有情趣性；武狮则重技巧和武功的运用，如腾、闪、跃、扑、登高、走梅花桩等高难动作，表现狮子的威武性格。按地域划分，可分南狮和北狮。北狮的发祥地为河北。北狮造型逼真，表演者全身为狮被所遮盖，动作以扑、跌、翻、滚、跳跃、擦痒等为主，表演较为接近杂耍。南狮又叫“醒狮”，以广东最为有名。南狮造型威猛，狮头以戏曲面谱作鉴，色彩艳丽，制造考究。表演者不遮全身，舞动时注重马步和两人配合，表演讲究意在和神似，方式有出洞、上山、巡山会狮、采青、入洞等，常常有上肩、叠罗汉、上杆、过梅花桩等特技动作。

狮子在中华各族人民心目中为瑞兽，象征着吉祥如意，舞狮活动寄托着民众消灾除害、求吉纳福的美好意愿。中国舞狮以其独特的造型、雄壮的乐鼓、精湛的武功，在国内外都获得很高的声誉，影响甚远。

【拓展阅读】

夫上古圣人之教下也，皆谓之虚邪贼风，避之有时，恬惔虚无，真气从之，精神内守，病安从来。

是以志闲而少欲，心安而不惧，形劳而不倦，气从以顺，各从其欲，皆得所愿。故美其食，任其服，乐其俗，高下不相慕，其民故曰朴。

是以嗜欲不能劳其目，淫邪不能惑其心，愚智贤不肖，不惧于物，故合于道。所以能年皆度百岁而动作不衰者，以其德全不危也。

——《黄帝内经·素问》

自我测试

1. 中国古代的三大球类运动是（　　）（　　）（　　）。

2. 足球最早起源于中国古代的（　　）（运动）。

3. 被称为“中国的高尔夫”的中国古代球类运动是（　　）。

4. 中国象棋史上一部带有划时代意义的棋谱是清代王再越的（　　）。

5. 中国武术分内家和外家。一般认为，（　　）的特点是主于搏人，（　　）是其代表；（　　）以静制动，后发制人，其代表分别为（　　）（　　）（　　）。

6. （多选题）下列养生方法属于导引术的是（　　）。

A. 八段锦　　B. 内丹术　　C. 易筋经　　D. 胎息法

7. 中国所说的琴、棋、书、画四大传统艺术形式中的“棋”是指（　　）。

A. 象棋　　B. 围棋　　C. 五子棋　　D. 樗蒲

8. （多选题）下列流派属于少林功夫的有（　　）。

A. 形意拳　　B. 南拳　　C. 峨眉剑　　D. 地躺拳

9. （多选题）下列属于儿童体育类活动的（　　）。

A. 踢毽子　　B. 放风筝　　C. 登高　　D. 舞狮

10. 哪些体育活动常在清明之际开展？为什么？

参考答案

1. 蹴鞠　击鞠　捶丸　2. 蹴鞠　3. 捶丸　4.《梅花谱》　5. 外家拳　少林拳　内家拳　太极拳　八卦掌　形意拳　6. AC　7. B　8. BD　9. AB　10. 略

第十六章　传承创新：中国传统习俗与民间技艺

传统习俗是指人们在社会生活中逐渐形成的具有稳定性的社会风俗和行为习俗，并且已同民族情绪和社会心理密切结合，成为人们自觉或不自觉的行为准则。传统习俗的内容是复杂的，大体上分两部分：一是历史遗留下来的，其源远流长，时代久远，具有社会性、集团性、民族性的特点。不同地区、不同集体、不同民族都具有不同的传统习俗，具体表现在各民族的生产、居住、饮食、服饰、婚姻、丧葬、节庆、娱乐、礼仪、禁忌等方面。这部分传统习俗在不同程度上反映了民族的历史传统、心理感情、道德准则以及宗教观念等。二是适应现实社会历史条件而产生的，如中华人民共和国成立后所倡导的新的生活习俗，主要表现在饮食、服饰、居住、婚姻、生育、丧葬、节庆、娱乐、礼节、生产等方面。它具有社会性、规范性、地域性、稳定性、敏感性等特点。

传统习俗有两重性，存在着新与旧、进步与落后、积极与消极相对立的两方面：一方面，新的、进步的、积极的传统习俗适应社会生活的需要，对评价人们的道德行为起着积极作用；另一方面，旧的、落后的、消极的传统习俗需要我们在现代文明的大背景下，科学地思辨。

第一节　中国传统节日

节日的起源和发展，是人类社会逐渐形成、逐渐完善的文化过程，是人类文明发展进程的产物。中华传统节日，是中华民族悠久的历史文化重要组成部分，其形成与发展是中华民族文化长期积淀凝聚的结果，承载着神话、传说、天文、地理、术数、历法等人文与自然文化内容。从流传至今的节日风俗里，我们可以清晰地看到古代人民社会生活的精彩画面。

一、节日概述

节日的起源和发展是一个潜移默化、逐渐完善、慢慢渗入到社会生活的过程。它和社会的发展一样，是人类社会发展到一定阶段的产物。中国文化中的众多节日，大多与天文、历法、数学以及后来划分出的节气有关。

节气为节日的产生提供了前提条件。在先秦时期，大部分节日就已初露端倪，但是风俗内容的丰富与流行则是一个漫长的发展过程。最早的风俗活动和原始崇拜、迷信禁忌有关；神话传说故事为节日平添了几分浪漫色彩；有宗教对节日产生了冲击与影响；一些历史人物被赋予永恒的纪念融入节日，这些都融合凝聚在节日的内容里，使中国的节日有了深沉的历史感。

到汉代，中国主要的传统节日已经定型，人们常说的节日起源于汉代。汉代是中国统一后第一个大发展时期，政治经济稳定，科学文化有了很大发展，这为节日的最后形成提供了良好的社会条件。

节日发展到唐代，已经从原始祭拜、禁忌神秘的气氛中解放出来，转为娱乐礼仪型，成为真正的佳节良辰。许多体育、娱乐活动也在节日中出现，使得节日变得欢快喜庆，丰富多彩，并很快成为一种时尚流行开来，这种节日风俗一直延续发展，经久不衰。

值得一提的是，在漫长的历史长河中，历代的文人雅士、诗人墨客，为一个个节日谱写了许多千古名篇，这些诗文脍炙人口，广为传颂，使中国的传统节日渗透出深厚的文化底蕴，大俗中透着大雅，雅俗共赏。中国节日有很强的内聚力和广泛的包容性，一到过节，举国同庆，这与我们民族源远流长的悠久历史一脉相承，是一份宝贵的精神文化遗产。

2011 年 2 月 24 日，春节、元宵、清明、端午、七夕、中秋、重阳等我国“七大”传统节日形象标识正式“出炉”。据悉，这是中华文化促进会节庆中华协作会发起的“将七大传统节日连起来打包申遗”的行动之一。中国七大传统节日形象标识的出炉将有利于中国传统节日文化走向世界。

二、中国节日

（一）除夕

除夕在农历十二月（又称“腊月”）的最后一天。小月在廿九，大月则在三十。大年三十晚上叫“除夕”。“除”，本义是“去”，引申为“易”；“夕”字本义是“日暮”，引申为“夜晚”。故而除夕之夜，便含有“旧岁到此而除，明日另换新岁”的意思，即“除旧布新”“辞旧迎新”。“除夕”在古时有“除夜”“逐除”“岁除”“大除”“大尽”“年终”等别称。称呼虽多，但总不外乎送旧迎新、祛病消灾的意思。

除夕，源于先秦时期的“逐除”。据《吕氏春秋·季冬记》记载：古人在新年的前一天，以击鼓的方式来驱除“疫疠之鬼”，来年才会无病无灾。

除夕风俗往往南北有较大差异。北方人风俗大体一致，过年包饺子、蒸馍等；而南方各地风俗则不同，如做年糕、包粽子、煮汤圆、吃米饭等。水饺形似元宝，年糕音似年高，都是吉祥如意的好兆头。南方不同的地域也有着诸多不同的过年风俗。

除夕这一天，家里家外不但打扫得干干净净，还要贴门神、贴春联、贴年画、挂门笼，人们则换上带喜庆色彩和带图案的新衣。

除夕之夜，全家人在一起吃“团圆饭”，有一家人团聚过年的味道。吃团圆饭时，餐桌上的鱼一般不动，只是一种装饰，因为鱼代表“富裕”和“年年有余”，象征来年的“财富与幸运”。少数地方，比如贵州，桌上的鱼不是不能吃，只是要剩下一些，寓意“年年有余”。

除夕之夜，人们往往通宵不眠，熬夜迎接新一年的到来，叫“守岁”。守岁，又称“照虚耗”“熬年”“熬夜”等。古时守岁有两种含义：年长者守岁为“辞旧岁”，有珍爱光阴之意；年轻人守岁视为延长父母的寿命。守岁最早在西晋就有记载。北宋时，苏轼《守岁》曰：“儿童强不睡，相守夜欢哗。”

（二）春节

春节是农历正月初一，是农历新年第一个节日，俗传统名称为“新年”“大年”“新岁”，口头语又称“度岁”“庆新岁”“过年”。

春节在中国有 4000 多年的历史。它是中国民间最热闹、最隆重的一个传统节日。古代的春节，是指农历二十四个节气中的“立春”时节，南北朝以后才将春节改在一年岁末，并泛指整个春季。这时大地回春，万象更新，人们便把它作为新的一年的开始。到了辛亥革命后的民国初年，改农历为公历（阳历）后，便将农历正月初一定为春节。直到 1949 年 9 月 27 日，中国人民政治协商会议上才正式把农历正月初一至正月十五的新年定为“春节”。

春节是汉民族最重要的节日，但是满、蒙古、瑶、壮、白、高山、赫哲、哈尼、达斡尔、侗、黎等十几个少数民族也有过春节的习俗，只是过节的形式各有自己的民族特色，更加韵味无穷。过春节时，人们要守岁、拜年、放鞭炮、贴春联、吃香肠、吃饺子等。如：

田家元日

唐·孟浩然

昨夜斗回北，今朝岁起东。我年已强仕，无禄尚忧农。
桑野就耕父，荷锄随牧童。田家占气候，共说此年丰。

（三）元宵节

元宵节是中国一个重要的传统节日。正月十五日是一年中第一个月圆之夜，也是一元复始，大地回春的夜晚，人们对此加以庆祝，也是庆贺新春的延续，因此又称“上元节”。古书将阴历正月十五日这一天称为“上元”，其夜称“元夜”“元夕”或“元宵”。而元宵这一名称一直沿用至今。

早在汉代，正月十五被用作祭祀天帝、祈求福佑的日子。后来古人把正月十五称为“上元”，七月十五称作“中元”，十月十五称作“下元”，最迟至南北朝早期，三元已是举行大典的日子。三元中，上元最受重视，后来中元、下元庆典逐渐废除，而上元经久不衰。

由于元宵有张灯、看灯的习俗，民间又习称为“灯节”。此外还有吃元宵、踩高跷、猜灯谜、舞龙、赏花灯、舞狮子等风俗。如：

十五夜观灯

唐·卢照邻

锦里开芳宴，兰缸艳早年。
缛彩遥分地，繁光远缀天。
接汉疑星落，依楼似月悬。
别有千金笑，来映九枝前。

（四）清明节

清明节是中国最重要的祭祀节日，是祭祖和扫墓的日子。扫墓俗称“上坟”，是祭祀死者的一种活动。汉族和一些少数民族大多是在清明节扫墓。清明节一般在公历 4 月 5 日前后。

中国传统的清明节大约始于汉代，已有 2500 多年的历史。清明最开始是一个重要的节气。清明一到，气温升高，正是春耕春种的大好时节，故有“清明前后，种瓜种豆”“植树造林，莫过清明”的农谚。由于清明和寒食的日子接近，而寒食是民间禁火扫墓的日子，渐渐地，寒食与清明就合二为一了，而寒食既成为清明的别称，也发展成为清明时节的一个习俗，清明之日不动烟火，只吃凉食。

按照旧的习俗，扫墓时，人们要携带酒食果品、纸钱等物品到墓地，将食物供祭在亲人墓前，再将纸钱焚化，为坟墓培上新土，折几枝嫩绿的新枝插在坟上，然后叩头行礼祭拜，最后吃掉酒食回家。

清明节正值春光明媚，草木吐绿，是人们春游（古代叫“踏青”）的好时候，所以古人有清明踏青及开展一系列体育活动的习俗。

清　明

唐・杜牧

清明时节雨纷纷，路上行人欲断魂。
借问酒家何处有？牧童遥指杏花村。

（五）端午节

端午节是中国一个古老的传统节日，是在农历五月初五。“端午”本名“端五”，“端”是“初”的意思。古人认为“五月”是恶月，“初五”是恶日，因而避讳“五”，改为“端午”。端午节早在西周初期即有记载，并非为纪念屈原而设立，但是端午节之后的一些习俗受到屈原的影响。

据《史记・屈原贾生列传》记载，屈原是春秋时期楚怀王的大臣，他倡导举贤荐能，富国强兵，力主联齐抗秦，遭到贵族子兰等人的强烈反对，屈原遭谗去职，被赶出都城，流放到沅、湘流域。他在流放中，写下了忧国忧民的《离骚》《天问》《九歌》等不朽诗篇，独具风貌，影响深远（因而，端午节也称“诗人节”）。公元前 278 年，秦军攻破楚国京都。屈原眼看自己的祖国被侵略，心如刀割，于农历五月五日写下绝笔作《怀沙》之后，抱石投汨罗江而死，以自己的生命谱写了一曲壮丽的爱国主义乐章。

传说屈原死后，楚国百姓哀痛异常，纷纷涌到汨罗江边去凭吊屈原。渔夫们划起船只，在江上来回打捞他的真身。有位渔夫拿出为屈原准备的饭团、鸡蛋等食物，“扑通扑通”地丢进江里，说是让鱼龙虾蟹吃饱了，它们就不会去咬屈大夫的身体了。人们见后纷纷仿效。一位老医师则拿来一坛雄黄酒倒进江里，说是要药晕蛟龙水兽，以免伤害屈大夫。后来为怕饭团为蛟龙所食，人们想出用楝树叶包饭，外缠彩丝，渐渐发展了成粽子。

端午节往往有悬钟馗像、赛龙舟、吃粽子、饮雄黄酒、佩香囊等习俗。

悬钟馗像：即钟馗捉鬼，是端午节习俗之一。传说在江淮地区，家家都悬挂钟馗像。唐明皇开元年间，自骊山讲武回宫，疟疾发作，梦见二鬼：小鬼穿大红无裆裤，偷香囊与玉笛；大鬼穿蓝袍，捉住小鬼并一口吞下。一喝问，知大鬼为钟馗。唐明皇命画工照梦中所见画钟馗像，通令端午时张贴，以驱邪魔。

赛龙舟：当时楚国人因舍不得贤臣屈原死去，于是有许多人划船追赶拯救。他们争先恐后，追至洞庭湖时不见踪迹，是为龙舟竞渡之起源，后每年农历五月五日划龙舟以纪念之。借划龙舟驱散江中之鱼，以免鱼吃掉屈原的尸体。竞渡之习，盛行于吴、越、楚。清乾隆二十九年（1764 年），中国台湾地区开始有龙舟竞渡，当时台湾知府蒋元君在台南市法华寺半月池主持友谊赛，并延续下来。中国香港有竞渡，近来英国人也仿效中国人开始组织龙舟竞赛活动。

吃粽子：荆楚之人，在农历五月五日用竹筒盛装糯米饭或蒸粽糕投入江中，以祭祀屈原，以后渐用粽叶包米代替竹筒。

饮雄黄酒：此种习俗，盛行于在长江流域地区。

游百病：此种习俗，盛行于贵州地区。

佩香囊：端午节小孩佩香囊，不但有避邪驱瘟之意，而且有襟头点缀之风。香囊内有朱砂、雄黄、香药，外包以丝布，清香四溢，再以五色丝线弦扣成索，作各种不同形状，结成一串，形形色色，玲珑夺目。如：

端　午

唐・文秀

节分端午自谁言，万古传闻为屈原。

堪笑楚江空渺渺，不能洗得直臣冤。

（六）七夕节

七夕节是农历七月初七，其来历与民间流传的牛郎与织女的故事有关。它最早渊源于春秋战国时期。如《诗经・小雅・大东》："跂彼织女，终日七襄。虽则七襄，不成服章；睆彼牵牛，不认服箱。"那时的七夕只为祭祀牵牛星、织女星，并无故事。直到汉代，七夕才与牛郎织女的故事联系起来，并且正式成为妇女们的节日。七夕坐看牵牛织女星，是民间的习俗。相传，每年的这个夜晚，是天上织女与牛郎在鹊桥相会之时。织女是一个美丽聪明、心灵手巧的仙女，凡间的妇女便在这一天晚上向她乞求智慧和巧艺，也少不了向她求赐美满姻缘，所以七月初七又被称为"乞巧节"。七夕节以牛郎织女的民间传说为载体，表达的是已婚男女之间不离不弃、白头偕老的情感，恪守的是双方对爱的承诺。随着时间演变，七夕现已成为中国情人节。

七夕节时，大姑娘、小媳妇在当日夜晚进行各种乞巧活动。乞巧的方式大多是姑娘们穿针引线验巧，做些小物品赛巧，摆上些瓜果乞巧。各个地区的乞巧的方式不尽相同，各有趣味。如：

七　夕

宋・杨璞

未会牵牛意若何，须邀织女弄金梭。

年年乞与人间巧，不道人间巧已多。

（七）中秋节

中秋节在农历八月十五，时值秋季的正中，故称"中秋"。到了晚上，月圆桂香，旧俗人们把它看作大团圆的象征，要备上各种瓜果和熟食品，度此赏月的佳节。中秋节的重要习俗之一是吃月饼。据说，元朝末年，广大人民为了推翻残暴的元朝统治，把发起暴动的日期写在纸条上，放在月饼馅子里，以便互相秘密传递，号召大家在八月十五日起义。终于在这一天爆发了全国规模的农民大起义，推翻了元朝统治。此后，中秋吃月饼的风俗就更加广泛地流传开来。如：

八月十五日夜湓亭望月

唐・白居易

昔年八月十五夜，曲江池畔杏园边。

今年八月十五夜，湓浦沙头水馆前。

西北望乡何处是，东南见月几回圆。

昨风一吹无人会，今夜清光似往年。

（八）重阳节

重阳节在农历九月初九，又称"老人节"。《易经》把"六"定为阴数，把"九"定为阳数，九月九日，日月并阳，两九相重，故而叫"重阳"，又叫"重九"。重阳节早在战国时期就已经形成，到了唐代，重阳节被正式定为民间的节日，此后历朝历代沿袭至今。重阳又称"踏秋"，与三月三日的"踏春"皆是家族倾室而出，重阳这天所有亲人都要一起登高"避灾"，插茱萸、赏菊花。自魏晋以来，重阳气氛日渐浓郁，是历代文人墨客吟咏最多的几个传统节日之一。

1989 年，中国把每年的九月九日定为“老人节”，传统与现代巧妙地结合，成为尊老、敬老、爱老、助老的老年人的节日。其具体习俗有登高、吃重阳糕、赏菊并饮菊花酒、插茱萸和簪菊花。如：

九月九日忆山东兄弟

唐・王维

独在异乡为异客，每逢佳节倍思亲。
遥知兄弟登高处，遍插茱萸少一人。

（九）冬至

冬至，是中国农历中一个非常重要的节气，也是一个传统节日。冬至又俗称“冬节”“长至节”“亚岁”“贺冬”等，在农历十二月二十一日或二十二日。早在 2500 多年前的春秋时期，我国就已经用土圭观测太阳测定出冬至了，它是二十四节气中最早制定出的一个。

中国古代对冬至非常重视，曾有“冬至大如年”的说法，而且有庆贺冬至的习俗。《后汉书・礼仪志》中说：“冬至阳气起，君道长，故贺。”冬至这一天白昼最短，过了冬至，白昼一天比一天长，阳气回升，是一个节气循环的开始，也是吉日，应该庆贺。《宋书・礼仪志》上载有“魏晋冬至日受万国及百僚称贺……其仪亚于正旦”，说明古代对冬至日的重视。

在中国北方地区有冬至宰羊、吃饺子、吃馄饨的习俗，南方地区在这一天则有吃冬至米团、冬至长线面的习惯。各个地区在冬至这一天还有祭天祭祖的习俗。

早在南宋时，临安人就在冬至吃馄饨，开始是为了祭祀祖先，后逐渐盛行开来，民间有“冬至馄饨夏至面”之说。吃汤圆也是冬至的传统习俗，在江南尤为盛行。汤圆是一种用糯米粉制成的圆形甜品，“圆”意味着“团圆”“圆满”，冬至吃汤圆又称“冬至团”。在台湾地区还保存着冬至用九层糕祭祖的传统，用糯米粉捏成鸡、鸭、龟、猪、牛、羊等象征吉祥的动物，然后用蒸笼分层蒸成用以祭祖，以示不忘老祖宗。如：

冬　至

唐・杜甫

年年至日长为客，忽忽穷愁泥杀人！
江上形容吾独老，天边风俗自相亲。
杖藜雪后临丹壑，鸣玉朝来散紫宸。
心折此时无一寸，路迷何处见三秦？

（十）腊八节

腊八节是农历腊月初八。古代十二月祭祀“众神”叫腊，故农历十二月叫“腊月”。腊月初八这一天，旧俗要喝腊八粥。传说，释迦牟尼在这一天得道成佛，因此寺院每逢这一天煮粥供佛，以后民间相沿成俗，直至今日。如：

腊　节

北齐・魏收

凝寒迫清祀，有酒宴嘉平。
宿心何所道，藉此慰中情。

第二节　中国生肖

每当新春佳节来临，人们都爱说今年是龙年，是属龙人的本命年；明年是蛇年，后年则是马年……追溯其历史渊源和文化底蕴，自然地引出了如下的一些话题：为什么是十二个生肖，而不是十一个或十三个？为什么是这十二种动物，而不是其他动物？

一、十二："天之大数"

天干地支是中华民族文化的特色产物。天干有十，即甲、乙、丙、丁、戊、己、庚、辛、壬、癸。地支十之又二，即子、丑、寅、卯、辰、巳、午、未、申、酉、戌、亥。在中国古籍中，"十二"这个数常常出现，但却与"十""百""千""万"这些不确指具体数量的字不同，这是因为"十二"这个数背后有着极深的天文学背景。

作为中华古老文明的成数之一，"十二"表示"天之大数"。华夏先民仰观天文，独立发现了"十二"这个数字，即十二个月的历法发明——古代天文学最辉煌的成果之一。古人将一岁分为十二个月的依据是月亮盈亏变化周期提供的时间尺度，运用了对一年内太阳月亮轨道周期变化规律的认识。先民们发现月亮盈亏周期为 29.5 天，历法因此有了月份；又发现月亮盈亏十二次，寒暑变化、植物枯荣一个轮回，历法因此有岁。同时先民还发现木星绕太阳一周为十二年，这样"十二"这个数就显露了天机——"天之大数"由此而来。

天干地支二者的组合，产生了六十甲子，在中国采用公历之前，人们长期用它记年、月、日，如甲子年、丙寅年、戊辰年等。例如，2001 年，是中国农历的辛巳年；下一个辛巳年则是在 60 年以后，即 2061 年。六十甲子顺序如下：

甲子、乙丑、丙寅、丁卯、戊辰、己巳、庚午、辛未、壬申、癸酉、
甲戌、乙亥、丙子、丁丑、戊寅、己卯、庚辰、辛巳、壬午、癸未、
甲申、乙酉、丙戌、丁亥、戊子、己丑、庚寅、辛卯、壬辰、癸巳、
甲午、乙未、丙申、丁酉、戊戌、己亥、庚子、辛丑、壬寅、癸卯、
甲辰、乙巳、丙午、丁未、戊申、己酉、庚戌、辛亥、壬子、癸丑、
甲寅、乙卯、丙辰、丁巳、戊午、己未、庚申、辛酉、壬戌、癸亥。

二、十二地支的属性

在阴阳五行理论中，干支按其顺序分为阴阳，逢单数属阳，逢双数属阴。天干的甲、丙、戊、庚、壬，地支的子、寅、辰、午、申、戌，属阳；天干的乙、丁、己、辛、癸，地支的丑、卯、巳、未、酉、亥，属阴。在这个基础上，根据相生相克的理论，推算人事的和谐、兴衰、冲突及其生灭。十二地支犹树之枝也，中华先民依据字形分析其含义分别为：

子：孳也，阳气始萌，孳生于下也。

丑：纽也，寒气自屈曲也。

寅：演也，津也，寒土中屈曲的草木，迎着春阳从地面伸展。

卯：茂也，日照东方，万物滋茂。

辰：震也，伸也，万物震起而生，阳气生发已经过半。

巳：巳也，阳气毕布已矣。

午：仵也，万物丰满长大，阴阳交相愕而仵，阳气充盛，阴气开始萌生。

未：昧也，日中则昃，阳向幽也。

申：伸束以成，万物之体皆成也。

酉：就也，万物成熟。

戌：灭也，万物灭尽。

亥：核也，万物收藏，皆坚核也。

三、十二地支配生肖

十二生肖是由十一种源于自然界的动物，即鼠、牛、虎、兔、蛇、马、羊、猴、鸡、狗、猪以及传说中的龙所组成，用于纪年，顺序排列为子鼠、丑牛、寅虎、卯兔、辰龙、巳蛇、午马、未羊、申猴、酉鸡、戌狗、亥猪。

长期以来，不少人将东汉思想家王充的名著《论衡》视为最早记载十二生肖的文献。《论衡·物势》篇载："寅，木也，其禽虎也。戌，土也，其禽犬也。丑、未亦土也，丑禽牛，未禽羊也。……午，马也。子，鼠也。酉，鸡也。卯，兔也。……亥，豕也。未，羊也。丑，牛也。……巳，蛇也。申，猴也。"以上引文，只有十一种生肖，所缺者为龙。

该书《言毒》篇又曰："辰为龙，巳为蛇，辰、巳之位在东南。"这样，十二生肖便齐全了。天下动物很多，古人为何选择了这十二种动物为属相？清代刘献《广阳杂记》引明代李长卿《松霞馆赘言》曰：

子何以属鼠也？曰：天开于子，不耗则其气不开。鼠，耗虫也。于是夜尚未央，正鼠得令之候，故子属鼠。

地辟于丑，而牛则开地之物也，故丑属牛。

人生于寅，有生则有杀。杀人者，虎也，又寅者，畏也。可畏莫若虎，故寅属虎。

犯者，日出之候。日本离体，而中含太阴玉兔之精，故犯属兔。

辰者，三月之卦，正群龙行雨之时，故辰属龙。

巳者，四月之卦，于时草茂，而蛇得其所。又，巳时蛇不上道，故属蛇。

午者，阳极而一阴甫生。马者，至健而不离地，阴类也，故午属马。

羊啮未时之草而茁，故未属羊。

申时，日落而猿啼，且伸臂也，譬之气数，将乱则狂作横行，故申属猴。

月出之时，月本坎体，中含金鸡之精，故本属鸡。

亥时，猪则饮食之外无一所知，故亥属猪。

另一种说法，十二生肖的选用与排列，是根据动物每天的活动时间确定的。我国至少从汉代开始，便已经根据太阳升起的时间，将一昼夜区分为十二个时辰，并采用十二地支纪时法来记录这十二时辰（大时），每个时辰相当于两个小时，这样一昼夜便是现在所称的二十四小时，即：

夜晚十一时到凌晨一时是子时，此时老鼠最为活跃。

凌晨一时到三时，是丑时，牛正在反刍。据说也是牛开始耕田的时刻。

三时到五时，是寅时，此时老虎到处游荡觅食，最为凶猛。

五时到七时，为犯时，这时太阳尚未升起，月亮还挂在天上，此时玉兔捣药正忙。人间的兔子也开始出来觅食。

上午七时到九时，为辰时，这正是神龙行雨的好时光。

九时到十一时，为巳时，蛇开始活跃起来。

上午十一时到下午一时，阳气正盛，为午时，正是天马行空的时候。

下午一时到三时，是未时，羊在这时吃草，会长得更壮。

下午三时到五时，为申时，这时猴子活跃起来。

五时到七时，为酉时，夜幕降临，鸡开始归窝。

晚上七时到九时，为戌时，狗开始守夜。

晚上九时到十一时，为亥时，此时万籁俱寂，猪正在鼾睡。

南北朝不仅使用十二生肖纪年，而且出现了沈炯创作的《十二属诗》：

鼠迹生尘案，牛羊暮下来。
虎啸坐空谷，兔月向窗开。
龙隰远青翠，蛇柳近徘徊。
马兰方远摘，羊负始春栽。
猴栗羞芳果，鸡跖引清怀。
狗其怀屋外，猪蠡窅悠哉。

这首诗在首字按序嵌入了十二生肖名，突出了每种动物的生性特点，起到画龙点睛之作用。明朝大学者胡俨撰写的《十二生肖诗》，不仅依次嵌入生肖名，而且一名一典，颇有情趣。诗云：

鼷鼠饮河河不干，牛女长年相见难。
赤手南山缚猛虎，月中取兔天漫漫。
骊龙有珠常不睡，画蛇添足适为累。
老马何曾有角生，羝羊触藩徒忿嚏。
莫笑楚人冠沐猴，祝鸡空自老林丘。
舞阳屠狗沛中市，平津放豕海东头。

首句“鼷鼠”即水鼠；第二句的“牛女”即民间牛郎织女的传说；第五句的“骊龙”是龙的一个种类，其颏下有宝珠一颗，故谓之骊龙；第八句的“羝羊”即公羊，“触藩”指羊角触篱笆；第十一句的“舞阳”指汉高祖刘邦封名将樊哙为舞阳侯，樊哙曾在江苏沛县以宰狗为生；最后一句是指汉武帝丞相公孙弘，当年曾在东海放过猪。

四、十二生肖的典籍记载

以动物纪年的方法最初起源于我国古代西部、北部从事游牧的少数民族中。《新唐书·黠戛斯传》载：“黠戛斯国以十二物纪年，如岁在寅，则曰虎年。”清代著名考据学家赵翼在《陔馀丛考》中考证云：“盖北狄俗初无所谓子、丑、寅、卯之十二辰，但以鼠、牛、虎、兔之类分纪岁时，至汉时呼韩邪款塞人居五原，与齐民相杂，浸寻流传于中国，遂相沿不废耳。”

十二生肖最早见于诗歌总集《诗经》。《诗经·小雅·吉日》曰：“吉日庚午，既差我马。”又见于《礼记·月令·季冬》：“出土牛，以送寒气。”十二生肖之说，究竟产生于何时？南北朝时代已经实现对十二生肖的使用。《北史·宇文护传》记载了宇文护的母亲写给他的一封信，内容是：“昔在武川镇生汝兄弟，大者属鼠，次者属兔，汝身属蛇。”可见当时民间已普遍使用十二生肖记录人的生年了。

五、十二生肖的来历

世间动物如此之多，为何要选取这十二种动物作为生肖呢？

自东汉以来，很多文人学者开始探索十二生肖的起源，形成了繁杂的十二生肖起源学说，如北俗说、阴阳说、五行说、趾爪奇偶说、动物习性说、动物性情说、印度传入说、天地自然说（“非人能为”）、书画同源说（汉字初创于象形）、图腾说、星象说、物名记月说、动物生月对冲说、易经的两卦说（比卦、小畜卦）、岁星说（木星即岁星）等。关于生肖排序还有竞赛说。但十二生肖究竟起于何时，诸书皆无明文。

相传以十二种动物取代十二地支，来代表十二个月令，是汉朝东方朔的杰作。王充《论衡》一书有明确记载，还提到了十二种动物的具体名称。用十二生肖来纪年，也起于东汉。但是，在20世纪七八十年代先后两次的考古发现，让人们看到了秦代的十二生肖。先有1975年12月，在湖北云梦睡虎地第11号秦墓的出土文物中，发现了上千支竹简；后有甘肃天水放马滩秦墓发掘出的一批简书。这两批秦简中关于十二生肖的记载均见于《日书》——选择日子吉凶的民间用书。《日书·盗者》清楚地记载着用生肖占卜盗贼相貌特征的文字，证明了在春秋战国时代就使用十二生肖了。两次秦简的发现将有史料记载的生肖文化起源年代前移了200多年。

至于为什么要选定十二种动物作标志，最早可能与图腾有关。古代各部落都选一种特别惧怕或特别喜爱的动物，以其图案作为本部落标志。宋代洪巽的《旸谷漫泉》、明朝郎瑛的《七修类稿》等对此都作了解释。另外佛经《大集经》记有十二生肖轮流游行的故事，但其中无虎而有狮子，据此有人认为，十二生肖是由古印度传入中国的，以虎代狮，可能与中原不产狮有关。

也有人认为，十二生肖首先出现于纪时。一昼夜是二十四小时，古代天文学家将昼夜分为十二时辰。同时他们在观天象时，依照十二种动物的生活习惯和活动的时辰，确定十二生肖。由此，子鼠、丑牛、寅虎、卯兔、辰龙、巳蛇、午马、未羊、申猴、酉鸡、戌狗、亥猪的顺序确立下来。后来人们把这种纪时法用于纪年，就出现了十二生肖。

对十二种动物配十二时辰，还有一种类似的说法。据说，天地生成于子时，生之初，没有缝隙，老鼠一咬，有了缝隙，使气体跑出来，物质便能利用了。老鼠有打开天体之神通，子时就属鼠了。老鼠打开了天地之缝，牛便出来耕耘在地，于是丑时就属牛了。传说人生于寅，“寅”字有敬畏之意，古时人最怕老虎，寅时便属虎了。卯时已进入清晨，但太阳还没出来，照亮大地的还是月亮，而月宫中唯一的动物是“玉兔”，卯时便属兔。传说辰时正是群龙行雨的时候，此时自然属龙了。蛇善于利用草掩藏其行踪，据说巳时蛇不在人行走的路上游动，不会伤人，所以巳时属蛇。午时阳气达到极限，阴气刚欲产生，马跑离不开地，是属阴类动物，故午时属马。传说羊吃了未时的草，并不影响草的再生，未时就属羊了。申有“伸”的意思，而猴子最善于伸屈攀登，故申时属猴。酉时鸡开始归窝，此时当属鸡。戌时天渐渐黑了，狗开始“工作”，看家护院，这时就属狗。亥时已入夜，万物寂静，天地混沌，而猪和天地混沌一样，除“吃”以外一无所知，亥时自然就属猪了。

《法苑珠林》引《大集经》言十二生肖由来曰：“阎浮堤外，四方海中，有十二兽，并是菩萨化导。人道初生，当菩萨住窟，即属此兽护持、得益，故汉地十二辰依此行也。”又云：“其所以分配之义，则《旸谷漫录》言之颇详。据之，子、寅、辰、午、申、戌俱阳，故取相属之奇数以为名的鼠、虎、龙、猴、狗皆五指，而马单蹄也；丑、卯、巳、未、酉、亥属阴，故取相属之偶数以为名的牛、羊、鸡、猪皆四爪，兔两爪，蛇两舌也。”据此，十二种动物按足趾奇偶排列为：牛四趾，为偶；虎五趾，为奇；兔四趾，为偶；龙五趾，为奇；蛇无趾却两舌，为偶；马一趾（单蹄），为奇；羊四趾，为偶；猴五趾，为奇；鸡四趾，为偶；狗五趾，为奇；猪四趾，为偶；十二种动物中，只有鼠最特殊，前足为四趾，为偶；后足五趾，为奇。这样，鼠是奇、偶全占，就排在十二种动物首位了。

十二生肖分为六组，十二种动物的性情如下：

第一组：鼠和牛。鼠代表智慧，牛代表勤劳。两者要紧密地结合在一起——只有智慧不勤劳，就变成了小聪明；光是勤劳，不动脑筋，就变成了愚蠢。智慧与勤劳，这是祖先对我们的期望和要求。

第二组：虎和兔。虎代表勇猛，兔代表谨慎。两者紧密地结合在一起，才能做到胆大心细。勇猛离开了谨慎，就变成了鲁莽，而一味的谨慎就变成了胆怯。

第三组：龙和蛇。龙代表刚猛，蛇代表柔韧。所谓刚者易折，太刚易折断；过柔易弱，容易失去主见，所以刚柔并济是我们历代的祖训。

第四组：马和羊。马代表一往无前，向目标奋进，羊代表团结和睦。中华民族是一个大家庭，需要团结和睦的内部环境，只有集体和谐，我们才能追求各自的理想。如果个人只顾及自己利益，不注意团结、和睦，必然会落单。故个人奋进与集体和睦必须紧紧结合在一起。

第五组：猴和鸡。猴子代表灵活，鸡定时打鸣，代表恒定。灵活和恒定一定要紧紧结合起来——光灵活，没有恒定，再好的政策最后也得不到收获；光恒定，死水一潭、铁板一块，那就不会有创新。只有它们非常圆融的结合，才能在保持整体和谐而恒定有序的基础上不断变通前进。

第六组：狗和猪。狗代表忠诚，猪代表随和。一个人太忠诚，不懂得随和，就会排斥他人；而反过来，一个人太随和，没有忠诚，就会失去原则。所以，无论是对一个民族国家的忠诚、对团队的忠诚，还是对自己理想的忠诚，一定要与随和紧紧结合在一起。我们中国人一直坚持的就是外圆内方，君子和而不同。

我们至今不能确定十二生肖的确切来历，但因其通俗、方便又具有趣味性，一直沿用至今，成为古人留给我们的一种仍有实用价值的宝贵文化遗产。

在陕西省临潼骊山人祖庙的西北方，有一巨碑，上面刻有鼠、牛、虎、兔、龙、蛇、马、羊、猴、鸡、狗、猪十二种动物的形象，被称为“十二像石”。传说十二生肖选定并排列次序后，黄帝便命创造文字的仓颉，把十二种动物名刻在石碑上，一直流传下来。

从古至今，凡是中华民族子孙，每个人从出生那一天起，就有一个生肖属相伴随一生，终生不变。实际上生肖已成为每个人的出生符号、生命符号之一，是每个人的吉祥物，人们赋予十二个生肖不同的象征意义，共同表达美好的祝愿和心灵的祈求。

第三节　民间技艺

一、剪纸：剪出来的世界

剪纸是汉族民间艺术之一，作为一种镂空艺术，其在视觉上给人以透空的感觉和艺术享受。剪纸是用剪刀将纸剪成各种各样的图案，如窗花、门笺、墙花、顶棚花、灯花等。每逢过节或新婚喜庆，人们便将美丽鲜艳的剪纸贴在家中窗户、墙壁、门和灯笼上，节日的气氛也因此被烘托得更加热烈。在农村，剪纸通常是由妇女、姑娘们来做，在过去，剪纸几乎可以说是每个女孩所必须掌握的手工艺术，并且还被人们拿来作为品评新娘的一个标准。中国的剪纸艺术，通过一把剪刀和一张纸，就可以表达生活中的各种喜怒哀乐。

广义的中国剪纸可以追溯到春秋战国时期（公元前 3 世纪），人们已经开始运用镂空雕刻的技法，把金箔、皮革、绢帛甚至树叶，雕琢成工艺品。历史典故“剪桐封弟”就记述了西周初期成王用梧桐叶剪成“圭”赐其弟，封姬虞到唐为侯的故事。剪纸由于其强烈的民间文化气息，再加上不易保存的特性，使其通过艺术品的身份保存至今。只有少数如湖北出土的战国时期皮革镂花、银箔刻花等类似剪纸的出土文物，证明了中国剪纸艺术的起源。到了唐代盛世，剪纸艺术和诗歌艺术都达到了高峰，留下了许多与剪纸有关的唐诗，如李商隐的“镂金作胜传荆俗，剪彩为人起晋风”（《人日》）。

我国各地，均有剪纸习俗，他们风格迥异，做工各有千秋，题材各有不同，剪纸材料千差万别。按制作方法分类，主要有剪纸和刻纸；按表现形式分类，主要有单色和点彩。

剪刀剪纸，历史悠久，但由于受加工数量的限制，逐渐被刻纸取代。刻纸的优势在于，以此可以加工多张，且刀法变化多端。

单色剪纸和点彩剪纸，各有所长，然而一般来说，单色剪纸更能体现剪纸技法的高低，因为单色剪纸，突出了“剪”的艺术主题，也是剪纸艺术的最初形式。而点彩剪纸，特点在于颜色更加艳丽多样，扩大了剪纸的使用，也给现代剪纸提供了一种新的发展方式；然而相对单色剪纸来说，点彩剪纸就更重染色比较轻“剪”的主题，俗称“三分剪，七分染”。

剪纸在我国大江南北均有流传发展。在北方，比较有代表性的是河南庆阳、山西、陕西、山东、河北、新疆等地，在南方则主要分布有湖北、广东佛山、福建、浙江等地。从中可以看出，剪纸往往盛行于比较富饶的地方，这和其民间艺术的特质是分不开的。此外，书画艺术比较发达的地方剪纸技术也相应比较优秀，代表的地方就是江苏扬州和天津杨柳青。

2006 年 5 月 20 日，剪纸艺术经国务院批准被列入“第一批国家级非物质文化遗产名录”。

二、皮影戏：灯和影的艺术

皮影戏是用灯光把人偶剪影照射到刮薄的兽皮或者纸板上，通过影子的活动来表演故事的一种民间戏剧艺术。因皮影戏中的平面人偶以及场面景物，通常是民间艺人用手工刀雕彩绘而成的皮制品，故称为“皮影”，同时配以打击乐器和弦乐，有浓厚的乡土气息。所以，皮影戏还结合了民间工艺与戏曲，又叫“影子戏”“灯影戏”“驴皮影”。在河南、山西、陕西、甘肃天水等地农村，这种朴拙的民间艺术形式很受人们的欢迎。

秦之韵——皮影戏

皮影戏历史悠久，据班固《汉书》记载，汉武帝爱妃李夫人染疾去世后，汉武帝悲痛万分。方士李少翁想出办法，用棉帛裁成李夫人影像，涂上色彩，在手脚处装上木杆。到了夜里用白布围帐，恭请皇帝端坐帐中，然后用灯烛将李夫人的影子投射在方帷上，武帝看罢龙颜大悦，就此爱不释手。这个爱情故事，被认为是皮影戏的起源。正如陕西皮影的流传："皮影戏始于汉，兴于唐，盛于宋。"另一说亦与亡灵有关，唐代俗讲僧在佛寺利用灯影说理和超度亡灵。所以，皮影与宗教有密切的关系。

皮影属于傀儡艺术，还是一种地道的工艺品。它是用牛、驴、马、骡皮，经过选料、雕刻、上色、缝缀、涂漆等几道工序做成的。受外在环境以及兽皮材料质地上的差异等种种因素影响，各地皮影戏偶造型风格不同。

从清人入关至清末民初，中国皮影艺术发展到了鼎盛时期。很多皮影艺人子承父业，数代相传，能人辈出。无论从影人造型制作、影戏演技唱腔和流行地域上讲，都达到了历史的巅峰。当时很多官第王府、豪门旺族、乡绅大户，都以请名师刻制影人、蓄置精工影箱、私养影班为荣。在民间乡村城镇，大大小小的皮影戏班也比比皆是。一乡一市有二三十个影班也不足为奇。无论逢年过节、喜庆丰收、祈福拜神、嫁娶宴客、添丁祝寿，都少不了搭台唱影。连本戏（连续剧）要通宵达旦或连演十天半月不止。一个庙会可出现几个影班搭台对擂唱影，热闹非凡，其盛状可想而知。

皮影戏是我国走出国门、闯入世界最早的戏剧艺术。它自13世纪先后传入亚欧各国到现在，一直受到外国人的喜爱。早在1781年，德国文豪哥德就用皮影戏来庆贺他的生日，使得宾客惊喜不已。在土耳其，至今还盛行着皮影戏的传统文娱活动。我国的皮影剧团每到国外演出，都受到高度赞誉。皮影戏是世界上最早的供人观赏的幕影艺术，国外学者公认中国皮影戏是近代发明电影的先行。

在国内，《猪八戒吃西瓜》《人参娃娃》《金色的海螺》《红军桥》《济公斗蟋蟀》《渔童》等诸多美术影片，都是吸取皮影造型与动作技巧来制作的。有唐剧、华剧、陇剧、黄龙戏等10余种地方戏，都是在当地皮影戏曲调中直接派生出来的新剧种。皮影戏艺术还为戏剧舞台上创出了风趣幽默的"皮影步"和皮影造型技巧，为舞台艺术的发展提供了丰富营养。

皮影戏音乐，是在不同地区分别融会当地民族器乐、民间曲调的基础上发展起来的。它的唱腔丰富，韵律优美，板式灵活多变，在我国音乐领域里自成一体。它与其他乐种也起着互相取补、互相促进与提高的作用。

皮影戏的影人造型，融入了古代壁画、佛像、戏曲脸谱、戏曲服装、民俗装束与剪纸等民间艺术的精髓，制作之生动精美，受到无数国内外人士、博物馆的欢迎。在人民大会堂里也有以皮影画为装饰的大型屏风，展示了我国民间皮影的艺术价值。

三、刺绣：手指下的春风

刺绣，古代称"黹""针黹"，又称"针绣"，是用绣针引彩线，将设计的花纹在纺织品上刺绣运针，以绣迹构成花纹图案的一种工艺。是中国古老的手工技艺之一。据《尚书》载，远在4000多年前的章服制度，就规定"衣画而裳绣"，因刺绣多为妇女所作，故属于"女红"的一个重要部分。用途主要包括生活和艺术装饰，如服装、床上用品、台布、舞台、艺术品装饰。中国刺绣主要有苏绣、湘绣、蜀绣和粤绣四大门类。

（一）苏绣

周代有"绣缋共职"的记载。湖北和湖南出土的战国、两汉的绣品水平颇高。唐宋刺绣施针匀细，设色丰富，盛行用刺绣作书画、饰件等。明清时，封建王朝的宫廷绣工规模很大，民间刺绣也得到进一步发展，先后产了苏绣、粤绣、湘绣、蜀绣等“四大名绣”。

苏绣《韩熙载夜宴图》（局部）

苏绣已有2600多年的历史，在宋代已具相当规模，在苏州就出现有绣衣坊、绣花弄、滚绣坊、绣线巷等生产集中的坊巷。明代苏绣已逐步形成自己独特的风格，影响较广。清代为鼎盛期，当时的皇室绣品，多出自苏绣艺人之手；民间刺绣更是丰富多彩。苏州刺绣，素以精细、雅洁著称。图案秀丽，色泽文静，针法灵活，绣工细致，形象传神。绣品分两大类：一类是实用品，有被面、枕套、绣衣等；一类是欣赏品，有台屏、挂轴、屏风等。取材广泛，有花卉、动物、人物、山水、书法等。

苏州发绣也是一件艺术瑰宝。据史料记载，在唐代就已开始流传，与丝绣相比，它有着清秀淡雅、线条明快、清隽劲拔、耐磨耐蚀、永不褪色、富有弹性、利于收藏等特点。近些年来，发绣在收藏界的价格一直不断攀升。

（二）粤绣

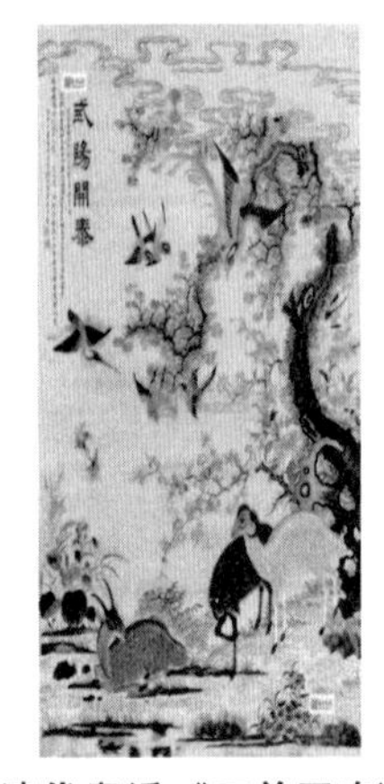

清代粤绣《三羊开泰》

粤绣，亦称“广绣”。粤绣历史悠久，相传最初创始于少数民族，与黎族所制织锦同出一源。在明代，粤绣就用孔雀羽编线为绣，使绣品金翠夺目，又用马尾毛缠绒作勒线，使粤绣勾勒技法有更好表现；清代粤绣得到了更大发展。国内以北京故宫博物院收藏最多而又有代表性。

粤绣构图繁而不乱，色彩富丽夺目，针步均匀，针法多变，纹理分明，善留水路。品类繁多，欣赏品主要有条幅、挂屏、台屏等；实用品有被面、枕套、床楣、披巾、头巾、台帷和绣服等。一般多作写生花鸟，富于装饰味，常以凤凰、牡丹、松鹤、猿、鹿以及鸡、鹅等为题材，混合组成画面。妇女衣袖、裙面，则多作满地折枝花，铺绒极薄，平贴绌面。配色选用反差强烈的色线，常用红绿相间，眩耀人眼，宜于渲染欢乐、热闹的气氛。

（三）湘绣

以湖南长沙为中心的刺绣品总称。在湖南民间刺绣的基础上，吸取了苏绣和粤绣的优点而发展起来。清代嘉庆年间，长沙就有很多妇女从事刺绣，光绪二十四年（1898年），绣工胡莲仙的儿子吴汉臣在长沙开设第一家自绣自销的“吴彩霞绣坊”，作品精良，流传各地，湘绣从而闻名全国。

湘绣的特点是用丝绒线（无拈绒线）绣花，劈丝细致，绣件绒面花型具有真实感。早期湘绣以绣制日用装饰品为主，后逐渐增加绘画性题材。常以中国画为蓝本，色彩丰富鲜艳，十分强调颜色的阴阳浓淡，形态生动逼真，风格豪放，曾有“绣花能生香，绣鸟能听声，绣虎能奔跑，绣人能传神”的美誉。湘绣以特殊的鬅毛针绣出的狮、虎等动物，毛丝有力、威武雄健。

湘绣《饮水虎》

（四）蜀绣

蜀绣，又名“川绣”，是以四川成都为中心的刺绣品的总称。蜀绣历史悠久。据晋代常璩《华阳国志》载，当时蜀中刺绣已很闻名，同蜀锦齐名，都被誉为“蜀中之宝”。清代道光时期，蜀绣已形成专业生产，成都市内发展有很多绣花铺，既绣又卖。蜀绣以软缎和彩丝为主要原料。题材内容有山水、人物、花鸟、虫鱼等。针法有100多种。蜀绣的特点是形象生动，色彩鲜艳，富有立体感，短针细密，针脚平齐，片线光亮，变化丰富，具有浓厚的地方特色。

四、陶瓷：中国的“名片”

陶瓷，是陶器和瓷器的合称。两者在中国都有着悠久的历史。陶器通过黏土或陶土经捏制成形后烧制而成，它的发明是人类第一次利用天然物按照自己的意志创造崭新的东西。从河北省发现的陶片来看，在距今已有1万多年的新石器时代，中国就出现了简单粗糙的陶器。

中国是瓷器的故乡，瓷器的发明是中华民族对世界文明的伟大贡献，在英文中“瓷器”（china）一词已成为“中国”的代名词。大约在商代中期，中国就出现了早期的瓷器。在胎体上和釉层的烧制工艺上都尚显粗糙，烧制温度也较低，表现出原始性和过渡性，所以一般称其为“原始瓷”。在河南郑州发掘出土的商代高岭土彩釉器皿是世界上已知的最早瓷器。原始瓷作为陶器向瓷器过渡时期的产物，与各种陶器相比，具有胎质致密、经久耐用、便于清洗、外观华美等特点，因此发展前景广阔。原始瓷烧造工艺水平和产量的不断提高，为后来瓷器逐渐取代陶器，成为中国人日常生活的主要用器奠定了基础。

战国印纹陶罐

在唐代，低温彩釉陶器非常盛行，主要以黄、白、绿为基本釉色，人们习惯称其为“唐三彩”，“唐三彩”主要分布在长安和洛阳两地，作为冥器用于随葬，因其胎质松脆，防水性差，实用性不如已经出现的青瓷和白瓷。

到了宋代，烧瓷技术达到完全成熟的程度，是瓷业最为繁荣的时期。出产器形几乎包括了碗、盘、壶、罐等人民日常生活用器的大部分器形。北方地区磁州窑陶瓷大规模发展，产品覆盖面与影响力遍及全国，导致文献记载及实际生活中大量出现以“磁”代“瓷”现象，后来在重庆、南京都有了“磁器口”街道。南方地区则出现了久负盛名的景德镇青白瓷系。

2012年，在香港苏富比拍卖的一件北宋汝瓷天青釉葵花洗，成交价达1.69亿元人民币，宋朝瓷器珍贵

宋哥窑八方碗

可见一斑。

中国瓷器的发展，宋代的大江南北成百上千窑口百花争艳的态势，经由元代过渡之后，到明代几乎变成了由景德镇各瓷窑一统天下的局面。景德镇瓷器产品占据了全国的主要市场，景德镇的瓷器以青花为主，青花瓷于是变成瓷器的主流，到清康熙时发展到顶峰。

与技术文化相结合的艺术文化的中国瓷器，深刻而久远地影响着世界一些国家的政治、经济、宗教、民俗、文化等物质世界和观念世界。这个除却艺术文化以外的技术文化和思想文化的物质世界和观念世界，便是我们所说的“广义的世界”。

中国瓷器，栩栩如生地“活”在世界审美的精神世界里。它深刻而久远地影响着世界一些国家的政治、经济、宗教、民俗、文化等客观世界和主观世界，存在于除却艺术文化以外的技术文化和思想文化的物质世界和观念世界，使陶瓷成为中国的“世界名片”。

【拓展阅读】

中国自古就有“入国问禁，入乡随俗”的民间传统，民俗是最贴近身心和生活、并世世代代锤炼和传承的文化传统。《中国民俗》全景式地展现了它的形成、延展与传承的演进过程，从中华民族的饮食文化、服饰文化、传统建筑、传统节日、婚庆礼仪、信仰禁忌以及民间艺术等诸多层面，以生动的语言、精美的图片、丰富的人文蕴含，给我们展开了一幅精彩生动的民俗画卷。

——杨超《中国民俗》

中国皮影，北方以滦州皮影为代表，影人结构分七大部分：头、上身、上臂（两件）及下臂（两件）、手（两件）、下身、腿（脚与腿相连，两件）。共 11 个组件。中心控制是脖条，以杆子操纵。生旦脸部镂空，净丑则涂色，脸形棱角分明，尖下巴，平额头。形体较小，一般 25.4 厘米至 30.4 厘米左右，最高 40.6 厘米。多以驴皮雕镂。以黄牛皮雕镂的陕西皮影亦分 11 个组件。

……

中国皮影关节灵活，在优秀艺人操纵下，行坐顾盼，端带撩袍，舞刀挥剑，驾雾腾云，打斗驰马，出神入化，令人叫绝，扮演种种传奇故事，塑造了生、旦、净、丑、神、佛、灵、怪、兽种种难以想象的影窗形象，成为驭物为灵的艺术。

——段宝林《中国民间文艺学概要》

自我测试

1. 凡有一定流行范围、流行时间、(　　) 的意识行为，无论是官方的，民间的，均可称为“习俗”。

2. 习俗包括民族风俗、节日习俗和（　　）等。

3. 风俗对社会成员有一种非常强烈的（　　）作用。

4. 风俗是（　　）与法律的基础。

5. 我国法定传统七大节日分别是（　　）、（　　）、（　　）、（　　）、（　　）、（　　）、（　　）。

6. 民间艺术是艺术领域中的一项分类，冠以“民间”显然是要与所谓的(　　)等艺术有所区别。

A. 宫廷艺术　　B. 贵族艺术　　C. 高雅艺术　　D. 通俗艺术

7.（多选题）民间艺术是劳动者为满足自己的生活和审美需求而创造的艺术，包括民间（　　）、（　　）、（　　）和戏曲等多种艺术形式。

A. 工艺美术　　B. 民间音乐　　C. 民间舞蹈　　D. 琴棋书画

8.（多选题）民间艺术是以（　　）和（　　）为主体，以满足创作者自身需求或以补充家庭收入为目的，甚至以之为生计来源的手工艺术产品。往往以一家一户为生产单位，以父传子、师带徒的方式世代传承的。

A. 农民　　B. 手工业者　　C. 商人　　D. 士大夫

9. 丝绸之路，简称“丝路”，一般指陆上丝绸之路，广义上讲又分为陆上丝绸之路和海上丝绸之路。陆上丝绸之路起源于西汉（前 202 年~8 年），汉武帝派（　　）出使西域开辟的以首都（　　）为起点，经甘肃、新疆，到中亚、西亚，并连接地中海各国的陆上通道。

A. 张骞　长安　　B. 郑和　长安　　C. 班固　洛阳　　D. 鉴真　长安

10. 从中国制陶业的发展谈谈陶瓷在中国对外贸易中的地位。

参考答案

1. 流行区域　2. 传统礼仪　3. 行为制约　4. 社会道德　5. 春节　元宵　清明　端午　七夕　中秋　重阳　6. C　7. ABC　8. AB　9. A　10. 略

第十七章　育人选才：中国传统教育

在中国古代文献中，“教育”一词最早出现于《孟子·尽心上》：“君子有三乐，而王天下不与存焉。父母俱存，兄弟无故，一乐也。仰不愧于天，俯不怍于人，二乐也。得天下英才而教育之，三乐也。”人生三乐中，父母兄弟俱在，一家人和睦相处，应该是亲情之乐；为人处世，问心无愧，应该算是自身之乐。此两乐，很多人都能做到，也是安身立命的根本，是亲情和个人之乐。而第三乐就不同了，并非人人都能“得天下英才而教育之”，能将天下英才纳入彀中，普天之下，只有至尊的帝王才能做到。

“得天下英才而教育之”，是帝王之乐趣。此乐趣有两个过程，一是“得”，二是“教育”。“得”是招纳、求索；而“教育”呢？《说文解字》曰：“教，上所施下所效也。从支从孝。”即在上的操作、示范，在下的效仿、模拟，下以上为正确、典范。《说文解字》亦云：“育，养子使作善也。”即培养孩子，使之从善。如果说“教”从国家、社会层面强调上行下效的培育功用，而“育”则从家庭层面强调对孩子的教导。这就显示了中国古代家国一体的实质，也昭示了古代教育在国家、家庭层面上的一致性。

第一节　古代教育发展概述

在某种程度上讲，中华文化从未中断主要得益于中华民族的古代教育。纵观整个中国历史，专门的、有组织的教育活动至少延续了4000多年。

据历史文献记载，中国古代教育最早可追溯到传说中的伏羲、神农、黄帝、尧舜禹时代。最初的教育与生产劳动密切相关，传说中的伏羲、神农、黄帝、尧舜禹等都亲自教育人民如何劳动和生存。黄帝的妻子还教人们养蚕、织衣服。

夏、商、周三代开始有了专门的教育机构。据古籍记载，早在夏朝，就有了学校。西周时，学校分国学（国家官学）和乡学（地方官学）。三代均推行贵族政治，贵族阶层垄断了文化教育，即“学在官府”，教育对象仅限于贵族子弟。在当时，教育主要承担的是社会上层建筑的职能。“礼不下庶人”，说明教育的阶级性、等级性十分鲜明。

春秋战国时期，周天子权威丧失，旧的传统秩序被完全打乱，原来的官学教育体制已不适用。学术逐渐扩散到民间，学校教育从官府移向民间，形成了一个掌握文化知识和技能的特殊群体——士阶层。当时各国统治者为求生存和扩张，极力网络和重用贤士，学术和教育活动被统治者发现并重用，于是私学兴起，养士之风盛行。孔子是创办私学最杰出的代表，他主张有教无类，传说“弟子三千，贤者七十二”，并创立了儒家学说，奠定了古代教育理论体系，对中国古代教育具有决定性影响。

到了汉代，汉武帝采纳了董仲舒“罢黜百家，独尊儒术”的建议，积极推广儒家思想的教育和教化；同时将“学而优则仕”制度化，为通过各种途径学有所成的士人提供做官的机会。“独尊儒术”文教政策的确立，不仅促进了汉代教育的大发展，对整个中国封建社会的教育更是产生了重大而深远的影响。

魏晋时期长期处于分裂和战乱状态，由于社会动荡，官学时兴时废，教育发展缓慢。当时社会上佛、道、玄学盛行，文学、史学、自然科学发达，儒学不振而退居次要地位。贵族势力日益膨胀，人才选拔逐渐为门阀世族所把持，寒门士子毫无进仕之路，他们学习的积极性受到了极大的挫伤，而世族子弟又不屑学习，严重影响了当时的学校教育。

到了南北朝，世族势力日趋下降，寒门势力逐渐上升，察举制度受到人们的关注，特别是以考试选士的方法受到士人的欢迎。统治者为了控制选士的权力，扩大统治基础，也不断通过考试来选拔人才。正是在这个过程中，科举制度开始萌芽。

589 年，隋朝灭陈，结束了魏晋南北朝以来分裂割据局面，中国再次统一。隋朝着手选士制度的改革，依察举之制选拔人才。606 年，隋炀帝始置进士科，标志着科举制度的创立。唐承隋制，以分科考试选拔人才，逐渐成为定制；宋、元、明、清相应沿袭，在中国历史上推行了 1300 多年之久。

科举制度是选士制度的巨大进步，它不拘门第，面向全社会公开招考，给每位读书人提供了均等的竞争机会。一方面，科举制度调动了全社会研习儒家经典的积极性，推动了儒家思想的传播和普及；同时，极大地调动了广大中小地主学习的积极性和地方官吏、社会贤达兴学设教的热情，各类学校由此蓬勃发展起来。另一方面，科举制度的导向，使得教育完全变成了科举的附庸。科举制的创立和实施，对中国的古代教育产生了重大而深远的影响。

明清 500 多年的历史，是我国封建社会发展史上的一个重要阶段。这个时期出现了资本主义萌芽，为了维护封建统治，统治阶级推崇程朱理学，采用八股取士，从学校的设置到教学内容、教师学生的管理，都充斥着浓郁的封建色彩。程朱理学在教育中居主导地位，但在实践中日益僵化、空疏。

辛亥革命时期的教育，是中国近代史上一次重大的教育改革，也是中国资产阶级教育制度确立、形成的时期。资产阶级革命派开展了各种教育活动，利用教育来宣传革命思想，培养民主革命骨干，最终爆发辛亥革命，推翻了封建帝制。中华民国临时政府成立后，结束了 2000 多年的封建教育制度，颁布了民国教育宗旨，制定了中国近代第一个资产阶级学校制度。蔡元培是辛亥革命时期教育的杰出代表，也是中国资产阶级教育的奠基人，他的教育思想为近代资产阶级教育的发展奠定了理论基础，为近代中国教育开辟了一个新时代。一批先进的资产阶级民主主义知识分子团结在“民主”“科学”的旗帜下，开展了各种形式的教育实验与教育改革。

第二节　古代教育的特点

中华民族是一个重视教育的民族，在漫长的历史发展中，中国先民创造出具有鲜明特色的古代教育。

一、古代教育是政教合一的

“政教合一”是指政治和教育在中国古代社会中具有一致性。在中国古代，教育是为政治服务的，教育从未脱离过政治。“政教合一”的另一层意思是指政府和教育机构的合一，教育机构是政府部门之一。在古人关于教育的论述中，反复强调了这一特点，尤其是第一层意思。如“乐也者，圣人之所乐也，而可以善民心，其感人深，其移风易俗，故先王著其教焉”（《礼记·乐记》）；“善人教民七年，亦可以即戎矣”（《论语·子路》）；“臣闻圣人之治，藏于民，不藏于府库，务修其教，不治城郭”（《韩非子·十过》）；“夫受绳墨者，无枉刳之木，染道训者，无邪僻之人。饰治之术，莫良乎学”（葛洪《抱朴子·崇教》），可见儒道法杂各家均把教育视为治国之本。汉代起“独尊儒术”，而“儒家者流，盖出于司徒之官，助人君，顺阴阳明教化者也”（《汉书·艺文志》），更是把教育视为治国之本。

正是由于把教育视为政治的组成部分（治国之术甚至治国之本），历代王朝都十分重视教育，这对中国古代的教育实践产生了重大影响。教育“政教合一”的特点主要体现在以下两个方面：

（一）官府教育

在中国古代，教育是一种政治手段。历朝历代不仅通过教育政策来控制教育，通过所设置的教育管理机构来管理教育，而且还直接由政府办学校来进行教育。这使得教育成为政府的一项业务，即官府教育。由于历代的具体情况不同，官府教育又有着不同的形式。

西周的“学在官府”、春秋战国的“用士养士制度”和秦代的“以吏为师”都是官府教育的早期形式。到汉代，汉武帝创设太学，开始了封建社会官立大学的教育活动。太学作为学校，成为培养官员的官府机构。到东汉质帝时，太学生达3万人之多。汉平帝元始三年（3年），朝廷颁布了地方官学制度，地方官学得以确立和发展。在汉代兴起了“宦学事师”制度，即招收一边做官一边学习的“在职生”制度。

汉代的太学、地方官学和宦学事师构成了当时教育的主体，它们都是直接的官府教育。后世一直沿用汉代官府教育的这几种主要形式。隋朝在此基础上进一步设立了独立的教育行政机构和专门的教育长官，从而加强了官府对教育的控制和管理。隋唐以后，官立大学的规模逐步扩大，还创办了一些学科的专科学校，地方官学得到加强；一些地方官学学者可进入官立大学学习，或直接参加选官考试。各个业务部门的宦学事师也一直所有发展。尽管具体做法各代有所不同，但作为占主导地位的教育形式，一直持续到清末。

充分表现出官府教育的一个重要举措是各级各类学校的教科书一律由帝王以国家名义颁定，并通过选官考试时只按钦定教科书出题来控制学校必须用钦定教科书为教材。最典型的教科书是“经”书，如“五经”，为此学校还必须采用钦定的统一版本。汉以后钦定作为教科书的经书数量增加，由“五经”到“九经”，最后发展到“十三经”。元代后更是连经书的注释也要统一钦定，不准学钦定以外的注释，甚至专业性极强的专科学校也要采用钦定教科书。如唐代设立算学后，唐高宗召令李淳风、梁述等人注释《算经十书》，“书成，高宗令国学行用”（《旧唐书·李淳风传》）。这一举措，把中国古代一直存在的私学也纳入了教科书使用的行列，从而使私学成为官府教育中与官学互为补充的学校。

（二）官员教育

古代教育的目标是培养官员，这是“政教合一”的应有之义。中国古代各个朝代的教育政策都十分重视人才培养（教育）和人才选拔（选士）任用（任官）的各个环节的配合，尽量做到培养人才的教育制度和选拔任用人才的官制的统一。

西周的“学在官府”教育政策适合当时的官员世袭制。春秋战国私学勃兴，培养了大批“士”，满足了各国对官员的需要。秦代从吏中选拔官员，因而“以吏为师”的教育也是培养官员的教育。汉代的太学生经考试合格，即可任为官员，太学即官学的教育成为直接的官员教育。这种直接把教育制度和仕进制度结合起来的做法，在后代有所加强。能进入太学学习的人毕竟是少数，满足不了庞大的官僚体系对官员的需要，故汉代还实行“察举制”选拔官员。不过察举制的条件之一是有学问，且还要经过考试才能授官，即被举者先要接受相当的教育，这就促进了私学的发展。无论官学还是私学，其目的都是培养官员，而学生的出路也是当官。后世通过各种方式由官学或私学中选拔官员，到隋唐起开设“科举制”选拔官员，并且越来越严格，科举成为最正统的仕途。受教育者经过开始做官，且主要官员必须经过考试进行选拔，这是中国古代的一大创举。

科举对教育产生了巨大的影响：科举选官，使得科举考什么，教育就教什么，科举考试成了教育的指挥棒，政府更以科举控制教育，使做官成为教育以至教学的直接目标。科举制度使“官员教育”的特点发挥到极致，科举作为官员教育的直接目的左右了中国教育达1300多年。

官员教育的特点是与中国古代的政治结构分不开的，它是官僚政治的直接产物，也是君权至上的一个反映：帝王通过教育来培养忠于自己的官员。

二、古代教育是伦理教育

中国古代教育极其重视伦理道德的教育，而伦理教育的目标是培养忠于君王的官员。一般地说，伦理教育包括两个环节：

（一）修身正己

修身正己是古代教育的第一要义。孔子就指出：“其身正，不令而行；其身不正，虽令不从。”（《论语·子路》）儒家还将修身正己看作“齐家、治国、平天下”的根本。

帝王对修身正己也极为重视。武则天就说过：“夫修身正行，不可以不慎。”（《臣轨·慎密》）。不仅如此，帝王的修身正己还是对付灾异，使之向对人有利的方向转化的最佳方法：面对灾异，“太上修德，其次修政，其次修救，其次修禳，正下无之”（《史记·天官书》）。

对修身正己的重视，必然导致对于学习、对于教育的重视，这更使修身正己被提到“人格”“君子”的高度，这也必然使教育向伦理方向倾斜。

（二）忠孝仁义

忠君、孝父、重仁义，这是人的道德伦理的标志，是中国古代教育的重要内容，也是修身正己所要达到的目标，是作为中国古人行为准则的“礼”的具体规定。从西周“六艺”教育中的“礼乐”开始，忠孝仁义在教育中就占据了不可移易的地位。古人认为：“故学之为父子焉，学之为君臣焉，学之为长幼焉。父子之道得而国治。”（《礼记·礼运》）忠孝仁义的教育出发点就是所谓的“三纲五常”，纲常的规定无非是礼的规定，即伦理教育的关键就是行为准则教育。

伦理教育对中国古代文化的发展、对中国古人的人格都产生了巨大的影响。从积极方面来说，这种教育培养形成了中华民族坚持正义、正道直行、崇尚气节等高贵品质。中国古代重视情操，具有强烈的民族自尊和刚直不阿的浩然正气。孔子倡言“不降其志，不辱其身”（《论语·微子》），孟子提倡“富贵不能淫，贫贱不能移，威武不能屈”（《孟子·滕文公下》）的人格。古人中“杀身成仁”“舍身取义”的伟大人物史不绝书，谱写出一曲曲惊天动地的正气歌；“见义勇为”“当仁不让”等已成为传承至今仍有巨大价值的精神文明财富。从消极方面来说，这种伦理教育注重从尊卑名分即隶属关系和道德内省两个方面进行，从而扼杀了人的个性意识和自主精神。

伦理教育的另一个结果是使古代中国人讲善恶问题，而讨论真伪问题甚少，因此往往疏忽于推理论证；同时，重视个人修养，“日省吾身”成为中国古人知识价值观的永恒主题，直接导致对外在世界认识的忽视，这严重影响了中国古代科学的发展。

三、古代教育是综合教育

中国古代道德至上的观念有碍于人的全面发展，但从教育内容、社会需要和教师实践来看，中国古代教育又是一种综合性教育，有利于人在几个方面得到充分发展。

(一)“六艺”教育

西周的教育内容是“六艺”，即礼、乐、射、御、书、数。后世一直把“六艺”作为一定时期、一定程度的教学内容，到清代还有人提倡六艺教育。

“六艺”是以伦理教育为主的教育，“礼”作为一种行为准则，是政治的、道德的、生活方式的教育；“乐”是一种美学教育；“射”和“御”基本上是军事体育教育；“书”和“数”则是语文、数学和科学教育。按今人的研究，“六艺”教育有这样的特点：一是文武并重，诸育兼备，相成相济；二是知能兼求，把知识的传授与技能训练结合起来。显然，“六艺”教育是一种综合性教育，对中国古代教育有重大影响。由它开端的综合教育，或诸育兼备的教育思想成为中国古代典型的教育观念，进行综合教育成为中国古代教育的一大特色。

(二)“经学”教育

“经学”指的是儒家经典及对它们的阐释、研究著作。“经学”从汉代起就成为教育的主要内容，这种情况一直延续到清代。汉代将“五经”(《诗》《书》《礼》《易》《春秋》)作为教育的标准教科书，后世对“经”有所增添，最终演变为“十三经”。宋代还从中抽出一部分，构成所谓的“四书五经”(“四书”为《大学》《中庸》《论语》《孟子》)，作为各类教育钦定的标准教科书，并一直沿用到清末。

经学本身，是一种未分化的学问，包括后世属于许多学科的内容。如经书含有当时许多的科学知识，《春秋》对日食、流星、彗星等作了详细而准确的记载，为现代天文学家提供了历史天象记录；《周礼》指出对流行病的注意事项及治疗方法，记载了许多农业生产及计时的知识；后收入《周礼》的《考工记》则记载了6类30个工种的具体生产过程，其中涉及多门科学知识。经书中的人文知识更是一条主线。故经学教育是一种综合教育。

中国古人学习经学的目的在于“通经致用”，这更加强了经学教育的综合性。首先，经学家们把经学应用到各个领域中区，这就把各种应用领域综合起来；其次，为了达到“致用”的目的，某些通经的儒者往往改变原有的经义，使之更有利于自己，有的甚至伪造对自己有利的“经典”。这种伪造或改变往往加上当时新的知识以表明自己的经义或经文正确。因这种情况在经学研究中极为常见，从而又使得各个领域的新知识随时得以综合起来。

应用领域和新知识的综合进一步促进了教学的综合。当时的教师大都是儒经师，即经学教育家无不是通才，他们也是经学教育的结果。可见，这种综合教育具有通才教育的某些特点。

(三)通才教育

从更深的层次来看，古代综合教育是由于中国古代社会的需要而产生和发展的。由于古代社会结构的特点：家国同构、君权至上，政府要组织社会的生产生活。组织社会生产生活是政府官员的职责，则政府官员必须具有胜任此职责的能力。于是，教育的一个方面是要培养具有社会生产、生活、经济政治管理能力的人才；而另一方面，由于君权至上，采用的是中央集权的官僚体制，官员的流动是必然的。不仅读书人可以成为官员，而且官员也要不断变换职务。这种变换的随机性很大，凡是官员都要接受这种不断调动的挑战。如西晋经学大师杜预曾任尚书郎、相府参军、镇西长史、河南尹、度支尚书、征南大将军等职。各种不同的官职需要极不相同的知识。为适应官职的这种情况所进行的教育必然是一种通才式的综合教育，以便向学生提供做任何官员都必需的基本知识。所以，从官员需要这一点看，教育内容也必须是综合的。

四、古代教育是实用教育

中国古代教育的目的是培养官员，这就决定了教育的实用性质。

从教学内容的安排来看，选拔官员的考试需要什么，教学内容就安排什么。在科举考试成为定制的唐代以后，这一点就更加明显了。在某种程度上，教育成为科举或选拔官员的附庸。

从教学要求来看，最基本的要求就是“通经致用”，即要实现“修身、齐家、治国、平天下”的目标，于是归结到教育的出发点就是培养官员。

实用教育对中国古代文化的发展产生了非常大的影响，仅以对中国古代科学的影响来说明。首先，实用教育将与国计民生、社会生产及生活密切相关的科学纳入教学内容，如天文、算学、农业、医学等。它还从社会的实际需要出发，在世界上最早开设了有关科学学科的专科学校，促进了科学的发展。其次，实用教育的“实用”思想本身对科学起到一定程度的促进作用，使一些“有用”的科学得以普及和进一步发展。不过，在实用教育之下，那些与人的实践稍远的科学无法发展，而且科学理论的发展也不受重视，这就使得中国古代科学缺乏按严格逻辑体系建构起来的理论。

第三节　古代教育机构

中国古代教育一直有两条途径，即官学和私学。

一、官学教育机构

中国古代官学教育是指中央朝廷以及按地方行政区划的地方官府所直接创办和管辖的、旨在培养各种统治人才的历代学校教育体系。前者称“中央官学教育”，后者称“地方官学教育”。

中国最早的官方教育机构是“校”。“校”是夏朝学校的名称，是举行祭祀礼仪和教习射御、传授书数的场所。“庠”是殷商时代学校的名称，“序”是周代学校的名称。后来古人常以“庠序”代称地方学校或泛指学校和教育事业。西周时，学校分为国学和乡学，国学是中央官学，乡学是地方官学。天子所设立的大学称作“辟雍”，各诸侯所设立的大学称为“泮宫”。一般说来，只有贵族子弟才能入国学，平民子弟只能入乡学，而奴隶子女没有资格入学。后来历朝历代尽管具体情况不一样，但基本都保留了中央官学和地方官学的形式。

（一）中央官学

中央官学的产生、发展和衰落是同中国封建社会的政治经济的发展变化相适应并为其服务的。虽西周有“学在官府”之说，但由朝廷设立中央官学却正式始于汉代。魏晋南北朝时期，政局纷乱，官学时废时兴；唐朝中央官学繁盛，制度完备，发展到顶峰；南宋以后官学逐渐走下坡路；清朝末年，中国古代官学完全被西方学堂和学校教育取代。

中国古代官学教育机构主要有以下几种类型：

1. 最高学府：太学和国子监

太学，中国封建时代的教育行政机构和最高学府。始创于西汉武帝元朔五年（前124年），设置博士弟子50名；至汉成帝时增至3000人，汉质帝时太学生达3万余人。太学设在京师长安的西北城郊，规模相当可观。作为当时的最高学府，汉代太学与西方的雅典大学、亚历山大尼亚大学等同为世界上最古老的高等学校。太学的教师是五经博士，学生被称为“博士弟子”。

曹魏仍设太学，西晋将其改称为“国子学”，隋文帝又改称为“国子寺”，而隋炀帝再改称为“国子监”。从此以后，有的朝代称“太学”，有的朝代称“国子监”，甚至两者同时设立，名称不一，制度也有变化，但都是教授王公贵族子弟的最高学府，就学的生员皆称“太学生”“国子生”。从汉武帝设置太学开始，太学或国子监前后历时六七百年，它是封建王朝培养人才的主要场所，在办学育人、繁荣学术、发展科举取士等方面，都积累了许多宝贵的经验，在中国和世界教育史上占有重要地位，并产生了深远的影响。

2. 专科学校

中国古代第一个专科学校是东汉末年创立的鸿都门学，它是汉代学习、研究文学艺术的高等专科学校。鸿都门学创立于东汉灵帝光和元年（178年）二月，因校址设在洛阳鸿都门而得名。鸿都门学是统治阶级内部斗争的产物，是当时的宦官派为了培养拥护自己的知识分子，而与士族势力占据的太学相抗衡的产物。

从文学角度而言，鸿都门学的设立对当时以及曹魏三祖时期的文学产生了深远影响，主要表现在：一是辞赋之士的身份在政治上完成了由“俳优”到“封侯赐爵”和“图像立赞”的转变；二是鸿都门学文学取代歌颂文学成为文学的主要内容；三是以“连偶俗语”为代表的创作风气取代“质木无文”的诗学风气成为文学在艺术上的主要追求。

鸿都门学所招收的学生和教学内容都与太学相反。学生多数是士族看不起的社会地位不高的平民子弟，开设的是辞赋、小说、尺牍、字画等课程，打破了专习儒家经典的惯例。

鸿都门学不仅是中国最早的专科大学，而且也是世界上创立最早的文艺专科大学。在“独尊儒术”的汉代，改变以儒家经学为唯一教育内容的旧观念，提倡对文学艺术的研究，是对教育的一大贡献。它招收平民子弟入学，突破贵族、地主阶级对学校的垄断，使平民得到施展才能的机会，也是有进步意义的。鸿都门学的出现，为后来特别是唐代的科举和设立各种专科学校开辟了道路。

承继鸿都门学，南朝宋文帝诏雷次宗立儒学、何尚之立玄学，太子率又令何承天立史学、谢元立文学，总称“四学”，并将“四学”立为官学，打破了玄学在思想界占主导地位的状况，标志着儒学在南朝开始走上了复兴道路。唐代教育繁荣，出现了律学、书学、算学、医药学、兽医学、天文学、音乐学等高等专科学校，尤其是医学高度发达，又分为医、针、按摩等三个专业，医学专业包括体疗（内科）、疮肿（外科）、少小（儿科）、耳目口齿（五官科）、角法（拔罐）五科；针学专业学针灸，按摩专业学按摩治病和正骨术。当时的大唐成为东西方各国文化教育交流的中心。宋明承继唐代专科学校，创办了书学、算学、律学、医学、画学、武学等培养专门人才的专科学校。

此外，还有研究科学、玄学，如唐朝的咒禁学、崇玄学等，都属于特殊的专门学校。

3. 贵族学校

所谓贵族学校，是指除太学之外专门针对特定贵族范围的官设学校。

东汉的“四姓小侯学”开启了贵族学校的先河。《后汉书·明帝纪》载，四姓小侯学最初设立于明帝永平元年（66年），明帝“又为外戚樊氏、郭氏、阴氏、马氏诸子弟立学，号‘四姓小侯’，置五经师”。“四姓小侯学”是洛阳太学中的贵族学校，带有浓厚的贵族色彩，由朝廷直接延聘名师执教，设备也较好，所学以《孝经》为主，兼及《尚书》等儒学内容。初期可入学的，只有四姓子弟；后来，功臣子孙皆可入学。“四姓小侯学”聘选教师等方面超过一般太学，名声昭著，甚至匈奴也派遣子弟来汉留学。可以说，东汉洛阳的太学是中国最早接收外国留学生的大学。

后代皆有贵族学校。唐代设立弘文馆、崇文馆，是教育一等亲贵子弟的贵族学校，专门招收皇室近亲、皇太后、皇后近亲即宰相、大臣、散官、一品功臣的子孙入馆读书。宋朝的宗学是专为皇族子孙开设的贵族学校，专置博士、学谕掌管教务。同宗学情形类似的诸王宫学、内小学，也属贵族学校。

明朝的宗学在两京，凡属宗室年未弱冠的诸子及将军、中尉等官的子弟，皆可入学读书。教师由王府长史、纪善、伴读、教授等官中之学行优长者充任。教材以《皇明祖训》《孝顺事实》《为善阴骘》等书为主科，以“四书”“五经”、通鉴、理性等书为辅科。清朝的贵族学校分为旗学和宗学两类。宗学设立于入关前，令8~15岁的皇族子孙入学读书。生徒须习满文，兼习骑射。觉罗学、觉罗官学也属于宗学一类。旗学是专门教育满蒙八旗及汉军八旗子弟的贵胄学校。名目繁多，大小繁简不一。后还陆续办起景山官学、八旗义学、咸安宫官学、八旗算学馆、盛京官学等八旗子弟学校。

4. 短期学校

在封建社会中央官学系统中，有少数学校，既不属于高等学府，又不属于专科学校，更不是贵族学校，而是君王或执政大臣在某一时段暂时开设的无制度系统的学校，称作“短期学校”。

如宋代，蔡京当政时，特将太学外舍生编在一起，为使他们修业一年然后升入太学内舍而开办的外学，又名“辟雍”。宋哲宗时，专为诸州来京应试落第的学子而设立的、临时补习性的广文馆；宋仁宗年间，招收未能入太学的一般青年学子修业一年的四门学。这些学校是为了士子准备参加科举考试而临时设立的预备学校，属于短期学校。

（二）地方官学

中国古代地方官学，是指历代官府按照地方行政区划，在地方所办的学校。早在西周时期就有“乡学”之说。《周礼》称“乡有庠，州有序，党有校，闾有塾”，《礼记·学记》亦云“家有塾，党有庠，术有序”。但此种“乡学”只有教化意义，从严格意义上讲，古代地方官学是从汉代开始的。

中国古代的地方官学自西汉景帝时文翁在蜀郡设学宫开始。汉武帝对文翁设学宫甚为赞许，并诏令天下郡国皆设学宫。从此以后，有些郡开设学宫，如昭帝时的“文学校官”、宣帝时的“郡文学官”。至汉平帝元始三年（3年）始建立了地方学校制度，并明确规定：郡国曰学，县、道、邑、侯国曰校，乡曰庠，聚曰序。校、学置经师一人，序、庠置孝经师一人。所习内容为儒家“五经”。学校名称由此而来。东汉出现了“学校如林，庠序盈门”的局面。魏晋南北朝地方官学衰废，隋朝重归统一，但由于立国较短，实际上“空有建学之名，而无弘道之实”。

唐代为中国封建社会的盛世，其前期教育事业空前发展，地方官学繁盛。地方官学除在府州和县设由长史管辖的“儒学”外，还设有直属太医署的府州“医学”，直辖于中央礼部下的祠部的府州“崇玄学”。宋代表地方行政区划为路、州、县三级。州治常设，府、军、监则为特殊设置。但地方官学只有州学和县学两级。各学教官称“教授”，州学2人、县学1人。州县地方学校的教学内容与汉唐以来的地方儒学别无二致。宋代地方官学在学校管理方面有如下特点：第一，设置主管地方教育的行政官员，各路置提举学事司，掌管路州县学政；第二，实行“三舍法”（上舍、内舍、外舍），考选、升补皆如太学；第三，划拨学田，保障经费。

辽金亦设有地方学校。辽国设有府学、州学和县学。金国亦设有府学，所习为经书、子书及《史记》《汉书》等，还在诸路设有女真府学，学习女真大小字所译经书，毕业后参加女真进士的科举考试。

元代地方官学制度比较完备，在各路、府、州、县四级均有相应学校，但事实上有名无实，并未普遍设立。学习内容为“四书”“五经”。除此以外，元朝还设具有民族特点的蒙古字学、医学、阴阳学等。

明代前期是地方官学兴盛的时代。早在明太祖立国之初，便在全国诸府、州、县设立府、州、县学，又在边防区卫所设立卫学，乡村设立社学，还在各地方行政机构所在地设置都司儒学、宣慰司儒学等有司儒学。最盛时全国共计有学校1700余所。明代强调科举致仕，学校成为科举的预备场所，地方学校订有周密的考试制度，实行月考、岁考和科考。所订学规异常严厉，除平时设有稽考簿以记录学生的德行、经艺、治事情况外，还颁禁例于所有学校，不遵者以违制论。

清代地方官学基本上沿袭明代学校的体制。依其地方区划设有府学、州学、县学，并于乡间设置社学。各地均设专职学官。各学教官，府设教授、州设学正、县设教谕各1人。所学内容不外乎儒家经典、体现官方统治思想的宋明理学著作以及应付科举考试的“时文”等书。清代集权专制空前，因而学规严苛较之明代更甚。

二、私学教育机构

与官学相对，私学是中国古代私人创办的学校。私学作为教育事业的重要组成部分，对中华文明的发展做出了巨大贡献。首先，它冲破了西周以来“学在官府”即学校教育为官府垄断的局面，扩大了教育对象；其次，私学是专门的教育场所，打破了政教合一、官师合一的官学教育体制，使教育成为一种独立活动；最后，私学使教育内容和教育方式得到新的发展，积累了丰富的教育经验，促进了教育理论的发展。

（一）私学教育发展简况

私学产生于春秋时期，勃兴于战国中期。当时，日渐衰微的官学，已不能满足社会各阶级（阶层）出于政治斗争对人才的需要，于是私人养士之风盛行。及至战国中期，诸侯争雄加剧，养士之风更盛，私学发展而至勃兴。到战国七国争雄之时，“邦无定交，士无定主”成为常态。私学和“从师”之风盛极一时，出现“百家争鸣”的局面。

秦废百家而独重法家，私学受挫。汉初实行“休养生息”，政府倡导私学；汉武帝虽“罢黜百家，独尊儒术”，也并未禁止私学，私学开始复兴。私学内容多传授古文经学，至东汉末到了压倒官学的地位。同时，蒙学也已出现。魏晋南北朝，儒、道、佛、玄四家私学规模巨大，名士聚徒讲学，生徒常达几百或几千人，堪称战国之后私学的再度繁荣。

唐宋时期，官学强盛至极，科举制也日臻完善，高、中级私学的发展受到抑制，但层次较低的蒙学却获得发展。另外，道教极盛，每一个道观即一个道教学校；儒家则以家族、门徒的形式举办私学。宋代，书院成为私学的一个重要方面：其势大，其日久，影响很大。南宋的蒙学已开始分化出村学、义学、族塾、冬学等各种形式。到元代，私学继续得以蓬勃发展，社学、庙学等特殊私学呈现繁荣景象。

明清时期的私学表现出与前代不同的特点，除蒙学之外，高级私学的发展也呈兴旺之势。清初的高级私学，明显受到当时政府文教政策的限制。

（二）私塾教育

私塾是我国古代开设于家庭、宗族或乡村内部的民间幼儿教育机构。它是私人所办的学校，是我国古代私学的重要组成部分，是私学发展过程中的一种主要表现形式。私塾是私家学塾的简称。古人将私塾称作“学塾”“教馆”“书屋”“乡塾”“家塾”等。私塾产生于春秋时期，在漫长的2000多年封建社会中，除秦朝曾短暂停废外，私塾与官学并驾齐驱。

1. 私塾的特性

追根溯源，私塾是从更早的“塾”发展起来的。塾作为具有教育意义的机构的记载最早见于《礼记·学记》：“古之教者，家有塾，党有庠，术有序，国有学。”此处的“家”当为25户人家组成的“闾”。在民间，由德高望重的长者对居于闾内的乡邻进行监督审查，并施行教化。这使得“塾”成为一种民间教育机构而具有一定的教育意义。“家有塾”作为一种设立教育组织形式的思想，为后来的私学发展奠定了思想上的基础，表现为这一思想逐渐演化成私学的一种发展模式——“私塾”模式。

“私塾”是从“家有塾”的范畴中发展而来，但不同于“塾”，它已成为一种专门性的民间私学教育机构，且这种专门性的民间私学教育机构在古代教育过程中逐渐演化出多种类型。从广义上讲，私塾是一种私学发展模式，在不同的时代有着不同的表现形式。私塾的本质特性体现为：

首先，私塾是由私人组织的、设于民间的教育机构，具有民间自为性和普遍性。当时，政府组织的学官极少深入社会底层，无法顾及民众的教育需求，官学发展规模和接纳的学生人数相对有限，且往往受到政治变换的影响；而私学的设立不仅在很大程度上满足民间教育的需求，且整体上相对于官学要稳定得多。另外，私学组织结构较为简单，广泛存在于乡野民间，更加促进其整体的稳定性，保证了民间教育的连续性。

其次，私塾主要承载民间的启蒙教育，有的也会进行初级经学教育或应试教育，整体上体现出基础性。古代官学体系中基本不存在针对儿童的启蒙教育，因而启蒙教育由私塾承担。学生一般于七八岁入学，在私塾中主要学习识字、习字，兼习算术，以具备一定的读写能力和初步的计算能力，为进一步接受专门的高等教育打好基础。

最后，私塾具备一定的组织结构，虽然是私人或民间组织自发地办理和运作的，规模也有大有小，但私塾必须具备这三方面：塾师、塾舍和塾生。私塾是散布于民间的私立学校组织，其形成和运作完全受所处的社会环境和物质条件支配，并由不同条件而发展为各种各样的不同形式。

2. 私塾的种类

作为中国固有的民间办学形式，私塾有悠久的历史。我国私塾基本上经历了从两汉到魏晋南北朝期间的“前私塾”酝酿发展阶段，继而是隋唐到宋元期间的“私塾”成型发展阶段，最后至明清达到鼎盛阶段。

在漫长的历史长河里，从私塾的组织结构分析，包括私塾的开办和管理、塾师来源、塾舍开设场地、塾生来源、私塾开办的目的等方面，私塾可被分为家塾、散馆、村塾、义塾和族塾五类。

家塾，是以单家独户或一姓家族为办学主体，以家庭中的子弟为主要教育对象的私塾。家塾通常由贵族、富商、地主、官僚家庭所办，聘请先生在家里专设的学馆中教授子弟，一般不接受外人。教师按照家庭对其子弟的意愿和要求，选用教材和安排课程内容。家塾源自汉代的“家馆”，是最早的私塾形式之一。

散馆，一般是由塾师在自己家中或在外租房设馆，招收学生进行教育的民间教育机构。一般意义上的私塾就是指散馆。散馆源于汉时的“书馆”。散馆规模有大有小，由学生人数决定，塾师多半以此为生，并逐渐成为一种相对固定的职业，并一直延续到清末。

村塾，或称“村学”“村校”“乡学”等，是由一个村或几个村的村民联合开办，塾师由村民合请，塾舍由村民提供，开办所需费用由村中公共财政支出，或由村民联合交纳，或由村中专门的学田支付。村塾属于民众集体合力开办的私塾，是“家有塾”的一种具体体现。村塾的设立依托于乡村经济的发展，历代形式或名称不一。汉时有“乡塾”，专于初级经学的传授；隋唐建立村学、村校；宋时村塾遍布乡闾和村落，甚至有冬季开办的“冬学”；元代设立社学，对民众施以道德教化和农桑耕种技术教育。

义塾，又称“义学”，往往是由地方士绅出资主持，或由私人捐钱建立学田，利用租金在公共场所设立的私塾。此类私塾的办学费用和塾师的薪资全由开办者提供或开办者提供的学田支付，而入学者不需交纳任何费用即可入读，具有公益性，属于古代社会公益慈善事业的一部分。义塾与村塾、族塾多有交叉，在设置和经费来源方面多有雷同。“义塾”之称始于元代，之前多称为义学。义学设置于唐代，兴起于宋代。义塾在元明清三代兴盛且一直存在。

族塾，是宗族在家族的宗祠中设立的，以本宗族中的子弟为教育对象的私塾。办学经费和塾师的薪资由族产或宗族所设学田支出，族内子弟无需支付任何费用，具有族内公益性质。族塾一般会立有一定的族规、族训，塾师或由家族中名望较高的族员担任，或由族长聘请专任塾师坐馆施教。族塾是对本族人进行伦理道德教化和传授知识的场所。族塾可看成家族教育与私塾教育的一种结合，起源于魏晋南北朝时期。

4. 私塾的教育方式

私塾教育的教学进程如何安排呢？一是识字，即认读方块字。一般几个月或半年之后，读相当于识字课本的“三百千”及《名贤集》《神童诗》及各种《杂字》等。识字课本具有句子短且整齐、四声清楚、平仄互对、音节易读的特点，读来琅琅上口，句子读熟了，字也记牢了。充分利用汉字单音、四声音节的特征，发挥儿童时期记忆力特强的优点，突出记忆力的发挥和锻炼，这是我国2000多年以来启蒙教育最有效、最成功之处。

初步完成识字教育后，即开始读书教育。所谓“读”，指大声朗读，强调读熟背诵。读的范围，首先是“四书”“五经”。“四书”的诵读次序，没有规定，但《孟子》总是后读。然后再读《诗经》《左传》《书经》《礼记》《易经》等，自然也都要读熟且能背诵。这些读熟的书，为了防止忘记，必须经常温习，尤其是“四书”，对本文及朱熹注释都要烂熟于胸，随口引用。这是写作八股文的基础之一。识字辨清四声，能熟练地区分词性，学会对对子，是学作八股文的基本功之二。这是特别强调基础的重要性。

学写八股文，先学“破题”，再学“承题”“起讲”等部分，直到学会写完整的八股形式的文章，谓之“完篇”，这才算初步学会写八股文了。

私塾的教育方法，真正能做到因材施教，因人而异。比如同时十来个学生，不但可以分别按不同程度读不同种类的书，同时读一种书的学生，教师也可按他们不同的智慧、记忆力或理解力分别读不同数量、不同进度的内容。一般都以“句数”计算，即每天老师大体规定读多少句生书。当时读的书，都是没有标点的。老师教学生读生书时，用朱红毛笔点一短句，领读一遍，学生读一遍，到一完整句时，画一圈。老师点句领读、学生跟读之后，便是初步完成了教读任务，然后学生自己去读，一遍又一遍，大概读一两个小时，然后按规定时间到教师前放下书，背转身来背诵。按照学生不同智力水平，不同数量、不同进度的教读办法，却十分科学：既不限制聪明学生的读书速度，又保证了智力较差的学生能踏实地慢慢掌握其学习内容。

（三）稷下学宫

稷下学宫是世界上第一所由官方举办、私家主持的特殊形式的高等学府，虽由齐国提供教学活动的经费，但基本上是私学，是当时养士之风的一个缩影。“稷”是齐国国都临淄城（今山东淄博）一处城门的名称。“稷下”即齐都临淄城的稷门附近，因学宫地处稷门附近而得名。

中国学术思想史上不可多见、蔚为壮观的“百家争鸣”，是以齐国稷下学宫为中心的，官学为黄老之学。它作为当时百家学术争鸣的中心园地，有力地促成了天下学术争鸣局面的形成。

稷下学宫创建于田齐桓公时期，是田齐桓公变法改革的产物。在其兴盛时期，曾容纳了当时“诸子百家”中的几乎各个学派，其中主要的有道、儒、法、名、兵、农、阴阳、轻重等；汇集了天下贤士多达千人，其中著名的学者如孟子（孟轲）、淳于髡、邹子（邹衍）、田骈、慎子（慎到）、申子（申不害）、接子、季真、涓子（环渊）、彭蒙、尹文子（尹文）、田巴、儿说、鲁连子（鲁仲连）、驺子（驺奭）、荀子（荀况）等。

当时，凡到稷下学宫的文人学者，无论其学术派别、思想观点、政治倾向及国别、年龄、资历等，都可以自由发表学术见解，从而使稷下学宫成为当时各学派荟萃的中心。学者们互相争辩、诘难、吸收，成为真正体现战国“百家争鸣”的典型。更为可贵的是，当时齐国统治者采取了十分优礼的态度，封了不少著名学者为“上大夫”，并“受上大夫之禄”，即拥有相应的爵位和俸养，允许他们“不治而议论”（《史记·田敬仲完列传》），“不任职而论国事”（《盐铁论·论儒》）。因此，稷下学宫具有学术和政治的双重意义，它既是一个官办的学术机构，又是一个官办的政治顾问团体。

稷下学宫的学术博大精深，包含了当时各家各派的思想。就儒学而言，曾在稷下学宫中有影响的儒家学者孟子，因长期居齐，其思想颇受稷下学者的影响。

稷下学者取得了丰硕的学术研究成果，著作有《宋子》《田子》《蜗子》《捷子》等，参与编撰《管子》《晏子春秋》《司马法》《周官》等书。其思想内容博大精深，广泛涉及政治、经济、军事、哲学、历史、教育、道德伦理、文学艺术以及天文、地理、历、数、医、农等多学科的知识。这些著作的问世，不仅极大地丰富了先秦思想理论宝库，促进了战国时代思想文化的繁荣，而且也深刻地影响了中国古代学术思想的发展。

三、书院

书院是唐宋至明清存在的一种独立的教育机构，是私人或官府所设的聚众讲授、研究学问的场所。

（一）书院发展简史

书院之名始于唐代，分官、私两类。私人书院最初为私人读书的书房，唐贞观九年（635年）设立的张九宗书院是最早的私人书院。官立书院初为官方修书、校书或偶尔为皇帝讲经的场所。真正具有聚徒讲学性质的书院基本形成于五代末期，主要培养学生参加科举考试。

北宋初年，私人讲学的书院大量产生，陆续出现睢阳（应天府）、岳麓、白鹿洞、嵩阳、石鼓、茅山、象山等书院，尤以睢阳（应天府）、岳麓、白鹿洞、嵩阳书院最为著名。到仁宗末年，北宋前期较有影响的书院基本上全部消失了。熙宁四年（1071 年）朝廷直接向州学派出教授，以削弱书院和县学。南宋初期，张栻、朱熹、吕祖谦、陆九渊等学者开始修复书院，并成为学派活动基地及讲学的场所。景定元年（1260 年）起，正式通过科举考试或从太学毕业的官员才能成为每个州的书院山长，朝廷借此控制书院。

1291 年，元世祖下令广设书院，民间自愿出钱出粮赞助建学的，也立为书院。后多次颁布法令保护书院和庙学，并将书院等视为官学，书院山长也定为学官，是书院官学化的开始。元代创建书院 296 所，将书院推广到北方，缩短了南北文化的差距，但受官方控制甚严，书院无争鸣辩论的讲学特色。

明代成化、弘治以后书院逐渐兴复。嘉靖年间，以书院倡邪学下令毁天下私创书院；又以书院耗费财物、影响官学教育禁毁书院；后内阁首辅徐阶提倡书院讲学，书院才得以恢复。万历期间，为统一思想，张居正下令禁毁全国书院。天启五年（1625 年）间，魏忠贤也下令拆毁天下书院，造成了“东林书院事件”。崇祯帝即位后书院陆续恢复，期间书院总数达到 2000 所左右，出现了陈献章、王守仁领衔的江门学派、阳明学派等学术流派。明朝的书院分为两类：一种重授课、考试的考课式书院，同于官学；另一种是教学与研究相结合，各学派在此互相讲会、问难、论辩的讲会式书院。

清初统治者抑制书院发展，使之官学化。顺治明令禁止私创书院。雍正年间，各省城设置书院，后各府、州、县相继创建书院。乾隆时期，官立书院剧增。绝大多数书院成为以考课为中心的科举预备学校。光绪二十七年（1901 年）令书院改为学堂，书院历史就此结束。

大体上，书院经历了从民间主导到官民合办再到官学化的发展历程。

（二）书院的特点

历朝历代的书院都是引领当时学术风潮的地方，书院的学生设坛讲学、评议时政，对国家大事影响很大。同时，书院还是士子学习研究的场所。

1. 书院注重育人，培养符合传统道德的士君子

书院是古代官学教育的补充。鉴于官学教育功利的现实，古代大儒们提出了最早的素质教育口号，即培养人的学问和德行，而非求取功名。朱熹在《白鹿洞书院揭示》中说：“熹窃观古昔圣贤所以教人为学之意，莫非使之讲明义理，以修其身，然后推以及人。非徒欲其务记览为辞章，以钓声名，取利禄而已也。”只有成为一个品德高尚的人，学到的知识和技艺才能发挥最大的作用，如果学生的心性和修养控制不了知识和技能，最后只能引发悲剧。显然，只有成为一个合格的人，行为处事有了方法和标准，才能施以文教，使之成为一个完美的人。朱熹在《蒙童须知》中，从衣服冠履、语言步趋、洒扫涓洁、读书写字、饮食起居等方面给后人定下了规矩，目的就是从小处入手，逐步完善人格，培养符合儒家道德标准的士君子。

学做人、重德行，是历代书院首要的共同目标。《论语·宪问》云：“古之学者为己，今

之学者为人。”儒家教育的初衷就是力矫“为人之学”为“为己之学”，即学习是为了自身的道德修养和人格的完善，是对人生价值和意义的追寻，是成就个体的道德生命，做一个真正的人。陆九渊在《白鹿洞书院讲义》中所作的君子小人、义利之辨，数百年之后仍传为美谈。吕祖谦在《丽泽书院规约》中提道：“凡预此集者，以孝悌忠信为本。其不顺于父母，不友于兄弟，不睦于宗族，不诚于朋友，言行相反，文过饰非者，不在此位。”

2. 书院体现了独立的学术精神

古代官学受国家政治动荡的影响大，学习内容注重科考，对学生的道德修养和学术能力关注不够。为弥补官学之不足，古代很早就有私学传统。书院的出现，就是中国传统私学制度发展的结果。

书院根据自己的需要聘请山长或教师，不在国家的官学体制当中，学生可根据自己的兴趣选择书院。教师和学生自由流动的办学方式，使得书院可以集中很多志同道合的人，产生很多引领潮流的思想。这一点在宋代体现得最为明显：理学和书院互相促进，涌现出一大批学术巨匠，同时产生了新儒学——理学。南宋理学大师（如朱熹、陆九渊、吕祖谦等）都曾将书院作为自己开宗立派的场所，形成宏大的学术流派。

讲会制度是书院的一大亮点。讲会制度兴盛于明代，类似于近代的学会组织。以书院为中心，联合志同道合的人共同组成，书院之间也可以联合经办，轮流主持，成为一个影响广泛的学术教育活动。讲会大大提高了书院的学术地位和社会影响力。明代著名的讲会有惜阴书院讲会、东林书院讲会、关中书院讲会等，讲会制订的学约、会约、会规详细、明确地标明了讲会的宗旨、组织、仪式、程序等。

书院是思想活跃、理论新颖、颇受关注的地方，对国家政治、社会潮流都有很大的影响。如东林书院因抨击执政、抵制阉党而闻名，被人称作“东林党”。顾宪成撰写的名联“风声雨声读书声声声入耳，家事国事天下事事事关心”更是家喻户晓，体现了书院对政治的关注和家国责任感。

3. 书院起到了文化传播、社会教育的作用

除了引领学术思潮，书院还承担了文化传播和社会教育的作用。

首先，在学生的选择上，书院体现了孔子有教无类的思想，教育不分出身、不分地域，面向广大学子。清代浙江求是书院招考章程规定：“无论本省外省，凡年在十二岁以上，十六岁以下，身家清白，气宇沉静，资质敏悟，气体充实者……取具绅士切实保结，听候传考。”这种招生方式，打破了官学禁止异地学生就学本地的规定，为学术的传播和文化的普及发挥了作用。

其次，书院的会讲、辩难、讨论往往都面向公众，起到了文化传播的作用。1175 年，以朱熹、陆九渊为首的理学两大派在江西铅山的鹅湖寺举行了重要的学术大辩论，争论焦点是认识论、世界观等问题。辩论进行了整整三天，成为中国学术史上的佳话。清代岳麓书院的学规中包含了家庭伦理、言行举止、生活习惯等方面，具有强烈的教化作用。

此外，书院在藏书、刻书方面的功能，对文化的保留和传播起了很大的作用。书院藏书的来源主要有三种：一是皇帝赠书；二是官员和私人赠书；三是书院自己刊刻。

书院教育在古代普及了以儒家为主的中国传统文化，用文教将这个广土众民的国家结合在一起，使国家形成文化纽带，为中华民族的文化认同打下了基础。同时，书院培养的学生，除了一部分通过科考进入国家官僚体系之外，大部分回到了民间，成为中国古代乡村社会的中坚力量。这些民间读书人承担着管理村社、教化民众、引领风尚的责任，避免了官僚体制

的过度膨胀，使中国具有了某种地方自治的特点，这在当代都具有积极的意义。

第四节 古代教育教学原则

古代思想家和教育家对教育教学提出了一些原则和方法，是其教育教学实践的经验总结，并在历经时间考验后逐渐形成一种传统。

一、因材施教原则

“因材施教”是我国古代一条重要的教育教学原则，它是在春秋时期孔子兴办私学、教授诸生的实践中创立的，距今已有2500多年的历史。孔子以后，这条教育原则被历代教育家继承，并不断发展完善，时至今日还表现出强盛的生命力。

孔子在教育实践的基础上，创造了因材施教的方法，并作为一个教育原则，贯穿于日常的教育工作之中。孔子是我国历史上第一个“因材施教”的践行者，也是他在教育上获得成功的重要原因之一。孔子的“因材施教”在教学上的主要表现，是对不同“材”的问同而答异，抑强而励弱，使学生均得到发展。同是问仁、问孝、问政等，孔子对不同发问对象仲弓、樊迟、司马牛和颜渊的回答完全不同，因为孔子明白：颜渊和仲弓不仅悦子之道，而且具有仁德，对其回答就深奥；司马牛“多言而躁”、樊迟志向不高，就回答得浅显而有针对性。孔子的这种“因材施教”看起来朴素、简单，却开启了我国教育史上“因材施教”的先河。

孟子继承孔子“因材施教”思想，主张“教亦复述”。他从性善论出发，认为人生来具有同样的善性，但由于环境和个人修养的不同，造成了才能上的个别差异。因此，他先把教育对象进行分类，针对不同类型的学生采取不同的教学：对才能较高者只需及时点化；对长于德行者加以熏陶，使其成为德性完全之人；对长于才能者加以正确指导，使其成为通达人才；对一般学生用答其所问解答疑惑，使其成为有用的人；对不能授业的学生，可通过私取他人、自学成才的方法，使其达到受教育的目的。孟子将不同特点的施教个体，扩大到不同类型的施教群体，无形中扩大了被教育者的数量，提高了教育的社会效益。这是对孔子“因材施教”思想的发展。

汉朝教育家大都主张“因材施教”，并有各自论述，强调教育要因人而施，才能取得积极的效果。

唐代的韩愈则另辟蹊径，从因材而用的思路来看待“因材施教”。他在《进学解》中指出：教师应根据学生的质地成就他们，使其成为大小不同的有用之才。造就他们是教师的责任。

宋代的程颢、程颐对孔子的因人而教的思想推崇备至，并将这一经验第一次概括成“因材施教”思想，将其上升到理论高度。然“二程”的前辈胡瑗创立的分斋教学制（亦称“苏湖教学法”）更具代表性。他把学生按才能兴趣分为“经义”“治事”两斋，“经义，则选择心性疏通、有器局、可任大事者，使之讲明‘六经’；治事，则一人各治一事，又兼摄一事”（《宋元学案·安定学案》），从而“使各以类群居讲习”。这种“因材施教”，不仅具有分科教学的性质，把学生培养成专业有用之才，而且具有为学生选定致力于事业方向的指导作用，使学生获得就职就业的知识技能。这是教育史上的一个伟大创举。

明代中叶的王守仁对“因材施教”给予了新阐释，认为教学不单单使人学到知识、发展道德理性，更重要的在于成就每一个体的独立人格。明确主张教育旨在成就不同学者的主观个性，造就豪杰之士的战斗精神，完成每一个体的独立人格。这是王守仁对孔子“因材施教”的发展。

明末清初的教育家王夫之、颜元，在讲学授徒的实践活动中，也采用“因材施教”的原则教导诸生。他们认为人性不同，才力各异，应当“因材施教”，导其所长，矫其所短，使学生“竭尽上达之旨”。

施行因材施教的前提是承认学生之间的个别差异，并了解学生的特点。孔子了解学生最常用的方法有两种：第一，通过谈话。孔子说：“不知言，无以知人也。”（《论语·尧曰》）他有目的地找学生谈话，既有个别谈话，也有聚众而谈。第二，通过观察。他通过多方面观察学生的言行举止，由表及里地洞察学生的精神世界，即“听其言而观其行”。单凭公开场合的表现作判断还有片面性，就要“退而省其私”；只凭一时的行为作判断还不够，还要“视其所以，观其所由，察其所安”，即注意学生的所作所为、观看其所走的道路和考察其感情倾向，这就可以把他们的思想面貌了解透彻了。他在考察人的方面积累了很多经验，认为不同事务、不同情境都可以考察人的思想品质。

“因材施教”是从孔子的原始模式向着理性化模式不断演进的，它是一个随着社会前进而前进、随着教育的发展而发展的动态教育命题，包含着丰富的教育思想。

二、启发诱导原则

启发式教学作为一种教学原则，最早见于孔子《论语·述而》：“不愤不启，不悱不发，举一隅不以三隅反，则不复也。”即学生不到冥思苦想仍领会不了的时候不去开导，不到他想说又说不出来时不去启发；教师举其一，学生就应该“反”其三。孔子的启发式施教原则，要求在学生有了迫切的求知欲望后再开导和启发，使其主动深入思考和反复实践。

孔子最早提出启发式教学原则，强调启发教学和启发契机，但究竟如何启发，孔子并没有阐述，而在《礼记·学记》中却作出了较好的回答。

首先，阐明了启发式教学的目的和价值。《礼记·学记》记载：“导而弗牵则和，强而弗抑则易，开而弗达则思，和易以思，可谓善喻也。”即启发诱导是为了处理好教与学的关系，使教与学融洽，使学生不畏学习，能够独立思考。“和易以思”同时遵循了教学的客观规律，注意到教与学双边活动的重要性以及学生学习的主观能动性，教师的启发是为了达到拓展学生的思维、培养学生的独立思考能力。“和易以思”是启发式教学的目的，也是启发式教学的价值。

其次，揭示了启发式教学实施的前提条件。《礼记·学记》云：“君子知学之难易，而知其美恶，然后能博喻。”即教师懂得入学之门有难易之分，了解学生资质有美恶之别，才能多方诱导学生。显然，实施启发诱导的方法，必须遵循因材施教的原则；不懂得因材施教，就无法做到启发诱导，因为启发诱导只有在教师的主导作用和学生的主观能动性相撞击的条件下才能实现。

再次，找到了促成学生获得启发契机的方法。孔子强调“愤”“悱”是启发的契机，但没有解决如何使学生处于“愤”“悱”的状态。《礼记·学记》给出了答案，即“时观而弗语存其心也”，教师在教学过程中，观察学生了解知识的状况与求知的心情，不要急于把“为什么是这样”告诉学生，这样会激发学生的求知欲，产生急于求解的心理，这时教师再施教，学生就会牢记心里，真正有所收益了。

最后，初步分析并提出了善于启发的几种方法：第一，“道而弗牵”，即引导学生主动学习，不能牵着学生走，使其老是处于被动地位；第二，“强而弗抑”，即强调严格要求学生尽力学习，但也要注意启发学生学习的自觉性，不能施加压力，强迫他们学习；第三，“开而弗达”，即强调多开导学生思路；第四，提出“善问”与“善待问”是贯彻启发式教学的好方法。

自孔、孟之后，启发式教学一直为中国历代的名流大家所重视，人们在不断的教育教学实践中，越来越明确地认识到启发式教学的关键在于启迪学生开展积极思维，主动地进行学习。宋代朱熹《论语集注》云：“启，谓开其意；发，谓达其辞。”希望学生做到举一反三，触类旁通，甚至闻一知十，告诸往而知来者。这是对孔子启发式教学原则的又一阐述。朱熹还强调学生要开展积极思维。他在《训学斋规》讲道：“读书有三到，谓心到、眼到、口到……三到之中，心到最急，心既到点，眼口岂不到乎！”此处的“急”可释为“重要或关键”的意思。

三、循序渐进原则

所谓循序渐进，指教学内容、教学方法等按顺序安排，由易到难、由简到繁，逐步深化提高，使学生系统地掌握基础知识、技能技术的教学方法。中国古代教育家普遍重视循序渐进的教学原则。

中国古代最早践行循序渐进的教学原则的是孔子。《论语·季氏》载，孔子引导自己的儿子先学诗，后学礼，“礼”是为人处世、待人接物的准则。此处便采用了循序渐进教学原则。《论语·宪问》云：“不怨天，不尤人，下学而上达。”宋朱熹注：“此但自言其反己自修，循序渐进耳。”孔子在循序渐进的教学中常用的方法有三种，即由浅入深，由易到难；能近取譬，推己及人；叩其两端，攻乎异端。

孟子认为教学是一个自然发展的过程，一方面应自强不息，不可松懈或间断；一方面也不应流于急躁或躐等。他说：“君子之志于道也，不成章不达。”（《孟子·尽心上》）他把进学的次第比作流水，“盈科不行”，“其进锐者，其退速”（《孟子·尽心上》）。孟子还以禾苗的自然生长来譬喻人受教育的过程，一方面主张尽力耕耘，反对放任自流；另一方面又反对揠苗助长，急于求成。

张载认为教学过程“虽不可缓，又不欲急迫，在人固须求之有渐”（《理窟·学大原》），即学习是一个循序渐进的“有序”过程，既不能停止间断，又不能急于求成。教师应循序而教，根据教材的难易先后和学生身心的发展而“有渐”进行，这就要求教学也须坚持“有渐”的原则。

朱熹更明确地提出“循序而渐进，熟读而精思”的教学思想。他强调教学要坚持由近及远，由易到难，由浅至深，由具体到抽象，由已知到未知。他还认为，不先从事于下学而妄想上达，便陷于空幻；专从事于下学而不求上达，则沉溺于闻见。前者是不循序而躁进，后者是虽循序而不进，都会浪费精力而不能达到目的。他认为只有循序而渐进，量力而学习，才有踏实进步。

总之，中国古代教育家已认识到，知识的积累、智力的增长，是一个循序渐进的过程，不可能毕其功于一役。他们强调教学要注意阶段性和节奏感，要顺其自然，这是符合客观规律的。

四、学思并重原则

在处理学习和思考的关系问题上，中国古代教育家多主张学思结合、学思并重。

孔子说："学而不思则罔，思而不学则殆。"（《论语·为政》）学与思两者缺一不可：有学无思，只记得许多没有头绪条理的物事，算不得知识；有思无学，便缺乏思的材料，只可胡思乱想，也算不得知识。他倡导学思并重，二者要有机地统一起来。二者之中，学是思的预备，应以学为基础，他还以自己的亲身体验为实例："吾尝终日不食，终夜不寝，以思，无益，不如学也。"（《论语·卫灵公》）他也强调必须在学习的基础上思考："不曰'如之何、如之何'者，吾末如之何也已矣"。荀子继承了孔子的这一思想，他说"吾尝终日而思矣，不如须臾之所学也"（《荀子·劝学》），并要求在学习的基础上，通过思维活动将所学知识融会贯通。

《礼记·中庸》把孔子学思并重的思想发展为"博学之，审问之，慎思之，明辨之，笃行之"五个学习步骤，其中肯定了学思并重，也强调思维的重要地位，"审问之，慎思之，明辨之"都是思维活动的具体化。这五个学习步骤说明，一个人的聪明与坚强是在不断地学思结合的过程中培养出来的，决定的因素是个人顽强的努力而不是他的天资。

朱熹认为学与思相得益彰，二者结合事半功倍。同时，他还提出"学则须疑"的观点，学习，从不能提出问题到能提出问题，进而解决问题，走完这一过程，才算是真正把知识学到手了。王夫之说得更透彻："学非有碍于思，而学愈博则思愈远；思正有功于学，而思之困则学必勤。"（《四书训义》卷六）这是对学思关系辩证法的深切体验和精辟总结。

由学而思而行，这就是孔子所探究和总结的学习过程，也就是教育过程，与人的一般认识过程基本符合。这一思想对后来的教学理论、教学实践产生深远影响。

五、教学相长原则

中国古代教育思想中富有朴素的辩证观点，善于运用矛盾转化规律，强调要善于发现学生的优点和积极因素，教师作出相应的教学调整，使本来对立的师生关系成为互补互助关系。这就是中国教育史上的教学相长原则。

教学相长是由中国特色的教学原则之一，最早由《礼记·学记》明确提出："虽有嘉肴，弗食，不知其旨也；虽有至道，弗学，不知其善也。是故学然后知不足，教然后知困。知不足，然后能自反也；知困，然后能自强也。故曰：教学相长也。《兑命》曰：学学半。其此之谓乎？"意即学后知不足，就会督促自己进一步学习；教后知困惑之处，然后会自我奋发进取，这就是所谓教和学互相促进、共同提高。这里深刻地阐述了"教"与"学"之间的矛盾对立和相互依存、相互促进的关系。教因学而得益，学因教而日进。教能助长学，反过来，学也能助长教，这就称为"教学相长"。"教学相长"不仅意味着教与学之间的对立统一关系，而且还意味着教师与学生之间平等的相互促进、相得益彰的关系。从教师方面说，教的过程也是学的过程，教也要学，教即是学，教与学互相促进，才能提高教的水平。从学生方面说，学生从教师的教学中获得知识，但仍需要自己努力学习，才能有所提高，不限于师云亦云。一个循循善诱的教师，只有通过教学实践，才能体会到教学的效果和困难，教学经验越丰富越能摸到教学的规律，并发现自己的弱点与困惑之处，"教然后知困"，"知困"可促使教者"自强"。一个积极好学的学生，只有通过学习的实践才能体会到学习的好处和困难，越学习越感到自己的学识浅薄与不足，"学然后知不足"，"不足"可促使学者"自反"，即进一步严格要求自己，努力学习以补充自己的不足。

唐代韩愈继承和发展了《学记》的“教学相长”思想，进而提出“相互为师”的观点。他一方面肯定教师的主导作用，另一方面又提出了“弟子不必不如师，师不必贤于弟子”（《师说》）的新思想。他还强调“圣人无常师”，要“不耻相师”，提倡向德行高尚的人学习，向学有专长的人学习，提倡相互为师；谁在某一方面比自己强就拜他为师，树立“能者为师”的观念。他还肯定了闻“道”在先，攻有专“业”，以“知”教“不知”这一教学过程的客观规律。这些深刻的教学辩证法思想，就是在现代世界教育学专著中亦属罕见，是中国古代教育家对世界教育思想宝库的卓越贡献。

第五节　古代著名教育家及其教育思想

中国3000多年的文化土壤和文明演进，孕育了无数思想家和教育家。中国历史上出现教育家最多的时代是春秋战国、盛极而衰的宋代和天崩地裂的近代三个时期，都处于社会动荡状态；这样的时期，社会呼唤思想家和教育家，宽松的环境催生出各个思想流派，文化的积淀酝酿出名家大师。

一、孔子

孔子（前551~前479年），名丘，字仲尼，是我国春秋时期著名的思想家、伟大的教育家，儒家学派的创始人。他是中国教育史上第一个将毕生精力从事于教育事业的教育家。他创办私学，把文化知识传播到民间，为中国古代文化教育事业的发展做出了不可磨灭的贡献。孔子的教育思想非常丰富，值得总结和借鉴。

第一，孔子办教育是为自己的政治理想服务的。孔子认为最理想的社会是尧舜时代和西周，把实行尧舜之政、恢复西周盛世作为其毕生最高的政治理想。春秋晚期，社会处于大变革时代。孔子遍访各国、历尽艰辛地宣传自己的主张而不被执政者采用，他只得广招门徒、开门设教，意欲通过办教育培养人才，为实现自己的政治理想服务。孔子的教育思想是要培养推行“德政礼治”的人才。他很重视教育的作用，主张人人都应受教育，这就是其“有教无类”的教育思想。孔子办教育的目的是要通过教育培养一批贤人、君子与志士，供各国国君选作贤臣。通过贤臣治国，实行“德政礼治”，从而使国家达到西周初期的“太平盛世”。

第二，孔子重视智育。孔子教育学生的智育内容，体现在使用的教材和开设的课程中。教材是“六经”，即《诗》《书》《礼》《乐》《易》《春秋》六种古代文献。“六经”既传授文化历史知识，又进行政治思想教育，既属文化课，又属政治课。“六艺”是实践性很强的六门课艺，是准备从政的士应该具备的六种基本技艺，即礼、乐、射、御、书、数。通过讲授“六经”和教学六门课艺，孔子把当时的社会科学和自然科学的基础知识、基本技能都传授给了弟子。从孔子亲自编订“六经”作为教材，开设六门课艺来看，他施教是非常重视智育的。

第三，把德育放在首位。孔子“四教”，以德育为主。孔子施教内容是“文、行、忠、信”。“文”是文化历史知识的学习，“行”“忠”“信”是思想品德的修养。他认为思想品德教育是主要的，文化知识的学习是从属的，只有先接受并培养自己的思想品德教育，然后学习文化知识才有用处。孔子通过传授“六经”进行思想政治教育。譬如，孔子给弟子讲

《诗》："《诗》可以兴、可以观、可以群、可以怨，迩之事父，远之事君，多识于鸟兽草木之名。"他认为，学《诗》可以兴起人的好善恶恶之心，初学者必先学之；《诗》可观察民情，考见时政得失，怨而不怒；在家侍奉父母，在国事君；还可多识记自然界的鸟兽草木。可见孔子教《诗》，不仅在于学习《诗》的文化知识，而是把兴、观、群、怨、事父、事君等政治思想教育放在学《诗》的首位。孔子施教把德育放在首位，从古人概述孔子传授《六经》的教育意义时，也可以得到证明。据《庄子·天下》载："邹鲁之士，搢绅先生多能明之。《诗》以道志，《书》以道事，《礼》以道行，《乐》以道和，《易》以道阴阳，《春秋》以道名分。"

另外，孔子教育弟子了解国情，热爱祖国，要求弟子积极参加改革。首先进行国情教育。国情教育从两个方面着手：一是学历史。孔门编成《春秋》一书，对弟子进行鲁国历史和现状的教育，为弟子从政时能根据国情施政打下思想基础；二是重视社会实践，进行实地考察。孔子学习知识，不仅重视书本，还注重理论与社会实际相结合。如他亲自到周王室"观先王之遗制，考礼乐之极"。这一活动对弟子们了解国情和社会实际、打破师教陈规，起到了积极作用。其次，教育弟子热爱祖国。孔子本人就是一个爱国主义者，他对生养他的鲁国怀有深厚的感情。孔子自己爱国，也教育弟子爱国。再次，让弟子们积极参加改革。孔子办教育，重视教书育人，为社会培养出一批有用人才。据说，孔门弟子有3000人，学有成就者有72位"贤人"。由于孔子施教重视社会实践，弟子逐步看清社会需要，学成后不受拘泥，积极参加社会改革。子夏为莒父宰，冉求为季氏宰，子游为鲁武城宰，冉雍为鲁季氏宰，密子贱为鲁单父宰，仲弓为莒父宰，子羔为费郈宰，宰我为临淄大夫，子贡常相鲁卫，惠叔兰曾为卫司寇等。他们大都是在积极推行改革政策的大夫门下任得力助手。子路、冉求、冉雍等在帮助鲁国新兴势力的代表季氏推行改革政策方面做出了突出贡献。

二、荀子

荀子（前313~前238年），名况，亦称孙卿，战国后期赵国人，是与孟子齐名的儒家大师。荀子发展了孔子思想中的唯物主义因素，是先秦时期最杰出的新兴地主阶级思想家和教育家。

（一）荀子的教育思想

1. 学、思、行结合

荀子认为，学是思的基础，思是学的深入，学思精通则知之明；思是学与行之间的关键，学不思者则不明。因此，理想的大儒不仅博学多能，最重要的是要有超常的理性判断能力，即"知类"和"旁通"。"道者，治之经理也"，"礼者，人道之极也"，"知道"的实质就是"知礼"，思考是以礼作为准绳来判断知识的是非，反对不求本义和纲领的杂乱识记。

"解蔽"，就是在学习时防止认识与理解上的片面性。有些学说观点虽然"持之有故，言之有理"，但往往"蔽于一区，而暗于大理"，因此要加以分析和审慎地批判之后去伪存真，而"解蔽"就是要从片面性的局限中解脱出来，转到全面地看问题。全面地看问题的方法，就是"兼陈中衡"，把各种不同流派的学术观点，事物矛盾的所有方面都陈列开来，加以比较权衡，然后进行评论或判断，权衡的准则则是"道"。荀子认为探求真理应当善于批判和比较不同学说中的不同观点，"兼权之，熟计之，然后定其欲恶去舍"。

2. “积”与“锲而不舍”

教学一定要遵循一定的计划与步骤，循序渐进。知识是一个不断积累的过程，人的道德情操也是不断培养与提高的过程。“积”的过程是渐进的过程，教学应根据人的认识规律及知识本身的难易程度、逻辑顺序而逐步深入。荀子告诫教师应当熟悉教材的特点、重点与难点，正确理解和讲述儒家经典的微言大义，要因教材而施教。他说：“《诗》言是其志也，《书》言是其事也，《礼》言是其行也，《乐》言是其和也，《春秋》言是其微也。”（《荀子·儒效》）

荀子认为，用心专一、“锲而不舍”是进学修德的有效方法。学习是积累的过程，需要有恒心；学习如同雕刻，“锲而舍之，朽木不折；锲而不舍，金石可镂”，治学要虚心求实，埋头钻研。“无冥冥之志者，无昭昭之明；无惛惛之事者，无赫赫之功”，冥冥、惛惛形容深沉，这里指专心致志、心不两用。荀子强调在学习态度与方法上要“虚壹而静”，即要冷静、客观、不带先见或偏见，实事求是地认识和分析、理解所学的新内容，不要因为有杂乱的现象、无根据的推测以及感情冲动而阻碍人的正确认识与思维；也就是说，不要先入为主，不要盲目类推与牵强附会，要善于独立思索，有自己的见解。只有这样，才能学有长进。不断积学，就可以“尽其理”，使自己的知识结构发生更新；所谓“善假于物”，即善于利用前人已经积累的知识和工具，才能学有成效、学有创新的意思。

3. 隆师亲友

教学是师生的双边活动，教师的指教与学生的切磋，都是有益于进学的。在教学中，荀子认为教师起着决定性的作用。“人无师法，则隆性矣；有师法，则隆积矣”（《荀子·儒效》），学生应当隆师，主动地接近教师。“学莫便乎近其人，《礼》《乐》法而不说，《诗》《书》故而不切，《春秋》约而不速，方其人之习君子之说，则尊以遍矣，用于世矣。”（《荀子·劝学》）这是说，《礼》《乐》的法则学生不能详细地说明原理，《诗》《书》的掌故学生不能切近现实，《春秋》的微言词旨隐约而不易理解，只有跟着先生学，听先生讲解，才能通晓和周知世事。因此，学习的捷径莫过于接受先生的当面教授。

另外，荀子还认为治学要有良友相辅。“匹夫不可以不慎取友，友者所有相有也”，学友之间相互切磋。隆师亲友就在于得到他们的批评指教，“故非我而当者，吾师也；是我而当者，吾友也”。隆师亲友的原则实施，应当与笃实好学的学习态度结合起来，“知之曰知之，不知曰不知，内部自以诬，外部自以欺”；不懂装懂，强不知以为知，是自欺欺人。先生应当注意培养学生的笃实向学的态度，“故礼恭，而后可与言道之方；辞顺，而后可与言道之理；色从，然后可与言道之致”。隆师亲友与笃实向学，是儒家素以称道的教学原则与态度，《礼记·学记》将这一思想予以发挥，提出“尊师重道”“师道尊严”以及“相观而善”的观摩思想，为历代学者所推崇。

（二）荀子的教师论

其一，荀子认为教师工作是崇高而伟大的政治职业，只能由儒者和圣人君子来承担；教师是以礼义来教化士、农、工、商的职业政治文化工作者。因此，他特别强调教师的地位和作用。教师在国家政治生活中具有举足轻重的作用，他告诫统治者应当特别记住，“国将兴，必贵师而重傅……国将衰，必贱师而轻傅”，是否重视教师，是关系国家政治命运的一件大事，教师应当受到统治者的崇敬与信任。

其二，荀子十分强调教师的尊严，认为教师具有绝对的权威。他认为，教师是礼义的化身，必须绝对服从，统治者决不能容许有人背叛、怀疑、非议教师，否则就要以刑法问罪。

荀子修订了孔子“当仁不让于师”的民主精神，把“尊严而惮”作为教师必备的条件之一，使教师成为统治阶级意志的体现者。

其三，荀子认为教师在教学过程中具有主导作用，这种主导作用表现为教师对教学内容、方法、手段的选择与采用的决定作用。只有教师讲解与阐发深奥渊博的儒家经典，学生才能原原本本地理解与掌握。通过教师的教授与指点，可以大大缩短学习过程。他说：“人有师法而知，则速通。”（《荀子·修身》）因此，荀子要求学生隆师、亲师、尊师、忠师。

其四，对于成为教师的条件，荀子有严格的要求。他说：“师术有四，而博习不与焉。尊严而惮，可以为师；耆艾而信，可以为师；诵说而不陵不犯，可以为师；知微而论，可以为师。”（《荀子·致士》）意即教师除了有渊博学问外，应具备四个基本条件：一要有尊严的威信；二要有丰富的阅历和崇高的信仰；三要有讲授儒家经典的能力，能够根据教材的内在逻辑，循序渐进，诵说时有条有理，不凌不乱；四要能钻研和教材的精粗，且能善于阐发微言大义而不是记问之学。

三、朱熹

朱熹（1130~1200年），字元晦，号晦庵。南宋著名的思想家、教育家，宋代儒学之集大成者。朱熹教学思想十分丰富，对我国古代长期积累起来的教学经验与理论，做了一番归纳、整理、总结和改造工作，使之系统化。

（一）朱熹的读书法

1. 循序渐进

所谓“循序”，指遵循教材的客观顺序与学生的主观能力去规定学习的课程或进度；所谓“渐进”，是不求速的意思。依朱熹的看法，读书“以二书言之，则通一书而后及一书。以一书言之，篇、章、文、句，首尾次第，亦各有序而不可乱也。量力所至而谨守之，字求其训，句索其旨。未得乎前，则不敢求乎后。未通乎此，则不敢志乎彼”。

2. 熟读精思

所谓“熟读”，就是要把书本背得烂熟。所谓“精思”，即反复寻绎文义。朱熹如是说：“余尝谓读书有三到：心到、眼到、口到。荀子说，诵数以贯之。见得古人诵书，亦记遍数。乃知横渠教人读书必须成诵，真道学第一义。遍数已足，而未成诵，必欲成诵；遍数未足，虽已成诵，必满遍数。但百遍时，自是强五十遍；二百遍时，自是强一百遍。今人所以记不得，说不去，心下若存若亡，皆是不精不熟之患，所以不如古人。学者观书，读得正文，记得注解，成诵精熟。注中训释文意、事物、名件，发明相穿纽处，一一认得，如自己做出底一般。方能玩味反覆，向上有通透处。若不如此，只是虚设议论，非为己之学也。”

3. 虚心涵泳

所谓“虚心涵泳”，即以客观态度还古书的本来面目，不执着旧见，接受简明平正的解说，而不好高务奇、穿凿立异。依朱熹的看法，“庄子说，吾与之虚而委蛇。既虚了，又要随他曲折去。读书须是虚心，方得。圣贤说一字是一字。自家只平着心去秤停他，都使不得一灰杜撰。学者看文字，不必自立说，只记前贤与诸家说便了。今人读书，多是心下先有个意思了，却将圣贤言语来凑他的意思，其有不合，便穿凿之使会”。

4. 切己体察

所谓“切己体察”，即是读书时，使书中道理与自己经验或生活结合起来，并以书中道理去指导自己的实践。依朱熹的看法，“入道之门，是将自个己身入那道理中去，渐渐相亲，与己为一”。

5. 着紧用力

所谓“着紧用力”，即是以刚毅勇猛的精神去读书，以坚持到底而不懈怠的精神去读书。朱熹认为，“宽着期限，紧着课程。为学要刚毅果决，悠悠不济事。且如发愤忘食，乐以忘忧，是甚么精神，甚么筋骨！今之学者，全不曾发愤。直要抖擞精神，如救火治病然，如撑上水船，一篙不可放缓。”

6. 居敬持志

所谓“居敬”，即收放心，严肃认真与精神专一的态度。所谓“持志”，即树立一个具体目标，或根据一个特殊问题去书中搜集及整理有关资料。朱熹认为：“程先生云，涵养须用敬，进学则在致知，此最精要。方无事时，敬以自持，心不可放入无何有之乡，须是收敛在此。及应事时，敬于应事。读书时，敬于读书。便自然该贯动静，心无不在。……须要养得虚明专静，使道理从里面流出方好。”

（二）朱熹的教学原则或教学方法

朱熹《中庸》上说“博学之，审问之，慎思之，明辨之，笃行之”，当作教学过程，并认为“学问思辨四者，所以穷理也”。在教学过程中，他提出了以下几种教学原则和方法：

1. 自动和适时的启发

朱熹很重视学习的自动性问题，认为学习是自己的事情，是别人不能代替的。他说：“读书是自家读书，为学是自家为学。”做学问主要靠自己主观努力，以积极的态度去掌握知识或寻求真理。教师在其中起什么作用呢？他说：“指引者，师之功也。”他认为，教师在教学过程中占有重要地位，但终不能代替学生的作用；教师只是一个“引路人”，在学生开始学习时给予引导指点；在一个阶段学习完结时，检查学生学习是否正确或有成效，给予评价、证明和裁断；当学生遇到困难时，一同商量。在商量的过程中，教师要适时地启发学生。

2. 勇猛奋发和温故时习

他说：“圣贤千言万语，无非只说此事。须是策励此心，勇猛奋发，拨出心肝，与他去做。如两边擂起战鼓，莫问前头如何，只认卷将去。如此，方做得工夫。若半上半下，半沉半浮，济得甚事？”这就是说，开始学习时，应动用全部精力，以勇猛奋发的态度去做学问，才能克服客观的困难和主观的惰性。但朱熹以“猛火”之后，再用“微火养之”譬喻，此时他又提出了“温故时习”的原则。依朱熹的看法，“时习”是重要的。他说：“人而不学，则无以知其所当知之理，无以能其所当为之事。学而不习，则虽知其理，能其事，然亦生涩危殆，而不能以自安。习而不时，虽日习之而其功夫间断，一暴十寒，终不足以成其习之功矣。”这就是说，如果不学习，就不能获得所需的知识与技能；如果不随时复习或练习，就不能巩固其所获得的知识与技能；如果不随时复习或练习，就不能收到复习的功效。所谓“时习”，即随事、随时、随处都复习、练习其已获得的知识的过程，也就是不间断的“温故”过程。他还认为温故是知新的基础。温故能将所学知识融会贯通，转化为技能，并应用无穷。他认为那种只知机械地重复旧闻而不能触类旁通的人，是不能当教师的。朱熹既强调学习要勇猛奋发，又主张持之以恒；既重视时习温故，又不忽视探索新知的思想，对我们仍是有启发意义的。

3. 教人有序，不可躐等

朱熹承续了张载的思想，也提出“教人有序，不可躐等”的原则。他说：“君子教人有序，先传以小者近者，而后教以远者大者。”他很注意由近到远、由易到难、由浅到深、由已知到未知、由具体到抽象的教学顺序。怎样循序渐进？朱嘉说："学不可躐等，不可草率，徒费心力。须依次序，如法理会。一经通熟，他书亦易看。"下学是上达的基础，学问要做下学的工夫，打了基础，才有上达的可能。他认为只有遵循由易而难、由近而远的顺序，且努力学习，则自有进步。

4. 笃行

朱熹继承了儒家关于笃行的思想，在教学上重视行的作用。他说："徒明不行，则明无所有，空明而已；徒行不明，则行无所问，冥行而已。"（《朱子语类》卷七十三）即知而不行，其知为空知；行而不知，其行为冥行。故知、行应该并进，不可偏重或偏废。从发生的时间上说，致知在先，力行在后；从道德修养的重要性来说，致知为轻，力行为重。所以他说："论先后，知为先；论轻重，行为重。"他还提出"知行相须"的观点，并以"目无足不行，足无目不见"深刻地表述"知""行"不可分割的关系。不但如此，他还进而提出知识靠实践检验的思想，他说："方其知之而行未及之，则知尚浅；既亲历其域，则知之益明，非前日之意味。"在他看来，知而不行，则体会不深；见之于行，则认识更明。他这种躬行践履检验知识的思想是深刻的。

5. 博学与专精结合

朱熹认为，为学应当从博学开始，进而使博学与专精结合起来。博学指什么呢？他说："博学，谓天地万物之理，修己治人之方，皆所当学。"他还说："孟子曰：'博学而详说之，将以反说约也。'语云：'博我以文，约我以礼。'须是先博然后至约，如何便要先约得？人若先以简易存心，不知博学、审问、慎思、明辨、笃行，将来便入异端去。"没有广博的基础就难以专精，仅只有一般性广博的知识而不专精，那也不能在学术上有所建树，所以他强调治学应"贯专而不贵博"。

总起来说，朱熹的教学思想接触到了教学原则的一些基本问题，学习的自动性、学与思、学与习、学与行、教与学、博与约等，也涉及教学的目的性、积极性、良好开端性、巩固性、量力性、实践性、广博性、专精性等。其中很多是发人深省的见解，值得我们借鉴。

四、王守仁

王守仁（1472~1528年），字伯安，号阳明，中国古代杰出的心学大师，著名的教育家、哲学家、军事家、体育实践理论家。他一生文韬武略，文能安邦，武能定国。其有创新实践的哲理教育思想——王学思想，对现代教育具有较大的积极影响，对培养人才振兴中华具有推动作用。

王守仁继承了南宋陆九渊的"心学"主张，加以创新发展，提出"心即理""致良知""知行合一"等学说；培养了一大批心学中坚，开创了明代影响全国的姚江学派。他肯定"圣人"和常人都有良知，其差别在于："圣人"的"良知"天理纯全，而常人的"良知"因受习俗影响和私欲蒙蔽而被淹没。他认为："良知"人人都有，人人有受教育的可能；而"良知"常被淹没，所以有受教育的必要。通过教育，去人欲，求良知，就是他的教育主张；从"致良知"人手，使常人"明人伦"，这就是他的教育目的。

为实现他的教育日的，王守仁采用了许多教育教学原则和教育教学方法，对现代教育、教学的改革和素质教育深化发展具有借鉴作用。

第一，重视德育教育，引导学生把"立志"放在教育的首要位置。每当王守仁讲学之初，必先"考德"，即检查学生品行，谆谆告诫学生"学必立志"。他说："立志，如树之种，只管精心培植，自然日夜滋长，枝叶繁茂。”“志不立，天下无所成之事；志不立，如无舵之舟，无御之马漂荡奔逸，终无所底乎。”他还认为：如己立志学而圣人，便会全神贯注，克服困难，勇往直前，最终成为“圣人”；如志不立，则必将一事无成。

第二，因材施教，各成其材。王守仁认为，人的资质不同，施教不可一律。教育者对学生施教，不仅要考虑学生认识发展水平的共性特征，而且还要注意个体发展水平的差异，针对每个人的个性差异，因材施教。就像良医之治病，对症下药。他还认为，因材施教的目的在于使受教育者“各成其材”。他说：“因人而施之，教也，各成其材矣，而同归于善。”即每个人都有其长处，教育者如能就其长处加以培养，就可能使他们某一方面的才能得到发展。

第三，强调“循序渐进”和“量力性”原则。王守仁把教学比作植树，要“适度灌溉”。即由浅入深，循序渐进。他所说“随其分限所及”，就是指学生的智力和能力，即“量力性”。教学不能不顾学生的实际，盲目传授知识，否则将会事倍功半，甚至彻底失败；要使教学获得成功，必须从学生的现有基础出发，逐渐加深和扩充，使之内化、吸收和提高。

第四，提出“知”“行”相结合的原则。这是王守仁“知行合一”的哲学思想在教学上的具体运用。他认为“知行合一”才是学习的“实功”。他认为真知必能行，不能行则非真知，所以学习应该与实践相结合，只有这样才能求得真正的知识。这是符合人的认识规律的，这和孔子提出的“学而不思则罔，思而不学则殆”有相似之处。

第五，实施“寓教于乐”的儿童教育原则。王阳明主张必须依据儿童“乐嬉游惮拘检”的身心特点，进行“趋向鼓舞，中心喜悦”的教学。他说：“今教童子，必使其趋向鼓舞，中心喜悦，则其进，自不能已。譬之时雨春风，沾被卉木，莫不萌动发越，自然日长月化。”在教学内容方面是多方面的、有步骤的，在德、智、体、音乐等众多学科的安排上，注意动静交替，张弛结合。他主张给儿童以“歌诗”“礼”“读书”“体育游戏”诸方面的教学，尤以德育为先，每天“先考德，次背书诵书，次习礼或作课仿，次复诵书讲书，次歌诗或体育”的程序是比较科学的，注重儿童学生的德、智、体等多方面发展。在教学方法上带有一些比赛性质，对于培养学生的学习兴趣具有积极意义。根据王守仁这一教育思想，在教育过程中把“传道”与“授业”结合起来，且以“传道”为先。同时，他还重视科学设计教学活动创设符合教育对象身心特点的生动活泼、富于情趣的活动，从而收到教育的良好效果。

王守仁在学校教育中多次指明学校必须培养人的才能智慧，他说：“学校之中惟以成德为事，而才能之异或长于乐、长于政教、骑射、水土播植者等在学校中变能精其能、熟其事。”守仁这种把德育和智育、体育相结合，而以德育为主，智、体、能多处发展的心学观点，要比孔子的“行有余力，则以学文”的主张来得合理，也较全面，能为社会多培养有才能之士。他的创新、思维、实践、开拓、进取的精神思想，对于我们今天的教育不无借鉴作用。

五、王夫之

王夫之（1619~1692 年），字而农，号姜斋，湖南衡阳人。因晚年隐居于石船山，后人称其为船山先生。王夫之是明末清初著名的启蒙思想家，他继承和发展传统哲学的朴素唯物论，形成了唯物主义的宇宙观和历史观，从而使中国古典唯物主义哲学发展到了新高峰。他的教育思想与他的政治思想、哲学观点有密切的联系。他对人性论、理欲关系、知行关系、学思关系等教育基本理论提出了自己卓越的见解。

（一）王夫之关于教育的作用与目的的见解

王夫之在研究儒家经典、考察历代政治得失，尤其是在总结明朝覆亡的沉痛教训中，深入思考了教育的作用与目的，提出了自己的见解。

1. 人性论与教育作用

王夫之认为，人性是一种人类所具有的潜在的发展能力，与动物有着本质的区别。人的认识器官的潜在机能，尤其是具有思维能力的“心之官”是人的发展的物质基础。但是，人性不是一成不变的，而是处在不断地发展变化中，由此，他提出了人性“日生日成”的论断。明确提出人性不是天生的，而是在后天不断生长变化过程中逐渐形成的，是“日生则日成”“继善成性”的。人的知识才能、道德观念“非性之本然”，是后天教育与学习的结果。“人之性随习迁”，教育在人的发展过程中，起着决定性作用。

2. 教育为治国之本

王夫之考察社会发展的历史经验，以为在一个国家中，除了政治之外，教育是最重要的。他说：“盖王者治天下，不外乎政教之二端。语其本末，则教本也，政末也。”他认为明王朝灭亡的一个重要原因，就是“教化日衰”，学校教育“名存实亡”，由此他希望“谋国者”能吸取这个教训，对百姓除了“宽养”以外，还要施以“教化”。

3. “救人道于乱世”

王夫之在教育目的上并不是一般性地主张“学为圣贤”，而是提出要造就能“救人道于乱世”的“豪杰”。他认为当时社会需要“荡涤其浊气，震其暮气，纳之于豪杰而后期之以圣贤，此救人道于乱世之大权也”。“豪杰”有远大的政治理想和“堂堂巍巍，壁立千仞”的豪迈之气。“能兴即谓之豪杰”，即要求造就出来的人才虎虎有生气，即思想上、行动上有不同流俗的振作精神，有远大的胆识，其不仅要具有“救世之心”，还要“当思何以挽之”。王夫之还认为“能俭、能勤、能慎，可以为豪杰矣”。所谓俭，就是“节其耳目口体之欲，节己而不节人”；所谓勤，就是“不使此心昏昧偷安于近小，心专而志致”；所谓慎，就是“畏其身入于非道，以守死持之而不为祸福利害所乱”。王夫之希望通过教育造就一批具有新的精神风貌的经世致用之才，承担起“救人道于乱世”的历史重任。他把“豪杰之士”看成是“国之桢干”，是社会的补天之才，很大程度上突破了儒家学者关于人才规格的传统观念。

（二）王夫之的教学思想

王夫之在教学论方面的论述尤为丰富。他既有丰富的教学实践，又能从唯物主义认识论的高度去揭示教学过程的一些规律。

1. 论教学过程

王夫之用朴素的辩证法揭示了教与学的关系。他说：“夫学以学夫所教，而学必非教，教以教人学，而教必非学。”学生学习的东西，就是教师讲授的东西；但学生学习的过程，并不等同于教师讲授的过程。他认为，在教学过程中，学生是主体，教学的成功与否，取决于他们是否“自悟”，即学生的学习，不是简单地模仿，或被动地接受知识，而是一种自觉的认识过程。教师的作用，不在于传授多少知识，而在于启发学生自悟，使学生自己成为学习的主人。因此，他把教学过程看成是启发学生自悟的过程。他的这一思想，正确地揭示了教学过程的本质。

2. 论知与行的关系

在知与行的关系上，王夫之既不同意朱熹的“知先行后”说，也不赞成王守仁的“知行合一”说，他主张行先知后，知行并进，相互为用。他说：“行可兼知，而知不可兼行”“知行相资以为用，唯其各有致功，而亦各有其效，故相资以互用”。他认为，在人的认识中，知与行各有其功效，又必须相互为用。因此，只有知行并进，才能“知同而起功”，这是认识事物的一条定理。王夫之一方面提出“行可兼知”的观点，强调知源于行，必须从行上检验知识的效果功用，否定了传统教育中那种严重脱离实际、死读书的弊端；另一方面，又提出知行相互为用，不能混淆，二者都不可偏废，比较正确地揭示了人的认识规律。

3. 论学与思的关系

王夫之认为，学与思的关系是互相依赖、互相促进的关系。他说：“致知之途有二：曰学，曰思。……学非有碍于思，而学愈博则思愈远；思正有功于学，而思之困则学必勤。”意即学不仅不妨碍思考，相反学识广博将有利于思考的深化；思考也有助于学，因为思考时遇到困惑而感到难以深入，就会促使自己进一步勤奋学习。学与思二者并重，互相促进，才能获得最佳的教学效果。

4. 关于博与约的关系

王夫之强调学习要尚博尚实，多闻多见，要从广博丰富的资料中提炼出精华来，因此他主张“约有博之约，而博者约之博”，即把“约”看成是建立在“博”的基础上的“约”，而“博”是在“约”的指导下的“博”，提倡把“博”和“约”有机地结合起来。在二者之中，博学是前提，是基础；而“约礼”是“一以贯之”，是提高。

5. 论“有序”与“不息”

王夫之认为，教师应该“施之有序”“施之有序者，行之自远”，他强调教学既要循序渐进，不速成，又要有恒心，不间断。这样就可以使学生的学习“因其序则可使之易”。由此，他提出了教学五步骤：第一步是教学粗小的事，如洒扫、应对；第二步是教粗小的理，如洒扫、应对之理；第三步是教学精大的事，如正心、诚意、修身、齐家、治国、平天下等；第四步是教学精大的理，如正心、诚意、修齐治平之理；第五步是教学大小精细之理的综合或统一。这五步是不可分割、先后贯通的。正因为有序，才能使学者做到不息；只有不息，才能使学生自勉自问。

王夫之运用自己的朴素唯物主义和辩证法去深入探讨教育问题，提出了许多精辟见解，这是他不可磨灭的历史功绩。

【拓展阅读】

发虑宪，求善良，足以謏闻，不足以动众；就贤体远，足以动众，未足以化民。君子如欲化民成俗，其必由学乎！

玉不琢，不成器；人不学，不知道。是故古之王者建国君民，教学为先。《兑命》曰：“念终始典于学。”其此之谓乎！

虽有嘉肴，弗食，不知其旨也；虽有至道，弗学，不知其善也。故学然后知不足，教然后知困。知不足，然后能自反也；知困，然后能自强也，故曰：教学相长也。《兑命》曰：“学学半。”其此之谓乎！

古之教者，家有塾，党有庠，术有序，国有学。比年入学，中年考校。一年视离经辨志，三年视敬业乐群，五年视博习亲师，七年视论学取友，谓之小成；九年知类通达，强立而不反，谓之大成。夫然后足以化民易俗，近者说服，而远者怀之，此大学之道也。《记》曰：“蛾子时术之。”其此之谓乎！

大学始教，皮弁祭菜，示敬道也；《宵雅》肄三，官其始也；入学鼓箧，孙其业也；夏楚二物，收其威也；未卜禘不视学，游其志也；时观而弗语，存其心也；幼者听而弗问，学不躐等也。此七者，教之大伦也。《记》曰："凡学官先事，士先志。"其此之谓乎！

大学之教也时，教必有正业，退息必有居。学，不学操缦，不能安弦；不学博依，不能安《诗》；不学杂服，不能安礼；不兴其艺，不能乐学。故君子之于学也，藏焉，修焉，息焉，游焉。夫然，故安其学而亲其师，乐其友而信其道。是以虽离师辅而不反也。《兑命》曰："敬孙务时敏，厥修乃来。"其此之谓乎！

——《礼记·学记》

自我测试

1. 我国最早使用"课程"一词的人是（　　）。

2. 我国最早论述教育问题的著作是战国后期的（　　），其中，（　　）、（　　）和师严而道尊等思想至今仍具有积极意义。

3. 孔子的教育思想集中体现在（　　）中，教育主张（　　），希望把人培育成（　　）和（　　）。

4. 在我国，最早把"教"和"育"联系在一起的人是（　　）。

5. （　　）以后，（　　）被规定为科举考试的固有模式。

6. "太学"这一官办教育机构是在哪个朝代出现的？（　　）

A. 唐代　　B. 汉代　　C. 秦代　　D. 周代

7. 以下几个书院中，哪一个与其他几个性质不同？（　　）

A. 应天府书院　　B. 白鹿洞书院　　C. 东林书院　　D. 集贤殿书院

8. 朱熹认为大学的教育目的是（　　）。

A. 学事　　B. 明理　　C. 学经　　D. 锻炼意志

9. 稷下学宫是战国时代（　　）的一所著名学府，是战国"百家争鸣"的中心与缩影。

A. 楚国　　B. 燕国　　C. 齐国　　D. 秦国

10. 观察并结合当今教师的教学实践，阐释中国古代教育学家的著名教学方法在当今教学过程中具有哪些传承？

参考答案

1. 朱熹　2.《礼记·学记》　教学相长　启发教育　3.《论语》　有教无类　贤人　君子　4. 孟子　5. 明代　八股文　6. B　7. C　8. B　9. C　10. 略

附录一　巴渝文化

一、古代巴国文化概况

从广泛的意义上讲，作为地域名称，“巴”的内涵相当丰富。“巴”是指以川东鄂西为中心，北达陕西汉中，包括汉水上游西部地区和嘉陵江以东地区，南极黔涪之地，包括黔中和湘西地区在内的一大片连续广袤的地域。古代居住繁衍在这片地域内的各个古族也通称为“巴”，并由此派生出巴人、巴族、巴国、巴文化等。

巴国历史可追溯到传说中的五帝时代。《山海经·海内经》记载：“西南有巴国。太昊生咸鸟，咸鸟生乘厘，乘厘生后照，后照始为巴人。”巴人祖先是太昊，而太昊是黄帝子孙，巴人是黄帝的一个分支。《华阳国志·巴志》中“东至鱼夏，西至楚道，北接汉中，南接黔涪”说明当时巴国的地理区域。鱼夏即今重庆奉节，楚道即今四川宜宾地区。

殷商时代巴人被称作“西土之人”，殷墟甲骨文中也有“巴方”一词，当时巴人活动于殷商王朝的西方。后来，巴人迁徙到气候宜人、土地肥沃的四川东部地区，并与当地土著民族一道披荆斩棘，开垦土地，挖掘宝藏，使原先落后的川东地区开始发生变化。巴国于夏朝初期加入夏王朝，成为一个诸侯国，鼎盛时期疆域包含今重庆全境、四川东部、陕西南部、湖南西部、湖北西部、贵州北部等地，灭于秦惠王时代。

（一）巴国的地理位置与城市建设特点

巴国文化与巴国城市的形成，与巴人所处的自然地理环境和人文地理环境有着密切的关系，也与巴族的尚武精神和建筑传统有着充分的联系。

春秋战国时期，巴国城市发展在空间分布、城市建设和城市功能等方面展现出显著的区域特征。今知的几座战国时期的巴国城市均分布于河流沿岸：平都和枳分布于长江沿岸地区，阆中和垫江分布于嘉陵江沿岸，且垫江地处渠江、涪江和嘉陵江的交汇之处，江州处在嘉陵江和长江的交汇处。这些城市选建在河流两岸的冲击地带，既濒临河流，便于交通、生活、渔业捕捞和商业贸易，又便于区域农业生产的发展。

巴国城市的地理分布和具体选址与早期人类对于一般聚落和城市的地理选择具有较大的一致性。巴国地处缺少较大平原的川东平行岭古地区，主要由多条东北—西南走向的背斜山地和向斜谷地组成。背斜山地海拔多为1000~1200米，向斜谷地海拔一般不超过200~300米，宽度可达10~30千米。向斜谷地多为局部平原与低丘缓岗，特别是在河流经过的两岸地区，土壤相对肥沃，适宜早期人类的生存和发展。长江自西向东在川东地区南部将平行岭谷地貌切割，两岸地区间或形成冲积坝地，这些相对平坦的邻水地带无疑对于早期人类社会的发展提供了良好的自然条件。

川东河谷地带一般较为狭小，使得城市规模一般不会太大，城市布局一般不甚规整。川东河谷地带特别是峡江地区气候湿润，树木茂盛，用材方便；而另一方面，平坝土地相对狭窄，取土较为不便，这种自然状况可能对巴国城市未筑土质城垣而仅筑木栅产生了重要的影响。《史记·张仪列传》索隐云："芭黎，即织木葺以为苇篱也，今江南亦谓苇篱曰芭篱也。"笆篱，即篱笆，用竹、木等木质材料构筑成的围墙。巴国城市未建土质城垣，仅在城市四周树立篱笆以作为城市的界标。早在巴国之前，峡江地区的早期城邑就未有城垣建筑而是树立木栅作为屏障。与巴国相邻的楚国，其早期城市也是建有木栅作为城市界标。在古代日本，也曾出现"栅城"形式。这些木栅作为城市城垣的替代品的出现，与当地的自然条件有一定的关系。战国时期巴国都城以木栅作为城市的界标和防御工事，是巴人在城市建设方面适应和利用自然的体现。

巴国所处的人文地理环境也对其城市发展产生了一定的影响。战国时期，巴国受到来自东面楚国、西面蜀国和北面秦国的军事压迫，战争频繁，加之政局动荡，时有迁移可能，在这种社会状况下，巴国不可能有大量人力和长时间进行大规模的城垣建设，仅能以木栅作为城市的防御屏障。这在一定程度上影响了巴国城市建设的规模、质量和功能等。城市内部规划和建设依地势而起伏，众多建筑分布高低不一，错落有致，开了重庆地区山城建设的先河。从城市功能看，巴国城市首先是巴国政治权力的中心，随着巴人迁移和巴国政治重心的转移，作为权力中心的都城也随之发生变化。巴国城市的军事功能也显而易见，尚武的巴人以城市的军事防御功能来保障其政治权力的中心功能。巴国城市处于河流两岸，城市的对外交通较为方便，因而城市的商贸功能应有一定发展。

战国时期巴国城市特征的形成可能还与巴族的历史文化传统有关。据《华阳国志·巴志》记载，巴人"天性劲勇""巴师勇锐"，巴族具有崇尚武力的历史文化传统，具有强烈向外扩张的愿望，并将其不断付诸军事行动，这一点从考古出土的大量巴人青铜兵器中可得到一定证明。湖北襄阳山湾东周墓葬出土的柳叶形剑、内上阴刻虎纹的戈、隆脊带血槽的柳叶形矛，有的兵器雕刻怒目圆睁的虎眼、巨大尖利的獠牙、竖立的虎耳、带刺的虎舌以及一只张开血盆大口正对着戈锋的老虎等，都是处在战争场景中的人们展示的表情或情景。

（二）古巴人的图腾崇拜

图腾是原始人群的亲属、祖先或保护神的象征和标志，是人类历史上最早的文化现象。图腾是原始人迷信某种动物或植物同自身氏族有着血缘关系的一种表现，处在生产力极其低下的原始民族对自然的无知是图腾产生的基础。古巴人先后有两个崇拜的图腾：一是蛇，一是虎。

许慎《说文·巴部》云："巴，虫也，或曰食象蛇，象形。"古文字中的"巴"字形象蛇形。《山海经·海内南经》载："巴蛇食象，三岁而出其骨。君子服之，无心腹之疾。其为蛇青赤黑。"章太炎《文始》中云："《说文解字》无蟒字，盖本作莽，古音读如姥，借为巴也。"巴字形蛇，巴人与蛇必然有着联系，古巴人以龙蛇作为图腾，氏族"巴"的命名便源于此。图腾是蛇，巴人自然崇信始祖是蛇。《路史·后记》太昊伏羲氏云："伏羲生咸鸟，咸鸟生乘厘，乘厘是司水土，生后炤，后炤生顾相，降处于巴，是生巴人。"该书注引《宝椟记》云："帝女游于华胥之渊，感蛇而孕，十三年生庖牺。"晋代王嘉《拾遗记》也记载有相似的故事："庖牺所都之国，有华胥之州。神母游其上，有青虹绕神母，久而方灭，即觉有娠，历十二年而生庖牺。""庖牺"即伏羲，伏羲是巴人的老祖宗，而伏羲是神母与蛇神游的产物，外形人首蛇身，即蛇是伏羲之"父"，也是巴人的祖先。

与华胥感蛇而孕生伏羲相同的感生神话在巴国故地还有流传，只不过感应对象是龙。明朝曹学佺《蜀中广记》中"女郎祠"按语云："女郎，亦张鲁女，感孕而生龙者，祠在汉中。"龙与蛇在远古时代本就属于同一类，即"虫"也。在巴国故地有一种人蛇婚配型的故事，它与流行于浙江、福建、台湾、广东、广西的《蛇郎君的故事》十分相似，男主角都是蛇，并且人蛇可以互变。这都说明古巴人最初是以龙蛇为图腾的。

巴人主要由两大部族集团组成：一是以龙蛇为图腾、居住于汉水流域的“伏羲族”，他们是世世代代生活于此的原住民，包括濮、苴、共、奴、儴等；另一支是以白虎为图腾、居住于夔巫地区的“廪君族”。夔巫，即今三峡地带。廪君族，也称“廪君夷”，因崇拜白虎，又称“白虎族”。《后汉书·南蛮西南夷列传》云：“巴郡，南郡蛮，本有五姓：巴氏、樊氏、瞫氏、相氏、郑氏，皆出于武落钟离山。其山有赤黑二穴，巴氏子之生于赤穴，四姓之子皆生黑穴。未有君长，俱事鬼神。乃共掷剑于穴，约能中者奉以为君。巴氏子务相乃独中之，众皆叹。又命各乘土船，约能浮者当以为君。余姓悉沉，唯务相独浮。因共立之，是为廪君。乃乘土船，从夷水至盐阳……廪君于是乎君于城，四姓皆臣之。”武落钟离山上的五姓部落最初各自信奉本氏族的祖先神，没有族或国的概念。为建立联盟群体，五姓氏约定：各自选派一名能手，采取掷剑、浮舟的竞技活动，推选智慧高、技能强的人担任部落联盟首领，结果只有巴氏务相中剑、浮船，于是共立务相为君，称作“廪君”；这五姓结盟形成的部族共同体，称作“廪君族”。以巴氏等五姓为主构成了巴族的“核心”，称作“内五族”；而以原居于渝、鄂、湘、夷、濮等地被廪君族融合或征服的土著部族，构成了巴族的外围部族，当时的史书把他们都称作“巴人”。

“廪君死，魂魄化为白虎，巴氏以虎饮人血，遂以人祠焉。”（《后汉书·南蛮西南夷列传》）唐代樊绰《蛮书》卷十亦云：“巴中有大宗，廪君之后也。……巴氏祭其祖，击鼓而祭，白虎之后也。”在巴国历史上最强大、最有影响的是“瘭君巴人”。传说，廪君死后化为白虎，古巴人便开始崇拜白虎，以白虎作为图腾，其族系也称作“白虎巴人”，今土家族人民便是其后裔。

图腾是巴族的信奉对象，在重大节日或祭祀典礼上，均运用印有白虎的标志。“在巴人后裔土家族中，土家族巫师在领头跳摆手舞时，所持小旗上的图案多画虎图腾”①。在现已出土的巴人文物中，大多刻有虎纹、手掌纹等图案，这些图案多出现在青铜兵器、乐器、用具上，被人称作“巴人图语”。如青铜戈、剑上，绘有龇牙瞪目的虎头，虎头朝向戈柄方向。

在白虎巴人中，后又分化出专射白虎的白虎复夷和专敬白虎的白虎夷等支系。“在湘西一带的白虎习俗中，凡婚、丧、喜庆和节日，则于门口画一白虎，又画一副弓箭，兆示引弓射杀白虎之义”②；除此之外，若有人生病时，就由土家巫师在家里念咒语驱赶白虎，还会弄一个草扎的白虎，将其烧掉，作为驱邪避恶。

然古代巴人对白虎崇拜居多。他们将白虎作为图腾，喜虎、崇虎就是自然的事情。从古代虎存在的数量就可窥豹一斑。《古今图书集成》卷六十一记载：“辛惠仲万州大道上遇虎”；也有“黄牛庙后山多虎，夜间不敢击更鼓”，更有綦江县“群虎白日出游，下城楼窃破残人户……行者虽五七同群，执器械，前后中间必有一失”。虎患由此产生，给当地人民造成了一定灾害，但从侧面显示出古代巴人对白虎的喜爱和崇拜。因将其作为氏族的本族祖先、图腾信仰的缘故，古巴人崇虎、喜虎、不杀虎，从而造成白虎成群，同一时期四川盆地虎患居全国之冠。

我们的祖先在选择图腾时，必然会选择凶猛强大的瑞兽，以示本族雄壮气魄。在中国古

① 徐青松《红山文化玉孔器为史前巫县考》，《中国文化报》1997年12月7日

② 余文华《巴渝民俗风情》，重庆出版社，2004年版，第48页。

代的星宿学中，西方白虎七宿中的白虎星直接主宰着人间的兵戈和战争，是充满杀伐之气的战神。商周之际的灭纣兴周战争中，有一支勇猛善战的军队深得周武王赞誉，他们被称为“虎贲”和“虎士”，这是早期的巴人武士。巴族白虎崇拜的核心是对虎啸震山谷、虎跃飞溪涧、虎牙怖百兽的雄强伟壮民族魂的雕塑，以虎为图腾展现了巴族的雄壮、威武。

（三）先秦巴文化遗迹

根据古文献记载，先秦川东鄂西包括长江三峡和嘉陵江、汉水上游地区是众多族群的分布区。在西陵峡以东的清江流域，有源出巴氏子务相的廪君系统的文化，有分布在川东至三峡的“濮、賨、苴、共、奴、獽、夷、蜑之蛮”（《华阳国志·巴志》），这几大族群构成巴地的主要民族，是巴地文化的主体。从族属上看，这些族群可分为三大民族集团，即占主要地位的濮系民族集团以及华夏民族集团和越系民族集团。

1. 大溪文化

大溪文化因重庆市巫山大溪遗址而得名，是新石器时代巴文化的代表。其分布东起鄂中南、西至川东、南抵洞庭湖北岸，北达汉水中游沿岸，主要集中在长江中游西段的两岸地区。

距今五六千年的大溪文化遗址，属母系氏族晚期至父系氏族萌芽时期。初步可分为两个地区类型：长江沿岸的鄂西川东地区，如大溪、红花套、观庙山等地的遗址，可称为“大溪类型”。大溪类型是大溪文化的主流，可分为三期：早期，夹炭红陶最多，戳印纹简单、细小，彩陶极少，以折肩圈足罐、三足盘、鼓形器座等为代表；中期，戳印纹发达，彩陶兴盛，常见内折沿圈足盘、簋、高把豆、曲腹杯、筒形瓶等；晚期，泥质陶占绝对优势，灰陶和黑陶剧增，有细颈壶、折敛口圈足碗等。

大溪文化的陶器以红陶为主，普遍涂红衣，有些因扣烧而外表为红色，器内为灰黑两色。流行圆形、长方形、新月形等戳印纹，一般成组印在圈足部位。有少量彩陶，多为红陶黑彩，常见的纹饰是索形、横人字形、条带形和旋涡形。主要器型有釜、斜沿罐、小口直领罐、壶、盆、钵、豆、簋、圈足碗、筒形瓶、曲肚杯、器座、器盖等。大溪文化的彩陶纹饰有横人字形纹、曲线网格纹，有的器形和彩纹明显受仰韶文化庙底沟类型的影响。

大溪文化共出土石器数千件，器形有斧、锛、锄、铲、钺、锤球、杵、镞等20余种，主要为生产工具，分别用于打制、磨制、打磨兼制、琢磨兼制等方法制成，石器制作的原料多就地取材。石器中两侧磨刃对称的圭形石凿颇具特色，有很少的穿孔石铲和斜双肩石锛。有相当数量的石锄和椭圆形石片切割器等打制石器，还有大量的实心陶球和空心裹放泥粒的陶响球。

大溪文化的骨器主要有骨锥、骨针、骨镞、骨钩、骨饰等，其中骨锥、骨针制作十分精致，有的骨针甚至圆径仅0.5厘米，孔径只有0.08厘米。这说明当时大溪地区的骨器制作工艺已经达到很高的水平。

大溪文化流行红烧土房屋，较多使用竹材建房。葬式复杂多样，有跪屈式、蹲屈式等仰身屈肢葬式。

洞庭湖北岸、西北岸地区，如三元宫、丁家岗、汤家岗等地的遗存，可称为“三元宫类型”。夹砂陶比例大，红褐胎黑皮陶和白陶占一定数量。有特征鲜明的盘口圈足罐和筒形圆底罐。圈足盘少，彩陶筒形瓶仅有个别发现。以通体装饰的印纹、刻划纹为特色，漩涡纹、变体卷云纹彩陶也具特点。这类遗存确有与大溪相同的因素，可能是受大溪文化强烈影响的另一种原始文化。

2. 廪君巴国文化

夏商以来，中国西南地区曾出现过几个“巴国”，它们分别是“孟涂所处”之“巴”、“廪君”之“巴”、“宗姬”之“巴”、江州之“巴”和“枳巴”，其中尤以“廪君”巴国和“宗姬”巴国最为著名。殷墟甲骨文中所谓的“巴方”可能正是廪君巴国时代。

作为廪君时期巴国五个氏族来源的武落钟离山，位于长阳县西北的都镇湾东侧，西北临清江，东南临汉溪，三面环水，山上五峰并立。据《太平寰宇记》载：“武落钟离山，一名难留山，在长阳县西北七八十里。”所谓“夷水”，又谓“盐水”，即清江，《通典》卷一八七载：“今夷陵郡巴山县清江水，一名夷水，一名盐水。”

当今考古工作者在清江中游地区调查发现的相当于中原夏商周时期的古文化遗址共有4处，主要分布在长阳县境内，分别是香炉石遗址、桅杆坪遗址、南岸坪遗址、深潭弯遗址等。在长阳以西的巴东、建始、恩施境内的一些遗址中，虽发现有零星的商周时期的陶器碎片，但在前面几处被确认的早期巴人遗址中，香炉石遗址最具代表性。

香炉石遗址地处清江腹心——长阳渔峡口，先后于1988年和1989年两次发掘，该遗址处在陡峭山崖的夹缝中，面积为700多平方米，文化层的整体堆积厚度达到4.5米以上，不仅堆积较厚，而且遗物保存完好，这是目前在整个清江流域最具代表性的“早期巴人遗存”。

香炉石遗址的底层堆积自上而下可分为7个层位，遗址地层堆积中出土文物十分丰富，仅首次发掘的400平方米的面积中，就出土各类石器、骨器、陶器、兵器等多达9240件。这些文化遗物自夏、商、周时期开始至春秋战国时期从未间断，被学术界确认为“早期巴文化遗物”。

（1）夏代前的巴文化：

西陵峡地区发现了时代较早、数量较多的巴文化遗址，但从地层堆积、出土遗物及文化内涵来看，受中原文化影响较多，巴文化遗存不够单纯，土著文化特色均不及清江流域的香炉石遗址那么系统典型；川西平原发现的三星堆文化也不能代表巴文化源头，因为其最具代表性的陶器是小平底罐，而清江流域及西陵峡地区巴文化遗存的器物则是圆底釜。

清江下游和清江与长江交汇处的石板巷子、茶店子和鸡脑河等遗址的发掘中，发现了相当于龙山文化末期至夏代早期的巴文化遗址，所获资料有限。

夏禹时期，巴国加入夏王朝，成为夏王朝统治的一个地方。《华阳国志·巴志》载：“禹会诸侯于会稽，执玉帛者万国，巴蜀往焉。”《山海经·海内南经》亦记载：“夏后启之臣曰孟涂，是司神于巴，人请讼于孟涂之所，其衣有血者乃执之。”

（2）商代时的巴文化：

在商代，巴国没有完全臣服于殷商，与殷商发生过战争。随着生产力的发展和制陶技术的进步，以陶釜为代表的早期巴文化逐步占据重要位置。

与商代中晚期文化对应的遗物中，以陶器为大宗，石器呈明显下降的趋势。陶器中以釜为器类之冠，占陶器总数的90%以上；其次为罐、钵、杯、豆、纺轮和网坠。釜的器型大小不一，有夹砂灰褐陶、褐陶、黄褐陶等，饰有细绳纹、方格纹、蓝纹等。

此外，还出现了数量较多的卜骨和与生活相关的兽骨。卜骨用大鱼的左鳃盖骨制成，均有钻孔。钻孔大多为椭圆形、圆形和长方形，凿痕较深，烧灼痕迹明显，有的可见兆纹。

（3）西周时的巴文化：

巴师作为前锋加入武王伐纣的战争，灭商后，巴正式成为周王朝的诸侯，并入周之疆域。《华阳国志·巴志》载：“巴师勇锐，歌舞以凌殷人，前徒倒戈……武王既克殷，以其宗姬封于巴。”

西周时期，以陶釜为代表的器物在巴文化依然十分兴盛。考古挖掘发现，陶釜数量达2100多件，占陶器总数的88%，陶质有夹砂褐陶、黄褐陶、泥质灰陶等，纹饰有方格纹、细绳纹、回形纹等；器型制作以手制为主，不少器物壁还保留有手指按窝；出现了少量的石器和骨器。石器有斧、锛、刀、镞、纺轮、砺石等；有部分卜骨及大量与生活相关的兽骨、鸟骨、鱼骨等，其卜骨的制作方法与钻孔形状与商代遗物基本相似。

在清江流域出土了部分铜器，有铜锥、铜凿、铜环、铜鱼钩等，还发现了数量不多的贝币，均为海贝，应是巴人区域货币史的实物依据。这说明西周时期的巴已开始慢慢步入青铜时代，经济交往中逐步开始使用货币。

（4）春秋时的巴文化：

陶器仍以陶釜为主，占68%左右，釜的器形变化小。陶质有夹砂灰褐陶褐黑陶，泥质陶有灰陶和灰黑陶等。纹饰主要有方格纹、绳纹、锯齿纹、鱼鳞状网状暗纹、锥刺小三角纹等。陶釜是早期巴文化最具特征的代表性器物。

石器呈明显下降趋势，主要由斧、锛、刀、镞、纺轮、砺石、凿、环、铲、坠饰等，铜器有锥、凿、削刀、镞等；骨器有锥、铲、凿、筷、镞等。

这一时期还出现部分楚文化的器物，如楚式鬲等，这说明楚文化开始影响到清江中游地区，说明巴人也在不断吸收外来文化。

（5）战国时的巴文化：

战国时期，清江流域的巴人逐步分成三部分：一部分沿清江上游西迁进入川东；一部分往南进入湘西；还有一部分在清江流域定居下来。这一时期，青铜文化逐步取代了早期巴文化以釜为特征的陶器文化，成为巴文化中最具特色的文化。

在清江流域中、上游地区窖藏出土的巴式青铜器有50多件，尤以双虎钮淳于保存得最完整、造型最为精致。双虎钮淳于重12.75千克，通高49厘米，上大下小，肩部隆起，略成椭圆的圆柱体。上端有一长32厘米、宽25厘米的椭圆形盘，盘中并立两只长15厘米的铜虎。双虎间有一环相连，便于悬挂，虎身刻有柳叶形花纹；虎的形体粗犷，虎口大张而锋齿毕露，尾平伸略上卷，体态丰满，栩栩如生。

（四）先秦巴文化的主要特征

完整意义上的巴文化是巴国文化和巴地文化复合共生的地域文化概念。春秋战国之际巴国从汉水上游南迁至长江干流两岸西陵峡、巫峡、夔峡地区和川东地区，成为当地各族的统治者，于是巴国文化和巴地文化多元共生，从复合、耦合到最终融合，两种不同文化的空间架构由此基本重合。这个时候的“巴文化”才是完整意义上的、可以用“巴”来涵盖并指称国、地、人、文化的一个具有独立意义的文化概念。

西周春秋时期巴地文化的主要特征大致概括如下：

在经济活动方面，在巴地各族主要以渔猎为主，夹杂有粗糙的农耕。古渝水（今嘉陵江）流域的板楯蛮，以狩猎为主，古尤以射白虎闻名于世，《华阳国志·巴志》便有“以射白虎为业”“世号白虎复夷”等记载。清江流域廪君蛮世称“浮夷”，清江为“鱼盐所出”，廪君习用飞剑，表明当时也以射猎捕鱼为主要经济活动。三峡地区则主要开垦耕种畲田，属较原始的刀耕火种型经济。《华阳国志·巴志》云：“三峡两岸土石不分之处，皆种燕麦，春夏之交，黄遍山谷，土民赖以充食。”这种情况一直延续到唐宋。在手工业方面，川东地区曾发掘20多处遗址，其中的青铜器是战国文化遗留，表明巴地各族在战国以前大多还在文明社会的大门外。

在交通方式方面，巴地各族大多居于大河两岸，水上交通特别发达，交通工具主要是各种舟船。从文献记载看，廪君蛮“浮土舟于夷水”（《水经·夷水注》）、“乘土船从夷水至盐阳”（《后汉书·巴郡南郡蛮传》）。考古发现巴地有大量木制船棺葬，船棺仿自或直接就是墓主生前使用的交通工具。

在居住方式方面，巴地各族以居干栏为主，即所谓“重屋累居”（《华阳国志·巴志》），又有“结舫水居”者。岭谷间族群亦习居干栏，“依树积木，以居其上，名曰干栏。干栏大小，随其家口之数”（《北史·蛮僚传》）。廪君族群起初为穴居，有赤穴、黑穴，后从山地迁到河谷，滨水而居，其居住方式多半也是干栏。

在行为方式方面，《华阳国志·巴志》记载了巴地各族性情和行为方式，于“涪陵郡”下说：“土地山险水滩，人多戆勇，多獽、蜑之民，县邑阿党，斗讼必死，无蚕桑，少文学。”“板楯蛮”下条说：“其人性质直，虽徙他所，风俗不变”，“阆中有渝水，其人多居水左右，天性劲勇”；于“巴东郡”下说：“郡与楚接，人多劲勇，少文学，有将帅才。”尤其是板楯蛮，刚勇好武，自先秦至南北朝均以耿直善战闻名于世。巴地各族崇勇武而好斗，出将才，这正是巴地人民行为方式的一般特征。

战国以后巴文化区的地域范围，大致上北起汉中，南达黔中，东起鄂中，西至川中。其基本特点为：一是大量使用巴蜀符号，多刻铸在青铜器和印章上；二是巫鬼文化异常发达，以至于在川东鄂西地区尤其三峡地区形成一个颇为引人注目的巫文化圈，传奇甚多，来源甚古；三是乐舞发达，人民能歌善舞，其青铜器以錞于为重要器具；四是崇拜白虎（廪君蛮）与畏惧白虎（板楯蛮）两种彼此矛盾的信仰相交织和共生；五是具有丰富而源远流长的女神崇拜文化传统；六是“其民质直好义，土风敦厚”，“俗素朴，无造次辨丽之气”等。

总而言之，巴文化是地域与民族文化的融合。战国以前的巴文化，包括巴国文化和巴地文化两部分。巴国文化是一种方国文化，巴地文化则是一种地缘文化。

巴国文化，商代晚期和西周时代，主要以汉水上游为基本地域依托；春秋时代，巴国文化有所扩展，南及大巴山北缘，东至襄阳；战国初，巴国举国南迁至长江干流，先后在清江、川峡之间至重庆立国。这几个地方，留下了巴国文化的大量遗迹。巴地文化，包括重庆地区、四川东部地区、长江三峡地区和鄂西南的土著新石器文化，考古学上称之为“早期巴文化”。从新时期时代到春秋末叶，这些文化在当地发展演变，盛衰兴替达一两千年之久。战国初，巴国溯江进入重庆地区及四川地区，将青铜文化与当地的土著新石器文化融合起来，同时也将巴国文化与巴地文化融合起来，形成了完整意义上的巴文化。

现代意义上的巴文化形成于春秋战国之际，从此巴文化区的地域构架稳定下来，历经秦汉魏晋南北朝基本没有发生大的变动。隋唐以后文化面貌发生较多变化，但在峡区及岭谷之间，其基本文化面貌一直延续到近世。

二、巴渝的江湖文化

巴渝文化是巴文化的一部分或分支，主要是指以重庆（古称“江州”）为中心的巴族和巴国在历史发展中形成的地域性文化。重庆自古就山水环绕，有嘉陵江、渠江、涪江、长江等众多江湖，有江湖就有江湖文化。

江湖是指与官方社会相对的民间社会中的秘密社会，主要是各种游民生活的空间，往往充满了刀光剑影、阴谋诡计和你死我活的斗争。江湖社会不一定有完全统一的组织形式、固定的法律规范，但它有形形色色的人物、五花八门的团体、相对稳定的规律和道义原则、稀奇古怪的语言等。而江湖文化是江湖社会各个团体、各色人物在历史传承中形成的具有鲜明的非正统特色的精神和物质财富的综合。强调义气，以行帮伦理和英雄道义规范并保障着历史发展的社会秩序。

（一）码头文化

古代巴渝是以重庆为核心的地理区域，它既是一个山城，也是一个水城。长江、嘉陵江、乌江、涪江、綦江和大宁河等江河纵横交错于重庆，尤其是整个重庆城区为长江和嘉陵江所围绕。长江干流从西向东横贯全境，流程长达665千米，横穿巫山三个背斜，形成举世闻名的长江三峡，即著名的瞿塘峡、巫峡、西陵峡；嘉陵江从西北而来，三次蜿蜒折入长江，形成著名的沥鼻峡、温塘峡、观音峡，人称“嘉陵小三峡”。

有江就有港口，有港口就有码头。众所皆知，自古以来重庆就因水而兴，是一个非常典型的内陆码头城市；重庆环山绕水的独特环境和千年风雨历程，形成且塑造了独具特色的码头文化。

1. 码头文化的内涵与特征

码头文化与码头密切相关。广义的码头有两种：一是水码头，二是旱码头。我国码头以水码头为主，也常常以港口、渡口为码头，故中国人往往将码头狭义地理解为水码头。有商品流通以来，凡是可以通航的内河流都有大大小小的码头。大的码头，去的人多了，地域文化在参与码头活动的人的独特生活中体现出来，形成了码头文化。

一般来讲，码头文化是社会上一群中下层民众围绕河岸货运为中心而形成的文化，往往利字当头，表面却往往以义为口号，带有浓厚的江湖气息。这些人往往来自五湖四海，看似眼界开阔，其实很保守。他们常常限于一地一时、一人一事的当下利益，极少有更宽广的胸怀和眼光。“借钱吃海货，不算不会过”是典型的码头文化之一，即重视现实生活、重视消费。

码头文化有两个明显特征：一是吸纳意识，二则是过客心态。前者更多体现为积极层面，即借助水利之便人来客往，各种信息、资源相互融汇，让码头有了吸收外来优势资源、优秀文化的先天条件，学习、吸纳也形成了码头城市惯有的风气。但令人遗憾的是，近现代以来，码头滋长了文化因素中的另一种特质——过客心态。对待外地来客，坑蒙拐骗；面对利益，精打细算，只顾眼前小利而置长远利益于不顾；即使对自己所居住的城市，也无所谓爱惜与否，不管公共秩序、不讲公共卫生、破坏公共设施等现象时有发生。到头来，戴上了一顶“精明而不聪明”的大帽子。

2. 重庆码头文化的发展演变

重庆连接外界的古道有六条陆路、三条水路。陆路是正东路（到川东和湖广）、正南路（到川南、云贵）、正西路（到成都）、正北路（到陕西、甘肃）、东北路（到关中）、东南路（到贵州、湘西）；水路向北溯嘉陵江而上至广元，向西溯长江而上转岷江至成都，向东顺长江而下入湖北。重庆老城长江、嘉陵江沿岸的码头汉晋时期便是连接汉沔和荆襄的水路要冲，明清时期又是沟通眉州、泸州、叙州、成都、保宁、夔州等70余处水驿交通中心，西达云贵，东至苏皖。

码头的兴起，推动了重庆贸易的繁荣，又促使码头文化的出现。

重庆地处长江和嘉陵江交汇处，水深浪平，乃天然良港。重庆的码头特别多，码头兴盛时期，仅仅是临江门，从上往下数，就有大码头、煤码头、粪码头、石灰码头、砖码头等。

除“九开八闭”外，当时不属于重庆城的黄花园、大溪沟、牛角沱、菜园坝、黄沙溪以及江北、南岸也有数不清的大小码头。

明清以来，重庆码头相当热闹。江边停满各种各样的船舶，樯桅如林、船篷相连，密密匝匝，江河都塞满了。岸边是各种各样的街市，店铺相依、人来人往，把那青石板小路磨得光润发亮，日日都是赶场天，天天都是庙会节。小街上的酒馆、茶馆、烟馆、妓馆灯影闪烁，招揽着南来北往的行人。码头就像重庆城的嘴，不停地吞吐着，重庆城也就在这样的吞吐中发展起来。

袍哥是典型的码头文化的产物。加入袍哥叫“海”，袍哥们外出叫“跑码头”，到了一个地方就要“拜码头”，袍哥里的头领被称作“舵把子”，霸占一个地方叫“操码头”……其码头色彩相当浓厚。重庆的袍哥势力相当强大，连手握兵权的军阀们都要让袍哥三分。

一方面，重庆远离中原，也远离中华文化的中心，受正统儒家文化的影响相对较少，在巫术文化较为盛行。另一方面，历史上少数民族如巴人、僚人、氐人等都曾长期居住在重庆，其巫术文化对重庆传统文化的影响也就不可忽视。川江水急滩险，行船时有危险。无论是三峡险滩，还是重庆城边，船只都经常被打烂。当地的船夫就借助于巫的力量来祈求平安。巫术中的一些音乐、舞蹈、图画等带有艺术性质的东西留了下来，对重庆文化也产生了良好的影响。土家人的摆手舞就带有巫术舞蹈的成分，是对巫术舞蹈的继承和发展。

3. 重庆码头文化的精华

重庆码头文化的精华就是开放、包容和与时俱进。

重庆是一座典型的移民城市，耿直、豪爽是重庆人最大的性格特点。说话，快口快语；做事，干净利落；喝酒，也没有那么多推辞，直接下肚。一声吆喝，那种语调，那种豪气，比之东北汉子也不惶多让。特别值得一提的是，这种豪气已经全然体现在重庆的女子身上：看餐馆招呼客人的，大声吆喝的几乎都是女当家。重庆美女身上集聚了多项优点，但“说话嗓门大”的爽直让人很难从她身上找到女性的娇柔，与她们的交往，“哥们”的感觉远远多于“姐妹”的情意。

重庆火锅广纳包容各行精华因素。或许同样来自码头文化中的开放和包容意识，重庆火锅与餐饮策划专家刘可就认为，经历了上百年的历史，重庆火锅的竞争越来越激烈，目前正进入了大反思时代和大调整时代，同时也是一个大突破的关键时期。在此期间，重庆火锅也在不断地与海洋文化、海港文化对话，在不断吸收对方所长的过程中，坚持自己根本的东西。

与时俱进，是重庆人的另一个显著特点。重庆人人文性格中积极的一面，符合“与时俱进”与“创新发展”的主流文明准则，其扩展性有利于这座城市的现代化进程，有利于这座城市的全球化呼应，有利于这座城市的创新性脉动，应对其加以保持并扩展。

重庆火锅商帮身上其实更多的是纤夫文化，一种向上的力量。这种向上的力量让重庆火锅不断地提升、不断地变化。

4. 著名的重庆码头：朝天门码头

朝天门码头是由三个码头组成的，处在两江交汇处。地理上的优势，使得朝天门码头独占重庆水路交通枢纽之利，是长江上游和西南地区最重要的货物集散地，在重庆码头中最具代表性。

朝天门得名于明代。明洪武四年（1371 年）指挥使戴鼎扩建山城，设“九开八闭”城门 17 座，朝天门就是这时建造的。在重庆各城门中，朝天门是规模最宏大、气势最雄伟的一座，正门领上横书“古渝雄关”四字。名门为“朝天”，是因为明初定都南京，城门面朝帝都，含着面朝封建君王——真龙天子之意。

到了清代，朝天门也被称为“天字第一号码头”，如民谚所言，朝天门的主要作用是“迎官接圣”，是当时道、府、县三级官吏恭迎圣旨和钦差大臣的地方，朝天门内有接圣街（今信义街）和圣旨街（今新华路）。为此，为防止闲杂人员影响治安，早期的朝天门码头是不准一般民船停靠的；后来虽取消了禁令，民船能停靠小码头，最大、最好的码头仍是留给官船使用。

重庆开埠不久，英商太古洋行以民船装载黄丝、白蜡出口，从朝天门顺江而下，为重庆出口的第一号挂旗船。之后，外商争相在朝天门码头与太平门码头之间的港区一带设立洋行、公司、药房、酒店，进出重庆江面外轮和炮艇日渐增多，仅1922年就达到913艘次。1909年10月27日，由川人自办的“蜀通”号轮船，从宜昌成功首航重庆，安全抵达朝天门码头。“蜀通”号的通航，开创了峡江上商业性客货轮运的新时期。从此，朝天门码头周边，水运繁忙，上下重庆的往来船只，穿梭如织，直到今日，热闹景象依然不减。

外界一直误以为两江交汇处便是朝天门码头。其实，长江与嘉陵江相拥入怀的区域，真正的名字叫作“朝天门沙嘴码头”，它是朝天门码头最精华的部分。完整的朝天门码头还包括嘉陵码头和月亮碛码头。

（二）袍哥文化

袍哥，是明清时期四川和重庆一代的哥老会。哥老会，起源于湖南和湖北，声势和影响都很大的一个秘密组织，又称“汉留”。

关于“袍哥”名称的来源有两种解释：一说是取自《诗经·秦风·无衣》“岂曰无衣，与子同袍”句，表有衣同穿、有饭同吃、有福同享、有祸同当的兄弟之意；一说为“汉留”，《三国演义》中记述了关羽身在曹营却始终穿着刘备赐赠予他的旧袍的故事，寓意反曹奉汉之心，其含义是要继承和发扬汉朝遗留下来的精神气节。

1. 袍哥的产生

根据清朝官吏奏折和《金台山实录》记载，袍哥由四川和重庆的啯噜演变而来，且仅是活跃在川江（重庆至夔州一带的长江）上充当木帆船水手、纤夫中的啯噜子，效仿天地会而结成的。啯噜是自清乾隆以后在四川社会中出现的以劫夺谋生的异性结拜团体，类似强盗。啯噜是分散的，各群之间没有联系，主要在陕南、湘鄂西、贵州、云南等地活动，其成员被称作“啯噜子”。

外国轮船侵入长江以前，长江中下游，即从重庆到湖北宜昌再到上海的航线上，无论是货运还是客运，主要依靠木帆船。数量众多的木帆船，主要雇佣舵工、水手和纤夫。据有关资料统计，从重庆到宜昌航线上，共有船夫、水手、纤夫20万人。船夫、水手们漂泊在千里大江上，随时有触礁翻船的危险；纤夫们挽着沉重的纤绳，在江边悬崖的崎岖小道上艰难前行。他们的劳动，艰苦又危险，所以在生活或劳动中，彼此需要帮助，他们便自发地结成了水手行帮，称“川楚八帮”。

从档案记载看，早在乾隆后期，四川重庆、夔州一带川江沿岸便有许多水手因谋生艰难，铤而走险，以抢劫为生，便发展为“啯噜”。嘉庆年间更甚。后来，这些由穷苦水手、纤夫转化而成的武装集团顺江而下，来到湖北、湖南、贵州、江西，与各种秘密社会组织尤其是天地会接触后，受其影响而逐渐由武装劫掠集团向秘密会党转化。

道光年间，郭水泰模仿天地会的组织结构、规约及有关缘起传说，为啯噜子制订了规约，为组织缘起编造了一个《金台山实录》的故事，把天地会的秘密文件加以模仿、改造，并称之为“海底”或“金不换”。鉴于“啯噜”是四川方言中“强盗”的别称，郭氏又将改进后的组织称为“哥老”“哥弟”“社录”等名称，也就是袍哥。

作为一个由水手、纤夫的行帮演变成的秘密组织，袍哥在形成以后继续在长江木帆船水手中秘密流传，并逐渐发展到安徽、江苏一带。袍哥因为同水手、航船有着密切关系，所以各地袍哥的活动据点，便称为“码头”，其首领被称为“舵把子”。

2. 袍哥的特殊语言

《海底》被视为袍哥组织的“圣经”。作为秘密组织，其语言也是秘密的。秘密语言是为达到特殊目的、在限定的集团内稳定成员、控制信息流动的一种保护措施，亦称作“隐语”。

袍哥隐语的发展基于两个重要因素：一是其组织的反应机制，二是社会环境所造成的政治卷入。密语和暗号为袍哥创造了一个身份认同，为其成员与他人建构了一个分界线，从而把自己与其他人分离开来。

袍哥隐语的传承采用三种形式。

第一种形式是袍哥为保密发明了许多特殊的文字，其方法也多种多样。他们有时去掉一个字的偏旁，有时生造字，有时借用同音字，有时把若干字组合为一个字，有时又把一个字拆分为若干字，等等。即使袍哥信件落入他人之手，也不会暴露秘密。那些新造字或改字称作“隐字”，如“满”写成“涌”，“清”为“三月”，“明”为“汨”，“洪”为“三八二十一”，用“顺天转明”各字的一部分，写成“川大车日”。这样一句“反清复明”的口号对外人来说变得毫无意义。

第二种形式是将人们日常所用词语赋予新的内容。方法多种多样，但经常采用借代和比喻，如袍哥的管事或军师被称作“提烘笼”，源于他们经常手提一只烘笼。袍哥与江河密切相关，用词往往借用船只、船运的词语，如袍哥老大被称作“舵把子”，袍哥总部称作“码头”，拜见当地袍哥头目称作“拜码头”，在袍哥谋事称“跑滩”，被政府追捕称“水涨了”，情况紧急称“水紧得很”，消息走漏了风声称“走水了”。

第三种形式是借用地方方言或行话。袍哥中表示“杀”意便是借用来自工匠、理发匠和屠夫的行话，如把某人扔进河里称“把他毛了”，称活埋或暗杀为“传了”，称“杀某人”为“做了”或“裁了”。借用最多的则是盗贼语，如计划行窃称作“摸庄”“写台口”或“看财喜”，带领行窃的人称作“抬梁子”，绑架小孩以索取赎金称作“抱童子”，绑架一个富人称作“拉肥猪”，抢劫后坐地分赃称作“摆地摊”，得到银元称作得到“肥母鸡”。

在袍哥隐语中，还用外在形式来表达，如“摆茶碗阵”和手势。

“摆茶碗阵”是袍哥组织中一种秘密联络方式，是一种特殊的隐语。“摆茶碗阵”、吟诵相应的诗，表达袍哥的思想、价值观、信仰、道德准则、历史和文化。“茶碗阵”尽管千变万化，但多数是用于联络和判断来访者的身份和资历。主人可以把茶碗摆成各种阵式，来访者必须有能力进行回应，并以暗语或吟诗作答。

“反清复明”是袍哥成立之初的意识，从始至终，这种意识和目标存在于组织之中，故“摆茶碗阵”和吟诗更多表达这种思想。如“五魁茶”诗：“反斗穷原盖旧时，清人强占我京畿。复回天下尊师顺，明月中兴起义人。”用藏头诗的形式，将每句诗的第一个字连在一起，便是“反清复明”。又如“一条龙”诗：“一朵莲花在盆中，端记莲花洗牙唇。一口吞下大清国，吐出青烟万丈虹。”同样表达的是“反清”宗旨。

除“摆茶碗阵”和吟诗外，袍哥组织还采用手势。据说手势“百千万变”，且“必须亲为传授，亲为指点”。如“五行”表示法：两脚并拢，双手在头顶相交，代表“金”字；站立，双手在腹部交叉，代表“木”字；蹲下，双手放在膝盖上，代表“土”字；马步，双手举起耳，手心向上，代表“火”字；马步，双手叉在腰部，代表“水”字。相比于隐语受标准语言和行业语言的影响，肢体语言则是由秘密组织自行发明并运用的，充分说明其采用各种手段进行沟通联络、生存以及开展活动的能力。

从内容上看，秘密语言可概括为三类：一是反映了强烈的政治倾向，在使用中总是潜藏着“明”“清”等字词；二是多与这个集团的仪式有关，诸如“龙”“木杨城”“桃园”等；三是袍哥日常进行合法和非法活动时使用的词语，许多涉及抢、杀、绑架等。这些词语的运用，暴露出这个组织的政治雄心，也暴露出种种非法行为。

袍哥这个组织既是反清复明的政治团体，同时也是打家劫舍的帮伙。按他们自己的观念来说，他们是正义的勇士，负有推翻清朝的责任与使命；从朝廷角度看，他们是叛乱者和犯罪团伙，予以坚决镇压；对一般民众而言，对袍哥的态度则取决于他们自身的经历，被保护者和关怀者当然对其心怀感激之情，反之则难免有愤恨之心。所以，袍哥组织是一个复杂的秘密组织。

三、巴渝饮食文化

重庆，不仅是山水之都、温泉之都，还是一个美食之都。重庆由于依山傍水，水路交通便利，码头文化浓厚，自古就汇集了来自五湖四海的人，形成了独特的饮食文化。正是这一优势，使得巴渝饮食不断汲取各菜系之长，滋生出独特的饮食文化。

（一）巴渝饮食特点

巴渝饮食注重调味，有麻辣、鱼香、怪味等 20 多种常用味型，但其中使用最普遍的还是麻辣味。由于气候影响，重庆人为驱寒去湿就形成了重辛辣、重油荤的饮食习惯。早在唐宋时期就创造出“重糖高油、肥甜软、香酥松脆”的特色糕点。

巴渝饮食特点可以归纳为“麻、辣、鲜、香”。重庆人喜欢吃花椒，花椒味辛性热，入归脾、胃、肾经，有芳香健胃、温中散寒、除湿止痛、杀虫解毒、止痒解腥等功效。如重庆红油辣火锅和麻婆豆腐等。辣椒具有温中下气、散寒除湿、开郁去痰、消食、杀虫解毒的功效。至于鲜香也各有特点，巴渝饮食以热食、熟食为主，重庆人喜欢吃火锅和刚出锅的炒菜、热汤，不喜欢吃冷菜、冷汤；重庆人喜欢吃鲜味浓重的食品，所以味精、鸡精吃得多；而香则偏爱味重的食品，如辣子鸡的辣香、花椒油的麻香、沙胡豆的豆香等。

（二）重庆火锅文化

1. 起源与发展

重庆火锅，又称为“毛肚火锅”“麻辣火锅”，是中国的传统饮食方式，起源于明末清初的重庆嘉陵江畔、朝天门等码头船工纤夫的粗放餐饮方式，原料主要有当时不易销售的牛毛肚、猪黄喉、鸭肠、牛血旺等，船工纤夫们廉价买来，洗净切碎，加佐料大锅熬成。一碗鲜美的牛杂，就一碗饭，价廉物美实惠，颇受欢迎。然而到了冬天，江风一吹，牛杂一冷，味道就差了。以后改为围着锅随烫随吃，既实惠又方便。重庆火锅来源于民间，升华于庙堂。无论是贩夫走卒、达官显宦、文人骚客、商贾农工，还是红男绿女、黄发垂髫，其消费群体涵盖之广泛、人均消费次数之人，都是他地望尘莫及的。作为一种美食，火锅已成为重庆美食的代表、重庆文化的典范和城市名片，以至于很多人都说：“到重庆若不吃火锅，那就等于没到过重庆！”

后来，火锅声誉日高，进入餐馆饭店，登上大雅之堂，加之各家不断对它进行改进和发展，演变成多人共烫一锅，或一人一锅多种的形式；改烧柴为烧炭、烧气、用电，单一的牛杂也发展成了几十种易熟的时鲜，比如鲜鱼、鲜肉、豆芽、黄葱等荤素菜品，调味佐料变得丰富多样；并可随食客的口味随意变换，或浓或淡，或咸或甜，或麻或辣。

重庆火锅按汤底口味有鸳鸯火锅、半辣半鲜、全辣和全鲜；按结构来分有连体式火锅、分体式火锅、鸳鸯式火锅等；按烹饪风格来分有汤卤火锅、清炖火锅、水煮火锅等。按照制作原料分类，重庆火锅有毛肚火锅、鱼头火锅、牛肉火锅、山珍火锅、羊肉火锅、素菜火锅等繁多种类；而从功能分类，则可分为传统火锅、药膳火锅和创新火锅三大类；从表现形式上看，则分为全红汤麻辣火锅和清汤火锅，而鸳鸯火锅则包含了以上两种最基本的表现形态，将两种汤全倒在一个锅里，中间用一金属片将其分割开来。

随着岁月的推移，重庆火锅逐渐风靡全国名扬四方。出现了“朝天门”“刘一手”“小天鹅”“德庄”“孔亮”“秦妈”“苏大姐”“奇火锅”等火锅大型品牌企业。中国烹饪协会发布了《2016 年中国餐饮百强企业调查报告》，百强榜单显示，在 2016 年度的中国餐饮百强企业中，重庆餐饮企业占据了 16 席，其中大部分是火锅连锁企业，朝天门、刘一手火锅挺进全国餐饮前十。

重庆火锅不仅香飘国内大中城市、边陲小镇，而且作为川菜烹饪文化远渡重洋，在日本和南洋落户。在中国的港台地区，重庆火锅十分走红；在国外，如日本、美国、俄罗斯等，重庆火锅也有一定影响。

2. 食材和调料

重庆火锅从原料、汤料的采用到烹调技法的配合，同中求异，异中求和，使荤与素、生与熟、麻辣与鲜甜、嫩脆与绵烂、清香与浓醇等美妙地结合在一起，表现了中国饮食之道蕴含的和谐性。它的选料包罗万象，菜品发展到几百种，囊括食物王国里可食用之物，菜品已扩大到家禽、水产、海鲜、野味、蔬菜和干鲜菌果等。在毛肚火锅的基础上，发展到清汤火锅、鸳鸯火锅、啤酒鸭火锅、狗肉火锅、肥牛火锅、辣子鸡火锅等等，品种不下百余种，还有为外国人准备的西洋火锅。此外，重庆火锅更加注重现代营养健康观念。传统火锅以厚味重油著称，现在则进行科学兑配，适量减少麻辣或改变用油使营养结构不断趋于合理。

制作配料最能代表川味中麻辣烫的典型特征，正宗的毛肚火锅以厚味重油著称，传统汤汁的配制是选用郫县辣豆瓣、永川豆豉、甘孜的牛油、汉源花椒为原料。先将牛油放入旺火的锅中熬化，在把豆瓣剁碎倒入，待熬成酱红油后，加速炒香花椒，然后掺牛肉原汤，加进舂茸的豆豉和拍碎的冰糖、老姜，加食盐、醪糟和小辣椒熬制。近年来，又出现了啤酒风味、酸菜风味以及海鲜风味等味型，不同的火锅品种，有不同的火锅汤汁和不同的调味料，数量可达 30 多种。

附属重庆火锅的味碟也很多，可用麻油、蚝油、熟菜油、汤汁和味精、蒜泥、蛋清等调制而成，将烫好的菜品蘸着吃，既能调和滋味，又可降火生津。

3. 重庆火锅的吃法

吃火锅时，把一些半成品菜品端到桌上，由食客亲手操作，自烫自食；菜品的烫（煮）食火候，就掌握在食客的手中。因此，食客必须了解火锅的吃法，才能吃得好。

（1）在锅中烫熟，其要诀是：首先要区别各种用料，并不是所有用料都是能烫食的。一般来说，质地嫩脆，顷刻即熟的用筷子夹好烫（涮），如鸭肠、腰片、肝片、豌豆苗、菠菜等；而质地稍密一些，顷刻不易熟的，要多烫一会儿，如毛肚、菌肝、牛肉片等；

（2）煮，即把食材投入汤中煮熟。其要诀是：首先要选择可煮的用料，如带鱼、肉丸、香菇等这些质地较紧密的，必须经过长时间加热才能食用的原料；其次，要掌握火候，有的煮久了要煮散、煮化。

(3) 吃火锅的经验应是先荤后素，烫食时汤汁一定要滚开，要全部浸入汤汁中烫食；其次是调节麻辣味，方法是：喜麻辣者，可从火锅边上油处烫食；反之则从中间沸腾处烫食；再次就是吃火锅时，必须配一杯茶，以开胃消食，解油去腻，换换口味，减轻麻辣之感。

4. 重庆火锅申遗

2014 年，重庆火锅正式申请国家级非物质文化遗产保护。目前，在我国国家级非物质文化遗产保护名录中，与饮食相关的项目并不少见，但是在世界级非物质文化遗产保护名录中，中国饮食却是一个空白。重庆市火锅协会相关人士表示，重庆火锅申遗主要是申请对传统炒料工艺、技艺及火锅器具、吃火锅的饮食方式等进行保护，同时希望重庆火锅的传统技艺及火锅文化能在大工业生产中传承下来。

四、巴渝地方特色文化

（一）巴渝舞

巴渝舞，是一种有悠久历史的舞蹈，是古代渝水（今嘉陵江支流流江）巴人作战时的一种军前舞，而非泛指巴人的所有舞蹈。巴渝舞具有浓厚的民族特色，随着时代变迁而逐渐嬗变，最终演化为两支：一是成为大雅之舞，在宫廷发展；一是在民间发展。

“巴渝舞”这一名称在汉高祖平定三秦后始见于史籍。《华阳国志 · 巴志》载：“阆中有渝水，賨民多居水左右，天性劲勇，初为汉前锋陷阵，锐气喜舞，帝善之，曰：‘此武王伐纣之歌舞也’。乃令乐人习学之，今所谓巴渝舞也。”巴渝舞源于商末巴师攻伐纣王时的“前歌后舞”，有鼓舞士兵和威慑敌人的作用。巴渝舞是汉高祖提倡而被习于乐府。《晋书 · 乐志》阐述了巴渝舞得名的理据，“汉高祖自蜀汉定三秦，阆中范因率賨人以从帝为前锋。……数观其舞，使乐人习之。阆中有渝水，因其所居，故名曰巴渝舞。”

汉朝初年，巴渝舞移入宫廷，成为宫廷乐舞；既供宫廷观赏，也成为接待各国使节贵宾的乐舞。三国曹魏集团更名为“昭武舞”。西晋时又易名为“宣武舞”，与魏明帝景初元年（237 年）出现的“羽龠舞”（即“宣文舞”）占据同等地位；西晋咸宁元年（275 年），因朝廷“诏定祖宗之号”，废除宣武、宣文二舞。南朝又恢复了巴渝舞的原称。隋朝时，巴渝舞被改称为“鞞舞”。唐朝时，巴渝舞开始衰竭，依稀见于清商伎中。宋朝时，巴渝舞被统治阶级认为“四夷乐者……岂客淆杂大乐”，“乃奏罢之”，巴渝舞便在宫廷乐舞中消失了。但在长期的历史发展中，巴渝舞与周时兴起的“大舞”同时流传于宫廷，有时在某种舞蹈里也同时采用。加上两种舞蹈具有相同的特征——执兵器而舞，彼此之间相互影响，史籍记载往往笼统地称作“武舞”。

民间流传的巴渝舞逐渐演变成两种情况。一是渝东巴人后裔的“踏蹋舞”，踏蹋舞又名“踏歌”“蹋蹄”“踏碛”“跌脚歌”“打跳”“踏摇”“跺脚”“跺脚歌”等。唐樊绰《蛮书》卷十载：西南民族“俗传正月之夜，鸣鼓连腰以歌，为踏蹋之歌”。因跳舞时联臂踏地，载歌载舞而得名。

另一种是土家族的“摆手舞”。摆手舞是一种群众性集体舞蹈，大多于春节期间在土王庙前举行。土王庙又称“摆手堂”，故此舞名为“摆手舞”。土家族称其为“舍巴舞”“舍巴日”“舍巴骆驼”等，意思是“敬神跳”，说明摆手舞与祭祀祖先有关。摆手舞有大小之别。“大摆手”规模宏大，男女老少着节日盛装，参加人数众多，多在土王庙前的大广场举行。

表演者双手摆动幅度大，表演内容为军事动作和狩猎动作为主。“小摆手”规模较小，跳舞者绕圈而舞，双手摆动不过两肩，大多模拟农事活动。

此外，川渝地区巴人后裔所跳的腰鼓舞、盾牌舞等也是巴渝舞的流变，而薅草锣鼓、花鼓调、花灯调、莲花调、川剧帮腔、川江号子、船工号子、劳动号子、翻山铰子等都和巴渝舞密不可分。

巴渝舞是一种武舞、战舞，舞风刚烈，音乐铿锵有力。文献记载：“剑弩齐列，戈矛为之始。进退疾鹰鹞，龙战而弱起”，“退若激，进若飞”。由此可见巴渝舞惊心动魄的艺术效果。同时，巴渝舞是一种集体性舞蹈。《汉书·礼乐志》引孔光、何武疏云：“巴俞鼓员，三十六人。”三十六人是否包括伴唱、伴奏人员已无从考证，但参加人数众多说明巴渝舞应属集体舞蹈。

（二）铜梁龙舞

铜梁龙舞是流传于重庆市铜梁区的一种以龙为主要道具，集民间舞蹈、音乐、美术、手工艺品为一体的传统舞蹈艺术形式。

铜梁龙舞兴起于隋唐，盛于明清，誉于当今，传遍全球。既是舞，又是体操和杂技。铜梁龙舞具有与汉族民俗活动紧密相连、套路丰富、动律谐趣、舞时烟花烧龙、伴奏音乐独特、道具构思巧妙、服饰俭朴大方、参舞自由、退舞方便、群众参与性极强等特点，颇富团结合力、造福人类、奋发向上、与天和谐等中华民族精神的文化内涵。

铜梁龙舞分为龙灯舞和彩灯舞两大系列。龙灯舞包括大蠕龙、火龙、稻草龙、笋壳龙、黄荆龙、板凳龙、正龙、竹梆龙、荷花龙等20多个品种，以大蠕龙最有特色。彩灯舞包括鱼跃龙门、泥鳅吃汤圆、三条鯵、猪啃南瓜、高台龙狮舞等几十个品种。铜梁龙舞“二龙戏珠”“竞技龙舞”“荷花龙舞”“火龙”等表演形式，其中“二龙戏珠”曾荣获国家文化部群星奖金奖，“竞技龙舞”表演龙具被国家体育总局指定为全国舞龙竞技比赛标准道具，表演套路被国家体育总局指定为全国舞龙竞技比赛标准套路。

铜梁龙舞雍容华贵、套路精美，动作连贯自然，飘逸灵动、翻江倒海、摄人心魄。作为国家级首批非物质文化遗产，铜梁龙舞曾先后参加了建国35周年、50周年、60周年，2008年北京奥运会及上海世博会等国内重大庆典活动，还远赴美国、英国、法国、意大利、澳大利亚、卡塔尔、土耳其、沙特阿拉伯以及日本、韩国等20多个国家和地区开展文化交流。铜梁龙舞在国际国内龙舞大赛中屡获殊荣。铜梁龙舞独特的艺术魅力和杰出的文化价值，是最具中国象征的龙文化杰出代表，是名副其实的国家级文化品牌。2000年，铜梁龙舞被评为“巴渝十大民间艺术”之一；2006年5月20日，铜梁龙舞经国务院批准列入首批国家级非物质文化遗产名录；2007年6月8日，铜梁龙舞表演队获得国家文化部颁布的首届文化遗产日奖。铜梁也被国家文化部命名为“全国文化先进县”和“中国民间艺术（龙灯）之乡”。

（三）梁平三绝

“梁平三绝”包括梁山灯戏、梁平竹帘和梁平年画，曾被誉为“川东奇葩”，2000年被评为“巴渝十大民间艺术”之一。

1. 梁山灯戏

梁山灯戏，俗称“包头戏”，是梁平土生土长的民间戏曲剧种，因梁平县史称梁山县而得名，是全国的稀有剧种之一，2006年5月，经国务院批准列入《第一批国家级非物质文化遗产名录》。

明正德年间（1506~1522年），梁山灯戏从民间“玩灯”和“秧歌戏”中脱颖而出；到清代中期，梁山灯戏遍及城乡，逢节日盛会，筑台竞演，逐渐向周围传播，影响了包括湖北灯戏、湖南花鼓戏、江西采茶戏、陕西商洛花鼓戏等国内十几个省，数百个县的几十个剧种的“梁山调腔系”。

梁山灯戏特点是小、喜、闹，场面不大、情节简单、人物少。从1980年起，梁平县文化局在上级领导的支持下，组织专业人员对濒临灭绝的梁山灯戏进行搜集整理和创新研究，成立了梁山灯戏剧团，先后在文化部“天下第一团”展演和四川省戏曲调演中获奖。其优秀剧目《送京妹》《抢财神》《招女婿》《卖驴》等先后30余次获得包括文化部第11届“群星奖”金奖、全国计划生育文艺调演“天利合杯”银奖、重庆市首届乡村文艺汇演金奖等多个奖项。几百年来，梁山灯戏已发展成有《胖筒筒·灯弦腔》《神歌·高腔》《小调·时曲》三类唱腔，40多支曲牌（调），上百个传统剧目。几百年实践中，已锤炼出了《醉北楼》《湘子度妻》《抢财神》等优秀折子戏以及改革开放以来《卖驴》《抢公公》《招女婿》等优秀剧目。

2. 梁平竹帘

梁平竹帘的制作工艺已有千余年历史。据史料记载，早在北宋年间，就被列为“皇家贡品”，饮誉天下，素有“天下第一帘”之称。2008年6月7日，“梁平竹帘”被列入第二批国家级非物质文化遗产名录。

梁平竹帘采用当地盛产的慈竹为原料，运用传统工艺，并结合书画、刺绣、植绒等多种表现手法，制作出各种形式的挂帘、屏风、装饰画及实用工艺品。它色泽典雅、工艺精细，具有浓郁的地方特色和自然风韵。平竹帘是室内装饰和馈赠亲友的上选佳品，备受青睐，是重庆市政府馈赠外宾的礼品。

3. 梁平年画

梁平年画曾被誉为“天府之国”三大年画之一。梁平年画起源于清初，已有300多年历史。它用浪漫主义手法，大胆的艺术提炼，以驱邪纳福、喜庆吉祥、历史故事等为题材，造型独特、精美，人物形象生动活泼，机智幽默，充满强烈的乡土气息，技术上具备了动画、剪纸和漫画的效果，其画面饱满简洁，造型古朴粗犷，神态生动，构图完整，对比强烈，从视觉上给人以强烈的形式美，作为套色木刻版画，具有极高的艺术价值，其丰富的人文内涵，令人久看不厌。2006年被列为第一批国家级非物质文化遗产名录。

（四）丰都鬼城

丰都鬼城位于重庆丰都县，是国家首批4A级旅游区。丰都是一座依山面水的古城，春秋时称“巴子别都”，它是从重庆顺游长江三峡的第一个旅游景区。“鬼城”，顾名思义，必有鬼神出没，恐怖至极。从重庆顺长江而下，丰都鬼城隐匿在岸边山峦中，更添一份神秘与阴森。

丰都鬼城素以“鬼国京都”“阴曹地府”闻名于世，据魏晋文献记载，丰都坐落在六天青河旁，有三宫九府，宫阙楼观贵似天庭，鬼帝坐镇在此，统亿万鬼神，是传说中人类亡灵的归宿之地，集儒、佛、道文化于一体的民俗文化艺术宝库，被誉为“中国神曲之乡”“人类灵魂之都”。

丰都鬼城景区分为鬼城名山风景区和鬼王石刻风景区。著名景点有奈何桥、鬼门关、十八层地狱、哼哈祠、报恩殿、望乡台等，每一个景点都演绎着“惩恶扬善”这一鬼城民俗文化真谛。其中“阴曹地府”塑像群分别模拟人间诉讼、法庭、监狱等，构思奇特，神态逼真，集中反映了中国人的神和鬼、天堂和地狱的观念，名山上还有苏轼、陆游、范成大等历代名人的碑刻题咏。

丰都鬼城景点独特，内涵丰富。有全国重点风景名胜区，长江三峡景区名胜古迹名山，有国内最大的鬼神动态人文景观鬼国神宫；有国家级森林公园双桂山，还有堪称世界之最的鬼王石刻，中国规模最大、数量最多的汉墓群，惊险刺激的龙河漂流，风景优美的四坪低海拔森林公园休闲度假区。

名山景区林木苍翠，建筑精美，磐鼓晨钟，江山一脉；朝霞夕照，风光醉人，庙宇殿堂神像森罗，楼台亭阁依山而立；名人骚客流墨遗雅，碑刻诗联韵味隽永。主要景点有全国最大的民俗文化动态人文景观鬼国神宫，“阴曹地府”塑像群分别模拟人间诉讼、法庭、监狱、酷刑等，构思奇特，神态逼真。山上还有苏轼、陆游、范成大等历代名人的碑刻题咏。2015年12月，鬼城名山景区入选长江三峡30个最佳旅游新景观之一。

鬼城仿阳间司法体系，营造了一个等级森严，融逮 捕、羁押、庭审、判决、教化功能为一炉的“阴曹地府”。惩治生前作奸犯科者。虽阎王判官小鬼只传说虚妄，但其惩恶扬善的社会教化功用又为人所称道。

（五）大足石刻

大足石刻是位于重庆市大足区境内所有石窟造像的总称，是唐末、宋初时期宗教摩崖石刻，以佛教题材为主，儒、道教造像并陈，是著名的艺术瑰宝、历史宝库和佛教圣地，有“东方艺术明珠”之称。

大足石刻群有75处，5万余尊宗教石刻造像，总计10万多躯，铭文10万余字，其中以宝顶山和北山摩崖石刻最为著名，其以佛教造像为主，是中国晚期石窟造像艺术的典范。与敦煌莫高窟、云冈石窟、龙门石窟、麦积山石窟等中国四大石窟齐名，是古代劳动人民卓越才能和艺术创造力的体现。

大足石刻时间跨度从9世纪到13世纪，从世俗到宗教，反映了中国这一时期的日常社会生活，证明了这一时期佛教、道教和儒家思想的和谐相处局面，具有前期石窟不可替代的历史、艺术、科学价值。它还以规模宏大、雕刻精美、题材多样、内涵丰富、保存完好而著称于世，被誉为“9世纪末至13世纪中叶石窟艺术陈列馆”。

1999年12月，以宝顶山、北山、南山、石门山、石篆山等“五山”为代表的大足石刻，被联合国教科文组织列入世界遗产名录。2000年被评为“巴渝十大民间艺术”之一。

（六）涪陵白鹤梁石刻

白鹤梁石刻位于重庆市涪陵城北的长江中，是三峡文物景观中唯一的全国重点文物保护单位，联合国教科文组织将其誉为“保存完好的世界唯一古代水文站”。

白鹤梁石刻长约1600米，宽10~15米，自西向东延伸，呈一字形与江流平行。水位标高137.81米，梁脊高出最低水位2米，低于最高水位30米。距长江南岸100米，东临长江与乌江的汇合处。由于常年受江水冲刷，石梁形成上、中、下三段。被誉为“长江一绝”“中国一绝”“世界一绝”的水下碑林“白鹤梁题刻”主要分布在220米长的中段上。石梁仅冬春枯水期露出水面。石梁中段水际，唐代刻有一对线雕鲤鱼。凡石鱼出水，其年即是丰年，远近引以为奇观，历代游客络绎不绝。不少游人留题纪胜。在5000多平方米岩面上，现存题刻163幅，计1万多字，还有石鱼14尾，题刻人姓名全者500余人。题刻中以宋代居多，次为元明清三代和近现代。这些题刻记录了自唐以来1200多年间长江中上游72年的枯水水文资料，为利用长江进行灌溉、航运、发电以及城市、桥梁建设等提供了可靠依据，具有很高的科学价值；又是珍贵历史文献，有的可补史书阙误；还具有较高的书法和文学艺术价值，是世界水文史上的奇迹，故有“水下石铭”之美誉。

葛洲坝水电站和宏伟的三峡工程都参考了白鹤梁水文题刻的数据，如175米水位高程是以白鹤梁1000多年的洪水记录为依据。唐鱼的眼睛为长江中上游的零点水位，相当于海拔137.91米高程。此水文记录比英国在武汉江汉馆设计的水尺标点早1100年，享有“世界第一古代水文站”之誉。

由于三峡工程的兴建，白鹤梁题刻将永沉江底。为了让后人能观赏这一文物，国家投入2亿建设了白鹤梁水下博物馆。从2003年正式开工，到2006年9月三峡大坝提前蓄水至156米水位，原本两年的水下施工期被压缩为一年，期间又经过了两年多时间的漫长停工期。2009年5月18日，白鹤梁水下博物馆举行落成仪式。整个保护工程，由“水下博物馆”“连接交通廊道”“水中防撞墩”和“岸上陈列馆”四部分组成。水下博物馆就是在白鹤梁原址上修建一个保护壳体。

2013年5月18日“世界博物馆日”这一天，“白鹤梁题刻”在水下40米深处与人们再度相会。经过安检后，游客可下到带参观窗的水下通道，透过玻璃舷窗欣赏白鹤梁题刻。保护体内还安装了6排、150组灯源，每组灯源由9个小灯组成，而每个小灯里又藏着8个聚光灯和散光灯。白鹤梁水下保护体将犹如一个璀璨的水晶宫。游客可在长江防护大堤上建造的陈列馆内，根据自己的需要，操作摄像头，通过电脑屏幕，从不同角度近距离观赏白鹤梁。同时，少数专业人士，还可通过潜水的方式参观白鹤梁。

1980年，白鹤梁成为“四川省重点文物保护单位”。1988年，国务院正式定名为“白鹤梁题刻”，并公布为“全国重点文物保护单位”，联合国教科文组织将其誉为“保存完好的世界唯一古代水文站”。2006年，重庆就开始着手准备将白鹤梁题刻申报世界文化遗产。2012年，白鹤梁题刻已被列入国家申报预备名录。

（七）川江号子

川江号子是川渝地区川江流域船工们为统一动作和节奏，由号工领唱，众船工帮腔、合唱的一种一领众和式的传统民间歌唱形式。四川东部和重庆是川江号子的主要发源地和传承地。

川江号子包括上水号子和下水号子。上水号子包括撑篙号子、扳桡号子、竖桅号子、起帆号子、拉纤号子等，下水号子又包括拖扛号子、开船号子、平水号子、二流橹号子、快二流橹号子、幺二三交接号子、见滩号子、闯滩号子、下滩号子等，形成数十种类别和数以千计曲目的川江水系音乐文化。

据载，川江号子有26种词牌，百多首唱词，丰富多彩：多种“数板”唱词是由号子头（领唱号子的船工）即兴编唱，号子头根据其嗓音，分为洪亮粗犷浑厚的“大筒筒”、高亢清脆的“边音”等不同流派。根据船所行水势的缓急，号子头所唱号子的名称和腔调皆有所不同，时而舒缓悠扬，时而紧促高昂，时而雄壮浑厚，大气磅礴，震撼人心。千百年来，这些号子流传下来，形成一种历史悠久的传统，所以川江号子又有“长江文化的活化石”之称。

川江号子内容丰富多彩，代表曲目有《十八扯》《八郎回营》《桂姐修书》《魁星楼》《拉纤号子》《捉缆号子》《橹号子》《招架号子》《大斑鸠》《小斑鸠》《懒龙号子》《立桅号子》《逆水数板号子》等。

川江号子的历史极为悠久，在川渝劳动号子中最具特色。近年来，在沿江两岸陆续发掘出土的新石器时期的“石锚”、东汉时期的“拉纤俑”等文物都印证了川江水路运输行业的久远历史。而川江两岸的人文地理、风土人情、自然风光以及船运中的以歌辅工之俗，无论在民间歌谣还是在杜甫、李白等文人的诗歌中都是经久不衰的题材。学术界普遍认为川江号子是长江水路运输史上的文化瑰宝，是船工们与险滩恶水搏斗时用热血和汗水凝铸而成的生命之歌，具有传承历史悠久、品类曲目丰富、曲调高亢激越、一领众和徒歌等特征。它的存在体现了自古以来川江各流域劳动人民面对险恶的自然环境不屈不挠的抗争精神和粗犷豪迈中不失幽默的性格特征。同时，在音乐形式和内容上，其发展也较为完善，具有历史文化价值。

2006年5月20日，川江号子经批准列入第一批国家级非物质文化遗产名录。

（八）川剧

川剧是中国戏曲剧种之一，流行于四川东中部、重庆及贵州、云南部分地区。川剧脸谱，是川剧表演艺术中重要的组成部分，是历代川剧艺人共同创造并传承下来的民间艺术瑰宝。

1. 变脸

变脸是运用在川剧艺术中塑造人物的一种特技，是揭示剧中人物内心思想感情的一种浪漫主义手法。变脸，原指戏曲中的情绪化妆，后来指一种瞬间多次变换脸部妆容表演特技。这种表演许多剧种都有，以川剧最为著名。

川剧变脸的方法颇多，概括起来有拭、揉、抹、吹、画、戴、憋、扯八种。以“拭”而言，就有单手拭，双手拭；单手独指、两指、三指拭等。

变脸的手法大体上分为三种：“抹脸”“吹脸”“扯脸”。“抹脸”是将化妆油彩涂在脸的某一特定部位上，到时用手往脸上一抹，便可变成另外一种脸色。如果要全部变，则油彩涂于额上或眉毛上；如果只变下半部脸，则油彩可涂在脸或鼻子上；如果只需变某一个局部，则油彩只涂要变的位置即可。如《白蛇传》中的许仙、《放裴》中的裴禹、《飞云剑》中的陈仑老鬼等采用的是“抹脸”的手法。

“吹脸”只适合于粉末状的化妆品，如金粉、墨粉、银粉等。有的是在舞台的地面上摆一个很小的盒子，内装粉末，演员到时做一个伏地的舞蹈动作，趁机将脸贴近盒子一吹，粉末扑在脸上，立即变成另一种颜色的脸。必须注意的是：吹时闭眼、闭口、闭气。《活捉子都》中的子都、《治中山》中的乐羊子等人物的变脸，采用的便是“吹脸”的方式。

“扯脸”是比较复杂的一种变脸方法。它是事前将脸谱画在一张一张的绸子上，剪好，每张脸谱上都系一把丝线，再一张一张地贴在脸上。丝线则系在衣服的某一个顺手而又不引人注目的地方（如腰带上之类）。随着剧情的进展，在舞蹈动作的掩护下，一张一张地将它扯下来。如《白蛇传》中的钵童（紫金铙钵），可以变绿、红、白、黑等七八张不同的脸。“扯脸”有一定的难度：一是粘脸谱的黏合剂不宜太多，以免到时扯不下来，或者一次把所有的脸谱都扯下来；二是动作要干净利落，假动作要巧妙，能掩观众眼目。

还有一种方式是“运气变脸”。传说已故川剧名演员彭泗洪，在扮演《空城计》中的诸葛亮时，当琴童报告司马懿大兵退去以后，他能够运用气功而使脸由红变白，再由白转青，意在表现诸葛亮如释重负后的惧怕。

总之，变脸在川剧中是很绝的一门技艺，现在已被其他剧种所借鉴，并且已经流传国外。

2. 喷火

“喷火”是戏曲演员的一种表演特技。一般都是描写妖魔鬼怪的角色，用来突出舞台效果，使其形象更加逼真，从而达到吸引观众的目的。

表演时，演员嘴里含着一根管子，管子里有松香末和未完全燃尽的纸灰（纸灰烧的火候很重要，要燃尽但又不能全燃尽）。需要喷火的时候，外面点燃，演员往外吹气，这样就会有火花喷出来，达到似有妖魔鬼怪喷火的效果。

“喷火”是川剧独一无二的神秘绝技，源于古西蜀，驰名中华梨园。变脸者以魔术般的技法，瞬间变化脸谱，与吐火神功的诡异结合，以显示人物内心和剧情的急剧变化及内在张力，是川剧中刻画人物最有力、最浪漫的艺术手法。

附录二　中国传统文化课外阅读书目

序号	书 名	作者	出版社	出版时间	推荐理由
1	中国文化史导论	钱穆	商务印书馆	1994 年	文化历史概要
2	国史大纲	钱穆	商务印书馆	2014 年	国家历史概要
3	中国哲学简史	冯友兰	北京大学出版社	2013 年	哲学历史概述
4	传统十论	秦晖	东方出版社	2014 年	观点新颖，笔调轻松、口语化
5	乡土中国	费孝通	北京大学出版社	2016 年	农耕社会状态
6	中国通史	范文澜	人民出版社	2008 年	国家历史发展概要
7	士与中国文化	余英时	上海人民出版社	2003 年	知识分子与中国历史的关系
8	游民文化与中国社会	王学泰	山西人民出版社	2014 年	中国流民知识的全面展示
9	中国文明的现代转型	金耀基	广东人民出版社	2016 年	中国古代文明与现代文明的交融
10	中国科学技术史	［英］李约瑟	科学出版社	2010 年	中国古代的科技研究
11	一个村庄里的中国	熊培云	新星出版社	2011 年	农耕社会与乡村群居模式的结合
12	潜规则：中国历史中的真实游戏	吴思	云南人民出版社	2001 年	在生动、有趣的官场故事中，揭示中国历史中的真实游戏规则
13	宋：现代的拂晓时辰	吴钩	广西师范大学出版社	2015 年	宋代呈现的现代文明
14	共同的底线	秦晖	江苏文艺出版社	2013 年	从“文化”与“部门”的分析中，结合特定“问题”论证持守底线的意义
15	晚清大变局	袁伟时	岳麓书社	2009 年	传统与现代、古代与今天的交接
16	中国人史纲	柏杨	人民文学出版社	2011 年	以文学的笔调，以批判的眼光，写中国人共同的家族史
17	汉字书法之美	蒋勋	广西师范大学出版社	2009 年	从美学观看汉字
18	雅墨清赏·书法卷	鄢敬新	青岛出版社	2016 年	以书画同源论看中国画

（续表）

序号	书 名	作者	出版社	出版时间	推荐理由
10	中国雕塑史	梁思成	百花文艺出版社	1997 年	雕塑历史的全面展示
20	文明的轮回——中国服饰文化的历程	诸葛铠等	中国纺织出版社	2007 年	服饰在历史中的演变
21	中国服饰文化的语言记忆	冯盈之	东华大学出版社	2014 年	服饰文化在语言上的体现
22	服饰礼仪	黄强	南京大学出版社	2015 年	服饰在礼仪上的规范
23	中国国粹艺术读本·中国画	白庚胜	中国文联出版社	2009 年	国画基本知识概要
24	古代社会	［美］摩尔根	三联书店	1957 年	人类古代社会概况
25	东西文化及其哲学	梁漱溟	中华书局	2013 年	中西对比看中国传统哲学
26	中国古代文化史	阴法鲁、许树安	北京大学出版社	1991 年	文化发展历史
27	中国人	林语堂	学林出版社	1995 年	传统中国人的实质
28	传统与中国人	刘再复、林岗	安徽文艺出版社	1999 年	中国人的传统再现
29	中国大历史	黄仁宇	三联书店	2007 年	“家国”论看国家历史
30	万历十五年	黄仁宇	三联书店	1997 年	以一帝王为核心，概括整个王朝迹象
31	明朝那些事儿	当年明月	浙江人民出版社	2011 年	通俗讲历史故事和历史人物
32	中国历史地理十五讲	韩茂莉	北京大学出版社	2015 年	选材精要，观点宜新
33	中国人的思维批判	楚渔	人民出版社	2010 年	以日韩今日发展批判中国人的思维意识
34	中国文化的深层结构	孙隆基	广西师范大学出版社	2011 年	从常人角度看中国文化的实质
35	史记	（汉）司马迁	中华书局	2013 年	“史家之绝唱，无韵之离骚”
36	史记选	王伯祥	人民文学出版社	1982 年	史家经典故事回放
37	资治通鉴	（宋）司马光	中华书局	2009 年	“前事不忘，后事之师”
38	山海经		中华书局	2009 年	远古中国地理状况的记录
39	世说新语校笺	（南朝宋）刘义庆	中华书局	2011 年	小说形式的萌芽

（续表）

序号	书 名	作者	出版社	出版时间	推荐理由
40	徐霞客游记	（明）徐弘祖	中华书局	2009 年	以游记形式记录祖国山河
41	脂砚斋重评石头记（甲戌本）	（清）曹雪芹	人民文学出版社	2010 年	反映了家族兴衰与国家命运相连的一段历史
42	宋元戏曲史	（清）王国维	团结出版社	2006 年	戏曲发展历史
43	论语译注	杨伯峻	中华书局	1980 年	论证周详、语言流畅，当代最好的《论语》读本之一
44	论语别裁	南怀瑾	东方出版社	2014 年	对原文的串讲撮编为一个个历史故事，蕴意深邃而妙趣横生
45	孟子译注	杨伯峻	中华书局	1960 年	对了解孟子的观点有所裨益
46	老子校释本	朱谦之	中华书局	2000 年	老子校释较为完善本
47	庄子今注今译	陈鼓应	中华书局	2011 年	庄子校注较为完善本
48	哲学大师点人生	黄永军等	中国言实出版社	2006 年	古代哲学与人生的交汇
49	孟子译注	杨伯峻	中华书局	1960 年	对历史知识、地理沿革、名物制度、风俗习惯及生僻字等作了详细注解和简要考证

主要参考文献

[1] 过常宝主编:《中医文化》,中国经济出版社 2011 年版。
[2] 刘秉果:《中国古代体育简史》,中华书局 2010 年版。
[3] 张如安:《中国围棋史》,团结出版社 1997 年版。
[4] 刘俊骧:《武术文化与修身》,中央编译出版社 2008 年版。
[5] 王克芬:《中国舞蹈发展史》,上海人民出版社 1989 年版。
[6] 梁思成:《中国建筑史》(修订本),百花文艺出版社 2005 年版。
[7] 周贻白:《中国戏剧史长编》,上海书店出版社 2004 年版。
[8] 张岱年、方克立主编:《中国文化概论》,北京师范大学出版社 2004 年版。
[9] 程裕祯:《中国文化要略》(第 3 版),外语教学与研究出版社 2011 年版。
[10] 张庚、郭汉城主编:《中国戏曲通论》,中国戏曲出版社 1989 年版。
[11] 冯尔康:《中国宗族史》,上海人民出版社 2009 年版。
[12] 陈久金、杨怡:《中国古代天文与历法》,中国国际广播出版社 2010 年版。
[13] 方拥:《中国传统建筑十五讲》,北京大学出版社 2010 年版。